Transitorische Identität

Jürgen Straub, Prof. Dr. phil., ist Fellow am Kulturwissenschaftlichen Institut Essen, wo er von September 1999 bis Oktober 2001 im Vorstand und in der Leitung einer Studiengruppe tätig war. Er lehrt am Institut für Psychologie der Universität Erlangen-Nürnberg und an der Universität Witten-Herdecke. Im Oktober 2002 wechselt er auf die Professur für interkulturelle Kommunikation an der Technischen Universität Chemnitz. *Joachim Renn*, Dr. phil., ist wissenschaftlicher Mitarbeiter am Institut für Soziologie der Universität Erlangen-Nürnberg.

Jürgen Straub, Joachim Renn (Hg.)

Transitorische Identität

Der Prozesscharakter des modernen Selbst

Campus Verlag
Frankfurt/New York

Bibliografische Informationen der Deutschen Bibliothek

Die Deutsche Bibliothek verzeichnet diese Publikation in der Deutschen Nationalbibliografie.
Detaillierte bibliografische Daten sind im Internet über http://dnb.ddb.de abrufbar.
ISBN 3-593-37133-2

Satz: Marion Jordan, Frankfurt
Druck und Bindung: KM-Druck, Groß-Umstadt
Gedruckt auf säurefreiem und chlorfrei gebleichtem Papier.
Printed in Germany

Inhalt

Vorwort

Die individuelle Identität der Personen ist in der Moderne dauerhaft umstritten. Das gilt für die einzelnen Personen in ihrer privaten und alltäglichen Lebensführung ebenso wie für kollektive politische Auseinandersetzungen um kulturelle Ansprüche und persönliche Rechte auf ein gelingendes Leben. Und schließlich trifft es auch für die sozial- und kulturwissenschaftliche *Explikation* des Begriffs der personalen Identität zu. Die kontroversen Analysen und Verwendungen des Begriffs der „Identität" stehen gegenwärtig im Zentrum zahlloser theoretischer Debatten und empirischer Forschungen.

Die philosophische und wissenschaftliche Reflexion und Erforschung der typischen *Form* des Selbstverhältnisses der individuellen Person reproduziert längst ein basales Merkmal ihres Gegenstandes: wie die Identität von Personen in modernen Gesellschaften und Kulturen stehen auch der Begriff und die komplexen Modelle personaler Identität unter der Anforderung einer *permanenten Revision*. Die anscheinend „immergrüne Provokation" durch die Frage nach der Identität drängt sich den Angehörigen der modernen Gesellschaft unweigerlich und dauerhaft auf. Das einzige stetige Moment, das das Leben individeller Personen charakterisiert, scheint die Unstillbarkeit der Identitätssuche zu sein; und wenn die Kultur- und Sozialwissenschaften genau diese Unruhe der Identität zu explizieren suchen, bleiben ihre Explikationen einem verwandten Zwang zur dauerhaften Umstellung ausgesetzt. Es kann nach Jahrzehnten der Fortentwicklung und des Umbaus von Identitätstheorie und Identitätsforschung allerdings nicht genügen, das Selbstverhältnis der Person auf den Begriff der „Unruhe" zu bringen und als ein notwendigerweise „unfertiges", also prinzipiell „unabschließbares Projekt" aufzufassen. Es erscheint vielmehr nötig, den Takt des soziokulturellen Wandels, der die Bedingungen und Resonanzräume für personale Selbstverhältnisse bewegt, in der Theorie und Forschung zu reflektieren. Davon mag es bei zunehmender sozialer Differenzierung, kultureller Pluralisierung und „Individualisierung" dann auch abhängen, dass die theoretischen Bestimmungen des Begriffs „personaler Identität" sich schnell wandeln und immer wieder zur Debatte steht, was der Begriff der Identität, bezogen auf die individelle Person, bedeuten soll, und was in seinem Namen als normatives Kriterium gelungener persönlicher Entwicklungen und interpersonaler Beziehungen gelten darf.

Dass die Identität als Form der Person und als Begriff der theoretischen Diskussion unter Bedingungen der Moderne in diese vielseitige Bewegung verstrickt bleibt, dafür steht der Titel des vorliegenden Buches, das möglichen Konzeptionen oder zumindest ausgewählten Aspekten einer „transitorischen Identität" nachgeht.

Die Autorinnen und Autoren der Beiträge dieses Bandes bewegen sich der Sache nach alle in einem Feld, in dem Identitäten als praktische und diskursive Selbstverhältnisse ebenso wie ihre vielfältigen „Theoretisierungen" in Bewegung geraten sind. Sie verfolgen das Ziel, in interdisziplinärer Arbeitsteilung, durch Grenzüberschreitungen und Kooperationen, Konturen transitorischer Identität abzustecken. Dabei reicht das Spektrum von abstrakten theoretischen Reflexionen und der philosophischen Arbeit am Identitätsbegriff – und verwandten Ausdrücken – über empirische Detailstudien bis hin zu zeitdiagnostischen Bestandsaufnahmen. Die unterschiedlichen Perspektiven und kontroversen Standpunkte bewegen sich im Feld zwischen Bemühungen um die erfahrungswissenschaftlich gestützte semantische Transformation des Identitätsbegriffs und der Skepsis sowie bisweilen ganz entschiedenen Vorbehalten gegenüber dem überlieferten, wenn auch polyvalenten Konzept. Während die einen am Begriff festhalten und ihm eine gegen substanzialistische und statische Bestimmungen gerichtete Bedeutung geben, legen die anderen seine Verabschiedung nahe und bieten zur Begründung dieses Vorschlags (ebenfalls) sowohl theoretische als auch empirische und normative Argumente auf.

Es ist nicht zu übersehen, dass die dabei geführten Debatten zahlreiche Fragen behandeln, die mittlerweile seit Jahrzehnten im Zentrum der Diskussionen über das „Projekt der Moderne" stehen. Der nach wie vor aktuelle „Streit" über philosophische und wissenschaftliche Theorien personaler Identität lässt sich darum als Bestandteil der Auseinandersetzung über die Grundlagen und das Selbstverständnis moderner Gesellschaften verstehen. Die kontroversen Haltungen zum Begriff der personalen Identität und der damit verwobenen normativen Bezüge zum Begriff der Moderne lassen sich dabei nicht einfach zwei Seiten zuordnen, die durch vereinfachende Label in sich homogenisiert und einander konfrontativ gegenübergestellt werden können. Auch diesbezüglich ist die Lage komplexer, als dass sie sich mit der Etikettierung „Moderne versus Postmoderne" charakterisieren ließe. Eine revisionsbereite Bemühung um den Identitätsbegriff kann hier Verbindungen und Verwandtschaften zwischen sich oft polemisch begegnenden Standpunkten verfolgen und auch zur Präzisierung bestehender Differenzen in der Auffassung des post-/modernen Subjekts beitragen.

Die meisten Beiträge wurden in ihren Grundrissen auf einer Tagung diskutiert, die im Dezember 2000 am Kulturwissenschaftlichen Institut Essen stattfand. Sie war Teil einer Reihe von Veranstaltungen im Rahmen einer dort vom Oktober 1999 bis September 2001 tätigen Studiengruppe, die von Burkhard Liebsch und Jürgen Straub initiiert und koordiniert wurde und sich mit dem Thema „Lebensformen im Widerstreit. Identität und Moral unter dem Druck gesellschaftlicher Desintegration" beschäftigte. Die Planung und Organisation der Tagung „Personale Identität. Zur Struktur moderner personaler Selbstverhältnisse unter Bedingungen radikaler Pluralität" lag in der Verantwortung von Jürgen Straub, der sich an dieser Stelle bei Christian Grüny, Stephan Joede und Thorsten Kubitza für die Mitwirkung an vorbereitenden Gesprächen bedankt.

Gabriele Schäfers und Monika Wuehle haben die Tagung engagiert und umsichtig vorbereitet und für einen reibungslosen Ablauf gesorgt. Die redaktionelle Bearbeitung der in das Buch eingegangenen Beiträge unterstützte Julia Warmers, der wir ebenso danken wie schließlich dem Campus Verlag für die Bereitschaft, den Band in das Programm aufzunehmen und ihn zwischen zwei weiteren Publikationen, die aus der Arbeit der oben genannten Studiengruppe hervorgegangen sind, zu platzieren.[1]

Essen und Erlangen, im September 2002

Die Herausgeber

1 Joachim Renn, Jürgen Straub und Shingo Shimada (Hg.): Übersetzung als Medium des Kulturverstehens und sozialer Integration (2002, bereits erschienen), sowie: Burkhard Liebsch und Jürgen Straub (Hg.): Lebensformen im Widerstreit (2002, im Druck).

Transitorische Identität

Der Prozesscharakter moderner personaler Selbstverhältnisse

Joachim Renn und Jürgen Straub

„trust me" (terminator II)

I

Die Frage nach dem Selbstverhältnis der individuellen Person ist in modernen Gesellschaften ein Dauerproblem. Antworten auf diese Frage verdanken sich – und das gehört zu ihrer Modernität – differenten Perspektiven, die sich gegenseitig beeinflussen, aber einander auch „ins Wort fallen". Alltägliche, milieuspezifische, sonderkulturelle und wissenschaftliche Interpretationen der typischen, formalen oder in einem normativen Sinne[1] verbindlichen Selbstverhältnisse von Personen fallen auseinander, so dass die moderne Pluralisierung von Perspektiven und Semantiken schon als ein zureichender Grund in Frage kommt für die verbreitete Überzeugung, dass die Einheit der Person im stroboskopischen Kontextwechsel moderner Lebensführung schwierig, wenn nicht gar – was viele meinen, manche wünschen – unmöglich ist. Denn die Form, in der die Person sich zu sich verhält, ist nicht autark gegenüber der Form, in der in sozialen Kontexten über dieses Verhältnis und konkret über die Person gesprochen und gedacht wird. Und auch diese Einsicht ist schon wieder typisch modern.

Die generalisierenden Formulierungen des Dauerproblems kreisen um das Paradox einer Einheit, die unabschließbar, entzweit, ungreifbar und vor allem zugleich dauerhaft angestrebt und fortwährend unerreicht bleibt. Die Personen sind nicht in dem trivialen Sinne mit sich selbst identisch, den die Übersetzung des Ausdrucks „Identität" in das Konzept der Gleichheit von etwas mit sich selbst (in jeder Hinsicht[2]) nahe legt. Identität meint hier offenkundig etwas Reicheres als die Tautologie, dass ein Ich sich selbst gleiche. Der Begriff der Identität nimmt von Beginn an das Motiv des Abstandes auf zwischen dem Ich, das zu etwas ein Verhältnis unterhält,

1 Der bestimmte Artikel deutet hier darauf hin, dass zur Pluralität der Moderne nicht nur eine Differenzierung normativer Horizonte, sondern auch die Vielzahl von Formen normativer Verbindlichkeit zählt.

2 Worin natürlich auch schon eine Paradoxie enthalten ist, die in den Figuren der Reflexionsphilosophie derart ausführlich hin- und her bewegt ist, dass sie hier nicht ausgeführt werden muss.

und dem Ich, das in diesem Verhältnis als das Etwas fungiert, ohne diesen Abstand tilgen zu können. Die moderne Theorie des Selbstverhältnisses wurde in den Morgenstunden des Autonomieprojektes zunächst als die Beziehung eines Subjektes gezeichnet, das sich seiner selbst als besonderes Objekt im Modus der theoretischen Erkenntnis oder aber der moralischen Bestimmung gewahr wird. Die Uneinholbarkeit des Selbst in der Reflexion ist schon bald als Aporie der Reflexionsphilosophie erkannt worden. Hegels prägende Aufnahme des modernen Zeitbewusstseins (Habermas 1985, S. 55) hat diesen Makel nicht hinreichend tilgen können, sondern durch die elementare Verzeitlichung des Selbstverhältnisses der Person (des zunächst nur individuellen Subjektes) eine Problemlösung in Dienst genommen, die langfristig das reflexionsphilosophische Modell einer gesättigten Selbstobjektivierung zu Grabe zu tragen nötigte.

Bei Hegel drängen sich bereits drei Momente in den Abstand zwischen dem Ich, das ein Verhältnis unterhält, und seinem Selbst, zu dem es dieses Verhältnis hat: die Zeit, das Handeln und die soziale Anerkennung bzw. Resonanz. Während sich in der Konstruktion des absoluten Idealismus der Kreis der Selbstentzweiung in der nachträglichen, praktisch realisierten und sozial geprägten Reflexion noch schließen sollte, bleibt den späteren Explikationen des Selbstbezuges der Person, nach dem Scheitern des Systemprogramms, das Motiv des versöhnten Gestaltschlusses verwehrt. Die Person, aufgefasst als das konkrete Individuum, als das sich das Ich immer wieder neu, nicht abschließbar und niemals frei von der Intervention und gegebenenfalls von der Bestätigung durch andere, schließlich im Medium der öffentlichen Sprache „versteht", ist auf Identität bezogen, nicht unmittelbar auf sich als das mit dem Ich Identische (denn das wäre dann schon *erreichte* Identität). Und dieser Bezug ist zeitlich, praktisch[3] und sozial auf untilgbare Dezentrierung verpflichtet.

Warum dann Identität? Identität ist nicht nur kein einfach deskriptives Konzept, es ist auch als Begriff keine Blaupause für den differenzentilgenden Zwang zur Überidentifikation, sondern ein normativer Anspruch, den Personen an sich und andere stellen. Der Begriff hat auch in spätmodernen (nicht zuletzt: „postkolonialen") Verhältnissen, indem er einen solchen *sozialen* Anspruch austrägt, immer noch eine kritische Funktion, zu dem sich die begriffliche Explikation in der Identitätstheorie – in Zusammenarbeit mit der Differenzierungstheorie, der Psychologie etc. – verhalten muss.

3 Im doppelten Sinne praktisch, verstanden als: pragmatisch, d. h. in Handlungen realisiert, wirksam und überprüfbar, und praktisch im Sinne ethisch-moralischer Bindung an ein zwar „selbst" auferlegtes, aber zugleich noch ausstehendes Selbst, einer Bindung also, die im Vorgriff auf ein Selbst, das noch nicht ist, sowohl auferlegt als auch geschuldet wird.

Die Identität der Person wird nicht trotz, sondern gerade wegen der mannigfaltigen Anlässe zur Dezentrierung zu einem Desiderat, das der Bewegung des Selbstverhältnisses zugleich ein elementares Motiv und ein Kriterium gibt. Als dieses Desiderat wird der Identitätsbegriff zu einer sozialen wie auch individuellen Norm, unter deren Schirm sich gleichermaßen Freiheitsansprüche und Unterordnungsimperative entfalten können. Die weit verbreitete modernitätskritische und -skeptische Verurteilung des Identitätsbegriffs konzentriert sich auf die letztgenannte Funktionalisierbarkeit der semantisch eingelagerten Identitätsforderung, auf die verborgene Unterwerfungsstrategie, die mit der Verheißung der Autonomie der Person die Subjektivierung von Verantwortlichkeit als Verinnerlichung von Kontroll- und Disziplinardispositiven transportiert. Von dieser kritischen Warte aus ist die individuelle und kollektive Norm der Identität einer Person nichts als der Ausdruck des Identitätszwanges, einer Delegation von Herrschaft in die zwanghafte Selbstbeherrschung der Person durch sich selbst.

Der Verdacht ist berechtigt, dass im Zeichen der vollständigen Sich-Selbst-Gleichheit der Person eine zwanghafte Verleugnung und gewaltsame Verdrängung des Selbstentzuges, der Uneinholbarkeit der Person und der Heterogenität und Kontingenz des Daseins und seiner Kontexte, über die die Person nicht verfügen kann (und auch nicht verfügen können wollen sollte), eingerichtet wird.

Ungeachtet dessen hat der Identitätsbegriff dennoch seine Verdienste und weiterhin seine Funktion als das Explikat normativer Ansprüche, deren Implikationen es verdienen, in einer Revision des Identitätsbegriffs angemessen artikuliert zu werden. Eine solche Revision erweitert den Begriff gegenüber der falschen Vorstellung einer möglichen und zu fordernden gegenwärtigen Selbstgleichheit der Person mit sich. Identität als Desiderat erscheint in dieser Revision als Fluchtpunkt der Bewegung des Selbstverhältnisses, nicht mehr als faktisch realisierbarer Abschluss dieser Bewegung, sondern als notwendig kontrafaktische, aber realiter wirkungsvolle Aspiration.

Wenn in Zeiten einer faktischen globalen Generalisierung von Autonomieansprüchen Personen und Kollektive die Einlösung der Versprechungen universalisierter normativer Prinzipien fordern und dabei auf die Semantik der Identität zurückgreifen, so sollte die modernitätskritische Identitätstheorie nicht denen, die jetzt auch im Namen der Identität ihren Teil einfordern, den Begriff aus den Händen schlagen, sondern die negative Erfahrung mit reduktionistischen Identitätskonzeptionen aufnehmen, den Begriff umarbeiten und – nun in einem prozeduralisierten und nicht ontologischen Sinne – am Namen festhalten.

Wenn hier der Begriff der transitorischen Identität gewählt wird,[4] um auf die Momente der Beweglichkeit, der Zeit, des Handelns und der sozialen Prägung jener notorisch vorläufigen, immer noch ausstehenden, aufgegebenen Identität hinzuweisen, dann wird damit in keiner Weise eine neue Identitätskonzeption vorgelegt oder auch nur angedeutet. Die gestellte Aufgabe und die Funktion der genannten Revision des Begriffs besteht hier einzig darin, in vielleicht veränderter Wortwahl, noch einmal zu sagen, was der moderne Diskurs über die Identität der Personen schon lange Zeit impliziert, teils indirekt, teils direkt artikuliert hat, und in welchem Maße der verbreitete Verabschiedungsgestus postmodernistischer, teils auch neostrukturalistischer und systemtheoretischer, Provenienz seine Kritik auf einen übervereinfachten Identitätsbegriff bezieht und damit an der deskriptiven und normativen Erbmasse des Diskurses der Moderne vorbei zielt.

II

Die Identität einer Person kann nicht als vorgezeichnete, substanziell bestimmte und zeitlebens stabile Einheit beschrieben werden. Diese Einsicht besitzt seit langem und für viele den Status einer Selbstverständlichkeit. Sie kann sich auf zahlreiche empirische Befunde und wohl abgewogene theoretische Argumente stützen. Zahllose Beiträge aus verschiedenen Disziplinen stimmen in dieser Diagnose überein. Abweichungen im Detail ändern daran ebenso wenig wie konträre Bewertungen dieser Feststellung und ihrer vielfältigen kulturellen und psychosozialen Implikationen oder (antizipierten) Konsequenzen. Im Hinblick auf die moderne Gesellschaft lässt sich konstatieren: Die Identität ist in Bewegung geraten.[5]

4 Siehe dazu auch: Pape (2002): Der Begriff einer „transitiven" Identität wird dort bezogen auf die Referenten von Ausdrücken im Übergang der Übersetzung zwischen Sprachen, also nicht als ontologische Kategorie, sondern als begründbare normative Maxime der Sprachverwendung eingeführt. Wenn unsere Rede Sinn machen soll, so das Argument, sind wir gut beraten, entsprechend die Ko-referenzialität von als synonym behandelten Ausdrücken im Sinne einer transitiven Identität zu behandeln, nicht aber realistisch zu unterstellen.

5 In den Beiträgen des vorliegenden Bandes finden sich zahlreiche Hinweise auf Veröffentlichungen, in denen dieser Befund dargelegt und differenziert wird. Wir nennen hier lediglich einige ausgewählte, informative Sammelbände und Monographien, die nicht zuletzt den interdisziplinären Zuschnitt des Themas illustrieren (wobei manche Arbeiten auch das in diesem Band ausgesparte Thema der „kollektiven Identität" behandeln): Ashmore und Jussim (1997), Assmann und Friese (1998), Barkhaus, Mayer, Roughley und Thürnau (1996), Bosma, Graafsma, Grotevant und de Levita (1994), Calhoun (1994), Frey und Haußer (1987), Gergen (1994), Gid-

Die wissenschaftliche Beschreibung personaler Identität folgt dieser Bewegung. Das theoretische Vokabular und die damit verknüpfte Semantik des Identitätsdiskurses sind nicht auf ein beständiges Sein zugeschnitten, das seinen Wirklichkeitscharakter stets gegen die Zumutungen kontingenter Ereignisse und Veränderungen zu bewahren hätte. Bewegtheit gilt vielmehr auch in der theoretischen Debatte als konstitutives Prinzip moderner personaler Identität. Das Selbstverhältnis der Person ist von Kontingenz durchsetzt und dieser zeitlebens ausgesetzt. Es ist nichts von Geburt an Gegebenes, sondern eine Aspiration, wirksam in prinzipiell vorläufigen und zerbrechlichen Stadien einer historisch, kulturell und sozial situierten psychischen Entwicklung. Zwangsläufig ist diese Entwicklung ebenso wenig wie sie einen definitiven Endpunkt hat. Das aktuelle Selbstverhältnis einer Person ist nie ein „letztes Wort". Es bleibt abhängig von einer kontingenten Praxis, von den Widerfahrnissen und Handlungen, die eine Person in Bewegung halten und in einem temporalisierten, dynamisierten und pluralisierten Möglichkeitsraum platzieren.

Dies alles besagt freilich nicht, dass sich die zugeschriebene und anvisierte Identität einer Person überhaupt nicht mehr inhaltlich qualifizieren ließe. Wäre jede aktuelle Antwort auf die Identitätsfrage „Wer bin ich (geworden) und wer möchte ich sein?" obsolet, gäbe es keinen Grund, am Identitätsbegriff festzuhalten. Was jedoch heisst in diesem Zusammenhang „Antwort"? Wer eine Person ist und sein möchte, zeigt sich in ihrer tagtäglichen Praxis. Die personale Identität ist ein praktisches Selbstverhältnis, das nur in begrenzten „Ausschnitten" in hinweisenden und darstellenden Beschreibungen eines Selbst Ausdruck findet. Und auch diese Beschreibungen sind, wie alle acts of meaning (Bruner 1990, Straub 1999), von Deutungs- oder Interpretationsleistungen abhängig. Sie sind stets standortgebundene, perspektivische, an Motive, Intentionen, Relevanzsetzungen, Interessen und Situationsdefinitionen des Akteurs und der „signifikanten Anderen" gebundene hermeneutische Akte. Jede in der Retrospektive vorgenommene Deskription eines gelebten Lebens ist eine mögliche Beschreibung, eine Symbolisierung unter vielen denkbaren, und selbst als spezielle, „gedächtnisbasierte" sprachliche Repräsentation, als Erinnerung, in der das autobiographische und das kommunikative Gedächtnis ineinander greifen (und auch das kulturelle Gedächtnis nicht vollkommen außen vor bleiben muss[6]), ist diese Beschreibung polyvalent – in ihrer Bedeutung und ihrem Sinn offen, auslegungsfähig und auslegungsbedürftig. Es sind stets auch die Rezipienten, die die zur Sprache gebrachten Identitätszuschreibungen und -aspirationen einer Person mit artikulieren,

dens (1992), Keupp und Höfer (1997), Kroger (1993), Lash und Friedman (1992), Taylor (1994), Willems und Hahn (1999).

6 Zur Unterscheidung zwischen kommunikativem und kulturellem als zwei Formen des kollektiven Gedächtnisses vgl. Assmann (1992).

seien es Hörer, die am ephemeren gesprochenen Wort Anteil nehmen, seien es Leser, die Texte kennen lernen, in denen „gelebtes Leben“ die Gestalt von erzählten Erfahrungen annimmt und auch Erwartungen im Modus des Futurum exaktum als antizipierte Vergangenheit in den Korpus jener Selbstthematisierungen aufgenommen werden, durch die jemand zu sagen versucht, wer er (oder sie) ist und sein möchte. In beiden Fällen trennt freilich die Kreativität und „Eigensinnigkeit“ der Sprache all das, was gesagt bzw. geschrieben wurde, vom „Leben selbst“. Die soziale, zugeschriebene, implizierte Identität der Person als unabsehbare Gesamtheit möglicher und realisierter Perspektiven auf eine Person bleibt für die Person insgesamt unzugänglich. Der Lebenslauf und seine mannigfaltigen sprachlichen, sozial geforderten und motivierten Artikulationen transzendieren einander. Denn auch „wer ich (geworden) bin und sein möchte“, findet nur teilweise Ausdruck in sprachlichen Äußerungen, die die Identitätsfrage mehr oder weniger direkt aufnehmen, reflektieren und zu beantworten suchen.

Sprachliche und nonverbale Artikulationen personaler Identität sind mehr oder weniger komplexe Handlungen im Kontext einer sozialen Praxis. Die Bildung und Präsentation personaler Identität ist nicht nur eine sprachliche, diskursive und reflexive, sondern auch und zuvorderst eine praktische Angelegenheit. Es sind nicht zuletzt „praxische“ Handlungen (Boesch 1991, S. 96), durch die eine Person zu verstehen gibt, wer sie ist und sein möchte. In aller Regel bleibt dies implizit. Das gilt selbst für Erzählungen, die von Theorien personaler Identität gemeinhin in Anspruch genommen werden, um zu plausibilisieren, dass sich Selbstverhältnisse in ihrer temporalen, dynamischen, von kontingenten Ereignissen durchsetzten Struktur zu einem beträchtlichen Teil narrativ konstituieren.[7] Die autobiograhische Erzählung ist als eine in reflexiver Einstellung vorgenommene Beschreibung eines Lebens allenfalls teilweise richtig verstanden. Wer Selbsterzählungen auf ihren vermeintlich deskriptiven Geltungsanspruch reduziert, verkennt sie in ihrer praktischen und psychozosialen Funktion. Nicht nur die Individuierung und die Selbstpräsentation eines Menschen als eines unverwechselbaren Einzelnen, sondern die gesamte Identität lässt sich in sprachpragmatischer Perspektive betrachten. Dies bedeutet unter anderem, dass das gesprochene und geschriebene Wort nicht mehr an seinen „deskriptiven Gebrauch“ (Habermas 1988, S. 206) gekoppelt wird, sondern als Sprechhandlung in den Blick gerät. Wer z. B. seine Lebensgeschichte erzählt, liefert demnach keine „Beschreibung von etwas“: „Die rechtfertigenden Bekenntisse, mit denen der performativ erhobene Anspruch auf die je eigene Identität beglaubigt werden kann, sind nicht mit der stets selektiven Beschreibung eines Individuums zu verwechseln. Die literarische Gattung des Briefs, der Konfession, des Tagebuchs, der Autobiographie, des Bil-

7 Vgl. hierzu vor allem Ricœur (1996).

dungsromans und der didaktisch vorgetragenen Selbstreflexion [...] bezeugt den veränderten illokutionären Modus: es geht nicht um Berichte und Feststellungen aus der Perspektive eines Beobachters, auch nicht um Selbstbeobachtungen, sondern um interessierte Selbstdarstellungen, mit denen ein komplexer Anspruch gegenüber zweiten Personen gerechtfertigt wird: der Anspruch auf Anerkennung der unvertretbaren Identität eines in bewusster [und nicht nur in bewusster, J. R. und J. S.] Lebensführung sich manifestierenden Ich. Der stets fragmentarisch bleibende Versuch, diesen in performativer Einstellung geltend gemachten Anspruch anhand eines totalisierenden Lebensentwurfs glaubhaft zu machen, darf nicht verwechselt werden mit dem undurchführbaren deskriptiven Vorhaben, ein Subjekt durch die Gesamtheit aller möglicherweise auf es zutreffenden Aussagen zu charakterisieren" (ebd., S. 206). Der Anspruch auf Authentizität und damit unweigerlich die Möglichkeit und Notwendigkeit, sich selbst zu verfehlen, in seinem Sprechen mithin auch zu „präsentieren", dass sich das Selbst stets auch entzieht, rangiert hier weit über dem Anspruch zu sagen, was der Fall ist. Selbstthematisierungen in performativer Einstellung, Selbsterzählungen zumal, sind keine Aussagen mit deskriptiver Funktion, kommunikative Selbstbeziehungen keine Beziehungen eines sich selbst vergegenständlichenden Subjekts zu sich, sondern Bestandteil eines auf Anerkennung zielenden Gesprächs einer Person mit sich selbst und Anderen.

Wird die personale Identität als praktisches Selbstverhältnis bestimmt, weist man all jene Theorien zurück, die die kommunikative Selbstbeziehung einer Person der Bezugnahme auf Gegenstände der Wahrnehmung angleichen. Das eigene Selbst ist kein Objekt, von dem sich eine Person in distanzierender und objektivierender Einstellung ein Bild machen kann wie von einem Gegenstand der Wahrnehmung. Personale Identität ist kein substanziell bestimmbarer Besitzstand, also nicht etwas, was eine Person „hat". Der Identitätsbegriff hat, wie wir an anderer Stelle formulierten, einen hermeneutisch-pragmatischen Sinn:[8] Die Weise zu „sein", die eine Person von einem Gegenstand unterscheidet, verweist in ihrer spezifischen Modalität und Zeitlichkeit auf die ausstehende pragmatische Beantwortung praktischer Fragen. Die Existenz einer individuellen Person geht nicht auf in der „Anwesenheit" eines abrufbaren Bestandes von Eigenschaften, Präferenzen, Emotionswerten und lebensgeschichtlichen Daten. Das Selbstverhältnis als Struktur offener Möglichkeiten ist ein Projekt, das eine Person nicht hat, sondern das sie „ist". Was sie darüber „wissen" kann, besitzt die Gestalt eines „performativen Wissens eigener Art" (Habermas 1988, S. 208). Dieses Wissen ist implizit. Die Identität im Sinne eines praktischen Selbstverhältnisses lässt sich stets nur partiell in ein explizites Selbstverständnis und Wissen überführen.

---

8 Die folgenden drei Sätze übernehmen wir wörtlich aus Renn (1999, S. 420).

Die Identität verwirklicht und dokumentiert sich primär als ein praktisches Verhältnis und d. h. im Medium der Handlung und im Horizont der für die Person relevanten individuellen Maximen des Handelns,[9] sie vollzieht sich also sozusagen doppelt pragmatisch. Als eine sprachliche Form der Artikulation der personalen Identität, die sich in Einzelhandlungen realisiert und bestätigt bzw. entdeckt und erfährt, die zugleich aber die partikularen Kontexte bestimmten Handelns überschreitet, kommt daher die Narration in Betracht. Denn der narrative (Zeit-) Horizont transzendiert zugleich die lokale Enge einzelner Handlungssituationen, trägt bei zu der Bestimmung ihrer Bedeutungen durch die Vereinigung der Geschichte zu einem variablen, aber vereinigten Zeithorizont, eröffnet mit der komplexen Beziehung zwischen erzählten und erzählenden Personen reflexive Türen zur Arbeit am personalen Selbstbezug und stellt dadurch schließlich eine Alternative zu einem rein deskriptiven Sprachgebrauch[10] dar. Wenn also die Person sich in Handlungen realisiert und dokumentiert, ist die Erzählung (auch) die das Selbst reflexiv realisierende Dokumentation der dokumentierenden Realisierung der Person, d. h. das Medium des aktiven und zugleich artikulierenden Selbstverhältnisses.

Die Einheit der Person kann dann als eine in ihren Handlungen „zu realisierende" Einheit verstanden werden, wobei die praktische Orientierung an dieser Einheit und deren selektiven, revidierbaren narrativen Artikulationen den Handlungen (auch) eine individuelle Bedeutung und dem Selbstverhältnis der Person einen entworfenen und ausstehenden Fluchtpunkt gibt, nicht aber eine tatsächlich abgeschlossene Identität. Diese Identität bleibt Aspiration und verwirklicht sich als die Aufgabe einer Einheit der Bewegung permanenter Rekonstruktion und Antizipation des Selbst durch dieses Selbst. Die transitorische Identität wird durch die Verlagerung der Gleichheit mit sich selbst auf die Ebene der (unstillbaren) Aspiration zu einer transitiven Identität. Denn mit Bezug auf die Person erhält das Verb „sein" gegenüber der sprachlichen Konvention einen transitiven Status. Person sein bedeutet nicht nur, als jemand zu existieren, sondern „jemanden zu existieren", nicht nur sein, wer man ist und mit mehr oder weniger gewaltsamem und zwanghaftem Aufwand auch gegen Widerstände zu bleiben versucht, sondern auch sich selbst im Existieren werden lassen.

9 Individuelle Maximen sind dann als implizite Anforderungen an eigene Handlungen zu verstehen, die die Aspiration auf die Identität der Person in die Form der Konsistenz- und Kohärenz-Anforderung an die – wieder narrativ strukturierte und interpretierte – Geschichte der Handlungen dieser Personen bringt (Renn 1997, S. 307ff.; Straub 1996).

10 An diesen deskriptiven Sprachgebrauch hat die Wahrheitssemantik den Bedeutungsbegriff geklammert, weshalb auch Ernst Tugendhats verdienstvolle „Übersetzung" der Heideggerschen Daseinsanalyse problematisch bleibt, wenn sie im Konzept der veritativen Symmetrie zwischen Ich- und Er-Perspektive die Identität der Person an die numerische Identifikation von Partikularen angleicht (vgl. Tugendat 1979).

Man kann an dieser Stelle an Heideggers Auseinanderlegung des „existieren“ in das „Ex-sistieren“ erinnern. Heidegger sprach vom permanenten „Ausstand“, um auszudrücken, dass für die Person in ihrem Selbstbezug stets noch etwas und vor allem sie selbst aussteht, und dass die „Sistierung“, die Festschreibung, auf die ein reduktionistischer Identitätsbegriff die Person festlegen will, die Existenz also in diesem Sinne beenden würde.

Durch den Bezug zum Medium der Handlung und damit der Interaktion bleibt der Begriff einer transitorischen Identität der Person vor existenzialistischen Übertreibungen bewahrt, denn dieser Bezug berücksichtigt, dass die Realisierung und Dokumentation der Identität der Person in das kooperative Medium des sozialen Handelns und in das Medium einer intersubjektiven Sprache verwoben bleibt.

Und nicht nur bleibt das narrative Element der Identität in soziale Handlungskontexte verstrickt, sondern die Personen sind darüber hinaus in einer komplexen Gesellschaft mit Formen der Zuschreibung (und Zumutung) ihrer Identität konfrontiert, die typisierende Vereinfachungen und Abkürzungen erzwingen. Nicht in allen und vielleicht sogar in den wenigsten Kontexten bestimmen allein narrative Horizonte, als was eine Handlung oder ganze Handlungssequenzen zu verstehen sind, nicht immer und vielleicht selten zeigt also die soziale und sprachliche Bezugnahme auf Personen ausgiebige Affinität zur narrativen Form der personalen Selbstrealisierung und -artikulation. Personen werden unter Bedingungen moderner, und d. h. eben auch versachlichter, formaler und abstrakter Vergesellschaftung weitgehend im Modus der Typisierung und selektiven Objektivierung adressiert.

Aus der (hier nur angedeuteten) theoretischen Bestimmung personaler Identität als praktisches Selbstverhältnis erwachsen einige gravierende Schwierigkeiten, die nicht dadurch ausgeräumt werden können, dass die empirische Identitätsforschung die pragmatisch-hermeneutische Dimension des Identitätsbegriffs unterschlägt und ihre Untersuchungen auf den methodisch kontrollierbaren Abruf sozial typisierter, objektivierbarer und subjektiv repräsentierter Selbstaspekte begrenzt. Denn das implizite Wissen einer Person lässt sich nicht dadurch einfach freilegen, dass man sie nach diesem fragt. Denn dieses Wissen zeigt sich, und die Explikation dessen, was sich da zeigt, ist immer auch eine selektive Verzeichnung des performativen Charakters dieses Wissens.

Typisierende oder auch vergegenständlichende Explikationen dieser praktischen Artikulationen personaler Identitätsaspirationen sind allerdings keine Ausnahme. In vielen Fällen besitzen solche Explikationen die Form von Selbstbeschreibungen oder münden in solche typisierenden, oft kürzelhaften Selbstbeschreibungen, durch die eine Person ihre qualitative Identität kennzeichnet und sozial anschlussfähig macht.

Die deskriptiven Bestimmungen der qualitativen Identität einer Person können und müssen sich im Lauf der Zeit bzw. in variablen Kontexten ändern, ja mehr noch:

solche Bestimmungen sind stets an alternative, nicht selten kontrastive Vergleichshorizonte in einem weiten Raum möglicher Lebensentwürfe und Handlungsoptionen gebunden. Die Funktion solcher Vergleichshorizonte besteht nicht selten auch darin, der Hermeneutik des Selbst jene Unterscheidungen zu liefern, mit denen qualitative Identitätsbeschreibungen nun einmal operieren müssen. Bisweilen markieren solche Unterscheidungen aus der Perspektive der sie verwendenden Personen gleichermaßen „attraktive" Handlungsoptionen und Lebensalternativen, verweisen also auf versäumte Gelegenheiten, imaginative Selbstentwürfe oder noch ausstehende, schwierige Entscheidungen. Der Identitätsbegriff schließt begriffslogisch weder Ambivalenz noch Bewegung und Wandel aus, wenn er nicht den Zustand der Person, sondern die Aspiration, die der Bewegung durchaus widersprüchliche Richtungen gibt, bezeichnet.

Das bedeutet dann eben nicht, dass synchrone und diachrone Differenzen zwangsläufig eine Vervielfachung des Ich und der Person evozieren. Identität ist das Motiv für die an praktische, symbolische, kognitive und emotionale Aktivitäten gebundene Synthese oder Integration nicht nur von Differentem, sondern, wie Ricœur zu sagen pflegt, von Heterogenem. Dabei bezeichnet diese Integration die prozedurale Synthetisierung des Heterogenen – manche sprechen von selving (McAdams 1993, 1997) –, nicht aber eine als stabilen Zustand oder Status quo explizierbare Struktur. Demzufolge eröffnet der Identitätsbegriff Perspektiven für die Thematisierung und Plausibilisierung von Identitätsbewegungen und mehr oder weniger tief greifenden Transformationen qualitativer Identität. Man muss diesen Sachverhalt unter Umständen auch gegen anders lautende Akzentuierungen in manchen Theorien oder an gewissen Stellen theoretischer Abhandlungen im Auge behalten. Erik Erikson beispielsweise bringt den Identitätsbegriff bekanntlich des Öfteren mit dauerhaften substanziellen Festlegungen zusammen und betrachtet diese als entwicklungspsychologische Notwendigkeit, mit der sich insbesondere Adoleszente am Ende ihres „psychosozialen Moratoriums" konfrontiert sehen. Allerdings hat bereits Erikson den Begriff in einem psychologischen Modell platziert, das nicht bloß – ganz allgemein – die Entwicklung der Person, sondern speziell auch die Identitätsentwicklung als einen lebenslangen Prozess präsentiert. Insofern ist es mit Vorsicht zu genießen, wenn der (sozialpsychologische) Begriff personaler Identität bzw. der Begriff der Identitätsbildung noch heute folgendermaßen definiert wird: „Unter Identitätsbildung wird die Bestimmung dauerhaft bedeutsamer Orientierungen des eigenen Lebens verstanden" (Wagner 1998, S. 50). Dauerhaft ist allenfalls die Ausrichtung verschiedener Orientierungen auf die aspirierte Identität. Das moderne identitätstheoretische Denken lässt sich insgesamt der Betonung von Zeit, Kontingenz und Veränderung nicht kontrastiv gegenüberstellen. Es ist ein Denken, das die qualitative Identität und die Struktur der praktischen und kommunikativen Selbstbeziehung einer Person der Zumutung nicht nur der Vergänglichkeit, sondern auch des permanenten „Ausstandes" aussetzt. Der moderne Identitätsbegriff schließt den von Wagner (1998, S. 68) geforderten Übergang „von der Frage nach dem Sein zur Frage nach dem Werden" nicht nur ein. Er gründet bereits in diesem Übergang.

III

Als eine substanziell bestimmte und auf Dauer angelegte Einheit ist die Identität einer Person wohl nur solange zu verstehen gewesen, wie das personale Selbstverhältnis noch nicht als eine individuelle Besonderheit aufgefasst werden konnte. Die Entstehung der modernen personalen Identität geht mit der sozial angestoßenen „individualisierenden Besonderung" des Selbstverhältnisses Einzelner einher. Diese historische Transformation verdankt sich der sozialen Dynamik der Moderne, einer Dynamik, die die Ideengeschichte auf teilautonomen Wegen der semantischen Variation reflektiert hat. Die Romantik und Goethe („individuum est ineffabile") haben die Individualität als innere Unendlichkeit nicht erfunden, sondern auf der Grundlage sozialer Differenzierungsprozesse Anlass und Möglichkeit erhalten, neuartige Verhältnisse zwischen Personen und ihren sozialen Kontexten zu artikulieren.

In soziologischer Perspektive gelten (vor allem) die Durchsetzung des Prinzips der funktionalen Differenzierung (Talcott Parsons) sowie die Autonomisierung kultureller Wertsphären und die Entstehung versachlichter, formal-rationaler Vergesellschaftungsformen (Max Weber) als Grundlage der für die Moderne signifikanten „Individualisierung". Vor der Entstehung moderner Gesellschaften finden sich Personen *qua Geburt* fest in soziale Lagen eingebunden, sie sind im Medium traditionaler Gewissheit der kulturellen Konventionen stabiler und lokaler Lebensformen aufgehoben in der Sicherheit askriptiver Eigenschaften, die ihre Identität für sie selbst wie für andere verlässlich bestimmen. „Karrieren" (Luhmann 1989), in deren Verlauf Einzelne bzw. die zu einer bestimmten Generation Gehörenden ihre soziale Lage, die mit ihr verbundenen Wünsche, Möglichkeiten und Zwänge, Rechte und habituellen Formen der Lebensführung verändern, also auf- oder absteigen, blieben Ausnahmen.

Erste frühe Formen ökonomischer, wissenschaftlicher und pädagogischer Lockerung der traditionalen Reproduktion sozialer Ordnung – man denke an die entstehenden Universitäten, die prosperierenden Städte, die frühhumanistische Entdeckung der Fürstenerziehung als einer Aufgabe – deuten den Übergang an. Noch die Beichte als frühmoderner Biographiegenerator (Hahn 1987) bringt zwar die einzelne Identität in die Bewegung einer Erzählung von Ereignissen, welche die Person sich selbst als verantwortbare Taten zuzurechnen lernt. Eine solche Zuschreibung duchbricht die

Grenzen einer Konzeption, in der es vornehmlich darum geht, dass sich eine Person bestimmte Eigenschaften attribuiert. Doch bleibt auch dieses Modell an festen Zielen und Normen orientiert, insbesondere an einem Katalog kodifizierter Sünden und ihrer kasuistischen „Umrechnung", schließlich am Ziel der Erlösung. Die weltlichen Personen-Anteile überlassen dem Kaiser, was des Kaisers ist, ordnen ihre Aspirationen weitgehend sozialen Konventionen ein und sind im Übrigen abgetrennt von der Seele, die es zu erlösen gilt, und die als Substanz vom zeitlichen Wandel der Person gerade nicht affiziert sein soll. Für Max Weber war bekanntlich gerade die Veränderung dieser Konstellation von Personenanteilen in der „innerweltlichen Askese" protestantisch-calvinistischer Lebensführung ein besonderer Motor (und Ausdruck) der Modernisierung.

Die Beichte folgt noch dem Schema einer *Chronik*, die entlang der Kategorien typischer Verfehlungen das konventionell Beschreibbare am Kriterium der „Sündhaftigkeit" entlang inspiziert und evaluiert. Mögen Beichten auch als frühmoderne Biographiegeneratoren betrachtet werden, denen spätere wie die institutionalisierten Formen der Selbstthematisierung etwa in psychotherapeutischen Interaktionen folgten, so sind sie in ihrer pragmatischen, sprachlichen und kognitiven Form noch ein gutes Stück weit entfernt von jenen *narrativen* Selbstthematisierungen, die für die Konstitution moderner personaler Identität so bedeutend sind. Die Beichte folgt nicht der Form bzw. dem Schema einer Erzählung, in der sich eine Person als Protagonist des erzählten, nicht zuletzt durch den Einbruch kontingenter Ereignisse dramatisierten Geschehens modelliert und *uno actu* als eine anvisierte Einheit von Differenzen in der Sach-, Sozial- und Zeitdimension synthetisiert.

Und doch macht schon die Beichte und dann die „Privatisierung" der Beichtinteraktion im Tagebuch die Person für die Person zu einem Thema. Spätestens Rousseau demonstriert, dass hierbei die Sprache der Person, in der sie sich selbst als Abweichung aussprechen will, zum Problem wird. Die Identität der Person wird im Zuge gesellschaftlicher Differenzierung allmählich auf den Weg der Verinnerlichung gebracht, wird zum Verhältnis, das ein Selbst zu sich selbst unterhält (Elias 1976), sie bleibt aber lange das besondere Manifest eines Allgemeinen, sei es der christlichen Tugenden, sei es der humanistischen Perfektion des *uomo universale* (Burckhardt 1976), sei es im Sinne der scholastischen Figur der substanziellen *haecceitas*.

Soziale Differenzierung schreitet auf verschiedenen Pfaden der Modernisierung – die unterschieden werden müssen und sich historisch auf unterschiedlichste Art kombiniert haben (Eisenstadt 2000) – voran und löst nicht nur den Markt, das Recht, die Wissenschaft und Kunst aus der pragmatischen Verklammerung einer redundanten Funktionserfüllung, welche noch im *Personenverbandsstaat* und noch in der frühen Form des modernen, zwar hierarchisch differenzierten, aber schon administrativ versachlichten Staatswesens vorherrscht.

Auch die soziale Lage oder Position des einzelnen Menschen verliert nach und nach und für eine stetig wachsende Anzahl von Menschen den Charakter einer lebenslangen Festgelegtheit. Die „hochkulturelle" Theorie der Individuen als explizierende Übersetzung der besonderen und „besondernden" Lage eines spezifischen sozialen Milieus in der Romantik artikuliert die innere Unendlichkeit der Person und den Prozesscharakter der Identität. Dies diffundiert mit der Vermehrung der sozialen Kreise und ihrer Schnittstellen (Georg Simmel) bis in alltägliche Lagen hinein. Die sozialen Ordnungen der moderner Gesellschaft entlassen die Personen aus dem traditionellen Korsett konventionalisierter Lebensführung und greifen in jeweils funktional relevanten Ausschnitten auf sie als mobile Ressourcen, die nun für sich selbst und sich um sich selbst zu sorgen haben, zurück. Niklas Luhmanns Charakterisierung der modernen Gesellschaft beschreibt die Personen schließlich als vollständig aus Funktionszusammenhängen exkludiert. Dieser Exklusion korrespondiert eine selektive semantische Reinklusion, die auf die eng geschnittenen Rollen partieller Teilnahme reduziert bleiben soll.

Die emanzipatorische Versprechung, der zufolge jede und jeder für sich – in der Formlierung Herders – das eigene Maß (Taylor 1994, S. 19), den eigenen Weg und gar das eigene Ziel finden darf, und auch noch die hermeneutische und existenzialistische Dramatisierung der Individualisierung des Identitätsprojekts hinterlassen nach der doppelten Befreiung der individuellen Produzenten (Karl Marx), die von Geburt an nur mehr ihre physische Leistungskraft selbstverständlich besitzen und auf den Markt tragen, erst einmal vor allem ein individualisiertes Sinnproblem. Denn die Prosperitätsphase moderner Sozial-, Rechts- und Wohlfahrtsstaaten macht das basale Problem der nackten physischen Existenz (noch heute für die meisten) vergessen, um dabei umso deutlicher die prekäre Beweglichkeit der Identität der Einzelnen sichtbar werden zu lassen und diesen selbst als Problem zu überantworten.

Jede grobe Skizze der komplexen Modernisierung von personalen Selbstverhältnissen droht den Gegensatz zwischen vormodernen und modernen Gesellschaften überzubetonen. Ethnologen und Kulturanthropologen haben längst mit der überkommenen Dichotomie zwischen „heissen" und „kalten", stabilen und mobilen Gesellschaften aufgeräumt. Traditionale und noch frühmoderne gesellschaftliche Formationen unterscheiden sich von der modernen Gesellschaft nicht dadurch, dass hier in ewiger Ruhe Ordnung perpetuiert wird, sondern eher dadurch, dass der Wandel stiller und unbemerkt im gemeinsamen Takt minutiöser Verschiebungen des kollektiven Habitus – im Sinne einer beharrlichen semantischen und strukturellen Drift kompletter Arrangements zwischen Intentionen und Institutionen – vor sich geht. Im Übergang zur modernen Gesellschaft sorgt die Verselbständigung und Beschleunigung von Teilordnungen, Subsystemen, Handlungskontexten dafür, dass der Wandel durch die Auffälligkeit des Kontrastes als Bewegung in die Erfahrung tritt. Dass

Erfahrungsraum und Erwartungshorizont auseinander treten können (Koselleck 1984), wenn Strukturtransformationen auf die Mesoebene kollektiver und generationaler Erfahrungsspannen herabsteigen, dass sich erst soziale und dann biographisch-personale Projektspielräume freilegen, lässt sich auf eine spezifische Konstellation von Differenzierung und Reintegration beziehen.

Die materielle, symbolische, kulturelle und pragmatische Reproduktion von sozialer Ordnung differenziert sich in Subeinheiten der teilautonomen Reproduktion und Transformation, wobei diese Einheiten zugleich über pragmatische Austauschbeziehungen untereinander über Prozesse der Integration verbunden und in ihrer Entwicklung aufeinander bezogen bleiben. Dann führt das Auseinandertreten von teilautonomen Einheiten zur Konfrontation von Veränderungsmustern, die sich gegenseitig als Anlässe für weitere Umstellungen auffassen und somit zur Beschleunigung, vor allem zur Erfahrung der Veränderlichkeit führen. Komplexe Zeithorizonte entwickeln sich aneinander.

Gleiches gilt auf der Ebene der pragmatischen Kontexte personaler Identität. Mit Bezug auf die Person und von dieser selbst aus gesehen werden bewegte und bewegliche intentionale Selbstverhältnisse, Differenzerfahrungen und Heterogenitäten, stroboskopischer Kontextwechsel etc. überhaupt erst dann als solche erfahrbar und artikulierbar, wenn sie auf das Projekt der Einheit der Person bezogen bleiben und von der entwicklungslogischen Teleologie der Perfektion auf die Transitivität des pragmatischen Selbsthorizontes umgestellt werden.

Identität *wird* also erst in der Moderne transitorisch, jedenfalls in dem Sinne, dass sie sich als transitorisch entdeckt und expliziert, sobald die Veränderlichkeit der Person und die Aufgabe der Selbstrealisierung durch soziale Differenzierung auffällig wird. Der theoretische Begriff der transitorischen Identität erfordert darum keine „ontologische" Rückversicherung, sondern bleibt eine Explikation, die sich in epistemischer Zurückhaltung an die Historizität ihrer Evidenzen erinnert, sich selbst also als soziostrukturell beförderte Explikation der Auffälligkeit einer vordem verdeckten Struktur versteht.

Nicht die Identitäten „an sich" erwachen aus der Erstarrung „vormoderner" Gesellschaften, sondern die Zeithorizonte der Transformation von Sozialstrukturen und reflektierenden Semantiken ändern sich, rücken durch soziale Differenzierung auseinander und reiben sich bei andauernder Beziehung untereinander, so dass sie die intentionale und kommunikative Kontrast- und Differenzerfahrung anstoßen. Die transitorische Identität der Person erscheint dann als eine universale Voraussetzung, die als solche aber erst unter modernen Bedingungen pragmatisch entbunden wird und reflexiv in Betracht kommt. Die identitätstheoretische Explikation des „modernen" personalen Selbstverhältnisses ist in diesem Sinne selbst Moment der Moderne. Aus dem Universalitätsanspruch des identitätstheoretischen Begriffes folgt dann eben nicht die Allgemeingültigkeit oder Verbindlichkeit bestimmter Personenkonzepte, sondern nur die Universalität der Kontingenz konkreter Ausformungen der pragmatischen Potenziale von Personen.

Die Einheit der Identität ist darum auch grundbegrifflich nicht eindeutig festgelegt, auch nicht auf eine bestimmte, vor allem moderne, Form der transitorischen Identität, sondern sie folgt dem soziostrukturellen Stand der Differenzierung von Handlungszusammenhängen und der spezifischen Konstellation, in der diese ausdifferenzierten Kontexte wieder aufeinander bezogen sind. Darum muss die nähere Bestimmung aktueller Bedingungen der transitorischen Identität der Person auf Medien und Formen der Identifizierung achten, die für eine gesellschaftliche Konstellation, grob gesprochen: heute für die moderne Gesellschaft, typisch sind.

IV

Die Individualisierung des Identitätsprojektes der Person motiviert mit der modernen Aufmerksamkeit für die Form personaler Selbstverhältnisse also ebenso einen revidierten Begriff der Identität wie die theoretische und schließlich therapeutische Aufmerksamkeit für das faktische Gelingen solcher Projekte: Die Antwort auf die Frage, wer eine Person ist, wird zuerst zur Veränderung der Frage, die nun lautet, als wen sich die Person selbst entwirft, dann zur Reflexion dieser Frageform im Begriff z. B. einer „Identität im Übergang", schließlich aber wieder zur sozialen Aufmerksamkeit für das Gelingen einzelner, an die Personen überantworteter Projekte.

Den zweiten Schritt bringt – noch einmal – Manfred Sommer zum Ausdruck: „Identität, die sich im Übergang einstellt und bewährt, bedeutet: trotz einer Vielheit von Handlungen ein und derselbe zu bleiben und dank dieser Vielheit einer zu werden, der, wenn er ‚ich' sagt, sich einschlussweise auf die Zufälligkeit seiner Geburt, die Leiblichkeit seiner Existenz und die Einmaligkeit seiner Lebensgeschichte bezieht. Beides ist im Prinzip der Selbsterhaltung zusammengefasst: Selbst*erhaltung* als beharrliches Handeln aus *einem* Prinzip und *Selbst*erhaltung als Anknüpfung kontingenter Widerfahrnisse an spontane Intentionalität. Identität im Übergang ist Selbsterhaltung im Lebensvollzug" (Sommer 1988, S. 9; Herv. im Original).

Nicht in jedem Fall lässt sich ein Selbst erhalten und behaupten. Bisweilen stehen bereits den ersten Schritten, die im Rahmen einer „Entwicklungspsychologie der Lebensspanne" (life-span developmental psychology) als psychosoziale *Voraussetzungen* der prozeduralen Verfassung personaler Identität aufgefasst werden können, beträchtliche Barrieren und Widerstände entgegen. *Ein Beispiel* bieten etwa Kindheitserfahrungen, die zu einer frühzeitigen Beeinträchtigung des Zeitgefühls und des entstehenden Zeitbewusstseins der Heranwachsenden führen, mithin zu Schwierigkeiten in der zeitlichen Orientierung. Seit Eriksons Arbeiten werden die Phänomene der Identitätskonfusion oder der -diffusion – sowohl in ihren pathologischen als auch in ihren in jedem Leben unvermeidlichen Formen – auch als Beeinträchtigungen der subjektiven Kompetenz zur Strukturierung physikalischer, sozialer und psychischer Zeit aufgefasst, wodurch die Handlungs-, Interaktions- und Beziehungsfähigkeit der betroffenen Person in Mitleidenschaft gezogen wird. Bereits Erikson verwies auf den (schon vorher und vor allem seither vielfach bestätigten) empirischen Befund, dass schon die Art der sozialen Beziehung zu frühen Bezugspersonenen – seinerzeit primär zur Mutter – überaus bedeutsam ist für die Entwicklung von Zeitgefühl und Zeitbewusstsein und damit der Fähigkeit, das eigene Handeln in einem durch die Vergangenheit, Gegenwart und Zukunft und deren komplexe Interrelationen strukturierten „Zeitraum" zu imaginieren, zu entwerfen und zu vollziehen: Schon die Entwicklung des von Erikson so genannten „Urvertrauens" ist, wie Melges (1985, S. 17) rekapituliert, davon abhängig, dass die Mutter oder eine sonstige primäre Bezugsperson „is predictable in meeting the infant's needs". Dies bedeutet: „Infants deprived of adequate mothering do not develop a mature sense of time" (ebd.), und dies *kann* Folgen für die viele Jahre später ins Zentrum der psychosozialen Entwicklung rückende Identitätsbildung zeitigen. Identitätsdiffusionen äussern sich gerade auch als (in ihrem phänomenalen Erscheinungsbild höchst vielfältige) „time diffusion". Einer besonders einschneidenden Form dieses Angriffs auf existenziell bedeutsame Temporalstrukturen sind Personen ausgesetzt, die Vergangenheit, Gegenwart und Zukunft als vollständig voneinander abgeschnittene, separierte Zeiträume erleben und artikulieren: „This temporal discontinuity is reflected in statements that the past, present, and future seem like ‚separate islands' of experience with little relation to each other. Along with this feeling of discontinuity of time, there is often a pervasive feeling of loss of self-direction and an incapacity to plan toward goals. [...] The findings indicate that, as the timeline of the past, present, and future becomes discontinuous and fragmented, the self comes to feel strange and unfamiliar – that is, depersonalized [...] The fragmentation of the sense of self is common during the acute stages of schizophrenia" (ebd., S. 141). Die Diffusion und der Zerfall personaler Identität werden von den Betroffenen – womöglich, unter anderem – nicht zuletzt als Spaltungen einer Zeit erlebt, die nicht mehr narrativ konfiguriert bzw. refiguriert werden kann. „Going to pieces": diesbezüglich sind das Erleben der Zeit und der aspirierten Identität einer Person interdependent. Melges rekonstruiert in psychiatrischer Perspektive unterschiedliche psychopathologische Störungsbilder – z. B. die Paranoia oder Depression – als massive Identitätsstörungen, wobei sie diese als Beeinträchtigungen des *Zeitgefühls und Zeitbewusstseins* – „loss of control of the future/overfuturing" im Fall der Paranoia, „blocks to the future" im Fall der Depression –, kurz:

als (partiellen oder vollständigen) Verlust der Fähigkeit, im physikalischen, sozialen und psychischen Koordinatensystem aktiv konstruierter „Zeiträume" zu denken, zu fühlen, zu wollen und zu handeln. Beeinträchtigungen dieser Fähigkeit unterminieren die für die transitorische Identität so bedeutsame Selbstkontinuierung von Subjekten. Wie die aktive Selbstkontinuierung ist jetzt, in der moderen Perspektive, auch die in allen psychologischen Identitätstheorien ebenfalls hervorgehobene Kohärenz eines Selbst ein nicht zu vernachlässigender Faktor in der Entwicklung und Differenzierung subjektiver Befindlichkeiten und Handlungspotenziale.

Im Horizont moderner Individualität ist für die theoretische Bestimmung des Identitätsbegriffs der „negative" Kontrasthorizont einer (zumindest vorläufig) blockierten Identitätssuche seit jeher wichtig. Daran ändert sich auch nichts, selbst wenn wir heute alle (allzu scharfen) Grenzziehungen zwischen Pathologischem und Normalem unter Vorbehalt stellen, weil sie womöglich mit den Normalisierungs- und Konventionalisierungsstrategien einer disziplinierenden Moral und Politik einher gehen.

Auch das vor allem in den USA viel diskutierte, zeitgenössische Massenphänomen der *Multiple Personality Disorder* (MPD) wirft ein Licht auf die moderne Erwartung an den Umgang der Person mit sich selbst. Dies gilt jedenfalls dann, wenn man ein einigermaßen genaues Erscheinungsbild der multiplen Persönlichkeit zeichnet und die psychosozialen Implikationen und Konsequenzen dieser spezifischen Strukturierung der Person ohne verharmlosende Absichten beschreibt. Völlig neu ist die Diagnose der multiplen Persönlichkeit bekanntlich nicht. Von MPD berichtete die französische psychiatrische Literatur bereits im letzten Drittel des 19. Jahrhunderts (Hacking 1995; McAdams 1997, S. 50). Dabei wurde nichts beschönigt. Das Leid der Betroffenen stand im Zentrum: „In the late 19th century, multiple personality disorder provided a new way to be an unhappy person" (McAdams 1997, S. 51). Dies wird heute bisweilen anders gesehen. Mit spektakulärer Geste beschreibt zum Beispiel Peter Orban (1996, S. 10f.) MPD nicht primär in pathologischer Perspektive als eine Persönlichkeits*störung*, sondern in anthropologisch-psychologischer Sicht „als ein allgemein menschliches" Phänomen und sogar als einen „neuen archimedischen Punkt, mit dessen Hilfe wir in der Lage sind, unsere Kenntnis der menschlichen Seele um ein Vielfaches (gegenüber der Sicht Freuds) zu erweitern." Solche Angleichungen der (auch von Orban so bezeichneten) pathologischen multiplen Persönlichkeit an ein heute vermeintlich normales Erscheinungsbild des gewöhnlichen multiplen Menschen reduzieren alle Differenzen zwischen diesen Typen auf lediglich graduelle, quantitative Unterschiede. Dadurch verkennt man Wesentliches.

Hacking (1995, S. 236) sieht das Phänomen dagegen als „a culturally sanctioned way of expressing distress". Und McAdams weist darauf hin, dass die Psychiatrie vom Label MPD mittlerweile abgekommen ist und die Bezeichnung „dissociative identity disorder" vorzieht. Zweck dieses Namenwechsels ist „to dampen the idea that such a disorder involves the proliferation of autonomous, executive agents possessing complete alternative personalities" (ebd., S. 54).[11] Mit Hacking (1995, S. 266) betont auch er, durch die neue Namensgebung solle ganz unzweideutig auf die pathologische Seite dieses Phänomens aufmerksam gemacht werden, auf die „disintegration, the loss of wholeness, the absence of the person". Wer an MPD leidet, hat demnach eher von etwas zu wenig („selfing") als zu viele Selbste. Die mit der Diagnose MPD bezeichnete Vervielfachung einer Person bzw. eines Selbst impliziert, dass die vielen vereinzelten Selbste in *völlig unkontrollierbarer* Weise wie eigenständige, voneinander unabhängige „Persönlichkeiten" fungieren „who posess their own moods, memories, and behavioral repertoirs" (McAdams 1997, S. 50). Der in multiple Selbste auseinander dividierte Mensch ist sich dieser Spaltungen (zumindest zeitweise) bewusst und leidet unter ihnen, nicht zuletzt wegen der damit einher gehenden Komplikationen in der sozialen Praxis.

V

Der in unverbundene Teile zerfallene Mensch gilt als ein eindeutiges Kriterium für eine misslingende Identitätsbildung, und er bietet gleichzeitig ein paradigmatisches Modell für die eher skeptische Auffassung des Begriffs der personalen Identität, die ebenso zum Reigen der expliziten Selbstdeutungen der Moderne gehört.

Das Fragment ist in diesem Sinne zu einem bevorzugten Wort vor allem postmodernistischer, skeptischer Analysen des modernen Identitätskonzepts geworden. Die Identität der Person findet sich philosophisch kritisch beargwöhnt: die Person soll und kann gar keine Einheit sein, allenfalls kann sie diese zwanghaft und auf Kosten ihrer selbst und anderer herbeizwingen. Postmoderne Autoren stellen den Begriff der personalen Identität in den Schatten des auftrumpfenden, modernen Subjektbegriffs und vermuten in der Aufgabe, die den Personen selbst obliegt, sich angesichts widerstreitender Situationen, Erfahrungen, Erwartungen, Wünsche und Strebungen zu

11 Der pathologische, die Autonomie der Person drastisch beschneidende Charakter kommt auch in der Standarddefinition der MPD im Diagnostic and Statistical Manual of Mental Disorders (DSM-III) zum Ausdruck: „A: Die Existenz von zwei oder mehreren voneinander unterschiedenen Persönlichkeiten (oder Persönlichkeitszuständen) innerhalb einer Person (jede davon mit ihrem eigenen lang andauernden Muster von Wahrnehmungen, von Beziehungen und von Denkvorgängen gegenüber der Umgebung und gegenüber dem eigenen Selbst). B: Wenigstens zwei dieser Persönlichkeiten oder Persönlichkeitszustände übernehmen wiederholt die Kontrolle über das Verhalten der (Gesamt-)Person."

einem Ganzen zu synthetisieren, nicht das Zugeständnis an die individuelle Freiheit, sondern den subtilen Zwangsmechanismus, der auf dem Schleichweg der Internalisierung von Kontroll- und Disziplinardispositiven (Michel Foucault) den Einzelnen die Verantwortung für die Verantwortlichkeit aufbürdet. Autonomie der Person in Gestalt subjektiver Freiheit der individuellen Person (nicht schon in Form der Kantischen „Vernunfttatsache", die die allgemeine Persona moralis angeht) ist dann nur der ungedeckte Wechsel, der den Personen die vermeintliche Freiwilligkeit der in Selbstregie genommenen Unterwerfung ihrer selbst und anderer – sowie der Natur (Theodor W. Adorno, Max Horkheimer) – schmackhaft und einsichtig machen soll. Ein zentrales Anliegen postmoderner Bedenken ist die Warnung vor den zwanghaften Konnotationen des Identitätsbegriffs, Die Beweglichkeit personaler Selbstverhältnisse ruft innerlich wie von außen eindringende Heterogenitäten der Erfahrung, der Situationen, Anforderungen und Absichten auf den Plan. Identität als personal angestrebte, theoretisch behauptete oder wenigstens vermutete und erwogene, steht diesbezüglich im Verdacht, nur um den Preis der normativ fragwürdigen Unterdrückung des Heterogenen erzielt werden zu können. Der Weg von der Durchsetzung personaler Identität und Autonomie gegen die Widerspenstigkeiten des Heterogenen hin zur Gewalt, zu der verschobenen Entfesselung des eben nur angeblich Anderen der Vernunft in nackter Unterdrückung und rationalisierter Tortur ist dann nicht mehr weit.

Die Einheit der Person, die Identität als ein komplexes Selbstverhältnis, das mehr ist als die numerische Identität des Körpers, der einen Namen und Einträge in die Register des Personenstandswesens auf sich gezogen hat (dies aber auch; vgl. Ricœur 1996), zersplittert nach dieser Auffassung längst in die unverträglichen, synchron wie diachron widerstreitenden Aspekte, die den äußeren Erwartungen und Zuschreibungen von untereinander ebenso unverträglichen und indifferenten Teilsystemen oder Sonderkontexten der Gesellschaft entsprechen.

In diesem Punkt findet die postmoderne Fragmentierungsthese Unterstützung in den differenzierungstheoretischen Charakterisierungen moderner Gesellschaften durch die Theorie autopoietischer, selbstreferenzieller Systeme. Je radikaler die soziale Differenzierung aus der konstruktivistischen Perspektive beschrieben wird – d. h. als Autonomie der Systeme im Zuge der operationalen Schließung gegenüber einer Umwelt, die nurmehr als Projektion innerhalb eines Systems in Erscheinung tritt –, desto unverträglicher scheinen natürlich die jeweiligen systemspezifischen Personenprojektionen und -erwartungen untereinander, und umso größer, schließlich untragbar, wird die Last der Einheit einer Identität, die jene selektiven Personenaspekte auszubalancieren hätte.

Die These einer vollständigen, bereits vollzogenen, soziostrukturell geradezu erzwungenen Fragmentierung der Person lebt allerdings von theoretischen Verallgemeinerungen, die bei näherer Prüfung als zweifelhaft gelten müssen: die eine ist die differenzierungstheoretische Übergeneralisierung der vermeintlichen Inkommensurabilität zwischen sozialen Kontexten,[12] die andere betrifft den Gegenbegriff zur fragmentierten oder polyphrenen Person selbst, jenes also, was als Identität einer Person nach Maßgabe solcher Analysen und Charakterisierungen nicht mehr möglich sei.

Die Diagnose eines (deskriptiv behaupteten und/oder normativ geforderten) Endes der Identität verabschiedet allerdings (wie eingangs formuliert) die reduktionistische Übervereinfachung des Identitätsbegriffes. Die Kritik am modernen Konzept der personalen Identität trifft damit unseres Erachtens nicht ein Konzept der transitorischen Identität, das den Einheitspunkt der Person auf die Ebene der praktisch motivierenden Aspiration verschoben sieht.

Ob das Spektrum der möglichen Deutungen der typisch modernen personalen Selbstverhältnisse mit dieser knappen Skizze umrissen ist – auch dieser Frage widmen sich die in diesem Band gesammelten Aufsätze. Sie tragen mindestens zweierlei Gegenüberstellungen aus. Zum einen repräsentieren sie unterschiedliche Disziplinen, wie die Soziologie, die Philosophie, Psychologie, Pädagogik oder Medienwissenschaften, befördern also eine mit Bezug auf das Problem der Identität besonders sinnvolle Interdisziplinarität, zum anderen bewegen sie sich – durchaus kontrovers – im Spektrum der Identitätstheorie zwischen den Polen der reduktionistischen Vereinseitigung auf die Gleichheit der Person mit sich selbst und Varianten der Fragmentierungsthese. Die im Folgenden versammelten Aufsätze verfolgen die dynamische Kontur einer transitorischen Identität in verschiedenen Dimensionen, die wir auf fünf Begriffe gebracht haben: Autonomisierung, Narrativierung, Differenzierung, Exzentrierung und Virtualisierung.

Literatur

Assmann, Jan (1992): *Das kulturelles Gedächtnis. Schrift, Erinnerung und politische Identität in frühen Hochkulturen*. München: Beck.

Ashmore, Richard D. und Lee Jussim (1997) (Hg.): *Self and Identity. Fundamental Issues*. New York, Oxford: Oxford University Press.

12 Diese Übergeneralisierung leitet das Verhältnis, das die Person zu den differenten sozialen Identifizierungen ihrer Einheit unterhält, aus dem Verhältnis von Systemen, die für einander Umwelten sind, ab, ohne Zwischenebenen der kommunikativen und pragmatischen Realisierungen und Artikulationen der Person in Rechnung zu stellen.

Assmann, Aleida und Heidrun Friese (Hg.), (1998): *Identitäten*. Erinnerung, Geschichte, Identität, Bd. 3. Frankfurt a. M.: Suhrkamp.

Barkhaus, Annette, Matthias Mayer, Neil Roughley und Doas Thürnau (1996) (Hg.): *Identität, Leiblichkeit, Normativität*. Frankfurt a. M.: Suhrkamp.

Boesch, Ernst E. (1991): *Symbolic Action Theory and Cultural Psychology*. Berlin, Heidelberg, New York: Springer.

Bosma, Harke A., Tobi L. G. Graafsma, Harold D. Grotevant (1994): *Identity and Develpment. An Interdisciplinary Approach*. Thousand Oaks, London, New Delhi: Sage.

Britton, Bruce K. und Anthony D. Pellegrini (Hg.): *Narrative Thought and Narrative Language*. Hillsdale/NJ: Erlbaum.

Bruner, Jerome S. (1990): *Acts of Meaning*. Cambridge/Mass., London: Harvard University Press.

Burckhardt, Jacob (1976): *Die Kultur der Renaissance in Italien*. Stuttgart: Kröner.

Calhoun (1994):

Calhoun, Craig. J. (1994): Social Theory and the Politics of Identity. Oxford/UK, Cambridge/Mass.: Blackwell.

Diagnostic and Statistical Manual of Mental Disorders (DSM-III) (1980): Washington/DC: American Psychiatric Association.

Eisenstadt, Shmuel (2000): *Die Vielfalt der Moderne*. Weilerswist: Velbrück.

Elias, Norbert (1976): *Über den Prozeß der Zivilisation. Soziogenetische und psychogenetische Untersuchungen*. Frankfurt a. M.: Suhrkamp.

Frey, Hans Peter und Karl Haußer (1987) (Hg.): *Identität. Entwicklungen psychologischer und soziologischer Forschung*. Stuttgart: Enke.

Gergen, Kenneth J. (1991): *The Saturated Self*. New York: Basic Books.

Giddens, Anthony (1992): *Modernity and Self-Identity. Self and Society in the Late Modern Age*. Cambridge: Polity Press.

Habermas, Jürgen (1985): Hegels Begriff der Moderne. In: ders.: *Der philosophische Diskurs der Moderne*. Frankfurt a. M.: Suhrkamp, S. 34-59.

Habermas, Jürgen (1988): Individuierung durch Vergesellschaftung. In: ders.: *Nachmetaphysisches Denken*. Frankfurt a. M.: Suhrkamp, S. 187-242.

Hacking, Ian (1995): *Rewriting the Soul: Multiple Personality and the Sciences of Memory*. Princeton: Princeton University Press.

Hahn, Alois (1987): Identität und Selbstthematisierung. In: ders. und Volker Kapp (Hg.): *Selbstthematisierung und Selbstzeugnis: Bekenntnis und Geständnis*. Frankfurt a. M.: Suhrkamp, S. 9-25.

Hahn, Alois und Cornelia Bohn (1999): Selbstbeschreibung und Selbstthematisierung. Facetten der Identität in der modernen Gesellschaft. In: Herbert Willems und Alois Hahn (Hg.): *Identität und Moderne*. Frankfurt a. M.: Suhrkamp, S. 33-62.

Heiner Keupp und Renate Höfer (1997) (Hg.): *Identitätsarbeit heute. Klassische und aktuelle Perspektiven der Identitätsforschung*. Frankfurt a. M.: Suhrkamp.

Koselleck, Reinhart (1984): Erwartungsraum und Erfahrungshorizont – zwei historische Kategorien. In: ders.: *Vergangene Zukunft*. Frankfurt a. M.: Suhrkamp, S. 349-376.

Kroger, Jane (1993): *Discussions on Ego Identity*. Hillsdale/NJ: Erlbaum.

Lash, Scott und Jonathan Friedman (1992) (Hg.): *Modernity and Identity*. Oxford/UK, Cambridge/Mass.: Blackwell.

Luhmann, Niklas (1989): Individuum, Individualität, Individualismus. In: ders.: *Gesellschaftsstruktur und Semantik* 3. Frankfurt a. M.: Suhrkamp, S. 149-259

McAdams, Dan P. (1997): *The stories we live by. Personal myths and the making of the self.* New York: Morrow.

Melges, Frederick Towne (1985): Time and the Inner Future. A Temporal Approach to Psychiatric Disorders. New York:Wiley & Sons,

Orban, Peter (1996): *Der multiple Mensch.* Frankfurt a. M.: Fischer.

Pape, Helmut (2002): Wovon war eigentlich die Rede. Mißverstehen als Scheitern von Identitätsunterstellungen, in: Joachim Renn, Jürgen Straub und Shingo Shimada (Hg.): *Übersetzung als Medium des Kulturverstehens und sozialer Integration.* Frankfurt a. M., New York: Campus, S. 62-93.

Quante, Michael (1999) (Hg.): *Personale Identität.* Paderborn: Schöningh (UTB).

Renn, Joachim (1997): *Existentielle und kommunikative Zeit. Zur „Eigentlichkeit" der individuellen Person und ihrer dialogischen Anerkennung.* Stuttgart: Metzler.

Renn Joachim (1999): Sozialexistentialismus. Moderne Identität als sozial konstituierte Existentialität, in: Martin Endreß und Neil Roughley (Hg.): *Anthropolgie und Moral. Philosophische und soziologische Perspektiven.* Würzburg: Königshausen & Neumann, S. 409-447.

Ricœur, Paul (1996): *Das Selbst als ein Anderer.* München: Fink (Original 1990).

Sommer, Manfred (1988): Einleitung. In: ders.: *Identität im Übergang: Kant.* Frankfurt a. M.: Suhrkamp, S. 9-13.

Straub, Jürgen (1996): Identität und Sinnbildung. Ein Beitrag aus der Sicht einer handlungs- und erzähltheoretischen Sozialpsychologie. In: *Jahresbericht 94/95 des Zentrums für interdisziplinäre Forschung der Universität Bielefeld*, hrsg. vom ZiF der Universität Bielefeld. Bielefeld: Universitätsdruck, S. 42-90.

Straub, Jürgen (1999): *Handlung, Interpretation, Kritik. Grundzüge einer textwissenschaftlichen Handlungs- und Kulturpsychologie.* Berlin, New York: de Gruyter.

Taylor, Charles (1994): *Multikulturalismus und die Politik der Anerkennung.* Frankfurt a. M.: Fischer.

Taylor, Charles (1994): *Quellen des Selbst. Die Entstehung der neuzeitlichen Identität.* Frankfurt a. M.: Suhrkamp (Original 1989).

Tugendhat, Ernst (1979): *Selbstbewußtsein und Selbstbestimmung. Sprachanalytische Interpretationen.* Frankfurt a. M.: Suhrkamp.

Wagner, Peter (1998): Fest-Stellungen. Beobachtungen zur sozialwissenschaftlichen Diskussion über Identität. In: Aleida Assmann und Heidrun Friese (Hg.): *Identitäten.* Frankfurt a. M.: Suhrkamp, S. 44-72.

Willems, Herbert und Alois Hahn (1999) (Hg.): Identität und Moderne. Frankfurt a. M.: Suhrkamp.

Personale Autonomie und biographische Identität

Michael Quante

Die Vorstellung, Personen sollten in ihrem Leben eine biographische Identität ausbilden, ist – vor allem im Zuge der Diskussion um die Postmoderne – in die Kritik geraten. Das normative Ideal, sein Leben als eine Person zu führen und in seiner Biographie eine Persönlichkeit auszubilden, gilt manchem und mancher als unzulässiges Vorschreiben einer traditionalen und durch die gesellschaftlichen Entwicklungen mittlerweile überholten Lebensform. Im Zuge einer solchen Argumentation wird es dann als Zugewinn an individueller Autonomie betrachtet, wenn diese Vorstellung einer biographischen Identität, die im Leben einer Person im Normalfall in der Ausbildung einer Persönlichkeit resultiert, aufgegeben wird. Bei näherem Hinsehen zeigt sich jedoch, dass auch dem Konzept der Autonomie ein impliziter Rekurs auf die biographische Identität der Person eingeschrieben ist: Ohne den Rückgriff auf diese Identität oder, wie ich im Folgenden gelegentlich auch sagen werde, ohne Rückgriff auf die Vorstellung einer Persönlichkeit lässt sich weder bestimmen, was unter der Autonomie einer Person überhaupt zu verstehen ist, noch angeben, ob einzelne Entscheidungen oder Handlungen von Personen als autonom einzuschätzen sind.

Um diese These plausibel zu machen, werde ich im Folgenden im Anschluss an die Theorie von Harry G. Frankfurt versuchen zu zeigen, dass eine befriedigende Konzeption der Autonomie auf die Konzeption der Persönlichkeit bzw. biographischen Identität der Person angewiesen ist. Die Theorie Frankfurts eignet sich vor allem deshalb als Ausgangspunkt meiner Überlegungen, weil sie auf die psychischen Fähigkeiten der Person abhebt und eine bestimmte Verfasstheit des Willens von Personen ins Zentrum der Aufmerksamkeit rückt (Abschnitt 1). Außerdem hat Frankfurts Vorschlag einen meines Erachtens stichhaltigen Einwand provoziert, der zeigt, dass seine Konzeption um die Dimension der biographischen Identität von Personen erweitert werden muss (Abschnitt 2). Bei der Erörterung dieses Zusammenhangs wird sich weiter zeigen, dass personale Autonomie darüber hinaus eine externalistische Analyse verlangt: Im sozialen Umfeld der Person müssen Bedingungen gegeben sein, die für die Autonomie der Person konstitutiv sind (Abschnitt 3).

1. Die hierarchische Analyse personaler Autonomie

1.1 Frankfurts Autonomiekonzeption

Ausgehend von der klassischen Unterscheidung zwischen Handlungs- und Willensfreiheit hat Frankfurt in seinem Aufsatz „Freedom of the will and the concept of a person“ eine hierarchische Analyse personaler Autonomie vorgeschlagen.[1] Dieser Analyse zufolge muss man zwischen Wünschen verschiedener Ordnungen unterscheiden: Wenn sich in der Formel „Ich wünsche, dass x“ x auf eine von mir auszuführende Handlung bezieht, handelt es sich um einen Wunsch erster Ordnung. Wird für x dagegen ein Wunsch erster Ordnung eingesetzt („Ich wünsche, dass ich wünsche, dass x“), dann erhält man einen Wunsch zweiter Ordnung. Da Frankfurt keine Grenze für die Aufstufung zieht, kann man allgemein sagen, dass man einen Wunsch der Ordnung n+1 erhält, wenn sich dieser Wunsch auf einen Wunsch n-ter Ordnung bezieht.

Weiterhin unterscheidet Frankfurt zwischen dem Wunsch, dass x und dem Wollen, dass x. Letzteres bezeichnet den faktisch effektiven Wunsch, d. h. denjenigen Wunsch, der tatsächlich die Handlung initiiert. Wichtig z. B. für die Analyse von Willensschwäche ist die Tatsache, dass der Wille nicht identisch sein muss mit dem vom Handlungssubjekt beabsichtigten oder intendierten. Es ist möglich, dass ein anderer Wunsch faktisch effektiv ist als derjenige, von dem das Handlungssubjekt wünscht, dass er effektiv wäre. Insgesamt bezeichnet x in „Ich wünsche, dass x“ genau dann meinen Willen, wenn x auch der effektive Wunsch ist.

Um zu entscheiden, ob der Wille einer Person als autonom gelten kann, muss nach Frankfurt auch die Ebene von Wünschen zweiter Ordnung mit in Betracht gezogen werden. Auf der Ebene der Wünsche zweiter Ordnung müssen nun ebenfalls einige Unterscheidungen getroffen werden. Zuerst einmal unterscheidet Frankfurt zwischen dem Wunsch zweiter Ordnung und der Volition zweiter Ordnung. Ein Wunsch zweiter Ordnung bringt zum Ausdruck, dass ein Handlungssubjekt sich wünscht, einen Wunsch erster Ordnung zu haben. Eine Volition zweiter Ordnung bringt darüber hinaus zum Ausdruck, dass das Handlungssubjekt sich wünscht, dass

1 In späteren Arbeiten hat Frankfurt Korrekturen und Verfeinerungen seiner Theorie vorgenommen; diese Aufsätze sind, genauso wie der ursprünglich 1971 erschienene Aufsatz über den Zusammenhang zwischen Willensfreiheit und den Begriff der Person, gesammelt in Frankfurt (1988). Die folgende Darstellung konzentriert sich auf die Grundzügen seiner Theorie und lässt die Entwicklungen weitgehend außer acht. Außerdem wird die mit der Freiheit des Willens verbundene Problematik des Frankfurtschen Kompatibilismus ausgeblendet und lediglich der von ihm ebenfalls hergestellte Zusammenhang zur Autonomie diskutiert (zur Willensfreiheit vgl. Quante 1998a und 1998b).

der gewünschte Wunsch erster Ordnung darüber hinaus auch sein Wille, d. h. effektiv sein möge.[2]

Ein Wille ist nach Frankfurt nun genau dann autonom, wenn die Volition zweiter Ordnung auch effektiv wird, d. h. wenn der erwähnte Wunsch erster Ordnung der Wille des Handlungssubjekts ist.[3] Die Ausbildung von Volitionen zweiter Ordnung ist nach Frankfurt hinreichend dafür, dass es sich bei dem fraglichen Wesen um eine Person handelt. Und wenn diese Volitionen zweiter Ordnung hinreichend häufig effektiv sind, handelt es sich um eine autonome Person. Mit anderen Worten: Personale Autonomie besteht darin, dass eine Person effektive Volitionen zweiter Ordnung ausbildet.

Wie Frankfurt weiter ausführt, ist für die Ausbildung von Volitionen zweiter Ordnung die *Identifikation* der Person mit ihrem Wunsch erster Ordnung notwendig. Hierbei handelt es sich um den evaluativen Akt der „Identifikation mit" und damit um einen Fall der für Personen konstitutiven Fähigkeit, ein evaluatives Selbstbild

2 Frankfurts Theorie scheint mir hier nicht ganz präzise zu sein, da er nicht zwischen effektiven und ineffektiven Volitionen zweiter Ordnung unterscheidet. Er legt fest, dass ein Wunsch zweiter Ordnung genau dann effektiv ist, wenn der in ihm erwähnte Wunsch erster Ordnung effektiv ist. Dies lässt aber zu, dass dieser Wille zweiter Ordnung nicht auf eine Volition zweiter Ordnung zurückgeht, sondern nur auf einen Wunsch zweiter Ordnung. Der folgende Fall ist denkbar: Das Handlungssubjekt hat einen Wunsch zweiter Ordnung, in dem die Handlung y erwähnt wird, und eine Volition zweiter Ordnung, in der die Handlung x erwähnt wird. Faktisch wird y effektiv, so dass die Volition nicht den Willen des Handlungssubjekts zum Ausdruck bringt. Da es mir hier aber nur um die Analyse der hierarchischen Konzeption der Autonomie geht, lasse ich diese Komplikation beiseite.

3 An dieser Stelle verbirgt sich eine weitere Schwierigkeit, die in der philosophischen Handlungstheorie als das Problem der fehllaufenden Kausalketten bekannt ist. Intuitiv würde man für Autonomie fordern, dass der Wunsch erster Ordnung genau deshalb effektiv wird, weil das Handlungssubjekt die entsprechende Volition zweiter Ordnung hat. Aber Frankfurt fordert nicht ausdrücklich, dass zwischen den beiden Ebenen ein Kausalverhältnis bestehen soll. Deshalb blende ich hier die Frage nach der richtigen Weise dieser Verursachung aus. Zum einen müßte geklärt werden, ob eine nichtkausale Analyse des fraglichen Zusammenhangs zwischen Volition und Wille für Autonomie adäquat sein kann. Zum anderen muss man, wenn eine Kausalanalyse notwendig ist, eine Verursachung der richtigen Art fordern, um z. B. folgenden Fall auszuschließen: Das Handlungssubjekt S hat den Wunsch, dass x, und bildet die Volition zweiter Ordnung aus, dass sein Wunsch, dass x auch sein Wille sein möge. Das Ausbilden dieser Volition lässt S nervös werden und seine Nervosität ist kausal hinreichend dafür, dass sein Wunsch, dass x, faktisch effektiv wird, während ohne diese Nervosität sein Wunsch, dass y, effektiv geworden wäre. Für eine Theorie der Autonomie muss man, um diese und die in der vorangegangenen Fußnote angedeuteten Gegenbeispiele auszuschließen, die Bedingung fordern, dass ein zu Volitionen zweiter Ordnung fähiges Handlungssubjekt kein Motivationsproblem hat.

oder eine Persönlichkeit zu haben.[4] Mit der Ausbildung einer Volition zweiter Ordnung stimmt die Person einem Wunsch erster Ordnung zu und legt damit fest, welcher Wunsch ihr Wille sein soll. Solche Identifikationen sind insgesamt ein Kernbestand der Persönlichkeit einer Person und konstituieren wesentlich, wer oder was eine Person sein will. Insgesamt kann Frankfurts Analyse aufgrund des evaluativen Charakters der Identifikation zum einen die evaluativen Aspekte der Autonomie einfangen; zum anderen wird auf diese Weise implizit ein Bezug zwischen personaler Autonomie und biographischer Identität bzw. Persönlichkeit hergestellt.

Frankfurts Ansatz rekurriert dabei allein auf die hierarchische Struktur der Psychologie einer Person. Deshalb ist seine Theorie in der gerade skizzierten Form gravierenden Einwänden ausgesetzt. Diese Einwände lassen sich, wie im Folgenden gezeigt werden soll, entkräften, indem der Bezug auf die biographische Identität der Person explizit gemacht wird.

1.2 Die Hauptprobleme für Frankfurts Analysevorschlag

In den zahlreichen Beiträgen, die sich mit Frankfurts Vorschlag kritisch auseinandersetzen, lassen sich vier teilweise miteinander verbundene Hauptprobleme identifizieren:[5]

- das Regress-Problem,
- das ab-initio-Problem,
- das Problem des Wunscherwerbs,
- das Internalismusproblem.

(a.) *Das Regress-Problem*: Das Regress-Problem stellt sich in zwei Formen – als Dilemma und als infiniter Regress. Die Tatsache, dass Frankfurt unbegrenzt höherstufige mentale Einstellungen zulässt, führt erstens zu einem Dilemma. Einerseits erscheint eine unendliche Aufstufung mentaler Zustände angesichts der psy-

---

4 Im Unterschied zu dieser Lesart hat Galen Strawson eine Interpretation vorgeschlagen, in der der Identifikation keine Evaluation innewohnt. Seiner Auffassung nach besteht die Identifikation einfach in dem Urteil, dass ein Wunsch erster Ordnung mein eigener Wunsch ist, welcher durch dieses Urteil in das gesamte Überzeugungs- und Wunschsystem integriert wird (Strawson 1986, S. 243ff.). Strawson versteht Identifikation als „Identifikation als" – ich identifiziere den fraglichen Wunsch erster Ordnung als denjenigen (bzw. einen), den ich faktisch habe. Neben der Schwierigkeit, dass auf diese Weise der evaluative Charakter der Autonomie nicht, zumindest nicht durch die Identifikation, erfaßt wird, scheitert dieser Analysevorschlag auch an dem Problem des Wunscherwerbs (vgl. dazu Abschnitt 2.3).

5 Ich folge hier teilweise der Analyse von Christman (1991); die inhaltliche Bewertung der einzelnen Probleme deckt sich allerdings nicht mit Christmans Auffassung.

chischen Begrenztheit menschlicher Subjekte als unangemessen. Andererseits hat die alternative These, es handele es sich bei höherstufigen mentalen Einstellungen lediglich um logisch-semantische Phänomene reflexiver Einstellungen, die inakzeptable Konsequenz, dass nicht zu sehen ist, weshalb sich in diesem Phänomen ein für Autonomie relevantes Merkmal verbergen sollte.[6] Vermeidet man dieses Dilemma durch die These, eine n-stufige mentale Einstellung werde aufgrund einer n+1-stufigen mentalen Einstellung faktisch als autonom ausgewiesen, droht ein infiniter Regress auf der Ebene der inhaltlichen Begründung.[7] Denn nun lässt sich zu jedem Wunsch n+1-ter Stufe, der einen entsprechenden Wunsch n-ter Stufe autonom werden lässt, seinerseits ein entsprechender Wunsch n+2-ter Stufe annehmen, der die Autonomie des Wunsches n+1-ter Stufe garantiert. Blockiert man diesen drohenden Regress durch die These, dass Volitionen zweiter Stufe hinreichend für personale Autonomie sind, ergeben sich die beiden Varianten des ab-initio-Problems, die sich ebenfalls in Form eines Dilemmas präsentieren lassen.

(b.) *Das ab-initio-Problem*: Das eine Horn des Dilemmas, vor das die These, Volitionen zweiter Ordnung seien schlicht hinreichend für personale Autonomie, führt, besteht darin, dass auf diese Weise die Behauptung aufgestellt wird, es gebe mentale Einstellungen, die ohne weitere Begründung als autonom angesehen werden können. Wenn die autonomieverleihende Kraft nicht in einer besonderen Eigenschaft von Volitionen zweiter Stufe besteht, dann ist aber nicht mehr zu sehen, weshalb nicht auch Wünsche erster Stufe hinreichend für personale Autonomie sein könnten. Möchte man dies vermeiden, erweist sich der von Frankfurt vorgelegte Ansatz als unvollständig, da dieses besondere Merkmal von Volitionen zweiter Stufe nicht ausgewiesen worden ist. Dieses Unvollständigkeitsproblem ist das zweite Horn des Dilemmas.

---

6 Ich bin überzeugt davon, dass Autonomie mit dem Phänomen des Selbstbewußtseins bzw. des evaluativen Selbstverhältnisses von Personen eng verbunden ist und daher die Reflexivität hier nicht zufällig auftaucht (vgl. auch Frankfurt 1988, S. 161f.). Generell scheint mir die oben beschriebene logisch-semantische Inadäquatheit auf die Anwendung eines schlichten Subjekt-Objekt-Modells für Selbstbewußtsein zurückzuführen zu sein, welches diesem Phänomen nicht gerecht wird. Dieser These kann ich hier aber nicht weiter nachgehen. Gilbert Harman schlägt dagegen in seiner Analyse vor, den infiniten Regress als unproblematisches logisch-semantisches Phänomen anzusehen, welches sich der Selbstreferentialität von allen Intentionen verdankt (Harman 1993, S. 141, S. 144). Entsprechend kann er keinen speziellen Zusammenhang zwischen Volitionen zweiter Ordnung und personaler Autonomie erkennen.

7 Dieser Einwand findet sich z. B. bei Thalberg (1989, S. 130) und Friedman (1986, S. 22f.); Christman (1987) versucht diesem Einwand durch die Hinzufügung einer biographischen Dimension zu begegnen, welche zugleich seine Antwort auf den Unvollständigkeitsvorwurf darstellt (vgl. Abschnitt 2).

Thalberg (1989) und Watson (1989) haben das erste Horn des Dilemmas zum Anlass genommen, die hierarchischen Theorien von Frankfurt und Dworkin abzulehnen. Für Thalberg ist kein Grund vorhanden, die Entscheidungen der zweiten Ebene im Hinblick auf Autonomie generell vor den Wünschen erster Ordnung auszuzeichnen. Es sei schlicht nicht wahr, dass man das wahre Selbst auf der Ebene der Volitionen zweiter Stufe finde (Thalberg 1989, S. 130). Zumindest kann er in den vorgelegten Theorien kein Argument sehen, welches diesen Sonderstatus rechtfertigen könnte.

Watson hat die hierarchischen Modelle kritisiert, weil seiner Ansicht nach Autonomie nicht aufgrund der Höherstufigkeit von Volitionen zweiter Ordnung erklärt werden kann. Statt eines solchen logischen Unterschieds müsse man den fundamentalen Unterschied zwischen Wünschen und Werten als zweier voneinander unabhängiger Formen menschlicher Motivation beachten (Watson 1989, S. 112). Die Autonomie leite sich von der im Platonischen Sinne an erkennbaren und subjektunabhängigen Werten ausgerichteten Motivation der Wertungen ab. Personale Autonomie verdanke sich nicht der inneren Einstellung zu den Inhalten der eigenen Wünsche, sondern der Quelle dieser Inhalte selbst (ebd., S. 113f.). Es seien die genuin moralischen Werte, die die Autonomie einer Person ausmachen, sofern diese sie zum Motiv ihrer Handlungen macht.[8]

Um die bisher angesprochenen Probleme für eine hierarchische Analyse personaler Autonomie zu lösen, besteht ein wichtiger Schritt darin, weitere Kriterien zu nennen, die eine Volition zweiter Ordnung auszeichnen. Ansonsten schleicht sich auf der Ebene der Volitionen zweiter Ordnung ein unplausibler Dezisionismus ein, demzufolge personale Autonomie schlicht darin besteht, welche Volitionen zweiter Ordnung faktisch gewählt werden.

---

8 Watsons Ansatz ist damit in einem ursprünglicheren, nämlich ontologischen Sinne hierarchisch als die Modelle von Frankfurt oder Dworkin, da er zwei unterschiedliche und kategorial geschiedene Vermögen annimmt. Auch diesem Ansatz gegenüber hat Thalberg (1989, S. 134) den Vorwurf geäußert, er sei zu intellektualistisch und verorte das „wahre Selbst" einer Person nur in ihrem kognitiven System moralischer Überzeugungen und Motive. Watson hat dieser Kritik später partiell zugestimmt (vgl. Watson 1987). Der interessantere Aspekt von Watsons Theorie ist, dass er nicht auf subjektive Wünsche und Bedürfnisse reduzierbare Werte einführt. Der Frage, ob eine angemessene Theorie der Autonomie in diesem Sinne objektiv sein muss, kann ich im folgenden nicht weiter behandeln. Ein in der Ethik brauchbares Konzept der Autonomie sollte aber soweit wie möglich formal und „subjektivistisch", d. h. auf die jeweils individuellen Vorstellungen des Guten bezogen sein (vgl. Arneson 1994, S. 42ff.). Zum Unterschied zwischen einer wunsch- und einer wertorientierten Analyse personaler Autonomie vgl. auch Andersons Analyse von Frankfurts Begriff der Identifikation und Taylors Konzeption starker Wertungen (Anderson 1994). Einigen Entwicklungstendenzen in Frankfurts neueren Arbeiten, die der Integration von objektiven Werten in seine Theorie der Identifikation nahekommen, gehe ich nach in Quante (2000).

Ein solches zentrales Kriterium ist die Kohärenz, d. h. die Integration einer Volition zweiter Ordnung und des korrespondierenden Wunsches erster Ordnung in das Gesamtmuster von Überzeugungen und Wünschen einer Person (Waddell Ekstrom 1993).[9] Über die Kohärenz hinaus muss aber auch das Element der Evaluation, welches in der Relation zwischen Volition zweiter Ordnung und entsprechendem Wunsch erster Ordnung bzw. in der Identifikation mit letzterem enthalten ist, als zweites essentielles Merkmal betont werden. Daher ist es nicht eigentlich die Volition zweiter Stufe, sondern die spezifische Relation zwischen beiden Ebenen, an der sich personale Autonomie festmachen lässt. Und mit der Kohärenzbedingung ist zugleich der Bezug zu der jeweiligen Persönlichkeit hergestellt (Berofsky 1995, S. 10, verwendet den Terminus „personal integrity"). Waddell Ekstrom (1993, S. 600) spricht vom besonderen Charakter der Person, welcher sich als die durch positive Evaluationen ausgezeichnete Teilmenge der faktischen Bedürfnisse und Wünsche ergibt und definiert das wahre oder zentralste Selbst der Person als den Bereich dieser „bejahten" Wünsche, der kohärent ist (ebd., S. 608). Es ist damit die Kohärenz der Persönlichkeit (zu einem Zeitpunkt), die durch ihre evaluativen Identifikationen hergestellt wird, welche personale Autonomie wesentlich ausmacht.[10]

Doch auch ein um das Kohärenzkriterium erweiterter Ansatz, der die evaluative Identifikation mit den jeweils eigenen Wünschen und Überzeugungen explizit in das

---

9 Mit dieser Kohärenzbedingung wird auch das Problem der konfligierenden Wünsche erster Ordnung per definitionem gelöst. Um Autonomie auch für nicht-perfekte Wesen, wie menschliche Personen es nun einmal sind, möglich werden zu lassen, muss die Kohärenzbedingung deshalb abgeschwächt werden. In Anlehnung an Christmans Forderung „minimaler Rationalität" kann man diese Autonomiebedingung verstehen als die Situation, in der ein Subjekt keine Konflikte zwischen Wünschen oder Überzeugungen wahrnimmt, die seine Handlungen auf signifikante Weise stören (vgl. Christman 1993, S. 287). Da es mir hier nicht um die Entfaltung einer umfassenden Theorie der Autonomie geht, sondern der Hinweis auf das Kohärenzkriterium lediglich verdeutlichen soll, dass die Persönlichkeit eines Subjekts zu einem Zeitpunkt in die Analyse personaler Autonomie mit einbezogen werden muss, kann eine genauere Analyse an dieser Stelle unterbleiben.

10 Auf dieses Zusammenspiel von Kohärenz und positiver Evaluation verweist auch Frankfurts Kriterium der „wholeheartedness", das er als Verbesserung seiner Theorie einführt (Frankfurt 1988, S. 159ff.). Auch das Kriterium der „Zufriedenheit mit seinem eigenen Selbst" (Frankfurt 1999, S. 104), welches den dezisionistischen Zug in Frankfurts Theorie der Identifikation mit einer Volition zweiter Ordnung in seinen späteren Verbesserungen ersetzt, verweist auf die Persönlichkeit als ein evaluatives Selbstverhältnis. Bratman (1999, S. 194f.) hat darauf hingewiesen, dass diese reflexive Einstellung als positive Evaluation aufgefaßt werden muss; zu den Weiterentwicklungen der Theorie Frankfurts angesichts der dargestellten Einwände vgl. auch Anderson (1994) und Quante (2000).

Konzept personaler Autonomie integriert, reicht noch nicht aus. Dies zeigt sich an den verbleibenden beiden Problemen, mit denen Frankfurts Ansatz konfrontiert ist.

(c.) *Das Problem des Wunscherwerbs*: Sowohl Frankfurts ursprüngliche Analyse als auch die kohärentistische Verbesserung von Waddell Ekstrom analysieren personale Autonomie in rein *synchroner* Weise, d. h. sie ziehen nur die Struktur des Wunsch- und Überzeugungssystems einer Person zu einem bestimmten Zeitpunkt in Betracht. Damit aber sind sie dem Problem des Wunscherwerbs ausgesetzt. Dieses besteht darin, dass ein kohärentes Set von Wünschen und Überzeugungen sowie von Volitionen zweiter Stufe auf manipulative Weise in der Person „installiert" worden sein könnte, z. B. durch eine pervertierte Sozialisation oder – ein in der Literatur besonders beliebtes Beispiel – durch böswillige Hirnchirurgen. Interne Kohärenz ohne ein weiteres Kriterium, welches auch die Genese des Sets von Überzeugungen und Wünschen mit in Betracht zieht, kann daher nicht hinreichend sein. Denn nichts kann a priori ausschließen, dass Wünsche erster Ordnung, aber auch Wünsche und Volitionen zweiter Ordnung, Ergebnis manipulativer Einflüsse sind, deren Vorliegen mit personaler Autonomie nicht vereinbar ist.

Ausgehend von diesem Problem hat Christman einen biographischen Ansatz personaler Autonomie entwickelt, in dem die diachrone Ebene mit einbezogen wird (vgl. Abschnitt 2).

(d.) *Das Internalismusproblem*: Allen bisherigen Ansätzen, mit Ausnahme der erwähnten Kritik Watsons, auch der um die biographische Dimension erweiterten Theorie Christmans ist, zumindest dem Selbstverständnis nach, ein rein internaler Zugriff gemeinsam, der dazu führt, dass die Analyse personaler Autonomie inadäquat bleibt. Das Internalismusproblem besteht darin, dass die soziale Dimension der menschlichen Person nicht in die Analyse personaler Autonomie integriert, sondern zu den lediglich limitierenden Bedingungen gezählt wird. Dieses Problem ergibt sich für die bisher erwähnten Ansätze, weil diese Analysen rein internal sind und sich ausschließlich auf die Wünsche und Überzeugungen der jeweiligen Person selbst beziehen. Dies führt dazu, dass ein zentrales externales Elemente der Persönlichkeit, das soziale Umfeld, lediglich als limitierendes, nicht aber als konstitutives Element der personalen Autonomie erfasst wird. Meiner Ansicht nach umfasst eine angemessene Konzeption der Persönlichkeit auch die soziale Dimension der menschlichen Person (vgl. Abschnitt 3).

2. Die Erweiterung um die biographische Dimension

Stellt man sich eine Person vor, deren Persönlichkeit das perfekte Resultat einer manipulativen Sozialisation ist, die zu einem kohärenten Set von Volitionen zweiter Ordnung, Wünschen erster und zweiter Ordnung sowie dazu passenden Überzeugungen und auch Emotionen etc. führt, so ist klar, dass man einer solchen Person Autonomie nicht zuerkennen möchte, auch wenn sie über synchrone Kohärenz und die Identifikation via Volitionen zweiter Stufe verfügt. Dies liegt nicht nur daran, dass einem hier in erster Linie Sozialisationsprodukte rassistischer, diktatorischer oder wie ethisch inakzeptabler Ausrichtung in den Sinn kommen. Auch eine ansonsten ethisch schätzenswerte Persönlichkeit wie die von Mutter Theresa wird uns nicht als hinreichend für personale Autonomie gelten können, wenn die Weise der Erzeugung dieser Persönlichkeit manipulativ vonstatten gegangen ist.

Es ist dieses Problem des Wunscherwerbs,[11] welches Christman zur Entwicklung seines „neuen Modells" personaler Autonomie bewogen hat, in dem die biographische Dimension des Wunscherwerbs eine zentrale Rolle spielt (Christman 1991, S. 10).[12] Da es in diesem Kapitel allein darum geht, den Zusammenhang zwischen biographischer Identität und personaler Autonomie plausibel zu machen, seien im Folgenden lediglich die Grundzüge dieses Ansatzes skizziert (Abschnitt 2.1). Anschließend werden zwei von Christman für seine Theorie reklamierte Aspekte erörtert: der Internalismus (Abschnitt 2.2) und der Verzicht auf die Identifikation (Abschnitt 2.3), da beide dem Beweisziel dieses Beitrags im Wege zu stehen scheinen.

---

11 Wunscherwerb deshalb, weil die Formulierung dieses Problems sich auf Frankfurts (und Dworkins) Theorie bezog, in denen Wünsche der Oberbegriff für die relevanten mentalen Zustände sind. Wie meine obigen Ausführungen deutlich machen, erstreckt sich dieses Problem auf alle Aspekte, die die Persönlichkeit ausmachen (vgl. zu dieser Ausweitung auch Christman 1993, S. 281, Fn. 2).

12 Während Christman in seinem ursprünglichen Aufsatz die These vertreten hat, dass die biographische Komponente hinreichend sei, um eine befriedigende Analyse personaler Autonomie zu liefern (Christman 1991, S. 11), hat er in seiner Reaktion auf die Kritik von Mele (1993) zugestanden, dass auch noch andere, von der biographischen Dimension unterschiedene Kriterien eine zentrale Rolle spielen (Christman 1993, S. 281f.). Da ich die von Christman vorgeschlagene biographische Analyse lediglich als Erweiterung des ursprünglich synchronen Ansatzes von Frankfurt um eine weitere notwendige Dimension erachte, sind die folgenden Überlegungen von Meles Kritik nicht betroffen. Darüber hinaus sind die hier bereits erwähnten Kriterien (Abwesenheit von Motivationsproblemen und Kohärenz) m. E. hinreichend, um die von Mele geforderten zusätzlichen Aspekte personaler Autonomie einzufangen (vgl. Mele 1993, S. 278ff.).

2.1 Die „biographische" Analyse personaler Autonomie

Als Reaktion auf das Problem des Wunscherwerbs formuliert Christman drei Bedingungen für personale Autonomie (Christman 1991, S. 11):

(i) A person is autonomous relative to some desire D [only; MQ] if it is the case that P did not resist the development of D when attending to this process of development, or P *would not have* resisted that development had P attended to the process;

(ii) The lack of resistance to the development of D did not take place (or would not have) under the influence of factors that inhibit self-reflection;

(iii) The self-reflection involved in condition (i) is (minimally) rational and involves no self-deception.

Durch meine Hinzufügung des „only" sind damit lediglich notwendige Bedingungen für personale Autonomie formuliert. Daher kann die Kritik von Mele (1993) an Christmans ursprünglichem Vorschlag, es handele sich hierbei nicht um hinreichende Bedingungen für personale Autonomie, da es auch nicht auf den Wunscherwerb zurückführbare Gefährdungen personaler Autonomie gebe, im Folgenden unberücksichtigt bleiben.[13]

---

13 Christman selbst hat als Reaktion auf Meles Kritik später (Christman 1993, S. 282) folgende vierte Bedingung hinzugefügt:

(R) The agent is minimally rational with respect to D at t. And the minimally rationality here is explicated as before as experiencing no ‚manifest conflicts' in the set of desires and beliefs relative to D.

Gegenüber Meles Vorschlag, den Begriff der Autonomie in verschiedene Unterarten zu unterteilen, hält Christman seine Analyse für vorteilhaft, weil die von Mele unterschiedenen Arten von „developmental autonomy", „autonomy in the continued possession of desires" und „influence autonomy" als verschiedene Aspekte der Autonomie verstanden werden können und man nicht die These vertreten muss, wir verfügten über verschiedene Begriffe der Autonomie (Christman 1993, S. 283). Da ich selbst nicht glaube, dass der Autonomiebegriff eine klar fixierte alltagssprachliche Bedeutung hat, scheinen mir hier schlicht zwei verschiedene Optionen für die Entwicklung einer Theorie personaler Autonomie gegeben zu sein. Zu Meles Arten von Autonomie (Mele 1993, S. 273) sei noch angemerkt, dass neben der den Wunscherwerb betreffenden ‚developmental autonomy' mit der ‚influence autonomy' die Möglichkeit einer Person angesprochen ist, ihre gewählten Wünsche effektiv werden zu lassen. Die Autonomie mit Bezug auf das andauernde Haben eines Wunsches fordert darüber hinaus, dass die Person sich – im Sinne Frankfurts – gegenüber einem solchen Wunsch wertend und gegebenenfalls kritisch verhalten kann. Damit gehen Meles Bedingungen nicht über die in Frankfurts Modell bereits enthaltenen Bestimmungen hinaus.

Christman erläutert in seinem Aufsatz diese Bedingungen, um zu zeigen, dass sie eine adäquate Analyse personaler Autonomie zu liefern versprechen. Da es in unserem Kontext nicht um dieses Beweisziel geht, möchte ich im Folgenden nur diejenigen Aspekte beleuchten, aus denen der Zusammenhang zwischen personaler Autonomie und Persönlichkeit ersichtlich wird. Ganz allgemein zeigt Christman, dass Autonomie ohne Rekurs auf die Biographie einer Person, d. h. die Art und Weise, in der sie ihre zu einem bestimmten Zeitpunkt vorliegenden Wünsche und Überzeugungen zuvor erworben hat, nicht angemessen analysiert werden kann.

Die in Bedingung (iii) angeführte „self-reflection" bezeichnet das für Personen charakteristische Merkmal, erstpersönliche Überzeugungen zu haben. Nach Christman erstrecken sich diese auf den Gehalt der mentalen Zustände eines Subjekts und darauf zu wissen, welche Wünsche faktisch handlungsleitend sind. Die Autonomiebedingung (iii) formuliert dann die Fähigkeit von Personen, sich den Gehalt ihrer Wünsche und Überzeugungen sowie ihre Motive ohne Selbsttäuschung „relativ leicht" (Christman 1991, S. 17) zu Bewußtsein bringen zu können.

Weiterhin fordert Christman, dass die Veränderung von Wünschen (ebd., S. 15) sich als faktische oder hypothetische Entscheidung des Subjekts begreifen lassen muss. Auch der Erwerb oder die Veränderung von Überzeugungen muss vom Subjekt auf diese Weise – zumindest hypothetisch – kritisch reflektiv bewertbar sein (ebd., S. 16). Entgegen dem ersten Anschein ist seine Analyse personaler Autonomie damit nicht nur auf Wünsche begrenzt. Er gesteht sogar zu, dass die Rationalitätsbedingung letztlich auch eine Einbeziehung der allgemeinen und „letzten" Zielvorstellungen einer Person einschließen muss (ebd., S. 15).

Insgesamt seien diese kognitiven Prozesse kausale Prozesse, die auch aus der Beobachterperspektive beschrieben werden können. Entscheidend für personale Autonomie sei aber die Akzeptanz oder der Widerstand gegenüber dem Erwerb von Wünschen und Überzeugungen. Und dieser ist an die subjektive Perspektive der jeweiligen Person gebunden (ebd., S. 21). Auch wenn damit die kausalen Ermöglichungsbedingungen im Sinne von „normalem kognitivem Funktionieren" (ebd., S. 15) vorliegen müssen, bleibt die Analyse der Autonomie letztlich an den aus der Teilnehmerperspektive erfassbaren Daten orientiert.[14] Deshalb ist es auf dieser Grundlage auch angemessen, wenn Christman seine Theorie als „internale" Analyse bezeichnet

14 Auch Christman versucht nicht, eine positive Bestimmung dieser normalen Bedingungen aufzustellen, sondern stellt eine Liste möglicher autonomiegefährdender oder -ausschließender Faktoren auf.

(ebd., S. 14), sofern man „internal" als auf die Teilnehmer- und nicht die Beobachterperspektive bezogene Beschreibung versteht.[15]

Bis hierhin nimmt Christman Elemente auf, die auf die biographische Identität der Person verweisen. Auch wenn er prima facie personale Autonomie nicht auf die Persönlichkeit als ganze zu beziehen scheint, sondern lediglich die Teilmengen von Wünschen, Überzeugungen, Ziel- oder Wertvorstellungen heranziehen will, die mit einem fraglichen Wunsch in Beziehung stehen, so zeigt die von ihm selbst vorgenommene schrittweise Ausdehnung, dass faktisch die Kohärenz der gesamten Persönlichkeit mit einbezogen werden muss. Würde Christman diese Bedingung nicht übernehmen, müsste er eine Person, die faktisch zwei intern konsistente und voneinander unabhängige Teilsets von Wünschen, Überzeugungen, Wert- und Zielvorstellungen hat, als autonom charakterisieren. Eine solche „gespaltene" Persönlichkeit würden wir aber sicher nicht als autonom charakterisieren.[16]

Christman erläutert darüber hinaus die Bedingung „minimaler Rationalität" (ebd., S. 14f.). Seinem eigenen Anspruch nach soll mit der Kohärenzbedingung lediglich ausgeschlossen werden, dass manifeste Inkonsistenzen, die sich im Handeln offenbaren würden, oder aber Missachtungen der für das Subjekt gegebenen Evidenz bezüglich der Wahrheit seiner Überzeugungen vorliegen. Damit wird logische Rationalität im Sinne interner Kohärenz zur notwendigen Bedingung von personaler Autonomie gemacht, welche die bei Wunscherwerb bzw. -veränderung geforderte Entscheidung des Subjekts leiten muss. Insgesamt betont Christman, dass seine Autonomiekonzeption aufgrund dieser Beschränkung auf die interne Perspektive „content neutral" (ebd., S. 22) bleiben kann. Das Hauptmotiv dafür ist, dass Christman personale Autonomie weder an ein unerreichbares Ideal logischer Rationalität binden, noch mit einem material bestimmten Ideal eines guten Lebens oder einer moralisch respektablen Person verknüpfen will, sondern die „threshold of normal autonomy" zu erfassen versucht (ebd., S. 15).

---

15 Christman selbst faßt unter „internal" aber nicht nur die Differenz zu einer objektiven, an der Beobachterperspektive orientierten Kausalerklärung der notwendigen kognitiven Prozesse (ebd., S. 21), sondern auch die ausschließliche Orientierung an den Wünschen und Überzeugungen des jeweiligen Subjekts. Diesen Aspekt seiner Theorie halte ich aus gleich noch darzustellenden Gründen für verfehlt.

16 Auch unsere intuitive Interpretation von Persönlichkeitsstörungen stützt dies: Die Tatsache, dass wir geneigt sind, solche kohärenten Sets als *eigenständige* Persönlichkeiten zu interpretieren (vgl. z. B. das Krankheitsbild der Multiplen Persönlichkeit), ist ein Indiz dafür, dass die Einheit der Persönlichkeit dem für Autonomie wichtigen Kohärenzprinzip zugrundeliegt.

2.2 Christmans biographische Analyse – ein rein internaler Ansatz?

Für einen in der Ethik brauchbaren Autonomiebegriff scheinen mir die beiden von Christman anvisierten Merkmale unverzichtbar zu sein.[17] Da er diese selbst mit der Internalität seiner Analyse verknüpft, im nächsten Abschnitt aber ein in meinen Augen unverzichtbarer externaler Aspekt personaler Autonomie hinzugenommen werden soll, möchte ich nun zeigen, dass die von Christman vorgeschlagene Analyse dazu nicht im Widerspruch steht.

Das Motiv, die in personale Autonomie integrierte Rationalitätsanforderung an logische Konsistenz nicht zu stark zu machen, um „endliche Subjekte" nicht zu überfordern, ist nachvollziehbar. Und die Reaktion, statt dessen minimale Rationalität zu fordern, die einen Schwellenwert für Autonomie darstellt, ist plausibel.[18] Es ist aber nicht zu sehen, weshalb man dafür einen rein internalen Ansatz verfolgen muss. So kann man zum einen in Christmans Theorie sehen, dass sich dieser unterstellte Zusammenhang einer Vermengung zweier Bedenken verdankt. Und zum anderen lässt sich zeigen, dass gerade der Rekurs auf minimale Rationalität in Christmans Ansatz implizit auf externale Bedingungen verweist.

In einem Sinne von „external", der nicht auf die kausalen Ermöglichungsbedingungen kritischer Reflexion, sondern auf objektive Standards der Bewertung von Wünschen und Überzeugungen verweist, möchte Christman auf ein Konzept „externalistischer Rationalität" (ebd., S. 14) verzichten. D. h. er möchte die autonomieverbürgende Qualität der Wünsche, Überzeugungen und Reflexionen an rein auf das jeweilige Subjekt bezogenen Standards bewerten. Dabei leitet ihn das Motiv, dem Autonomiebegriff nicht über die externalen Rationalitätsstandards eine objektive Konzeption des Guten einzuschreiben.

Eine in diesem Sinne externalistische Rationalitätskonzeption würde über die individuelle Evidenz für die eigenen Überzeugungen hinaus die objektive Rationalität der Überzeugungen, d. h. objektive Evidenz, fordern. Damit aber wäre, wie Christ-

17 Auch wenn ich eine rein formale Ethik für unangemessen halte (vgl. Quante 1994 sowie Quante und Vieth 2000), lässt sich meine Position doch mit einem formalen Konzept der Autonomie, dessen Inhalt möglichst weitgehend durch die subjektiven Wünsche und Überzeugungen der Individuen bestimmt wird, vereinbaren. Beachtet man nämlich, dass das Prinzip des Respekts vor Autonomie weder das einzige, noch das in allen Fällen dominierende Prinzip der Ethik sein muss, dann kann man den objektiven materialen Gehalt über andere Prinzipien (wie das Nichtschadens- oder das Wohltuensprinzip) in die Ethik einbringen. Insgesamt halte ich diese Strategie, den Konflikt zwischen subjektiven und objektiven Evaluationen als Konflikt zwischen verschiedenen Prinzipien darzustellen, für attraktiver als die alternative Option, sie als subjektive und objektive Parameter des Autonomiekonzepts zu erfassen.

18 Vgl. zu dem Unterschied zwischen idealer und minimaler Rationalität allgemein Quante (1995).

man im Anschluss an Isaiah Berlin ausführt, die Möglichkeit eröffnet, Personen als nicht-autonom zu betrachten, auch wenn ihre Wünsche auf angemessene Weise erworben, kritisch bewertet und mögliche konsistente Handlungsgründe wären (ebd., S. 14). Ein solcher versteckt material aufgeladener Autonomiebegriff ist sicher ungeeignet, da er einen weitgehenden Paternalismus legitimieren könnte. Daher ist es sinnvoll, eine solche Anreicherung zu vermeiden. Um dies zu erreichen, ist es aber nicht notwendig, alle externalen Bestimmungen personaler Autonomie auszuschließen. Die durch das oben skizzierte Überforderungsproblem motivierte Hinwendung zur minimalen Autonomie macht im Gegenteil sogar die Anwendung „externaler" Bestimmungen auch für Christman selbst unerlässlich.

So enthält seine Analyse erstens ein dispositionales Element, welches notwendig ist, um nicht eine ständige kritische Reflexion des Subjekts für personale Autonomie notwendig werden zu lassen (vgl. den Abschnitt 2.4). Zweitens integriert Christman in seine Bedingungen ein kontrafaktisches Element – die hypothetische Zustimmung oder Nichtzustimmung. Wenn aber der Bewertungsmaßstab für diese kontrafaktischen Aussagen nicht ausschließlich die Gesetze der Logik sind, sondern sich an einer pragmatischen Rationalitätskonzeption orientiert, dann sind hier klarerweise Maßstäbe wirksam, die sich nicht vollständig auf die Perspektive des jeweiligen Subjekts zurückführen lassen. Welche Inkonsistenzen „leicht" erkennbar gewesen wären, und welche subjektiven Evidenzen nicht hinreichend sind, lässt sich nicht unter Rückgriff auf das jeweilige Subjekt allein bestimmen. Vielmehr verbergen sich hier Rationalitätsmaßstäbe intersubjektiver Art. Außerdem ist das Urteil, ob ein Wunscherwerb oder eine Überzeugungsänderung akzeptiert werden oder darauf mit Widerstand reagiert werden soll, zwar „internal" in dem Sinne, dass es nicht der Ebene der Beobachterperspektive, auf der die unterliegenden Kausalprozesse erfaßt werden, zuzuordnen ist. Aber selbst wenn man das faktische Urteil allein der internalen Perspektive des jeweiligen Individuums zuschreibt, kann man dies spätestens bei dem hypothetischen Urteil nicht mehr tun. Darüber hinaus ist jedoch schon vorher fraglich, ob eine rein internale Perspektive, die ohne objektive Bewertungsmaßstäbe auskommt, plausibel ist. Für Autonomie ist sicher auch entscheidend, dass das Subjekt in der fraglichen Situation so oder so urteilen *sollte*.

Christman verbindet in seiner Argumentation meines Erachtens seine beiden Motive (Vermeidung der Überforderung, Abwehr des Paternalismus) für eine internale Analyse personaler Autonomie und unterscheidet nicht zwischen der objektiven Bewertung des Inhalts einzelner Wünsche und Überzeugungen einerseits und der objektiven Bewertung der formalen Eigenschaften der Prozesse von Wunsch- und Überzeugungserwerb und kritischer Reflektion andererseits. Um die Paternalismusgefahr einzudämmen, ist nur ersterer Externalismus zu vermeiden. Letzterer scheint mir dagegen für jede akzeptable Analyse personaler Autonomie gerade unverzichtbar zu sein.[19]

Zusammenfassend ist festzuhalten, dass man erstens die Differenz zwischen dem Externalismus der aus der Beobachterperspektive erfassbaren naturalen Grundlagen der Autonomie und dem Internalismus der Teilnehmerperspektive einerseits und die Differenz zwischen subjektiv-internalen und intersubjektiv-internalen (und in diesem Sinne externalen) Bewertungsstandards andererseits auseinanderhalten muss. Und zweitens muss man mit Bezug auf intersubjektiv-internale Bewertungsstandards hinsichtlich der möglichen Objekte der Bewertung unterscheiden. Handelt es sich um material bestimmte Wünsche oder Überzeugungen, die dem einzelnen Subjekt als rational vorgegeben werden sollen? Oder handelt es sich um die formalen Charakteristika der Prozesse des Wunsch- und Überzeugungserwerbs einerseits sowie der kritischen Reflexion andererseits? Während ersterer Standard aufgrund des drohenden Paternalismus aus einer Analyse personaler Autonomie ausgeschlossen werden sollte, ist letzterer für eine solche Analyse unverzichtbar, will man nicht auf die normative Komponente des Autonomiebegriffs verzichten.[20] Die von Christman angestrebte Neutralität gegenüber dem Gehalt (ebd., S. 22) sollte daher auf ersteren beschränkt werden.

2.3 Personale Autonomie ohne Identifikation?

In Christmans Augen ist sein eigener Ansatz nicht nur deshalb der Analyse von Frankfurt vorzuziehen, weil darin das Problem des Wunscherwerbs gelöst wird. Er sei auch deshalb vorzuziehen, weil das Problem des infiniten Regresses auf der Ebene der inhaltlichen Begründung gelöst werde (ebd., S. 18). Dies, so Christman,

---

19 Zu diesem Resultat kommt auch Arneson (1994, S. 45): „I am led to affirm that subjectivism about the nature of human good is bounded by a nonsubjectivist account of desirable preference formation."

20 Es sei denn, man verlagerte die normative Komponente in die dann einzubauende ideale Rationalität. Dies würde aber zu dem angesprochenen Überforderungsproblem führen. Was die intersubjektiv-internalen Maßstäbe zur Bewertung einzelner Wünsche, Überzeugungen, Wert- oder Zielvorstellungen angeht, möchte ich hier nochmals betonen, dass ein solcher Standard möglicherweise für die Ethik fruchtbar gemacht werden kann und vermutlich sogar unverzichtbar ist (man denke z. B. an das in der biomedizinischen Ethik diskutierte Problem der nichtfreiwilligen Sterbehilfe bei schwerstmissgebildeten Neugeborenen). An dieser Stelle soll nur vermieden werden, einen solchen Standard in den Begriff der Autonomie einzubauen (vgl. dazu auch Dworkin 1988, Kap. 2).

gelänge aber nur deshalb, weil das bei Frankfurt zentrale Moment der Identifikation eliminiert werde.

Da die Identifkation für die biographische Identität der Person eine zentrale Rolle spielt, scheint mein Vorgehen, Christmans Ansatz als Argument für die Verbindung von Persönlichkeit und Autonomie heranzuziehen, prima facie problematisch zu sein. Bei näherer Betrachtung liegt hier aber kein wirkliches Problem vor.

Christman begründet die Behauptung, die Identifikation spiele in seinem Ansatz keine Rolle, mit dem Argument, in seiner Theorie werde die Autonomie nicht durch die Identifikation einer urteilenden Person mit ihrem Wunsch erster Ordnung begründet, sondern durch die Tatsache, dass diese Person dem Erwerb dieses Wunsches keinen Widerstand entgegengesetzt hat bzw. hätte, wäre sie auf diesen Prozess aufmerksam geworden. In seiner Theorie sei Autonomie daher auf einer Relation zwischen der Person und dem Prozess des Wunscherwerbs begründet.

Selbst wenn man die Tatsache ausblendet, dass der Rekurs auf den Wunscherwerb keine hinreichende Analyse personaler Autonomie erlaubt (vgl. die Kritik von Mele), ist nicht zu sehen, weshalb ein Wechsel der Relata dazu führen sollte, dass hier keine Identifikation mehr im Spiele ist. Weshalb sollte man nicht sagen, dass sich die Person nun mit den formalen Charakteristika des Prozesses des Wunscherwerbes und auch dem Wunsch erster Ordnung identifiziert? Auch der mögliche Einwand, die von Christman geforderte Fähigkeit zur Selbstreflexion enthalte nicht die für mein Anliegen zentrale evaluative Dimension, ist nicht stichhaltig. Christman selbst stellt klar, dass der ausbleibende Widerstand sich möglicherweise einer positiven Bewertung des fraglichen Wunsches oder der formalen, die Fähigkeiten zur kritischen Reflexion nicht untergrabenden Aspekte des Erwerbs verdankt (ebd., S. 18f.).

Der eigentliche Grund, weshalb Christman in seinem Ansatz den Regress vermeidet, besteht nicht darin, dass er auf den Akt der Identifikation als einer kritischen Selbstevaluation verzichtet, sondern darin, dass er ihn auf den Fall des ausbleibenden Widerstandes ausdehnt. In seiner Analyse wird nicht die zusätzliche evaluative positive Wahl gefordert, sondern das Ausbleiben einer evaluativen negativen Wahl. Dies ist der entscheidende Schritt, und nicht die Tatsache, dass sich der Gegenstand dieser Wahl geändert hätte. Wenn nun aber eine solche Wahl in der Tat nicht gefordert ist, dann gibt es auch kein Problem mehr, eine Wahl für diese Wahl annehmen zu müssen. Es handelt sich hierbei einfach um eine Herabsetzung der Kriterien, dic ausreichen, um eine Person mit Bezug auf einen bestimmten Wunsch als autonom anzusehen. Dieses Kriterium verweist aber, soll es plausibel sein, auf eine kontrafaktische Analyse und damit letztlich doch auf die Fähigkeit zur Identifikation. Die Abwesenheit eines Widerstandes kann nur dann als autonom gelten, wenn das fragliche Subjekt im Falle einer autonomiegefährdenden Manipulation zu einem solchen Widerstand in der Lage wäre. Sonst müsste ein vollkommen manipuliertes Subjekt, das faktisch niemals einem Wunscherwerb gegenüber Widerstand leistet, als autonom gelten. Um dieses unplausible Resultat zu vermeiden, ist für das fragliche Subjekt aber genau die Fähigkeit zur Identifikation vonnöten, die an der Oberfläche von Christmans Analyse verschwunden ist.

Um das Regressproblem zu vermeiden, ist es daher weiterhin unvermeidlich, dem ab-initio-Problem durch Hinzufügung weiterer Kriterien für personale Autonomie zu begegnen. Der Zusammenhang, der sich soeben ergeben hat, ist dabei sogar noch ein weiteres Argument für meine These, dass diese Kriterien auf die biographische Identität der Person verweisen. Christmans Rekurs auf die Fähigkeit zum Widerstand rekurriert ja gerade auf die über die einzelnen Wünsche und Überzeugungen hinausgehenden Fähigkeiten, in denen die Persönlichkeit besteht. Mit anderen Worten: Die Zuschreibung einer im konkreten Fall nicht aktualisierten Fähigkeit verlangt einen geeigneten Träger. Meiner Meinung nach ist dies niemand anderes als die menschliche Person mit den ihre Persönlichkeit konstituierenden Merkmalen und Fähigkeiten selbst. Insgesamt steht daher der Integration von Christmans biographischem Ansatz in eine Analyse personaler Autonomie nichts im Wege.

3. Sozialisation und personale Autonomie: eine externalistische Analyse

Die Erweiterung des Konzepts personaler Autonomie um eine biographische Dimension lässt eine Schwierigkeit deutlich werden, die sich aus der Spannung zwischen dem Ideal der Autonomie als Selbstbestimmung und der sozialen Natur des Menschen ergibt. Folgt nicht aus der Tatsache, dass menschliche Personen entscheidend durch ihre Sozialisation geprägt sind, dass ihnen keine personale Autonomie zukommen kann? Anders formuliert: Besteht nicht eine Inkompatibilität zwischen Autonomie und Sozialisation?[21]

Christman (1991, S. 23f.) schreibt, genau wie Thalberg oder Young, diese Inkompatibilitätsvermutung der traditionellen liberalistischen politischen Philosophie

21 Dieses Problem wird von Thalberg (1983, Kap. 5) und Young (1980 und 1986, S. 37ff.) diskutiert. Die Kraft dieser Inkompatibilitätsvermutung ist z. B. deutlich spürbar in existentialistischen Analysen von Freiheit und Autonomie wie denen von Sartre, die jegliche soziale Prägung als „uneigentlich" ansehen. Diese Inkompatibilitätsvermutung ist dabei nicht nur ein Problem im Rahmen des Willensfreiheitsproblems, sondern stellt sich auch, wie man z. B. bei Young sehen kann, im Rahmen eines kompatibilistischen Ansatzes im Kontext der Erörterung personaler Autonomie, die als soziale oder politische Freiheit verstanden wird (vgl. dazu Kristjánsson 1996 und meine Diskussion in Quante 1998b).

zu, die sich deren „Atomismus" verdanke, d. h. der These, dass alle Aspekte der sozialen und politischen Wirklichkeit auf Eigenschaften und Fähigkeiten von Individuen zurückgeführt werden müssen. Obwohl Christman nach eigenem Bekunden mit der kommunitaristischen Kritik sympathisiert, derzufolge dieser liberalistische Atomismus eine Illusion darstellt, und obwohl er die liberalistischen Theorien, die „auf falschen oder illusorischen Voraussetzungen bezüglich der Unabhängigkeit des menschlichen Individuums aufruhen" (ebd., S. 23), ablehnt, versucht er dennoch, an einem rein internalistischen Ansatz festzuhalten. Einerseits gesteht er zu, dass sein biographisches Modell personaler Autonomie in die gleiche Richtung weist wie die kommunitaristische Kritik am liberalistischen Atomismus. Andererseits sei seine Theorie aber dennoch „atomistisch", da der „Dreh- und Angelpunkt der Bestimmung von Autonomie die Perspektive des Handelnden selbst bleibe" (ebd., S. 24). Ich möchte nun in zwei Schritten zeigen, weshalb Christmans Selbsteinschätzung, seine Theorie sei internalistisch, auf Missverständnissen beruht. Dabei wird auch deutlich werden, dass eine externalistische Konzeption der Persönlichkeit, in der dem sozialen Umfeld und intersubjektiven Anerkennungsprozessen eine konstitutive Funktion zugesprochen wird, eine geeignete Grundlage ist, auf der die liberalistische Inkompatibilitätsthese entkräftet werden kann.

3.1 Die Irrtümer der liberalistischen Inkompatibilitätsthese

Feinberg (1973, S. 12f.) hat zwischen vier verschiedenen Arten von Einschränkungen für individuelle Freiheit unterschieden, die man, wenn das Problem der Willensfreiheit ausgeblendet wird, als Einschränkungen personaler Autonomie verstehen kann. Zum einen differenziert Feinberg zwischen negativen und positiven Einschränkungen, wobei „negativ" die Abwesenheit und „positiv" das Vorliegen eines derartigen Faktors bezeichnet. Zum anderen unterscheidet er zwischen internalen und externalen Einschränkungen, wobei „internal" alle Faktoren bezeichnet, die zum „totalen Selbst" (ebd., S. 13), und nicht nur zum zentralen Selbst (Feinberg spricht vom „intimate ‚inner core' self") gehören. „External" sind demnach alle Faktoren, die nicht zur jeweiligen menschlichen Person (Feinberg spricht vom „outside a person's body-cum-mind") gehören.[22] Kombiniert man diese beiden Unterscheidungen, erhält man vier Arten von Einschränkungen.

22 Dieses Verständnis von „Externalität" unterscheidet sich in einem entscheidenden Punkt von der Konzeption, die Frankfurt (1988, Kap. 5) vorschlägt. Bei ihm sind diejenigen Fak-toren external, mit denen sich eine Person nicht identifiziert (vgl. ebd., S. 65).

Die These, Sozialisation und personale Autonomie seien inkompatibel miteinander, verdankt ihre Plausibilität nun entweder der Annahme, personale Autonomie im Sinne von Selbstbestimmung sei mit der Existenz externaler Einschränkungen generell unvereinbar. Oder sie beruht auf der Annahme, dass die Sozialisation ausschließlich aus solchen externalen Einschränkungen besteht, die als autonomiegefährdende Zwänge gelten müssen.

Wie oben bereits deutlich geworden ist, beruht die erste Annahme auf einem illusorischen Modell individueller Unabhängigkeit und kann daher, wie Christman (1991, S. 23) zurecht erkennt, nicht zur Grundlage eines angemessenen Verständnisses personaler Autonomie gemacht werden. Die zweite Annahme aber, so ist Young (1980, S. 575f.) zuzustimmen, ist – ohne impliziten Rekurs auf die erste Annahme – mit Bezug auf die Sozialisation unplausibel, da konstitutive Rahmenbedingungen (z. B. Erziehung), Einschränkungen verschiedenen Grades (z. B. soziale Startbedingungen) und Zwänge nicht unterschieden werden.[23]

Beachtet man dagegen die soziale Natur des Menschen und seine Angewiesenheit auf Erziehung und soziale Gemeinschaft, ohne die eine Ausbildung der für Autonomie notwendigen Fähigkeiten gar nicht möglich wäre, dann führt die Annahme, jegliche externale Prägung der psychischen Verfasstheit eines Selbst sei mit personaler Autonomie unvereinbar, sogleich zu der Konsequenz, dass menschliche Personen nicht autonom sein können. Selbst wenn man diese Überlegungen für das Ideal der Autonomie akzeptieren würde, erhielte man auf diesem Wege kein für die Analyse konkreter Phänomene und die Behandlung konkreter ethischer Probleme brauchbares Konzept. Eine realistische Konzeption von Autonomie wird daher zwischen solchen externalen sozialen Faktoren, die als konstitutive Rahmenbedingungen angesehen werden können, und tolerierbaren Einschränkungen unterscheiden müssen und beide Gruppen von solchen sozialen Zwängen abzugrenzen haben, die mit der Ausbildung oder dem Haben personaler Autonomie unvereinbar sind. Dahinter steht die Annahme, dass soziale und in diesem Sinne externale Faktoren nicht per se unvereinbar sind mit personaler Autonomie.

Wie die Diskussion bei Young (1980 und 1986) deutlich werden lässt, kann eine solche realistische Theorie personaler Autonomie das Frankfurtsche Konzept der Identifikation nutzen, um ein Kriterium für die Zulässigkeit von sozialen Prägungen und Einschränkungen in den Händen zu haben. Sozialisationsprozesse, welche die z. B. von Christman geforderte Fähigkeit zur kritischen Selbstreflexion ermöglichen

---

23 Eine erhellende Diskussion des Fehlers, Einschränkungen generell mit Zwängen zu identifizieren, findet sich in Kristjánsson (1996, Kap. 2). Für eine allgemeine Erörterung der liberalistischen Autonomiekonzeption mit Bezug auf die kommunitaristische Kritik vgl. Benn (1990, Kap. 12).

und dann, wenn das Subjekt sie erkennt (bzw. erkennen würde), positiv bewertet werden (bzw. würden), können als autonomiefördernd oder als zumindest mit personaler Autonomie vereinbar angesehen werden. Natürlich ist dieses Kriterium, wie auch die Diskussion des Problems des Wunscherwerbs gezeigt hat, für sich nicht hinreichend. Aber in Verbindung mit der Kohärenzbedingung, durch die die Person in ihrer Ganzheit mit in Betracht gezogen wird, lassen sich m. E. die meisten Fälle „pervertierter" Sozialisation ausschließen.[24]

3.2 Der Externalismus des biographischen Ansatzes

Diese Überlegungen lassen auch deutlich werden, dass die prima facie paradoxen Ausführungen von Christman, der einerseits einer kommunitaristischen Kritik an der liberalistischen Inkompatibilitätsthese zustimmt, andererseits aber an einem atomistischen und internalistischen Konzept personaler Autonomie festhalten will, von ihrer scheinbaren Widersprüchlichkeit befreit werden können.

Um dies sehen zu können, muss man erstens zwischen der Ebene der konstitutiven Sozialisationsbedingungen, die in einem ontologischen Sinne für personale Autonomie unverzichtbar sind, und der Ebene der inhaltlichen Zielvorstellungen, die man im Rahmen einer solchen Sozialisation anstrebt, unterscheiden. Christmans biographischer Ansatz zeigt, dass eine angemessene Theorie personaler Autonomie externalistisch in dem Sinne sein muss, dass Aspekte der Sozialisation unverzichtbar sind. Dies ist aber mit seiner „liberalistischen" Wertvorstellung vollkommen vereinbar, derzufolge das Resultat einer solchen Sozialisation gerade solche menschliche Personen sein sollten, die zu kritischer Reflexion in der Lage sind. Nichts schließt aus, auf der Grundlage einer externalistischen Konzeption der Persönlichkeit ein liberalistisches Ideal personaler Autonomie zu vertreten.[25]

Zweitens kann man sogar die Auszeichung des jeweiligen individuellen Gesichtspunktes innerhalb einer Theorie personaler Autonomie, die Christman als internalistischen Grundzug kennzeichnet (Christman 1991, S. 22), auf dieser Grundlage rechtfertigen. Wenn damit die Ablehnung bestimmter externalistischer inhaltlicher

24 Eine vollständig befriedigende Antwort ist allerdings ohne die Hinzunahme einer objektivistisch-externalistischen Konzeption des guten Lebens, die auch Faktoren jenseits der individuellen und intersubjektiven Wertungen mit einbezieht, m. E. nicht zu haben. Insgesamt erscheint es mir aber sinnvoller, eine in diesem Sinne formale und eingeschränkte Konzeption personaler Autonomie zu verfolgen, anstatt die Frage nach dem guten Leben in das Autonomiekonzept zu integrieren.

25 Die Unterscheidung zwischen der ontologischen und der ethischen Ebene habe ich ausführlicher am Beispiel der Willenstheorie Hegels (in Quante 1997, S. 69ff.) und der gegenwärtigen Sozialphilosophie (in Quante 2001) erörtert.

Füllungen des Autonomiebegriffs einerseits und die (hypothetische) kritische Reflexion des jeweiligen Subjekts andererseits erfasst werden soll, spricht dies nicht gegen eine externalistische Konzeption der Persönlichkeit, in der die soziale Verfasstheit menschlicher Personen nicht per se als autonomiegefährdend angesehen wird.

Entscheidend dafür, und dies steht zumindest im Gegensatz zu Christmans Selbstverständnis, ist aber das Festhalten am Konzept der Identifikation, in der ein Subjekt sich zu sich und auch zu den es prägenden sozialen Einflüssen wertend verhält.[26] Zieht man die Grenzlinie zwischen internalen und externalen Faktoren nämlich nicht in der an der psycho-physischen Einheit des verkörperten Subjektes orientierten Weise Feinbergs, sondern nimmt sie im evaluativen Sinne Frankfurts, dann lassen sich diejenigen sozialen Aspekte, mit denen sich eine Person positiv identifiziert, als „intern" begreifen, da sie ein integraler Bestandteil ihrer Persönlichkeit werden. Auch solche Faktoren, die ein Subjekt ablehnt, werden natürlich seine Persönlichkeit mitkonstituieren – genauer: die Ablehnung und kritische Auseinandersetzung mit diesen Faktoren wird die Persönlichkeit prägen. Mit anderen Worten: Identifikation ermöglicht die Internalisierung konstitutiver externaler Faktoren in das evaluative Selbstverständnis einer Persönlichkeit und auf diese Weise die Integration dieser Faktoren in die personale Autonomie.

Wichtig ist, dass die Konzepte personaler Autonomie und des guten Lebens in meinem Ansatz nicht zusammenfallen: Die hier vorgeschlagenen Kriterien personaler Autonomie bleiben weitgehend formal und reichen daher für eine Bestimmung des guten Lebens nicht aus.[27]

---

26 Im Gegensatz zu Arneson halte ich daher das Konzept kritischer Reflexion für einen unverzichtbaren Kernbestand personaler Autonomie. Arneson dagegen möchte die inhaltliche Ausfüllung des Konzeptes des „wirklichen Selbstes" abhängig machen davon, welches Selbstkonzept einer Person mit gegebener natürlicher Ausstattung und in einem gegebenen sozialen Umfeld am ehesten erlaubt, ein gutes Leben zu führen (Arneson 1994, S. 54): „The best conception of the Real Self component of autonomy is the one such that if people guided their choice of values and preferences and life plans by it, would best enable people to adopt and fulfill the values and preferences that they would affirm in an ideally considered manner". Damit wird das evaluative Konzept des „wirklichen Selbst" und damit indirekt auch das Konzept der Autonomie auf die Frage nach dem guten Leben bezogen. Im Gegensatz dazu halte ich an dem Frankfurtschen Modell der Identifikation als Kernbestand personaler Autonomie fest und löse die Verbindung zur Frage nach dem guten Leben auf. Damit ist die Annahme verbunden, dass unter bestimmten sozialen Umständen oder bei Vorliegen bestimmter psychischer Bedürfnisse personale Autonomie nicht der beste Weg für ein menschliches Individuum ist, ein gutes Leben zu führen.

27 Dies wäre nur dann der Fall, wenn man das gute Leben als durch die individuellen Wünsche und Überzeugungen des jeweiligen Subjekts vollständig definiert ansähe. Eine derartige subjektivistische und formalistische Konzeption der Ethik erscheint mir aus Gründen, die hier nicht erörtert werden können, als unzulänglich. Die Frage, ob die akzeptabelste Konzeption des guten

Auch die von Thalberg oder Friedman bei der Erörterung des ab-initio-Problems[28] aufgeworfene Frage, weshalb denn das durch Volitionen zweiter Ordnung bzw. das durch Identifikation konstituierte Selbst das „wirkliche" Selbst sein muss, findet auf diese Weise eine Antwort: Die Konzeption des „wirklichen Selbst" ist hier kein Maßstab dafür, welche Wünsche oder Überzeugungen bei einem bestimmten menschlichen Individuum am stärksten sind. Sie ist vielmehr ein evaluatives Konzept, welches auf ein Ideal personaler Autonomie bezogen ist. Und da dieses Ideal rein formal bestimmt wird, gibt es auch keine Garantie dafür, dass ein auf Identifikation ausgerichtetes personales Leben ein gutes oder glückliches Leben sein muss. Damit es dies sein kann, müssen unter anderem weitere soziale Rahmenbedingungen gegeben sein, wie auch eine geeignete psychische Verfasstheit des jeweiligen Individuums vorausgesetzt werden. Die Einwände von Thalberg, Friedman oder auch Watson gehen entweder von der Vorstellung aus, dass das „wirkliche Selbst" die faktisch mächtigsten Wünsche einer Person enthalten muss, oder von der Annahme, dass die Herausbildung eines wirklichen Selbst und das gute Leben miteinander verbunden sind. Gemäß meinen Ausführungen aber ist ersteres weder eine notwendige noch eine hinreichende Bedingung für letzteres, auch wenn man empirisch feststellen kann, dass in modernen westlichen Gesellschaften das mit dem Ideal personaler Autonomie einhergehende evaluative Konzept eines wirklichen Selbst, welches auf Volitionen zweiter Stufe aufbaut, normalerweise zu den konstitutiven Bedingungen eines guten Lebens gehört. Mit anderen Worten: Personale Autonomie zu haben und ein personales Leben zu führen gehören gemeinsam zum Kernbestand unserer kulturell weitestgehend akzeptierten Wertvorstellungen.

Lebens das Ideal personaler Autonomie impliziert, kann ich hier ebenfalls nicht erschöpfend behandeln. Letztendlich plädiere ich für die Kombination eines formalistischen Konzepts personaler Autonomie mit einer materialen Wertethik.

28 Auch das ab-initio-Problem selbst lässt sich im Rahmen einer formalistischen Konzeption personaler Autonomie nicht vollständig lösen. Durch das Kohärenzkriterium und die Konzeption der Persönlichkeit wird zwar der Eindruck vermieden, als müsse es eine magische Fähigkeit einzelner Wünsche geben, aufgrund derer sie legitimiert wären. Der holistische Begründungszusammenhang alleine reicht aber ohne Rekurs auf eine materiale Wertethik sicher nicht aus, um die Frage nach der Akzeptabilität von Wünschen, Überzeugungen, Wert- und Zielvorstellungen angemessen zu beantworten. Dies zeigt einmal mehr, dass das in diesem Beitrag erörterte Konzept personaler Autonomie nicht die alleinige Grundlage einer angemessenen Ethik sein kann.

Literatur

Anderson, J. (1994): Starke Wertungen, Wünsche zweiter Ordnung und intersubjektive Kritik: Überlegungen zum Begriff ethischer Autonomie. In: *Deutsche Zeitschrift für Philosophie 42,* S. 97-119.

Arneson, R. J. (1994): Autonomy and Preference Formation. In: J. C. Coleman und A. Buchanan (Hg.): *In Harm's Way.* Cambridge, S. 42-75.

Benn, S. I. (1990): *A Theory of Freedom.* Cambridge.

Berofsky, B. (1995): *Liberation from Self.* Cambridge.

Bratman, M. E. (1999): *Faces of Intention.* Cambridge.

Christman, J. (1987): Autonomy: A Defence of the Split-Level Self. In: *The Southern Journal of Philosophy 25,* S. 281-293.

Christman, J. (1991): Autonomy and Personal History. In: *Canadian Journal of Philosophy 21,* S. 1-24.

Christman, J. (1993): Defending Historical Autonomy: A Reply to Professor Mele. In: *Canadian Journal of Philosophy 23,* S. 281-290.

Dworkin, G. (1988): *The Theory and Practice of Autonomy.* Cambridge.

Feinberg, J. (1973): *Social Philosophy.* Englewood Cliffs, New Jersey.

Frankfurt, H. G. (1988): *The Importance of What We Care About.* Cambridge.

Frankfurt, H. G. (1999): *Necessity, Volition and Love.* Cambridge.

Friedman, M. A. (1986): Autonomy and the Split-Level Self. In: *The Southern Journal of Philosophy 24,* S. 19-35.

Harman, G. (1993): Desired Desires. In: R. G. Frey und C. W. Morris (Hg.): *Value, Welfare, and Morality.* Cambridge, S. 138-157.

Kristjánsson, K. (1996): *Social Freedom.* Cambridge.

Mele, A. (1993): History and Personal Autonomy. In: *Canadian Journal of Philosophy 23,* S. 271-280.

Quante, M. (1994): Natur, Natürlichkeit und der naturalistische Fehlschluß. In: *Zeitschrift für medizinische Ethik 40,* S. 289-305.

Quante, M. (1995): Rationalität – Zement des Geistes? In: A. Wüstehube (Hg.): *Pragmatische Rationalitätstheorien.* Würzburg, S. 223-268.

Quante, M. (1997): Personal Autonomy and the Structure of the Will. In: J. Kotkavirta (Hg.): *Right, Morality, Ethical Life.* Jyväskylä, S. 45-74.

Quante, M. (1998a): Freiheit, Autonomie und Verantwortung in der neueren analytischen Philosophie. Teil I: Die Intermundien der Freiheit. In: *Philosophischer Literaturanzeiger 51,* S. 281-309.

Quante, M. (1998b): Freiheit, Autonomie und Verantwortung in der neueren analytischen Philosophie. Teil II: Kontrolle ist gut, Vertrauen ist besser. In: *Philosophischer Literaturanzeiger 51,* S. 387-414.

Quante, M. (2000): ‚The Things We Do for Love'. Zu Weiterentwicklungen von Frankfurts Analyse personaler Autonomie. In: M. Betzler und B. Guckes (Hg.): *Autonomes Handeln. Beiträge zur Philosophie von Harry G. Frankfurt.* Berlin, S. 117-135.

Quante, M. (2001): *On the Limits of Construction and Individualism in Social Ontology* (i. E.).

Quante, M. und A. Vieth (2000): Angewandte Ethik oder Ethik in Anwendung? In: *Jahrbuch für Wissenschaft und Ethik 5,* S. 5-34.

Strawson, G. (1986): *Freedom and Belief.* Oxford.

Thalberg, I. (1983): *Misconceptions of Mind and Freedom.* Lanham.

Thalberg, I. (1989): Hierarchical Analyses of Unfree Action. In: J. Christman (Hg.): *The Inner Citadel. Essays on Individual Autonomy.* New York, S. 123-136.

Waddell Ekstrom, L. (1993): A Coherence Theory of Autonomy. In: *Philosophy and Phenomenological Research 53,* S. 599-616.

Watson, G. (1987): Free Action and Free Will. In: *Mind 96,* S. 145-172.

Watson, G. (1989): Free Agency. In: J. Christman (Hg.): *The Inner Citadel. Essays on Individual Autonomy.* New York, S. 109-122.

Young, R. (1980): Autonomy and Socialization. In: *Mind 86,* S. 565-576.

Young, R. (1986): *Personal Autonomy. Beyond Negative and Positive Liberty.* London.

Identität und Moral[1]

Gertrud Nunner-Winkler

Identität ist ein insbesondere in den letzten Jahren und Jahrzehnten intensiv und kontrovers diskutiertes Thema. Im Folgenden beginne ich mit kurzen Vorüberlegungen zur Bedeutung des Wortes (1.1), zur zunehmenden sozialen Relevanz des damit bezeichneten Sachverhalts (1.2) und zu konträren Weisen der Konzeptualisierung des Problems und möglicher Lösungen. Dabei werden exemplarisch unterschiedliche identitätstheoretische Ansätze (1.3), und zwar insbesondere im Blick auf zwei Fragen diskutiert – die Frage nach der Identitätsrelevanz inhaltlicher Festlegungen (1.4) und die Frage nach der Art des Selbstverhältnisses (1.5). Es ist die These des vorliegenden Beitrags, dass Identität nicht in theoretischen Selbstdeutungen, sondern in willentlichen Selbstbindungen an frei gewählte oder doch bejahte Inhalte gründet, wobei moralische Wertorientierungen eine besondere Rolle spielen (1.6). Diese These versuche ich sodann anhand der Ergebnisse mehrerer Untersuchungen zu moralischen Überzeugungen und zum subjektiven Identitätsverständnis empirisch zu plausibilisieren (2.) Abschließend will ich kurz andeuten, inwiefern sich nach einem modernen Moralverständnis gerade moralbezogene Selbstbindungen besonders gut zur Identitätsdefinition und -stabilisierung eignen (3.).

1. Vorüberlegungen zum Identitätsverständnis

1.1 Der Identitätsbegriff

Identität bedeutet: „Dieselbigkeit, Einerleiheit, Sich-selbst-gleich-bleiben" (Eisler 1904, S. 482). Identität ist ein zweistellig-reflexiver Begriff: X bleibt sich selbst gleich. Die Identitätsprüfung setzt eine identifizierende Gegenstandsbestimmung

1 Ich danke Frau Dipl. Soz. Anne Schroedter für die konstruktive Mitarbeit an der Entwicklung der Vorgaben für die Studentenbefragung und deren eigenständige Durchführung sowie Frau Dipl. Soz. Doris Wohlrab für kritische Einwände und hilfreiche Kommentare zu einer ersten Fassung dieses Textes.

voraus: „Wer oder was ist X?" Diese Frage erlaubt zwei unterschiedliche Antworten: einmal geht es um die individuierende Auszeichnung spezifischer Exemplare durch die Angabe von Eigennamen (z. B. das ist Alfons Müller/die erste Stradivari-Geige), oder von einmaligen Charakteristika wie etwa exakte Raum-Zeit-Koordinaten oder unverwechselbare individuelle Merkmale (z. B.: Lebensdaten/Herstellungsort und -datum oder genetischer Fingerabdruck/einmalige Besonderheiten der Holzbearbeitung). Dies betrifft die numerische Identität. Zum anderen geht es um die generalisierende Kennzeichnung durch allgemeine Prädikate wie etwa kategoriale Zugehörigkeiten (z. B.: X ist ein Mensch/eine Geige), funktionale Charakteristika (z. B.: X ist ein Lehrer/ein Musikinstrument) oder bestimmte Dispositionen und Eigenschaften (z. B.: X ist intelligent/klangvoll). Dies betrifft die qualitative Identität. Die numerische Identität muss immer schon vorausgesetzt werden, um die Frage nach der qualitativen Identität überhaupt sinnvoll stellen zu können, denn nur für ein eindeutig bestimmtes X ist entscheidbar, ob es dasselbe und ob es sich gleich geblieben ist.

Im Folgenden geht es um die Identität von Personen. Dabei kommt als Besonderheit ins Spiel, dass Innen- und Außenperspektive auseinander treten können. Für die numerische wie die qualitative Identifizierung von Objekten reicht die Beobachterperspektive hin. Bei Personen hingegen kann es im Ausnahmefall selbst bei der numerischen Identifikation (z. B. Patient X wähnt, Napoleon zu sein) und wird es häufig bei der qualitativen Identifikation zu einer Diskrepanz zwischen der Beschreibung des Beobachters (z. B. X ist Angestellter; ist selbstsicher) und der Selbstwahrnehmung kommen (X versteht sich nicht als Angestellter, sondern als Familienvater oder als künftiger Bürgermeister; erlebt sich nicht als selbstsicher sondern als gehemmt und schüchtern).

1.2 Identität als modernes Problem

Die Tatsache, dass der Identitätsbegriff in den Sozialwissenschaften eine solche Prominenz gewonnen hat – so etwa stieg die Anzahl identitätsbezogener Publikationen in der Psychologie von 9752 zwischen 1974 bis 1983 auf 21798 zwischen 1984 bis 1993 an (Ashmore und Jussim 1997, S. 5; zit. nach Straub 2000, S. 127) – ist eine Folge von sozialstrukturellen Veränderungen, die die Differenz von Innen- und Außensicht, insbesondere das Auseinandertreten von Person und Rolle, massenhaft erfahrbar machen. Aus der Außenperspektive gelingt die Identifikation von Individuen nach wie vor problemlos: Pass und genetische Analysen erlauben die numerische Identifikation; Uniformen und Arbeitskleidung, Namensschilder und räumliche Ausgestaltung erlauben die qualitative Identifikation von Rolleninhabern (z. B. Polizisten oder Feuerwehrleute und Müllmänner, Verkäufer und Vorgesetzte), soweit dies funktional notwendig ist. Zumeist aber begegnen uns im anonymisierten urbanen Leben die anderen als Unbekannte, über deren Leben und Status wir nichts zu wissen brauchen.

Aus der Innenperspektive aber erhebt sich die Identitätsfrage in dem Maße, in dem soziale Rollen nicht länger mehr qua Geburt zugeschrieben und daher als mit der eigenen Person unaufhebbar verknüpft und die eigene Person unabänderlich definierend erlebt werden. Zunehmend sind Rollenzugehörigkeiten, Lebenswege und Verhaltensstile (mehr oder weniger) frei wählbar. Es ist das Individuum selbst, das (mit-)entscheidet, welchen Beruf es ergreifen, welcher Religionsgemeinschaft es sich anschließen, welche Freunde es wählen will; ob und wen es heiraten, ob und wie viele Kinder es haben, wo es leben, wie es seine Freizeit gestalten möchte, ggf. gar, welchem Geschlecht es zugehören möchte. Dabei erfährt es, dass in ausdifferenzierten Gesellschaften die Teilsysteme, denen es aufgrund übernommener Rollen mit Segmenten seiner Person angehört, ihrem jeweiligen Eigensinn folgen und den Umgang mit Widersprüchen dem Individuum anlasten. Häufiger wird auch die Erfahrung einer Revision bereits getroffener Entscheidungen: Berufswechsel, Kirchenaus- und Sekteneintritte, Scheidungen und Wiederverheiratungen, Umzüge und personelle Veränderungen im Freundeskreis, sexuelle Umorientierungen, Wandel des politischen Regimes – so gut wie alle Menschen in westlichen Industriegesellschaften sind von Veränderungen solcher Art direkt selbst betroffen oder sehen sich doch zumindest im näheren sozialen Umfeld oder durch Mediendarstellungen damit konfrontiert. In dem Maße, in dem für individuelle Statusattribute wie für Kontextbedingungen der persönlichen Lebensführung nicht nur die Möglichkeit, sondern auch die Notwendigkeit der Wahl sozialstrukturell vorgesehen ist („We have no choice but to choose“: Giddens 1991, S. 80) und zudem Revisionen jederzeit möglich sind, drängen sich dem Individuum die Identitätsfragen unabweisbar auf: Wer ist es, der wählt? Wer bin denn in all dem ich? Was ist es, was ich selbst will? Wie kann ich morgen noch sein, der ich gestern war?

In dieser gesellschaftlichen Situation, in der personale Identität nicht länger mehr durch sozialstrukturelle Arrangements gestiftet und stabilisiert wird, sondern von den Individuen selbst gewählt und erhalten werden muss, treten sozialwissenschaftliche Identitätstheorien auf den Plan. Sie suchen zu klären, wie Individuen ihre eigene Identität verstehen und an ihr trotz widersprüchlicher Erwartungen und rapiden sozialen Wandels festhalten können. Und sie verfahren dabei höchst unterschiedlich. Im Folgenden seien exemplarisch einige identitätstheoretische Ansätze diskutiert. Zunächst geht es um die Unterscheidung von modernen und postmodernen Konzeptualisierungen, dann um unterschiedliche Vorstellungen darüber, wie es Subjekten gelingt, Identität zu stabilisieren, also Kontinuität und Konsistenz zu sichern, und schließlich um die Frage, wie das der Identitätskonzeptualisierung zugrundliegende Selbstverhältnis verstanden wird.

1.3 Moderne versus postmoderne Identitätskonzeptualisierungen

In einem ersten, vereinfachenden Zugriff lassen sich Identitätstheorien in moderne und postmoderne Ansätze einteilen. Moderne Ansätze halten an der ursprünglichen Begriffsbestimmung von Identität als „Einheitlichkeit und Sich-Selbst-Gleich-Bleiben" fest und übersetzen sie in die Kriterien von Konsistenz und Kontinuität, die erfüllt sein müssen, soll Identität gelingen. Postmoderne Ansätze bestreiten diese Bedingung. Die Forderung „zuverlässig und konstant" zu sein, entspräche modernen Lebensverhältnissen nicht mehr (Gergen 1990). Vielmehr gilt: „Das Erlebnis einer widersprüchlichen und segmentierten Alltagswelt, die sich nicht mehr in einen umfassenden Weltentwurf integrieren lässt [...], erzwingt eine Haltung, die Widersprüchliches nebeneinander stehen lassen kann, die nicht mehr von einem ‚Identitätszwang' beherrscht wird" (Keupp 1997, S. 17). Nötig ist „eine Struktur ohne Zwang zur Identifikation, ohne abschließenden Prädikationszwang [...], (die) Material unterschiedlicher Herkunft und Qualität enthalten (kann) [...], schnellen Wechsel (erlaubt) [...] (und) im einzelnen nicht authentisch zu sein (braucht)" (Pazzini 1986, S. 75f.). Es werden neue Konzepte entwickelt: Bastelmentalität (Gross 1985), patchwork identity (Keupp 1988), das plurale Subjekt (Welsch 1993), Identität als Collage (Pazzini 1986). Sie bringen ein Lebensgefühl zum Ausdruck, wie es schon Montaigne beschrieben hat: „Ich habe von mir selbst nicht Ganzes, Einheitliches und Festes, ohne Verworrenheit und in einem Gusse auszusagen. [...] Wir sind alle aus lauter Flicken und Fetzen und so kunterbunt unförmlich zusammengestückt, dass jeder Lappen jeden Augenblick sein eigenes Spiel treibt. Und es findet sich ebensoviel Verschiedenheit zwischen uns und uns selber wie zwischen uns und anderen" (Montaigne 1994; zit. nach Keupp 1994, S. 243).

Allerdings weisen postmoderne Ansätze neben empirischen Defiziten auch theoretisch konzeptionelle Schwächen auf, die Straub auf folgende Alternative bringt: Entweder entwerfen sie mit der Absage an die „Einheit der Person" ein Bild, das dem „von in ihren Orientierungs-, Handlungs- und Beziehungsfähigkeiten beeinträchtigten, vielleicht sogar von schwer kranken Menschen ähnelt" (Straub 2000, S. 150) (i. e. Schizophrenie, multiple Persönlichkeitsstörungen). Oder sie führen durch die Hintertür das Postulat von Einheit wieder ein – so etwa Welsch mit dem Konzept „transversaler Subjektivität" (vgl. dazu Straub 2000, S. 151ff.), so Keupp mit dem Konzept der „Verknüpfungskompetenz", die dem Subjekt ermögliche, ein ausreichendes Maß an „Kohärenz, Authentizität, Anerkennung und Handlungsfähigkeit" (Keupp u. a. 1999, S. 271) zu entwickeln.

Im folgenden geht es im Rahmen eines modernen Identitätsverständnisses um die Frage, wie Personen Identität herstellen. Wie sie also das Gefühl von Kohärenz und Kontinuität gewinnen und stabilisieren. Diese Frage soll in einem ersten Schritt anhand eines kurzen Durchgangs durch einschlägige Ansätze theoretisch diskutiert und sodann (in Teil 2) auch empirisch überprüft werden.

1.4 Identitätsbestimmung durch Inhalte oder Kompetenzen

Das Gefühl innerer Einheitlichkeit und Kontinuität kann in unterschiedlichen Komponenten fundieren – in der Festlegung auf Inhalte oder in formalen Kompetenzen. Einzelne identitätstheoretische Ansätze unterscheiden sich durch die relative Bedeutung, die sie – je unterschiedlich konzeptualisierten – Inhalten bzw. je spezifischen Kompetenzen zuweisen. Im Strukturfunktionalismus Parsons'scher Prägung sind sozialstrukturell vorgegebene Inhalte allein entscheidend: Identität wird gesellschaftlich bestimmt als Innehaben eines festen Platzes in einem sozialen System und ist damit gleichbedeutend mit Rollenidentität. Subjektiv gewinnt die Rollenidentität ihre Stabilität durch die Bereitschaft, den je spezifischen Erwartungen zu entsprechen. Identität wird fraglos, sofern und insoweit die Individuen schon früh ein System von „need dispositions towards the fulfilment of role expectations" (Parsons 1964, S. 32) aufgebaut haben. Diese Identitätsformation ist modal in Gesellschaften, in denen zentrale Rollen qua Geburt zugeschrieben und deren Verhaltenserwartungen im Sozialisationsprozess verinnerlicht werden.

Bei Erikson umfasst die Identität sowohl Inhalte wie formale Kompetenzen. Bei den Inhalten geht es um die vom Individuum selbst – und zwar einmalig punktuell zum Abschluss der Adoleszenz – getroffenen Entscheidungen und Festlegungen. Es gilt zu wissen „was man werden will; [...] die richtigen Entscheidungen zu treffen, ohne sich ein für alle mal mit dem falschen Mädchen/Geschlechtspartner, Führer oder Beruf anzulegen" (Erikson 1973, S. 112) und mit diesen Entscheidungen Anerkennung zu finden. Letzteres setzt voraus, dass die vom Individuum erbrachten Leistungen und erzielten Erfolge objektiv für „die bestehende Kultur von Bedeutung" sind (ebd., S. 112). Identität ist aber auch formale Kompetenz. Sie besteht in dem „angesammelten Vertrauen darauf, dass der Einheitlichkeit und Kontinuität, die man in den Augen anderer hat, eine Fähigkeit entspricht, eine innere Einheitlichkeit und Kontinuität aufrecht zu erhalten" (ebd., S. 107). Diese Fähigkeit entwickelt sich in dem Maße, in dem das heranwachsende Kind vorauslaufende normative Entwicklungskrisen erfolgreich bewältigt hat, also Urvertrauen (statt Mißtrauen), Autonomie (statt Scham und Zweifel), Initiative (statt Schuldgefühle) und Werksinn (statt Minderwertigkeitsgefühl) aufgebaut hat. Ein Scheitern an der in der Adoleszenz anstehenden Aufgabe der Identitätsbildung führt zu Identitätsdiffusion. „Die diesbezüglichen Symptome sind: schmerzhaft gesteigertes Gefühl von Vereinsamung; Zerfall des Gefühls innerer Kontinuität und Gleichheit; [...] Unfähigkeit, aus irgendeiner Tätigkeit Befriedigung zu schöpfen; ein Gefühl, dass das Leben geschieht statt aus eigener Initiative gelebt zu werden; radikal verkürzte Zeitspanne und schließlich Ur-Mißtrauen" (ebd., S. 158). In Eriksons Identitätsbegriff sind also mehrere Dimensionen miteinander verknüpft: die formale Kompetenz der Aufrechterhaltung innerer Einheitlichkeit und Kontinuität, inhaltliche Bindungen an selbstgewählte Entscheidungen über Beruf, Partner und Weltanschauungen und die Erfahrung sowohl berechtigter sozialer Anerkennung wie auch persönlicher Befriedigung.

Giddens' an Erikson anknüpfende Weiterentwicklung des Identitätsbegriffs trägt der Tatsache Rechnung, dass in der zweiten Moderne Lebensentscheidungen als revidierbar gelten. Damit ist die inhaltliche Komponente von Identität nicht mehr durch ein für alle Mal getroffene Entscheidungen, sondern durch eine Vielfalt von Wahlen bestimmt, die das Individuum tagtäglich trifft und die seinen „lifestyle" und damit seine Identität prägen: „Each of the small desicions a person makes every day – what to wear, what to eat, how to conduct himself at work, whom to meet with later in the evening [...] all such choices (as well as larger and more consequential ones) are decisions not only about how to act but who to be [...]. Lifestyle concerns the very core of self-identity, its making and remaking" (Giddens 1991, S. 81). Sofern Individuen die inhaltlichen Entscheidungen über ihren Lebensstil – und damit die eigene Identität – ständig überarbeiten und revidieren, bedarf auch die formale Kompetenz der Aufrechterhaltung von Kontinuität und Konsistenz einer Erweiterung – es bedarf der narrativen Kompetenz: „Self-identity becomes a reflexively organized endeavour [...] which consists in the sustaining of coherent, yet continuously revised, biographical narratives" (ebd., S. 5). „Self-identity as a coherent phenomenon presumes a narrative: [...] an autobiography [...] in the broad sense of an interpretative self-history produced by the individual" (ebd., S. 76).

Giddens hat das von Erikson als identitätskonstitutiv unterstellte Moment inhaltlicher Festlegungen temporalisiert, um dem rapiden Wandel der Kontextbedingungen Rechnung zu tragen. Eine alternative Strategie, um konkreten Widersprüchlichkeiten und erforderlichen Neuorientierungen zu begegnen, ist die Erhöhung des Abstraktionsgrades inhaltlicher Bindungen. Die traditionelle Rollenidentität wird ersetzt durch die „prinzipiengeleitete und zugleich flexible Ich-Identität". Sie gründet in der Bindung an die „Prinzipien einer universalistischen kommunikativen Moral, [...] (die) Intersubjektivität und individuelle Autonomie zugleich (garantieren)" (Döbert und Nunner-Winkler 1975, S. 44). Mit der „Unterscheidung zwischen einerseits Normen und andererseits Grundsätzen, nach denen wir Normen erzeugen können [...] (gelingt es dem Individuum), seine Identität hinter die Linie aller besonderen Rollen und Normen zurückzunehmen" (Döbert, Habermas und Nunner-Winkler 1977, S. 10), „die eigene Identität trotz biographischer Veränderungen durchzuhalten, sich als verläßlichen Interaktionspartner zu präsentieren und zugleich konfliktinduzierte Kommunikationsstörungen aufzulösen" (Döbert und Nunner-Winkler, S. 45).

Andere Ansätze bestimmen Identität allein oder vorrangig als formale Kompetenz. So etwa gilt in Krappmanns Konzept der balancierenden Identität die Bindung an Inhalte als Zeichen von Starrheit, Entfremdung und Verdinglichung. Identität bemesse sich vielmehr an der Fähigkeit des Subjektes, eine Balance herzustellen zwischen den divergierenden Erwartungen unterschiedlicher Interaktionspartner und dem eigenen Bestreben, „Einmaligkeit und Unwiederholbarkeit zu manifestieren" (Krappmann 1969, S. 48), „Autonomie gegenüber sozialen Zwängen zu bewahren" (ebd., S. 12) und zugleich „Kontinuität und Konsistenz durch ‚erklärende Deutungen' herzustellen" (ebd., S. 51). Identität muss dabei in jeder Interaktionssituation neu gewonnen werden: „Man (besitzt) Identität immer nur in bestimmten Situationen und unter anderen, die sie anerkennen" (ebd., S. 35). Dies erfordert die „Anstrengungen eines ständig jonglierenden und balancierenden Artisten" (ebd., S. 56) und es erfordert basale Ich-Ressourcen wie Ambivalenztoleranz, Rollendistanz und Empathie.

Für Straub sind inhaltliche Identitätsbestimmungen nicht wie bei Krappmann identitätswidrig, aber doch theoretisch belanglos: „Ob jemand einem Beruf nachgeht oder seinen Lebensunterhalt mit ständig wechselnden Gelegenheitsarbeiten verdient [...], ob jemand politisch engagiert ist oder nicht [...], diese und zahllose andere qualitative Identitätsprädikate haben kein Gewicht, wenn es um die Frage geht, wie die Form oder Struktur des kommunikativen Selbstverhältnisses einer Person theoretisch begriffen werden kann" (Straub 2000, S. 129). Dafür sind die Begriffe „Kontinuität, Konsistenz und Kohärenz" entscheidend. Unter Konsistenz versteht Straub die logische und unter Kohärenz die psychologische Vereinbarkeit von „Orientierungen und Orientierungssystemen, Einstellungen und Praktiken" (ebd., S. 135). Wie eine solche „fühlbare oder erlebbare Kohärenz [...] zustande kommt und reproduziert wird, [...] wie sie (sprach-)symbolisch artikulierbar und kognitiv repräsentierbar ist" (ebd., S. 135), bedürfe noch einer genaueren Analyse. Klar aber ist, dass personale Identität als „Einheit einer nämlichen Person" an „sozial vermittelte psychische Integrations- oder Syntheseleistungen des Subjekts" (ebd., S. 129) gebunden ist und dass unter den „kommunikativen bzw. symbolischen ‚Mitteln'" (ebd., S. 130), mit denen diese vollbracht werden, die narrative Kompetenz eine herausragende Bedeutung hat: „Die Identitätsfrage ‚Wer bin ich (geworden) und wer möchte ich sein?' findet ihre Antwort gerade auch in Selbst-Erzählungen" (ebd., S. 130), die „aus der erlebten Kontingenz [...] etwas Sinn- und Bedeutungsvolles (machen) [...], Differentes, ja Heterogenes innerhalb *einer* stimmigen Gestalt zusammenführen" (ebd., S. 132).

1.5 Struktur des Selbstverständnisses

Die unterschiedlichen identitätstheoretischen Ansätze differieren jedoch nicht nur in der Bedeutung, die sie inhaltlichen Entscheidungen oder Bindungen beimessen oder absprechen, sondern – weitreichender noch – in der Art, wie sie das in der Identitätsfrage thematisierte Selbstverhältnis konzeptualisieren. In der klassischen Philosophie entsteht der Begriff der Identität „durch Vergleichung eines Bewußtseinsinhaltes mit diesem selbst in verschiedenen Zeiten und Räumen [...]. Das Ich beurteilt etwas als ‚identisch' heißt: Es supponiert einem Bewußtseinsinhalt das gleiche Object, es verlegt damit seine eigene Identität in das Wahrgenommene" (Eisler 1904, S. 482). So heißt es dann auch bei Locke: Dieselbigkeit besteht, wenn „die als dieselben erklärten Vorstellungen sich durchaus nicht von dem unterscheiden, was sie in dem Augenblick waren, wo man ihr früheres Sein betrachtet und womit man ihr gegenwärtiges vergleicht" (Locke; zit. nach Eisler 1904, S. 482). Auch bei Kant ist „die Identität des Bewusstseins meiner selbst in verschieden Zeiten" auf die „Form der innern Anschauung meiner selbst" (Kant, S. 308; zit. nach Eisler 1904, S. 482) bezogen. In diesem theoretisch-beobachtenden Selbstverhältnis gründet Identität in Wahrnehmung, Sehen, Betrachten und wird durch das vergleichende Vorstellen von Gegenständen gewonnen. Tugendhat kritisiert dieses Subjekt-Objekt-Modell („man hat sich vor sich") und dessen erkenntnistheoretische Voraussetzung, dass „alles unmittelbare empirische Wissen auf Wahrnehmung beruhen muß" (Tugendhat 1979, S. 34). Er erachtet die Vorstellung, dass „man auch das Wissen von sich und überhaupt das Sichzusichverhalten als ein inneres Gewahrhaben" (ebd., S. 34) zu verstehen habe, als verfehlt. Unter Bezug auf Heidegger plädiert er stattdessen dafür, das Selbstverhältnis als praktisches zu begreifen: „Im ‚ich bin'-Sagen (bin ich) nicht ‚ästhetisch' betrachtend auf mein Sein bezogen, ich konstatiere nicht mein Sein als etwas Vorhandenes, sondern ich verhalte mich dazu in der Weise der ‚Selbstbekümmerung' [...], ich verhalte mich zu meinem Sein als einem solchen, dass ich [...] ‚zu sein' habe" (ebd., S. 36). Dieses Selbstverhältnis bedeutet, zu sich selbst Stellung nehmen: „Diese Stellungnahme ist nicht nur eine theoretische Stellungnahme zu Meinungen, sondern eine willentliche, praktische [...] und d. h. ‚Ja' oder ‚Nein' dazu sagen, so oder so zu sein und d. h. so oder so zu handeln" (ebd., S. 37). Hier wird der Mensch nicht als Betrachtender und Vorstellender, sondern als Handelnder konzipiert: „Als Handelnde sind wir, was wir tun und wollen" (ebd., S. 29). Dabei haben wir die Möglichkeit, von dem was wir spontan tun und wollen, Abstand zu nehmen und uns zu fragen: „Was ist es, was ich selbst will?“ und sowohl zu den Erwartungen anderer wie auch zu den eigenen Wünschen Stellung zu nehmen.

In dieser Bestimmung der Struktur des Sichzusichverhaltens als praktisch-voluntative stimmt Tugendhat mit Frankfurts Analyse des Personkonzepts überein: „Person sein heißt, eine evaluative [...] Einstellung zu sich selbst einnehmen, die Motive (des eigenen) Handelns zu bejahen oder abzulehnen, zu entscheiden, ob, worauf (man) Lust hat, (einem) auch wichtig ist“ (Frankfurt 1993, S. 115; vgl. auch Frankfurt 1988). In dieser Fähigkeit des Neinsagens zu eigenen Impulsen wie zu externen Erwartungen konstituiert sich die Person als formal frei. Auf einer ersten Ebene „organisiert (sie) Präferenzen und Prioritäten, die Ordnung in ihre Optionen bringen. Sie lenkt ihr Verhalten nicht im Einklang mit den Wünschen, die sich selbst zufällig am stärksten zur Geltung bringen, sondern im Einklang mit Zielen, die ihr wichtig sind“ (Frankfurt 1993, S. 115). Dies erfordert die Fähigkeit, zu spontanen Bedürfnissen kognitiv und affektiv in Distanz zu treten (i. e. Selbstreflexion und Selbstkontrolle) sowie die Bereitschaft, Prioritäten zu setzen, d. h. sich mit einer Sache, die einem wichtig ist, so stark zu identifizieren, das man sich an die daraus erwachsenden Verpflichtungen gebunden fühlt und sich nicht dazu bringen kann, sie zu verraten. In solch bejahten Willensbindungen gründet die Identität. Gäbe es nichts, was zu tun jemand sich nicht durchringen kann, konstituierte er sich nicht als personales Selbst: nicht er entschiede, was er tun will, sondern darüber entschieden der Zufall, flüchtige Impulse, gegebene Randbedingungen oder äußere oder innere Zwänge.

Von dieser ersten Ebene einer rein voluntativen (dezisionistischen) Stellungnahme zu den eigenen Wünschen und Absichten unterscheidet Tugendhat eine zweite Ebene des „reflektierten Selbstverhältnisses“, auf der das Individuum auch zu den Meinungen Stellung nimmt, die sein Handeln bestimmen: „Man handelt so, weil man meint, daß das und das der Fall ist und daß das und das gut ist – sei es für einen selbst, sei es überhaupt“ (Tugendhat 1979, S. 31). Hier kommen Maßstäbe ins Spiel, die die Stellungnahme anleiten. Es geht nun nicht mehr allein um die Frage „Will ich wirklich was ich unmittelbar will?“, sondern um die Frage „Kann ich wollen, was ich will?“ Auf diese Frage gibt es wiederum eine zweistufige Antwort, die am Beispiel der Orientierung an Normen erläutert sei. Ich kann eine Norm befolgen, nicht aus innerem Zwang oder unter äußerem Druck, sondern aus freien Stücken, weil ich sie für richtig halte – etwa weil Gott sie gesetzt hat. Auf einer nächsten Stufe kann ich die Norm selbst noch danach befragen, ob ich sie wollen kann. Das Motiv der Normbefolgung bleibt das gleiche wie im ersten Fall: Ich will ihr folgen, weil ich sie für richtig halte. Der Unterschied liegt in der Begründung für die Gültigkeit der Norm: Nicht Tradition oder Autoritäten, sondern allein, dass ich wollen kann, dass sie allgemeines Gesetz würde (Kant 1962), dass wir alle aus der Unparteilichkeitsperspektive ihr zustimmen könnten (Rawls 1972), begründet ihre Verbindlichkeit.

Somit lassen sich im praktischen Selbstverhältnis Stufen der Autonomie unterscheiden (vgl. Nunner-Winkler 1990): Auf der ersten Stufe, die Frankfurt beschreibt, hierarchisiert das Individuum frei seine Präferenzen und gewinnt Identität, sofern es Ziele, die ihm wichtig sind, nicht verrät (z. B. X will sich auf eine für ihn wichtige Prüfung vorbereiten und unterdrückt den Wunsch, statt dessen Schwimmen zu gehen). Auf der zweiten Stufe orientiert es seine Präferenzbildung an vorgegebenen Maßstäben, die es als richtig anerkennt und die es – auf der letzten Stufe – auch noch auf ihre allgemeine Wünschbarkeit hin befragt (z. B.: wichtiger als der Erfolg ist ihm die Wahrhaftigkeit, und diese kann es – auf der letzten Reflektionsstufe – auch als allgemein verbindliche Norm wollen).

1.6 Identität als autonome Selbstbindung

Die beiden unterschiedenen Dimensionen identitätstheoretischer Ansätze – die Gewichtung inhaltlicher Bindungen und die Struktur des Selbstverhältnisses – können unabhängig voneinander variieren. Im Rahmen des praktisch-voluntativen Identitätsmodells etwa steht bei Frankfurt die Bindung an inhaltlich bestimmte „Ideale“ im Zentrum. Tugendhat hingegen fokussiert stärker auf das formale Moment im Modus der Aneignung von Inhalten, auf Autonomie. Auf der anderen Seite betont etwa Giddens die identitätskonstitutive Bedeutung inhaltlicher Lebensstilentscheidungen, während Straub deren Relevanz verneint, wobei beide Ansätze mit ihrer Fokussierung auf narrative Kompetenz eher dem theoretischen Identitätsmodell zuzurechnen sind, wenngleich nicht dem passiv-beobachtenden, sondern einem aktiv-konstruierenden – Straub spricht von einem „kommunikativen Selbstverhältnis“ (Straub 2000, S. 129). Doch trotz der gestaltenden Rolle, die das Subjekt bei der Konstruktion oder Rekonstruktion von Kontinuität und Konsistenz spielt, bleibt es in der Rolle des theoretisch-integrierenden Betrachters. Seine Identität bezieht es aus der Fähigkeit, Einzelentscheidungen oder Handlungsabfolgen in eine sinnhaft konsistente Erzählung einzubetten. Zwar genießt der Autor bei der selektiven Gestaltung dieser Selbst-Erzählung unstrittig eine privilegierte Position. Ist diese jedoch als Text erst einmal gegeben (etwa in Form eines narrativen Interviews), so ist sie für Beobachter und Produzent strukturgleich – bei der Beurteilung ihrer Stringenz ist das Subjekt vertretbar. Sätze der Form „Zunächst habe ich X geglaubt, dann Y begriffen und schließlich Z getan“, lassen sich bedeutungsgleich aus dritter Personperspektive formulieren: „Zunächst hat er X geglaubt, dann Y begriffen, schließlich Z getan“. Sätze des praktischen Selbstverhältnisses hingegen, die die eigene Handlungs- und Willensdisposition unmittelbar ausdrücken, verändern ihren Sinn, wenn ihr Gehalt aus der Beobachterrolle formuliert wird. Der Satz: „Hier stehe ich – ich kann nicht anders“ ist eine expressive Äußerung, die die unmittelbar erlebte und widerlegungsresistente Gewissheit ausdrückt, dass eine bestimmte inhaltliche Selbstbindung unaufgebbar ist. Der Satz „Er wird an seiner Position festhalten" hingegen ist eine theoretische Feststellung, also anfällig für Fehler oder Irrtümer. An den typischen Emotionen beim Scheitern der beiden Sätze zeigt sich die Differenz besonders klar: Eine theoretische Fehlprognose (sofern sie nicht eigene identitätsrelevante Bereiche betrifft) quittiert der Beobachter normalerweise eher emotionslos, den Verrat an zentralen Selbstfestlegungen bezahlt die Person mit intensiven Schuld-, Scham- oder Reuegefühlen.

2. Das subjektive Identitätsverständnis – einige empirische Explorationen

Im Folgenden möchte ich die Frage, wie Individuen ihre eigene Identität begreifen und zu stabilisieren trachten, empirisch angehen. Dabei will ich zu belegen suchen, dass das subjektive Identitätserleben im Modell des praktisch-voluntativen Selbstverhältnisses als autonome Selbstbindung zu verstehen ist. Im Einzelnen sollen drei Thesen geprüft werden:

1. Individuen gründen ihre Identität vor allem in inhaltlichen Selbstfestlegungen, i. e. Identität wird nicht durch eine theoretisch betrachtende Selbstanalyse, sondern durch eine willentliche (bejahende oder ablehnende) Stellungnahme zu gegebenen persönlichen Merkmalen, soziokulturellen Lebensbedingungen oder vorherrschenden Wertorientierungen gewonnen.
2. Besonders solche inhaltlichen Festlegungen haben eine identitätskonstitutive Bedeutung, die die Person entweder freiwillig gewählt hat oder zumindest aus Überzeugung bejaht – Autonomie ist damit ein wesentliches Bestimmungsmerkmal von Identität.
3. Es gibt unterschiedliche Inhalte, an denen Personen ihre Identität festmachen können. Moralische Wertbindungen aber haben für viele Personen faktisch eine besondere Identitätsrelevanz, und nach einem modernen Moralverständnis eignen sie sich auch besonders gut zur Identitätsstabilisierung, sofern sie autonom bejaht werden können.

Zur empirischen Plausibilisierung der Thesen greife ich auf Ergebnisse aus unterschiedlichen Untersuchungen zurück:

1. GOLD: Eine Untersuchung von 377 65-85jährigen westdeutschen Zwillingen,[2] bei denen ich das Moralverständnis erheben konnte. 152 Befragte aus dieser Gruppe gaben zusätzlich ein kurzes Identitätsinterview.
2. KOHORT: eine Kohortenanalyse, in der das Moralverständnis von je 100 repräsentativ ausgewählten 20-30-, 40-50- und 65-75jährigen westdeutschen Probanden verglichen wurde. Die älteste Kohorte ist eine Teilstichprobe aus den GOLD-Teilnehmern.[3]
3. LOGIK: Eine Längsschnittuntersuchung von 200 4-17jährigen Kindern,[4] bei denen ich die moralische Entwicklung untersucht habe (vgl. Nunner-Winkler 1996, 1998, 1999, 2000a). Im Alter von 17 Jahren wurde diesen Befragten das auch in GOLD eingesetzte Identitätsinterview vorgelegt.
4. EXIST: 37 Studenten unterschiedlicher Fachrichtungen (60% Soziologie, 40% Statistik, Mathematik, Bauingenieurwesen) beantworteten das in GOLD und LOGIK eingesetzte Identitätsinterview und nahmen darüber hinaus noch Stellung zu vorgegebenen Identitätsvignetten.

Die Ergebnisse werden in drei Schritten dargestellt: Zunächst wird in einer eher indirekten Beweisführung gezeigt, dass Personen faktisch lebenslang an den in ihrer Jugend aufgebauten moralbezogenen Wertorientierungen festhalten, was – theoretisch-spekulativ – als Beleg für deren identitäts-konstitutive Bedeutung gewertet wird (2.1). Sodann wird berichtet, welche Identitätsrelevanz die Befragten selbst unterschiedlichen Aspekten ihrer Lebenssituation oder ihrer Lebensführung beimessen und welches Gewicht dabei den Kriterien der Autonomie zukommt (2.2). Schließlich wird die von Straub aufgeworfene (Straub 2000, S. 135) Frage behandelt, wie Individuen trotz objektiv beobachtbarer Widersprüchlichkeiten psychologische Kohärenz herzustellen vermögen (2.3).

2.1 Zur Konstanz von Wertbindungen

Die 300 Befragten der Kohortenanalyse wurden über ihr Moralverständnis befragt. Generationsspezifische Unterschiede oder aber Ähnlichkeiten in den Werthaltungen lassen Rückschlüsse auf die individuelle Meinungsstabilität bzw. lebenslängliche

---

2 Für die Anlage der thematisch sehr umfangreichen Studie und erste Ergebnisse vgl. Weinert und Geppert (1996, 1998).

3 Für erste Ergebnisse vgl. Nunner-Winkler (2000b, 2000c); Nunner-Winkler und Nikele (2001).

4 Für eine Gesamtdarstellung der Studie und der Ergebnisse der Erhebungen bis zum Alter von 10 Jahren vgl. Weinert (1998); Weinert und Schneider (1999).

Lernbereitschaften zu. In der Literatur gibt es zu der Frage nach der Entwicklung inhaltlicher Überzeugungen unterschiedliche Positionen (siehe Sears 1981):

- Lebenslange Offenheit: Personen sind über ihr gesamtes Leben hinweg willens und fähig, ihre Meinungen und Einstellungen zu ändern, wenn sich einschlägige Wissensmuster oder Deutungssysteme wandeln (Zeitgeist- oder Periodeneffekt).
- Lebenszyklus: Personen verändern ihre Einstellungen im Verlaufe ihrer individuellen biographischen Entwicklung als Folge kumulierender Lebenserfahrungen. Shaw's Diktum „Wer mit 20 kein Kommunist ist, hat kein Herz, wer mit 30 noch Kommunist ist, keinen Verstand" pointiert diese These (Alterseffekt).
- Persistenz: Frühe Sozialisationserfahrungen prägen die Person ein für alle Mal (Imprinting).
- Sensitive Phasen: Im Verlaufe der Adoleszenzphase werden in der Auseinandersetzung mit dem je vorfindlichen soziokulturellen Werteklima und ökonomischen und politischen Kontextbedingungen komplexe moralische und gesellschaftspolitische Orientierungen aufgebaut, die dann über das gesamte Leben hinweg stabil bleiben (Generationseffekt).

In KOHORT wurden 25 Vignetten vorgelegt, die Normen der Familien- und Geschlechterordnung (z. B. berufstätige Mutter; Homosexualität), Normen des politischen Systems (z. B. früher NSDAP-Eintritt; Wehrdienstverweigerung), des religiösen Systems (z. B. Kirchenaustritt), Umweltnormen (z. B. Recycling), negative Pflichten (z. B. Testamentsbetrug), Pflichten gegen sich selbst (z. B. Selbstmord) und supererogatorische Pflichten (z. B. Almosengabe) betrafen. Bei 22 der 25 Vignetten fanden sich hoch signifikante und erhebliche Unterschiede zwischen den Kohorten. So etwa verurteilten über 80% der ältesten im Vergleich zu nur 40% der jüngsten Befragten mütterliche Berufstätigkeit und fast 70% der älteren im Vergleich zu ca. 15% der jüngsten Befragten Homosexualität (vgl. Nunner-Winkler 2000d; Nunner-Winkler und Nikele 2001).

Bei sechs der Vorgaben wurden die Probanden zusätzlich gefragt, ob sie ihre eigene Meinung im Laufe ihres Lebens geändert hätten und wie ihrer Einschätzung nach Angehörige anderer Generationen urteilten. Zwischen 65 und 80% der ältesten Befragten erklärten, sie hätten ihre Einstellung nicht geändert, wobei sich die allermeisten völlig im Klaren darüber waren, dass Jüngere in diesen Fragen anders urteilen („Die sehen das lässiger/großzügiger", „Die denken eher freier" etc.). Diese Ergebnisse deuten auf geringe Lernbereitschaften im Lebenslauf: Die Haltungen der Älteren sind kaum durch individuelle Erfahrungsakkumulation bestimmt (Alterseffekt) – die meisten geben ja an, dass sie ihre Meinung nicht geändert hätten. Auch der vorherrschende Zeitgeist (Periodeneffekt), um den die Älteren ja sehr wohl wissen, hat wenig Einfluss. Vielmehr spiegeln die Antworten der ältesten Befragten das in den 1950ern und frühen 60ern vorherrschende Werteklima, die der jüngeren die im Gefolge der 68er Debatten durchgesetzten Wertorientierungen wider. Dabei handelt es sich aber zumeist nicht um frühkindlich geprägte Orientierungen, sondern jede Generation vertritt die Haltungen, die sie in ihrer Adoleszenzphase aufgebaut hat. So fanden sich bei den GOLD-Befragten deutliche Meinungsdifferenzen zwischen Befragten, die 1945 14 Jahre und jünger bzw. 18 Jahre und älter waren. Probanden, die zwar ihre Kindheit in der NS-Zeit, ihre Jugendjahre aber in der Zeit demokratischer Reeducation verbrachten, verurteilen einen frühen NSDAP-Eintritt entschieden klarer als die Älteren, die bis zum Ende ihrer Jugend unter NS-Einfluss standen. Auch zeigte sich ein besonders großer Werteumbruch bei den 40-50jährigen: Im Kontext der 68er Debatten distanzierten diese sich klar und explizit von den Haltungen ihrer Eltern, von denen ihre eigene frühkindliche Sozialisation noch geprägt war.

Die berichteten Befunde decken sich mit einer Fülle von Längsschnittuntersuchungen, die belegen, dass Personen trotz individueller sozialer und/oder geographischer Mobilität, trotz eines Wandels im öffentlichen Meinungsklima, trotz Veränderungen ihrer persönlichen oder der kollektiven Wirtschaftslage an vielen der in ihrer Adoleszenz aufgebauten Orientierungen festhalten.[5] Dies gilt im Übrigen keineswegs nur für vielleicht bereits „verknöcherte" oder besonders „rigide" Hochbetagte – es gilt, wie Analysen etwa zu den Grünen-Wählern zeigen, in gleicher Weise auch für die als besonders flexibel und offen geltende 68er Generation (cf. Müller 1998). Diese erstaunlichen Stabilitäten legen die Hypothese nahe, dass die erhobenen Wertorientierungen für viele der befragten Personen hohe Identitätsrelevanz besitzen. Werthaltungen – so die Annahme – bilden ein Gerüst: sie stiften den Interpretationsrahmen, der Erfahrungen überhaupt erst zu deuten und einzuordnen erlaubt und an dem – trotz wechselnder Rollen oder sozialen Wandels – festzuhalten subjektive Kontinuitätserfahrung ermöglicht.

Zu dieser Annahme passt ein zentrales Ergebnis der Forschungen zum autobiographischen Gedächtnis: Besonders lebhafte und intensive Erinnerungen an persönliche Erlebnisse und Erfahrungen stammen (sofern sie nicht unmittelbar zurückliegen) überproportional häufig aus der Adoleszenzphase (vgl. Rubin und Krasnor 1986; Fitzgerald 1988). Es ist dies genau jene Periode, in der sich die Heranwachsenden – aus der zugeschriebenen Kindrolle heraustretend – in offenen Gesellschaften mit der Entwicklungsaufgabe konfrontiert sehen, die eigene Identität zu definieren.[6]

5 Für einen zusammenfassenden Überblick vgl. Sears (1981).

6 Vgl. auch T. Habermas (1997) für eine ähnliche Interpretation.

2.2 Zur identitätskonstitutiven Bedeutung von Wertbindungen

Die Hypothese der Identitätsrelevanz von Wertüberzeugungen lässt sich anhand weiterer Daten empirisch überprüfen. In LOGIK, EXIST und GOLD wurden die Probanden gebeten, für eine vorgegeben Liste von Charakteristika anzugeben, wie sehr sie glaubten, sie wären eine andere Person, hätten diese Merkmale eine andere Ausprägung gehabt. Die Vorgabe lautete: „Stellen Sie sich vor, Sie hätten: andere Eltern/andere Vorstellungen von Recht und Unrecht/ ein anderes Aussehen/ sehr viel mehr Geld/ andere Interessen bzw. ein anderes Studienfach bzw. einen anderen Beruf/ andere Freunde; Sie wären: in einem anderen Land aufgewachsen/ dem anderen Geschlecht zugehörig – wie sehr wären Sie eine andere Person?“ Die fünfstufige Antwortskala reichte von „ich wäre genau dieselbe Person“ bis „ich wäre eine völlig andere Person“. Bei einigen Merkmalen wurde auch eine Begründung der Einschätzung erbeten.[7] Tabelle 1 zeigt die Ergebnisse der standardisierten Einstufungen:

Tabelle 1: Prozentsatz Befragte, die angeben, sie wären eine völlig oder doch deutlich andere Person bei anderen/anderem

	LOGIK	EXIST	GOLD
n	174	37	153
Alter	17	20-25	65-80
Eltern	75	81	42
Geschlecht	71	68	60
Rechts-/Unrechtsvorstellungen	68	76	50
Freunden	56	41	11
Geburtsland	51	54	35
Interessen/ Studienfach/Beruf	36	8	31
Aussehen	22	24	15
ökonomischen Verhältnissen (sehr viel Geld)	22	8	11

Es gibt Unterschiede zwischen den befragten Gruppen: So zeigt sich, dass von den jüngeren Befragten (LOGIK; EXIST) mehr erwarten, bei veränderten Merkmalen – und zwar insbesondere bei anderen Eltern oder Freunden – eine ganz andere Person zu sein als von den ältesten Befragten (GOLD). Diese Einschätzungen sind realitäts-

7 Bei LOGIK wurde eine Begründung des am wichtigsten und am unwichtigsten eingestuften Merkmals erbeten, bei EXIST und GOLD wurden darüber hinaus bei allen eine Begründung der Bedeutung von „Eltern“ und „Geschlecht“ erbeten.

gerecht, sofern im Prozess der Identitätsfindung Personen in der Tat noch offener sind – auch für soziale Einflüsse, über die sich die jüngeren Befragten explizit Rechenschaft geben (z. B.: „Die Eltern haben einen großen Einfluss – man rebelliert oder man lernt – je nachdem. Und die Freunde reißen einen in der Entwicklung mit"; „Der Einfluss der Eltern ist groß, aber ab einem bestimmten Alter gewinnen auch andere Personen – Lehrer, Freunde, Kollegen – großen Einfluss").

Es gibt aber auch weitreichende Übereinstimmungen: In allen drei Altersgruppen werden die Vorgaben „Geld" und „Aussehen" von nur wenigen Befragten als bedeutsam eingestuft, die Vorstellungen von Recht und Unrecht hingegen unter die drei wichtigsten persondefinierenden Merkmale gerechnet (z. B. „Ich versuche, meinen Prinzipien treu zu sein"; „Hätte ich andere Prinzipien, wäre ich eine andere Person"; „Ich habe ein ausgeprägtes Gerechtigkeitsempfinden"; „Recht und Unrecht ist für mich ein Kennzeichen der Identität"; „Ich lege sehr viel Wert auf Gerechtigkeit und Objektivität"; „Hätte ich andere Urteile, dann hätte ich ein anderes Bewusstsein, ein anderes Gewissen"). Die beiden anderen besonders wichtigen Merkmale sind – wiederum über die Generationen hinweg – Geschlechtszugehörigkeit und Eltern. Eine Analyse der Begründungen zeigt, dass auch sie häufig für die Bedeutung von Werthaltungen stehen. So erklären die meisten der Befragten von LOGIK und EXIST die besondere Wichtigkeitseinstufung von „Eltern" damit, dass die Eltern Werte, Einstellungen und Überzeugungen vermitteln (z. B. „Die Eltern geben schon die Richtung vor"; „Wertvorstellungen werden von den Eltern übernommen"; „Bei einer anderen Erziehung hätte man andere Vorstellungen verinnerlicht"). Der durch neuere Debatten um verhaltensgenetische Forschungsergebnisse (vgl. etwa Plomin u. a. 1999) nahegelegte Verweis auf die durch die Eltern weitergegebene Gen-Ausstattung taucht hingegen fast nie auf. Auch die (unterstellte oder bestrittene) Identitätsrelevanz der Geschlechtszugehörigkeit begründen die meisten der EXIST-Teilnehmer unter Verweis auf Normen, Wertvorstellungen und Denkweisen, die die einen an das Geschlecht gekoppelt sehen (z. B. „Ich wäre ganz anders erzogen worden"; „Die Geschlechtsrolle prägt die Einstellungen"; „Der Blickwinkel, die Erziehung wäre ganz anders"), die anderen hingegen als geschlechtsunabhängig einschätzen (z. B. „Meine grundlegende Einstellung zum Leben, auch meine Erziehung wäre nicht viel anders"; „Der Studiengang und meine Hobbys bleiben – ich wäre keine andere Person"; „Als Frau wäre ich eine Emanze, ich würde noch mehr versuchen, meine Freiheiten und Rechte durchzusetzen – die Vorstellungen von Recht und Unrecht sind für mich Kennzeichen einer Identität").

Schließlich gibt es aber auch in jeder Altersgruppe klare Unterschiede zwischen den einzelnen Befragten. Einigen ist das Aussehen wichtig (z. B. „Ich definiere mich durch meine Erscheinung"), den meisten ist es eher unwichtig (z. B. „Trotz anderem Aussehen wäre ich noch die gleiche Person"). Für einige sind ihre Interessen oder das gewählte Studienfach wichtig (z. B. „Andere Interessen würden mich am meisten verändern, da man im Leben vor allem seine Interessen verfolgt"; „Wenn ich den Studienplatz in Psychologie kriege, dann hätte ich ein Ziel und wüßte, wozu ich in die Uni gehe"), für andere hingegen wenig bedeutsam (z. B. „Ich wäre genau der gleiche, wenn ich ein anderes Studienfach gewählt hätte. Ich definiere mich nicht durch die Uni oder durch die Arbeit. Das ist nur nötig zum Leben"; „Es ist notwendig zu studieren – was, ist gleich, das tangiert mich nicht"). Einigen bedeutet Religion (wonach in EXIST und GOLD zusätzlich gefragt wurde) viel (z. B. „Religion bestimmt mein Denken, ich bin da vorgeprägt und versuche, alles in das bestehende Weltbild einzufügen"; „Viele Verhaltensweisen basieren auf meinem Glauben"), anderen wenig (z. B. „Fühle mich von Religion in Denken und Handeln recht unabhängig"). Für einige ist ihre Geschlechtszugehörigkeit persönlich wichtig (z. B. „Ich bin feminin, ich möchte diese Waffen nicht missen"); für andere bleibt sie ein eher peripheres Merkmal (z. B. „Ein anderes Geschlecht würde mich nicht sehr verändern, meine grundlegenden Einstellungen zum Leben würden sich nicht ändern.").

Die Ergebnisse seien kurz resümiert und ihre identitätstheoretischen Implikationen angedeutet:

1. Über die Generationen hinweg erwarten die meisten Probanden dann eine andere Person zu sein, wenn ihre Werthaltungen andere wären. Mit anderen Worten: Die Bindung an inhaltliche Wertvorstellungen hat für die Mehrheit der Befragten Identitätsrelevanz. Dabei geht es um explizit benennbare Vorstellungen von Recht und Unrecht, aber auch um mehr oder weniger implizit von konkreten Personen bzw. aus dem soziokulturellen Umfeld entnommene Orientierungen. Diese sind aus Prozessen jahrelanger Beeinflussung erwachsen und nur in Ausnahmefällen – etwa bei Bekehrungserlebnissen – ist ihre Aneignung explizit erinnerbar. Damit käme der narrativen Kompetenz eine geringere Bedeutung für die Identitätskonstitution zu als ihr in einigen identitätstheoretischen Ansätzen beigemessen wird.
2. Auffällig ist, dass gerade solchen Aspekten der eigenen Lebenssituation, über die das Individuum nicht beliebig verfügen kann, eine so hohe identitätskonstitutive Bedeutung zugeschrieben wird: Weder die Eltern noch das Geschlecht noch das Land, in dem man aufwuchs, sind frei wählbar. Gleichwohl aber kann die Person wertend zu ihnen Stellung beziehen und ihnen für das eigene Selbstverständnis eine hohe oder niedrige Bedeutung zuweisen. Dabei gewinnen diese Merkmale ihre Identitätsrelevanz vor allem dadurch, dass die Betreffenden sich die daran geknüpften gesellschaftlichen Erwartungen und Werthaltungen als persönlich bedeutsam aneignen und gegebenenfalls auch mit guten Gründen daran festhalten (anstatt sie etwa im Verlaufe einer heftigen Adoleszenzkrise entschieden zurück-

zuweisen). Gerade den Momenten der Lebensführung hingegen, bei denen die moderne Multioptionsgesellschaft individuelle Wahlmöglichkeiten einräumt oder gar fordert (z. B. Wahl von Freunden, Interessen, Studienfach oder Beruf) messen viele nur eine geringere Bedeutung für die eigene Identitätsdefinition bei. Dieses Ergebnis relativiert dramatische zeitgenössische Diagnosen einer massenhaften Identitätsgefährdung durch die Erweiterung von Freiheitsspielräumen.

3. Es gibt klare interindividuelle Unterschiede in den als personkonstitutiv eingeschätzten Merkmalen. Personen bestimmen ihre Identität selbst, indem sie entscheiden, welche ihrer Eigenschaften, Lebensstilwahlen oder wertgebundenen Überzeugungen sie für sich selbst wichtig machen. Allein diese sind dann für das Problem der Herstellung und Aufrechterhaltung individueller Kohärenz oder Kontinuität relevant, während beliebige Optionserweiterungen oder gar weitreichende Veränderungen in anderen Dimensionen die Identität der Person nicht betreffen.

2.3 Kontinuität, Konsistenz und Kohärenz

Im Folgenden sollen die Auswirkungen der selektiven inhaltlichen Identitätsfestlegungen sowie die formalen Strukturmerkmale des Identitätsverständnisses noch detaillierter analysiert werden.

In der Studentenstichprobe (EXIST) wurden den Probanden hypothetische Szenarien vorgelegt, in denen eine Person – aufgrund externer Einflüsse oder individueller Lernprozesse – eine Veränderung potenziell identitätsrelevanter Merkmale (Denkfähigkeit, autobiographisches Wissen, zentrale Überzeugungen) erfahren hat. Die Frage lautete: „Ist das noch die gleiche Person bzw. hat diese Person Identitätsprobleme?“ Tabelle 2 gibt die Vorgaben wieder:

Tabelle 2: Vignetten zum Identitätsverständnis[8]

1. Alzheimer:	Ein Mann ist durch eine schwere Krankheit (z. B. Alzheimer) auf die Situation eines Säuglings reduziert.
2. Gehirnwäsche:	Ein überzeugter Demokrat wird durch Gehirnwäsche zum Kommunisten.
3. 68er:	Ein ehemaliger überzeugter Anhänger der 68er Bewegung

8 Vignetten 1 und 2 (Alzheimer, Gehirnwäsche) sind hypothetischen Fallbeispielen nachgebildet, die der Philosoph Nozick (1981) im Interesse einer Klärung unseres alltagsweltlichen Identitätsverständnisses entwickelt und diskutiert hat.

	protestierte oft gegen Krieg und Waffengewalt. Heute ist er für militärische Interventionen in Krisengebieten.
4. Autobiographisches Gedächtnis:	Jemand erleidet bei einem Unfall den Verlust seines autobiographischen Gedächtnisses. Seine Urteilsfähigkeit ist jedoch uneingeschränkt erhalten.

Fragen für 1-4: Ist dieser Mensch noch die gleiche Person oder nicht? Wieso ja/wieso nicht?

5. AKW:	Person Y engagiert sich aus Überzeugung bei Greenpeace. Gleichzeitig hat er eine Führungsposition in einem Atomkraftwerk. Frage: Hat diese Person ein Identitätsproblem oder nicht? Warum ja/warum nicht?
6. Klon:	Es ist gelungen, Person X zu klonen. Frage: Haben X und sein Klon die gleiche Identität? Wieso ja/wieso nicht?

In Tabelle 3 finden sich die globalen Einschätzungen.

Tabelle 3: % Befragte, die erwarten, Protagonist

n = 37	sei noch gleiche Person/habe kein Identitätsproblem/ habe eine eigene Identität	teils/teils	sei eine andere Person/habe ein Identitätsproblem/ habe keine eigenständige Identität	k. A./ Vorgabe unglaubwürdig
Alzheimer	27	27	43	3
autobiogr. Ged.	30	27	35	8
Gehirnwäsche	19	5	60	16
68er	78	-	16	5
AKW	46	-	49	5
Klon	92	-	-	8

Wie die Auszählung zeigt, erwarten die Probanden Identitätsprobleme vor allem bei Personen, die aufgrund externer Manipulationen einen radikalen Wandel tiefsitzender Überzeugungen erfahren haben (Gehirnwäsche) oder den basalen Überzeugungen zuwiderhandeln (AKW). Geringe Identitätsprobleme wirft ein „normaler" Einstellungswandel (68er) auf, gar keine werden in der mangelnden Einmaligkeit der eigenen Genausstattung gesehen (Klon) – X und sein Klon haben nicht die gleiche Identität. Die Identitätsrelevanz des Wissens um die eigene Vergangenheit (Alzheimer, autobiographisches Gedächtnis) ist am strittigsten: Einige schätzen den Verlust autobiographischer Erinnerungen als identitätsgefährdend ein, andere sehen kein Problem.

Klarer jedoch lässt sich erkennen, woran die Probanden die Identität einer Person festmachen, wenn nicht nur die Ergebnisse des Urteilsprozesses, sondern die vorgetragenen Begründungen analysiert werden. Zuweilen nämlich berufen sich sowohl identitätsbestreitende wie -affirmierende Stellungnahmen auf die gleichen Identitätskriterien und es differieren nur die empirischen Unterstellungen. Beispielsweise können sich Befragte, die persönlichen Erinnerungen oder inhaltlichen Überzeugungen eine hohe identitätskonstitutive Bedeutung beimessen, in der Einschätzung unterscheiden, ob diese in den geschilderten Fällen völlig verschwunden sind (Alzheimer, autobiographisches Gedächtnis) oder tatsächlich verraten wurden (AKW) (z. B. Alzheimer: Noch gleiche Person? „Nein, da Erinnerungen einen großen Teil der Person ausmachen" vs. „Ja, da das verlorene Gedächtnis noch tief in ihm sitzt"; AKW: Identitätsproblem? „Ja, hat starkes Identitätsproblem, da sich seine Überzeugungen widersprechen." vs. „Nicht zwingend. Vielleicht ist er ja für AKW's, aber gegen Meeresverschmutzung oder CO^2-Ausstoß"; „Nein. Er kann versuchen, im AKW für Sicherheit zu sorgen. Ich denke, er ist sehr ausgeglichen. Er weiß, dass Atomkraft zur Zeit noch nötig ist, aber unsere Umwelt nicht geschröpft werden darf"). In Tabelle 4 finden sich die vorgetragenen Begründungen:

Tabelle 4: % Befragte, die ihr Identitätsurteil begründen unter Rekurs auf:

n = 37	Inhaltliche Überzeugungen	Charakter/ Fähigkeiten	Erinnerungen, Erlebnisse, Erfahrungen	K. A./ nicht einordenbar[9]
Alzheimer	16	30	19	35
autobiogr. Ged.	27	19	32	22
Gehirnwäsche	57	14	-	29
68er	68	11	-	21
AKW	65	-	-	35
Klon	16	24	41	19

Tabelle 4 bestätigt, was sich schon in Tabelle 3 andeutete: Inhaltlichen Überzeugungen wird eine besonders hohe Identitätsrelevanz zugeschrieben (z. B. „Person hat mit

9 Dass doch relativ viele Antworten in die Kategorie „nicht einordenbar" fallen, liegt daran, dass die Befragten ihre Begründungen nicht immer inhaltlich voll ausbuchstabierten (z. B. Alzheimer, gleiche Person? „Nein, er sieht zwar noch gleich aus, aber das, was ihn ausmacht, ist irgendwie nicht mehr vorhanden".)

persönlicher Überzeugung zu tun"; „Prinzipien sind Teil der Persönlichkeit – wenn er sich um 180° dreht, ist er nicht mehr der gleiche Mensch wie vorher"; „Er ist eine andere Person – er hat seine Werte und Vorstellungen über Recht und Unrecht geändert"). Dies gilt allerdings nur dann, wenn der Befragte selbst die Überzeugungen als zentral einschätzt (z. B. „Politische Überzeugungen sind ein wichtiger Teil der Persönlichkeit" vs. „Er bleibt die gleiche Person – er hat nur seine politische Einstellung gewechselt"; „Das ist ja nur eine Veränderung in Teilbereichen"; „Egal, wie die Veränderung zustande gekommen ist – eine Veränderung nur der politischen Einstellung reicht nicht aus, dass die Person eine andere ist") bzw. unterstellt, dass diese Überzeugungen für den Betroffenen eine besondere Bedeutung haben (z. B. Gehirnwäsche: „Er ist nicht mehr die gleiche Person, da Politik für ihn sicher sehr wichtig war und daher ein wichtiger Persönlichkeitsaspekt ist").

Fast die Hälfte derer, die in ihren Identitätsurteilen auf Überzeugungen rekurrieren, kommentieren explizit die Art und Weise, wie der Einstellungswandel zustande gekommen ist. Ein durch Manipulation erzwungener Wandel gilt als identitätszerstörend (z. B. Gehirnwäsche: „Er ist nicht mehr derselbe, wenn er sich der Gehirnwäsche nicht bewusst ist"; „Nur wenn er den Meinungswechsel selbst vollzogen hat, ist er der gleiche Mensch – Manipulationen machen einen anderen aus ihm"; „Die Gehirnwäsche ist ein äußerer Einfluss, das führt zu einer Änderung des Charakters, zu einem neuen Menschen"). Kein Identitätsproblem hingegen entsteht, wenn die Meinungsänderung als Lernprozess verstehbar ist. Dafür reicht schon die Unterstellung von implizitem Erfahrungslernen, das dem Argument zugrunde liegt, Einstellungswandel sei normal und sei Teil der Persönlichkeitsentwicklung (z. B. 68er: „Er ist reifer geworden"; „Meinungen können sich ändern – als Kind glaubt man auch an den Weihnachtsmann"; „Er hat sich entwickelt"; „Es gehört zur Persönlichkeit, dass sie sich ändert"; „Jeder entwickelt sich weiter"). In vielen Antworten aber ist die Rede von expliziten Lernprozessen, also von einer eigenständig und mit guten Gründen vollzogenen Meinungsänderung (z. B. „Überzeugungen haben sich genuin gewandelt – aus eigenen Stücken"; „Überzeugungen haben sich aus rationalen Gedanken gewandelt"; „Er hat sich selbst durch irgendwelche Ursachen eine andere Meinung gebildet"; „Man lernt aus dem Leben – radikalisiert nicht mehr so, wägt ab, aber ist noch derselbe"; „Man kann durch Argumente bewegt werden, seine Meinung zu ändern").

Weniger häufig rekurrieren die Befragten auf Charakter und Fähigkeiten, am ehesten noch bei der Vignette „Alzheimer". Ein möglicher Grund könnte sein, dass es sich hierbei um quasi objektiv beobachtbare, also auch aus der Außenperspektive feststellbare Personmerkmale handelt, während Identität zumeist an die Innenperspektive geknüpft wird. Insbesondere bei der Vignette „Klon", aber auch beim „autobiographischen Gedächtnis" ist von Erfahrungen die Rede. Dabei geht es allerdings eher selten um biographische Rekonstruktionen oder persönliche Erinnerungen (z. B. „Er ist nicht mehr dieselbe Person – aus der Erinnerung an die Vergangenheit schöpfen wir doch unsere Erfahrung, die persönlichkeitsbildend ist"; „Er ist nicht mehr der Gleiche, weil sich der Mensch doch zum großen Teil auch durch seine persönliche Vergangenheit definiert"). Die meisten Antworten beziehen sich vielmehr auf einen deutlich unspezifischeren Begriff von Erfahrungen, die die Person prägen (z. B. autobiographisches Gedächtnis: „Ein Teil der Person ist verloren gegangen, da das Verhalten stark von Erfahrungen geprägt ist"; „Der Mensch wächst durch Erfahrungen und Erlebnisse mit anderen und das formt ihn sicherlich auch". Klon: Er hat eine andere Identität, denn „er hat eine andere Sozialisation, andere Erfahrungen"; „Identität entsteht durch individuelle Erfahrungen im ganzen Leben"; „Die Person ist abhängig von der Umwelt, ihrem Umgang mit anderen Menschen, den gesammelten Erfahrungen"; „Es können nie zwei Personen am gleichen Ort und der gleichen Stelle sein, so haben sie unterschiedliche Erfahrungen, unterschiedliche Prägungen und unterschiedliche Identitäten"; „Sie haben verschiedene Erfahrungen – sie sind durch Einflüsse verschieden geprägt").

Die Ergebnisse lassen einige Schlussfolgerungen für das subjektive Identitätsverständnis zu: Kontinuität und Kohärenz der Identität sind nicht – wie aus der Außenperspektive – primär an intersubjektiv beobachtbare Merkmale, wie etwa regelhafte Verhaltensweisen oder messbare Charaktereigenschaften, gebunden. Vielmehr gründet Identität aus der Innenperspektive zumeist in Wertorientierungen, die der Person selbst wichtig sind und an denen sie entweder bewusst festhält oder die sie situationsangemessen verändert. Der Topos „Erfahrung" fungiert in diesem Zusammenhang als Indikator für zwar bloß implizite, gleichwohl aber eigenständig vollzogene und wahrheitsorientierte Lernprozesse. Häufig nämlich sind Wertbindungen nicht lückenlos ausweisbar und argumentativ begründbar, was jedoch nicht heißt, dass sie als von außen oktroyiert oder rein dezisionistisch gewählt verstanden werden: Aus Überzeugung – wenngleich nicht immer aus restlos aufklärbaren Gründen – halten Personen an Wertorientierungen oder Prinzipien fest. Viele Wertbegründungen lassen sich nicht more mathematico zwingend ableiten, vielmehr fundieren sie – darin den Urteilen etwa von Wein-, Kunst- oder Literaturkennern ähnlich – in Erfahrungen. Dabei handelt es sich aber nur selten um narrativ rekonstruierbare spezifische Ereignisse oder Erlebnisse, die den Lernprozess ausgelöst und bestimmt haben. Vielmehr schichten sich die Erfahrungen allmählich auf und ihre Ergebnisse werden dann in Form impliziter Wissenssysteme oder – falls explizit – als Teil des semantischen, nicht jedoch des autobiographischen Gedächtnisses gespeichert. So etwa wissen wir, dass zwei plus zwei vier ergibt oder dass es verwerflich ist, andere aus schierem Eigennutz zu verletzen – wie, wann, wo, durch wen, anläßlich welches konkreten Ereignisses wir dies gelernt haben, können wir jedoch nur in Ausnahmefällen (z. B.

Bekehrungserlebnis, krisenhafte Lebensentscheidung) explizit erinnern. Aber auch für diese Ausnahmefälle gilt: Entscheidender als der konkrete Auslöser für eine neue Welt- oder Werterkenntnis ist die Tatsache, dass diese als triftig verstanden wird. Am Beispiel: wichtiger als das Erlebnis des Donnerschlags bei Damaskus ist für Paulus die neugewonnene Gewissheit, dass Jesus lebt.

2.4 Zur Identitätskonzeptualisierung

Einleitend wurden zwei Modelle des Selbstverhältnisses unterschieden: das theoretisch-beobachtende und das praktisch-voluntative. Im ersten Modell werden die zentralen Identitätsbedingungen von Kontinuität und Kohärenz vom Subjekt (aus klassisch philosophischer Sicht) konstatiert, bzw. (aus der Perspektive neuerer Identitätstheorien – im Modell des kommunikativen Selbstverhältnisses) aktiv konstruiert oder rekonstruiert. Bei diesem Konstruktionsprozess kommt der narrativen Kompetenz eine besondere Bedeutung zu. Die schlüssige autobiographische Erzählung nämlich macht aus einer zumindest teilweise rein kontingenten Abfolge von Ereignissen, Erlebnissen und Entscheidungen einen sinnhaften und konsistenten Zusammenhang. In ihren Selbst-Erzählungen, die die „präsentierte Lebensgeschichte [...] als einheitlichen Zeitzusammenhang, als biographische Gestalt, erscheinen" (Straub 2000, S. 131) lassen, stellt die Person die eigene Kontinuität und Kohärenz dar und her.

Im zweiten Modell gründet Identität in willentlichen Bindungen an persönlich wichtige inhaltliche Werte, Prinzipien oder Überzeugungen. Kontinuität und Kohärenz stellt die Person dadurch her, dass sie trotz widriger äußerer Umstände oder zuwiderlaufender spontaner Impulse im eigenen Handeln an diesen Bindungen festhält und sie auch unter persönlichen Kosten nicht verrät. Der spezifische Inhalt der gewählten Selbstfestlegungen bestimmt, was als diskontinuierlich oder inkohärent und damit potenziell identitätsbedrohlich erfahren wird. So etwa wird eine Person schlecht begründete Änderungen oder eklatante Widersprüche in ihren politischen Einstellungen dann nicht als Problem erfahren, wenn sie der Politik kein hohes Gewicht beimisst. Inkonsistenzen bleiben folgenlos, solange sie nicht die von der Person als für ihre eigene Identität konstitutiv gewählten Wertdimensionen betreffen.

Ich meine, dass viele der berichteten Ergebnisse eher das zweite als das erste Modell stützen: Die Tatsache, dass so viele der älteren Befragten im vollen Wissen um den Zeitgeistwandel an den in ihrer Jugend aufgebauten moralischen Überzeugungen festhalten und über die Generationen hinweg viele Befragte am ehesten dann glauben, nicht mehr die gleiche Person zu sein, wenn sie andere Rechtsvorstellungen oder Wertorientierungen hätten, spricht für die Identitätsrelevanz inhaltlicher wertbezogener Selbstbindungen. Diese wird auch durch die Tatsache bestätigt, dass die Studenten einen opportunistisch vollzogenen (AKW) oder manipulativ erzwungenen (Gehirnwäsche) Verrat zentraler Wertüberzeugungen als besonders identitätsbedrohlich beurteilen, und zwar deutlich stärker als den Verlust persönlicher Erinnerungen (Alzheimer, autobiographisches Gedächtnis). Dies zeigt, dass der Modus der Aneignung von Wertbindungen entscheidend ist: Identität gründet in autonom (i. e. aufgrund eigener Einsichten oder Erfahrungen) gewählten oder zumindest bejahten Bindungen an Überzeugungen.

Die vorgetragenen Ergebnisse und ihre Deutung haben – soweit sie triftig sind – Auswirkungen auf die Plausibilität zentraler Annahmen anderer identitätstheoretischer Ansätze:

1. Die Fülle der in modernen Multioptionsgesellschaften eröffneten Wahlmöglichkeiten, die Vielfalt der geforderten Lebensstilentscheidungen müssen aus der Binnenperspektive der Identitätserfahrung durchaus nicht die Identitätsrelevanz gewinnen, die ihnen aus der soziologischen Beobachterperspektive zugeschrieben wird. Die Vielfalt sozialstrukturell eingeräumter oder auch erzwungener Optionen („we have no choice but to choose") muss die subjektive Identitätsgewissheit keineswegs bedrohen: Es gibt viele, gegebenenfalls auch widersprüchliche Entscheidungen, die das Individuum nach seinem Gutdünken trifft, ohne dass dies sein eigenes Selbstverständnis tangierte. Nur ein Verrat der für ihn zentral wichtigen Selbstbindungen wird seine Identität in Frage stellen, wobei ein nachvollziehbarer – i. e. auf eigenen Erfahrungen oder neuen Einsichten beruhender – Wandel inhaltlicher Überzeugungen nicht als Verrat gilt.
2. Einstellungen und Einstellungswandel sind – als Ergebnis von zumeist impliziten Lernprozessen – autobiographisch kaum rekonstruierbar: Nur im Ausnahmefall sind Meinungsänderungen als Folge spezifischer Ereignisse oder Erlebnisse darstellbar. In der Regel ergeben sie sich als Integration der eigenen Lebenserfahrungen mit einer Vielfalt von Urteilen, Meinungen und Informationen, denen sich die Person im Medienkonsum und in Alltagsdiskussionen konfrontiert sieht. Insbesondere aber wird mit einem identitätsverträglichen Einstellungswandel ein Wahrheitsanspruch erhoben. Die Person hat ihn mit guten Gründen vollzogen. Dabei geht es nicht um autobiographische Plausibilität oder die psychologische Nachvollziehbarkeit von Entwicklungsvorgängen, sondern um Änderungen, die – im Lichte des vorhandenen Wissens, allgemein geteilter Überzeugungen und begründbarer Situationseinschätzungen – intersubjektiv ausweisbar und rechtfertigbar sind.

3. Identität und Moral

Das praktisch-voluntative Identitätsmodell lässt offen, an welche Werte, Ziele oder Ideale ein Individuum sich bindet: an Familie oder Beruf, an religiöse Überzeugungen, an künstlerische oder wissenschaftliche Interessen, an den Erwerb von Macht oder Einflusschancen. Für viele aber gewinnt, wie die obigen Ergebnisse zeigen, auch die Bindung an moralische Wertorientierungen eine identitätskonstitutive Bedeutung.

Ein modernes Moralverständnis eignet sich besonders gut zur Verankerung individueller Identität, sofern es eine willentliche Bejahung erleichtert (vgl. hierzu ausführlicher Nunner-Winkler 2001). Auch ein traditionales Verständnis ermöglicht dem Individuum, sich an Normen aus Überzeugung zu binden, i. e., weil es sie, als von Gott gesetzt oder von legitimen Autoritäten erlassen, für richtig hält. Zunehmend aber verstehen (vor allem die Jüngeren) Normen nicht mehr als autoritativ vorgegeben, sondern vielmehr innerweltlich als „in unser aller Wollen" (Tugendhat 1993, 2001) gegründet. Als verbindlich gelten danach allein solche Regeln, von denen jeder wollen kann, dass sie allgemeines Gesetz würden (Kant 1962), bzw. denen jeder unter dem Schleier des Unwissens zustimmen könnte (Rawls 1972) – weil und insofern sie aus universellen Merkmalen und Interessen abgeleitet sind: Anders als Engel sind Menschen verletzlich; anders als Heilige sind sie bereit, Dritte aus Eigennutz zu verletzen, und anders als rein instinktdeterminierte Tiere auch fähig, dies zu unterlassen. Zugleich sind alle daran interessiert, dass sie selbst oder ihnen Nahestehende keine Schädigung erleiden. Aus diesem Grunde sind sie bereit, Normen, die die eigennützige Schädigung anderer verbieten, anzuerkennen, wenn (durch Sanktionen) gesichert ist, dass auch alle anderen sie befolgen. Auch sind sie bereit, Ausnahmen von Normen zuzulassen, wenn durch die Übertretung einer Norm – unparteiisch beurteilt – größerer Schaden vermeidbar ist als durch ihre Befolgung (Gert 1988). Eine solche von rein konventionellen Vorschriften befreite, einen erweiterten persönlichen Bereich zugestehende und moralische Urteilskompetenz fordernde moderne Minimalmoral ist – sofern sie im rationalen Wollen Aller gründet – aus Einsicht bejahbar. Dem entspricht eine moderne ich-nahe Motivstruktur, die die Bereitschaft zur Normbefolgung flexibel an die je konkret situierte moralische Urteilsfähigkeit bindet und nicht mehr – wie für die älteren Generationen noch typisch – an der rigiden Internalisierung konkreter Regeln oder an der kulturellen Überformung schon der Bedürfnisstruktur selbst festmacht (Nunner-Winkler 2000b).

In dem Maße nun, in dem der Sinn von Normbefolgung nicht länger mehr in striktem, den Autoritäten geschuldeten Regelgehorsam, sondern in unparteilich beurteilter Schadensminimierung gesehen wird, muss das moralische Urteil sich an allgemeineren Prinzipien orientieren – an Fairness und Gerechtigkeit, an Gleichheit und Achtung vor der Würde der Person. Unter der Perspektive solch verallgemeinerter Wertorientierungen können unterschiedliche Handlungsoptionen als funktional äquivalent gelten und müssen daher keineswegs Inkonsistenz- oder Diskontinuitätserfahrungen steigern. Um dies an einem Beispiel zu erläutern: Ältere Befragte verurteilen die Berufstätigkeit einer Mutter als verantwortungslos und pflichtvergessen. Sie halten an der (religiös oder naturrechtlich abgesicherten) konkreten Norm einer askriptiven Zurechnung der Pflicht zur Kinderversorgung durch die Mutter fest. Die meisten der jüngeren Befragten hingegen beziehen sich auf das allgemeinere Kriterium des Kindeswohls, dessen Sicherung auch auf anderen Wegen möglich (z. B. gute Alternativbetreuung) und also mit unterschiedlichen Lebensstilwahlen verträglich ist.

Um zusammen zu fassen: Viele Menschen gründen ihre Identität in Wertbindungen, an denen sie autonom – aus Überzeugung – festhalten. Die einem modernen Moralverständnis entsprechenden Wertbindungen sind besonders gut geeignet, um Identität zu fundieren: Die Inhalte sind – als von allen wünschbare – rational begründet und werden aus Einsicht befolgt: Es handelt sich um eine autonome Moral. Die basalen Prinzipien sind so allgemein, dass sie Raum lassen für divergierende Handlungsentscheidungen und auch für individuelle und kulturelle Lernprozesse, die ihre Anwendung anleiten. Und diesen Spielraum können Individuen aufgrund der formalurteilsbezogenen Struktur der modernen Form ich-naher moralischer Motivation auch nutzen. Dies erlaubt eine autonome, wertbezogene Selbstverankerung, die mit der sozialstrukturellen Gegebenheit von konkreten Rollenwidersprüchlichkeiten, raschem sozialen Wandel, der ständigen Erweiterung oder Erneuerung von Wissensbeständen und dem Erfordernis vielfältiger Lebensstilentscheidungen kompatibel ist.

Literatur

Ashmore, R. D. und L. Jussim (1997): *Self and Identity. Fundamental Issues.* New York, Oxford: Oxford University Press.

Cohen, S. und L. Taylor (1977): *Ausbruchsversuche. Identität und Widerstand in der modernen Lebenswelt.* Frankfurt a. M.: Suhrkamp.

Döbert, R., J. Habermas und G. Nunner-Winkler (1977): Zur Einführung. In: dies. (Hg.): *Entwicklung des Ichs.* Köln: Kiepenheuer & Witsch, S. 9-30.

Döbert, R. und G. Nunner-Winkler (1975): *Adoleszenzkrise und Identitätsbildung.* Frankfurt a. M.: Suhrkamp.

Eisler, R. (1904): Identität. In: ders.: *Wörterbuch der philosophischen Begriffe.* Band 1. 2. Auflage. Berlin: Mittler, S. 482-485.

Erikson, E. H. (1973): *Identität und Lebenszyklus.* Frankfurt a. M.: Suhrkamp.

Fitzgerald, J. M. (1988): Vivid memories and the reminiscence phenomenon: The role of a self narrative. In: *Human Development 31*, S. 261-273.

Frankfurt, H. G. (1988): *The importance of what we care about. Philosophical essays.* Cambridge, New York: Cambridge University Press.

Frankfurt, H. G. (1993): Die Notwendigkeit von Idealen. In: W. Edelstein, G. Nunner-Winkler und G. Noam (Hg.): *Moral und Person*. Frankfurt a. M.: Suhrkamp, S. 107-118.

Gergen, K. J. (1990): Die Konstruktion des Selbst im Zeitalter der Postmoderne. In: *Psychologische Rundschau 41*, S. 191-199.

Gert, B. (1988): *Die moralischen Regeln. Eine neue rationale Begründung der Moral.* Frankfurt a. M.: Suhrkamp.

Giddens, A. (1991): *Modernity and self-identity. Self and society in the Late Modern Age*. Stanford/ CA: Stanford University Press.

Gross, P. (1985): Bastelmentalität: ein postmoderner Schwebezustand. In: T. Schmid (Hg.): *Das pfeifende Schwein*. Berlin: Wagenbach, S. 63-84.

Habermas, T. (1997): Autobiographisches Erinnern und Identität. In: H. Mandl (Hg.): *Bericht über den 40. Kongreß des DGPs 1996 in München*. Göttingen: Hogrefe, S. 100-105.

Kant, I. (1962): *Grundlegung zur Metaphysik der Sitten.* Hamburg: Felix Meiner Verlag.

Kant: Kritik der reinen Vernunft, Universitätsbibliothek, Leipzig, zit. nach Eisler 1904.

Keupp, H. (1988): Auf dem Weg zur Patchwork-Identität? In: *Verhaltenstherapie und psychosoziale Praxis 4,* S. 425-438.

Keupp, H. (1994): *Zugänge zum Subjekt. Perspektiven einer reflexiven Sozialpsychologie.* Frankfurt a. M.: Suhrkamp.

Keupp, H. (1997): Diskursarena Identität: Lernprozesse in der Identitätsforschung. In: H. Keupp und R. Höfer (Hg.): *Identitätsarbeit heute. Klassische und aktuelle Perspektiven der Identitätsforschung.* Frankfurt a. M.: Suhrkamp, S. 17.

Keupp, H. u. a. (1999): *Identitätskonstruktionen. Das Patchwork der Identitäten in der Spätmoderne.* Reinbek: Rowohlt.

Krappmann, L. (1969): *Soziologische Dimensionen der Identität.* Stuttgart: Klett.

Locke, Essays II. Chat. 27, § 1, zit. nach Eisler 1904.

Montaigne, M. de (1953): Essais. Auswahl und Übertragung von Herbert Lüthy. Zürich: Manesse.

Müller, W. (1998): Klassenstruktur und Parteiensystem. Zum Wandel der Klassenspaltung im Wahlverhalten. In: *Kölner Zeitschrift für Soziologie und Sozialpsychologie 1*, S. 3-46.

Nozick, R. (1981): The identity of the self. In: ders.: *Philosophical explanations.* Oxford: Claredon Press, S. 27-114.

Nunner-Winkler, G. (1990): Jugend und Identität als pädagogisches Problem. In: *Zeitschrift für Pädagogik 36,* S. 671-686.

Nunner-Winkler, G. (1996): Moralisches Wissen – moralische Motivation – moralisches Handeln. Entwicklungen in der Kindheit. In: M. Honig, H. R. Leu und U. Nissen (Hg.): *Kinder und Kindheit. Soziokulturelle Muster, sozialisationstheoretische Perspektiven.* München: Juventa, S. 129-173.

Nunner-Winkler, G. (1998): Zum Verständnis von Moral – Entwicklungen in der Kindheit. In: F. E. Weinert (Hg.): *Entwicklung im Kindesalter.* Weinheim: Beltz, Psychologische Verlags Union, S. 133-152.

Nunner-Winkler, G. (1999): Development of moral understanding and moral motivation. In: F. E. Weinert und W. Schneider (Hg.): *Individual development from 3 to 12. Findings from the Munich Longitudinal Study*. New York: Cambridge University Press, S. 253-290.

Nunner-Winkler, G. (2000a): Moral Development. In: F. E. Weinert und W. Schneider (Hg.): *The Munich Longitudinal Study on the Genesis of Individual Competencies (LOGIC). NO 13: Assessment Procedures and Results of Wave 10*. München: Max-Planck-Institut für psychologische Forschung, S. 70-82.

Nunner-Winkler, G. (2000b): Von Selbstzwängen zur Selbstbindung (und Nutzenkalkülen). In: M. Endreß und N. Roughley (Hg.): *Anthropologie und Moral. Philosophische und soziologische Perspektiven*. Würzburg: Königshausen & Neumann, S. 211-243.

Nunner-Winkler, G. (2000c): Wandel in den Moralvorstellungen. Ein Generationenvergleich. In: W. Edelstein und G. Nunner-Winkler (Hg.): *Moral im sozialen Kontext*. Frankfurt a. M.: Suhrkamp, S. 299-336.

Nunner-Winkler, G. (2001): Devices for identity maintenance in modern society. In: A. van Harskamp und A. W. Musschenga (Hg.): *The many faces of individualism. Individualisation, individuation and values of individuality*. Leuven: Peeters, S. 171-198.

Nunner-Winkler, G. und M. Nikele (2001): Moralische Differenz oder geteilte Werte? Empirische Befunde zur Gleichheits-/Differenz-Debatte. In: B. Heintz (Hg.): *Geschlechtersoziologie* (Sonderband 41 der Kölner Zeitschrift für Soziologie und Sozialpsychologie). Opladen, Wiesbaden: Westdeutscher Verlag, S. 108-135.

Parsons, T. (1964): *The social system*. London: The Free Press of Glencoe.

Pazzini, K. J. (1986): Ein bildlicher Zugang zum Identitätskonzept. In: *Loccumer Protokolle 58/'85: Jugendarbeit und Identität*. Loccum: Ev. Akademie, S. 61-80.

Plomin, R., DeFries, J.C., McClearn, G.E. & Rutter, M. (1999). *Gene, Umwelt und Verhalten, Einführung in die Verhaltensgenetik*. Bern/Götting: Hans Huber.

Rawls, J. (1972): *A theory of justice*. London, Oxford, New York: Oxford University Press.

Rubin, K. H. und L. R. Krasnor (1986): Social-cognitive and social behavioral perspectives on problem solving. In: M. Perlmutter (Hg.): *The Minnesota Symposia on Child Psychology*. Band 18. Hillsdale/N.J.: Lawrence Erlbaum Ass., S. 1-68.

Sears, D. O. (1981): Life-stage effects on attitude change, especially among the elderly. In: S. B. Kiesler, J. N. Morgan und V. Kincade Oppenheimer (Hg.): *Aging. Social change*. New York: Academic Press, S. 183-204.

Straub, J. (2000): Identitätstheorie, empirische Identitätsforschung und die „postmoderne" armchair psychology. In: Kulturwissenschaftliches Institut im Wissenschaftszentrum NRW (Hg.): *Jahrbuch 1999/2000*. Essen: stattwerk e.G.., S. 125-156; auch in: *Zeitschrift für qualitative Bildungs-, Beratungs- und Sozialforschung 1*, S. 167-194.

Tugendhat, E. (1979): *Selbstbewußtsein und Selbstbestimmung. Sprachanalytische Interpretationen*. Frankfurt a. M.: Suhrkamp.

Tugendhat, E. (1993): *Vorlesungen über Ethik*. Frankfurt a. M.: Suhrkamp.

Tugendhat, E. (2001): Wie sollen wir Moral verstehen? In: ders. (Hg.): *Aufsätze 1992-2000*. Frankfurt a. M.: Suhrkamp, S. 163-184.

Weinert, F. E. (1998): *Entwicklung im Kindesalter*. Weinheim: Beltz, Psychologie Verlags Union.

Weinert, F. E. und U. Geppert (Hg.) (1996): *Genetisch orientierte Lebensspannenstudie zur differentiellen Entwicklung (GOLD). Report Nr. 1: Planung der Studie*. München: Max-Planck-Institut für psychologische Forschung.

Weinert, F. E. und U. Geppert (Hg.) (1998): *Genetisch orientierte Lebensspannenstudie zur differentiellen Entwicklung (GOLD). Report Nr. 2: Erste Ergebnisse der Studie.* München: Max-Planck-Institut für psychologische Forschung.

Weinert, F. E. und W. Schneider (Hg.) (1999): *Individual development from 3 to 12. Findings from the Munich Longitudinal Study*. New York: Cambridge University Press.

Welsch, W. (1993): „‚ICH ist ein anderer'. Auf dem Weg zum pluralen Subjekt?" In: D. Reigber (Hg.): *Frauen-Welten. Marketing in der postmodernen Gesellschaft – ein interdisziplinärer Forschungsansatz*. Düsseldorf u. a.: Econ-Verlag, S. 282-317.

Personale Identität: anachronistisches Selbstverhältnis im Zeichen von Zwang und Gewalt?

Jürgen Straub[1]

„Man kann nie wissen, was man wollen soll, weil man nur ein Leben hat, das man weder mit früheren Leben vergleichen noch in späteren korrigieren kann. [...] Es ist unmöglich zu überprüfen, welche Entscheidung die richtige ist, weil es keine Vergleiche gibt. Man erlebt alles unmittelbar, zum ersten Mal und ohne Vorbereitung. Wie ein Schauspieler, der auf die Bühne kommt, ohne vorher je geprobt zu haben. Was aber kann das Leben wert sein, wenn die erste Probe für das Leben schon das Leben selber ist? Aus diesem Grunde gleicht das Leben immer einer Skizze. Auch ‚Skizze' ist nicht das richtige Wort, weil Skizze immer ein Entwurf zu etwas ist, die Vorbereitung eines Bildes, während die Skizze unseres Lebens eine Skizze von nichts ist, ein Entwurf ohne Bild." (Milan Kundera)

Einleitung

Manchmal finden selbst in der Philosophie und Wissenschaft Scharfsinn und Humor zueinander. Man kann die dramatische Abschiedsrhetorik unserer schnelllebigen Zeit kaum treffender aufs Korn nehmen, als es Martin Seel unlängst tat: „Was ist in den vergangenen Jahrzehnten nicht alles verabschiedet worden! Die Metaphysik, die Heideggersche, Foucaultsche, Derridasche oder Habermassche Desavouierung der Metaphysik, der Mensch, das Subjekt, das Objekt, der Gegensatz von Subjekt und Objekt, das Bewusstsein, die Bewusstseinsphilosophie, das alteuropäische Denken, das Geltungsparadigma, die Bedeutungsidentität, die Repräsentation, die Referenz, die Präsenz, der Universalismus, die Wahrheit, das Schöne, das Erhabene, der Gegensatz zwischen dem Schönen und Erhabenen, überhaupt alle Gegensätze, das Definieren, die Idee, das Gute – eigentlich alles bis auf Teufel und Engel, die eine wunderliche Renaissance erlebten" (Seel 1998, S. 890).

Die „personale Identität" passt zweifellos in diese Aufzählung. Der Begriff gilt vielen als anachronistisches Relikt aus vergangenen Tagen. Nach einer verbreiteten Auffassung bedienen sich nur noch jene Gemüter, die vom längst Überholten nicht ablassen können, dieses hoffnungslos veralteten Ausdrucks. Grau in grau zeichne er,

1 Der Aufsatz ist Kurt Grünberg zum 44. Geburtstag gewidmet.

so heißt es, das Bild eines Menschen, der ein für alle Mal verschwunden sei aus der Welt „postmoderner Flaneure, Spieler und Touristen" (Baumann 1997). Es mag sein, so wird konzediert, dass noch nicht alle begreifen und artikulieren können, was ihnen und ihresgleichen unweigerlich widerfahren ist und tagtäglich passiert. Diese Leute verkennen dann eben, wird gesagt, was mit uns Heutigen los sei, sie irrten sich einfach, wenn sie sich oder andere als „mit sich selbst identische" Subjekte beschreiben, als Personen jedenfalls, die zeitlebens auf dem Weg sind, solche Subjekte zu werden. Sie sähen nicht (oder wollten partout nicht einsehen), was spät- oder postmoderne Gesellschaften aus all ihren Angehörigen „gemacht", was für neue Exemplare der Gattung „anthropos" sie hervorgebracht haben und auch morgen einfordern werden.

Freilich, auch wer diese Verwandlung und Neuschöpfung nicht wahrnimmt, entgeht ihr, so ist zu hören, nicht. Er oder sie mag sich unbehaglich fühlen in einer kalten Welt, in der Personen im emphatischen Sinne des Wortes überflüssig geworden und mehr und mehr durch bloße Rollen- und Funktionsträger ersetzt worden seien. Wo noch letzte Reste eines Lebens, das einst als ebenso natürlich wie notwendig erschien und wie selbstverständlich gelebt wurde, vorhanden sind, mögen die besagten Menschen, deren Bewusstsein nun einmal nicht ganz auf der Höhe ihrer Zeit sei, daran festhalten wollen, und in aller Regel täten sie das mehr oder weniger „verzweifelt". Im Übrigen „helfe" ihnen die Sehnsucht nach den entschwundenen Zeiten, ein „rationalisierender" Schuss Kulturkritik oder eine sonstige illusionäre Flucht aus der Gegenwart über das Schlimmste hinweg. Dieser gegen die Zeichen der Zeit gewendete, aus der Gegenwart hinausführende, „rückwärts" gewandte Eskapismus sei, so glauben die zuversichtlichen Diagnostiker, jedoch nicht ohne Alternative. Wer nämlich genauer hinsähe und das Zeug dazu habe, sich vom Althergebrachten zu lösen, wer also Abschied nehmen könne vom soziokulturell oktroyierten „Identitätswunsch", mit sich selbst identisch zu sein, erkenne schnell, dass dieser Wunsch seine verheißungsvolle, viel versprechende Kraft ohnehin schon eingebüßt habe und keinerlei anthropologischer Notwendigkeit entspräche. Wem dieser Abschied gelinge, der fühle sich, so wird festgestellt und propagiert, befreit, alles in allem leichter, beweglicher, flexibler, bereichert in einem Meer von Möglichkeiten, Optionen und Kontingenzen (auch wenn nicht schon alles in diesem „Leben ohne Identitätszwang", das wird zugestanden, die reine Freude sei).

Der Wunsch nach Identität ist damit, so ist zu lesen und zu hören, als ein fragwürdiges Produkt einer Sozialisation und Enkulturation entlarvt, die die Angehörigen bestimmter „moderner" Gesellschaften seit geraumer Zeit in Subjektivierungsprozesse eines besonderen Typs dränge, und dies eben keineswegs bloß zu deren eigenem Vorteil und Vergnügen. Am Ende dieser unentrinnbaren gesellschaftlichen Prozesse stand idealiter ein Subjekt, für das klipp und klar war (oder doch sein sollte), „wer es ist und sein möchte". Nur vordergründig sei, so argwöhnen die Kritiker, die beglückende Belohnung für eine praktisch möglichst stabile, verlässliche Antwort auf die Identitätsfrage jene Orientierungs-, Handlungs-, Interaktions- und Beziehungsfähigkeit eines zumindest partiell autonomen Subjekts, dessen Leben sich, grosso modo, in der einen oder anderen Spielart um die zentralen Pole Liebe, Arbeit und Genuss drehe. Die im 20. Jahrhundert vollends entfaltete psychologische Propaganda der Identität wecke vielmehr riskante Illusionen und unterschlage den beträchtlichen Preis dieses hehren Ideals, einen Preis, den alle zu bezahlen hätten, die es nach Identität verlangt und die sich demzufolge entsprechend zurichten lassen und im Zuge der Verinnerlichung vielfältiger disziplinarischer Maßnahmen selbst maßregeln. Die praktische Logik der auf personale Identität zusteuernden Subjektivierungsprozesse stecken, so wird zu bedenken gegeben, voller Mechanismen, die das individuelle und soziale Leben unweigerlich mit Zwang, Repression und Gewalt überziehen. Ich komme (vor allem im letzten Abschnitt der Abhandlung) darauf zurück. Festzuhalten ist: wer all diese, die eigene Identität konstituierenden Subjektivierungsprozeduren nicht zuletzt am eigenen Leib erlebt und früher oder später gespürt und eingesehen habe, dass sie mit der Unterwerfung unter Leid erzeugende, repressive, von Zwang und Gewalt durchzogene Strukturen einher gehe, der hänge eben, über kurz oder lang, nicht mehr an einer Identität, die unter den ökonomischen und soziostrukturellen Bedingungen spät- oder postmoderner Gesellschaften ohnehin nicht mehr gefragt, ja, wie manche behaupten, bereits unmöglich geworden sei.[2]

Mit der lange Zeit allen Gesellschaftsmitgliedern empfohlenen und aufgenötigten Identitätsbildung sei es nun also (und nicht erst seit heute) aus und vorbei. Wir seien von der Identitätsfrage entlastet (zumindest vom rigiden Muster der alten Antworten auf diese Frage), und dies sei auch gut so, wie die Apologeten eines Lebens jenseits der angeblich anachronistischen Aufgabe der Ausbildung und Aufrechterhaltung personaler Identität verkünden. Sie zumindest, die ihren Blick nach vorne richten, vollziehen den besagten Abschied, der von langwierigen und abgrundtiefen Erschüt-

---

2 Von der Überflüssigkeit oder Unmöglichkeit personaler Identität in spät- oder postmodernen Gesellschaften sprechen viele einschlägige Zeitdiagnosen, wobei die soziologische Theorie funktionaler Differenzierung, insbesondere in der Variante der Systemtheorie Niklas Luhmanns, häufig die entscheidenden Argumente liefert. Zur Kritik dieser Diagnose vgl. den in diesem Band publizierten Aufsatz von Joachim Renn, der darlegt, dass die Angelegenheit so einfach nicht ist. Personen werden in den systemischen Sphären funktional differenzierter Gesellschaften, wie sich am Beispiel zahlreicher Institutionen und Organisationen zeigen lässt, auch in Zukunft keine bloßen Rollen- und Funktionsträger sein müssen und sein „dürfen". Personen haben stets Handlungsspielräume, in denen sie sich als individuelle Personen bewegen und kreativ handeln können – einschließlich der Verletzung von Regeln und systemisch-funktionalen Imperativen –, mehr noch: sie sind nicht selten geradezu angehalten, dies zu tun, wenn sie zum „Funktionieren" der Institutionen und Organisationen produktiv beitragen sollen.

terungen des „neuzeitlichen“, „aufklärerischen“, „rationalistischen“ Selbst- und Weltverhältnisses vorbereitet wurde und noch immer begleitet wird, gelassen, entschlossen, vielleicht freudig. Sie feiern „jenen kaum datierbaren Umschlag von blinder Trauer und blockierender Angst vor der thematisierten Auflösung der Ich-Identität in verzweifelte Gelassenheit und klarsichtigen Mut, wie er sich *in* den nachdenklichen Menschen der Zeit andeutet“ (Kamper 1980, S. 79, Herv. im Original). Sie entsagen einem praktischen, gerade auch in „modernen“, soziologischen und psychologischen Identitätstheorien artikulierten und propagierten Selbst- und Weltverhältnis, das kurzerhand als bloße Ausgeburt von „Herrschaftsvernunft und Machtwillen als universelles, externes und internalisiertes Prinzip“ (Kamper 1980, S. 80) gekennzeichnet wird. „Während einerseits eine zwar mühsam gewordene, aber nach wie vor unentwegte Rekonstruktion von Identität in den therapeutischen Sozialwissenschaften und in den sozialwissenschaftlichen Therapien passiert, welche trotz gegenteiliger Absichten die Krise des Subjekts doch nur zuspitzen kann, sind [...] Versuche des Begreifens unternommen worden“ (ebd., S. 81f.), Versuche, deren gedankliche Kraft die Subjekte einer befreienden „Liquidation“ unterzieht, einer Verflüssigung und Auflösung, die den alt und grau gewordenen „Menschen“ auch praktisch verwandelt.

Die Melodie, die Dietmar Kampers Aufsatz vor gut 20 Jahren in zweifellos paradigmatischer Weise gesungen hat, ist längst zum Ohrwurm geworden, zum Bestandteil der akademisch kolonialisierten Popkultur unserer Zeit. Gerade die grandiose Einseitigkeit, mit der der Autor die „traditionell“ als „emanzipatorisch“ geltenden Potenziale personaler Identitätsbildung in einen von Zwang, Repression und Gewalt durchzogenen Prozess der Zurichtung und Unterwerfung von Subjekten verkehrt – und dabei, trotz des Faibles für eine so genannte „strikte Ambivalenz“ (ebd., S. 85), alle Polyphonie und Dialektik zum Verschwinden bringt[3] –, findet sich in zahlreichen

3 Das mag zwar zu bestimmten Zwecken, etwa um Aufmerksamkeit in dem vom „Mediensystem“ infiltrierten Wissenschaftsbetrieb zu erregen, angebracht erscheinen. Der wissenschaftlichen Analyse des fraglichen Sachverhalts dient es aber eher nicht. Berücksichtigt man, dass die Zeit, in der noch mit dem Hammer philosophiert werden musste, um gehört zu werden, schon eine gute Weile hinter uns liegt, läuft jede Wiederholung ebenso dramatischer wie brachialer Gesten gerade auch im hier interessierenden Zusammenhang Gefahr, die selbstverständlich noch immer wichtigen Herausforderungen und Anregungen, die wir (nicht nur) mit Friedrich Nietzsches Texten verbinden, zu verspielen. Kampers Aufsatz etwa – und damit steht er in den letzten Jahrzehnten eben nicht alleine da – bewahrt kaum etwas von den produktiven Windungen und Verschlungenheiten, die Theodor W. Adornos negative Dialektik so häufig an die Grenze des noch „Denkmöglichen“ bringen. Kamper stützt sich gleichwohl unter anderem just auf Adornos kritische Theorie des Subjekts (neben Autoren, die für die „strukturale Konstitutionsanalyse der Subjektivität“ verantwortlich zeichnen [ebd., S. 82], oder auch auf Ulrich Sonnemann und seine „negative Anthropologie“).

Texten, die einen „Abschied von der Identität“ als empirisches Faktum diagnostizieren und/oder als normatives Gebot der Stunde propagieren. Die theoretischen Quellen, aus denen sich solche Versuche, unsere Zeit und die „Subjekte“ in ihr zu begreifen und umzugestalten, speisen, haben sich seither, vor allem im Fahrtwind postmoderner Diskurse, bekanntlich „ausdifferenziert“ und vervielfältigt.

Festzuhalten ist: Dem Begriff der personalen Identität und der damit verwobenen kulturellen und psychosozialen Praxis wird von diesen Speerspitzen der heutigen Zeit keine Träne nachgeweint. Sie kehren ihren vermeintlichen Realitätssinn hervor, wenn sie einfach fahren lassen, was unter den gegebenen Lebensbedingungen in spät- oder postmodernen Gesellschaften angeblich ohnehin nicht zu retten ist, und sie begreifen ihre zeitgemäße Haltung als bereicherndes Potenzial und Chance, Neues zu erfahren und zu tun, kurz: in neuer Weise zu sein und zu werden. Dafür legen sie sich ins Zeug, dafür werben sie auch mit normativen Argumenten, in der Regel im Zeichen einer Pluralität und Vielfalt, die unser Dasein in einmaliger Weise zu bereichern und zu steigern vermöge.

Anachronismus und Differenzvergessenheit der Identitätstheorie? Konturen eines zeitgemäßen Begriffs „personaler Identität“

Ich werde hier nicht alle Einwände wiederholen, die ich gegen meines Erachtens sowohl aus empirischen[4] als auch aus normativen Gründen unangebrachte Ab-

4 Bedenken gegen die empirisch oft kaum abgestützte Verallgemeinerung von Theorien der Identität oder des Selbst lassen sich übrigens gegen alle Ansätze vorbringen. Fast immer wird – wenigstens im Hinblick auf einen bestimmten Typ von Kultur und Gesellschaft, oft im Hinblick auf ganze Epochen wie „die Moderne“, „die Spät-“ oder „Postmoderne“ – vom Selbstverhältnis „des Menschen“ („des Subjekts“, „der Person“ etc.) geredet, ohne sich Rechenschaft über die Angemessenheit des benutzten Kollektivsingulars abzulegen. Eigentlich ist nie so recht klar, von wem genau die Rede ist, wenn diese Theorien entfaltet werden. Klar ist allenfalls, dass es falsch ist, eine derartige „Uniformität“ zu unterstellen, und dass auch die vorsichtigere Diagnose gewisser „Tendenzen“ einer intersubjektiv nachvollziehbaren, durch methodische Untersuchungen bereit gestellten „empirischen Basis“ bedürfte. So lange dies nicht der Fall ist, bleibt stets etwas im Dunkeln, welche der kursierenden theoretischen Identitätsbegriffe und -modelle eigentlich auf wen zutreffen. Ausgehen darf man dabei davon, dass „multiple modernities“ und die auch intern plural strukturierten modernen Gesellschaften und Kulturen ein entsprechend differenziertes und differenzierendes theoretisches Vokabular verlangen, mit dem sich unter Umständen ganz verschiedene Strukturen der kommunikativen Selbstbeziehung von Personen auf den Begriff brin-

schiedsrituale vorgetragen habe, und auch eine erneute Analyse der theoretischen Schwächen vermeintlich innovativer Subjektkonzeptionen erübrigt sich im vorliegenden Zusammenhang (siehe dazu vor allem Straub 1991, 2000a). Totgesagte leben länger, und manchmal liegt das ja einfach daran, dass man den Falschen bestattet hat. Zu dieser im Fall des theoretischen Identitätsbegriffs meines Erachtens gut bestätigten Hypothese möchte ich noch etwas anmerken, womit zugleich die weitere Zielsetzung der vorliegenden Abhandlung konturiert wird.

Komplexitätsreduktion muss sein, meistens jedenfalls. Pragmatische Erfordernisse, denen wir allenthalben nachzukommen haben, in aller Regel unter dem Druck einer Zeit, die davonzulaufen scheint, lassen uns selbst mit der Trivialisierung umständlicher Angelegenheiten bisweilen unseren Frieden schließen. Im Falle des zeitgenössischen Diskurses über Identität ist dieses Zugeständnis jedoch fatal. Die Sozial- und Kulturwissenschaften, die sich bereits seit vielen Jahrzehnten, bis heute in einer beständig intensivierten Weise, mit dem Thema der „personalen Identität" befassen, singen ein Lied davon. Begriffsunklarheiten bis hin zu Begriffsverwirrungen, die es mit sich bringen, dass bisweilen kaum mehr erkennbar ist, wovon die Einzelnen denn überhaupt sprechen, werden unentwegt diagnostiziert. Freilich ändert diese Litanei kaum etwas an dem beklagten Sachverhalt. Das ist angesichts der Vielzahl derer, die sich in der Philosophie, der Soziologie, Ethnologie, Kulturanthropologie und der Geschichtswissenschaft, der Psychologie und Pädagogik, der Literaturwissenschaft und in weiteren Fächern mit dem Thema „Identität" beschäftigen – um von Kontexten außerhalb der Wissenschaften gar nicht zu reden –, auch kaum zu erwarten. Sprachgebrauchsnormierungen wären in diesem Feld ein besonders hoffnungsloses Unterfangen. Unter dem Titel „Identität" wird auch in Zukunft von allem Möglichen die Rede sein. Und so bleibt allenfalls übrig, einigermaßen genau anzugeben, was zur Debatte steht, sobald der interessierende Ausdruck fällt.

Im vorliegenden Aufsatz geht es um einen theoretischen Begriff, der in der Psychologie und Soziologie (vor allem) des 20. Jahrhunderts, und zwar in bestimmten Traditionen und Texten, entwickelt wurde, ohne dass ein Ende dieser Arbeit abzusehen wäre. Auf ein paar dieser Texte beziehe ich mich auch in der vorliegenden Abhandlung, wobei ich mich auf eine wenige, im Titel des Aufsatzes angedeutete Aspekte des „großen" Themas „personale Identität" beschränke. Angesichts der unübersehbaren, nach wie vor wuchernden Vielfalt der Bezüge, die der Identitätsbegriff –

gen und gegeneinander absetzen lassen. Die Kontroverse, in der „Moderne" und „Postmoderne" die Positionen abgeben, vereinfacht die Lage auch im hier interessierenden Feld in einer Weise, die empirisch orientierte Wissenschaftler gewiss erstaunt.

allein schon in seiner auf „einzelne" Personen zugeschnittenen Bedeutung[5] – unterhält, macht es längst keinen Sinn mehr, ohne solche Spezifikationen über „Identität" zu schreiben und zu diskutieren. In der nach wie vor aktuellen Debatte geschieht aber genau dies noch immer allzu häufig. Ein einigermaßen ausgeprägtes Bewusstsein von der Vielfalt, Differenz und Heterogenität „des" Identitätsbegriffs ist eine *conditio sine qua non* jeder rationalen Diskussion über die anstehenden Fragen. Ein beträchtlicher Teil der Kritik am Konzept personaler Identität krankt daran, dass Varianten eines Begriffs kritisiert werden, über die zu debattieren es sich, zumal in wissenschaftlichen Zusammenhängen, in der Tat kaum lohnt. Man verabschiedet nicht selten, wofür sich ohnehin (fast) niemand mehr interessiert (z. B. eine auf der Grundlage „antimoderner" Traditionalismen substanzialistisch bzw. essenzialistisch bestimmte, qualitativ reifizierte Identität), um sodann Neues zu präsentieren, dessen Neuigkeitswert im Lichte des „vergessenen Alten" – nämlich eines überaus komplexen und nach wie vor interessanten, struktur- oder formaltheoretisch definierten Konzepts „personaler Identität" – nicht selten gegen Null tendiert. Und selbst dort, wo zweifellos innovative Überlegungen angestellt und bereichernde Einsichten aufgetan werden, scheint es in aller Regel angemessener, von veränderten Akzentsetzungen oder partiellen Bedeutungsverschiebungen zu sprechen, anstatt ein vollkommen verändertes Denken und vermeintlich „radikale" Umstellungen des subjektwissenschaftlichen Vokabulars zu proklamieren, die allesamt um den angeblichen „Abschied von der Identität" zentriert sind bzw. geradewegs darauf hinaus laufen. (Wobei oft verblüfft, dass die Autoren dann doch selbst am Identitätsbegriff festhalten.)

Meine folgenden Bezugnahmen auf ausgewählte identitätstheoretische Texte sind erneut jenem hermeneutischen Prinzip verpflichtet, das die kritische Lektüre von Texten an ein Wohlwollen bindet, das einem die eigene Sache – Kritik und Überwindung des veralteten Alten, des bereits Gedachten und theoretisch Formulierten – möglichst „schwer" macht. Dabei geht es nicht im Mindesten darum, eine bestimmte Theorie, gar einen Autor oder eine Autorin, *rundherum* zu „verteidigen", etwa Erik H. Erikson, dessen einflussreiche Arbeiten seit einigen Jahren im Kreuzfeuer der Kritik stehen und besonders gerne zitiert werden, wenn es gilt, Kandidaten für zu verabschiedende Gedankengebäude zu nominieren.[6]

5 Das Thema „kollektive Identität" wird hier vollkommen ausgespart, da es völlig neue Probleme mit sich bringt (vgl. hierzu meine Anmerkungen in Straub 1998a, S. 96ff.). Die analogisierende Übertragung des Identitätsbegriffs von Personen auf Kollektive ist eine überaus heikle Angelegenheit, die der Ideologisierung der sozialen und politischen Praxis Tür und Tor öffnet, wie in jüngerer Zeit insbesondere Lutz Niethammer (2000) ausführlich dargelegt hat.

6 Vgl. meine umfangreichen Listen, in denen kritikbedürftige Aspekte dieser selbstverständlich in mancherlei Hinsicht überholten Forschungen und Theoreme aufgezählt sind (Straub 1998a, S. 76 sowie 2000b). – Wenn ich im Folgenden von „personaler Identität" spreche, setze ich einen theo-

In der psychologischen und soziologischen Identitätstheorie und Identitätsforschung sind nach wie vor zahlreiche Fragen offen. Dazu gehören sogar einige ganz fundamentale Aspekte, deren eingehendere, teilweise von empirischen Untersuchungen abhängige Klärung es erst ermöglichte, genauer zu verstehen, was wir denn eigentlich sagen, wenn wir von personaler Identität, von ihrer transitorischen Struktur, ihrer Bildung und Umbildung, ihrer Gefährdung und ihrem Verlust etc. sprechen. So harren zum Beispiel die für das identitätstheoretische Denken unerlässlichen Begriffe der Kontinuität, Kohärenz und Konsistenz nicht nur einer allgemein zustimmungsfähigen Bestimmung (wenn es das denn jemals geben sollte), sondern sind, soweit ich sehe, überhaupt nirgends auch nur in einigermaßen zufrieden stellender Weise expliziert. Kontinuität, Kohärenz und Konsistenz gelten zu Recht als begriffliche Implikate des Konzepts personaler Identität und, in empirischer Perspektive, als wichtige Motive und „Fluchtpunkte" jener psychosozialen „Aktivitäten", die wir summarisch als „Identitätssuche" bezeichnen können, eine Suche, die mehr mit einer unerfüllbaren Sehnsucht gemeinsam hat als mit dem Streben nach einem klar bestimmte Ziel.[7] Was aber wird mit diesen Termini genau bezeichnet, wie kommt in der symbolisch vermittelten Praxis zustande, was mit ihnen „auf den Begriff" gebracht werden soll? Diese gebräuchlichen Ausdrücke, die, wie der Identitätsbegriff selbst, formaltheoretisch bestimmt werden können und sodann genauer angeben, was die Identität einer Person im Sinne der *Struktur* einer kommunikativen Selbstbeziehung eigentlich ausmacht (vgl. z. B. Straub 1996), sind keineswegs geklärt und weisen gerade deswegen weiteren theoretischen Reflexionen und empirischen Untersuchungen, auf die eine erfahrungswissenschaftlich gehaltvolle Begriffsbildung angewiesen ist, den Weg. Und dies ist nur *ein* Beispiel für Desiderate der psychologischen

---

retischen Begriff voraus, wie ich ihn in anderen Arbeiten in der Auseinandersetzung mit Autoren aus der Tradition des Pragmatismus, des symbolischen Interaktionismus, der Psychoanalyse, der Phänomenologie und Hermeneutik sowie mit Theorieströmungen, die aus diesen Traditionen und dem Gedankengut der kognitiven Entwicklungstheorie schöpfen, aber auch in der Auseinandersetzung mit verschiedenen Kritiken solcher Identitätstheorien zu bestimmen versucht habe (Straub 1989, S. 36ff., 1991, 1996, 1997, 1998a, 1998b, 2000a, 2000b, 2002).

7 Diese Suche sollte man auf Grund ihres praktischen, symbolischen und keineswegs rundum bewussten oder auch nur „bewusstseinsfähigen" Charakters übrigens nicht als „Identitätsarbeit" im Sinne des poietischen Handelns eines sich selbst verfertigenden Menschen bezeichnen und damit missverstehen. Was für die aspirierte Identität einer Person relevant ist und dabei von deren eigenen Aktivitäten abhängt, ist so wenig eine „Arbeit" wie etwa das Trauern. Der Begriff der „Identitätsarbeit" ist mithin so unglücklich gewählt wie der (psychoanalytische) Terminus der „Trauerarbeit".

und sozialwissenschaftlichen Identitätsforschung und Identitätstheorie unserer Tage.[8]

---

8 Wollte man dem angezeigten Problem nachgehen, so hätte man wohl zuallererst die praktisch situierte Bildung dieser für die (stets limitierte) Autonomie von Handlungssubjekten konstitutiven Strukturmerkmale personaler Identität genauer zu analysieren und empirisch zu untersuchen. Diesbezüglich ist etwa das Verhältnis von sprachlich-reflexiven, insbesondere auch von narrativen Selbstthematisierungen, und im engeren Sinne praktischen Modi der Selbstbezeugung (wie etwa einem Akt des Versprechens, mit dem man nicht nur etwas, sondern gleichsam „sich“ verspricht) einigermaßen ungeklärt (vgl. Liebsch, in diesem Band; zur praktisch-performativen Funktion des Erzählens vgl. Renn und Straub, in diesem Band). Alles in allem wird man sagen dürfen, dass nicht nur das Verhältnis zwischen narrativen und im engeren Sinne (oder anderen) praktischen Modi der Selbstbezeugung bislang unterbelichtet ist, sondern überhaupt die praktische Seite der Identitätsbildung, -reproduktion und -transformation (trotz der Arbeiten etwa von Erving Goffman oder den jüngeren Bemühungen Paul Ricœurs und anderer; methodologische und methodische Probleme, die sich den empirischen Disziplinen stellen, wenn sie sich auf eine Theorie der praktischen Konstitution von Identität wirklich einlassen, sind noch kaum bearbeitet). Speziell (Selbst-) Erzählungen sind mittlerweile jedoch sowohl theoretisch als auch empirisch gerade im Hinblick auf das Thema „personale Identität“ vergleichweise gut untersucht (aus der Fülle der Literatur vgl. z. B. Bruner 1990, S. 99ff., Freeman 1983, McAdams 1993, Meuter 1995, Polkinghorne 1988, Ricœur 1996, insb. 141ff., 155ff., oder die einschlägigen Abhandlungen in Britton und Pellegrini 1990, Sarbin 1985 sowie Straub 1998c). Bis vor wenigen Jahren war die große Bedeutung des Erzählens und der Erzählung für die personale Identität (jedenfalls in der Psychologie und auch der Soziologie) noch kaum erkannt, geschweige denn erforscht. Und noch heute sind weite Teile der zeitgenössischen „Psychologie des Selbst“ merkwürdig blind, was den besagten Zusammenhang angeht. Vgl. dazu etwa das von Ursula Staudinger und Werner Greve (1997) herausgegebene Sonderheft der Zeitschrift für Sozialpsychologie, in dem „Das Selbst im Lebenslauf“ im Zentrum steht, ohne dass auch nur ein einziges Wort über das Erzählen von (Selbst-) Geschichten fällt – als wären Zeit und Erzählung (begrifflich, theoretisch und empirisch) separate „Angelegenheiten“ für eine Sozial- und Entwicklungspsychologie des „Selbst im Lebenslauf“. In anderen Disziplinen ist mit der Etablierung narrativer Ansätze – teilweise parallel zu ihr – auch die Kritik an diesen gewachsen, nicht zuletzt im Hinblick auf das Modell einer narrativ konstituierten personalen Identität (Kraus, in diesem Band). Diesbezüglich ist – unter anderem – nicht nur die prinzipielle Unabschließbarkeit jeder denkbaren erzählerischen Antwort auf die Identitätsfrage „Wer bin ich (geworden) und wer möchte ich sein?“, mithin die nicht eliminierbare Polyvalenz und Virulenz der Frage in jedem Moment eines noch unabgeschlossenen Lebens, verstärkt ins Blickfeld geraten, sondern auch jene Unmöglichkeit einer Antwort, welche auch keine posthume Hermeneutik, die auf das gesamte gelebte Leben eines verstorbenen Menschen zurückschauen könnte, aufzuheben in der Lage ist (vgl. Liebsch, in diesem Band). „Wer ich (geworden) bin und sein möchte“, vermag ich niemals so zu sagen/zu erzählen, dass die Frage vollkommen stillgestellt wäre. Zur Kritik am narrativen Modell der Identitätsbildung gehören auch jene philosophischen, ethischen Einwände, die auf die Empfehlung hinauslaufen, „den Einsatz der Erzählung im zu lebenden Leben selbst“ (Thomä 1998, S. 8) analytisch und kritisch zu reflektieren. Das sich selbst erzählende Individuum erscheint in dieser Perspektive gerade dann, wenn es um das vermeintlich ganze, narrativ zu „umgreifende“ Leben

Wie viele offene Fragen auch sonst noch der Bearbeitung harren mögen, so scheint heute klar zu sein, dass ein anspruchsvoller, zeitgemäßer Begriff der personalen Identität nicht *gegen* den Gedanken einer in diachroner und synchroner Hinsicht *differentiellen* Verfasstheit der Struktur der kommunikativen Selbstbeziehung eines Subjekts ausgespielt werden kann. „Identität" im hier gemeinten Sinn bezeichnet das Selbstverhältnis einer Person, das treffend als „Einheit ihrer Differenzen" bezeichnet werden kann, in temporaler und dynamischer Perspektive: als aktive, stets nur vorläufige *Synthese des Heterogenen* (Paul Ricœur), wobei unbestritten ist, dass diese Einheitsbildung, Integrations- oder Syntheseleistung nicht zur „Aufhebung" oder „Eliminierung" von Differenz und Heterogenität und auch nicht von Kontingenz, Ambiguität, Ambivalenz oder Polyvalenz führt und führen kann. Dafür lassen sich in allen oben erwähnten Theorietraditionen, denen sich die Konturierung eines komplexen, psychologischen bzw. sozial- und kulturwissenschaftlichen Konzepts personaler Identität verdankt, klare Belege finden. Dies heißt im Übrigen nicht, dass es in zahlreichen identitätstheoretischen Texten keine Formulierungen gäbe, die der hervorgehobenen Einsicht zuwiderlaufen, womit ein „Streit" über das Problem der Identität provoziert wird, der allein durch philologisch korrekte Exegesen kaum entscheidbar ist. (Für beinahe jede Interpretation lassen sich Belegstellen ausmachen.) Wird Identität strukturell oder formal als praktisch-performative, sprachlich-diskursive und partiell reflexive Relationierung ihrer diachron und synchron differenten Momente expliziert, als „Identität im Übergang" (Sommer 1988) oder eben als „transitorische Identität", stellt differenztheoretisches Denken keineswegs einfach den Widerpart und Gegenspieler der Theorie personaler Identität dar. Ohne ersteres lässt sich letztere nicht verständlich machen. Dies bedeutet nicht zuletzt, dass das beispielsweise von Ricken (in diesem Band; vgl. auch die Beiträge von Meyer-Drawe oder Schäfer) emphatisch hervorgehobene Moment des *Selbstentzuges* in keiner Theorie personaler Identität fehlen darf und – soweit ich sehe – zumindest in den heute noch anschlussfähigen komplexen Ansätzen auch tatsächlich nirgends unterschlagen wird. Ich würde sogar sagen, dass das – freilich mehr oder weniger klare – Bewusstsein eines *uneinholbaren Selbstentzuges* zu den *konstitutiven* Elementen einer jeden anspruchsvollen Theorie personaler Identität gehört, und zwar seit Anfang der Debatte in den modernen Sozial- und Kulturwissenschaften, einschließlich der Psychologie. Dieses sowohl in spezifischen (Kontingenz-) Erfahrun-

---

geht, keineswegs als Garanat eines gelingenden Lebens – im Gegenteil, wie Thomä argumentiert. Die den Autor interessierende ethische Frage „Wie zu leben sei" sollte demnach in skeptischer Distanz zum soziokulturell etablierten – insbesondere dem biografisch totalisierenden – Imperativ „Erzähle dich selbst!" bedacht werden.

gen und Erwartungen als auch in normativen Orientierungen,[9] die in alle modernen Identitätstheorien des hier interessierenden Typs zutiefst eingelassen sind (vgl. z. B. Straub 1991, 1996), fundierte Bewusstsein gehört zu den unhintergehbaren Grundlagen identitätstheoretischen Denkens.

Ricken verdächtigt alle Theorien, die auf Identität und damit auf Kontinuität, Kohörenz und Konstistenz beharren (und noch manche ihrer vermeintlichen „Alternativen"), dass sie zwangsläufig „zu einer problematischen Verkürzung des unauflöslich differentiellen Charakters" personaler Identität führen (in diesem Band, S. 332). Das „Moment des ‚Selbstentzugs' als unabweisbares Moment differentieller Selbstverhältnisse" werde, nolens volens, „eher übergangen. Dies aber als eine Struktur menschlicher Selbstverhältnisse festzuhalten und in den Begriff der Identität selbst einzutragen, führt zu einer Brechung des Begriffs [...], die dessen ‚Verabschiedung' (mindestens im Wissenschaftsdiskurs) nahe legt" (ebd.).

Natürlich hängt in dieser kritischen Bestandsaufnahme zunächst einmal alles an dem unscheinbaren Wort „eher". Wo der für jedes Selbstverhältnis konstitutive Selbstentzug, also die noch in ihrer praktischen, symbolischen, sprachlichen und diskursiven Präsenz unaufhebbare (partielle) „Abwesenheit von Identität" eines Subjekts, das sich nie und nimmer ganz „gegeben" und „transparent" ist, *eher* übergangen wird, wird er (der Selbstentzug) bzw. sie (die Abwesenheit von Identität) nicht gänzlich unterschlagen. Rickens Beispiel für einen Autor, der das Moment des Selbstentzugs nicht nur „eher", sondern angeblich bis zu seinem Verschwinden aus der Theorie übergeht, ist, allen voran, Erikson. Dagegen werde das Subjekt bei George H. Mead und Erving Goffman nicht um den Preis der Negation des Selbstentzugs als „Einheit" begriffen, sondern als differentielle und relationale Struktur, die in keiner „Einheit" und keinem „Zusammenhang" aufgeht. (Ist „Struktur", so fragt sich allerdings, auch eine differentielle und relationale, kein „Zusammenhang", keine „Einheit"?)

Alle Einzelheiten, nicht zuletzt die in diesem Zusammenhang notwendigen Analysen der Leiblichkeit, der „primären Sozialität" (Joas 1992) und der Temporalität des Selbst, vernachlässigt, lässt sich dieses exemplarische, heute gängige dichotome

9 Diese normativen Orientierungen zielen gerade nicht auf eine schrankenlose, ungebrochene Macht und Herrschaft der Vernunft, schon gar nicht einer instrumentellen und strategischen, über ihre Objekte, einschließlich des je eigenen Selbst, ab. Die den Identitätstheorien impliziten normativen Orientierungen bewahren die Einsicht, dass jedes Selbstverhältnis strukturell durch einen Selbstentzug charakterisiert ist, und dass diese erfahrbare und phänomenologisch beschreibbare Tatsache einen bestimmten, eben nicht auf manipulative Verfügung abstellenden Umgang mit sich und den Anderen nahe legt. Das ist praktisch, moralisch und politisch bedeutsam, selbst wenn sich keine einfachen und eindeutigen, situationsunabhängig gültigen Lehren und Direktiven daraus ableiten lassen.

Urteil wie folgt resümieren und „verallgemeinern“: Während die einen (z. B. Erikson, Krappmann, Habermas, vielleicht auch Keupp oder Welsch) den ins Zentrum gerückten Selbstentzug (eher) vergessen machen, wenn sie „personale Identität“ theoretisch zu artikulieren suchen, lenken andere (z. B. Mead, Goffman, Lacan, Ricœur, Foucault, Levinas, Derrida, Waldenfels) unsere Aufmerksamkeit just auf diesen so wichtigen Sachverhalt der unabschliessbaren internen Differentialität und Entzogenheit des Selbst. Ricken macht aus dieser dualen Gliederung seines Problemaufrisses einen emphatisch betonten „Unterschied ‚ums Ganze‘: die Unmöglichkeit, sich ‚zur Gänze‘ vor sich zu bringen, lässt sich gerade nicht bloß mengentheoretisch auslegen, als ob nur ein wie auch immer größerer oder kleinerer Rest entzogen bliebe, den es fortan immer weiter zu verkleinern und aufzuklären gälte; vielmehr trägt sich dieses ‚nicht zur Gänze‘ als Struktur in alle (Selbst-) Verhältnisse ein und verwandelt sie ‚ums Ganze‘: bei aller Selbstbezüglichkeit und ‚Arbeit an sich selbst‘ ist Selbstbezogenheit ein konstitutives Moment jeder Selbstvertrautheit – und nicht ihr vermeintliches Gegenstück. Differentialität meint daher ein doppeltes: sich zu sich selbst *als* auf andere und anderes bezogen auszulegen. [...] Wie auch immer man nun Differentialität – zeitlich, sozial, reflexiv oder leiblich – zu erläutern versucht, immer stößt man dabei auf Relationen, deren ‚Pole‘ nie zur Übereinstimmung“ (Ricken, in diesem Band, S. 344) gebracht und in Einheit und Ganzheit überführt werden können; Nichtübereinstimmung und Zwiespältigkeit aber „finden kaum angemessen Platz im Begriff der Identität, sondern werden hierarchisch zu Schwundformen entwichtet, die angesichts ihrer (mindestens regulativ) gedachten Vollform nur als aufzuhebende Mangelerfahrungen Geltung beanspruchen können. Weder im Verhältnis des ‚Ich‘ zu ‚Sich‘ noch im Verhältnis des ‚Ich‘ zu anderen als Anderen und zur Welt als Anderem ist es möglich, die Relata dieser Relationen aneinander so anzunähern, dass sie als ein Zusammenhang aufgenommen werden könnten“ (ebd, S. 344).

Ich glaube, solche Zweiteilungen vorhandener Positionen im „Streit um Identität“ machen es sich zu einfach. Viele Theorien personaler Identität erkennen und anerkennen die differentielle Struktur des Selbst und den für jedes Selbst konstitutiven Selbstentzug und schreiben dies dem Identitätsbegriff auch ausdrücklich ein. Dieses „Einschreiben“ kann just als jene „Brechung“ des Begriffs verstanden werden, die es ermöglicht, weiterhin produktiv mit ihm zu arbeiten – und gerade nicht dazu zwingt, den Identitätsbegriff zu verabschieden. Sogar am zweifellos besonders ungereimten, von zahlreichen Inkonsistenzen durchzogenen „Fall Erikson“ lässt sich das zeigen. Ich beschränke mich auf ein paar Hinweise.

Zunächst einmal ist es bedeutsam, dass Erikson in einem vor etwa fünf Jahrzehnten erstmals publizierten Text (dt. 1973, S. 156) den Begriff der Ich-Identität nicht zuletzt dadurch bestimmt, dass er ihn kontrastiv gegen den (sozial-) psychologischen Begriff der „Totalität" abgrenzt (vgl. Straub 1991, S. 61f.).[10] Wichtiger noch sind etwa jene Äußerungen Eriksons, in denen er die „syntonen" seelischen Potenziale, die im Dienste der transitorischen Identitätsbildung stehen, jenen „dystonen" Potenzialen gegenüberstellt, deren Wirksamkeit im Falle eines (natürlich nie universell objektivierbaren und metrisierbaren) massiven Überhandnehmens zu einer Identitätsdiffusion führt, die pathologische Formen annehmen *kann*. Wie so oft bei Erikson ließen sich auch diesbezüglich zwar sofort Passagen zitieren (z. B. Erikson, 1973, S. 144), in denen der Autor den (möglichst) vollständigen „Abbau" dystoner Potenziale empfiehlt. Damit bietet er aber nicht nur Anlass zu Kritik, sondern widerspricht auch wesentlichen Intentionen seines eigenen Denkens (und therapeutischen Arbeitens). Erikson hat, genauer besehen, keine völlig „klaren" und „eindeutigen", von jedem Widerspruch und Widerstreit bereinigten Devisen und Lösungen für die Bearbeitung psychosozialer Konflikte und Krisen und das zu erzielende, zumindest vorläufige „Resultat", eben die psychosoziale und psychosexuelle „Verfassung" einer nach Identität strebenden Person, ausgegeben. Er war sich vielmehr sehr bewusst darüber, dass es im gesamten Lebenszyklus keine glatten Losungen und Lösungen geben kann. So ist niemandes Selbstverhältnis jemals von jenen kognitiven, emotionalen, motivationalen und volitionalen Zweifeln und praktischen Verwerfungen frei, deren massiertes Auftreten zur Identitätskonfusion oder -diffusion führen kann. Dic Gegenbegriffe zur Bezeichnung der „Pole" psychosozialer Konflikte und der seelischen Potenziale, die zu ihrer Bearbeitung aktiviert werden können, sind ebenso konträr-kontrastiv wie komplementär und interdependent; sie sind nicht als logisch disjunkte Begriffe, sondern als *akzentuierende* Unterscheidungen zu begreifen, die in psychologischer Perspektive empirisch „nachweisbare" Differenzierungen zwischen unterschiedlichen *Legierungen* von syntonen und dystonen

---

10 „Totalität ist absolut exklusiv wie absolut inklusiv; ein Zustand des Entweder-Oder, der ein Element der Gewalt enthält [...]" (Erikson 1973, S. 168). Im Gegensatz zur Totalität, so habe ich an anderer Stelle formuliert (Straub 2000b), die durch absolut rigide identifikatorische Inklusionen sowie ausschliessende Akte und Abwehrmechanismen zustandekommt und reproduziert wird, ist Identität durch Offenheit und Flexibilität charakterisiert. Der Totalität fehlt jene strukturell verankerte Empfänglichkeit für nicht gewaltförmige Erfahrungen der Selbsttranszendenz (im Sinne von Joas 1997), die die transitorische Identität auszeichnet (und sie an einen Modus der Selbstverwirklichung bindet, den Michael Theunissen [1981, S. 6] in seiner Kritik des „modernistischen" Bewusstseins der Gegenwart als Selbstverwirklichung *mit* den alii, den „anderen anderen", mithin als „subjektive Realisierung von Allgemeinheit" kennzeichnet). Für Erikson ist der tiefere Grund der Totalität die unbewusste Angst vor Identitätsdiffusion. Behält man all das im Auge, ließe sich allenfalls noch einwenden, dass sich Erikson bei der Beschreibung der Gefahren misslingender Identitätsbildung wohl zu stark auf die Konfusion bzw. Diffusion „konzentriert" (so Krappmann 1997, S. 76). Diesbezüglich kann man den Gedanken der „Entwicklungskrise" bzw. „normativen" Krise (und verwandte Überlegungen) sicherlich noch stärker machen, als es Erikson selbst getan hat.

Tendenzen gestatten. Erikson versteht die Identität keineswegs als logisches Gegenteil des Nicht-Identischen, als eine Struktur mithin, die ohne Bezugnahme auf die in ihr inhärenten Differenzen und die Erfahrung des Selbstentzugs theoretisch angemessen artikuliert werden könnte. Es ist zwar richtig, dass es bei der Bearbeitung psychosozialer Konflikte und Krisen stets (auch) darum geht, ein lebensphasenspezifisches *syntones Potenzial* (vom Grundvertrauen über die Identität etc. bis hin zur Integrität) so „stark zu machen", dass sein *dystoner* Gegenspieler nicht – jedenfalls nicht auf Dauer! – die Oberhand gewinnt (vom Grundmisstrauen über die Identitätskonfusion etc. bis hin zu seniler Verzweiflung) und damit pathologische Störungen fördert (vom psychotischen Rückzug über die trotzig-penetrante Zurückweisung etc. bis hin zum Hochmut, um Eriksons Terminologie zu benutzen). Bei alledem bleibt aber unzweifelhaft: Syntone und dystone Kräfte sind psychologisch *gleichermaßen* bedeutsam, ja unverzichtbar und ohnehin eine unausweichliche Notwendigkeit, die in die Struktur menschlicher Selbstverhältnisse „eingetragen" ist.

Diese Einsicht lässt sich nun nicht zuletzt, ja: *vor allem* dann kaum übersehen, wenn man berücksichtigt, dass Eriksons Identitätsbegriff zu einer *psychoanalytischen* Theorie gehört, die, wie sehr sie sich in den Fußstapfen von Heinz Hartmanns „Ich-Psychologie" von Freuds Lehre abgesetzt haben mag, an einigen entscheidenden Gedanken *jeder* psychoanalytischen Subjektkonzeption festgehalten hat. So konzipiert selbstverständlich auch Eriksons psychoanalytisches Entwicklungs- und Handlungsmodell die praktische Identitätsbildung und noch die reflexive Antwort auf die Identitätsfrage „Wer bin ich (geworden) und wer möchte ich sein?" in wesentlichen Aspekten als *unbewusstes Geschehen*, für das Differentialität und Selbstentzug konstitutiv ist, nicht aber als intentionalen Akt bewusst vorgehender und dabei ganz zu sich kommender, in vollkommener Selbstpräsenz und Selbsttransparenz aufgehender Vernunftsubjekte. So weit ging die Nobilitierung des partiell autonomen Ich durch die Theoretiker der Ich-Psychologie keineswegs zumal ja gerade auch sie *unbewusste* Leistungen des Ich erforschten, und speziell Erikson die Bedeutung des *Abwehrmechanismus* (unter anderem) der Identifizierung für die Konstitution und Reproduktion der Ich-Identität stets hervorhob. Die psychische Abwehr ist eine Ich-Leistung. (Identität ist zwar mehr und anderes als die Summe lebensgeschichtlich bedeutsamer Identifizierungen, kann aber ohne Rekurs auf diese „Manifestationen" psychischer Abwehr zumindest in der Psychoanalyse nicht gedacht werden.) Die von Hartmann, A. Freud und Erikson anvisierte (theoretische) Stärkung des Ich wurde *auf der Grundlage* der Freud'schen Psychologie des Unbewussten und der damit verwobenen Dezentrierung des Subjekts unternommen, nicht gegen sie. Ein psychoanalytisch konzipiertes „Ich" ohne Selbstentzug ist schon wegen der teils unbewussten Operationsmodi auch dieser psychischen Instanz ein Widerspruch in sich selbst.

Es gibt meines Erachtens keinen unüberwindlichen Graben zwischen zwei säuberlich getrennten Gruppen von Ansätzen, von denen die einen die Differentialität des Selbst, den unaufhebbaren Selbstentzug und jene „alteritäre“ Struktur, die das Selbst zu einem „Selbst als Anderem“ machen, hervorheben und bedenken, die anderen all dies unterschlagen und vergessen machen. Dies gilt bereits im Hinblick auf Eriksons Theorie. Umgekehrt gibt es ja auch „identitätskritische“ Positionen, die keineswegs mit einer leichtfertigen Ablehnung des Identitätsbegriffs einhergehen oder jedenfalls *nicht schon aller jener Überlegungen*, die man mit diesem Konzept gemeinhin verbindet und die im Kern um ein Denken einer wie auch immer „eingeschränkten“ oder „limitierten“, von Heteronomie durchkreuzten Autonomie handlungsfähiger Personen kreisen. So wird man sich mit Käte Meyer-Drawe (1990) zwar gerne von „Illusionen von Autonomie“ verabschieden mögen, nicht aber vom Begriff der Autonomie (vgl. dazu Quante, in diesem Band) und der mit ihm bezeichneten Möglichkeiten des Menschen schlechthin.

Ich halte also einstweilen weiter am Begriff personaler Identität fest. Im nächsten Abschnitt werde ich mich mit einem besonders verbreiteten und vehementen Einwand gegen diese „Strategie“ befassen. Er besagt, dass identitätstheoretisches Denken nicht zuletzt deswegen prekär sei, weil man damit ein Konzept affirmiere und tradiere, das ein von Zwang, Repression und Gewalt durchzogenes Selbstverhältnis von Subjekten nicht nur rekonstruiere und artikuliere, sondern auch propagiere und obendrein seine praktische Verfestigung fördere.

Abschied von der Identität als Abschied von Zwang, Repression und Gewalt?

Das identitätstheoretische Denken in Disziplinen wie der Psychologie und Soziologie gilt nach meiner Auffassung zu Recht als eine der wichtigsten Errungenschaften der modernen Sozial- und Kulturwissenschaften (Joas 1997, S. 227ff.). In ihm artikuliert sich wie in kaum einer anderen Theorie die Wirklichkeitserfahrung und die darin begründete Selbstauffassung des modernen Menschen der so genannten westlichen Welt. In ihm wird die Struktur und Dynamik der kommunikativen Selbstbeziehung jener Personen auf den Begriff gebracht, die soziale Wirklichkeit nicht mehr als einigermaßen festen, durch unhinterfragte Traditionen, Institutionen und Rollen permanent reproduzierten Bestand erfahren. Das „Sein“ wird in modernen Gesellschaften in hohem Maß als ein von Kontingenz durchsetztes, durch die Offenheit der Zukunft charakterisiertes Werden erfahren, das den Einzelnen erhebliche Anpassungsleistungen, Eigenverantwortung und eine ihr Leben keineswegs nur bereichernde „Flexibilität“ und Veränderungsbereitschaft abverlangt (vgl. Sennett 1998; dazu meine Kritik: Straub 2001 sowie Rosa, in diesem Band). Kurz: Das moderne identitätstheoretische Denken ist just mit jenen historischen, soziokulturellen Lebensbedingungen und Transformationen verwoben, die für die vorschnellen Kritiker das Ende seiner Aktualität einläuten: Deontologisierung, Temporalisierung, Dynamisierung, Enttraditionalisierung, Relativierung des Weltbilds, (funktionale) Differenzierung, Pluralisierung, Individualisierung, Reflexivierung, radikale Skepsis – alle diese Begriffe markieren *Komplemente* oder *Implikate* der Theorie personaler Identität, nicht aber theoretische Oppositionen. Im Übrigen bringt identitätstheoretisches Denken gerade auch jene emphatisch betonte (vernunftkritische) Sensibilität gegenüber der Installierung repressiver Zwangs- und Gewaltstrukturen zum Ausdruck, die den Umgang von Subjekten mit sich und anderen leiten kann.

Mit diesem Aspekt, der in der Kritik „der“ Theorie personaler Identität eine prominente Rolle spielt, will ich mich nun noch etwas beschäftigen. Dabei werde ich exemplarisch und in ungebührlicher Kürze zu zeigen versuchen, dass der Identitätsbegriff zu keiner Negation von Kontingenz-, Differenz-, Heterogenitäts-, Alteritäts- und/oder Fremdheitserfahrungen nötigt, die es rechtfertigte, Identität als eine dynamische Struktur aufzufassen, die speziell Zwang, Repression und Gewalt „verkörpert“ und freisetzt. Von Spannungen, Konflikten und Krisen, von Widersprüchen und sich widerstreitenden Tendenzen im Denken, Fühlen, Wollen und Handeln, von Paradoxien und Aporien ist niemand frei, auch und gerade nicht das um Identität besorgte Subjekt. Identitätstheorien artikulieren nicht nur diese allgemeine lebensweltliche Erfahrung, sondern bemühen sich auch um Antworten auf die Frage, wie Personen mit dieser vielschichtigen Erfahrung umgehen können, ohne sich und anderen Zwang und Gewalt anzutun. Analysiert man diese Antworten, erweist sich auch der Vorwurf, das identitätstheoretische Denken sei ein heimlicher Verbündeter der gesellschaftlichen, von den sozialisierten Individuen verinnerlichten Disziplinierung, Repression und Gewalt, als unhaltbar.

Dieser Vorwurf ist gegenwärtig en vogue: Wer als um die Bildung seiner aspirierten Identität besorgtes Subjekt spricht und handelt, fügt sich und/oder anderen, direkt oder indirekt, bewusst oder unbewusst, demnach symbolische, seelische und vielleicht auch physische Beeinträchtigungen bzw. Verletzungen zu. Im Einzelnen wird – unter anderem[11] – diese These folgendermaßen spezifiziert: Zunächst wird auf

11 Der Vorwurf ist vielschichtiger, als ich es hier zum Ausdruck bringe. Ich gehe aus Platzgründen sehr selektiv vor und greife lediglich eine einzige „Linie“ der Auseinandersetzung heraus. Auch werde ich mich nicht um eine Klärung der in diesem Zusammenhang wahrlich klärungsbedürftigen Begriffe „Zwang“, „Repression“ und „Gewalt“ kümmern, sondern es bei dem Hinweis belassen, dass man hier selbstverständlich Termini voraussetzen muss, die insbesondere die psychi-

die „dem“ Identitätsbegriff inhärente, theoretisch artikulierte „Nötigung“ verwiesen, das eigene Leben und damit sich selbst als eine integrale Einheit zu begreifen, die es aktiv anzustreben gelte. Dieser Zwang zur Integration möglichst aller Momente des eigenen Lebens und des Selbst in eine durch Kontinuität und Kohärenz bestimmte, einheitliche Ordnung führe notwendigerweise, so heißt es, zum gewaltförmigen Ausschluss, zur Nihilierung oder wenigstens zur Marginalisierung all dessen, was sich beim besten Willen nicht integrieren lasse. Individualpsychologisch betrachtet bringe dieser Umgang mit dem Nichtidentischen pathogene Formen der Abwehr von Wünschen und der Erlebnisverarbeitung hervor, sozialpsychologisch gesehen führe er zu Aversionen gegenüber und Abschottungen sowie polemogenen Bildern von Anderen und Fremden. Zwang, Repression und Gewalt nach innen und außen seien also unweigerliche Begleiterscheinungen der gemeinhin naiv als „emanzipatorisch“ etikettierten Identitätsbildung autonomer Subjekte.

Dieser spektakuläre Vorwurf zieht die allgemeine Aufmerksamkeit auf sich, weil er nicht bloß gegen Details der abstrakten Theoriebildung und trockenen empirischen Forschung moderner Wissenschaften gerichtet ist, sondern (zugleich) ins Zentrum der (von den Wissenschaften kolonialisierten) lebensweltlichen Praxis sowie ihrer normativen Grundlagen zielt. Dieser Einwand geht alle an. Er verdient nicht zuletzt deswegen unsere Aufmerksamkeit, weil er meines Erachtens alle anderen Einwände gegen die Theorie personaler Identität überwölbt und auf diese abfärbt. Vielleicht ist es sogar richtig zu sagen, die aktuelle Kritik an der Theorie personaler Identität habe in erster Linie eine ethisch-moralische, praktische und/oder politische Stoßrichtung. Einen guten Teil ihrer Attraktivität und Popularität jedenfalls verdankt sie der eindringlichen Warnung vor einem Denken, das auf schillernde Weise mit Zwang, Repression und Gewalt in Zusammenhang gebracht wird.

Anschauliche Beispiele liefert etwa Heiner Keupp, der sich unter anderem auf Edward Sampson (1995) beruft, wenn er die als Einheit und Nämlichkeit eines Subjekts bestimmte personale Identität (sensu Erikson) mit einem auf „intraindividuelle Kontrolle“ geradezu versessenen, „totalitären Ich“ in Verbindung bringt (1996, S. 387); oder wenn er vom „egozentrischen Weltmodell“ des mit sich identischen Subjekts spricht (ebd.); oder wenn er (mit Bernd Guggenberger) vor einer in postmodernen Zeiten „verfehlte(n) Festlegung, eine(r) Fessel, der virtuosen Weltteilhabe hinderlich“, warnt; oder wenn er den Abschied von der Identität als einen „Auszug aus dem ‚Gehäuse der Hörigkeit‘“ oder als Emanzipation von einer „Zwangsgestalt“ deklariert (ebd., S. 395); oder wenn er, den Blick von den inneren (intrapsychischen) auf die äußeren (interpersonalen, sozialen) Wirkungen lenkend, Autoren zitiert, die

---

sche und symbolische Beeinträchtigung bzw. Verletzung einer Person bezeichnen, nicht zuletzt die Beeinträchtigung oder Verletzung eines Menschen durch sich selbst.

Identität in unüberbietbar drastischem Ton als eine „Waffe" bezeichnen, die „dazu da (ist), Leute umzubringen" (Diederich und Jacob 1994, S. 53; zit. nach Keupp 1996, S. 392). Ähnliche Beispiele gibt es zu Tausenden.[12]

Der Behauptung, dass personale Identität (theoretisch und praktisch) Zwang, Repression und Gewalt bedeute, ist entgegenzuhalten: Alle komplexeren Varianten identitätstheoretischen Denkens zeichnen sich durch eine kaum zu übersehende Sensibilität gegenüber repressiven, zwanghaften und gewaltförmigen (Selbst-) Praktiken aus. Diese Feststellung lässt sich wie folgt differenzieren: Der Identitätsbegriff ist zunächst einmal geradezu *gegen Zwang, Repression und Gewalt „nach innen" konzipiert*, und dies mindestens in zweifacher Weise. Personale Identität soll – erstens – jenem Leid vorbeugen, das sich womöglich dann einstellt, wenn sich Personen den herrschenden bzw. im Zuge der Sozialisation und Enkulturation oder überhaupt in der alltäglichen Praxis oktroyierten soziokulturellen Werten, Normen und sonstigen Regeln einfach unterwerfen, diese also ohne den Gebrauch einer im Zeichen der Autonomie stehenden eigenen Urteilskraft einfach übernehmen. Zweitens wendet sich der Begriff gegen jenes Leid, das sich einer strengen und unnachgiebigen, einseitig am Realitäts- *und* Moralprinzip orientierten „Herrschaft der Vernunft" über die Wünsche, Begehren und Leidenschaften des Menschen als eines leiblichen Wesens verdankt.

Der Begriff personaler Identität ist außerdem eng mit einem Denken verschwistert, das sich gegen jene Zwänge, Repressionen und gewalttätige Handlungen wendet, welche *andere* Menschen treffen, die also *„nach außen"* gerichtet sind. Auch das ist ein konstitutives Strukturmerkmal des hier vertretenen Identitätsbegriffs. Er richtet sich eindeutig gegen den psychischen und praktischen Ausschluss von Anderen

---

12 Wie man sieht, ist der Ton der Kritik selbst dann äußerst scharf, wenn Autoren – wie Keupp – allenfalls einige Aspekte postmoderner Zeitdiagnosen und Visionen teilen, sich aber keineswegs der postmodernen Strömung (in der Psychologie oder anderen Disziplinen) zurechnen, im Gegenteil. So warnt ja auch Keupp vor jenen psychosozialen Risiken der propagierten Verabschiedung der Identität, die in „manchen postmodernen Animationen" (Keupp 1996, S. 395) leichtfertig in den Wind geschlagen werden. Insgesamt betrachtet pflegt Keupp, wenn ich recht sehe, eine Identitätskritik und, damit verbunden, eine Abschiedsrhetorik, die ihm offenbar selbst nicht ganz geheuer ist. Eine streckenweise inkonsistente, widersprüchliche Argumentation ist die Folge. So wird etwa der „Abschied von Erikson" propagiert und zugleich konstatiert, dass „wir auf einige fundamentale [sic!] Einsichten von Erikson wohl nach wie vor angewiesen sein werden" (Keupp 1996, S. 382f.). In einer neueren Publikation (Keupp 2000) heißt es dann beispielsweise auch: „Die Chance, sich eine innere Lebenskohärenz zu schaffen, ist ein zentrales Kriterium für Lebensbewältigung und Gesundheit" (ebd., S. 7), und auch von „Selbstbestimmung" ist (neben „Partizipation" und „Fairness") viel die Rede, und zwar nicht nur im Sinne der Autonomie individueller Personen, sondern auch im Sinne einer an „kommunale Lebensformen" und „bürgerschaftliches Engagement" gekoppelten Selbstbestimmung von Gruppen.

oder Fremden, von Zwangsmaßnahmen, Repressionen und Gewalt oder Feindschaftserklärungen im Zeichen egozentrischer Interessen und egoistischer Selbsterhaltung ganz zu schweigen. *Diese* valorativen, normativen „Intentionen" sind dem psychologischen und soziologischen Identitätsbegriff implizit. Nach meiner Lesart tragen die formaltheoretischen Bestimmungen des Begriffs diesen Intentionen – wenigstens im Großen und Ganzen – auch auf angemessene Weise Rechnung. Dies gilt für alle bedeutenden Theorievarianten. Die oben bereits erwähnte, von Erikson vorgenommene explizite Abgrenzung der *offenen Identität* vom Konzept der *rigide geschlossenen Totalität* (1973, S. 168) macht dies ebenso klar wie, um ein weiteres Beispiel zu nennen, auf das ich noch kurz eingehen möchte, Habermas' metaphorische Rede von der „kommunikativ verflüssigten Identität".[13]

Habermas' Konzeption eines „dezentrierten Subjekts" ist im vorliegenden Zusammenhang besonders interessant, weil sie im Lichte von Überlegungen Theodor W. Adornos, des entschiedenen „Anwalts des Nichtidentischen" (vgl. Wellmer 1985), gelesen werden kann – und wohl gelesen werden muss. Diese Überlegungen bildeten einen keineswegs marginalen Ausgangspunkt für Habermas. Sie gingen in das valorative und normative Fundament seiner Identitätstheorie ein, wenngleich Habermas bekanntlich von dem von Adorno vorgezeichneten, aporetischen Weg abwich. An der Theorie kommunikativ verflüssigter Identität lässt sich exemplarisch sehr gut zeigen, weshalb die pauschale Auslegung personaler Identität als repressives Zwangsgehäuse sowie als Motor innerer und äußerer Repression und Gewalt verfehlt ist. Einer der Standardvorwürfe lautet bekanntlich, gerade diese Theorie sei wegen ihrer kognitivistischen und (angeblichen) rationalistischen Schlagseite ein bloßer Handlanger disziplinarischer Maßnahmen zur Errichtung intrapsychischer, repressiver Zwangs- und Gewaltstrukturen, die nicht zuletzt die soziale Welt in Mitleidenschaft ziehen (und diese damit als eine Welt des Zwangs, der Repression und Gewalt reproduzieren).[14]

Bekanntlich enthält Habermas' Theorie der Ich-Identität eine kognitivistische, in psychologischer Hinsicht vor allem an Lawrence Kohlbergs Ansatz orientierte Konzeption moralischer Urteilsfähigkeit, die auf eine als Autonomie verstandene Freiheit vernunftbegabter Subjekte zugeschnitten ist. Daran mag man vieles kritisieren, nicht

13 Im Folgenden wird keine umfassende Würdigung von Habermas' Identitätstheorie geboten.

14 Vgl. etwa den bereits zitierten, auch diesbezüglich beispielhaften Text Kampers (1980, S. 83), wo der Ansatz von Habermas (wie auch derjenige von Krappmann, Geulen u. a.) kurzerhand zu jenen „apologetischen Theorien der Sozialisation" gerechnet wird, die das (von Kamper für seine Zwecke arg zurechtgestutzte) „Konstrukt einer Ich-Identität [...] beschwören und durchzusetzen versuchen", womit sie im Namen einer falschen „Emanzipation" („im bürgerlichen Verstande") kaum anderes betrieben als „die Zurichtung der menschlichen Individuen zum Zwecke der Ausbeutung und Verwertung" (ebd.).

zuletzt die Einseitigkeit einer psychologischen Theorie moralischer Entwicklung, die moralische Fragen (tendenziell) auf Geltungsfragen reduziert und die „moralische Kompetenz“ von Personen demzufolge allein als Fähigkeit zur argumentativen Begründung praktisch-normativer Äußerungen auffassen kann. Wichtig ist im vorliegenden Zusammenhang jedoch lediglich dies: Habermas' Identitätstheorie erschöpft sich mitnichten in diesem rationalistischen Autonomiebegriff, mit dem sich die kognitiven Strukturen des „entwickelten“, prinzipiengeleiteten oder postkonventionellen moralischen Bewusstseins beschreiben lassen. In allen einschlägigen Texten wendet sich der Autor expressis verbis *gegen* diese Reduktion, etwa mit folgenden Worten: „solange sich das Ich von seiner inneren Natur abschnürt und die Dependenz von Bedürfnissen, die auf angemessene Interpretationen noch warten, verleugnet, bleibt die noch so sehr durch Prinzipien geleitete Freiheit gegenüber bestehenden Normensystemen in Wahrheit unfrei“ (ebd., S. 74).

Ich-Identität ist hier also – im Unterschied zu den entwicklungspsychologischen „Vorstufen“ der „natürlichen“ Identität und der „Rollenidentität“ – dadurch charakterisiert, dass sich das „postkonventionelle“ Bewusstsein kognitiv von (vielleicht bereits internalisierten) sozialen Werten und Normen distanzieren kann *und* dass eine Person soziokulturell tabuisierte, unterdrückte oder marginalisierte Bedürfnisse, Begehren und Wünsche spüren, zulassen und (vielleicht) artikulieren kann – ohne bereits Argumente für deren „Legitimität“ vorbringen zu können, was heißt: ohne dies vielleicht *überhaupt irgendwann* zu können! (Eine „Garantie“ für die nachträgliche argumentative Legitimierbarkeit solcher Bedürfnisse, Begehren und Wünsche kann es offenkundig nicht geben.) Ohne „Berücksichtigung“ leiblicher Bedürfnisse, sinnlicher Begehren und Wünsche lässt sich nicht angeben, *wer ich (geworden) bin und sein möchte.* Bemühungen um die (stets begrenzte) Wahrnehmung, Artikulation und Interpretation solcher Bedürfnisse, Begehren, Wünsche und „Leidenschaften“ kennen wir aus der lebensweltlichen Praxis, aus ästhetischen und therapeutischen Diskursen. Habermas mag diesem Aspekt der Identität nicht die gebührende Aufmerksamkeit entgegengebracht haben, so dass die Theorie einer kommunikativ verflüssigten Identität (auch) diesbezüglich noch immer auf einige Desiderate verweist. Gewiss aber ist das „Modell einer ungezwungenen Ich-Identität [...] anspruchsvoller und reicher als ein Autonomiemodell, das ausschließlich unter Gesichtspunkten der Moralität entwickelt wird“ (ebd., S. 87).

Ebenso ist es evident – und im vorliegenden Argumentationszusammenhang von größter Bedeutung –, dass die „kommunikative Verflüssigung der inneren Natur“ Erfahrungen und Fähigkeiten voraussetzt, die nicht schon jedes Subjekt mit sich bringt, dessen theoretische und praktisch-moralische Vernunft (im Sinne Piagets und Kohlbergs) nachweislich auf höchster Stufe angesiedelt ist. *Ganz im Gegenteil*: „Dieser Kommunikationsfluss verlangt freilich Sensitivitäten, Entgrenzungen, Dependenzen, kurz: einen als Feldabhängigkeit gekennzeichneten kognitiven Stil, den das Ich auf dem Weg zur Autonomie zunächst einmal überwunden und durch einen feld-*un*abhängigen Stil der Wahrnehmung und des Denkens ersetzt hat. Eine Autonomie, die das Ich eines kommunikativen Zugangs zur eigenen inneren Natur beraubt, signalisiert auch Unfreiheit" (ebd., S. 88). Man kann ergänzen, dass dies nicht nur bezüglich der eigenen inneren Natur gilt, sondern auch bezüglich *aller sonstigen Erscheinungsformen des Nichtidentischen oder Fremden.*

Sensitivitäten, Entgrenzungen, Dependenzen eines feldabhängig wahrnehmenden, fühlenden, denkenden und handelnden Subjekts: derartige Charakterisierungen sind offenbar weit entfernt von kognitivistischen oder rationalistischen Auffassungen des Menschen. Habermas' Identitätsbegriff ist eng mit dem Gedanken verschwistert, dass Glück und Spontaneität, Lebendigkeit und Entwicklung selbstverständlich nicht bloß auf rationale (Selbst-) Kritik und die dadurch ermöglichte Selbstbestimmung und Selbstständigkeit angewiesen sind, selbst wenn die aspirierte Identitätsbildung letztlich auch von vernunftorientierter Verständigung abhängig bleibt. Der durch Habermas' Identitätsbegriff nahe gelegte Typus der Selbstverwirklichung steht nicht nur im Zeichen einer „subjektiven Realisierung von Allgemeinheit" (Theunissen 1981, S. 6), sondern *bedarf* partialer und temporärer psychischer Entgrenzungen und „Strukturauflösungen". Diese sind keineswegs durch vorab zurechtgelegte Vernunftgründe geleitet und in ihrem Vollzug selbstverständlich auch nicht (vollständig) kontrollier- und steuerbar. Die nicht zuletzt in ihrer Leiblichkeit und Sinnlichkeit betroffene Person erlebt solche Strukturauflösungen als überwältigende – positive oder negative – Widerfahrnisse.

Eine in der Identitätsforschung bis heute keineswegs hinreichend geklärte empirische Frage lautet übrigens, von welchen personalen, sozialen und situationalen Aspekten es abhängt, dass Menschen sich solchen Widerfahrnissen eher öffnen (können) oder sich vor ihnen verschließen (müssen); dass sie sie eher wahrnehmen und annehmen oder aber ignorieren und abwehren; dass sie sie vielleicht sogar „aufsuchen" bzw. durch eigenes Handeln provozieren[15] oder aber meiden und notfalls „mit allen Mitteln" zu verhindern trachten. Die psychosozialen Voraussetzungen und Konstituenten einer im skizzierten Sinn gegenüber dem Nichtidentischen offenen intrapsychischen Kommunikation wären zweifellos eine genauere Untersuchung wert. Diesbezüglich gibt es gute Gründe anzunehmen, dass – wenn man so reden kann – die „Offenheit gegenüber dem Nichtidentischen" ein bereits entwickeltes und

---

15 „Generieren" lässt sich das Nichtidentische allerdings nicht. Jürgen Belgrad (1992, S. 101) gleicht ein (psychosoziales und leibliches) Geschehen, an dem das eigene Handeln allenfalls mitwirken kann, ohne den Ausgang der Geschichte und ihre synergetischen Effekte antizipieren zu können, allzu sehr einem Vorgang intentionaler technischer Erzeugung an.

vergleichsweise „tragfähiges“, Infragestellungen, Verunsicherungen und Erschütterungen „aushaltendes“ Selbst voraussetzt. Selbst- bzw. Psychopraktiken, die auf Grenzüberschreitungen, partiale und temporäre Entgrenzungen und Strukturauflösungen im Dienste kreativer Selbsttranszendenz abzielen, sind wohl nur auf der Grundlage einer einigermaßen „gelungenen“ Identitätsbildung möglich.[16]

Betrachtet man, nebenbei gesagt, psychotherapeutische Aktivitäten, so lässt sich leicht feststellen, dass sich diese keineswegs nur gegen Identitätsdiffusion und Identitätsverlust richten. Sie wenden sich vielmehr auch gegen jene Formen rigider Identität bzw. Totalität, die letztlich alle Versuche einer Selbstverwirklichung, die dem Autonomiepotenzial bzw. der Erlebnis-, Handlungs-, Beziehungs- und Liebesfähigkeit zugute kommt, untergraben. Therapeutinnen und Therapeuten sind auch Wegbereiter und Wegbegleiter bei partialen und temporären Selbstentgrenzungen im Dienste kreativer Selbsttranszendenz. Sie paktieren mit vielen ihrer Klienten, um deren übersteigertes Bedürfnis nach unverrückbar festen Identitätsgrenzen und -strukturen *zurückzunehmen* und *abzuschwächen*. Maßgeblich ist dabei keine allgemeine soziokulturelle Norm oder gar ein vermeintlich anthropologischer Standard, sondern das empfundene Leid und Wohlergehen der betroffenen Personen selbst. (Selbstverständlich ist dieses Empfinden nicht unabhängig von soziokulturellen Normen, Standards und Idealen.) Therapeutinnen und Therapeuten orientieren sich mit ihrem jeweiligen Patienten an dessen intraindividueller Bezugsnorm, und diese bildet sich am vorläufigen Ergebnis einer Reflexion von Erfahrungen, die dem er-

---

16 Zum Begriff der Selbsttranszendenz vgl. Joas (1997). Wo es um Selbsttranszendenz geht, können orgiastische Euphorie und leibliche Glückserfahrungen, Schmerz und Leid auf irritierende Weise ähnliche Funktionen übernehmen. Einen wichtigen Unterschied macht es freilich, ob man Schmerz und Leid empfindet, weil man sich den Schattenseiten der eigenen Lebensgeschichte, den erfahrenen Verletzungen, den erlebten Ängsten oder befürchteten Verlusten zuwendet, oder ob einem andere Personen Schmerz und Leid durch gewalttätige Akte zufügen (oder ob eine Person sich selbst oder anderen Gewalt antut). Offenkundig müsste man eine sachlich trennscharfe Unterscheidung treffen können zwischen destruktiven und produktiven Formen der Selbsttranszendenz ohne die potenzielle Kreativität beider Formen und damit die Tatsache zu verkennen, dass Kreativität und Destruktivität in eigentümlicher Weise liiert und legiert sein können. Es liegt nahe, die produktiven und destruktiven Formen der Selbsttranszendenz bzw. Selbstverwirklichung nicht zuletzt im Hinblick auf ihre spezifischen Beziehungen zum subjektiven Autonomiepotenzial und zum Potenzial, reziproke Beziehungen zu Anderen, Fremden zumal, eingehen zu können, akzentuierend zu differenzieren. Ganz grob und vorläufig: Produktive Formen erweitern die intrapsychische und interpersonale Kommunikation sowie die damit verbundenen Denk- und Handlungsmöglichkeiten im Rahmen reziproker Beziehungen, destruktive Formen bringen diesbezüglich Einschränkungen und Verluste mit sich, obwohl sie im Dienste der Selbstbehauptung und Selbsterhaltung stehen und in diesem Sinne die Macht und Herrschaft einer Person (über andere und sich selbst) stärken können.

sehnten Glück eher nahe kommen oder eher abträglich sind. Erfahrenes Unglück kann, mit anderen Worten, auch damit zu tun haben, dass eine rigide Totalität die kreative Fantasie und Imaginationskraft des Subjekts abschnürt und es dadurch wichtiger Elemente seiner Empfindungs-, Handlungs-, Interaktions- und Beziehungsfähigkeit beraubt. All das lässt sich, wie dargelegt, *im Einklang* mit der Identitätstheorie von Habermas sagen – und auch mit derjenigen von Erikson. Beide begreifen neben der (pathologischen) Diffusion, Fragmentierung, Spaltung oder Auflösung der Identität auch „die zwanghaft integrierte" als „beschädigte Identität" (Habermas 1976b, S. 93).

Erikson hatte wohl nicht allein Recht damit, den besagten Verlust von Kreativität, Empfindungs-, Handlungs-, Interaktions- und Beziehungsfähigkeit als einen allzu hohen Preis für die illusionären Eindeutigkeiten, Gewissheiten und Sicherheiten anzusehen, die die Totalität (scheinbar) bietet. Er erkannte nämlich auch, dass die von ihm als Totalität bezeichnete Struktur das Ergebnis einer unbewussten Angst vor Identitätsdiffusion und Identitätsauflösung darstellt. Wer jene partialen und temporären, unvermeidlichen Unsicherheiten und Verunsicherungen, Konflikte und Krisen, Differenzen und heterogenen Tendenzen, Ambiguitäten und Ambivalenzen, Entgrenzungen und Grenzverschiebungen *nicht aushält* und im Sinne einer horizonterweiternden Selbsttranszendenz kreativ nutzen kann, flüchtet in die psychische Totalität. Diese Interpretation erklärt nicht schon alles, aber doch wesentliche Aspekte der Entstehung und Reproduktion psychischer Totalität und der *damit* zweifellos verwobenen Zwänge, Repressionen und Gewalt.

Analysierte man diese Dynamik genauer, stieße man schnell auf die enormen psychischen und sozialen Anforderungen, die das Streben nach personaler *Identität* mit sich bringt. Man kann dann durchaus nachvollziehen, warum nicht alle Menschen mit psychischen Erlebnissen der Selbstentgrenzung aus freien Stücken „experimentieren" wollen und sich in aller Regel allenfalls widerwillig auf sie einlassen (selbst wenn erweiterte Möglichkeiten des Denkens, Fühlens und Handelns, also eine als Bereicherung erlebte Umstrukturierung subjektiver Potenziale winken mögen). Erlebnisse dieser Art, die unausweichlich auf jeden Menschen zukommen und ihn begleiten, sind nicht selten schmerzlich und nehmen vielfältige psychosoziale Ressourcen in Anspruch. Partiale und temporäre Entgrenzungen und Strukturauflösungen im Zeichen des Nichtidentischen oder Fremden sind sehr häufig Zumutungen, Belastungen und Herausforderungen, seltener lustvolle Anstöße zu einer gleichsam spielerischen Selbstveränderung.

Ich resümiere: Die vielerorts festgestellte „*dauernde* Verbannung von Chaos und Diffusität" (Belgrad) stand und steht, zumal in der Psychologie und Soziologie des 20. Jahrhunderts, speziell im Kontext identitätstheoretischen Denkens, nicht zur Debatte. Identisches und Nichtidentisches bleiben, wie uns gerade diese Theorien lehren, stets aufeinander verwiesen und angewiesen. Wie dargelegt sind auch in Habermas' Theorie „die ‚Regungen', die die Subjekte ‚überwältigen' […], diese Momente des Nichtidentischen" (Belgrad 1992, S. 96), sehr wohl aufzufinden. Habermas löst die „Dialektik" zwischen Identität und Nichtidentischem keineswegs „einseitig zugunsten der Identität" auf (ebd.). Es ist schlicht unzutreffend, dass Nichtidentität in seiner Theorie „nicht einmal als ein die Identität relativierendes Element […] konzeptionell ihren Platz findet" (ebd., S. 96).[17]

Dasselbe gilt für andere Identitätstheorien. Von einer theoretischen Ignoranz gegenüber dem Nichtidentischen oder auch nur seiner Marginalisierung und einer damit einhergehenden Allianz mit Zwang, Repression und Gewalt kann keine Rede sein. Von einem Primat der Identität wird allenfalls in einem *normativen*, nicht zuletzt an jenen leidvollen Erfahrungen geschulten Sinn gesprochen, über die uns unsere lebensweltliche Praxis oder, in gleichsam professioneller Einstellung, unter anderem die Psychopathologie unterrichtet. Dabei sollte nach allem, was im vorliegenden Aufsatz ausgeführt wurde, klar sein, dass dieses „Primat" keine strikte Opposition zwischen Identität und Nichtidentischem impliziert. Nichtidentisches kann als Bedrohung und Gefährdung personaler Identität erlebt werden, und ist dennoch eine Bedingung der Möglichkeit aller Identitätsaspirationen und Identitätssuchen. Im angegebenen normativen Sinn, der eben keine Abwertung der strukturalen Differentialität und des Selbstentzugs eines jeden Selbstverhältnisses bedeutet, stellen – explizit oder eher stillschweigend – sogar manche Kritiker die Identität „über" das Nichtidentische und warnen vor „totaler Entstrukturierung und chaotischer Subjekthaftigkeit" (Belgrad 1992, S. 95). Auch sie wollen am Ende trotz aller kritischen Verve „die so notwendige Identität" (S. 98) nicht missen und begreifen sie, in einem gewiss etwas schiefen Bild, in dem von Widerfahrnissen im menschlichen Leben nicht mehr viel zu sehen ist, als „Pforte" und „Voraussetzung", um „zum Nichtidentischen zu gelangen" (ebd., S. 101).

Personale Identität im hier explizierten Sinn kennt keine unverrückbaren Grenzen. Deren Verrückbarkeit gehört vielmehr zu den Konstituenten des Identitätsbegriffs und einer Praxis von Personen, die um ihre Identität und jene von Anderen besorgt sind. Vor einer Glorifizierung jener Formen der Selbstentgrenzung und

17 Belgrads negatives Urteil ist ein Vorurteil, das einer ausgewogeneren Wahrnehmung der Habermas'schen Theorie im Weg steht. Belgrads Einwände gegen Habermas' Identitätskonzept scheinen mir in den wesentlichen Punkten nicht stichhaltig. Seine vor allem an Arbeiten von Alfred Lorenzer anknüpfenden Überlegungen sind meines Erachtens nicht deswegen interessant, weil sie eine radikale Alternative zum kommunikationstheoretischen Identitätskonzept böten, sondern weil sie Hinweise auf mögliche Ergänzungen liefern. Aus Platzgründen muss eine Analyse dieser Überlegungen ganz unterbleiben. Dasselbe gilt für den interessanten, ebenfalls gegen Habermas' Konzeption abgehobenen Ansatz von Werner Helsper (1989).

Selbsttranszendenz, die fast jede Gewalt gegen sich und andere in Kauf nehmen, nur um das Subjekt außer sich, über sich selbst hinaus (und damit in einem doch fragwürdigen Sinn „zu sich") bringen zu können, kann man wohl mit guten Gründen warnen. Ich sehe keinerlei Anlass, sich von propagandistischen Artikulationen des gewalttätigen Exzesses, der schonungslosen Selbstüberschreitung und Selbstentgrenzung derartig faszinieren zu lassen, dass für die „Identität" nur noch beißender Spott und Verachtung übrig bleibt – als sei jede Form von Zurückhaltung von vornherein nichts anderes als ein Amalgam aus Angst, Kleinmut, Rückständigkeit und Spießbürgertum.

Die normative Bedeutung des Identitätsbegriffs verdankt sich letztlich der schmerzlichen Erfahrung der massiven Identitätsdiffusion und des radikalen Identitätsverlusts. Raum und Zeit sowie die aus Werten, Normen und Regeln geflochtene Matrix menschlicher Angelegenheiten sowie die Praxis selbst geraten aus den Fugen, sobald diese Erfahrung überdauert und die Oberhand gewinnt. Damit geht, psychologisch betrachtet, weit mehr verloren als nur die Berechenbarkeit und Verlässlichkeit einer Person *für die Interaktionspartner* und für die womöglich anonymen *disziplinarischen Mächte*, die in einer Kultur, Gesellschaft oder Gemeinschaft wirksam sein mögen. Wer unter einer massiven Identitätsdiffusion oder der Auflösung seiner Identität leidet, leidet unter dem Verlust seiner Orientierungs-, Handlungs-, Interaktions- und Beziehungsfähigkeit, kurzum: er leidet unter der massiven Bedrohung seiner als Selbständigkeit und Selbstbestimmung begriffenen Freiheit, seiner Würde und seines sozial vermittelten Wohlbefindens. Subversiv ist an *diesem* Verlust nichts.

Ich komme noch einmal auf das in diesem Abschnitt besonders herausgestellte Beispiel identitätstheoretischen Denkens zurück: Habermas' kommunikationstheoretischer Begriff der Identität unterstellt kontrafaktisch eine Form vernunftorientierter Verständigung, „die eine zwanglose Intersubjektivität der Individuen im Umgang miteinander ebenso ermöglicht wie die Identität eines sich zwanglos mit sich selbst verständigenden Individuums" (Habermas 1981a, S. 524). Er hält sich dabei, trotz aller teils erheblichen Abweichungen von der negativen Dialektik, durchaus an Adornos Idee des „versöhnten Zustands". Wie für ihn gilt für die freie Verständigung im Zeichen kommunikativer Vernunft, dass sie Fremdes nicht assimiliert und „annektiert", sondern ihr Glück daran hat, dass Fremdes „in der gewährten Nähe das Ferne und Verschiedene bleibt, jenseits des Heterogenen wie des Eigenen" (Adorno 1973, S. 192). Diese Worte entlehnt Habermas einem Text Adornos (der seinerseits an Eichendorffs „Schöne Fremde" erinnert), um das durchgängige normative Telos der Theorie kommunikativen Handelns und des kommunikationstheoretisch entfalteten Begriffs personaler Identität zu kennzeichnen. Identität bildet sich „allein in Formen einer unversehrten Intersubjektivität" (Habermas 1981a, S. 524) und in zwangloser Selbstverständigung des Subjekts. Auch der Begriff kommunikativ verflüssigter Identität bietet eine geeignete Grundlage für die Beschreibung und Analyse der Struktur und Dynamik der Selbstbeziehung spätmoderner Subjekte, die Selbsttranszendenz nicht nur dann für eine normale Angelegenheit halten und womöglich „anstreben", wenn sie von vorneherein ganz offenkundig der kreativen Erweiterung von Ich-Grenzen im Dienst der Ausweitung subjektiver Potenziale und einer Universalisierung des eigenen Horizontes dient, sondern auch dann, wenn sie mit unkontrollierbaren, hinsichtlich ihres Ausgangs ungewissen und riskanten, nicht nur lustvollen, sondern auch schmerzlichen und bedrohlichen Selbst-Entgrenzungen einhergeht. Auch dies ist also ein integraler Bestandteil einer gegen Zwang, Repression und Gewalt gerichteten Lebens- und Subjektivitätsform, die sich bestens in Begriffen der modernen Theorie personaler, transitorischer Identität beschreiben lässt.

Literatur

Adorno, Theodor W. (1973): *Negative Dialektik.* Gesammelte Schriften, Bd. 6. Frankfurt a. M.: Suhrkamp.

Bauman, Zygmunt (1997): *Flaneure, Spieler und Touristen. Essays zu postmodernen Lebensformen.* Hamburg: Hamburger Edition.

Belgrad, Jürgen (1992): *Identität als Spiel. Eine Kritik des Identitätskonzepts von Jürgen Habermas.* Opladen: Westdeutscher Verlag.

Britton, Bruce K. und Anthony D. Pellegrini (1990) (Hg.): *Narrative Thought and Narrative Language.* Hillsdale/NJ: Erlbaum, S. 99-111.

Bruner, Jerome S. (1990): *Acts of Meaning.* Cambridge/Mass., London: Harvard University Press.

Bruner, Jerome S. (1998). Vergangenheit und Gegenwart als narrative Konstruktionen. In: Straub, Jürgen (Hg.): *Erzählung, Identität und historisches Bewußtsein. Zur psychologischen Konstruktion von Zeit und Geschichte.* Frankfurt a. M.: Suhrkamp, S. 46-80.

Diederichsen, Diederich und Jacob Günther (1994): Differenz und Reaktion. In: *Konkret,* Heft 2.

Dubiel, Helmut (1976): Ich-Identität. In: *Historisches Wörterbuch der Philosophie,* hrsg. von Joachim Ritter u. a. Band 4. Basel, Darmstadt: Schwab, Wissenschaftliche Buchgesellschaft, S. 148-151.

Erikson, Erik H. (1973): Das Problem der Ich-Identität. In: *Identität und Lebenszyklus.* Frankfurt a. M.: Suhrkamp, S. 123-224 (Original 1959).

Erikson, Erik H. (1988): *Der vollständige Lebenszyklus.* Frankfurt: Suhrkamp (Original 1982).

Freeman, Mark (1983): *Rewriting the Self. History, Memory, Narrative. London.* New York: Routledge.

Habermas, Jürgen (1976a): Moralentwicklung und Ich-Identität. In ders.: *Zur Rekonstruktion des historischen Materialismus.* Frankfurt a. M.: Suhrkamp, S. 63-71.

Habermas, Jürgen (1976b): Können komplexe Gesellschaften eine vernünftige Identität ausbilden? In ders.: *Zur Rekonstruktion des historischen Materialismus.* Frankfurt a. M.: Suhrkamp, S. 92-126.

Habermas, Jürgen (1981a): *Theorie des kommunikativen Handelns. Band 1: Handlungsrationalität und gesellschaftliche Rationalisierung*. Frankfurt a. M.: Suhrkamp.

Habermas, Jürgen (1981b): *Theorie des kommunikativen Handelns. Band 2: Zur Kritik der funktionalistischen Vernunft*. Frankfurt a. M.: Suhrkamp.

Henrich, Dieter (1979): Identität Begriffe, Probleme, Grenzen. In: Odo Marquard und Karlheinz Stierle (Hg.): *Identität*. Poetik und Hermeneutik VIII. München: Fink, S. 133-186.

Helsper, Werner (1989): *Selbstkrise und Individuationsprozeß. Subjekt- und sozialisationstheoretische Entwürfe zum imaginären Selbst der Moderne*. Opladen: Westdeutscher Verlag.

Joas, Hans (1980): Einleitung. In: George H. Mead: *Gesammelte Aufsätze*. Band 1, hrsg. von Hans Joas. Frankfurt a. M.: Suhrkamp, S. 7-18.

Joas, Hans (1992): *Die Kreativität des Handelns*. Frankfurt a. M.: Suhrkamp.

Joas, Hans (1997): *Die Entstehung der Werte*. Frankfurt a. M.: Suhrkamp.

Kamper, Dietmar (1980): Die Auflösung der Ich-Identität. Über einige Konsequenzen des Strukturalismus für die Anthropologie. In: Friedrich Kittler (Hg.): *Austreibung des Geistes aus den Geisteswissenschaften. Programme des Poststrukturalismus*. Paderborn, München, Wien, Zürich: Schöningh, S. 79-86.

Keupp, Heiner (1996): Bedrohte und befreite Identitäten in der Risikogesellschaft. In: Annette Barkhaus, Matthias Mayer, Neil Roughley und Donatus Thürnau (Hg.): *Identität, Leiblichkeit und Normativität. Neue Horizonte anthropologischen Denkens*. Frankfurt a. M.: Suhrkamp, S. 380-403.

Keupp, Heiner (1997): Diskursarena Identität: Lernprozesse in der Identitätsforschung. In Heiner Keupp und Renate Höfer (Hg.): *Identitätsarbeit heute. Klassische und aktuelle Perspektiven der Identitätsforschung*. Frankfurt a. M.: Suhrkamp, S. 11-39.

Keupp, Heiner (2000): *Eine Gesellschaft der Ichlinge? Zum bürgerschaftlichen Engagement von Heranwachsenden*. Autorenband 3 der SPI-Schriftenreihe, hrsg. vom Sozialpädagogisches Institut im SOS-Kinderdorf. München: SPS Eigenverlag.

Krappmann, Lothar (1997): Die Identitätsproblematik nach Erikson aus einer interaktionistischen Sicht. In: Heiner Keupp und Renate Höfer (Hg.): *Identitätsarbeit heute. Klassische und aktuelle Perspektiven der Identitätsforschung*. Frankfurt a. M.: Suhrkamp, S. 66-92.

McAdams, Dan P. (1997): *The stories we live by. Personal myths and the making of the self.* New York: Morrow.

Meuter, Norbert (1995): *Narrative Identität. Das Problem der personalen Identität im Anschluß an Ernst Tugendhat, Niklas Luhmann und Paul Ricœur*. Stuttgart: MuP-Verlag für Wissenschaft und Forschung.

Meyer-Drawe, Käte (1990): *Illusionen von Autonomie. Diesseits von Ohnmacht und Allmacht des Ich*. München: Kirchheim.

Meyer-Drawe, Käte (2000): Bildung und Identität. In: Wolfgang Eßbach (Hg.): *wir / ihr / sie. Identität und Alterität in Theorie und Methode*. Würzburg: Ergon, S. 31-49.

Niethammer, Lutz (2000): *Kollektive Identität. Heimliche Quellen einer unheimlichen Konjunktur*. Reinbek: Rowohlt.

Polkinghorne, Donald (1988): *Narrative Knowing and the Human Sciences*. Albany: State University of New York Press.

Polkinghorne, Donald (1998): Narrative Psychologie und Geschichtsbewußtsein. Beziehungen und Perspektiven. In: Jürgen Straub (Hg.): *Erzählung, Identität und Geschichtsbewußtsein. Zur psychologischen Konstruktion von Zeit und Geschichte.* Frankfurt a. M.: Suhrkamp, S. 12-45.

Ricœur, Paul (1988): *Zeit und Erzählung. Band I: Zeit und historische Erzählung.* München: Fink (Original 1983).

Ricœur, Paul (1988): *Zeit und Erzählung. Band III: Die erzählte Zeit.* München: Fink.

Ricœur, Paul (1996): *Das Selbst als ein Anderer.* München: Fink (Original 1990).

Sampson, Edward E. (1989): The Deconstruction of the Self. In: John Shotter und Kenneth Gergen (Hg.): *Texts of Identity.* London, Newbury Park, New Delhi: Sage, S. 1-19.

Sarbin, Theodore R. (Hg.) (1986): *Narrative Psychology. The Storied Nature of Human Conduct.* New York, Westport/Connecticut, London: Praeger.

Seel, Martin (1998): Philosophie nach der Postmoderne. In: Karl-Heinz Bohrer und Kurt Scheel (Hg.): Postmoderne. Eine Bilanz. In: *Sonderheft Merkur 52*, 890-897.

Sennett, Richard (1998): *Der flexible Mensch. Die Kultur des neuen Kapitalismus.* Berlin: Berlin Verlag (Original 1998).

Sommer, Manfred (1988): Identität im Übergang. In: ders.: *Identität im Übergang: Kant.* Frankfurt a. M.: Suhrkamp, S. 14-89.

Staudinger, Ursula und Werner Greve (1997) (Hg.): Das Selbst im Lebenslauf. *Sonderheft der Zeitschrift für Sozialpsychologie 28* (Heft 1/2).

Straub, Jürgen (1989): *Historisch-psychologische Biographieforschung. Theoretische, methodologische und methodische Argumentationen in systematischer Absicht.* Heidelberg: Asanger.

Straub, Jürgen (1991): Identitätstheorie im Übergang? Über Identitätsforschung, den Begriff der Identität und die zunehmende Beachtung des Nicht-Identischen in subjektheoretischen Diskursen. In: *Sozialwissenschaftliche Literatur Rundschau 14*, 23, 49-71.

Straub, Jürgen (1993): Zeit, Erzählung, Interpretation. Zur Konstruktion und Analyse von Erzähltexten in der narrativen Biographieforschung. In: Hedwig Röckelein (Hg): *Möglichkeiten und Grenzen der psychohistorischen Biographieforschung.* Tübingen: edition discord, S. 143-183.

Straub, Jürgen (1996): Identität und Sinnbildung. Ein Beitrag aus der Sicht einer handlungs- und erzähltheoretischen Sozialpsychologie. In: *Jahresbericht 94/95 des Zentrums für interdisziplinäre Forschung der Universität Bielefeld*, hrsg. vom ZiF der Universität Bielefeld. Bielefeld: Universitätsdruck, S. 42-90.

Straub, Jürgen (1997): Geschichte, Identität und Lebensglück. Eine psychologische Lektüre unzeitgemäßer Betrachtungen. In: Klaus E. Müller und Jörn Rüsen (Hg.): *Historische Sinnbildung. Problemstellungen, Zeitkonzepte, Wahrnehmungshorizonte, Darstellungsstrategien.* Reinbek: Rowohlt, S. 165-194.

Straub, Jürgen (1998a): Personale und kollektive Identität. Zur Analyse eines theoretischen Begriffs. In: Aleida Assmann und Heidrun Friese (Hg.): *Identitäten*. Frankfurt a. M.: Suhrkamp, S. 73-104.

Straub, Jürgen (1998b): „Wissen, was für ein Mensch ich sein will“: Über den Zusammenhang zwischen Wunsch und Identität. In: Brigitte Boothe (Hg.): *Verlangen, Begehren, Wünschen. Einstieg ins aktive Schaffen oder Lethargie.* Göttingen: Vandenhoeck & Ruprecht, S. 81-98.

Straub, Jürgen (1998c): *Erzählung, Identität und historisches Bewußtsein. Zur psychologischen Konstruktion von Zeit und Geschichte.* Frankfurt a. M.: Suhrkamp.

Straub, Jürgen (2000a): Identitätstheorie, Identitätsforschung und die postmoderne armchair psychology. In: *Zeitschrift für Qualitative Bildungs-, Beratungs- und Sozialforschung 1*, 1, S. 167-194.

Straub, Jürgen (2000b): Identität als psychologisches Deutungskonzept. In: Werner Greve (Hg.): Psychologie des Selbst. Weinheim: Psychologie Verlags Union, S. 279-301.

Straub, Jürgen (2001): Der „flexible Mensch" ein neues Leitbild für jüngere Generationen? In: Franz Lehner (Hg.): *Erbfall Zukunft. Vordenken für und mit Nachkommen*. München, Mering: Hampp, S. 357-368.

Straub, Jürgen (2002): Autonomie und Identität. Zum Zusammenhang zweier psychologischer Begriffe. In: Klaus Peter Köpping und Reiner Wiehl (Hg.): *Die autonome Person – eine europäische Erfindung*. München: Fink (im Druck).

Theunissen, Michael (1981): *Selbstverwirklichung und Allgemeinheit. Zur Kritik des gegenwärtigen Bewußtseins*. Berlin, New York: de Gruyter.

Thomä, Dieter (1998): *Erzähle dich selbst. Lebensgeschichte als philosophisches Problem*. München: Beck.

Tugendhat, Ernst (1979): *Selbstbewußtsein und Selbstbestimmung. Sprachanalytische Interpretationen*. Frankfurt a. M.: Suhrkamp.

Wagner, Peter (1998): Fest-Stellungen. Beobachtungen zur sozialwissenschaftlichen Diskussion über Identität. In: Aleida Assmann und Heidrun Friese (Hg.): *Identitäten*. Frankfurt a. M.: Suhrkamp, S. 44-72.

Wellmer, Albrecht (1985): Adorno. Anwalt des Nichtidentischen. In: ders.: *Zur Dialektik von Moderne und Postmoderne. Vernunftkritik nach Adorno*. Frankfurt a. M.: Suhrkamp, S. 115-134.

Zur Rehabilitierung der Selbstliebe

Dieter Thomä

Einleitung

Im Folgenden unternehme ich einen Versuch zur Rehabilitierung eines Begriffs, der einen schlechten Ruf hat: des Begriffs der Selbstliebe. Es sind zwei Assoziationen, die für diesen schlechten Ruf hauptsächlich verantwortlich sind. Zum einen verbindet man mit ihm eine narzisstische Haltung, die Haltung eines Menschen, der selbstverliebt und selbstzufrieden ist. Abstoßend wirkt die Untätigkeit dieses Narzissten: er tut nichts als in den Spiegel zu schauen, er gefällt sich selbst. Zum anderen verbindet man mit der Selbstliebe den Egoismus, eine Haltung, in der man sich selbst immer das Beste sichern will, andere schädigt, sie auf unmoralische Weise übervorteilt. Auf der einen Seite erscheint also das Verhältnis kritikwürdig, das man zu sich selbst einnimmt; auf der anderen Seite leidet, so scheint es, das Verhältnis zu anderen.

Wenn Begriffe einen „schlechten Ruf" haben, so ist dies freilich für Philosophen noch nicht Grund genug, sie fallen zu lassen. Ein solcher „Ruf" ist vage, er mag in die Irre führen, und umgekehrt kann er neugierig machen darauf, ob ein Begriff die ihn verfolgende üble Nachrede wirklich verdient. Diese Neugier wird im Fall des Begriffs der Selbstliebe noch dadurch gesteigert, dass er eine stattliche und durchaus ehrenwerte Geschichte hat: Selbstliebe hatte nicht immer den schlechten Beigeschmack, den sie heute hat.[1] So wäre es reizvoll, an diese Stelle gleich einen historischen Exkurs zu setzen. Er würde bei Platon und Aristoteles beginnen und über die Stoa und die mittelalterliche Philosophie bis ins 18. Jahrhundert reichen, welches als Blütezeit der Selbstliebe zu bezeichnen ist; seit Kant – nicht zufällig nach ihm, dem Theoretiker der Autonomie – sähe man den Begriff der Selbstliebe auf dem Rückzug. (Der Selbsthass ist heute populärer.) Auch wenn ich auf die Geschichte dieses Be-

1 Immerhin gibt es vereinzelt auch in jüngster Zeit einige Stimmen, die – von sehr unterschiedlichen systematischen Voraussetzungen her – der Selbstliebe theoretisches Potential zugestehen; vgl. z. B. Schmitz (1993); Chazan (1998); Frankfurt (2000, S. 210). Chazan (1998, S. 128) verspielt aber die Pointe, die in der Selbstliebe liegt, indem sie den „lover of self" mit dem „self-originating author" und dem „process of self-creation and self-determination" identifiziert.

griffs hier nur hinweisen kann,[2] weckt sie doch Zuversicht beim Versuch einer Rehabilitierung der Selbstliebe. Da ich nicht über die philosophischen Stränge schlagen will, geht es hier freilich nicht direkt um ein Plädoyer dafür, sich selbst zu lieben, sondern nur um einen Vorschlag für eine plausible Verwendung des Begriffs der Selbstliebe.

Das große Thema in der moralphilosophischen Diskussion der letzten Jahrzehnte war die Begründung von Normen. Impliziert im Begriff der Norm ist ein bestimmtes Verständnis desjenigen, für den sie gelten soll. In der Debatte um Moral wird operiert mit einem mehr oder minder impliziten *Bild der Person*. Sie kann eine Norm befolgen oder nicht; zu ihr gehört, klassischerweise, die Möglichkeit der Wahl zwischen Gut und Böse; ihr wird, klassischerweise, Freiheit zugesprochen. Die Frage nach der Identität des Adressaten von Normen – oder, wie man auch sagen könnte, nach der Innenseite der Moral – hat sich inzwischen als mindestens so wichtig erwiesen wie die Frage nach den Normen und deren Begründung. Dies zeigt sich an der Revision des Identitätsbegriffs in der Debatte zwischen Liberalismus und Kommunitarismus ebenso wie an der Herausforderung des klassischen Begriffs personaler Identität durch die Philosophie des Geistes und die Neurowissenschaften.

Mein Beitrag ist auf dem Hintergrund dieser divergierenden Debatten zu sehen. Er nimmt seinen Ausgang von einer Idee, die im Zentrum der gerade umrissenen Diskussion steht: der Idee der Selbstbestimmung. Einige Schwierigkeiten, die sich bei ihr ergeben, werde ich mittels der Selbstliebe zu lösen suchen. Entsprechend heißen die nächsten beiden Abschnitte *Verwirrung* und *Lösung*. Die Darstellung bleibt hier ziemlich elementar, leuchtet also die komplexen Diskussionen, die an einigen Stellen meiner Argumentation im Hintergrund stehen, nicht aus. Anschließend werden *Einwände und Folgerungen* diskutiert; dort werde ich auch genauer auf den schlechten Ruf eingehen können, der der Selbstliebe, wie erwähnt, vorauseilt, und mich mit den eingangs erwähnten Bedenken auseinandersetzen. Am Ende steht *ein Seitenblick auf Richard Sennett und Ralph Waldo Emerson*, genauer: auf deren unterschiedliche Deutung von „Charakter“ und „Selbst“. Anhand dieser Kontroverse läßt sich, wie ich meine, die Deutung der Selbstbeziehung, die ich hier vertreten will, weiter erhellen.

---

2 Vgl. zur stattlichen Vorgeschichte dieses Begriffs Thomä (1998, S. 173ff., S. 298ff.); dort zahlreiche weitere Hinweise.

Verwirrung

Einer Person wird zugetraut, dass sie über das, was sie tut, so oder so entscheiden kann und dass sie ihre jeweiligen Handlungen auf über die Zeit hinweg geltenden Normen beziehen kann. Sie muss Stellung nehmen können, ihr müssen Handlungen zurechenbar sein. Im Kontrast wird dieses moraltaugliche Bild der Person besonders deutlich – nämlich im Kontrast mit einem unzurechnungsfähigen Menschen. Auch wenn ein solcher Mensch hartnäckig darauf beharrt, dass er dies oder jenes wirklich tun will, vermisst man etwas an ihm, nämlich dass er über dieses besessene Wollen hinausgeht. Zur Person, die man für frei und also für moraltauglich hält, gehört, dass sie nicht nur tut, was sie will – das können auch Spinner –, sondern auch Erwägungen über dieses Wollen anstellt. Sie soll letzten Endes zu dem Entschluss kommen, sich selbst als diejenige zu wollen, die gerade dies oder jenes will.[3] Moralfähig ist demnach nicht der getriebene, auf seine Wünsche versessene Mensch, sondern derjenige, der sich über sie erhebt, um sich überhaupt erst zu ihnen bekennen zu können, um also sein Wollen zu wollen. Das heißt auch: Im Erwägen distanziert sich die Person von einzelnen Handlungen, sie entwickelt eine Auffassung ihrer selbst, Haltungen, Überzeugungen, die ihrem Umgang mit Handlungsalternativen zugrunde liegen und entscheidungsleitend werden.

Drei Demütigungen, denen dieses Bild der Person ausgesetzt ist, sind besonders markant: die traditionalistische Einbindung des individuellen Handelns, die psychoanalytische Erschütterung bewusster Entscheidungen durch die unbewusste Dynamik, die neurowissenschaftlichen Einwände gegen die Eigenlogik von Entscheidungen.[4] Ungeachtet dieser „Rückseite" des Individuums, an der es in Frage gestellt wird, bezieht man sich in moralischen, juristischen oder politischen Debatten auf die „Vorderseite" der Person. Ihr kann man Zurechenbarkeit, Verantwortlichkeit, Freiheit zuschreiben; für sie kann die Kategorie der Selbstbestimmung leitend werden. Beim Einsatz dieser Kategorie kommt es jedoch zu Schwierigkeiten.

Zum menschlichen Leben gehört neben den Handlungen, für die man sich entscheidet und die man verantwortet, eine Fülle von anderen Qualitäten, körperlichen Eigenarten, Begabungen, Schwächen, sowie Wahrnehmungen, Empfindungen, Gefühle, Erfahrungen im weitesten Sinne. Insofern sie nicht (oder nicht ganz) intentional sind, sind sie Erwägungen und Entscheidungen im Sinne der Selbstbestimmung nicht vollends zugänglich. Es kommt zu einer Spaltung der Person in einen selbstbestimmten und einen nicht-selbstbestimmten Anteil. Für das Verhältnis des einen zum

3 Dies ist der bekannte Vorschlag von Harry G. Frankfurt (1993) zur Reformulierung der Willensfreiheit.

4 Vgl. ausführlicher zu diesen drei Demütigungen Thomä (2001).

anderen gibt es zwei verschiedene Lesarten. Der ersten kann man den Begriff der Dominanz, der zweiten den der Toleranz zuordnen. (Beispielhaft könnte man diese Kontroverse an Kants Moralphilosophie und Anthropologie einerseits, Friedrich Schillers Kant-Kritik in seinen Briefen „Über die ästhetische Erziehung des Menschen erläutern.)

Nach der Lesart der Dominanz bergen jene erwähnten Qualitäten Anfechtungen, Gefahren für die Selbstbestimmung. Die selbstbestimmte Person darf demnach nicht zulassen, dass sie von ihnen in irgendeiner Weise beeinträchtigt wird. Sie muss Abstand zu ihnen wahren und sie im Griff haben, muss sich vorbehalten, ob sie sie gutheißt oder nicht, sich in ihren Handlungen auf sie stützt oder nicht. Diese Lesart stößt jedoch auf Hindernisse. Zum einen kann man sich über die nicht-intentionalen Qualitäten, über das Ungetane am eigenen Leben nicht derart erheben; zum anderen ist es voreilig, von vornherein zu dem, was nicht selbstbestimmt ist, auf Distanz zu gehen – als wäre es allein schon deshalb verdächtig und schädlich für die Person.

Dagegen akzeptiert man nach der Lesart der Toleranz das Eigenrecht jener Qualitäten, duldet sie großzügig und beschränkt die Bewährung der Selbstbestimmung auf Handlungen. Bei dieser vermeintlich friedlichen Koexistenz bleibt der selbstbestimmten Person gleichwohl eine offene Flanke. Beim Versuch, über ihr Wollen nochmals zu befinden, gerät sie in ein Gemenge von Gefühlen, Eigenarten, Überzeugungen und Vorsätzen hinein, verwickelt sich in eine Situation, in der ihre eigene Verantwortung doch verwischt wird.

Beide Lesarten führen in eine Verwirrung über die Selbstbestimmung. Sie wird noch gesteigert, wenn man die Ausübung der Selbstbestimmung selbst nachzuvollziehen versucht. Auch wenn nämlich das Leben in jeder Hinsicht der Bestimmung zugänglich wäre, bliebe immer noch die Frage, wann man überhaupt von dem, was man will, sagen darf, dass man es *selbstbestimmt* will. Wenn man dem Wollen, auf dass man nicht von ihm getrieben werde, ein Wollen zweiter Ordnung voraussetzt, gerät man notorischerweise in einen unendlichen Regress. Selbst wenn man diese Kette, bei der man das Wollen immer wieder übertrumpfen muss, kurzerhand durchschlägt und einfach entschlossen derjenige *sein* will, der dies und jenes *tun* will, bleibt die Frage offen, nach welchen Kriterien dieser Entschluss gefasst wird. Man braucht Kriterien, um Entscheidungen zu treffen, woher aber nimmt man die Kriterien, um erst mal über die Kriterien zu entscheiden? Wann kann man mit Recht sagen, dass man nicht ungeprüften Vorgaben folgt? Es breitet sich Verwirrung aus darüber, wie man sich selbstbestimmt zu seinem Leben stellen kann und nach welchen Kriterien man sich überhaupt Selbstbestimmung zusprechen kann.

Welche Konsequenzen sind aus diesem Dilemma zu ziehen?

Der Begriff der Selbstbestimmung hat seinen Sinn als Kontrastwort zur Fremdbestimmung, im Dienste negativer Abgrenzung. Hier erfüllt er eine *situationsgebun-*

dene Funktion; man beruft sich auf ihn gegen konkrete äußere, aber auch innere Angriffe und Anfechtungen. Dagegen ergibt es keinen Sinn, den Anspruch auf Selbstbestimmung von einem solchen negativen Bezugspunkt zu lösen und auf das eigene Leben schlechthin zu beziehen. Diese Veranschlagung der Selbstbestimmung erscheint als Übertreibung. Es ist nicht klar, was sinnvoll damit gemeint sein soll. Sicherlich bleibt die Selbstbestimmung angesichts von Handlungsalternativen und in Entscheidungsprozessen in Kraft. Ihr kommt aber nicht die schlechterdings konkurrenzlose Position zu, die ihr in der Autonomie-orientierten Ethik zugesprochen worden ist. Indem man sie auf das eigene Leben zu beziehen sucht, überfordert man sich selbst – und bleibt am Ende verwirrt zurück.

Bevor ich nun einen Ausweg aus dieser Verwirrung zu finden suche, möchte ich noch auf einen Begriff eingehen, der mit der Selbstbestimmung eng zusammenhängt und an dem die geschilderten Probleme besonders deutlich zutage treten: gemeint ist der Begriff der Selbstverwirklichung.[5]

Wenn man von Selbstverwirklichung spricht, unterstellt man offensichtlich, dass das eigene Selbst noch nicht verwirklicht sei. Es soll, hält man sich an die Semantik, erst nur der Möglichkeit nach existieren. Das zwingt zu dem Umkehrschluss, dass man so, wie man gerade ‚wirklich' ist, alles andere ist als man ‚selbst'. Der Anspruch auf Selbstverwirklichung enthält also ein Verdikt gegen die eigene Gegenwart; er wirft einen Schatten darauf, wie man schon ist. Diese Eigenart teilt die Selbstverwirklichung mit jener Version der Selbstbestimmung, wonach alles Ungetane verdächtig erscheint. Umgekehrt stellt sich dann die Frage, was über das vorerst nur ‚mögliche', irgendwann angeblich ‚verwirklichte' Selbst ausgesagt werden kann. In irgendeiner Form müsste es schon angelegt sein, denn nur dann könnte man sich vornehmen, es zu verwirklichen. Wie soll man sich das vorstellen? Natürlich sind Gaben, Begabungen angelegt, die zur Entfaltung gebracht werden können; darauf verweist auch die klassische Theorie der Persönlichkeitsentfaltung. Doch in diesem Sinne darf die Selbstverwirklichung, die im Schlepptau der Selbstbestimmung liegt, gar nicht verstanden werden. Sie soll sich gerade nicht auf festgelegte Anlagen stützen, sondern ein nicht-vorgeprägtes, individualisiertes Selbst avisieren. Woran aber soll jemand dieses Selbst, ‚sein' Selbst erkennen? Woran merkt man, wenn man sich so oder so entfaltet, dass man genau jetzt sein Selbst verwirklicht hat? Die Menschen, die das Projekt der Selbstverwirklichung verfolgen, müssen von einer unstillbaren Unruhe getrieben sein: Wenn sie *etwas* erreicht haben, dann darf genau das doch noch nicht schon wirklich ihr *Selbst* sein. Und so müssen sie weiter der Schimäre folgen, dass sie ihr Selbst zu verwirklichen haben, und stehen misstrauisch dem

5 Vgl. zum Junktim von Selbstbestimmung und Selbstverwirklichung Habermas (1981, Bd. 2, S. 155).

Wirklichen gegenüber, das sich vor das noch zu Verwirklichende schiebt. Diese Unruhe hat ihre Ursache aber nicht in einem konkreten Ungenügen, sondern in einer begrifflichen Konfusion, in die man durch die Logik der Selbstverwirklichung verwickelt wird. Diese Logik stellt jedoch keine plausible Lösung dafür bereit, wie das gestellte Ziel überhaupt zu erreichen sein soll.

Statt also zur Konkretisierung der Selbstbestimmung zu dienen, vergrößert der Begriff der Selbstverwirklichung nur die Verwirrung, in die man mit jener geraten ist. Der plausible Sinn der Selbstbestimmung, der Schutz vor äußerer Unterwerfung und die Abgrenzung gegen Fremdbestimmung, ist verloren gegangen.

Lösung

Es stellt sich nun die Frage, wie die geschilderte Verwirrung aufzulösen ist. In der Antwort darauf muss das Verhältnis der Person zu ihrem eigenen Leben, zu ihren eigenen Qualitäten plausibel beschrieben werden.

Die Selbstbestimmung ist verknüpft mit der moralischen Perspektive der Verantwortlichkeit von Handlungen, also mit der Unterstellung einer *auktorialen Instanz*. So notwendig diese Prämisse bei der Zurechnung von Handlungen ist, so untauglich erweist sie sich bei der über sie hinausgehenden Beziehung auf das eigene Leben. Einem Autor lässt sich dessen eigenes Leben als Gegenstand nicht plausibel zuordnen: Ihm bleibt der zeitliche Lebensvollzug fremd und er gerät in eine unauflösliche Konkurrenz mit anderen auf das Leben wirkenden Einflüssen.[6] Das heißt nun aber nicht, dass man die Möglichkeit, sich zu sich zu verhalten, glatt abzuschaffen und sich dem ‚Sein‘ oder ‚Schicksal‘ hinzugeben hätte.

Zur Klärung, wie diese praktische Selbstbeziehung funktioniert, sollte man nicht das Handlungssubjekt (qua Autor) herausheben und überfordern, sondern sich an die Art der Handlung, um die es hier geht, halten. Wie sieht eine plausible Beschreibung der Art und Weise, *wie man mit dem eigenen Leben zu tun hat*, aus? Statt mich jetzt in einer allgemeinen Typologie zu verlieren, möchte ich direkt einen Vorschlag machen – den Vorschlag nämlich, das Verhältnis zum eigenen Leben, zu sich selbst als *interne Interaktion* auffassen.

Befremdlich an diesem Vorschlag ist, dass Interaktion üblicherweise mindestens zwei Beteiligte impliziert. Mit sich selbst zu interagieren ist aber keineswegs so abwegig, wie dies auf den ersten Blick scheint. Eine breite sprachliche Palette ist hier

6 Ich muß zur Begründung dieses hier arg pauschal wirkenden Einwands verweisen auf Thomä (1998, Kap. 2/3).

nutzbar: Man kann sich über sich ärgern, auf sich stolz sein, mit sich hadern, von sich selbst überrascht werden, sich über sich lustig machen etc. All dies sind Formen interner Interaktion. Die ihr zugeordnete Frage lautet, *ob man mit sich auskommt*.

Eine Empfehlung Friedrich Hölderlins lautet: „Komm' aus mit deinem Leben!" – und damit erweitert er das Bedeutungsspektrum seiner griechische Vorlage, der „Antigone" des Sophokles.[7] Während dort das „Auskommen" mit dem Leben im Sinne von „Haushalten", „Sein-Auskommen finden mit" zum Einsatz kommt, ist Hölderlins „Mit-sich-auskommen" als Empfehlung zu interpretieren, sich zugewandt zu sein. Ich deute sie als Empfehlung für die *Selbstliebe*.

Hilfreich ist die Rede von Selbstliebe genau dann, wenn sie am Bild der Person den Aspekt deutlicher werden lässt, bei dem sich Verwirrung ausgebreitet hat: wie die Person nämlich mit der Fülle ihres Lebens umgeht – wenn dies denn nicht mehr ein Verhältnis der Bestimmung sein kann. Was aber ist mit diesem Begriff der Selbstliebe genau gemeint? Um dies zu klären, muss man dem ungewöhnlichen Gegenstand dieser Liebe nachgehen, nämlich sich selbst. Dabei wird sich auch erweisen, ob sie hilfreich sein kann, um für den Umgang mit sich selbst ein Gegenmodell zu liefern zu der Selbstbestimmung, bei der man letztlich mit sich hadert und sich, verharrend in einer auktorialen Position, gegen sich selbst wendet.

Wen also liebt man, wenn man sich selbst liebt?

Bei der Selbstliebe gilt analog, was auch für die Liebe zu einem anderen Menschen gilt. Wie man ihn nicht wirklich liebt, wenn man seine Nase, sein Geld oder sein Klavierspiel liebt, so liebt man auch sich selbst nicht wirklich, wenn man nur bestimmte Qualitäten liebt. Man liebte dann eben nur diese, nicht sich selbst. Diese Unterscheidung zwischen bestimmten Qualitäten und der Person selbst durchzieht die Geschichte der Theorie der Liebe und der Freundschaft (der ‚philia') von Anfang an. Sie wird entwickelt in der „Nikomachischen Ethik", sie steht aber auch im Mittelpunkt neuerer Debatten der analytischen Philosophie über den Status von Emotionen im Kontext der „personalen Identität".[8] Ihr schönstes Zeugnis hat jene Überbietung einzelner Eigenschaften wohl in Shakespeares Sonett 116 gefunden.[9] Dort heißt es:

„Love is not love
Which alters when it alteration finds (…)
O, no! it is an ever-fixed mark,
That looks on tempests, and is never shaken."

7 Hölderlin (1988, S. 253 [Vers 85]).

8 Vgl. für dieses Spektrum Thomä (2000); in diesem Band auch – mit Deutungen zu den hier im Text folgenden Beispielen von Yeats und Shakespeare – Rorty (2000).

9 Shakespeare (1989, S. 240).

Die schönste Replik auf Shakespeare, die ich kenne, stammt aus William Butler Yeats' Gedicht „For Anne Gregory“: „Never shall a young man“ – so heißt dort ein warnender Ratschlag für „Anne“, die Titelheldin des Gedichts – „Love you for yourself alone/ And not your yellow hair.“ Und „Anne“ erwägt dann, sich die Haare zu färben, um sicherzugehen, dass der junge Mann sie wirklich nur „for myself alone“ liebe.[10]

Sich selbst zu lieben heißt dann, sich nicht auf bestimmte Eigenschaften festzulegen, denen man *anstelle seiner selbst* zugeneigt wäre. Was hier auf dem Spiel steht, ist nichts anderes als der Anspruch, sich dem eigenen Leben offen zuzuwenden, nicht an Eigenarten, Aspekten desselben fest zu hängen. Dieser Anspruch ist deshalb interessant, weil er von einer anderen Richtung aus in dieselbe Kerbe schlägt wie ein Anspruch, der im Rahmen der Selbstbestimmung erhoben wurde. Dort ging es darum, sich über Qualitäten zu erheben, sich die Entscheidung darüber, wie man ist, vorzubehalten. Dieser Vorbehalt hatte letztlich eine ausgrenzende Funktion und führte in das Dilemma, dass sich der Mensch, überspitzt gesagt, um der Selbstbestimmung willen vom eigenen Leben abkehren musste.

Wenn zur Theorie der Selbstbestimmung eine (unbefriedigende) Beschreibung des Verhältnisses der Person zu ihren Qualitäten gehört, dann ist die Theorie der Selbstliebe mit demselben Problem befasst. Gerät sie auch in dasselbe Dilemma? Wenn die Liebe mir selbst, nicht meinen Eigenschaften gelten soll, dann liegt darin scheinbar gleichfalls eine Abgrenzung gegen all die Qualitäten, die zum eigenen Leben gehören und mit denen man in der praktischen Selbstbeziehung umgehen und zurechtkommen muss. Doch die Gegenüberstellung hier ist eine andere. Würde die Liebe, die mir selbst gelten soll, sich von den Qualitäten, die mir zukommen, ablösen oder sich gar gegen sie richten, ergäbe sich ein abstruses Bild. Wenn man jemanden liebt, insistiert man darauf, nicht nur sein Klavierspiel zu lieben, man setzt die Person, die man liebt, aber auch nicht gegen ihre Qualitäten; diese sind vielmehr in die Liebe zu ihr auf eine bemerkenswert pauschale Art eingeschlossen.

Ein nur scheinbar banales Beispiel kann dies verdeutlichen. Man kennt die Grußkarten, die beginnen mit der Wendung „Liebe ist, wenn…“ und dann eine bevorzugt banale Erläuterung folgen lassen. Deren Pointe besteht darin, dass sie halb falsch, halb wahr ist. Natürlich ist es nicht schon Liebe, wenn… jemand etwas ziemlich Belangloses tut. Und doch ist Liebe über diese Vielzahl von Beschreibungen nicht erhaben. Umgekehrt würde man nie an ein Ende kommen, wenn man versuchen würde, die Liebe zu einer Person verlustfrei zu explizieren in einer Kette von Aussagen dieser Art, in einer Aufzählung von Qualitäten, die man schätzt.

10 Yeats (1996, S. 245).

Wenn ich also mich selbst liebe, schließe ich darin mich als ganze Person ein. Das heißt aber genau nicht, dass ich damit kritiklos, abstandslos allem anhinge, was mich ausmacht. Weil in der Selbstliebe eine Differenz festgeschrieben ist zwischen mir selbst und meinen Eigenarten, steht mir weiterhin offen, mit mir unzufrieden zu sein, mich an mir zu stoßen. Wenn also in der Selbstliebe nicht schon – wie bei der Selbstbestimmung – ein Schatten auf das Ungetane an mir fällt, so heißt dies umgekehrt nicht, dass man sich damit dem, was man ist, ausliefern würde, dass damit die reflexive Distanz, die Möglichkeit der Selbstkritik und -veränderung aufgegeben werden würde. Sie kann, im Gegenteil, schonungslos sein – so schonungslos, wie auch Liebende untereinander sich zu kritisieren in der Lage sind, ohne dass dies als verletzender Angriff empfunden werden müsste. Umgekehrt geht mit jener Selbstliebe auch eine Neugier auf das, was noch „in mir steckt", einher.

Was ist der Gewinn der skizzierten Argumentation? Mit der Verwirrung über die Selbstbestimmung in bezug auf das Leben der Person geht ein Schlüsselstein im Bild dieser Person verloren. Kann man sich auf die Selbstbestimmung nicht mehr verlassen, scheint man dem eigenen Leben jenseits einzelner, konkret verantworteter Handlungen ausgeliefert. Mehr oder minder dramatische Beschreibungen dieser Nötigung zum eigenen Leben sind bekannt. So gipfelt die gesamte traditionalistische Ethik und Sozialphilosophie in dem Appell, sich an bestehende Vorgaben zu halten (wobei diese doch nur auf höchst vermittelte Art auf das gegenwärtige Handeln durchschlagen können). Die Lebensführung beschränkt sich auf die Ausführung vorgegebener Rollen.

Das Plädoyer für die Selbstliebe tritt dieser traditionalistischen Konsequenz aus der Krise der Selbstbestimmung entgegen. Einerseits ist sie in keinem negativen Vorbehalt gegen das Ungetane am eigenen Leben befangen; „liebbar" ist nicht nur das, was auf einen Entschluss, eine Wahl, eine Bestimmung zurückgeht. Andererseits hält man dem, was im eigenen Leben vorkommt, nicht blind die Treue; da die Liebe sich dem Ansinnen verweigert, zwingend auf bestimmte Qualitäten bezogen zu werden, ist in ihr ein Freiraum zur Beurteilung, zur Kritik, zur Veränderung seiner selbst eröffnet.

Was ist der theoretische Status dieses Plädoyers für die Selbstliebe? Ich hoffe, dass es weder als betuliche Menschenfreundlichkeit noch als letzter Schrei einer narzisstischen Wendung der individualisierten Gesellschaft ausgelegt wird; dieses Plädoyer hat nichts zu tun mit irgendeinem Appell, nett zu sich zu sein. Es steht vielmehr im Zusammenhang mit dem Versuch, möglichst plausibel zu beschreiben, wie wir uns auf das Leben, das wir führen, beziehen. Die Gründe, die für die Selbstliebe sprechen, sind also nicht direkt derart, dass das so gelebte Leben irgendwie „positiver" oder gar „freudevoller" wäre. Sie sollen anziehend wirken auf diejenigen, die an einem schlüssigen Verständnis ihrer Art zu leben interessiert sind.

Einwände und Folgerungen

Um dem Konzept der Selbstliebe genauere Konturen zu geben, möchte ich auf einige ethische und sozialphilosophische Konsequenzen hinweisen, die sich aus ihm ergeben. Unweigerlich muss man sich hier zunächst mit einem berühmt-berüchtigten Einwand auseinandersetzen – einem Einwand, mit dem sich die Selbstliebe während ihrer langen Geschichte durchweg abplagen musste. Ihm zufolge ist ihr vorzuwerfen, der Begünstigung seiner selbst, dem Egoismus, der „selfishness" förderlich zu sein.

Mittels der Selbstbestimmung wurde ein Bild der Person gezeichnet, das den Grundanforderungen entsprach, die im sozialen Raum für eine moralisch handelnde Instanz erhoben werden. Da die Selbstbeziehung in Form der Selbstliebe vom Handlungsraum abgerückt scheint, wirkt sie dagegen ethisch suspekt. Diesem Einwand wurde in der Tradition entgegengetreten, indem man sich auf die Unterscheidung zwischen Selbstliebe und Eigenliebe, „amour de soi" und „amour propre" berief und jene unsoziale Tendenz auf die Seite der Eigenliebe schob.[11] Was steckt hinter dieser Unterscheidung?

Der Vorwurf des Unsozialen ist dann berechtigt, wenn man sich selbst begünstigt, wenn man also für sich selbst etwas herausschlägt, was mit gleichem Recht einem anderen zugute kommen könnte. Eigenliebe zeigt sich demnach in der Konkurrenz um etwas, das nur einer der Beteiligten bekommen kann. Genau diese Konkurrenzsituation ist aber bei der Selbstliebe nicht gegeben. Was hier geliebt wird, ist nicht übertragbar; wenn man sich selbst liebt, beansprucht man nicht etwas für sich, was man – moralisch gesehen – an andere abtreten, anderen überlassen sollte. Sich selbst anderen in diesem Sinne zur Verfügung zu stellen würde der Selbstpreisgabe des Individuums gleichkommen. Die Kritik am unmoralischen Egoismus der Selbstliebe ist insoweit unberechtigt.

Er liegt aber – so könnte man hartnäckig sagen – nicht nur vor, wenn man anderen etwas streitig macht, sondern auch, wenn man sie einfach links liegen läßt, vernachlässigt, bestimmte Tätigkeiten bevorzugt, bei denen man mit nichts als sich selbst zu tun hat – etwa das In-den-Spiegel-Schauen. Aber auch diese asoziale Wendung wird durch die Selbstliebe nicht befördert. In ihr liegt nicht schon eine inhaltliche Entscheidung darüber, wie man tätig wird, ob man sich etwa selbstgefällig oder sozial verhält; in ihr liegt also auch keine Favorisierung des Narzissmus.

Aber hat die Selbstliebe – wenn schon nicht solche negativen – überhaupt Implikationen in sozialer Hinsicht? In eins mit der Abweisung des Egoismus- und Narzissmus-Einwands stellt sich die Frage, ob sie mit der Interaktion mit anderen Menschen in einem beachtenswerten Sinn verknüpft ist.

---

11 Vgl. z. B. Rousseau (1971, S. 213).

Unsinnig wäre es, das Verhältnis zu sich selbst einfach zu verallgemeinern und etwa zu behaupten, so, wie man sich selbst liebe, würde, könnte oder sollte man auch alle anderen lieben. Dagegen spricht, was schon Aristoteles als Besonderheit der Freundschafts- oder Liebesbeziehung herausgestellt hat: Deren Objekte lassen sich nicht beliebig vermehren, ohne dass sie zerstört würde. Vielleicht kann man sagen, dass die Liebe zu sich selbst ein Verhältnis zu anderen *nahelegt*, in dem sie im gleichen Maße nicht nur als tätige, verantwortliche, sondern auch als leidende oder empfindende, ‚unergründliche' Wesen gesehen werden. Doch vor waghalsigen Behauptungen über eine inhärente Moralität der Selbstliebe, vor der philanthropischen Übertreibung der „philautia" sollte man sich hüten.

Umgekehrt ist zu fragen, welche sozialen Umstände diese Beziehung zu sich selbst begünstigen; hier geht es also nicht mehr um soziale Implikationen, sondern um soziale Prämissen, um die ermöglichenden Bedingungen der Selbstliebe. Die moralische Relevanz der Selbstliebe liegt also nicht im Bereich der von ihr vorgeschriebenen Handlungen, sondern im Bereich der Voraussetzungen, deren Erfüllung um eines stimmigen Selbstverhältnisses willen *zu fordern* ist. Auf zwei Punkte ist aufmerksam zu machen.

Man ist – das ist der *erste Punkt* – angewiesen auf Umstände, in denen man nicht schon immer dazu gezwungen ist, in einer bestimmten Weise zu agieren oder zu funktionieren, eine Rolle oder Aufgabe zu erfüllen. Die Selbstliebe ist konzeptionell unverträglich mit der traditionalistischen Festlegung von Personen auf bestimmte Rollen oder Funktionen. Die Offenheit, in der man über einzelne Qualitäten hinausgeht, kann die Selbstliebe nicht aus eigener Macht herstellen; sie hat einen sozialen Raum zur Voraussetzung, in dem das herrscht, was in der politischen Philosophie „negative Freiheit" heißt.

Doch diese „negative" Bestimmung des sozialen Raums, die Abwehr äußerer Eingriffe und Vorgaben, ist noch nicht ausreichend. Die Selbstliebe ist nicht nur angewiesen auf die Einräumung eines Spielraums, dessen mehr oder minder exzessive Nutzung dann den Individuen überlassen wird. Eine solche Gleichgültigkeit wäre zwar vereinbar mit der klassischen Doktrin negativer Freiheit; die Individuen jedoch, die sich „liebend" auf ihr Leben beziehen, sind – das ist der *zweite Punkt* – angewiesen auf soziale Umstände, die positiv dazu ermutigen, über die Grenzen einer angestammten Personenbeschreibung hinausgehen. Der soziale Raum, der die Selbstliebe begünstigt, muss also nicht nur verschiedene Möglichkeiten freilassen, sondern auch die Haltung bestärken, die diesen Möglichkeiten zugewandt ist: die Neugier auf sich selbst, mit der sich das Individuum – zur Überraschung seiner selbst – entfaltet.

Diese Anforderung an den sozialen Raum zwingt zu einer Abweichung von dem Gesellschaftsmodell, das vom klassischen politischen und philosophischen Liberalismus vertreten wird. Diese Abweichung ergibt sich im Zuge einer Überprüfung des Bildes der Person, das in moralischen, politischen und sozialen Diskursen vorausgesetzt wird. Einer solchen Überprüfung wächst zusätzlich Bedeutung zu, weil unser Selbstverständnis derzeit auch aus anderen Gründen durch eine Feuerprobe geht. So ist in der jüngsten Debatte um Neurowissenschaft und Gentechnologie oft (und zu Recht) auf die Gefahr hingewiesen worden, dass unser kulturelles Selbstverständnis, in dem wir uns gegenseitig Autonomie zuschreiben, durch technische Eingriffe unterlaufen werden könnte. Dieser Hinweis ist berechtigt, aber zugleich unzureichend.

Es genügt nämlich nicht, angesichts dieser Herausforderungen ein Selbstverständnis zu konservieren, das auf gegenseitig zugestandener Autonomie basiert. Damit nämlich beharrt man auch auf den *Mängeln*, an denen dieses Selbstverständnis leidet. Dies kann nicht sachdienlich sein. Gerade unter moralischen Gesichtspunkten muß man ein Interesse daran haben, ein Bild der Person zu entwerfen, das von der Überforderung frei ist, die mit pauschal beanspruchter Selbstbestimmung einhergeht. Mit dem Anspruch der *praktischen* Verfügung über das eigene Leben bleibt die Selbstbestimmung noch ein *Komplize* der modernen Entwicklungen, die diese Verfügung *technisch* wenden.

Mit dem freien Akteur, auf den wir im Blick auf moralische Verantwortung angewiesen sind, zeigt sich nur ein Ausschnitt der Person. Darüber hinaus muss Raum sein für eine Beziehung zum eigenen Leben, die als Auskommen-mit-sich oder Mit-sich-im-Reinen-sein gefaßt werden kann. Entsprechend führt es in die Irre, den sozialen Raum als Treffpunkt von Personen zu definieren, die in Selbstbestimmung über ihr Leben verfügen. Am Ende führt der Versuch, die Selbstliebe zu rehabilitieren, keineswegs zu der individualistischen Wendung, die man bei diesem Begriff vielleicht erstmal vermuten würde, sondern auch zu einem komplexeren Bild des sozialen Raums, der den Individuen diese Selbstbeziehung ermöglichen und erleichtern kann.

Seitenblick auf Richard Sennett und Ralph Waldo Emerson

Die Gegenüberstellung zwischen Selbstbestimmung und Selbstliebe, die im Zentrum meiner Überlegungen steht, ist eng verbunden mit dem aktuellen Streit um die Erschütterung der Persönlichkeit durch die sozialen Anforderungen der Mobilität oder

Flexibilität. Zur Debatte steht hier – gemäß der einprägsamen Formel von Richard Sennett – „the corrosion of character".[12]

Die Position, die von Sennett attackiert wird, entspricht (mit einigen kleineren Abweichungen) der Position, die ich als irreführende Idee der Selbstbestimmung kritisiert habe. Sennett kritisiert die Überforderung, die sich aus der Unterstellung ergibt, jeder könne im Zeitalter der Individualisierung aktuell über seine Lebensverhältnisse verfügen, neue Gegebenheiten meistern, mobil und flexibel agieren etc. Was komplementäre Phänomene sein sollen – die dynamischen Erfordernisse von Gesellschaft und Wirtschaft sowie die dynamischen Kompetenzen des Individuums –, verwandelt sich in eine ruinöse Konstellation, und zwar deshalb, weil die Dynamik auf der Seite der Individuen in der geforderten Form nicht lebbar ist. Nach Sennett ergibt sich vielmehr ein „Zerfall des Charakters", eine „Drift", von der die Individuen mitgerissen werden. (Sennetts Kritik ist übrigens nicht originell; ihr Erfolg rührt vor allem daher, dass sie gerade zum richtigen Zeitpunkt, als sich nämlich die Welle der *new economy* brach, vorgebracht worden ist. Wie die meisten Einsichten, die heutzutage über die moderne Gesellschaft und deren Paradebeispiel, die Vereinigten Staaten, im Umlauf sind, so findet sich auch in diesem Fall eine Vorlage in Alexis de Tocquevilles „Über die Demokratie in Amerika": In der Demokratie sind – so meint er – „die Menschen nur noch durch Interessen, nicht durch Ideen gebunden, und man könnte sagen, dass die menschlichen Meinungen nur noch eine Art intellektuellen Staubes bilden, der überall aufgewirbelt wird, ohne sich sammeln und binden zu können."[13])

Wenn ich insoweit mit der Analyse von Sennett (und anderen) einig bin, so trennen sich die Wege im Hinblick auf das positive Gegenbild, das ihr zugeordnet wird. Sennett setzt zunächst auf ein Selbstverständnis, in dem eben die Kompetenzen und Qualitäten restauriert werden sollen, die im Zeitalter der Individualisierung in Fehlentwicklungen verstrickt sind. Deshalb genau hat bei Sennett nicht nur der Begriff des Charakters einen hohen Stellenwert, sondern auch wieder der Begriff der Selbstbestimmung, den er aus der Fassade der mobilen Gesellschaft herausbrechen und neu besetzen will. Sennetts Argumentationsstrategie basiert auf einer Rückgewinnung von Begriffen aus ihren Verfallsformen heraus. In diesem Zusammenhang beruft er sich auf die Gegenüberstellung von „Drift and Mastery", die einer der einflussreichsten amerikanischen Publizisten des frühen 20. Jahrhunderts, Walter Lippmann,

---

12 „The Corrosion of Character. The Personal Consequences of Work in the New Capitalism" ist der englische Titel von Sennett (1998). Auf diese Veröffentlichung beziehen sich meine folgenden Ausführungen; vgl. bes. Sennett (1998, S. 189ff.).

13 Tocqueville (1992, S. 518).

eingeführt hat:[14] „Drift" ist nach Lippmann das Mitgerissenwerden des Einzelnen von der sozialen und ökonomischen Dynamik, „Mastery" ist der Versuch, sich dagegen zu behaupten.

Welches positive Bild des Charakters, der Identität, des Selbst (diese Begriffe werden von Sennett ohne deutliche Binnendifferenzierung verwendet) ergibt sich dann? Sennett betont die konstitutive Bedeutung narrativer Zusammenhänge, die Einbettung der Person in verlässliche, vertrauensträchtige Kontexte, den Stellenwert von Stabilität. Ein gewisser nostalgischer Ton in seiner Analyse ist unüberhörbar. Diese Nostalgie ist nicht *per se* suspekt, sie führt aber zu einer gewissen Unschärfe in seiner Argumentation, und so tritt bei ihm wiederum ein Dilemma zutage, das mich bereits bei der Auseinandersetzung mit traditionalistischen Selbst-Konzepten beschäftigt hat.

Um die Selbstbestimmung den Fängen der individualisierten, flexibilisierten Gesellschaft zu entringen, in der sie sich auf selbstzerstörerische Weise ausbildet, macht Sennett sie nun von stabilen Lebensumständen und kohärenten Lebensentwürfen abhängig. Zu wenig beachtet er dabei, dass diese Einbindung auch zu einer falschen Fesselung der Person führen kann. Wenn er die Gefährdung der Selbstbestimmung durch die Diskontinuität moderner Lebensformen geißelt, so übersieht er die Gefährdung der Selbstbestimmung durch die zwanghafte Kontinuität traditioneller Lebensverhältnisse. Der Ort, den er für die Restaurierung der Selbstbestimmung oder „mastery" vorgesehen hat, ist kein unverdächtiger Schutzraum, sondern birgt eigene Gefahren.

Plakativ kann man diese Gefahr verdeutlichen, wenn man zur Kenntnis nimmt, dass die Argumentation, die Sennett verficht, in ihren Hauptzügen auch in ganz anderen Zusammenhängen auftritt. So liest man zum Beispiel bei Stephen R. Covey, einem äußerst konservativen Mormonen und Management-Berater: „If there isn't deep integrity and fundamental character strength, [...] human relationship failure will replace short-term success." So nah dieses Zitat Sennetts Position zu kommen scheint, so fern steht ihm dessen Autor. In Coveys Buch „The 7 Habits of Highly Effective People – Restoring the Character Ethic" bildet sich die Restaurierung des Charakters als absonderliches Disziplinierungsmodell aus.[15]

---

14 Lippmann (1961). Zu beachten ist, dass bei Lippmann – anders als Sennett dies nahelegt – durchaus auch Motive zu finden sind, die Emersons Intuition von der Bewegung des Lebens – also einer positiv verwandelten „Drift" – nahekommen. Wirkungsgeschichtlich läßt sich dies auf den starken Einfluß Bergsons auf Lippmann zurückführen; vgl. zum „Strom der Zeit" Lippmann (1913, S. 314).

15 Covey (1989, S. 23). Zu den absonderlichen Seiten von Coveys Argumentation vgl. Wolfe (1998).

Dieser Querverweis ist nicht als billiger Versuch gemeint, Sennett für falsche Verwandte, derer sich niemand erwehren kann, haftbar zu machen. Es geht vielmehr um eine systematische Schwierigkeit, die sich bei Sennett selbst ergibt: er ist nicht in der Lage, die von ihm ausdrücklich verteidigte Selbstbestimmung mit dem von ihm ausdrücklich gestärkten Traditionalismus und Kontextualismus zu versöhnen. Genau diese Vermittlung müßte ihm aber gelingen, wenn er die Selbstbestimmung unter seinen Prämissen – und nicht denen des individualisierten, „flexiblen Menschen" – aufrechterhalten will.

So wird das Desiderat immer dringlicher, einen Ausweg zu finden, der dem auch bei Sennett auftretenden Dilemma zwischen Einbettung und Entfesselung entgeht. Bezogen auf Sennett heißt dies konkret, dem nostalgischen Traditionalismus, der bei ihm – überraschenderweise – zum Ausdruck kommt, eine Absage zu erteilen, ohne deshalb auf die Seite des von ihm kritisierten „flexiblen Menschen" zu wechseln. Hilfestellung bei diesem Versuch darf man sich von einem Denker versprechen, der in Deutschland kaum diskutiert wird, aber zum Kernbestand der amerikanischen Tradition gehört: Ralph Waldo Emerson.

Wenn Sennett die Konstanz, Konsistenz und Kohärenz des „Charakters" schützen will, so kann man bei dem von ihm „verabscheuten"[16] Emerson zunächst mal geradewegs die Gegenposition dazu vorfinden. „With consistency"; so erklärt er, „a great soul has simply nothing to do."[17] Hinter dieser Absage an Beständigkeit und Kontinuität steht ein Vorbehalt, der bei Emerson letztlich lebensphilosophisch begründet ist: er sieht eine tiefe Rivalität oder Inkompatibilität zwischen dem zeitlichen Verlauf des Lebens, dem Wechsel und der Erneuerung von Erfahrungen einerseits und der Festlegung einer Person durch Normen wie auch selbstgesetzte Vorgaben andererseits. Diese Diskrepanz wird von Emerson zu einem Appell zur Selbstüberwindung zugespitzt, den Nietzsche dann übrigens begierig aufgreifen wird: „The one thing which we seek with insatiable desire is to forget ourselves, to be surprised out of our propriety, to lose our sempiternal memory and to do something without knowing how or why; in short to draw a new circle. [...] The way of life is wonderful; it is by abandonment."[18]

---

16 Dies erklärte er jedenfalls während einer Podiumsdiskussion der Heinrich Böll-Stiftung in der Humboldt-Universität zu Berlin am 27. März 2000, in der er auf Einwände von Elke Schmitter und mir einging.

17 Emerson (1983, S. 265).

18 Ebd. (S. 414). In Nietzsches Leseexemplar ist diese Stelle mehrfach angestrichen. Die deutsche Übersetzung, die Nietzsche benutzte, lautet: „Das Eine, was wir mit unersättlichem Verlangen erstreben, ist, dass wir uns selbst vergessen, über uns selbst erstaunt sind, unser ewiges Gedächtniß los werden, und etwas thun ohne recht zu wissen wie oder warum; kurz, dass wir einen neuen

Wenn man dieser drastischen Bemerkung Emersons einen positiven Sinn entnehmen will, dann muss man sie davor schützen, als mutwillige Selbst-Zerstörung im Wortsinne aufgefasst zu werden. Die Selbstvergessenheit, von der bei ihm die Rede ist, muss genauer als Vergessen einer vormaligen Verhaltensweise verstanden werden, die man hinter sich zu lassen vermag. Umgekehrt gehört zu der Selbstvergessenheit eine starke Identifikation der Person mit jenem „new circle“, den sie gerade zeichnet, also mit dem aktuellen Lebensvollzug, der sich durch eine besondere Intensität auszeichnet. Das „abandonment“ gibt also keineswegs die Selbsthaftigkeit des Lebens zugunsten anonymen Existierens auf.

Genau hier sehe ich nun eine Möglichkeit, über die Gegenüberstellung hinauszukommen, die sich bei Sennett gefunden hat. Emersons „große Seele“, die der Konsistenz abhold ist, unterscheidet sich sowohl von dem „flexiblen Menschen“, den Sennett brandmarkt, wie auch von dem festen Charakter, den Sennett ihm entgegenhält. Die Beweglichkeit, durch die sie sich auszeichnet, steht nicht unter einem äußeren Leistungsdruck, sondern ergibt sich aus einem inneren Erfordernis des Lebens. Entsprechend bedarf diese Beweglichkeit ermöglichender, förderlicher Umstände. Die positive Bewertung der „Überraschung“, von der Emerson spricht, hängt davon ab, dass man ihr nicht schutzlos ausgeliefert ist. Denn sonst käme es zu einem Gefühl der Überwältigung, des Entsetzens, zum Selbstverlust im schlechten Sinne.

Auch wenn Emerson diese Linie nicht vollends ausführt, kann man festhalten: Der Selbstbegriff, der bei ihm impliziert ist, beschreibt mit der Bereitschaft zum Unwillkürlichen eine Wendung gegen das rein vorsätzliche Leben, gegen das geplante Leben. Diese Zurücknahme der Selbstbestimmung führt nun aber nicht zu einer Affirmation traditioneller Lebensverhältnisse, sondern zu einer anderen, komplexeren Beschreibung der Bewegung, die im menschlichen Leben am Werk ist. Diese Bewegung wird nicht stillgelegt, und sie wird auch nicht als rundum steuerbare Bewegung aufgefasst. Stattdessen wird ein bewegtes Bild personaler Identität skizziert, bei dem förderliche soziale Umstände mitwirken. Eine solche Beweglichkeit kann sich ohne gesellschaftliche Freiheitsspielräume, ohne ein Gefühl der Unbedrohtheit nicht entwickeln. Gleichwohl kommt der Gemeinschaft, in der man sich aufgehoben fühlt, erhebliche Bedeutung zu. Sie beruht aber nicht auf der Tradierung von Verhaltensmustern; es geht vielmehr darum, dass sich die Menschen auf ihr Gegeben-sein, ihr Schon-sein einlassen und zugleich ermutigt sind, über es hinauszugehen. Die Bereitschaft, über sich hinauszugehen, steht im Zentrum dieses Verständnisses von Identität; sie deckt sich, wie ich meine, mit der großzügigen Überbietung eines festen Satzes von Eigenschaften, wie sie der Liebe – und eben auch der

Kreis ziehen. [...] Der Weg des Lebens ist wundervoll. Er ist es durch ein völliges Dahingeben“; vgl. Nietzsche (1980, Bd. 14, S. 692f.).

Selbstliebe – eigen ist. Am Ende ist es die Selbstliebe, bei der die Suche nach einem Weg zwischen traditionalistischen und autonomistischen Verzeichnungen des menschlichen Selbst fündig wird.

Literatur

Chazan, Pauline (1998): *The Moral Self.* London, New York: Routledge.

Covey, Stephen R. (1989): *The 7 Habits of Highly Effective People. Restoring the Character Ethic.* New York: Simon & Schuster.

Emerson, Ralph Waldo (1983): *Essays and Lectures.* Hg. von Joel Porte. New York: Library of America.

Frankfurt, Harry G. (1993): Willensfreiheit und der Begriff der Person (Original 1971). In: Peter Bieri (Hg.): *Analytische Philosophie des Geistes.* 2. Auflage. Bodenheim: Athenäum-Hain-Hanstein, S. 287-302.

Frankfurt, Harry G. (2000): Vom Sorgen oder: Woran uns liegt (Original 1999). In: Dieter Thomä (Hg.): *Analytische Philosophie der Liebe.* Paderborn: Mentis, S. 195-224.

Habermas, Jürgen (1981): *Theorie des kommunikativen Handelns.* Frankfurt a. M.: Suhrkamp.

Hölderlin, Friedrich (1988): *Sämtliche Werke. Frankfurter Ausgabe. Band 16: Sophokles.* Hg. von Dietrich E. Sattler. Basel, Frankfurt a. M.: Stroemfeld/Roter Stern.

Lippmann, Walter (1913): *A Preface to Politics.* Boston: Mitchell Kennerley.

Lippmann, Walter (1961): *Drift and Mastery. An Attempt to Diagnose the Current Unrest* (Original 1914). Englewood Cliffs: Prentice Hall.

Nietzsche, Friedrich (1980): *Kritische Studienausgabe.* Hg. von Giorgio Colli und Mazzino Montinari. Berlin, New York, München: de Gruyter/dtv.

Rorty, Amélie O. (2000): Die Historizität psychischer Haltungen. Lieb' ist Liebe nicht, die nicht Wandel eingeht, wenn sie Wandel findet (Original 1986). In: Dieter Thomä (Hg.): *Analytische Philosophie der Liebe.* Paderborn: Mentis, S. 175-193.

Rousseau, Jean-Jacques (1971): *Emil oder über die Erziehung* (Original 1762). Paderborn: Schöningh.

Schmitz, Hermann (1993): *Die Liebe.* Bonn: Bouvier.

Sennett, Richard (1998): *Der flexible Mensch.* Berlin: Berlin Verlag.

Shakespeare, William (1989): *Die Sonette.* Englisch und deutsch. Umdichtung von Stefan George. München: dtv.

Thomä, Dieter (1998): *Erzähle dich selbst. Lebensgeschichte als philosophisches Problem.* München: Beck.

Thomä, Dieter (Hg.) (2000): *Analytische Philosophie der Liebe.* Paderborn: Mentis.

Thomä, Dieter (2001): Zur Kritik der Selbsterfindung. Ein Beitrag zur Theorie der Individualität. In: Thomas Schäfer, Udo Tietz und Rüdiger Zill (Hg.): *Hinter den Spiegeln. Beiträge zur Philosophie Richard Rortys mit Erwiderungen von Richard Rorty.* Frankfurt a. M.: Suhrkamp, S. 292-318.

Tocqueville, Alexis de (1992): *Œuvres.* Band II. Hg. von André Jardin. Paris: Gallimard (Plèiade).

Wolfe, Alan (1998): White Magic in America. Capitalism, Mormonism, and the doctrines of Stephen Covey. In: *New Republic, 23. Februar 1998*, S. 26-34.
Yeats, William Butler (1996): *Collected Poems.* Hg. von Richard J. Finneran. New York: Scribner.

Identitäts-Fragen in Zeiten des Verrats

Zum Missverhältnis von erzähltem und praktischem Selbst

Burkhard Liebsch

„Ihr verlangt doch nicht, dass ich meine nationale, konfessionelle und rassische Zugehörigkeit formuliere? Ihr verlangt doch nicht, dass ich eine Identität habe? Ich verrate euch: Meine einzige Identität ist die des Schreibens. (*Eine sich selbst schreibende Identität.*) Wer ich sonst bin? Wer wüßte es?" – Der Autor dieser Zeilen, Imre Kertész, bekennt: *ich* weiß es nicht; ich weiß nichts von einem „Ich", das wissen müsste, *wer* es ist. Identität kommt ihm offenbar nur als aufgeschriebene, erzählte und in diesem Sinne stets nur als „vergangene" in den Blick. Selbst das ist nicht sicher. Wenn wir „jene Schauplätze, wo die entscheidenden Ereignisse unseres Lebens stattfanden, wieder aufsuchen", müssen wir allzu oft „erfahren, dass wir nichts [mehr] mit uns selbst zu tun haben". Wir sind „andere" geworden und werden ständig zu anderen. „Eine gravierende Erkenntnis, die wir mit verschiedenen Formen und Sublimationen von Treue zu kaschieren versuchen, weil die Unbeständigkeit unserer Person sonst schieren Wahnsinn enthüllen würde" (vgl. Kertész 1999, S. 56, S. 61.). Ähnlich sagt Hannah Arendt in *Vita activa*: wir sind im Ungewissen darüber, *wer* wir morgen sein werden. Aber sie glaubt offenbar nicht, dass die Erfahrung, ein anderer zu sein oder „Veranderung" bis zum „Verlust" jeglicher Identität, die einzige Maßgabe ist, unter der wir Fragen danach zu bedenken haben, wer wir sind.[1] Deshalb setzt sie der Ungewissheit, der durch keinerlei Wissen abzuhelfen ist, die Treue zum gegebenen Wort und das Vertrauen als Antwort auf die Frage der Anderen danach, wer wir sind, entgegen. Dabei versteht sie diese Treue und das Vertrauen in das gegebene Wort nicht als eine bloße Kaschierung subjektiver Unbeständigkeit, wie es Kertész nahe legt, sondern als eine genuine, eigenständige Manifestation des Selbst-

1 Gewiss hat die Rede von einem „Identitätsverlust" einen guten klinischen Sinn, der auch dann nicht gegenstandslos wird, wenn sich zeigen sollte, dass das Selbst nicht ursprünglich bei sich ist, dass es sich vielmehr ex-zentrisch außer sich befindet oder, wie Ricœur sagt, in einer diasporischen Selbst-Fremdheit zur Welt kommt. Vgl. Liebsch (1996, Teil II). – Umgekehrt sollten Theorien des Selbst, die eben das voraussetzen, nicht der Frage nach dem praktischen Sinn der Existenz des Selbst ausweichen, die am Schluss der folgenden Überlegungen in den Vordergrund gerückt wird. Eine wirkliche Vermittlung beider Probleme ist m. E. noch nirgends geleistet worden.

seins. Verdienen wir aber dieses Vertrauen angesichts unserer Unbeständigkeit? Rechtfertigen wir es in Zeiten des Verrats auch dann, wenn wir nicht aus eigener Kraft *wissen* können, wer wir sind? Muss man das Identitäts-Fragen nicht vom Anderen her aufrollen, wenn es sich nicht in den Aporien einer unmöglichen Selbstgewissheit verfangen soll, auf die man – im *eigenen* Interesse – lediglich abzielt, um selbst zu erfahren, wer man eigentlich ist? Die folgenden Überlegungen nähern sich diesem Problem ausgehend vom ungeklärten *Sinn des Identitäts-Fragens* (I), das darauf abstellt, in Erfahrung zu bringen, *wer* wir sind. Entsprechende Antworten können einerseits auf *narrativem* Wege und andererseits auf dem Weg der *Selbst-Bezeugung* gegeben werden (II), wie sie in Phänomenen des *Vertrauens* und des *Verrats* zum Vorschein kommt (III). Letzteres wird im Lichte der *historischen Erfahrung* bedacht, die vom Verrat an allem, worauf man vertraut hat, berichtet (IV). Dabei geht es um ein *praktisches Selbst*, das weder bloß Sache der „Vergangenheit", von der man erzählen könnte, noch nur Sache eigenen Interesses ist, insofern vom Anderen her in Frage steht, ob es in der Zukunft auch nur das geringste Vertrauen verdient. Wie sich das praktische Selbst unter diesem Aspekt zur Frage seiner Erzählbarkeit verhält, wird mich abschließend beschäftigen.

I

Von vielen Autoren, darunter Hannah Arendt, Charles Taylor und Paul Ricœur, wird Identität heute als Antwort auf die Frage Wer? verstanden. Wenn man wissen möchte, wer jemand ist, fragt man nach dessen Identität. Man unterstellt, dass der oder die Betreffende nicht nur „etwas", sondern „jemand" ist, der oder die aus sich heraus *existiert* und nicht nur wie etwas Vorhandenes in der Welt *vorkommt*. Die Frage, *was* so aus sich heraus existiert, ist den genannten Autoren zufolge so bereits falsch bzw. auf irreführende Weise gestellt, denn ihnen zufolge ist zwischen Was- und Wer-Fragen ein kategorialer Unterschied zu beachten. Im Unterschied zu Was-Fragen zielen Wer-Fragen unmittelbar auf die Existenz eines Selbst ab, das sich aus sich heraus zu sich, zu Anderen und zur Welt verhält.[2] In der Weise der Selbstheit existiert *jemand*, nach dem wir fragen können, um zu erfahren, *wer* es jeweils ist. Eine endgültige und umfassende Antwort auf diese Frage werden wir freilich niemals

2 Es ist allerdings ein verbreiteter Irrtum, vom Rückbezug („sich") ohne weiteres auf Identi-tät zu schließen und das „aus sich heraus" als Ausdruck eines reinen Selbstbezugs zu nehmen. Bei Levinas, um nur ein prominentes Beispiel zu nennen, wird das „sich" gerade im Verhältnis zum Anderen als ein Fremdbezug gedeutet, der sich niemals in einem reinen Selbstbezug aufheben lässt.

geben können. Was wissen wir wirklich, wenn wir glauben sagen zu können, wer jemand ist? Handelt es sich hier überhaupt um ein Problem des Wissens?[3] Worauf zielt man genau ab, wenn man wissen will, *wer* jemand ist?

Der heute vorherrschende Frage-Typus, die Wissens-Frage, zeichnet in der Regel mögliche Antworten mit hinreichender Deutlichkeit vor. Die Wissens-Frage lässt im vorhinein erkennen, welche Art von Antwort sie beantworten würde. Selbst wenn wir die Antwort noch gar nicht kennen, wissen wir, wenn wir die Wissens-Frage stellen, dass die Antwort das vorherige Fragen liquidieren wird. In diesem Sinne wird die künftige Antwort auf den Tod der Frage hinauslaufen. Diese „lebt“ nicht mehr, wenn es keinen Sinn mehr hat, sie erneut zu stellen. Freilich ziehen Antworten nicht selten neue Fragen nach sich, zwingen dazu, die gestellte Frage anders und insofern neu zu stellen, usw. Selbst im engeren Bereich der Wissens-Fragen verhalten sich Fragen und Antworten nicht einfach wie ein Schlüssel und ein passendes Schloss zueinander; zumal dann nicht, wenn erst eine komplizierte, unvorhersehbare Verkettung von Fragen und Antworten zur gesuchten Lösung führt. Gleichwohl lässt sich das Fragen nach Wissen weitgehend vom Modell der Lösung eines Rätsels her verstehen. Wenigstens als regulative Idee schwebt auch langwierigen Prozessen der Erkenntnisgewinnung das Ziel einer (komplexen) Antwort vor, die zur Erledigung der Fragen führen sollte, die diese Prozesse anleiten.

Nun wohnt aber dem Fragen selber eine ihm eigene Fraglichkeit inne, wenn es nicht eindeutig vorzeichnet, worauf es eigentlich abzielt. Eine solche Fraglichkeit ist auch dem Wissens-Fragen nicht gänzlich fremd. Was hat es denn mit dem Wissens-Fragen selber auf sich? Woher rührt es, wozu dient es, welchen Sinn hat es? Paradoxerweise rücken Ursprungs-, Zweck- und Sinnfragen wie diese gerade durch den Erfolg des Wissens-Fragens in den Vordergrund, das durch die Antworten, die es ermöglicht, nicht nur nicht klärt, sondern sogar zunehmend verunklärt, worum es eigentlich in ihm geht. *Diese* Frage aber hat nicht den Charakter eines bloßen Rätsels, dessen Auflösung nur „mehr desselben“, nämlich wiederum Antworten auf Wissens-Fragen erforderte. Die Frage nach dem Sinn des Fragens nach Wissen ist selber keine Wissens-Frage. Was es aber mit Sinn-Fragen auf sich hat, sagen sie uns nicht von sich aus. Keineswegs laufen sie nur auf die Frage Wozu? hinaus, durch die man Sinn-Fragen vielfach erläutert oder sogar ersetzt, um zu definieren, *wonach* mit diesen Fragen eigentlich gefragt wird. In der Geschichtsphilosophie, in der die Karriere der notorischen Frage nach dem Sinn des Ganzen, das man einst Kosmos nannte, erst begonnen hat, nachdem sich die klassische (archäologisch-teleologische) Verknüpfung von Ursprung und Ziel der Geschichte *aufgelöst* hatte, tritt der Sinnbegriff geradezu an die Stelle seiner Vorläufer (Zweck und Ziel). In der Funktion eines Surrogats

3 Vgl. Gadamer (1975, S. 299ff.); Aristoteles (1969, 1141 b 33, 1142 a 30).

fasziniert er aber offenbar gerade deshalb nachhaltig, weil er dahingestellt sein lässt, was mit dem „Sinn“ überhaupt in Frage steht. Die Karriere des Sinn-Fragens beginnt historisch erst dort, wo mögliche Antworten nicht mehr (und nicht nur vorläufig noch nicht) eindeutig vorgezeichnet erscheinen. Das Sinn-Fragen zeichnet gerade nicht einen bloß vorläufigen Ausstand denkbarer Antworten vor, die es liquidieren könnten. In diesem Sinne lebt und überlebt dieses Fragen dank des Ausbleibens von Antworten, die wir *nicht* geben können. Antworten auf Fragen nach (dem) Sinn stehen aus und dahin. Dennoch sollten wir sie nicht einfach als „sinnlos“ bezeichnen oder ihnen das Modell eines Antwortens aufzwingen, das die vorausliegende Frage „erledigt“. Es gibt a priori keinen Grund, Fragen, die nicht „definitiv“ zu beantworten sind und die nicht eindeutig erkennen lassen, worauf sie eigentlich abzielen, als sinnlose Fragen oder als Fragen „zweiter Klasse“ einzustufen. Der Sinn des Fragens ergibt sich nicht – jedenfalls nicht allein – von der Möglichkeit „definitiver“ Antworten her. Auch der Sinn *des Fragens* nach Wissen, der sich keineswegs unmittelbar aus den Fragen nach Wissen ergibt, hat bis heute keine solche Antwort gefunden und bleibt doch unvermindert virulent.

Bei Fragen danach, wer jemand ist, steht nun nicht erst der Sinn des Fragens dahin, sondern schon bei einzelnen Wer-Fragen ist vielfach nicht klar, ob sie überhaupt wie Wissens-Fragen mit „definitiven“ Antworten rechnen können. Man kann freilich Wer-Fragen als bloße Wissensfragen behandeln, wie es dann geschieht, wenn man sie auf eine Frage nach Vorhandenem, nach der Selbigkeit eines Existierenden reduziert, an dessen Reidentifizierbarkeit man interessiert ist. (In diesem Falle genügt als Antwort auf die Frage Wer? eine identifizierende Antwort, die beispielsweise besagen kann: er oder sie ist derselbe bzw. dieselbe wie zuvor.) Im Wer-Fragen ist aber ein weniger trivialer Aspekt zu erkennen, wenn etwa gefragt wird: Wer ist er/sie, wer bin ich *wirklich, in Wahrheit, eigentlich*? Hinsichtlich dieser Fragen, deren Anspruch so leicht nicht abzufertigen sein dürfte, ist ein Ausstand „definitiver“ Antworten nicht auszuräumen. Nicht umsonst erklärt Ricœur denn auch, die Wer-Frage, die die Existenz eines Selbst voraussetzt, bleibe im Gegensatz zu Fragen nach Selbigem, das reidentifizierbar ist, gerade aufgrund des ständigen Ausstands definitiver Antworten virulent (vgl. Liebsch 1999a).

Obgleich wir mit einem solchen Ausstand zu rechnen haben, hört die Wer-Frage nicht auf, sich Anderen und uns selbst zu stellen. Die eingangs genannten Autoren stimmen überein in der Annahme, sie wohne der Existenz eines Selbst an sich inne und sie komme, solange es existiert, deshalb nie zur Ruhe. Lebewesen, die ständig mit der Frage konfrontiert sind, wer sie – je für sich und im Verhältnis zu Anderen – sind, *existieren hermeneutisch*. Dabei entbehren sie der Sicherheit eines organismischen Passungsverhältnisses zwischen Fragen, die ihnen ihre Umwelt stellt, und Antworten, die sie selber geben können, und sind auf Dauer zusätzlich mit der Frage belastet, nicht *was* da aus sich heraus existiert, sondern *wer* es jeweils ist. Es soll sich um eine Grund- und Leitfrage des Selbstseins handeln. Von Anfang an stellt sich uns diese Frage[4] und sie lässt uns bis zum Schluss nicht los. Auch hier gilt: die Frage nach dem Sinn dieses Fragens ist mit einem Hinweis darauf, dass gültige Antworten immerfort „ausstehen" oder ausbleiben, *nicht* erledigt.

Das Wer steht niemals fest. Und zwar um so weniger, wie es seinen Anhalt an der praktischen Verfasstheit traditionaler Lebensformen eingebüßt hat. Das jedenfalls behauptet Taylor in seiner geschichtlichen Rekonstruktion der *Quellen des Selbst*. Das Fragen nach dem Selbst ist Taylor zufolge in der Moderne immer mehr vom Ausstand „definitiver" Antworten gezeichnet (vgl. dazu ausführlicher Liebsch 2001a, Kap. 2). Erst im Lichte dieses *ständigen Ausstands* erfährt es eine Zuspitzung, die uns daran zweifeln lässt, ob sich Menschen unter „prä-modernen" Bedingungen überhaupt jemals *radikal* mit der Frage konfrontiert sahen, wer sie sind. Für die Entsicherung möglicher Antworten werden mehrere Gründe genannt: Erstens die *Erosion ökonomischer Lebensformen*, die scheinbar eindeutig vorzeichneten, was die Soziologen als „Rollenidentität" bezeichnen.[5] Wo durch den Nomos praktischen Zusammenlebens und -arbeitens nicht mehr eindeutig vorgegeben wird, was man zeit seines Lebens angesichts Anderer zu tun hat, findet die Wer-Frage an einer „georteten" Ordnung des Zusammenlebens bestenfalls noch einen geschwächten, aber keinen zureichenden Anhalt mehr. Zweitens erfährt die Deutung aller Ordnungen des Zusammenlebens eine nachhaltige *Deteleologisierung*.[6] Selbst eine beschränkte familiale Ökonomie – von umfassenderen kollektiven Lebenszusammenhängen ganz

---

4 „Von Anfang an" heißt: sobald ein Selbst existiert, sieht es sich „immer schon" mit der Frage nach dem Wer konfrontiert. Daraus ist keineswegs einfach zu schließen, das Selbst sei das Subjekt dieser Frage. Vielfach wird aber genau das unterstellt, so dass es den An-schein haben kann, die Frage danach, wer wir sind, stelle sich uns im wesentlichen nur „im eigenen Interesse", sie sei Sache der Verantwortung vor uns selbst, in der es darum geht, sich von sich selbst Rechenschaft abzulegen, oder Sache der Selbsterkundung, -bestim-mung oder -formung bis hin zur Selbst*produktion*. Am Ende kommt in Theorien des Selbst, die sich dieser Begriffe bedienen, ein Anspruch des Anderen, der sich in der Frage nach dem Wer artikulieren könnte, ebensowenig noch vor wie die Frage als Widerfahrnis. Wenn man sie nur aus eigener Kraft sich selbst stellt, kann sie offenbar keine Rolle spielen, wenn man nach eigenem Gutdünken darauf verzichtet, sie aufzuwerfen. Eine derartige *Verfügbarkeit* der Frage nach dem Wer ist aber mit guten Gründen zu bestreiten.

5 Angesichts einer überbordenden Literatur müssen an dieser Stelle zwei Hinweise genügen: vgl. Kessel (1993, S. 38-53); Habermas (1973, Kap. 6 und 7).

6 Darauf, dass dieser Prozess mit der Heraufkunft des neuzeitlichen Natur- und Ordnungsverständnisses überhaupt sowie mit einem entsprechend transformierten Verständnis der *staatlichen* Einbettung von Lebensformen verknüpft ist, ist oft hingewiesen worden; vgl. Münkler (1987, S. 132ff., S. 188ff.).

zu schweigen – gibt dem nach klassischer Auffassung unweigerlich „despotischen“ Haushaltsvorstand nicht mehr schicksalhaft vor, *als wer* er sich auf Lebenszeit zu verstehen hat. Der damit auch Frauen und Kindern freigegebene hermeneutische Spielraum gestattet eine Arbeit am eigenen Selbstverständnis, die das Telos der familialen Ökonomie nicht unberührt lassen kann. Eine ungebrochene familiale Rollenidentität erscheint nun im nachhinein als eine Form der Zwangsintegration, welche die Frage, wer man ist, im Leben gemäß dem teleologischen Sinn der jeweiligen Lebensform *aufgehen* ließ. Was man als Emanzipation der Frau und gelegentlich auch des Mannes bezeichnet hat, hat *die Einheit der Wer-Frage mit dem teleologischen Sinn familialer Lebensformen* (um beim Beispiel zu bleiben) endgültig zerbrechen lassen. Drittens geraten alle Lebensformen im Zeichen der Moderne in den Sog einer *Temporalisierung*, die sie auf den Primat ihrer Funktionalität für einen beschleunigten Systemwandel hin ausrichtet (vgl. Luhmann 1982, S. 337-387; 1980, Kap. 4). Wo diese Funktionalität nicht gewährleistet wird, erfahren die Lebensformen früher oder später eine nachhaltige „Anachronisierung“. Sie driften ins Unzeitgemäße ab, werden vom beschleunigten Systemwandel nach und nach entkoppelt und schließlich „überholt“. Sie drohen an ihrem eigenen Unzeitgemäßsein zugrunde zu gehen, wenn sie sich nicht dem Imperativ ihrer Systemfunktionalität unterwerfen, um ihre Form flexibel anzupassen oder umgestalten zu lassen. Nicht nach einer vorgegebenen Zugehörigkeit zu überkommenen Lebensformen darf sich fortan der Lebensentwurf der Einzelnen richten; sie müssen im Gegenteil ihre Existenz als temporalisiertes „Fortkommen“ begreifen, das nur dann gewährleistet ist, wenn man bereit ist, ihm gegebenenfalls die eigene Zugehörigkeit zu opfern. Die Lebenswege der einzelnen werden nicht länger vom Horizont überkommener Lebensformen vorgezeichnet; Lebensformen gelten selber bloß noch als Stationen, auf denen sich – viertens – *individualisierte* Trajektorien von Lebensbahnen treffen, vorübergehend verknäueln und schließlich wieder voneinander lösen, um neue Anpassungen an die Forderungen zu ermöglichen, die das System einer schließlich universalisierten Ökonomie stellt. Dieses System hat längst den Rahmen anschaulicher familialer Ordnungen und selbst nationaler Ökonomien überschritten (vgl. Bien 1990, S. 33-64)˙ Es hat diese Ordnungen zwar nicht einfach zerstört und gesprengt; doch es durchdringt sie überall und macht sich mit unnachsichtiger Autorität als die letzte Maßgabe aller Lebensformen geltend: Sie alle sind dazu verurteilt, sich einer *globalisierten* Ökonomie zu fügen, die von sich aus auf keinerlei Zugehörigkeit mehr irgendeine Rücksicht nimmt. Wo die Ökonomie bedingungslos die Anpassung, Deformation, Fragmentierung und Temporalisierung der Lebensformen verlangt und die einzelnen auf eine unvorhersehbare Reise durch verschiedene Lebensformen schickt, gibt es – extrapoliert man die Richtung der Temporalisierung – am Ende keine parallelen

Lebenswege mehr.[7] Das Wer-Fragen wird unter diesen Voraussetzungen erst dort von unabweisbarer Wichtigkeit, wo es sich nicht länger unter Rekurs auf praktische Formen des Zusammenlebens wie von selbst beantwortet (vgl. Castoriadis 1984, S. 252). In solchen Formen *zeigt* sich praktisch, wer man ist. Aber wo sie erodieren, mit einander interferieren oder wo sie von einzelnen auf unvorhersehbare, höchst individualisierte Weise durchlaufen werden, büßen Antworten auf die Wer-Frage entscheidend an sozialem Anhalt ein.

In der Folge treten andere Fragen in den Vordergrund und verdrängen gelegentlich die Wer-Frage. Vor allem im Interesse individueller Lebensführung macht die häufig allzu schnell als rein „ästhetisch" qualifizierte Frage Karriere, *wie* leben? Aber selbst dort, wo die Sache der Lebensform ganz und gar zur Frage der Lebenskunst wird,[8] hören wir nicht auf, in der Weise der Selbstheit zu existieren. In der Auffassung Arendts, Taylors, Ricœurs und vieler anderer tangiert die Wer-Frage auf unhintergehbare Weise den Sinn von Selbstsein. Ließe sich ein Selbst denken, das nicht einmal eine provisorische Antwort auf die Frage zu geben vermöchte, *wer* es ist? Dreht sich das Selbstsein „ontologisch" nicht gerade um die Suche nach einer entsprechenden (wahren) Antwort? Genau das wird, häufig unter Rekurs auf *Sein und Zeit*, häufig unterstellt: Das Selbst ist so „beschaffen", dass es sich ständig diese Frage nach dem Wer zuzieht. Es ist *in sich* dieser ungerufenen Fraglichkeit ausgesetzt, gleichsam pathologisch von ihr affiziert. Ihm *widerfährt* das Wer-Fragen, das nicht davon abhängt, dass etwa ein autonomes Subjekt sie sich selbst stellt; die Wer-Frage „stellt sich" selbst dann, wenn wir „existenziell" gar nicht vorrangig an ihr interessiert sein sollten.[9] Mit dieser Annahme hat die Hermeneutik des Selbst, die für sich in Anspruch nimmt, den ontologischen Grund der Wer-Frage freigelegt zu ha-

---

7 Vgl. Liebsch (1996, S. 132ff.). Selbst der uralte Chronotopos des Lebensweges selber wird fragwürdig. Genügt nicht dort, wo sich die Trajektorien der einzelnen treffen, ein situationistisches Verständnis dessen, wer man ist? *Bedarf* es überhaupt noch (oder gerade deshalb um so mehr) einer „lebensgeschichtlichen" Darstellung, die narrativ den inneren Zusammenhang eines „Lebens im ganzen" zu rekapitulieren vermöchte? Eben davon ist Taylor offenbar unbeirrt überzeugt und widersetzt sich deshalb einer Auflösung von Identität in momentanen, passageren Konstellationen, welche die entsprechend geschrumpften „Orte" des Zusammenlebens rückhaltlos der Herrschaft einer temporalisierten Zeit zu überantworten scheinen.

8 Die Frage, *was* man lebt (um welchen *Gehalt* das Leben sich dreht und wie es mit der *Wahrheit* dieses Gehalts steht), tritt am Ende ganz in den Hintergrund. Unter dem Titel „Ästhetisierung" der Lebensformen hat es tatsächlich zu einer irreführenden Entgegensetzung von Gehalt und „Kunst" des Lebens kommen können. Wenn die Devise *Stil statt Wahrheit* ausgegeben wird, droht mit der Auflösung des Gehalts von Lebensformen in der Art und Weise ihres Geschehens auch die Frage aus dem Blickfeld zu verschwinden, was sie überhaupt zu Formen des *Zusammen*lebens macht. Vgl. die Hinweise in Liebsch (2001a, Kap. 2).

9 Das Sich-Stellen der Wer-Frage kann man so gesehen als ein Existenzial einstufen.

ben, scheinbar „grundlegendere" Fragen wie die cartesianischen aus dem Feld geschlagen. „*Bin ich* gewiss?" „Kann ich *gewiss* sein zu existieren?" „*Täusche ich mich nicht* über mich selbst?" „Kann mich wenigstens mein Denken dessen vergewissern, *dass ich bin*?" „Könnte mich nicht ein täuschender Gott hinsichtlich meiner Existenz in die Irre führen"? Weder diese Fragen noch die Kantischen: „Was kann ich wissen?" „Was soll ich tun?" „Was darf ich hoffen?" erkennt die Hermeneutik des Selbst als Grund- oder Leitfragen des Seins derer an, die als *jemand* in der Weise eines Selbst existieren (vgl. Kant 1956, A 805/B 833). Dieses Sein „dreht sich" scheinbar wenn nicht allein, so doch vorrangig um die Frage, wer wir jeweils sind.[10] Diese Frage fällt ontologisch mit dem Sinn des Geschehens zusammen, das wir Selbstsein nennen. Das heißt: *Wir existieren* sie. Und nur Wesen, die so existieren, können sich dann auch fragen, ob sie existieren, was sie wissen, was zu tun ist und was zu hoffen steht.

Lassen wir einmal dahingestellt, wie plausibel es erscheint, dass die Wer-Frage jene anderen Fragen als Grund- und Leitfragen des Selbstseins abgelöst haben soll, und richten die Aufmerksamkeit auf die Folgen dieser Voraussetzung. Die Wer-Frage hört unter dieser Voraussetzung nicht auf, das Selbst zu beschäftigen, weil eine „letztliche" Antwort auf sie immerfort aussteht. Taylors geschichtliche Rekonstruktion des Selbstseins ergänzt sich in dieser Hinsicht mit der ontologischen Charakteristik des Ausstands, wie wir sie in *Sein und Zeit* finden: Das Selbst existiert im ständigen Ausstand der Antwort auf die Frage, wer es ist. Das heißt nicht, dass gar keine Antworten möglich wären. Aber die Antworten, die wir finden können, bleiben grundsätzlich mit dem temporalen Makel der Unvollständigkeit, der Vorläufigkeit, des Provisorischen behaftet. Dieser Makel geht mit der Zeitlichkeit der Existenz des Selbst unumgänglich einher. Zwar schreibt man ihr die eigentliche Zeitigung der Zeit zu – weshalb das Selbst nicht einfach in die Zeit fällt, in ihr entsteht und vergeht wie die Dinge, die verwittern, oder die Tiere, die verenden. Doch ist diese Existenz auf nach wie vor weitgehend ungeklärte Weise an das Leben eines Leibes gebunden, der an einem bestimmten Datum zur Welt kommt und zu einem bestimmten Zeitpunkt aus ihr scheidet. Ein *leibhaftiges* Selbst kann nur im Durchlaufen der realen Zwischenzeit, deren Anfang und Ende von Geburt und Tod markiert sind, partiellen Antworten auf die Wer-Frage auf die Spur kommen. Und diese Antworten werden der noch ausstehenden Zeit nicht vorgreifen können. Deshalb, meint Hannah Arendt, kann die Wer-Frage endgültig nur vom letzten Tag unseres Lebens an feststehen.

10 Die Existenz „dreht sich" auch noch um anderes (um die Angst, Sorge um Abstand usw.); aber von keiner *Frage* wird sie, folgen wir *Sein und Zeit*, derart umgetrieben wie von der nach dem Wer? Tatsächlich erscheint es schwer vorstellbar, dass jemand, der auf die Wer-Frage keine Antwort weiß, jene Kantischen Fragen aufwerfen könnte.

„Das Wesen einer Person [...], dessen Wer-einer-ist – kann überhaupt erst entstehen und zu dauern beginnen, wenn das Leben geschwunden ist und nichts hinterlassen hat als eine Geschichte“ (vgl. Arendt 1985, S. 186.).

Die Frage nach dem Selbst mündet hier, wie auch schon bei Dilthey, in eine Hermeneutik des Toten. Das Wer kann, wenn überhaupt, erst feststehen, wenn keine Zukunft mehr aussteht, also vom Tode an. (Von der Zukunft, die die Antwort auf die Wer-Frage durch die Überlebenden möglicherweise noch hat, sehe ich hier ab. S. u.) Solange das Selbst, inspiriert von der Frage, wer es ist, existiert, liegt die Antwort nicht vor. Wenn die Antwort vorliegt, existiert das Selbst nicht mehr – es sei denn in der Erinnerung der Überlebenden. Ich kann dieser Erinnerung vorgreifen wollen, doch ob mein Vorgriff als adäquat gelten kann, werde ich im vorhinein nicht wissen können. Streng genommen werde ich die letzte Antwort auf die Wer-Frage niemals kennen lernen können. Wer sich mit vorläufigen Antworten bescheiden möchte, wird sein Selbst niemals als „Ganzes“ zu Gesicht bekommen. Nach alter hermeneutischer Überzeugung, die Ricœur zuletzt bekräftigt hat, kann aber ein Selbst, dessen Geschichte nicht abgeschlossen ist, so wenig wirklich als verstanden gelten, wie ein Leben glücklich genannt werden kann, dessen letzte Tage noch ausstehen. Vor seinem Tod kann niemand glücklich genannt werden, heißt es bei Solon und Aristoteles. Noch die letzte Stunde kann auf das ganze vorherige Leben zurückschlagen und ihm eine andere Wendung geben. Vor dieser retrograden Kraft des Ausstehenden ist auch die Bedeutung des Vergangenen nicht geschützt. Deshalb existiert das Selbst ständig in hermeneutischer Anspannung, im Wissen darum, „dass die Bedeutung einer jeden Geschichte sich voll erst dann enthüllt, wenn die Geschichte an ihr Ende gekommen ist“, woraus folgt, „dass wir [...] zeit unseres Lebens in eine Geschichte verstrickt sind, deren Ausgang wir nicht kennen“.[11] Der Ausgang aber wird möglicherweise über alles Vorangegangene entscheiden.[12]

Die Grundfrage nach dem Wer, die nicht aufhört, sich zu stellen, entpuppt sich hier wirklich als Leitfrage, die bestimmt, woraufhin uns unsere sich entfaltende Geschichte bedeutsam erscheint: Am Ende soll sich herausstellen, wer wir sind. Das

---

11 Ebd., S. 184. Ich sehe hier ganz von der anfechtbaren Voraussetzung Arendts ab, die in der Rede von *einer* Geschichte erkennbar wird. Wie aus einem Geflecht von Geschichten, in die wir lebenspraktisch verstrickt sind, eine Geschichte wird und ob wir daran vorrangig interessiert sein müssen, zeigt Arendt nicht.

12 Offensichtlich ruht diese Annahme auf der – anfechtbaren – Voraussetzung einer Ganzheit des Lebens. Nur wenn diese Voraussetzung gilt, kann angenommen werden, dass keine wie auch immer begrenzte Bedeutung vorherigen Lebens vor einer totalen, es ganz und gar umdeutenden nachträglichen Revision geschützt ist. Es ist ein Desiderat, dieses Problem nicht nur narratologisch, sondern auch mit Blick auf das am Schluss skizzierte Missverhältnis von Narrativität und praktischem Selbst neu aufzuwerfen.

Interesse an unserer (eigenen) Geschichte ist ganz und gar Ausdruck der Selbst-Sorge, die ihren temporalen Makel nicht los wird. Frage ich, mit Descartes, was ich bin (ein „denkendes Etwas“, wie er sagt), dann bin ich in meinem Selbstverständnis nicht derart von einem temporalen Ausstand affiziert, wie es der Fall sein muss, wenn ich frage, wer ich bin. Die Frage nach dem Wer zerfällt in die Frage, wer ich war, bin und sein werde. So sehr in Erinnerung, Erfahrung und Erwartung auch ständig Verknüpfungen hergestellt werden zwischen diesen Hinsichten der Wer-Frage, so unbestreitbar ist, dass die Idee einer künftigen Geschichte, die wir in der Gegenwart erzählen könnten, inkonsistent ist. Wenn man, mit Hannah Arendt, *mögliche Antworten auf die Wer-Frage als allein durch erzählbare Geschichten einlösbar* begreift, muss man deshalb den Schluss ziehen, dass das *Wer, das gesagt (erzählt) werden kann, eine Sache der Vergangenheit bzw. der (künftigen) Gewesenheit ist.* Antworte ich jetzt auf die Frage, wer ich bin, mittels einer Geschichte, so wird diese nur ein gewesenes Selbst in Erinnerung rufen können, von dem wir im vorhinein nicht wissen, inwieweit es vom Ausstand des künftig Möglichen noch nachträglich affiziert werden wird. Dieses Nicht-Wissen reicht über den Tod hinaus. Keineswegs kann eine Geschichte, die der Obhut Überlebender anvertraut werden muss, derart unanfechtbar Bestand haben, wie es sich Hannah Arendt vorstellt. Wenn die Antwort auf die Frage, wer ich bin bzw. war, allein in der Erinnerung Überlebender überlebt, ist sie prinzipiell durch nichts davor geschützt, im Urteil der Nachwelt eine radikale Umdeutung ihrer Bedeutung zu erfahren. Greife ich im Sinne jener Hermeneutik des Toten unweigerlich meinem Ende vor, wenn ich auf eine letztgültige Antwort auf die Wer-Frage abziele, so muss ich im gleichen Zug die vollständige Auslieferung dieser Antwort an die Überlebenden hinnehmen. Gleichwohl unterstellt diese Hermeneutik, es liege ontologisch in meinem (und nur in meinem) Interesse, auf die besorgte Frage, wer ich bin, in Form einer Geschichte eine letztgültige Antwort geben zu können. Anders ist es kaum zu verstehen, wie beispielsweise Ricœur Marcel Proust als einen Menschen beschreibt, der sich auf der Suche nach der verlorenen Zeit befand, um sich wiederzufinden in einer Geschichte, die er bis zum Schluss selbst schrieb und worin er sich genügen konnte als Schreiber und Leser seiner eigenen Geschichte, die ihm schließlich die Antwort und den Tod gab (vgl. Liebsch 1996, S. 293ff.).

Der skizzierte theoretische Kern einer Hermeneutik des Selbst, die Antworten auf die Wer-Frage allein in narrativ Sagbarem – und in Vergangenem – glaubt erkennen zu können, geht mit einer Unterbelichtung einer Reihe von Fragen einher, die unmittelbar den Sinn von Selbstsein betreffen. Existiert es nur umwillen einer Antwort auf die Wer-Frage, die sich allein aus ihm selbst heraus stellt? Was geht ein so verstandenes Suchen nach einer Antwort auf die Wer-Frage Andere an? *Steht dieses Umwillen in keinem ursprünglichen Verhältnis zum Anderen*? Folgen wir Dilthey, so reflektiert eine erzählte Geschichte doch nur eine vorgängige, gelebte Geschichte, die zuvor im Gang war und als „Lebenszusammenhang“ nicht aufhört, sich zu vollziehen, bis der Tod eintritt. Ist eine auf mehr oder weniger markante Ereignisse und auf deren konsekutive Verkettung abstellende Narrativität überhaupt in der Lage, dem *dauerhaften Geschehen des Selbst* gerecht zu werden, das sich in die Zukunft hinein fortsetzt? Und wird man der *Zukunft des Selbstseins* gerecht, wenn man sie nur als die Zeit begreift, die ablaufen muss, damit sich der Ausstand erschöpft, der vorläufig verhindert, dass sich eine letzte Geschichte zum Ganzen eines Lebenszusammenhangs runden kann? Wer in der Tradition jener Hermeneutik des Toten das Wer-Fragen allein auf einen Begriff *narrativer Identität* bezieht, wird dem Gewicht dieser dreifachen Problematik nicht angemessen Rechnung tragen können.

II

Ricœur, dessen Theorie der Narrativität und Hermeneutik des Selbst häufig (fälschlicherweise) ganz und gar für einen solchen, beschränkten Begriff in Anspruch genommen wird, hat diese Problematik gesehen und infolge dessen die begrifflichen Ecksteine seines Ansatzes in *Soi-même comme un autre* im Vergleich zu früheren Arbeiten zur narrativen Identität deutlich verschoben. Während letztere sich weitgehend um die begrifflichen Pole von *Zeit* und *Erzählung* drehen, bezieht sich die Frage nach dem Wer? im genannten späten Werk nicht mehr vorrangig auf die Einheit einer Geschichte, sondern auf den Gegensatz von *Selbstheit* und *Andersheit*. Wie man sich die außerordentlich komplexe Zuordnung des Zusammenhangs von Zeit und Erzählung einerseits zum Begriffspaar Selbstheit und Andersheit andererseits vorstellen soll, erklärt Ricœur nur ansatzweise, wo er auf den Begriff der narrativen Identität zu sprechen kommt (vgl. ausführlich dazu Liebsch 1999a). Dieser Begriff sollte zunächst lediglich auf eine enge Verknüpfung zwischen Identität und Geschichte aufmerksam machen, die nur auf narrativem Wege zur Geltung kommen kann. Der Begriff der Narrativität bezieht sich in diesem Zusammenhang durchaus nicht nur auf die explizite Erzählung, die quasi nekrologisch bereits gelebtes Leben im nachhinein resümiert; gemeint sind vielmehr auch (prä-)narrative Strukturen, die im Geschehen des Lebens zwischen Geburt und Tod gleichsam „am Werke sind“. Was diese Strukturen miteinander verbindet, ist in Ricœurs Sicht, dass es menschlichem Leben, dem an einer „Humanisierung der Zeit“ gelegen ist, im Kern um die Verständlichkeit von *Zeit als Geschichte* geht. Der gesuchten geschichtlichen Verständlichkeit durchlebter Zeit aber trägt nur die Narrativität Rechnung. Nur die ausdrückliche Erzählung *sagt* die geschichtliche Bedeutung dieser Zeit *aus*; aber an seiner eigenen „Erzählbarkeit“ ist unser Leben von Anfang an „interessiert“. Insofern kann es geradezu als ein „narratives In-der-Welt-Sein“ oder als eine Geschichte *in statu nascendi* verstanden werden. Wenn es im Verstehen-wollen von Zeit als Geschichte stets um unser Leben als ein Ganzes und in diesem Sinne darum geht, *wer* wir sind, dann müssen wir hier in der Tat an eine letzte Erzählung, an einen Nekrolog, denken. Doch dem narrativ rekapitulierten Lebenszusammenhang liegt das vorgängige Leben des Selbst voraus. Ricœurs Darlegung der Aufgaben einer Hermeneutik des Selbst in *Soi-même comme un autre* schwenkt nun in der Beschreibung dieses Lebens keineswegs einfach wieder auf eine Theorie narrativer Identität ein, in der es um die biografisch-geschichtliche Deutung verzeitlichten Lebens geht.

Indem *Soi-même comme un autre* von erzählter Identität auf das vorgängige Leben des Selbst zurückgeht, wird zweifelhaft, ob letzteres wirklich so einfach mit einem „ontologischen“ Interesse an narrativer Identität kurzzuschließen ist, wie es vielfach geschieht. Das Selbst, behauptet der Autor hier, sei im Gegensatz zu Selbigem, das objektiv vorhanden und als solches reidentifizierbar ist, nicht ein Gegenstand möglichen Wissens und es sei nicht einfach *auszusagen*. Vielmehr *zeige* oder *erweise* es sich zunächst vor allem vermittels eines spezifischen *Wahrheitsmodus,* im Modus der *Bezeugung*. Traditionell verbindet die Philosophie die Wahrheit mit der *Aussage*. Und zwar mit einer möglichst unzweideutigen, klar als wahr oder falsch zu beurteilenden Aussage. Aber das Selbst oder die Wahrhheit, die ihm zukommt, lässt sich nicht ohne weiteres wissen und aussagen (s. o.). Es existiert vielmehr praktisch als zu *bezeugendes*. Finden Antworten auf die Wer-Frage wirklich nur nachträglich-narrativ statt und nicht (*auch, zuvor*) in der Weise der Bezeugung dessen, wer wir sind oder als wer wir wahrgenommen werden wollen?

Die Antwort auf die Frage *Wer* sind wir? geben wir diesem Vorschlag zufolge vor allem *praktisch*, z. B. indem wir unser Wort halten.[13] Wir antworten also auf die Wer-Frage durch unser *Tun*, d. h. in gewisser Weise durch unser Leben selbst. Dieses entzieht sich aber hinsichtlich seines Wahrheitsbezugs einer eindeutigen und generellen Beurteilung. (Woraus keineswegs folgt, dass der Wahrheitsbezug preiszugeben ist.) Einer Bezeugung *bedürfen* wir überhaupt nur deshalb, weil wir der Wahrheit unserer Identität gerade nicht aus *eigener* Kraft gewiss sein können und weil wir sie insofern *nicht* „besitzen“. In diesem Sinne sind wir nicht Besitzer unseres Selbst, wie es der moderne Individualismus von Locke an nahe gelegt hat. Mehr noch: der Bezeugung bedarf das Selbst, insofern es unvermeidlich zwischen Vertrauen und Verdacht angesiedelt ist. Wer wir sind, erweist sich auch deshalb ganz wesentlich als

13 Diesem Ausdruck kann nicht nur ein enger (ethischer) Sinn gegeben werden. Von dieser Frage sehe ich in diesem Zusammenhang aber ab. Vgl. zum Geben des Wortes in einem weiteren Sinne Liebsch (2001b).

eine Frage des *Glaubens* Anderer *an* uns. Der Glaube an jemanden ist die Antwort, welche die an Andere adressierte Selbst-Bezeugung findet oder nicht findet. Wie die Bezeugung, so ist auch dieser Glaube eine Angelegenheit der *Dauer* sozialer Bezogenheit, die in die Zukunft weist. Derjenige, an den ich glaube, wird, so hoffe ich, für mich insofern in Zukunft derselbe sein, der jetzt meinen Glauben[14] bzw. mein Vertrauen rechtfertigt. Derjenige, den ich für vertrauenswürdig halte, indem ich ihm sein gegebenes Wort „abnehme", wird dieses Vertrauen rechtfertigen, darauf baue ich.

Mit Recht bezeichnet Ricœur das Versprechen als ein Phänomen *par excellence*, in dem der Wahrheitsmodus (Bezeugung) dessen, wer jemand ist, zum Vorschein kommt, um eine „verlässliche" Zukunft vorzuzeichnen, an der der Andere interessiert ist. Dem Interesse des Anderen an einer in die Zukunft hinein reichenden Dauer meines Selbstseins kann eine narrative, allein auf nachträglich Sagbares abstellende Identität um so weniger Rechnung tragen, wie das Selbst sich als eines, dem wir vertrauen können, zunächst nur *praktisch bewahrheiten* kann. Indem wir ein vertrauenswürdiges Selbst bewahrheiten, *sagen* wir praktisch, wer wir sind. Aber der Hermeneutiker des Selbst kann nicht von vornherein dessen gewiss sein, dass sich dieses Sagen auch im Gesagten (Erzählten) einer narrativen Identität wiederfinden wird. Ist dieses Sagen unter dem Aspekt seiner Dauerhaftigkeit, deren das Versprechen genauso bedarf wie das Vertrauen, überhaupt einem auf Ereignisse fixierten Erzählen zugänglich? Verknüpfungen zwischen einem Begriff des praktischen, zu bezeugenden Selbst und Theorien narrativer Identität sind bislang, auch bei Ricœur, noch kaum hergestellt worden.[15] Das mag auch daran liegen, dass die Wer-Frage bei näherer Betrachtung ihre Einheitlichkeit gänzlich einzubüßen droht, die man zunächst zu unterstellen geneigt ist. Wir fragen in mehrfachen, nicht ohne weiteres auf einen Nenner zu bringenden Hinsichten und Kontexten: Wer erscheint? Wer äußert sich? Wer handelt? Wer trägt die Verantwortung? Etc. Wäre es nicht denkbar, dass praktisch bezeugte und narrative Antworten auf die Wer-Frage in unterschiedlichen Hin-

---

14 Hier geht es nicht um eine bloße Vermutung, sondern darum, *jemandem* zu vertrauen, nicht *auf etwas* zu bauen oder auf etwas sich zu verlassen. In der gegenwärtigen Diskussion um das Phänomen des Vertrauens wird häufig das Vertrauen in etwas und das Vertrauen verwechselt, das wir in jemanden „setzen", so dass wir an ihn oder sie glauben.

15 Es liegt z. B. auf der Hand, dass wir auf der Suche nach narrativer Identität der Zukunft (auf allerdings stets inadäquate Weise) vorzugreifen versuchen können, da wir wissen, dass vom Ende her ein Licht auf die dann vergangene Zukunft unserer Selbst-Bezeugung fallen wird. So verständlich aber das vorgreifende Interesse an einer geschichtlichen Sichtbarkeit der Selbst-Bezeugung sein mag, entschiedene Zweifel daran sind angebracht, ob sie der spezifischen, auf Dauer (statt auf „herausragende" Ereignisse) angelegten Zeitstruktur der Selbst-Bezeugung gerecht werden kann. Nicht nur diese Frage steht einer allzu glatten Synthetisierung von narrativer Identität und Selbst-Bezeugung im Wege.

sichten und Kontexten auf irreduzible Weise disparat bleiben müssen – auch über den Tod hinaus?

Im folgenden möchte ich auf eine Verbindung zwischen *historischer* (narrativer) Identität und Selbst-Bezeugung aufmerksam machen, die den engen bio-grafischen Rahmen, in dem man das Problem der personalen Identität nicht selten abhandelt, weit übersteigt. Es sind nicht zuletzt historische Erzählungen, auf deren Folie wir sagen können müssen, wer wir künftig sein wollen. Dabei handelt es sich besonders um Erzählungen, die von *verratenem Vertrauen* berichten und entsprechend unnachsichtige Zweifel am Sinn der Rede von Identität oder Selbstsein nähren. Wenn solch ein Verrat möglich war (und möglich bleiben wird), welchen Sinn hat es dann, auf ein so prekäres und „zwielichtiges Subjekt" zu setzen, das wir „Selbst" nennen?[16] Hat es angesichts dieser Erfahrungen Sinn, einem Selbst Vertrauen entgegen zu bringen? Ich suspendiere zunächst diese Frage, um auf dem Umweg über Gedanken zum Vertrauen als einem ausgezeichneten Phänomen der Selbst-Bezeugung wieder auf sie zurückzukommen.

III

Luhmann hat Recht, wenn er feststellt, das Problem des Vertrauens ergebe sich aus der Freiheit des Anderen (vgl. Luhmann 1989, S. 32, S. 40). Wir vertrauen Anderen angesichts oder ungeachtet ihrer Freiheit, die es ihnen jederzeit ermöglicht, unser Vertrauen zu enttäuschen. Wo eine solche Enttäuschung ausgeschlossen scheint, hat auch das Vertrauen keinen Platz. Nur einem Anderen, der uns *ganz und gar* zu enttäuschen vermag, um unser Vertrauen bis auf die Knochen zu entblößen, *müssen* und *können* wir Vertrauen entgegenbringen oder „schenken". Im Rahmen der neuzeitlichen Sozialphilosophie wird die „restlose" oder „äußerste" Enttäuschung vom *Mindesten* her bestimmt, das wir vom Anderen *erwarten müssen*, um überhaupt mit ihm koexistieren zu können. Wenn wir *nicht wenigsten*s darauf bauen können, dass der Andere auf äußerste Gewalt gegen uns verzichtet, wie sollen wir dann mit ihm zusammen oder auch nur neben ihm leben können?[17] In der Freiheit des Anderen liegt

16 Diese Frage bezieht sich nicht auf einen fragwürdigen philosophischen Subjekt-Status des Selbst (von dem ich nicht ausgehe), sondern genau – wie die *common-sense*-Rede von „zwielichtigen" Figuren auch – auf Individuen, deren Vertrauenswürdigkeit zweifelhaft erscheint.

17 Auch hier zeichnet sich ein Desiderat ab. Es ist an der Zeit, das Problem des Vertrauens nicht nur von der Drohung „äußerster" Gewalt her aufzuwerfen (bei der man im übrigen nicht bloß an die physische, sondern auch an die symbolische Liquidierung – bis hin zum Rufmord – denken sollte). Tatsächlich verlangen ja rechtlich pazifizierte politische Systeme ihren Mitgliedern kei-

es aber gerade, auch die „mindeste Erwartung", die wir an ihn herantragen müssen, enttäuschen zu können. Und diese Freiheit kann er nicht gleichsam ablegen. Sie ist ihm wie mir gegeben. Wir sind zur Freiheit „verurteilt", die die im Prinzip ständig gegebene Möglichkeit einschließt, dass wir zu äußerster Gewalt greifen können. Vertrauen kann es so gesehen nur im Horizont der radikalen Möglichkeiten dieser Freiheit geben, die, folgen wir den hobbesianischen Prämissen, mit denen die neuzeitliche Sozialphilosophie ansetzt, zu *unbeschränktem Misstrauen* Anlass geben könnte. Für Hobbes „verbindet" die Menschen ursprünglich nichts. Sie kommen „unverbunden" zur Welt und bleiben im Zeichen des niemals wirklich aufzuhebenden Naturzustandes im Grunde im Verhältnis zueinander „isoliert" wie Elemente eines Systems, die nur nachträglich in gewisse Beziehungen zueinander getreten sind. Der neuzeitliche Atomismus, dem auch Hobbes anhängt, besagt, dass sich solche Elemente stets als resolutiv zerlegbar und als kompositiv synthetisierbar erweisen werden. Sowohl die Zusammenfügung der Elemente im Modus irgendeiner Bindung oder Verbindung wie auch deren Auflösung affiziert die Elemente nicht „substanziell".[18] „Menschliche Elemente" sind vor allem durch eine Freiheit gekennzeichnet, die es ihnen wie gesagt im Prinzip jederzeit gestattet, zum Äußersten einer tödlichen Gewalt zu greifen. Als „soziale" Elemente wissen sie zugleich aber von der entsprechenden Freiheit jedes Anderen. Ihre Koexistenz lässt sich demnach nur im Zeichen der Angst vor der Freiheit des Anderen denken, die von Anfang an wenn nicht den Krieg im gewöhnlichen Sinne der bewaffneten Auseinandersetzung oder des Bürgerkrieges, so doch im Sinne einer tödlichen Vernichtungsdrohung in die Welt setzt; und zwar allein dadurch, dass freie Subjekte, denen radikale Möglichkeiten offen stehen, nebeneinander existieren. Weil sie zur Gewalt, zu vernichtender Gewalt greifen können, sind sie darauf angewiesen, im Vertrauen zu koexistieren. Herrschte gegenseitiges Misstrauen angesichts der grenzenlosen Möglichkeiten der Freiheit *unbeschränkt*, so hinderte sie nichts daran, zu präventiver Gewalt zu greifen, um den ständig antizipierten schlimmsten Absichten Anderer zuvorzukommen. Dem Gebrauch der Freiheit im Zeichen unbegrenzten Misstrauens müsste alsbald der

---

neswegs nur den Verzicht auf tödliche Gewalt gegen Andere ab. Insofern hat der Gewalt-Verzicht, wenn er sich als ein Versprechen rekonstruieren lässt, eine wesentlich differenziertere Struktur, als die folgenden Überlegungen erkennen lassen.

18 Ich kann an dieser Stelle nicht der sich aufdrängenden Frage nachgehen, inwieweit die angedeutete Prämissen nicht bloß von „historischer" Bedeutung sind und bis in das sozialphilosophische Denken der Moderne hineinwirken. Noch lange nachdem die Kritik am epistemologischen Modell des von Cassirer so genannten resolutiv-kompositiven Denkens eingesetzt hatte, hat man soziale Bindungen immer wieder mit Kräften verglichen, die zwischen je für sich Existierendem wirken. Unter anderem wäre die „formale" Soziologie Georg Simmels hier als ein wichtiges Beispiel zu nennen.

Andere als dessen Quelle abhanden kommen. Andere können als freie Wesen auf Dauer nur koexistieren, wenn das Misstrauen nicht unumschränkt herrscht.

Letztlich ist es diese Einsicht, die Hobbes dem Zustandekommen eines Gesellschaftsvertrages zugrunde legt, der die von Angst und Gewalt gezeichnete Freiheit durch das gegenseitige Versprechen pazifiziert, auf Gewalt zu verzichten. Aufgrund dieses Versprechens begibt man sich der „wilden" Gewalt, die dem Anderen jederzeit das Äußerste androhen kann; man delegitimiert sie und delegiert legitime Macht an einen politischen Souverän, der eine zumindest im Innern befriedete Ordnung des Zusammenlebens garantiert. Was die Mitglieder einer politisch pazifizierten Gesellschaft in dieser Sicht *als solche* aneinander bindet (der Vertrag, dessen Einhaltung von einem beobachtenden Souverän überwacht wird), beruht offenbar bereits auf dem gegenseitigen Vertrauen in das gegebene Wort, als das sich der Vertrag rekonstruieren lässt. Das gegenseitig gegebene Wort schließt einen das Zusammenleben befriedenden Gewalt-Verzicht ein. Eine politische Ordnung, in der Freiheiten koexistieren, die zu vernichtender Gewalt greifen können, lässt sich nur unter der Voraussetzung eines solchen (gegebenenfalls allerdings nur vorbehaltlichen) Gewalt-Verzichts denken, der, um wirksam zu sein, gegenseitiges Vertrauen erfordert.

Woher rührt aber dieses Vertrauen, wie ist es möglich? Kann und soll man angesichts einer Freiheit des Anderen, die doch nicht aufhören kann, radikal frei zu sein,[19] auf das Vertrauen vertrauen? Nie kann ich ja *wissen*, ob der Andere, der unter dem Eindruck des Naturzustandes sein Wort gegeben hat, nicht stets nur unter dem *Vorbehalt* handeln wird, er werde sich nur an den Vertrag halten, solange er seinen „vitalen Interessen" nicht widerspricht. Hobbes selber rechtfertigt diesen Vorbehalt unter Hinweis auf das „natürliche Gesetz" der Selbsterhaltung. Zwar zieht Hobbes auch ein „zweifelloses" Vertrauen in Erwägung. Aber er rechtfertigt von seinem Begriff des Naturzustandes her unbeschränktes Misstrauen in Andere als unsere potentiellen Mörder. Wo bestimmte Formen der Gewalt „ausbrechen", wird noch heute immer wieder gefragt: schimmert da nicht der „alte" Hobbesianische Naturzustand wieder durch? Gibt insofern die geschichtliche Erfahrung nicht immer wieder jenem Misstrauen Recht, das von der Brüchigkeit der gesellschaftlichen Verhältnisse ohnehin ständig, wenngleich nicht unbedingt akut genährt wird (vgl. Todorov 1993)? So wird das begrenzte, relative Vertrauen, das *in* politischen Ordnungen nicht möglich ist, ohne gelegentlich seine Zweifelhaftigkeit zu offenbaren, immer wieder auf jenes „ontologische Miss-trauen" *vor* und *angesichts jeder* möglichen Ordnung zurückbezogen, dem Hobbes zu theoretischem Ausdruck verholfen hat.

Es ist nicht zuletzt dieser Rückbezug (und nicht nur eine relative Enttäuschung vorgängigen Vertrauens *in* einer bestimmten politischen Ordnung), was berechnen-

19 Zur problematischen Radikalität der Freiheit vgl. Liebsch (2001c).

des, taktisches Verhalten gegenüber Anderen als doppelt geboten erscheinen lassen kann. Jenes „ontologische" Misstrauen besagt: da wir wissen, dass die Anderen frei sind und unter allen Umständen frei bleiben, ist ihnen „letztlich" nicht zu trauen. Klug beraten scheint nur derjenige zu sein, der Anderen niemals ganz, vorbehaltlos oder unbedingt („blind") vertraut. Vertrauen sollte man demgemäß nur dann, wenn man keine andere Wahl hat. Vertrauen wäre so gesehen nur ein unzulängliches *Surrogat für Wissen*. Vertrauen wir nicht nur dort, wo Kontrolle nicht möglich ist? Allzu „großes" Vertrauen wäre unklug; Kontrolle allemal besser, wie eine penetrante Redensart lautet. Eine angesichts jenes ontologischen Befundes noch angemessenere Devise würde lauten: vertraue niemandem (selbst eigenen Kindern nicht, die, wie Hobbes lehrt, bereits als künftige Feinde in Betracht kommen). Nur auf eigene Berechnung, die sich auf Wissen stützt, kann man sich demnach wirklich „verlassen".

Auf diese Weise wird Vertrauen unter der Hand zu einem epistemischen Problem. Vertrauen wäre Ausdruck eines *mangelhaften Wissens* darüber, wie etwas oder Andere sich in Zukunft verhalten werden. Ähnlich wie gesichertes Wissen, allerdings mit einem geringeren Grad der Sicherheit, lässt es etwas erwarten, gestattet, mit etwas zu rechnen, zu bauen auf etwas, sich auf etwas oder jemanden zu verlassen, usw. Unter dem Aspekt des ungesicherten Wissens wird die Unterscheidung eines Vertrauens, das man *in jemanden* setzt, von einem Vertrauen *in etwas* nahezu gleichgültig. Dem Sachverhalt, dass man *jemanden* für *vertrauenswürdig* halten und zu einem oder einer *Anderen* eine *vertrauensvolle* Beziehung haben kann, so dass man *mit ihm/ihr* „im Vertrauen" leben und arbeiten kann, ist aber unter rein epistemischen Gesichtspunkten nicht Rechnung zu tragen. Diese Redeweisen könnten in terms dieses Gesichtspunktes scheinbar stets ohne Verlust in Formulierungen über wissensgestützte Erwartungen übersetzt werden, die es gestatten, dass man sich unter Bedingungen relativer Ungewissheit *auf etwas* verlässt. Vertrauen würde man demnach, weil und insofern es nicht möglich ist, etwas oder jemanden zu „berechnen" – was, jener Redensart zufolge, allemal besser, d. h. verlässlicher wäre.

Wird man dem Vertrauen auf diese Weise gerecht? Oder wird es als ein *mangelhafter Ersatz für Wissen über etwas* an einem falschen Maßstab gemessen? Zweifellos ist Vertrauen vielfach nicht durch Wissen zu ersetzen und auf diese Weise „zu erübrigen" (vgl. Luhmann 1989, S. 73). Aber muss man nur darum auf ein gewisses Vertrauen setzen – oder wird sein genuiner Sinn in einer solchen Sichtweise verkannt? Diese Frage ist nicht leicht zu beantworten, weil Vertrauen nur in Ausnahmefällen auf einen Akt zurückgeht (in dem man sein Vertrauen in etwas oder in jemanden „setzt"), dessen *Gegenstand* (oder noematischer Gehalt) bewusst ist. Vertrauen steht eher für einen Modus unseres Lebens „im Vertrauen", der im Spiel ist, ohne dass ohne weiteres anzugeben wäre, woher es rührt, welchen Erfahrungen es zu verdanken ist und worin genau das liegt, *worauf* wir vertrauen. Vielfach offenbart erst eine *Krise des Vertrauens* nachträglich das Worauf als den Gegenstand des Vertrauens. Von der Krise des Vertrauens her ist aber ein kardinaler Unterschied zwischen dem Vertrauen in etwas einerseits und dem Vertrauen in jemanden andererseits zur Geltung zu bringen. Wurde Vertrauen in etwas enttäuscht, so mögen wir uns geirrt haben. Vorschnell oder fahrlässig scheinen wir uns auf etwas verlassen zu haben, wo Sicherheit tatsächlich – wie wir im nachhinein einsehen – nicht zu erwarten war. *Die Krise des Vertrauens in etwas schlägt in der Regel auf uns selbst zurück.*[20] Hingegen tangiert eine Krise des Vertrauens in jemanden *ihn selbst*, sein Selbst, das also, *wer* er für uns ist (oder wer wir für Andere sind). Auch in diesem Falle mögen unsererseits falsche Erwartungen mit im Spiel gewesen sein. Und eine eindeutige Grenze zwischen dem Vertrauen in etwas und dem Vertrauen in jemanden lässt sich nicht von vornherein ziehen. Am Beispiel der Wahrhaftigkeit ließe sich leicht zeigen, wie das eine in das andere übergeht: Ich vertraue darauf, dass (mir) jemand (stets) „reinen Wein einschenken" wird; aber ich vertraue auch auf die Wahrhaftigkeit, die ihn/sie selbst auszeichnet. Das Vertrauen in *jemanden* manifestiert sich in diesem Falle im Vertrauen auf *etwas*. Dennoch zeigt sich, wenn dieses Vertrauen enttäuscht wird, ein Überschuss des Vertrauens in jemanden, in sein Selbst, der sich nicht auf das enttäuschte Vertrauen in das wahrhaftige Verhalten reduzieren lässt, wenn man zu dem Schluss kommt: er/sie *selbst* ist nicht vertrauens*würdig* und *verdient* kein Vertrauen. Diese Enttäuschung, in die die Krise des Vertrauens münden kann, ist nicht Sache des Wissens, obgleich sie die Frage der Wahrheit tangiert. Wahr oder wahrhaftig ist *der Andere*. Das ist nur zu bezeugen, nicht zu beweisen. Wer zweifelt und nach Beweisen sucht, verurteilt sich selbst zu einem nicht enden wollenden Misstrauen, weil er nach definitivem Wissen sucht, wo keines zu finden ist. *Die Wahrhaftigkeit des Anderen kann nicht gewusst werden.*

Vertrauen in Andere ist weder primär ein „epistemisches" Problem noch auch eine bloß affektive Gegebenheit. Zwischen Vertrauen und Misstrauen sind Abstufungen denkbar. Man erwirbt sich zunehmend Vertrauen oder verliert es. Es lassen sich vertrauensbildende Maßnahmen denken etc. Vertrauen ist Bestandteil taktischen und strategischen Verhaltens, möglicherweise auch dann, wenn es angeblich „geschenkt" wird. Andererseits kann es weder gekauft noch befohlen, weder gelernt noch gelehrt werden. Es hat einen völlig ungeklärten temporalen Aspekt. Es „braucht Zeit", wächst, gedeiht oder verkümmert und ist schneller zerstört als wieder hergestellt. Vielfach genügt einmalige Enttäuschung. Wenn wir uns *im Anderen selbst* getäuscht

---

20 Wir mögen dann sagen, wir seien leichtfertig, leichtgläubig gewesen. Aber vielleicht unvermeidlich. Negative Überraschungen (Enttäuschungen) wenden wir nicht selten auch dann gegen uns selbst, wenn tatsächlich nichts uns vor ihnen hätte bewahren können, wenn also nicht fahrlässig „blindes" Vertrauen im Spiel war.

haben, ist der Schaden womöglich irreparabel. Vertrauen charakterisiert die Dia-Chronie von Beziehungen, in denen man sich – zumindest „bis auf weiteres", „unter normalen Umständen", nicht notwendig „unbedingt" – aufeinander verlassen kann. Doch eine Krise des Vertrauens kann für die Vertrauenswürdigkeit des Anderen das endgültige Ende bedeuten, von dem er sich in unseren Augen niemals mehr erholen wird. Von den Reaktionen auf Vertrauenskrisen her ist der Unterschied zwischen (empirisch wie auch immer vermischtem) Vertrauen in etwas und Vertrauen in jemand deutlich zu machen. Wem nicht mehr zu vertrauen ist, wer also fortan als ein „zwielichtiges Subjekt" erscheinen wird, dessen Selbst gerinnt gleichsam in der Selbigkeit eines zumindest zweifelhaften oder definitiv unwahrhaftigen Charakters, der moralisch nicht mehr zu „rehabilitieren" sein wird. Ihm steht die Zukunft insofern nicht mehr offen – es sei denn durch das Verzeihen eines Anderen, auf das aber niemand Anspruch hat, der seine Wahrhaftigkeit durch eigene Schuld verwirkt hat.

Beziehen wir nun diese kursorischen Überlegungen auf Hobbes' Problem der Stiftung einer sozialen oder politischen Ordnung zurück, durch die das Vertrauen überhaupt erst zu einem erstrangigen Thema der Sozialphilosophie hat werden können, so drängt sich die Frage auf, inwieweit das Vertrauen, das offenbar in die Stiftung einer im Innern, durch einen (fiktiven) Vertrag relativ befriedeten Ordnung eingehen muss, überhaupt als Vertrauen *in Andere selbst* zu verstehen ist.[21] Erklären wir die Stiftung einer solchen Ordnung durch ein generalisiertes Versprechen des Gewalt-Verzichts, das die *originäre* Gültigkeit des Vertrags trägt, muss man dann auch annehmen, dass so Vertrauen in Andere als Mitglieder derselben Ordnung ins Spiel kommt, denen wir zumuten, sich an die Bedingungen des Gewalt-Verzichts in der Zukunft zu halten? Tangiert die Existenz und Fortdauer mehr oder weniger brüchiger Ordnungen, in die wir uns immer schon hineingeboren finden, überhaupt die Frage, *wer* sie trägt? Genügt nicht ein sogenanntes *Systemvertrauen* in ihr einigermaßen verlässliches Funktionieren? Oder sieht sich dieses Vertrauen gerade dann, wenn das „normale" Funktionieren sozialer und politischer Systeme nicht mehr „ungestört" abläuft, auf personales Vertrauen, d. h. auf Vertrauen in Andere selbst verwiesen? Bemüht man sich um personales Vertrauen als angebliche Ressource „sozialer Integration" nur, um gewaltsame Systembrüche zu kompensieren, deren tiefere Gründe

---

21 Ich lasse hier die nicht weniger wichtige Frage beiseite, ob in einer hobbesianischen Perspektive nicht das Problem des Vertrauens *in* einer äußerlich-rechtlich pazifizierten Ordnung unterschätzt wird. Eine solche Ordnung wird nicht nur durch den „Griff zur Gewalt" und durch den Vertrauensbruch, den dieser bedeutet, radikal in Frage gestellt. An ein „glaubwürdiges" Selbst, mit dem vertrauensvoll zu leben ist, müssen höhere Ansprüche gestellt werden. Bereits eine Spur „taktischen", allzu klugen Verhaltens kann das beste Verhältnis in Frage stellen.

man nicht analysiert?[22] Oder fordern diese Brüche gerade dort, wo sie Gewalt provozieren, selber die Frage heraus, ob wir nur auf das mehr oder weniger ungestörte Funktionieren sozialer und politischer Systeme bauen oder notwendigerweise auch Anderen selbst vertrauen müssen?

Systemvertrauen, so wie Luhmann es beschreibt, kommt überall dort ins Spiel, wo man in sozialen Horizonten *anonymer* Verhältnisse lebt und handelt. Das Vertrauen in die Gewährleistung institutionell geregelter Abläufe, die die Dauerhaftigkeit des sozialen Lebens garantieren, kann nicht davon abhängen, dass wir etwas darüber wissen, *wer* im Einzelfall für diese Abläufe sorgt. In diesem Sinne spielt die Identität Einzelner überall dort, wo wir auf das Funktionieren institutioneller Abläufe bauen, keine Rolle – obgleich zu erwarten ist, dass die Frage, wie jemand, der in sie eingebunden ist, seine jeweilige Rolle wahrnimmt, zentral mit seinem Selbstverständnis zusammenhängen wird. Das Systemvertrauen entspricht einer *Außenperspektive* auf das Funktionieren institutioneller Zusammenhänge, die die Frage, wer sie jeweils gewährleistet, nicht zur Kenntnis zu nehmen braucht, solange die Funktion dieser Zusammenhänge keine gravierende Störung erkennen lässt. Systemvertrauen stiftet Erwartbarkeiten und Anschlussmöglichkeiten unabhängig davon, mit wem man im Einzelfall zu tun haben wird. Ihm kommt es auf Identität nicht an, wenn es allein darum geht, ob sich unsere Erwartungen im Horizont anonymer sozialer Verhältnisse im großen und ganzen als zutreffend und realistisch erweisen, um entsprechend sinnvoll abgestimmtes „Anschlusshandeln" zu ermöglichen.[23] Auf diese Weise blendet das Systemvertrauen die Frage danach ab, ob es überhaupt von jemandem gestützt wird und wer es gegebenenfalls im Einzelfall rechtfertigt. Doch kann diese Frage jederzeit virulent werden. Eine Ausländerbehörde mag formal ungestört funktionieren, ganz unabhängig davon, wer in ihr welche Rolle spielt und wie sie ausgefüllt wird. Doch bei näherer Betrachtung zeigt sich vielfach, dass die Anwendung der einschlägigen Gesetze, deren praktische Umsetzung niemals rein gesetzlich zu regeln ist, mit der Identität der Verwaltungskräfte engstens verflochten ist. Allzu oft bestätigt sich der Verdacht, dass eine im Verhältnis zu „Ausländern" generell

22 Seit einigen Jahren ist speziell das Vertrauen Gegenstand intensiver Arbeit zu der Frage, worauf der Zusammenhalt hochgradig durch Anonymität geprägter und konfliktträchtiger Gesellschaften eigentlich beruht. Man sucht nach „Ressourcen" sozialer Integration, die man zweckdienlich mobilisieren und ausbeuten möchte wie Rohstoffe. Die alarmierte Rede von einem angeblichen Vertrauensverlust reflektiert allgemein zu wenig diese Funktionalisierungsperspektive, der sie sich allzu willig einfügt.

23 In dieser Hinsicht ist Luhmann Recht zu geben, wenn er Vertrauen und Misstrauen für „funktional äquivalent" hält. (Insofern könnte man auch von „Systemmisstrauen" sprechen.) Dennoch, meine ich, muss man sich zum Vertrauen durchringen. Auf eine entspre-chende „Nötigung" der Freiheit wird im folgenden einzugehen sein.

ressentimentgeladene Identität den Sinn des Grundrechts auf Asyl geradezu pervertiert: Die Inanspruchnahme des Grundrechts wird als ungerechtfertigte Anmaßung konnotiert, die mit einer rigiden, nicht selten gegen selbst elementare humanitäre Gesichtspunkte verstoßenden „institutionellen Abwehr" beantwortet wird, die sich als formale Verfahrenskorrektheit maskiert. Was als formal nur der Legalität gehorchende institutionelle Praxis erscheint, kann in Wahrheit vielfach nur angemessen verstanden werden, wenn man fragt, *wer* es ist, der ihren eigentlichen Sinn ins Gegenteil verkehrt.

Überall dort, wo wir uns nicht mit einer bloßen Außenperspektive auf das weitgehend ungestörte Funktionieren sozialer Systeme begnügen können, kann jederzeit die Frage auftauchen, *wer* handelt? Das gilt erst recht, wenn wir uns mit Phänomenen gewaltsamer Zerstörung dieses Vertrauens auseinander zu setzen haben. Zerbricht die Verlässlichkeit institutioneller Ordnungen, so sehen wir uns unmittelbar mit Gruppen oder Einzelnen konfrontiert, die, wenn sie zur Gewalt greifen, den „Vertrag", der uns generellen Gewalt-Verzicht abnötigt, offenbar für ungültig erklären. Systemvertrauen setzt den Gewalt-Verzicht allemal voraus. Dieser muss aber vom sozialen bzw. politischen Selbstverständnis derer getragen werden, die in der jeweiligen Ordnung zusammen existieren. Es muss in diesem Sinne „Teil der Identität" eines jeden sein, auf Gewalt zu verzichten (so weit das in seiner Macht liegt). Das Systemvertrauen, das nur auf das möglichst reibungslose Funktionieren institutioneller Zusammenhänge baut, kann diese Voraussetzung, die ihm selbst einbeschrieben ist, vergessen lassen. Zerbricht es aber gewaltbedingt, so tritt jene Urfrage sozialer Koexistenz wieder auf den Plan, wer wir in unserer Freiheit, die zu jeder Form der Gewalt greifen kann, sind oder sein wollen. Die Gewalt zerstört nicht nur eingespieltes Systemvertrauen, sondern auch das Vertrauen in den Gewalt-Verzicht als Selbstbeschränkung unserer Freiheit, die sich nur so als vertrauenswürdige erweisen kann. Nur angesichts der unwiderruflich den Anderen gegebenen Freiheit kann ich ihnen vertrauen und darauf bauen, dass sie nicht zur Gewalt greifen werden. Im Vertrauen darauf vertrauen wir uns dem sozialen und politischen Leben an, ohne jedes Mal zu fragen, wer dieses Vertrauen rechtfertigt. Wir „vergessen" die Vertrauensfrage, die doch der Stiftung einer jeden befriedeten Ordnung des Zusammenlebens zugrunde liegt, wie *ex post* dann deutlich wird, wenn sie zerbricht. Der Griff zur Gewalt ist nicht etwa nur als „Enttäuschung" einer Illusion oder einer gerechtfertigten Erwartung, sondern als *Verrat* zu werten. Wer das Versprechen des Gewalt-Verzichts bricht, um selbstherrlich von seiner Freiheit Gebrauch zu machen, verrät die Grundlagen des Zusammenlebens. Der Verrat ist aber eine Katastrophe der Vertrauenswürdigkeit, die nur Wesen widerfahren kann, die in der Weise eines Selbst existieren, bei denen man also immer fragen kann, *wer* sie sind. Vertrauenswürdigkeit kommt einem nur in den Augen Anderer zu, die sie zu- oder auch absprechen können. Auf die Vertrauenswürdigkeit Anderer sind wir angewiesen, denn jede befriedete Ordnung setzt die In-Kraft-Setzung eines (fiktiven) Vertrages voraus, der als ein gegenseitiges Gewalt-Verzicht-Versprechen rekonstruiert werden kann, das ohne Vertrauen in das gegebene Wort nicht zu verstehen ist. Wer nach Maßgabe eines solchen Vertrages mit Anderen zusammen lebt, liefert sich unumgänglich dem möglichen Verrat als einer *moralischen Verletzung* aus, die das Zusammenleben irreversibel zu beschädigen droht. Nur im Wissen um diese Verletzbarkeit ist Anderen zu vertrauen. Auf ihren Registern spielt eine Gewalt, die den Gewalt-Verzicht widerruft und das Vertrauen zerstört.

Während es der *Zerstörung* des Vertrauens durch den Griff zur Gewalt nur selten an Evidenz mangelt, erweist sich die *Rechtfertigung* des Vertrauens als mit allen Problemen der Selbst-Bezeugung behaftet. Nicht einmal dann, wenn ich für mich in Anspruch nehmen könnte, bislang nicht zur Gewalt gegriffen zu haben, wäre das ein Beweis dafür, dass ich es auch in Zukunft nicht tun werde. Für das der Zukunft zugewandte Vertrauen in den fortgesetzten Gewalt-Verzicht Anderer kann es streng genommen niemals zureichende Gründe geben. So gesehen kann Vertrauen tatsächlich nur „geschenkt" werden. Es gewährt *unvermeidlich mehr*, als sich aus der Vergangenheit ableiten lässt. Es stiftet eine Vertrauenswürdigkeit des Anderen, dem es obliegen wird, diesen „Vorschuss" zu rechtfertigen. Aber keine Rechtfertigung wird zureichend beweisen können, worauf das Vertrauen setzt; schon deshalb nicht, weil das Vertrauen in fortgesetzten Gewalt-Verzicht stets auf eine noch ausstehende Zukunft verweist, in der man es doch verraten könnte.[24] Nur unter dem doppelten Vorbehalt dieses untilgbaren Ausstands und der Nichtbeweisbarkeit unserer Vertrauenswürdigkeit ist zu *bezeugen*, dass das in uns gesetzte Vertrauen gerechtfertigt ist. Das Bezeugte ist hier aber gerade der Gewalt-Verzicht als Ausdruck einer Freiheit, die sich selbst beschränkt, um nicht ein absolutes, mit gutem Zusammenleben unverträgliches Misstrauen zu entfesseln. Nur Wesen, die in der Weise der Selbstheit existieren, können in diesem Sinne auf Gewalt Verzicht leisten.

---

24 Wie gesagt kann das Vertrauen in ein anderes Selbst, das der Gewalt absagt, nicht an einem höheren Grad der Sicherheit eines Wissens gemessen werden; und es bezieht sich nicht auf etwas, sondern auf jemanden; und zwar *ungeteilt*. Wem nur zuzutrauen ist, unter bestimmten Bedingungen oder in bestimmten Kontexten auf Gewalt zu verzichten, der verdient ebenso wie einer, der nur unter Vorbehalt versicherte, die Wahrheit sagen zu wollen, unser Misstrauen.

IV

Nun ist aber in der Geschichte *an allem* Verrat geübt worden, wie zuletzt das 20. Jahrhundert gezeigt hat, das Boveri (1956) geradezu das „Jahrhundert des Verrats" genannt hat.[25] Wenn es Lehren daraus zu ziehen gilt, dann scheinbar die, dass alles, was verraten werden kann, auch verraten wird, und dass jeder Verrat, der möglich war, auch weiterhin möglich bleiben wird. Da wir Nachgeborenen keinen Grund haben, uns für schlechterdings besser oder über den Verrat erhaben zu dünken, da wir, wie von Primo Levi über Hannah Arendt bis hin zu Tzvetan Todorov gezeigt worden ist, grundsätzlich „vom gleichen Schlag" sind wie diejenigen, die ihn verübt haben, betreffen die Erzählungen vom vielfachen Verrat unmittelbar unser Selbst, d. h. die Frage, als wer wir uns im Lichte der geschichtlichen Erfahrung zu verstehen haben. Gewiss: die Geschichte ist nicht erst seit Machiavelli vom Verrat durchsetzt. Doch ist in dem Jahrhundert, das ihm zu voller Blüte verholfen hat, von der Freiheit in einer unerhörten und beispiellosen Weise Gebrauch gemacht worden. Und dieser Missbrauch bedeutet eine kaum überwundene und vielleicht niemals zu überwindende traumatische Enttäuschung durch den Verrat an allem, was Menschen irgend heilig war – die viel berufene „Stimme des Gewissens" eingeschlossen.

Wo „Endlösungen" projektiert wurden, die nicht weniger als eine radikale Befreiung vom Anderen und seine vorgängige Neutralisierung zu einem ethisch indifferenten Etwas versprachen, hatte auch diese Stimme angesichts der Opfer endgültig zum Schweigen gebracht werden sollen (vgl. dazu ausführlich Liebsch 2001a). Weit entfernt, sich irgend einem Gewalt-Verzicht zu verpflichten, hat sich menschliche Freiheit erst so zu einer radikalen Befreiung ermächtigt, die nur um den Preis einer Zerstörung des Vertrauens zu erreichen war, das man zuvor, im Zeichen der Moderne, gerade auf den Menschen als den eigentlichen Träger einer „menschlichen" Zukunft glaubte setzen zu können. Jene Endlösungen aber kannten die Menschheit als alle Menschen einschließenden Begriff (vgl. Liebsch 1999a) nicht mehr, richteten sie sich doch gegen dehumanisierte Objekte, denen man nie das Wort gegeben haben wollte, Gewalt-Verzicht zu üben. Auf diese Objekte projizierte eine paranoide Phantasie alle denkbaren Vernichtungsdrohungen, gegen die nur „rücksichtsloseste" Gewalt angezeigt schien. Diese Gewalt kennt scheinbar keine Grenze der Freiheit, keine Selbstbeschränkung, sondern proklamiert, dass es in Wahrheit *nichts* gibt, was sich ihr zu widersetzen vermag – erst recht kein moralisches Gebot oder eine Stimme des Gewissens, die es untersagen würde, dem Anderen das Äußerste anzutun. Diese

25 In diesem Buch geht es um eine neuartige Form des Verrats: um den Verrat an der Nation oder an einer ideologischen „Sache", in dessen Windschatten sich allerdings alle Schattierungen des Phänomens feststellen lassen.

entfesselte Freiheit wird fortan als historische Möglichkeit und Faszinosum in der Welt bleiben – um ein nie versiegendes Misstrauen gegen uns selbst hervorzurufen. Wenn diese Freiheit auch unsere Freiheit ist, wie soll man dann sich selbst vertrauen? Wer bin ich denn, dass Andere es wagen können, mir ungeachtet dieser Freiheit zu vertrauen? Es ist nicht allein, wie Ricœur meint, unsere „Wankelmütigkeit", das „Schwanken" unserer Vorsätze oder die Brüchigkeit gewisser Maximen, was uns „unberechenbar" macht und das Vertrauen in den Gebrauch unserer Freiheit unterminiert. Es ist, radikaler noch, die historische, narrativ vergegenwärtigte Erfahrung, die die Möglichkeiten menschlicher Freiheit im grellen Licht von Verbrechen vor Augen führt, die jegliches Vertrauen ein für alle Mal versehrt zu haben scheinen.[26] Wie soll im Lichte dieser Erfahrungen – die allen, die fragen, wer wir sind, gleichsam einen historischen Spiegel vorhalten – Vertrauen in künftiges Selbstsein möglich sein? Wie die Antwort auf die Frage danach, was der Sinn dessen ist, in der Weise eines Selbst zu existieren, steht auch in diesem Fall die Antwort aus. Die historische Erfahrung fordert aber die bestimmte Negation heraus: Wenn dieser Verrat möglich war, so müssen wir versprechen, ihn nicht zu begehen, wenn nicht das Vertrauen der Geschichte zum Opfer fallen soll. Durch ein solches Versprechen wird stets aufs neue Anderen Vertrauen zugemutet – auf das Risiko ihrer radikalen, erneuten Enttäuschung hin. Nur wo diese Enttäuschbarkeit und die radikale Verletzbarkeit, die in ihr liegt, bejaht wird, kann das Vertrauen sich neu bilden und verkümmert nicht im Licht einer unnachsichtigen Aufklärung des Verrats, der an allem verübt worden ist.

Auch im Horizont der Geschichte gilt, was Luhmann für persönliches Vertrauen generell feststellt: „Für den Vertrauenden ist seine Verwundbarkeit das Instrument, mit dem er eine Vertrauensbeziehung [wieder] in Gang bringt. Erst aus seinem eigenen Vertrauen ergibt sich für ihn die Möglichkeit, als eine Norm zu formulieren, dass sein Vertrauen nicht enttäuscht werde, und den anderen dadurch in seinen Bann zu ziehen" (Luhmann 1989, S. 46). Demjenigen, der Anderen Vertrauen entgegenbringt, aber auch demjenigen, dem Vertrauen – „umsonst" – angesonnen wird, wird also unumgänglich auch die Bejahung der eigenen Verwundbarkeit durch den Verrat zugemutet. Diese Bejahung ist die Kehrseite eines „Vertrauensbeweises", der um so weniger „blind" zu sein braucht, wie er, historisch belehrt, um die Möglichkeit einer

---

26 Dazu ist auch das Welt-Vertrauen als eine Fundierung unserer Erfahrung im Leben des Anderen zu zählen. Nicht nur psychologische Argumente sprechen dafür, dass das Welt-Vertrauen sich nicht auf eine sedimentierte Erwartung der Konstanz der dinglichen Welt reduziert. Womöglich gibt es ein solches Vertrauen in die dingliche Welt nur, weil das Vertrauen im Anderen fundiert ist. Wenn Psychologen dieses Vertrauen als Ur-Vertrauen bezeichnen, so heisst das nicht, das es nicht zerstörbar wäre – wenn nicht durch eigene Erfahrung, dann doch vermittels einer indirekt traumatisierenden Erzählung, die die historische Zerstörung des Vertrauens mit der vermeintlich weniger gefährdeten Gegenwart kurzschließt.

radikalen Enttäuschung weiß. Während man keine Zumutung wie diese, die man sich vom Anderen her zuzieht, wählen kann, ist es Sache unserer Freiheit, Vertrauen zu schenken – der Unvorhersehbarkeit des Zukünftigen zum Trotz, die es niemals gestattet, sich auf „zureichende Gründe" zu stützen. In Freiheit haben wir die Wahl, Vertrauen nicht zu gewähren; doch verurteilt sich derjenige, der über den Abgrund des Vertrauens nicht gehen will, zu einem nicht enden wollenden Misstrauen, das Beweise sucht, wo es nichts zu wissen gibt. Insofern muss man vertrauen. Wir erfahren uns in unserer Freiheit als dazu genötigt, Vertrauen zu schenken. Andere schenken uns – „umsonst" – Vertrauen, das wir uns infolge dessen ohne eigenes Zutun ebenso zuziehen wie den Verdacht, wir könnten das in uns gesetzte Vertrauen enttäuschen und damit den Anderen verraten. Damit stellt sich vom Anderen her die Frage, wer wir, als das in uns gesetzte Vertrauen Rechtfertigende oder Enttäuschende, in Wahrheit sind. Das aber ist kein epistemisches Problem, sondern nur im Wahrheitsmodus der Bezeugung zu erweisen.

Offensichtlich ist Vertrauen, in dem sich bewahrheiten kann, wer wir angesichts Anderer sind, die es uns schenken, kein „monologisches" Problem der Identität, die sich in einer reinen Selbst-Erzählung bestätigt finden könnte. Vertrauen ist nur im Wahrheitsmodus der Bezeugung angesichts Anderer zu realisieren und „braucht Zeit". Auch ein sogenannter Vertrauensbeweis, der in einem Akt zu vollziehen ist, kann sich nur im Verlauf der Zeit als „Zeichen des Vertrauens", das sich immer auf *jemanden* bezieht, bewahrheiten. Die *Zeit der Bewahrheitung* muss aber nicht erzählbar sein. Und die Erzählung kann einer noch ausstehenden Bewahrheitung ohnehin nicht vorgreifen. Insofern stoßen wir hier wieder auf das bereits gestreifte Missverhältnis zwischen narrativer Identität und praktischer Selbstbezeugung. Es liegt einerseits auf der Hand, dass erzählte Identität von einer Geschichte der Selbstbezeugung handeln kann, wenn diese sich entlang gewisser Ereignisse als narrativ sagbar erweist.[27] Insofern kann die Erzählung zugleich nicht nur eigenem Interesse an Identität Rechnung tragen, sondern zum Vorschein bringen, wie die Frage danach, wer wir sind – d. h. nach einem Selbst, in das Vertrauen zu setzen ist –, vom Anderen her virulent wird. Dabei bleibt die Erzählung (und mit ihr die narrative Identität) aber auf *gewesenes Selbstsein* beschränkt, mit dessen Bezeugung sie sich nachträglich *verschränkt.*

Diese hier nur angedeutete Verschränkung von narrativer Identität und praktischer Selbstbezeugung hebt deren relativen Gegensatz selbst dann nicht völlig auf, wenn letztere im Verlauf einer prä-narrativen Geschichte *in statu nascendi* Gestalt

---

27 Von der narrativen Sagbarkeit kann aber nicht von vornherein ausgegangen werden, zumal dann nicht, wenn die Geschichte der Selbstbezeugung nicht in einer Reihe von Ereignissen kulminiert, die man ohne weiteres in eine konsekutive Ordnung bringen könnte.

annimmt. Denn die narrative Identität, die erzählt werden kann, ist zur Nachträglichkeit verurteilt – im Gegensatz zur Dynamik der Selbstbezeugung, die auf die Zukunft vorausweist, in der man sich auf ein bezeugtes Selbst soll verlassen können. Die Geschichte dieser Dynamik – die Schicksale des (getrübten) Vertrauens, des Verrats (oder der Treue), der (gescheiterten) Selbstbezeugung, die im „Glauben" Anderer (nicht) die erhoffte Antwort fand, usw. – mag man künftig erzählen können, man muss sich zu diesem Zweck gleichwohl den Bedingungen des narrativ Sagbaren anpassen, das massiven Zwängen unterworfen ist.[28] Das narrativ Gesagte (und die Wahrheit, die man ihm zuschreiben kann) wird aber unter keinen Umständen den spezifischen Wahrheitsmodus der praktischen Selbstbezeugung ersetzen oder auch nur eine Art Äquivalent darstellen können. Auf die praktische, mir vom Anderen her zugemutete Frage, ob ich das in mich gesetzte Vertrauen rechtfertigen werde, kann ich nicht narrativ Antwort geben, sondern eben nur so, dass ich dieses Vertrauen effektiv zu rechtfertigen suche. Vom Gelingen oder Scheitern dieser Bemühung lässt sich freilich später so erzählen, dass die Narration ihrerseits als eine Weise der Selbstbezeugung im Gesagten gelten kann. Mittels des Erzählten *erzähle ich nicht nur etwas* („Geschichten"), sondern *bezeuge*, auf mehr oder weniger glaubwürdige, wahrhaftige, narrativ triftige und wahrheitsgemäße Art und Weise, wer ich bin oder zu sein glaube. Selbstbezeugung und Narrativität überkreuzen sich also und sind nicht etwa auf gelebtes Leben einerseits und erzählte Geschichte andererseits einfach aufzuteilen. So wenig ersteres ohne („prä-) narrative Strukturen auskommt, so wenig kann letztere der Bezeugung des Selbst einfach enthoben sein. Das müssen auch die Überlebenden wissen, denen die erzählten Selbst-Geschichten in die Hände fallen. Sie können sich nicht einfach als Richter über die Wahrheit hinterlassener Nekrologe aufspielen, wenn sie nur realisieren, dass das narrativ Gesagte stets nur Spuren eines Selbst in sich bergen wird, das sich zuvor leibhaftig vollzog. Die Bezeugung als Wahrheitsmodus der Existenz eines leibhaftigen und lebendigen Selbst erlöscht mit dem Tode und hinterlässt nichts als Spuren – sei es im Erzählten, sei es im Leben Anderer. Im Leben aber ist sie durch nichts zu ersetzen, schon gar nicht durch eine narrative Identität, in der wir, folgt man jener Hermeneutik des Toten, allemal nur als Gewesene vorkommen.

---

28 So hangelt sich die Erzählung von Ereignis zu Ereignis, um linearisierte konsekutive Zusammenhänge herzustellen, die retrograd – gemäß einer sublunaren Logik des Wahrscheinlichen –, d. h. vom Ende her „plausibel" nachzuvollziehen sein sollen. Kritik an diesen Zwängen ist – von Robert Musil bis hin zu Roland Barthes und vielen anderen – vielfach geübt worden.

Literatur

Arendt, Hannah (1985): *Vita Activa oder vom tätigen Leben.* 4. Auflage. München: Piper.

Aristoteles (1969): *Nikomachische Ethik.* Stuttgart: Reclam.

Bien, G. (1990): Die aktuelle Bedeutung der ökonomischen Theorie des Aristoteles. In: B. Biervert, K. Held und J. Wieland (Hg.): *Sozialphilosophische Grundlagen ökonomischen Handelns.* Frankfurt a. M., S. 33-64.

Boveri, M. (1956): *Der Verrat im XX. Jahrhundert.* Hamburg.

Castoriadis, Cornelius (1984): *Gesellschaft als imaginäre Institution.* Frankfurt a. M.: Suhrkamp.

Gadamer, Hans-Georg (1975): *Wahrheit und Methode.* 4. Auflage. Tübingen: Mohr.

Habermas, Jürgen (1973): *Kultur und Kritik.* Frankfurt a. M.: Suhrkamp.

Kant, Immanuel (1956): *Kritik der reinen Vernunft.* Hamburg: Meiner.

Kertész, Imre (1999): *Ich – ein anderer.* Hamburg.

Kessel, M. (1993): Neuzeit. In: P. Dinzelbacher (Hg.): *Europäische Mentalitätsgeschichte.* Stuttgart, S. 38-53.

Liebsch, Burkhard (1996): *Geschichte im Zeichen des Abschieds.* München: Fink.

Liebsch, Burkhard (1999a): Einleitung. Fragen nach dem Selbst – im Zeichen des Anderen. In: ders. (Hg.): *Hermeneutik des Selbst – Im Zeichen des Anderen. Zur Philosophie Paul Ricœurs.* Freiburg, München: Alber, S. 11-43.

Liebsch, Burkhard (1999b): *Moralische Spielräume.* Göttingen: Wallstein.

Liebsch, Burkhard (2001a): *Zerbrechliche Lebensformen. Widerstreit – Differenz – Gewalt.* Berlin: Akademie Verlag.

Liebsch, Burkhard (2001b): Überlieferung als Versprechen. Rudimente einer Ethik des weitergegebenen Wortes in der gegenwärtigen Phänomenologie und Hermeneutik. In: M. Fischer, Hans-Dieter Gondek und ders. (Hg.): *Vernunft im Zeichen des Fremden. Zur Philosophie von Bernhard Waldenfels.* Frankfurt a. M.: Suhrkamp, S. 304-344.

Liebsch, Burkhard (2001c): Freedom vs. Responsibility? Ms. Istanbul.

Luhmann, Niklas (1980): *Gesellschaftsstruktur und Semantik.* Band 1. Frankfurt a. M.

Luhmann, Niklas (1982): Weltzeit und Systemgeschichte. In: H. M. Baumgartner und Jörn Rüsen (Hg.): *Seminar: Geschichte und Theorie.* 2. Auflage. Frankfurt a. M.: Suhrkamp, S. 337-387.

Luhmann, Niklas (1989): *Vertrauen. Ein Mechanismus zur Reduktion sozialer Komplexität.* 3. Auflage. Stuttgart.

Münkler, H. (1987): *Im Namen des Staates. Die Begründung der Staatsraison in der Frühen Neuzeit.* Frankfurt a. M.

Todorov, Tzvetan (1993): *Angesichts des Äußersten.* München: Fink.

Falsche Freunde

Radikale Pluralisierung und der Ansatz einer narrativen Identität

Wolfgang Kraus

„Falsche Freunde", so nennen die Sprachwissenschaftler Wörter einer fremden Sprache, die Wörtern der eigenen Sprache ähnlich sind, aber dort eine andere Bedeutung haben. Die trügerische Freude, ein gewohntes Wort in einer fremden Sprache wiederzufinden, verstellt den Blick darauf, dass dieses Wort dort etwas anderes meint. Unter dieser Perspektive betrachte ich die Begriffe der Narration und, allgemeiner, der Narrativität, so wie sie seit dem „narrative turn" in die Identitätspsychologie Eingang gefunden haben. Meine These ist, dass in der narrativen Psychologie unkritische Lesarten dieser Konzepte verwendet werden, welche in vieler Hinsicht der unausgewiesenen Normativität einer „klassischen Moderne" verhaftet geblieben sind. In der Entscheidung für den narrativen Ansatz findet zwar eine grundsätzliche Orientierung hin zu einer relationalen dynamischen Betrachtung der Identitätsbildung statt, aber die konkrete Ausdifferenzierung des Ansatzes fällt oft hinter diesen Impetus zurück. Wenn er denn, so die weitere Überlegung, als Instrument für die Identitätstheorie im Zeichen einer radikalen Pluralisierung taugen soll, muss erstens dieses Missverständnis ausbuchstabiert werden und, zweitens, eine Theorie narrativer Identität notwendige Klärungen erfahren.

Ein brüchiger Konsens: Identität als Konstruktion

Identität wird heute als offener Prozess gedacht. Sie ist weder *in* einem, noch ist sie ein stabiler Erwerb. Dieser Konsens zeigt sich – zumindest in der deutschsprachigen Debatte – nicht zuletzt daran, wie der Ansatz Erik Eriksons als Referenzdiskurs in der psychologischen Identitätsdiskussion in den letzten Jahren rezipiert worden ist. So uneinig sich heute manche in der Exegese Eriksons sein mögen, so einig sind sie sich darin, dass Identitätsentwicklung *natürlich* ein prozesshaftes Geschehen ist, das *natürlich* in intensivem Austausch mit der sozialen Umgebung, dem *alter*, dem anderen, geschieht und das *natürlich* unabschließbar ist (z. B. Straub 1998; Keupp u. a. 1999; Mey 1999). Brüchiger wird dieser Konsens, wenn man eine historische Situierung der aktuellen Identitätsfigur vornimmt. Dann wird die konstruierte, unabschließbare Identität unserer Zeit gegenübergestellt der Identität traditionaler Gesellschaften, die, wie Douglas Kellner schreibt, „according to anthropological folklore [...] was fixed, solid, and stable“ (Kellner 1992, S. 141). Identität heute ist dann Zeichen unserer Zeit, in der es nicht mehr möglich ist, sie dauerhaft zu sichern. Sie wird einer anderen Zeit gegenübergestellt, in der das einmal der Fall gewesen sein mag. Eine solche binäre Konstruktion geht auf der Basis der genannten Konsensmerkmale leicht von der Hand und führt zum – beinahe – voraussehbaren Ergebnis von Oppositionen: Statisch vs. dynamisch, geschlossen vs. offen, Gehäuse vs. Fluxus, einheitlich vs. facettenreich, rein vs. hybrid.

Eine weitere Belastung des Vorrats an identitätstheoretischen Gemeinsamkeiten entsteht, wenn man ein solches binäres Modell sowohl in ein gesellschaftlich-historisches als auch ein subjektbezogenes Entwicklungsmodell überführen will, also zum einen erklären will, wie es historisch von einer Form von Identitätsbildung zu einer anderen kommt und zum anderen, wie sich diese im/am Subjekt abspielt. Letztlich sollen dann ja konkrete historische Entwicklungen einzuordnen und auf die Identitätsentwicklung zu beziehen sein. Gefordert ist ein Modell, das die gesellschaftlich-historische Dynamik des Übergangs von einer Form in eine andere fassen kann. An Peter Wagners (1995) Unterscheidung von drei historischen Entwicklungsebenen zeigt sich beispielhaft, wie solche historischen Übergänge gedacht werden können. Wagner verdeutlicht, dass unser allgemeiner identitätstheoretischer Konsens das Programm der gesellschaftlichen Moderne – formuliert im identitätstheoretischen Spezialdiskurs – darstellt. Er schlägt vor, die realen Veränderungen der Identitätsentwicklung unter drei Perspektiven zu betrachten ist. Zum ersten unter der Perspektive der realen Wahl, ob also die Individuen reale Wahlmöglichkeiten für ihre Selbstdefinition haben; zweitens, ob die einzelnen diese Möglichkeiten nützen; drittens schließlich, mit welcher Zeitperspektive diese Wahlen getroffen werden. Nicht jede Person kann ihre Entwicklung bestimmen, nicht jede, die es kann, tut es, nicht jede, die es tut, tut es mit der Perspektive einer grundlegenden Reorientierung. Diese – hier sehr verknappt vorgestellte – Überlegung Wagners schafft einen Ordnungsrahmen für historische, nationale, regionale, klassenspezifische, geschlechtsspezifische Ungleichzeitigkeiten. Einen solchen Rahmen braucht es auch für die Perspektive der personalen Entwicklung.

1. Identität und Narrativität

Möglichkeiten (a) haben, (b) sehen, (c) wahrnehmen: Identitätsentwicklung basiert auf realen Machtverhältnissen, auf realen Ressourcen, aber sie vollzieht sich im symbolischen Raum. Der hat, so sagt uns die Semiologie, viele Ebenen. Identitätsbezogen können wir an die Zeichenhaftigkeit des Körpers oder unserer Dingwelt, an künstlerische Produktionen oder auch die Ästhetisierung von Leben denken. Identität konstituiert sich nicht im Kopf, sondern am Körper, im Tun und in den Dingen, denen wir etwas „an"-tun und mit denen wir uns umgeben (vgl. Hetherington 1998). Und natürlich wird sie im Reden geschaffen. Unbestritten ist, dass die Sprache eine privilegierte Ebene der Selbstkonstruktion darstellt. In der Sprache wird Sinn gestiftet, über Sinn verhandelt. Die Welt, in der wir sind, ist eine besprochene Welt. Identitätskonstruktion als „Zeichen"-Arbeit: Das verändert den Fokus. Er richtet sich auf ein *Medium* der Selbstkonstruktion und da primär auf die Sprache. Jetzt liegt er – im Falle der Sprache – auf Formen und Ergebnissen des Sprechens über sich selbst. Auch hier besteht ein breiter – und diffuser – Konsens: Sprechen heißt erzählen. Das Erzählen über sich selbst als Generalthema der Identitätstheorie, der Mensch als „homo narrans", auch das ist schon – beinahe – ein Gemeinplatz.

Identität als narrative Konstruktion

Sprache transportiert nicht das Innenleben des Menschen nach außen, sondern sie produziert es. Weil wir alle in soziale Strukturen eingebunden sind, gibt es kein Nachdenken und -empfinden über uns selbst außerhalb von Sprache. Das ist die Ausgangsüberlegung des Konzeptes einer *narrativen Identität* (Ricœur 1996; Meuter 1995; Bruner 1997; Brockmeier und Carbaugh 2001). Die Prozessziele der Kohärenz und Kontinuität in der Identitätsbildung werden mit dem Mittel der Selbsterzählung erreicht. Narrative Identität kann verstanden werden als „die Einheit des Lebens einer Person, so wie sie erfahren und artikuliert wird in den Geschichten, die diese Erfahrung ausdrücken" (Widdershoven 1993, S. 7). Erzählend organisiert das Subjekt die Vielgestaltigkeit seines Erlebens in einen Verweisungszusammenhang. Die narrativen Strukturen sind keine Eigenschöpfung des Individuums, sondern im sozialen Kontext verankert und von ihm beeinflusst, so dass ihre Genese und ihre Veränderung in einem komplexen Prozess der Konstruktion sozialer Wirklichkeit stattfinden. Insofern präformieren sie die Art und Weise, in der eine Person sich erzählen kann, und damit auch ihr Verständnis von sich selbst. Aus dieser Sicht kann das Selbst als ein narratives Selbst verstanden werden (Kraus 2000). Norbert Meuter schreibt:

> „Die Ausbildung der eigenen Identität kann nicht nur als blinde Übernahme sozialer Angebote verstanden, sondern muß immer auch als ein innovativer und individueller Vorgang aufgefaßt werden. Und genau aus diesem Grund kann man [...] das narrative Modell von personaler Identität vor anderen Modellen favorisieren, insofern [...] es erlaubt, die Aspekte der Individualität und Innovativität in den Begriff der personalen Identität mit einzubeziehen" (Meuter 1995, S. 244).

Die narrative Psychologie geht davon aus, dass wir uns sowohl unser Leben und unsere Beziehung zur Welt als auch unsere alltäglichen Interaktionen in Geschichten,

Erzählungen darstellen. „Wir träumen narrativ, tagträumen narrativ, erinnern, antizipieren, hoffen, verzweifeln, glauben, zweifeln, planen, revidieren, kritisieren, konstruieren, klatschen, hassen und lieben in narrativer Form“ (Hardy 1968, S. 5). Narrationen sind in soziales Handeln eingebettet. Sie machen vergangene Ereignisse sozial sichtbar und dienen dazu, die Erwartung zukünftiger Ereignisse zu begründen. In dem Maße, wie Ereignisse narrativ verhandelt und wahrgenommen werden,

> „werden [sie] mit dem Sinn einer Geschichte aufgeladen. Ereignisse bekommen die Realität eines ‚Anfangs‘, ‚eines Höhepunktes‘, eines ‚Tiefpunktes‘, eines ‚Endes‘ usw. Die Menschen agieren die Ereignisse in einer Weise aus, daß sie und andere sie auf eben diese Weise einordnen. [...] So leben wir also auf signifikante Weise durch Geschichten – sowohl durch das Erzählen als auch durch das Handeln des Selbst“ (Gergen und Gergen 1988, S. 18).

Die Geschichten, die wir erzählen, sind keine individuellen Besitztümer, sondern als Produkte des sozialen Austausches zu verstehen. Insofern sind Identitätsprojekte als Narrationen auch nicht die Kopfgeburten von einzelnen, sondern sie gründen im sozialen Austausch und verwenden Erzählformen und Erzählinhalte über individuelle Zukunft, die sozial vermittelt sind. Das heißt nicht, dass es in der Verwendung keine Spielräume und Möglichkeiten der Gestaltung gibt, wohl aber, dass diese Freiheitsgrade relational genutzt werden in Beziehung zu den sozial vermittelten Narrationen des Selbst.

> „Was als individuelle Charakterzüge, mentale Prozesse oder persönliche Charakteristika gedient hat, kann [...] als Grundlage relationaler Formen betrachtet werden. Die Form dieser Relationen ist die einer narrativen Sequenz. So werden wir [...] feststellen, dass das individuelle Selbst nahezu in der Beziehungswelt verschwunden ist“ (Gergen und Gergen 1988, S. 18).

Narratologie als „Wende“

Die Entwicklung des narrativen Ansatzes in den Sozialwissenschaften und v. a. in der Psychologie ist beeindruckend, wenn das auch nur für die USA gilt. Dort wird mit diesem Konzept seit Beginn der 90er Jahre in großem Umfang gearbeitet, wie Vincent Hevern in einer Auswertung von psychologischen Datenbanken belegt (Hevern 2001). Für die Psychologie ist das Jahr 1986, das Erscheinungsjahr von Theodore Sarbins Reader „Narrative psychology. The storied nature of human conduct“, als wichtiges Datum zu nennen (Sarbin 1986). Zum Schöpfungsmythos des „narrative turn“ im weiteren Sinn gehört ein Symposium von 1979 in Chicago zum Thema „Narrative: The illusion of sequence“, an dem u. a. Jacques Derrida, Frank Kermode, Paul Ricœur und Hayden White teilnahmen. Tagungstitel und Teilnehmerkreis machen deutlich, dass es sich nicht um eine Propagandaveranstaltung gehandelt hat, sondern im Gegenteil um die kritische Sichtung des (de-)konstruktivistischen Programms (Mitchell 1981).

Narratologie als „Phönix"

Was für die Sozialwissenschaften als „narrative turn" neu ist/war, ist für die „Narratologie" als Fachwissenschaft (vgl. Jahn 1998, S. 29f.) eine alte Geschichte. Aber auch für sie ist etwas neu an dieser Entwicklung, nämlich die Tatsache, dass sie überhaupt stattgefunden hat. Mark Currie (1998, S. 1ff.) berichtet, dass die Narratologie vor zwanzig Jahren nur noch schwache Lebenszeichen von sich gegeben habe. Als Wissenschaft der narrativen Form und Struktur und v. a. als Ansatz für literarische Erzählungen war sie über Jahrzehnte vom Strukturalismus beherrscht gewesen. Das hatte zur Folge, dass mit der zunehmenden Kritik am Strukturalismus auch die Bedeutung der Narratologie zu schwinden schien. Aber das Gegenteil war der Fall. Aus einer formalistischen und strukturalistischen Narratologie entstanden in Erweiterung ihrer Prinzipien und Prozeduren neue Narratologien, die ihre Vitalität dadurch bewiesen, dass sie sich auf Narrationen aller Art anwenden ließen (vgl. Bal 1999).

Auf meiner Suche nach dem Phänomen der falschen Freunde halte ich es zunächst für hilfreich, in Anlehnung an Currie eine alternative Lesart zu erproben und die Entwicklung aus narratologischer Sicht zu untersuchen, also nicht zu betrachten, wie die Identitätstheorie sich den narrativen Ansatz angeeignet hat, sondern wie aus narratologischer Sicht der Prozess der Ausweitung ihrer Gegenstände und die Diversifizierung ihrer Ansätze und Methode zu lesen ist. Meine Frage ist also zunächst, wie sich aus der Sicht der Narratologie die Narratologie verändert hat. Das erwähnte Symposium von 1979 ist aus dieser Sicht weniger ein Startsignal für den „narrative turn", sondern steht eher für das Phänomen des „Phönix" Narration, der sich aus der „Asche des Strukturalismus" erhebt. Eines ist dabei festzuhalten: Das Diktum Roland Barthes' (1985, S. 167), wonach die Erzählung in einer beinahe unendlichen Formenvielfalt überall ist, „zu allen Zeiten, an allen Orten, in allen Gesellschaften", ist beinahe zu einem Mantra der narratologischen Bewegung geworden. Das sollte zwar nicht den Blick dafür verstellen, dass es eine Vielzahl von nicht-narrativen Textsorten gibt (vgl. Orton 2002), aber dennoch: Narrationen sind keinesfalls nur auf die Literatur beschränkt, sondern überall zu finden. Und nicht nur das: auch die Form ihrer diskursiven Manifestation kann sehr unterschiedlich sein, z. B. verbal, nonverbal, filmisch, zeichenhaft (Chatman 1978). Genau das ist denn auch ein Charakteristikum des Phönix Narratologie: eine massive Ausweitung der Gegenstände narratologischer Analyse, wofür ja auch die Entwicklung in der Psychologie steht. Aus narratologischer Sicht benennt Currie (1998, S. 2ff.) drei Entwicklungen zur näheren Bestimmung ihres Wandels:

- von der Aufdeckung zur Konstruktion
- von der Kohärenz zur Komplexität
- von der Poetik zur Politik.

Von der Aufdeckung zur Konstruktion

Diese Entwicklung steht für die Entdeckung des Lesers als Ko-Konstrukteur einer Erzählung. Eine poststrukturalistische Narrationsforschung erkennt, dass das Lesen das Objekt konstruiert. Sie stellt sich damit gegen die strukturalistische Sichtweise von der Narratologie als einer objektiven Wissenschaft, die die ihrem Gegenstand inhärenten formalen und strukturellen Eigenschaften zu entdecken sucht. Struktur ist keine zu entdeckende Eigenschaft, sondern wird vom Leser auf das Werk projiziert (vgl. Brockmeier 1999). Es handelt sich nicht mehr darum, das narrative „Gebäude" als ein stabiles Objekt in der Welt zu erforschen, sondern es geht um Konstruktionen, entwickelt aus einer Myriade von Möglichkeiten.

Für den Ansatz einer narrativen Identität ist der Gedanke der Ko-Konstruktion, wie Gergen und Gergen (1988) betonen, von zentraler Bedeutung. Identität ist kein „Werk", das irgendwann fertig ist, sondern besteht aus einem ständigen Prozess des Erzählens und Umerzählens. Der geschieht nicht in der Aufdeckung einer Lebensgeschichte, sondern in ihrer Konstruktion, unter Benutzung und Ausblendung von gelebtem Leben, im Arrangement und Rearrangement von Lebensfakten und mit dem Ziel der zukunftsbezogenen Anschlussfähigkeit. Das Erregungspotential solcher Überlegungen für die Fachpsychologie ist unterschiedlich hoch. Am ehesten erscheint mir der Entwicklungsgedanke konsensfähig, der zum theoretischen Grundbestand jeder Psychologie gehört und in den letzten Jahren – auch in Verbindung mit dem Narrationsansatz – wesentlich umfassender als früher vertreten worden ist, etwa unter dem Begriff des „lifespan development" (Freeman 1992). Die Überlegungen zum Individuum als sozialem Wesen sind zwar in allgemeiner Form ebenfalls breit akzeptiert; hier wird aber angesichts divergierender theoretischer Grundorientierungen die Zahl der Konsenspunkte wesentlich geringer sein.

Von der Kohärenz zur Komplexität

Diese Entwicklung war, so Currie, Teil der erstgenannten, der Verabschiedung von einer Sicht der Narration als stabiler Struktur. Aus der Sicht der poststrukturalistischen Kritiker hatte sich in der Suche nach der zugrundeliegenden Struktur bloß das Bestreben maskiert, die Komplexität oder Heterogenität eines Werkes zu reduzieren: durch das Ignorieren von Widersprüchen schaffe es die traditionale Narratologie, die Narration als stabiles und kohärentes Projekt zu sehen. Die Gegner kritisierten das strukturalistische Verständnis von Narratologie als einer Wissenschaft der Einheit und Kohärenz, in der es darum gehe, ein verborgenes Design zu entdecken, die das Objekt verstehbar machen würde. Verborgen in dieser Suche nach dem Zusammenhang sei der Wunsch, eine Erzählung als kohärentes und stabiles Projekt zu begreifen. Dem setzt die poststrukturalistische Narratologie die Forderung entgegen, die widersprüchlichen Aspekte der Narration in ihrer Komplexität zu erhalten und sich dem Impuls zu verweigern, die Narration zu einem stabilen Sinnzusammenhang und kohärenten Projekt zu reduzieren. Die Dekonstruktion der Narratologie beinhaltete also die Zerstörung ihrer wissenschaftlichen Autorität und fordert eine Art des Lesens, die nicht auf den Begriffen der Kohärenz des Autoren-Projektes oder der Stabilität des Sprachsystems im Allgemeinen aufbaut.

Aus der Sicht der Identitätspsychologie besteht die mögliche Provokation in dieser zweiten narratologischen Entwicklung v. a. in der Dekonstruktion eines Werkbegriffs in ein Moment der Dispersion, der Offenheit, Situationsgebundenheit und in der Kritik einer Formhaftigkeit, wie sie der Begriff der Kohärenz repräsentiert. Narrationstheoretisch bedeutet das, dass eine Narration eine Vielzahl von Lesarten zulässt. Die Entscheidung darüber erfolgt in einem Aushandlungsprozess mit dem Rezipienten. Ja mehr noch, der „Leser“ ist im Konstruktionsprozess immer schon präsent. Der Prozess der Sinnkonstruktion wäre dann als prinzipiell unabschließbar zu verstehen. Die Betonung der Aspekte des Vielschichtigen, Offenen, Unabschließbaren, die dem Autor seine Meisterrolle streitig machen und die Dialogizität betonen, findet sich zwar auch in der aktuellen psychologischen Identitätsdiskussion. Allerdings sind das auch gerade die Begriffe, die den meisten Klärungsbedarf einfordern. Denn die Identitätspsychologie baut auf dem Begriff der Kohärenz auf. Und jeder Versuch, ihn aufzugeben oder in seiner Bedeutung zu reduzieren, muss sich Anfragen aus dem Bereich der Psychotherapie stellen, wo Dissoziation nicht nur ein theoretisches Konzept, sondern menschliches Leid meint. Hier stoße ich auf weitere „falschen Freunde“, den Begriff der Kohärenz, so wie er in der Narratologie verwendet wird und so wie ihn die Psychologie gebraucht. Während Kohärenz in der Narratologie auf einen Aushandlungsprozess zwischen Autor und Leser verweist (Bublitz 1999, S. 2f.), meint sie in der Identitätsforschung eine Selbstempfindung (sense of coherence), die, wie immer sie durch andere miterzeugt, gespiegelt, beeinflusst sein mag, so doch wesentlich eine personale Qualität darstellt (Höfer 2000). Während die einen also ein Moment der Ko-Konstruktion von Sinn in seiner Wichtigkeit infragestellen, insistieren die anderen auf einen Akt der Selbstreflexivität.

Von der Poetik zur Politik

Bei der Erläuterung dieser Entwicklung wendet sich Currie (1998, S. 4ff.) v. a. gegen die marxistische Kritik am poststrukturalistischen Projekt. Deren Vorwurf lautete, dass es sich beim Poststrukturalismus um einen zutiefst konservativen Ansatz handele. Die Dekonstruktion sei in ihrem Insistieren auf die Beibehaltung des Zweifels und ihrem Feiern irreduzibler Komplexität ein Formalismus in neuen Kleidern, und eine Art Anti-Historizismus ohne Programm für sozialen Wandel. Dem hält Currie entgegen, dass der Dekonstruktivismus bei der Entwicklung der Narratologie von einer poetischen zu einer politischen Perspektive eine zentrale Rolle gespielt habe. Das Hauptargument dafür ist, dass die neuen Methoden des Dekonstruktivismus einen wichtigen Beitrag zur Aufdeckung von Ideologie geleistet haben. Poststrukturalismus wie Marxismus sehen die Produktion von Sprache als die unbewusste Reproduktion ideologischer Formen und Werte und nicht als eine originären Akt undeterminierter Kreativität. Beide Lager nähern sich daher der Literatur als einer ideologischen Form, ungeachtet der individuellen Intentionen des Autors. Entsprechend konnte jede neue dekonstruktivistische Leseprozedur, die das Projekt der Ideologiekritik stützte, als Ressource für die politische Kritik gesehen werden. Currie illustriert dies am Beispiel der strukturellen Rolle binärer Oppositionen, die der Strukuralismus oft überbetont hatte. Die poststrukturalistische Kritik teile zwar diese Bedeutungszumessung für die binären Oppositionen, aber sie bewerte sie anders, nämlich als instabile Basis für Sinn und als einen Ort, in dem die Werte und verborgene Ideologien des Textes eingeschrieben sei. Das dekonstruktive Verfahren zielt also darauf, verborgene Werteeinlagerungen in Narrationen aufzudecken, die oft das, was man die bewusste Intention der Narration nennen könnte, unterlaufen. Auch wenn die Dekonstruktion diese aporetischen Oppositionen nicht immer in einer politischen Begrifflichkeit fasst, so ist es doch eine Leistung des Dekonstruktivismus, neue Ansätze für die Aufdeckung von Ideologien in Narrationen zur Verfügung zu stellen.

Aus der Sicht der Identitätstheorie zeigt sich im Hinblick auf diesen dritten Punkt Curries ein sehr widersprüchliches Bild. Selbst der ideologiekritische Blick in einem allgemeinen Sinn ist – zumindest in der psychologischen Identitätsforschung – nicht ausgeprägt. Der dekonstruktivistische Ansatz führt dort ein Randdasein. So ist es kein Wunder, dass die wichtigen Beiträge in diesem Feld in jüngster Zeit eher aus der soziologischen und sozialphilosophischen Diskussion gekommen sind. Im weiteren Sinn sind es Forschungen, die sich unter dem Stichwort der „Identity Politics“ (Davis 2000a, S. 4) subsumieren lassen, welche hier in der Identitätsforschung Grundlegendes geleistet haben und auch die Machtaspekte intensiv untersucht haben. Im Hinblick auf eine Theorie narrativer Identität wird die Forderung nach dem Abschied vom poetischen Werkgedanken noch mehr verschärft durch die Verpflichtung, sich der Frage nach dem menschlichen Leid, nach dem Zerstörungspotential der Kräfte der Dissoziation zu stellen. Allerdings ist die dekonstruktivistische Propagierung unterschiedlicher Leseweisen kein Feiern der Dissoziation, sondern gerade auch die Möglichkeit, Mechanismen von Unterdrückung und Ausschließung deutlich zu machen und so den Zwang sozialer Formierung offenzulegen. In der Dekonstruktion des großen Entwurfes und seines Zwangscharakters eröffnen sich auch neue Möglichkeiten für kleine Entwürfe, die gerade durch ihre Unverbundenheit, Verschobenheit und Spannung zueinander Räume der Freiheit und des Widerstandes eröffnen. Van Gennep (1981) sprach von „marches“, von sozialen „Niemandsländern“, die in ihrer Offenheit individuelles Experimentieren zulassen, ein Gedanke, den Hetherington (1997) in Anlehnung an Foucault mit dem Begriff der „Heterotopie“ als einem sozialen Experimentierraum aufnimmt und an die aktuelle Diskussion heranführt. Über diese dekonstruktivistische Bewegung der Öffnung und Polyphonie hinaus ist im übrigen auch das reflexiv-„transnormale“ Gegenprogramm festzustellen, und zwar als reflexive Biographisierung und Ästhetisierung, also das Nachdenken darüber, ob und wie heute dem individuellen Leben eine Gestalt verliehen werden kann.

Diese drei Entwicklungen: Diversifizierung, Dekonstruktion und Politisierung sind es, die, so Currie, die aktuellen Veränderungen der Narratologie benennen. Der strukturalistische Traum Roman Jakobsons von einer globalen Wissenschaft der Literatur hat sich in ein breites Auffächern der narratologischen Methode verwandelt. Die Frage ist, ob es angesichts dieser Ausdifferenzierung noch Sinn macht, von der Narratologie als kohärenter Gestalt zu sprechen. Currie sieht dafür nach wie vor gute Gründe. Zwar gebe es keine kohärente kritische Praxis mehr, welche die Differenzen auf strukturelle Beziehungen reduzieren könnte, aber es existiere ein abstrakter Pool von Ressourcen aus der Geschichte der Narratologie, auf die man sich eklektisch stützen könne. Und paradoxerweise wird die Besonderheit von Texten oder Lesern nur erkennbar durch ein gemeinsam geteiltes deskriptives Vokabular, das allerdings immer in Gefahr ist, diese Heterogenität wieder zu unterdrücken. „Es ist dieses paradoxe Modell des Wandels, die Simultaneität von Standardisierung und Diversifizierung, was es immer noch möglich macht, [...] über Narratologie, wenn auch provisorisch, so zu sprechen, als ob es sich um eine einheitliche Entität handelt“ (Currie 1998, S. 14). Der Phönix Narratologie hat poststrukturalistische und dekonstruktivistische Federn. Seine Botschaft ist: das Ende des Werkbegriffs, die Entmachtung des Autors, die genaue Analyse ideologischer Figuren und machtbetonter Schließungen und die Überprüfung der formalen Konzepte der Narratologie daraufhin, ob sie nicht eben dieses Programm zu unterlaufen drohen, weil an ihnen noch die Asche des kritisierten normativen Erbes hängt.

2. Die „wohlgeformte Narration“ als Emblem der Moderne

Was kann dieser gemeinsame Bestand an narratologischen Ressourcen sein, von dem aus sich eine Erörterung der theoretischen Optionen für den Begriff einer narrativen Identität führen lässt? Auch wenn klar ist, dass hier das ganze strukturalistische Erbe auf den Prüfstand zu stellen ist, wird man doch um eines sicher nicht herumkommen, nämlich sich über den Begriff der Narration selbst zu verständigen. Dazu haben Gergen und Gergen (1988) für den Ansatz einer narrativen Identität das Modell eines „well-formed narrative" vorgeschlagen, wofür sie sich auf die Arbeiten von Labov und Waletzky (1967) beziehen (vgl. Bamberg 1997). Bei ihrer Überlegung zum Idealtypus einer „wohlgeformten Narration" gehen Gergen und Gergen (1988) von der These aus, dass die Konstruktion von Narrationen nicht beliebig ist. Denn sie bedingt, wie eine Selbst–Narration sozial bewertet wird (z. B. als wahr, plausibel, unwahrscheinlich, ehrlich usw.). Wenn wir nicht unverständlich sein wollen und wenn wir soziale Anerkennung erfahren wollen, können wir die Regeln für „richtige" Geschichten nicht brechen. Als Quintessenz der Diskussion benennen Gergen und Gergen (1988) aus der Sicht einer narrativen Identität fünf notwendige Charakteristika einer wohlgeformten Narration in der westlichen Kultur. Diese fünf Kennzeichen, werden, im alltäglichen Leben oft nur unvollständig erfüllt. Je mehr sie es sind, desto kohärenter wirkt eine Geschichte.

2.1 Ein sinnstiftender Endpunkt

Damit eine Erzählung verständlich ist, muss klar sein, worauf der Erzähler mit seiner Geschichte hinaus will. Dies ist keineswegs trivial. Denn im Erzählen werden oft konkurrierende Endpunkte anvisiert, man denke nur an Geschichten, in denen sich Ambivalenzen des Erzählers ausdrücken. Bezogen auf die Vergangenheit sind solche sinnstiftenden Endpunkte für eine Reihe von biographischen Schritten – Meilensteinen – in der Regel verfügbar. Man ist so oft und in so unterschiedlichen Kontexten danach gefragt worden, dass sich mit der Zeit eine Selbstdarstellung herausbildet, die – mit Varianten – abrufbar bereit liegt. Es gibt also ein Repertoire von Geschichten, die in einer Gesellschaft annähernd von jeder oder jedem erzählbar sind. Bezogen auf die eigene Zukunft, die Zukunftsdimension von Identität, ist das Verfügen-Können nicht unbedingt in gleichem Maße gegeben. In der „klassischen Identitätstheorie" im Gefolge Eriksons ist ein diskursiv plausibilisierbarer Zukunftsentwurf gerade Kriterium einer „achieved identity", einer gelungenen Identität (vgl. Marcia 1993).

2.2 Die Einengung auf relevante Ereignisse

Auf ein Ziel hin zu erzählen ordnet den Diskurs. Dann ist klar, was wesentlich und was unwesentlich für eine Erzählung ist, was eine Abschweifung darstellt und was offensichtlich zur Geschichte gehören muss. Die Erzählrelevanz eines Ereignisses wird also vom Erzählziel bedingt. Eine allgemeine Voraussetzung ist allerdings, dass es dafür ein stabiles Verständnisuniversum mit anderen gibt. Nur dann können wir schnell Übereinstimmung herstellen über die Relevanz eines Ereignisses für den Fortgang einer Geschichte. Fehlt der Konsens, so steigt der Erklärungs- und Begründungsaufwand des Erzählers. Leistet er ihn nicht, verzichtet er auf die Empathie und Normalitätsdemonstration der Kommunikationspartner.

Unter der Bedingung einer radikalen Pluralisierung der Lebensverhältnisse sind hier Schwierigkeiten zu erwarten. Wenn eine lebensweltliche Orientierung der Identitätsentwicklung dazu führt, dass die einzelnen eine Vielzahl von Identitätsprojekten in unterschiedlichen Lebenswelten betreiben, die auch nicht unbedingt miteinander verbunden sein müssen, dann muss es schwer werden, dem Kriterium der Ereignisrelevanz in der Ordnung der eigenen Selbsterzählungen zu entsprechen. Die Vielfalt vergrößert das Ausmaß an Kontingenz, was wiederum die Frage der Ereignisrelevanz schwerer zu beantworten macht. Alles hängt „irgendwie" mit allem zusammen, ist aber schon rein erzählökonomisch nicht präsentierbar. Erzählstrategisch kann man von einer Erhöhung des Erklärungsaufwandes sprechen, von „Reflexionsschleifen" in der Erzählung oder auch vom Scheitern beim Versuch, gelebtem Leben eine Form zu geben. Zudem führen die Individualisierungsprozesse auch zu individualisierten Lebensläufen. Chancenhaftigkeit führt zur Nutzung der Chancen und zur Kombination der Nutzungsergebnisse in „Bastelbiographien" (Hitzler und Honer 1994) und „Patchwork-Identitäten" (Keupp u. a. 1999). Ereignisrelevanz ist in solchen Konstrukten nur noch schwer vermittelbar, weil wenig resonant mit den Biographien Dritter. Man ist „einzigartig, wie jeder andere auch".

2.3 Die narrative Ordnung der Ereignisse

Die am meisten akzeptierte gesellschaftliche Konvention ist die der linearen temporalen Sequenz. Narrative Ordnungen können erheblich davon abweichen, allerdings auf der Basis des Wissens, dass diese Erwartung einer zeitlichen Linearität als gegeben vorausgesetzt werden kann. Scheitert die zeitliche Ordnung von Ereignissen, so wirkt das auf den Kommunikationspartner irritierend. Wenn jemand nicht Gestalter, sondern vielmehr Opfer in einer Geschichte ist, dann ist es in der Tat durchaus möglich und plausibel, eine Geschichte nicht ordnen zu können. Meaning making, die subjektive Konstruktion von Sinn, bedarf eines Konstrukteurs. Wo der nicht in seine Rechte gesetzt wird, kann eine solche Aufgabe auch nicht gelingen.

Auch für die chronologische Selbsterzählung gibt es Muster. Viele biographische Lebensereignisse sind Lebensaltern zugeordnet und für ihre Reihung gibt es soziale Normen. Das entbindet die einzelnen aber nicht davon, sich individuell zu solchen Normen zu verhalten und dieses Verhalten in ihren Selbsterzählungen zu plausibilisieren. Die individuelle Chronologie ist also in ihrem Verhältnis zu einer sozialen Norm erklärungsbedürftig. Die Freiheitsgrade dafür sind wesentlich größer geworden, umso größer wird auch der individuelle Klärungs- und Erklärungsbedarf. Und je offener die Projektdefinitionen der einzelnen werden, desto begründungsbedürftiger werden auch die Realisierungsschritte. Das gilt dann selbst für traditionale Lebenskonzepte: Nichts ist normal, sondern möglich, also gewählt und insofern begründungspflichtig.

2.4 Die Herstellung von Kausalverbindungen

Nach westlichen Standards, so Gergen und Gergen (1988), ist die ideale Narration eine, in der die Ereignisse bis zum Zielzustand kausal verbunden sind, die Entwicklung also „irgendwie logisch“, d. h. plausibel, war. Jedes Ereignis sollte Produkt eines vorangegangenen sein. In dem Maße, wie Ereignisse innerhalb einer Narration in einer interdependenten Form verbunden werden, nähert sich die Darstellung einer wohlgeformten Narration. Entsprechendes gilt für die Realisierung von Teilschritten eines Identitätsprojektes. Ein Identitätsprojekt ist dann wohlgeformt, d. h. plausibel und kommensurabel für Dritte, wenn der Übergang von einem Teilprojekt zum anderen einer kausalen Logik gehorcht, ihr zumindest nicht widerspricht. Wenn ein Teilprojekt nicht zwingend aus einem anderen folgt, so darf es doch zumindest nicht in einem kausalen Widerspruch zu ihm stehen und muss in jedem Fall in die Kausallogik des Gesamtprojektes eingebunden sein. Die Frage, warum jemand so geworden ist, wie er ist, führt zurück zum Thema der Kontingenz. Wenn etwas so, aber auch anders möglich ist, dann liegt die Erklärungslast für das Sosein bei demjenigen, der die Entscheidung getroffen hat. Denn in der Tat hätte er sich auch anders entscheiden können.

Auch im Hinblick auf die Kausalverbindungen in unseren Selbsterzählungen hat sich die Situation der einzelnen in einer gesellschaftlichen Phase des „disembedding“ (Giddens 1991) geöffnet. In dem Maße, wie umfassende Sinnkonstruktionen über das „richtige Leben“ Mangelware werden, wird es zum eigenen Projekt, individuell Sinn in der Abfolge von Lebensphasen und biographischen Schritten zu konstruieren. Wenn Lebensentscheidungen allenfalls plausibel, nicht aber richtig oder falsch sind, dann werden Kausalitätskonstruktionen eher zu Beschwörungsversuchen eines Lebenssinnes.

2.5 Grenzzeichen

In jeder Kommunikation wird die Wortübergabe unter den Kommunikationspartnern geregelt. Goffman und andere haben dieses „turn taking“ sehr genau untersucht (vgl. Schiffrin 1997). Setzt der Gesprächspartner zu einer längeren Selbsterzählung an, so signalisiert er das. Der Eintritt in die Erzählwelt und ihr Verlassen werden durch „Grenzzeichen“ markiert. Grenzzeichen „rahmen“ die Narration und zeigen das Betreten und Verlassen der „Erzählwelt“ an (z. B. „das war so: ...“). Hier können auf mindestens zwei Weisen Schwierigkeiten auftreten. Einmal, wenn Grenzzeichen am Ende der Erzählung nicht gesetzt werden, jemand aus einer Erzählung nicht mehr herausfindet, sich „im Kreis“ dreht. Dies passiert z. B. dann, wenn er sich einer Erzählaufgabe stellt und an ihr scheitert. Ein anderer Fall ergibt sich aus der oben genannten Überlegung zu einem gesteigerten Erklärungsaufwand. Er verführt oder nötigt den Erzähler möglicherweise dazu, quasi in Klammern zusätzliche Erläuterungen zu liefern, Alternativen für seine Geschichte vorzuschlagen, Bewertungshilfen zu geben, quasi einen reflexiven „Zwischenboden“ in die Erzählung einzuziehen. Die Konsequenz ist, dass die Setzung der Grenzzeichen nicht zuverlässig stattfindet, was der Erzählung eine unbestimmte, inkohärente Form verleiht. Erzählwelt und aktuelle Interaktionssituation vermengen sich. Der Interaktionspartner bleibt Beteiligter, weil nicht formelhaft in die Zuhörerrolle eingesetzt, der Erzähler hat die Möglichkeit, sich aus der Erzählung in die Situation zu „retten“ und umgekehrt.

3. Narrativität als Falle – „le récit est un piège“

Kohärenz, Linearität, Finalität: So vertraut uns ein solches Modell erscheinen mag, so ist doch auch klar, dass wir es hier mit einem voraussetzungsvollen Medium der Identitätskonstruktion zu tun haben. Eine Fülle von komplexen Bedingungen sind zu erfüllen, um hier erfolgreich zu sein. Ja, man kann davon ausgehen, dass es – gemessen an diesem normativen Modell – mehr Formen des Ungenügens geben muss als des Gelingens. Es lohnt sich daher, über die Defizite in der Erzählpraxis nachzudenken. Das bezieht sich zum einen auf die Frage, ob dieser Idealtypus nicht eine Normativität transportiert, die den Subjekten und ihren Sinnkonstruktionen heute nicht mehr gerecht wird. Daran anschließend ist zu überlegen, ob sich möglicherweise in den Defiziten, im Ungenügen, Veränderungsprozesse in der Selbstkonstruktion ablesen lassen, ob die Defizitmuster also gelesen werden können als Elemente eines neuen Idealtypus.

Gerade weil uns ein solches Narrationsmodell so plausibel erscheint, sollten wir misstrauisch werden, so die These vieler postmoderner und dekonstruktivistischer Autoren. Sie zeigt sich in vielen Gewändern, nicht selten in provozierend irritierender Form wie in dem von mir als Kapitelüberschrift gewählten Buchtitel von Louis Marin (1978): „Le reçit est un piège". Die Verzeitlichung und die Formgebung als konstituierende Elemente von Narrativität haben eine Kostenseite, und darauf verweist Marin: auf das Moment der Inklusion/Exklusion, auf das Nichtsagbare, Unterdrückte, Vergessene in Narrationen, und er fordert größtes Misstrauen gegen die narrativen Mechanismen der Schließung. Zur kürzelhaften – und ironischen – Verdeutlichung dieser Gegenposition mögen „Lebensregeln" dienen, die uns Andrew Boyd (1999) in einem kleinen Buch mit dem Titel „Life's Little Deconstruction Book. Self-Help for the Post-Hip" anempfiehlt. Eine Auswahl: „Lose the center, shuffle fragments, pretend to be real, don't seek the whole, negotiate identity, cut and paste, be ad hoc, play with the pieces, let stories do their thing, tell lots of small stories, stop making sense, get along with each of your selves, pursue multiple narratives that neither explain nor unify". So amüsant oder provozierend (?) diese Vorschläge wirken mögen, sollten sie doch nicht darüber hinwegtäuschen, dass die Kritik an einem „klassisch" modernen Narrationsmodell weit über eine augenzwinkernde Provokation hinausgeht. Dies zeigt sich schon am Titel des oben erwähnte Kolloquiums von 1979 „Narrative: The Illusion of Sequence". Robert Scholes formulierte dort seine Wahrnehmung dieser Kritik so:

> „Die Funktion der Anti-Narration ist, den gesamten Prozeß des Erzählens und der Interpretation für uns zu problematisieren. [...] Diese metafiktionalen Gesten müssen, so glaube ich, als Teil eines größeren kritischen und dekonstruktiven Unternehmens gesehen werden, das im tiefsten Sinne revolutionär ist. Von diesem Standpunkt aus werden traditionale narrative Strukturen wahrgenommen als Teil eines Systems psychosozialer Abhängigkeiten, die sowohl individuelles Wachstum als auch signifikanten sozialen Wandel verhindern. Diese Strukturen anzugreifen und offenzulegen ist daher eine notwendige Voraussetzung für jede Verbesserung der Situation des Menschen. Aus dieser Sicht muß die Narration selbst, wie wir sie kenngelernt haben, als Opium gesehen werden, das zurückgewiesen werden muß im Namen künftiger Verbesserungen" (Scholes 1981, S. 207f.).

Die Abschaffung der Narrativität: Das ist eine starke Forderung. Robert Scholes, und mit ihm viele andere, mag nicht daran glauben:

> „Ich verstehe dieses Projekt einigermaßen und sympatisiere sogar mit ihm in einem gewissen Umfang, aber ich muß gestehen, daß ich im Hinblick auf seinen Erfolg skeptisch bin. Selbst im Hinblick auf die narrativen Prozesse, welche wir hier betrachten, scheint es mir wahrscheinlich, daß sie zu tief in physischen und mentalen Prozesse des Menschen verwurzelt sind, als daß Angehörige dieser Spezies darauf verzichten könnten. Wir können und sollten narrativen Strukturierungen gegenüber kritisch sein, aber ich bezweifle, daß selbst der begeistertste Anhänger der Anti-Narrativität ohne sie auskommen kann" (ebd.).

Die kritische Überprüfung der „narrative structurations“, die Scholes fordert, ist zumindest im Bereich der literarischen Narration weit gediehen. So zeichnet sich die postmoderne literarische Produktion dadurch aus, dass Erzähllogiken durchbrochen werden, auf die genaue Benennung des Erzählzieles und seine Evaluation verzichtet wird und die unendliche Kontingenz von Ereignissen betont wird (vgl. McHale 1987). Der Cyberspace ist ein weiterer Bereich, in dem radikal veränderte – interaktive – Formen der Narrativität häufig spielerisch und weit entfernt von jeder theoretischen Intention entwickelt und erprobt werden (Murray 1999).

Was kann eine psychologische Identitätstheorie mit solchen Irritationen anfangen? Eine Strategie könnte sein, sie abzutun mit dem Verweis darauf, dass literarische Produktionen wenig Anlass bieten können, über die Reformulierung einer psychologischen Theorie nachzudenken. Der Preis wäre allerdings, die Mauer zwischen den Narratologien von Seiten der Psychologie wieder zu errichten, nachdem sie von Seiten der Literaturwissenschaft gerade erst eingerissen worden ist. Ich schlage einen anderen Weg vor, nämlich darüber nachzudenken, ob diese Kritik uns nicht, wie Currie meint, veranlassen muss, über die normativen Einlagerungen in unserem Narrationsbegriff nachzudenken. Dabei sollten allerdings zwei Dinge nicht vergessen werden:

1. Auch wenn die literarisch/künstlerische Produktion in und aus dieser Gesellschaft passiert, so macht es doch wenig Sinn, sie mit alltäglichen Selbsterzählungen in eins zu setzen. Walter Anderson unterscheidet für den Bereich der Literatur zwischen „postmodernist“ und „postmodern fiction“. Die „postmodern*ist* fiction“ ist von Vertretern explizit postmoderner Positionen geschrieben und stellt insofern immer auch eine theoretische Äußerung dar. Ja, manchmal tut sie das klarer und wirkmächtiger als die theoretischen Darstellungen. Dem gegenüber steht die postmoderne Literatur, worunter Anderson die Literatur in der Ära der Postmoderne versteht. Sie reagiert zwar auf ihre Zeit, aber versteht sich nicht selbst als zeitdiagnostisches Statement; weder will noch kann sie eine klare theoretische Position artikulieren (Anderson 1990, S. 101). Analog dürften wir es bei Selbsterzählungen mit Narrationen zu tun haben, die die einzelnen zwar notwendig in einer spezifischen Epoche entwickeln. Sie tun das aber in aller Regel nicht zur Illustration eines theoretischen Programms, sondern zur Gestaltung ihres Lebens.
2. Die zweite Überlegung betrifft die Frage individuellen Leids. Sie lässt sich am Beispiel des genannten „dekonstruktivistischen Überlebensbuches“ von Boyd illustrieren. Aus identitätstheoretischer Sicht kann es sicher nicht beim Amüsement bleiben. Denn eine Frage geht nicht weg: Was kann mit dem, was Erikson als Scheitern von Identitätsfindung, mit harten Folgen für die einzelnen, beschrieben hat, in einem solchen Betrachtungsrahmen gemeint sein? Während

nämlich auf der einen Seite manche postmodernen Autoren die Fragmentierung des Selbst zelebrieren, werden auf der anderen Seite dissoziative Störungsbilder in neuen Kategorien des psychiatrischen Krankheitsschlüssels DSM definiert, z. B. der Kategorie „dissociative identity disorder" (Davis 2000b, S. 155f.). Und auch – oder gerade – an der Nachfrage für Therapie, Seminare und Ratgeberliteratur zeigt sich die existentielle Not bei dem Projekt, ein kohärentes Selbst zu entwickeln.

Das literarische Labor der Postmoderne

Wenn man nicht den Aspekt der Anti-Narrativität – als binäre Gegenkonstruktion – in den Vordergrund stellt, sondern eher nach Veränderungen, nach Formexperimenten, nach der Offenlegung der historischen Gebundenheit von narrativen Formbestimmungen, kurz: nach ihrer Dekonstruktion, fragt, dann bietet die postmoderne Diskussion gerade in ihrer Experimentierfreudigkeit ein anregendes Feld. McHale warnt allerdings davor, in die bloße Konstruktion von binären Oppositionen von Moderne und Postmoderne zu verfallen, denen er eine gewissen Beliebigkeit und begriffliche Unschärfe attestiert (1987, S. 10). Es gehe vielmehr zunächst darum, sich die Dominante postmoderner Literatur deutlich zu machen, nämlich eine ontologische Anfrage an die literarische wie die reale Welt nach ihren Konstruktionen, ihren Heterotopien und den Formen von Subjektivität in ihnen. Aus der Perspektive einer narrativen Identität sind eine ganze Reihe solcher Kennzeichnungen anschlussfähig (Kraus 2000).

Der Verzicht auf den unitären Autor und Handlungsträger etwa ist ein zentrales Kennzeichen. Dabei geht es nicht um ein einheitliches Gegenmodell zum zentralen Autor, sondern um eine Vielfalt von Experimenten in der Beziehung von Autor, Handlungsträger und Geschichte. Der allwissende Autor wird dekonstruiert und in vielen Lesarten und Wirkformen – im wörtlichen wie im übertragenen Sinne – vorgeführt. Dies geschieht etwa durch die Präsentation pluraler Erzählwelten mit je unterschiedlichen Positionierungen des Handlungsträgers. Postmoderne Selbsterzählungen verweigern sich einer Integration aller Lebenswelten. Das Subjekt insistiert auf der Vielzahl möglicher Selbstdiskurse und auf ihrer Unverbundenheit. Und es tut dies nicht aus einer Verlustperspektive heraus, sondern in einem Ausloten der Möglichkeiten.

Auch der lineare Zeitbegriff als narrativer Organisator wird aufgegeben. Der Glaube an die Planbarkeit, an den Entwurf der eigenen Identität in die ferne Zukunft ist verschwunden. Planen findet allenfalls noch als ironische Geste statt. Der Erzählbogen ist reduziert. Die Selbsterzählung verzichtet auf eine Sinnstiftung über ein ganzes Leben bzw. lange Lebensabschnitte hinweg. Zeitlogiken werden revidiert, durchbrochen, konterkariert. Die Erzählungen situieren sich im Hier und Jetzt. Und sie „spielen“ mit der Erzählsituation, indem sie die Rolle des Erzählers unterminieren. Er ist Kommunikationspartner, Erzähler und Akteur in einem. Die Grenzzeichen werden nicht (mehr) gesetzt. Hinzu kommt die Betonung von Kontingenz als „Kontingenztoleranz gegenüber hegemonialen Ordnungserwartungen“ (Makropoulos 1997, S. 156). Die Handlungsträgerschaft des einzelnen wird ebenso bezweifelt, wie die Wirkung übergreifender Sinnstifter und Schicksalsmächte.

Der Zweifel an der Haltbarkeit von Projektentwürfen zeigt sich im Zitieren „klassischer Selbsterzählungen“ als Versatzstücke, Ready Mades, in den situativen Selbsterzählungen. Das bedeutet, dass auch die von Gergen und Gergen (1988) gefundenen Typen von Selbstnarrationen wie Progressions- und Regressionsnarrationen auf ihre selbstreflexive und situative Verwendung hin relativiert werden müssen. Nicht das Leben erzählt sich, sondern ein Autor verwendet, situativ bestimmt, Erzählformen. Dies verdeutlicht er nicht zuletzt dadurch, dass er sich der Finalisierung der Erzählung, der Konstruktion eines „guten Endes“ verweigert. Der Erzähler kann nicht mehr darauf hoffen, dass alles gut wird, noch, dass er die Sache im Griff haben kann. Er verzichtet, darauf, die Erzählung „rund“ zu machen, alle Fäden zu verknüpfen. Geprägt ist die Erzählung zudem von einem hohen Maß an Reflexivität, die sich häufig in einem ironischen Gestus zeigt. Ironie und ihre Nachbarin, die Verzweiflung, werden als schillernde Grundstimmungen eingeführt (vgl. Ferguson 2000). Wie lustvoll dieser Gestus ausfällt, hängt ganz wesentlich von den Ressourcen der einzelnen ab.

Aus der Sicht einer Theorie der narrativen Identität werden also in postmodernen Erzählungen die Elemente des Inkommensurablen, Unabschließbaren, Disparaten betont gegenüber einer hegemonialen Form der „wohlgeformten Narration“, welche die Ideale der Moderne: Kohärenz, Integration, Autonomie, hypostasiert. Hinzu kommt das dialogische Moment des Erzählens, auf dem Gergen (2000) insistiert, die Frage nach der Ko-Konstruktion von Selbsterzählungen. Im Moment der Dialogizität steckt auch die Kritik an der Vorstellung eines autonomen Werkbegriffes, wie sie in der Identitätstheorie als Kritik an der Idee eines autonomen, singulären Selbst formuliert worden ist. Eine weitere Anfrage an das Modell einer wohlgeformten Narration bezieht sich auf die Frage der Macht, die im Bereich der „Identity Politics“-Ansätze im Zentrum steht: Wie ist innerhalb der Narration die Machtbestimmtheit lokalisiert und wie wird in der diskursiven Konstruktion der Erzählung die Frage der Macht verhandelt? Denn beides ist wichtig, die Einschreibung der Macht in das narrative – situative – „Resultat“ wie auch ihr Einfluss auf seine dialogische Genese.

Auch auf die Frage der Alltäglichkeit narrativer Identitätsbildung stoßen uns postmoderne Erzählpraktiken. Kann man Identitätsbildung als Sonntagsveranstaltung begreifen, als Nachdenken über sich und als gelegentliche, dem Alltag mehr oder weniger entrückte Reflexion? Geht es um eine biographische Metaerzählung oder ist es nicht vielmehr so, dass subjektive Sinnbildung ständig stattfindet, vor wechselnden Auditorien, in wechselnden Kontexten, in unterschiedlichen Machtkonstellationen? Sinn käme dann ins individuelle Leben nicht nur in der großen Selbsterzählung über „mein" Leben, sondern immer dann, wenn jemand von sich und seiner Welt redet. Denn dass unsere Lebensgeschichte vollständig repräsentiert würde, ist doch, wie Charlotte Linde (1993, S. 6) feststellt, ein höchst seltener Fall. Wir erleben mehr, als wir erzählen, und wir erzählen anders vor jeweils anderen. Je nachdem, mit wem wir sprechen und welches Selbstbild wir präsentieren wollen, geben wir „unseren" Geschichten unterschiedliche Färbungen, wir lassen das eine aus und betonen das andere. Insofern sind die Selbsterzählungen in der Tat ein „work in progress", dessen Teile und Varianten sich immer wieder verändern, je nachdem, wie die Zuhörerschaft darauf reagiert und je nachdem, wie wir aktuelles Leben integrieren müssen. Identitätsbildung ist dann keine narrative Großtat, sondern ein kontinuierlicher Prozess, der sich in der Formulierung von Myriaden von „minimal narratives" (Prince 1999) vollzieht. Wenn man sich auf diese Position einlässt, ist das komplexe Modell einer wohlgeformten Narration nur noch wenig hilfreich. Als Modell für biographisch orientierte Selbst-Erzählungen mag es angehen, nicht aber für die situative alltägliche Identitätsarbeit. Deutlich wird diese Kluft im übrigen auch in der narrativen Methodologie. Dort versucht man z. B. der Diskrepanz zwischen dem Formanspruch einer wohlgeformten Narration und dem empirischem Material durch die Einführung des Konzeptes eines „antinarrative" zu begegnen (Boje 2001).

Eine letzte Frage ist aus literaturtheoretischer Sicht eher kein Problem, wohl aber aus sozialwissenschaftlicher, die Frage nämlich nach dem ontologischen Status von Narrativität (vgl. Wrigley 2001). Ist sie das Ergebnis eines inneren Prozesses: das Individuum berichtet in ihm darüber, was in ihm vorgeht, oder handelt es sich vielmehr um die Ebene der Subjektkonstruktion: das Subjekt erzählt sich nicht, sondern es ist seine Erzählung, es konstituiert sich erst mit ihr, und das nicht in einem singulären Akt, sondern in einem dialogischen, situationsgebundenen Prozess? Hinchman und Hinchman (1997, S. XIXf.) unterscheiden in diesem Zusammenhang zwischen den Vertretern einer „strong" und einer „weak theory of narrative identity". Estere, z. B. Paul Ricœur, Jerome Bruner und Anthony Kerby postulieren, dass sich in der Narrativität menschliche Seinserfahrung (z. B. Temporalität) ausdrückt, ja ausdrücken *muss*. Die Vertreter der „weak theory" wie Frank Kermode, Hayden White und Louis Mink halten dagegen, dass in der Narrativität eine pränarrative Identität eine Form erfährt. Für viele Bereiche einer psychologischen Identitätstheorie wäre der Anschluss über eine „weak theory" sicher leichter zu bewerkstelligen, wenn man etwa an die Forschung zum „sense of coherence" (Höfer 2000) oder zum „sense of identity" (Keupp u. a. 1999) denkt, oder auch an den Beitrag der Säuglingsforschung zur identitätstheorischen Diskussion.

4. Wege aus der „Falle" – Narrative Identität im Zeichen radikaler Pluralisierung

Narrativität ist, allgemein betrachtet, zwar eine anthropologische Grundkonstante des Menschseins, aber die narrativen Formen sind historisch bedingt. Veränderungen der – sozial konstruierten – Welt müssen sich in der Veränderung dieser Formen zeigen. Sie werden zunächst einmal als Normverletzungen, als Ungenügen, als Unterschreiten von Standards sichtbar. Verständlich werden sie erst, wenn die normative Selbstverständlichkeit selbst Gegenstand der Reflexion wird. Dies ist, in Kurzform, die Kritik an einem vorschnell ontologisierenden Verständnis von Narrativität. Die Kritik am Begriff der wohlgeformten Narration, die uns als Illustration gedient hat, zeigt, dass auch sozialkonstruktivistische Kritiker einer klassischen Moderne wie Gergen und Gergen durch die Wahl ihrer theoriestrukturellen Mittel in Gefahr geraten, ihren eigenen Anspruch zu unterlaufen. Von daher ist der Hinweis Mark Curries ernst zunehmen, dass es weder darum gehe, das strukturalistische Erbe ad acta zu legen, noch ihm den ontologischen Status zuzusichern, dem ihm die poststrukturalistische Kritik gerade entzogen hat. Gerade weil das Erbe nach wie vor als Referenzpunkt der unterschiedlichen Narratologien dient, muss es vielmehr kritisch gesichtet werden, damit es nicht einfach als – in seinen normativen Einlagerungen unreflektierter – „modernistischer Wiedergänger" in einer Theorie narrativer Identität wieder auftaucht.

Für den Ansatz einer narrativen Identität bezieht sich dieses Bemühen um eine Reflexion über die theoriestrukturellen Mittel vor allem darauf, das *Moment des Dialogischen* weiter auszudifferenzieren. Das zeigen etwa die Arbeiten von Edward Sampson (1993) und Hubert Hermans u. a. (1993, 1995) mit ihrem Anspruch, die dialogische Bezogenheit von Identität nicht nur als Hinzuzufügendes, sondern als Konstituens von Identität ernst zu nehmen. Eine weitere Differenzierung der Ko-Konstruktion von Selbst-Narrationen leistet die *Positioning-Theorie*, wie sie von van Langenhove und Harré (1999) vorgeschlagen worden ist. Sie analysiert die diskursiven Praktiken, mit deren Hilfe die einzelnen sich und andere in der Interaktion positionieren und sich so situativ relevante Identitäten zuweisen. Mit dem Blick auf die Vielfalt in den Selbsterzählungen einer Person suchen die Autoren auch eine Antwort auf die Frage, „in welchem Ausmaß ein kohärentes Leben möglich ist und in welchem Maß sich die einzelnen verpflichtet fühlen, eine solche Kohärenz über verschiedene Positionierungen hinweg zu entwickeln" (1999, S. 30).

Das polyphone Selbst – Identität als Dialog

Der dialogische Ansatz zielt darauf, das moderne Gefängnis des allmächtigen, autonomen Autors zu sprengen mit einem Konzept narrativer Identität, das um die dialogische Perspektive erweitert ist (Peuter 1998, S. 30ff.). Diese Erweiterung soll als Korrektiv dienen gegen eine unkritische Theorie narrativer Identität, die zwar die Ideale der Kohärenz, Integration und Autonomie am Konzept eines Containermodells von Identität kritisiert, sie aber über die Idee einer kohärenten Narration wieder ins Recht setzt. Denn eine so verstandene Narrationstheorie bringt den Narrationsansatz zwar als Modell der Tröstung gegen die Zumutungen einer postmodernen Zerrissenheit in Stellung, erlangt aber keine theoretische Position, von der aus die historische Bedingtheit des Selbst-Begriffs der Moderne zu kritisieren wäre. Peuter, der ich hier folge, konstatiert die Bereitschaft, die Ideale zu dezentrieren vom rationalen Bewusstsein hin zum kontingenten Text, moniert aber das Zögern, diese Ideale einer neuen Bewertung zu unterziehen und die unkritische Bereitschaft, die Reproduktion von Kohärenz, Authentizität und Singularität des Selbst mit dem narrativen Modus der Verstehbarkeit zu begründen.

Peuter illustriert ihre These mit einer Kritik der Arbeiten von McAdams (1998, S. 37f.). An seinen Überlegungen zu persönlichen Mythen (McAdams 1993) zeige sich beispielhaft unser hartnäckiger Wunsch, der narrativen Struktur die Funktion der Integration, Kohärenz und Authentizität des Selbst zuzuschreiben. Aus seiner Sicht liege den Episoden des Lebens eine einzige, zentrale Geschichte zugrunde, die dem Leben Einheit und Richtung gibt. Die Darstellung von McAdams (1993) reproduziere das moderne westliche Primat von Ordnung, Synthese und Fortschritt und attribuiere die Produktion dieser Ideale dem organisatorischen Schema der narrativen Identität. Aber man kann leicht sehen, was aus diesen Idealen würde, wenn man sie in relationalen Begriffen fasste. Peuter tut das zur Illustration unter Rekurs auf die Arbeiten von Marshall (1991). Dort wird Autonomie nicht etwa als Zelebration der Unabhängigkeit von der Objektwelt, sondern als Verleugnung menschlicher Interdependenz dekonstruiert. Autonomie wird dann geradezu zum Hindernis für die Ausbildung des Selbst und zudem ein ethisch fragwürdiges Ideal, weil es diese Abhängigkeit verleugnet.

Erst durch die Dekonstruktion der Ideale westlicher Person-Konzepte können wir beginnen, nicht nur ihre Bedeutung für die soziale Konstruktion gegenwärtiger Identität zu erfassen, sondern auch die verschiedenen Theorien zu bewerten, die das spät- und postmoderne Selbst zu erklären versuchen. Es geht, so Peuter (1998), nicht um eine Abkehr von den Idealen der Autonomie, Integration, Kohärenz und Authentizität, sondern um ihre Rekonstruktion als situative, gemeinsame Produktionen, die an der Grenze von Identität und Differenz definiert werden und sich im Kräftefeld von Synthese und Dispersion konstituieren. Identität ist danach wesentlich ein relationales Geschehen. Sie entsteht als eine „Art unabgeschlossener Raum [...] zwischen einer Reihe von Diskursen“ (Hall 1991, S. 10). Diese Vorstellung von Identität schließt den Begriff eines authentischen, wahren oder „realen“ Selbst aus. Sie benennt vielmehr einen Ort, von dem aus das Individuum die vielfältigen und oft widersprüchlichen Facetten seines Selbst ausdrücken kann (Bhavnani und Phoenix 1994, S. 9). Ordnung und Kohärenz wohnen nicht im Bewusstsein des rationalen menschlichen Handlungsträgers, sondern müssen vielmehr gesucht werden innerhalb und zwischen den textlichen Zusammenspielen dialogischer Stimmen. Die Dynamik dieser situationsbezogenen Dialoge erfordert die Gleichbewertung von Synthese und Fragmentierung. Integration, Authentizität und Kohärenz werden verstanden als hoch kontingente Bewegungen, die den Kräften der Dispersion und Fragmentierung ebensoviel verdanken wie der Synthese und der Integration.

Wendet man diese Sichtweise auf die Narrationstheorie selbst an, so folgt daraus, dass eine Narrationstheorie, die einen dialogischen Partner gegenüber einem anderen als „funktionaler“ privilegiert, unhaltbar ist. Nach Sampson (1993, S. 4) inszenieren Herrschaftsdiskurse die Bevorzugung bestimmter Ideale, indem sie deren Oppositionen als „serviceable others“ konstruieren. Das andere, hier: Inkohärenz, Fragmentierung, Fiktion, Multiplizität, wird so definiert, dass die Identität auf der Basis der Ideale entstehen kann und der Opposition der Status einer eigenen Position verweigert wird. Dagegen versteht der dialogische Ansatz die Ideale und ihre Oppositionen als gleichwertige Wertorientierungen; er dekonstruiert das monologische Selbst mit dem Ziel, die zum Schweigen gebrachten Stimmen und „das Wesen ihrer Andersheit“ zu identifizieren (ebd., S. 22). Narrationen werden neu verstanden als aktive Dialoge, was den relationalen Aspekt gegenüber der Autorschaft betont. Die vielen Zentren der Organisation des Selbst und ihre Beziehungen an den Grenzen von Selbst und alter, Identität und Differenz, werden nicht unterdrückt. Sie sichern so die dynamische Spannung zwischen oppositionalen Kräften, die wiederum das dialogische Selbst befähigen, nicht-finalisierbar und emergent zu sein. Weil das Selbst funktioniert als „eine Vielfalt von Stimmen, [...] an verschiedenen Orten in einer imaginären Landschaft“ (Hermans und Kempen 1993, S. 58) sprechen, ist die lineare oder modernistische narrative Form auch als ethischer Modus der Selbst-Verstehbarkeit unhaltbar.

Die Positioning-Theorie, wie sie von Rom Harré mit wechselnden Mitautoren entwickelt worden ist, zeichnet sich dadurch aus, dass sie die Überlegungen zur Dialogizität weiter ausbuchstabiert mit dem Ziel, die empirische Arbeit mit dem Modell zu ermöglichen (vgl. Lucius-Hoene und Deppermann 2000; Korobov 2001). Der Ansatz analysiert diskursive Praktiken, mit deren Hilfe die einzelnen sich und andere für die Zuweisung situativ relevanter Identitäten in der Interaktion positionieren (Bamberg 1999). In ihren Überlegungen zu biographischen Selbsterzählungen kommen die Autoren zudem zu wichtigen Überlegungen im Hinblick auf die Frage mündlicher und schriftlicher Erzählpraktiken. Diese Unterscheidung von Oralität und Literalität wird in der Diskussion zu einer narrativen Identität bislang weitgehend ignoriert. Die Frage lautet, ob sich die Theorie narrativer Identität aus einem narratologischen Konzeptreservoir bedient, das nicht nur von den Idealen der gesellschaftlichen Moderne geprägt ist, sondern zudem auch noch auf der Analyse des historisch-kulturellen Sonderfalles des modernen Romans gründet und daher zur Analyse einer weitgehend oralen selbstbezüglichen Narrativität wenig beizutragen hat. Nach Edward Sampson (1993, S. 66) ist die Vorstellung eines einheitlichen, autonomen Selbst eine „most peculiar western idea". In Anlehnung daran könnte man im Hinblick auf eine narrative Identität von der „sehr besonderen westlichen Idee der kohärenten, literalen Narration eines autonomen Autors" sprechen.

Van Langenhove und Harré (1999) verstehen ihren Ansatz als dynamische Alternative zur Goffmanschen Rollentheorie. Jener geht davon aus, dass Konversationen die Grundsubstanz sozialer Wirklichkeit darstellen. In ihnen werden die soziale Welt, soziale Handlungen und gesellschaftliche Zeichen erschaffen. Für den Positionierungsbegriff im engeren Sinn berufen sie sich auf Wendy Hollway (1984), die den Begriff für die Analyse der Konstruktion von Subjektivität in heterosexuellen Beziehungen verwendet hatte. Die Konstruktion der personalen wie der sozialen Identität ist für sie das Produkt diskursiver Praktiken. Kontinuität wie Singularität werden diskursiv erzeugt. Der Selbstdiskurs verweist auf keine reale Entität jenseits von sich selbst. Das Selbst bestimmt sich selbstreferentiell im Diskurs. Von daher gibt es auch kein ontologisches Paradoxon in der offensichtlichen Existenz von Widersprüchen und Vielfältigkeiten im Diskurs.

Die Positioning-Theorie schlägt ein Strukturmodell für Konversationen vor, das aus der Trias von Positionen, „Storylines" und relativ determinierten Sprechakten besteht. „Storylines" sind Ereignisfolgen mit gleichbleibenden Akteuren (Prince 1987, S. 92). Die Positionen, die die Teilnehmer in einer Konversation einnehmen (können), sind mit diesen Storylines verbunden. Auf der Grundlage dieser Trias können Konversationen entlang ihrer episodischen Struktur analysiert werden. Wichtig ist dabei, dass die Positionierung Prozesscharakter hat und dass die Qualität der Aushandlung wesentlich bestimmt ist von individuellen Fähigkeiten, kulturellen Stereotypen und situativen Spezifika. Eine „Position" in einer Konversation ist zu verstehen als „ein metaphorisches Konzept, das die ‚Moral' einer Person und ihre persönlichen Attribute als Sprecher komprimiert umfasst" (van Langenhove und Harré 1999, S. 17). Die Positionierungen können viele Facetten haben, z. B. mächtig oder ohnmächtig, dominant oder unterwürfig. Der Akt des Positionierens ist zu verstehen als „die Zuweisung von fluiden ‚Anteilen' oder ‚Rollen' an die Sprecher in der diskursiven Konstruktion von persönlichen Geschichten, die die Handlungen einer Person verstehbar und relativ determiniert als soziales Handeln machen" (ebd.). Für diesen Akt des Positionierens werden drei Grundformen unterschieden: der Sprecher kann sich (a) selber positionieren oder positioniert werden; es kann (b) zu einem Aushandlungsprozess in Bezug zu einer Storyline kommen; es kann (c) Bezug genommen werden auf einen Aushandlungsprozess in einem anderen/früheren Diskurs. Aus der Perspektive einer narrativen Identität ist der Modus der „intentionalen Selbstpositionierung" besonders bedeutsam, da er zum Ausdruck personaler Identität dient. Menschen müssen sowohl personale Identität demonstrieren (als singulär erscheinen) als auch soziale Identität (als beispielhaft, typisch erscheinen), um als Personen wahrgenommen zu werden. Als singulär zu erscheinen wird grammatikalisch erreicht durch das Personalpronomen (ich). Dazu hat der Erzähler mindestens drei Möglichkeiten: indem er (a) seine Autorschaft/Agency betont (d. h. dass er sich zwischen verschiedenen Möglichkeiten entschieden hat), (b) auf seine individuelle Sicht der Dinge rekurriert oder (c) auf biographische Ereignisse in seinem Leben verweist. Indem er das tut, versetzt er sich in eine Position, aus der heraus er sein Verhalten erklären kann.

Auf der Basis eines so diskursiv angelegten Theorieansatzes stellen Harré und van Langenhove (1999) die Frage nach der Oralität oder Literalität als Modus der Konstruktion autobiographischer Rede. Diese medientheoretische Unterscheidung ist in den letzten 40 Jahren im Gefolge der Arbeiten von Marshall McLuhan (2000) und Walter Ong (1982) ausdifferenziert worden und gewinnt heute angesichts der neuen Medien weiter an Gewicht. Die Frage ist also, ob wir es bei den Selbstnarrationen nicht mit Konstruktionen zu tun haben, die der Mündlichkeit wesentlich mehr verpflichtet sind als der Schriftlichkeit. Nach Ansicht von Harré und van Langenhove ist genau dies der Fall: die biographische Rede ist näher an der griechischen mündlichen Erzählung, dem Epos, als an der literarischen Autobiographie, wie sie sich seit Augustinus und Rousseau entwickelt hat. Unglücklicherweise nähmen aber die Sozialwissenschaften letzteres in der Regel als Modell für die biographische Rede.

Die Charakteristika beider Modi sind von Ong (1982) ausführlich dargestellt worden. Danach haben in mündlichen Kulturen Worte keine visuelle Präsenz und können nie nachträglich überprüft werden. Entsprechend unterscheiden sich mündliche Geschichten von aufgeschriebenen: sie sind veränderbar, ja Veränderung ist ihr Wesen. Denn sie müssen ja aus der Erinnerung hergeholt und situationsbezogen erzählt werden. In einer mündlichen Kultur muss man erinnerbare Gedanken denken. Ong nennt eine Reihe von Merkmalen mündlicher Rede, die ihre Erinnerbarkeit unterstützen. Dazu gehören u. a. ein Stil, der additiv statt subordinativ, aggregativ statt analytisch und zudem redundant ist (ebd., S. 36ff.). In der Schriftwelt dagegen sind Worte nicht nur Ereignisse, die im Akt des Aussprechens entstehen und vergehen, sondern auch Dinge, Zeichen auf einer Fläche und damit Fest-Schreibungen. Damit müssen wir uns nicht mehr auf unser Gedächtnis verlassen. Was wir wissen, liegt häufig auch schriftlich vor. Die Überprüfung am Text ermöglicht das Ausräumen von Inkonsistenzen. Insofern stellt jeder Text, anders als beim mündlichen Wissen, einen Abschluss dar. Allerdings kann jeder Text in Zweifel gezogen werden im Hinblick auf die Korrektheit der Transkription und seine Interpretation. Denn ohne die Anwesenheit des Autors ist der Leser mit der Interpretation des Textes allein. Dies gilt umgekehrt auch für den Schreiber. Die Zuhörerschaft des Autors ist fast immer eine lediglich von ihm imaginierte. So wichtig die differenzierte Unterscheidung Ongs ist, bleibt dennoch eine ganze Reihe von Fragen offen. Es ist offensichtlich, dass in unserer Kultur Literalität wie Oralität anzutreffen sind. Dies wirft die Frage nach ihrem gegenseitigen Bezug und der aktuellen Veränderungsdynamik in ihrem Verhältnis zueinander auf. Erst eine genaue Untersuchung dieses Prozesses kann einen Rahmen für die Untersuchung von Selbsterzählungen schaffen.

Harré und van Langenhove (1999) bezeichnen resümierend das „narrative Selbst" als eine „delphische Idee". Zum einen wäre zu klären, ob es sich um eine mündliche oder eine schriftliche Erzählung handelt. Zum anderen machen sie eine Konfusion um den Begriff des Selbst aus. Sie speise sich aus zwei Quellen, erstens aus einer Orientierung am literarischen Modell des singulären Autors und zweitens aus der Vermischung des Selbst als der Person, für die ich mich halte (so wie ich mich mir in den Ereignissen meines Lebens zeige) und dem Selbst als der unitären Person, der diese Ereignisse passieren. Natürlich erzählen Individuen Geschichten, die nach literarischen Mustern geformt sind, aber eben nicht nur. Sie sind ständig dabei, sich selbst zu positionieren, ohne dass dies entlang literarischer Konstruktionen passierte: narrative Identität nicht als singuläre Großtat, sondern als unablässige Positionierungsarbeit. Selbste entwickeln sich aus komplexem Wissen, das wie mündliche Geschichten organisiert ist, und vor allem aus Geschichten in der Form, in denen sich die indexikalen Festlegungen des Sprechers im Diskurs zeigen und verändern. In den Konversationen positionieren die einzelnen sich und andere. Diese stillschweigende Selbstpositionierung „reflektiert das Selbst", d. h. schafft die notwendige Ordnung durch die grammatischen Eigenschaften des Sprachspiels.

Echte Freunde

Die soziale Konstruktion von Identität auf der Basis eines ontologisierenden Verständnisses von Narrativität zu erklären, führt in die Irre. Es ist notwendig, die dort eingelagerten Ideale der Moderne zu dekonstruieren, die diskursive, dialogische Dimension von Identitätskonstruktion und die dort stattfindenden Positionierungen zu analysieren und die medialen Charakteristika dieses Konstruktionsprozesses und seine psychodynamischen Folgen zu bestimmen. Die poststrukturalistische Narratologie bietet dazu wesentlich mehr als die Nachlassverwaltung des Strukturalismus. Die Öffnung und die Diversifizierung der Ansätze und Methodik hat weit mehr Ansatzpunkte für eine narrative Identität als eine bloße, unkritische, ontologisierende Übernahme modernistischer Lesarten und Konzepte. Denn neben dem Fokus auf die dialogische Konstruktion von Identität und auf die Frage der Oralität/Literalität sollte eine Feststellung Mark Curries nicht vergessen werden: Die Erfolgsgeschichten der verschiedenen Narratologien verlaufen zwar heterogen, aber sie haben als Referenzpunkt ein Reservoir an analytischen Ressourcen, das es trotz aller Unterschiedlichkeit ermöglicht, miteinander ins Gespräch zu kommen. Und dieser Ressourcenpool wird insbesondere von „fachnarratologischer" Seite immer wieder aufgefüllt und kritisch neu sortiert, wie etwa die Entwicklung einer „natural narratology" (Fludernik 1996) aus literaturwissenschaftlicher und -kritischer Sicht zeigt. Ein weiteres Laboratorium stellt der Cyberspace dar, in dem der ontologische Status des Erzählens gerade neu überprüft wird (Grond 1999). „All media as extensions of ourselves serve to provide new transforming visions and awareness" hat Marshall McLuhan vor 40 Jahren geschrieben (zit. nach Murray 1999, S. 1). Wenn man diese Überlegung ernstnimmt, dann erwächst einer narrativen Identitätstheorie neben dem poststrukturalistischen, dekonstruktiven Blick und der dialogischen Perspektive eine dritte Ressource in der aktuellen Medientheorie. Diese drei Diskursfelder bieten sich an für die Theorie narrativer Identität im Kontext einer radikalen Pluralisierung – als „echte Freunde" bei der Dekonstruktion modernistischer Konzepte.

Literatur

Anderson, Walter T. (1990): Reality is not what it used to be. Theatrical politics, ready-to-wear religion, global myths, primitive chic, and other wonders of the postmodern world. San Francisco: Harper & Collins.

Bal, Mieke (1999): Close reading today: From narratology to cultural analysis. In: Walter Grünzweig und Andreas Solbach (Hg.): Grenzüberschreitungen: Narratologie im Kontext. Tübingen: Gunter Narr, S. 19-40.

Bamberg, Michael (Hg.) (1997): Oral versions of personal experience: Three decades of narrative

analysis. A Special Issue of the Journal of Narrative and Life History. London: Lawrence Erlbaum.
Bamberg, Michael (1999): Identität in Erzählung und im Erzählen. Versuch einer Bestimmung der Besonderheit des narrativen Diskurses für die sprachliche Verfassung von Identität. In: Zeitschrift für Psychologie 7, S. 43-55.
Barthes, Roland (1985): L'aventure sémiologique. Paris: Éditions du Seuil.
Bhavnani, Kum-Kum und Ann Phoenix (1994): Shifting identities, shifting racisms: an introduction. In: dies. (Hg.): Shifting identities, shifting racisms: A feminism and psychology reader. London: Sage, S. 5-18.
Boje, David (2001): Narrative methods for organizational and communication research. London: Sage.
Boyd, Andrew (1999): Life's little deconstruction book. Self-help for the post-hip. New York: Norton.
Brockmeier, Jens (1999): The calculus of narrative: Deciphering narratology as a modernist episteme. In: Narrative Inquiry 9, S. 457-469.
Brockmeier, Jens und Donal Carbaugh (Hg.) (2001): Narrative and identity. Studies in autobiography, self and culture. Amsterdam: John Benjamins.
Bruner, Jerome S. (1997): Sinn, Kultur, Ich-Identität. Zur Kulturpsychologie des Sinns. Heidelberg: Carl Auer.
Bublitz, Wolfgang (1999): Introduction: Views of coherence. In: ders., Uta Lenk und Eija Ven-tola (Hg.): Coherence in spoken and written discourse. How to create it and how to des-cribe it? Amsterdam: John Benjamins, S. 1-7.
Chatman, Seymour (1978): Story and discourse. Narrative structure in fiction and film. Ithaka: Cornell University Press.
Currie, Mark (1998): Postmodern narrative theory. New York: St. Martin's Press.
Davis, Joseph E. (2000a): Introduction: Social change and the problem of identity. In: ders. (Hg.): Identity and social change. London: Transaction, S. 1-12.
Davis, Joseph E. (2000b): Not dead yet: Psychotherapy, morality, and the question of identity dissolution. In: ders. (Hg.): Identity and social change. London: Transaction, S. 155-178.
Ferguson, Harvie (2000): Deception and despair: Ironic self-identity in modern society. In: Joseph E. Davis (Hg.): Identity and social change. London: Transaction, S. 179-208.
Fludernik, Monika (1996): Towards a ‚natural' narratology. London: Routledge.
Freeman, Mark (1992): Self as narrative: The place of life history in studying the life span. In: Thomas M. Brinthaupt und Richard P. Lipka (Hg.): The self. Definitional and methodolo-gical issues. Albany: State University of New York Press, S. 15-43.
Gergen, Kenneth J. (2000): Technology, self and the moral project. In: Joseph E. Davis (Hg.): Identity and social change. London: Transaction, S. 135-154.
Gergen, Kenneth J. und Mary M. Gergen (1988): Narrative and the self as relationship. In: Leonard Berkowitz (Hg.): Advances in experimental social psychology. New York: Acade-mic Press, S. 17-56.
Giddens, Anthony (1991): Modernity and Self-identity. Self and society in the late modern age. Cambridge/UK: Polity Press.
Grond, Walter (1999): Der Erzähler und der Cyberspace. Innsbruck: Haymon.
Hall, Stuart (1991): Ethnicity: Identity and difference. In: Radical America 23, S. 9-20.

Hardy, Barbara (1968): Towards a poetics of fiction: An approach through narrative. In: Novel 2, S. 5-14.
Harré, Rom und Luk van Langenhove (1999): Reflexive positioning: Autobiography. In: dies. (Hg.): Positioning theory. London: Blackwell, S. 60-73.
Hermans, Hubert J. M. und Else Hermans-Jansen (1995): Self-narratives. The construction of meaning in psychotherapy. New York: The Guilford Press.
Hermans, Hubert J. M. und Harry J. G. Kempen (1993): The dialogical self. Meaning as movement. London: Academic Press.
Hetherington, Kevin (1997): The badlands of modernity. Heterotopia and social ordering. London: Routledge.
Hetherington, Kevin (1998): Expressions of identity. Space, performance, politics. London: Sage.
Hevern, Vincent W. (2001): Narrative psychology: Internet and ressource guide. Syra-cuse/NY: Autor (http://web.lemoyne.edu/~hevern/narpsych.html).
Hinchman, Lewis P. und Sandra K. Hinchman (Hg.) (1997): Memory, identity, community: The idea of narrative in the human sciences. Albany/NY: State University of New York Press.
Hitzler, Ronald und Anne Honer (1994): Bastelexistenz. Über subjektive Konsequenzen der Individualisierung. In: Ulrich Beck und Elisabeth Beck-Gernsheim (Hg.): Riskante Freiheiten. Individualisierung in modernen Gesellschaften. Frankfurt a. M.: Suhrkamp, S. 307-315.
Höfer, Renate (2000): Jugend, Gesundheit und Identität. Opladen: Leske + Budrich.
Hollway, Wendy (1984): Gender differences and the production of subjectivity. In: Julian Hen-riques u. a. (Hg.): Changing the subject: psychology, social regulation and subjectivity. London: Methuen, S. 227-263.
Jahn, Manfred (1998): Narratologie: Methoden und Modelle der Erzähltheorie. In: Ansgar Nünning (Hg.): Literaturwissenschaftliche Theorien, Modelle und Methoden. Eine Einfüh-rung. Trier: WVT Wissenschaftlicher Verlag, S. 29-50.
Kellner, Douglas (1992): Popular culture and the construction of postmodern identities. In: Scott Lash und Jonathan Friedman (Hg.): Modernity & identity. Oxford/UK: Blackwell, S. 141-177.
Keupp, Heiner u. a. (1999): Identitätskonstruktionen. Das Patchwork der Identität in der Spätmoderne. Reinbek: Rowohlt.
Korobov, Neill (2001): Reconciling theory with method: From conversation analysis and criti-cal discourse analysis to positioning analysis. In: Forum Qualitative Sozialforschung 2 (http://www.qualitative-research.net/fqs/fqs-eng.htm).
Kraus, Wolfgang (2000): Das erzählte Selbst. Die narrative Konstruktion von Identität in der Spätmoderne. Herbolzheim: Centaurus.
Labov, William und Joshua Waletzky (1967): Narrative analysis: Oral versions of personal experience. In: June Helms (Hg.): Essays on the verbal and visual arts. Seattle: University of Washington Press, S. 12-44.
Linde, Charlotte (1993): Life stories. The creation of coherence. New York: Oxford University Press.
Lucius-Hoene, Gabriele und Arnulf Deppermann (2000): Narrative identity empiricized: A dialogical and positioning approach to autobiographical research interviews. In: Narrative Inquiry 10, S. 199-222.
Makropoulos, Michael (1997): Modernität und Kontingenz. München: Fink.
Marcia, James E. (1993): The status of the statuses: Resarch review. In: ders. u. a. (Hg.): Ego identity. A handbook for psychosocial research. New York: Springer, S. 22-41.

Marin, Louis (1978): Le recit est un piège. Paris: Minuit.

Marshall, Barbara L. (1991): Re-producing the gendered subject. In: Current Pespectives in Social Theory 11, S. 169-195.

McAdams, Dan (1993): The stories we live by: Personal myths and the making of the self. New York: William Morrow.

McHale, Brian (1987): Postmodernist fiction. New York: Methuen.

McLuhan, Marshall (2000): The Gutenberg galaxy. Toronto: University of Toronto Press (zuerst 1962).

Meuter, Norbert (1995): Narrative Identität. Das Problem der personalen Identität im An-schluß an Ernst Tugendhat, Niklas Luhmann und Paul Ricœur. Stuttgart: M & P Verlag.

Mey, Günter (1999): Adoleszenz, Identität, Erzählung. Theoretische, methodologische und empirische Erkundungen. Berlin: Köster.

Mitchell, W. J. Thomas (Hg.) (1981): On narrative. Chicago: The University of Chicago Press.

Murray, Janet H. (1999): Hamlet on the Holodeck. The future of narrative in the cyberspace. Cambridge/MA: MIT Press.

Ong, Walter J. (1982): Orality and literacy. The technologizing of the word. London: Rout-ledge.

Orton, Peter (2002): Thinking about Stories (http://www.research.ibm.com/knowsoc/ideas_society.html).

Peuter, Jennifer de (1998): The dialogics of narrative identity. In: Michael M. Bell und Michael Gardiner (Hg.): Bakhtin and the human sciences. London: Sage, S. 30-48.

Prince, Gerald (1987): A dictionary of narratology. London: University of Nebraska Press.

Prince, Gerald (1999): Revisiting narrativity. In: Walter Grünzweig und Andreas Solbach (Hg.): Grenzüberschreitungen: Narratologie im Kontext. Tübingen: Gunter Narr, S. 43-51.

Ricœur, Paul (1996): Das Selbst als ein Anderer. München: Fink.

Sampson, Edward E. (1993): Celebrating the other. A dialogic account of human nature. Boulder: Westview Press.

Sarbin, Theodore R. (Hg.) (1986): Narrative psychology. The storied nature of human conduct. New York: Praeger, S. 3-21.

Schiffrin, Deborah (1997): Stories in answer to questions in research interviews. In: Journal of Narrative and Life History 7, S. 129-137.

Scholes, Robert (1981): Language, narrative and anti-narrative. In: W. J. Thomas Mitchell (Hg.): On narrative. Chicago: The University of Chicago Press, S. 200-208.

Straub, Jürgen (1998): Personale und kollektive Identität. Zur Analyse eines theoretischen Be-griffs. In: Aleida Assmann und Heidrun Friese (Hg.): Identitäten. Erinnerung - Geschichte - Identität. Frankfurt a. M.: Suhrkamp, S. 73-104.

van Gennep, Arnold (1981): Les rites de passage. Paris: Éditions Picard (zuerst 1909).

van Langenhove, Luk und Rom Harré (1999): Introducing positioning theory. In: dies. (Hg.): Positioning theory. London: Blackwell, S. 14-32.

Wagner, Peter (1995): Soziologie der Moderne. Frankfurt a. M.: Campus.

Widdershoven, Guy A. M. (1993): The story of life: Hermeneutic perspectives on the relation-ship between narrative and life history. In: Ruthellen Josselson und Amia Lieblich (Hg.): The narrative study of lives. Band 1. Newbury Park: Sage, S. 1-20.

Wrigley, Mike (2001): Real stories or storied realism? In: Forum Qualitative Sozialforschung 2 (http://www.qualitative-research.net/fqs-eng.htm).

Müssen Individuen individuell sein?

Norbert Meuter

„Wenn ich nicht besser bin, so bin ich doch wenigstens anders". Unter diese trotzige Formel stellt Rousseau die autobiographische Repräsentation seiner Identität (1985, S. 37). Rousseau bemerkt, dass er sich unterscheiden muss, um er selbst sein zu können: von den gesellschaftlichen Normierungen, von den anderen und – paradox – auch von sich selbst, denn man kann sich selbst in seiner Biographie ja nur dann finden, wenn man sich in ihrem Verlauf auch hinreichend verändert.[1] Die eigene Identität wird somit zu dem, was sich fremden wie eigenen Zuschreibungen immer wieder entzieht. Man kann diese Semantik mit dem Begriff der „Individualität" belegen. Moderne Individuen rekurrieren demnach an zentraler Stelle, nämlich in dem sie konstituierenden Selbstverständnis, darauf, dass sie sich unterscheiden, voneinander abweichen, nicht konform sind. Anders zu sein, anders sein zu wollen und zu können, wird für sie zur Form ihrer Existenz.[2]

Knapp 200 Jahre nach Rousseau sehen nicht nur Adorno und Horkheimer die Existenzform der Individualität durch Nationalsozialismus, Faschismus und Stalinismus bedroht. In der Tat stimmen totalitäre Systeme, gleich welcher Oberflächensemantik und -rhetorik sie sich bedienen, wohl darin überein, dass sie Individualität unterdrücken, Unterschiede ausmerzen, Differenzen homogenisieren bis hin zur physischen Eliminierung abweichender Individuen. Die dramatischen Formeln, die Adorno und Horkheimer immer wieder anführen, wie die von der „Abschaffung" bzw. „Liquidation des Individuums" (2000, S. 163) gewinnen hier ihren buchstäblichen Sinn. Der entscheidende Punkt der *Dialektik der Aufklärung* ist jedoch, totalitäre Systeme nicht als das „ganz Andere" zu begreifen – und auf diese Weise zu verdrängen –, sondern als eine spezifische Ausprägung der Eigendynamik rationalen

1 Abstrakter formuliert: die Differenz von medialer (hier: narrativer) Repräsentation und Prozess ist konstitutiv für die Ausbildung von Identität.

2 Vgl. u. a. bereits Simmel (1995, S. 52): „Nachdem die prinzipielle Lösung des Individuums von den verrosteten Ketten der Zunft, des Geburtsstandes, der Kirche vollbracht war, geht sie nun dahin weiter, dass die so verselbständigten Individuen sich auch voneinander unterscheiden wollen; nicht mehr darauf, dass man überhaupt ein freier Einzelner ist, sondern dass man dieser Bestimmte und Unverwechselbare ist, kommt es an."

Denkens. Nivellierung und Homogenisierung von Unterschieden sind für Adorno und Horkheimer kein Spezifikum totalitären Denkens, sondern zählen zu den Strukturprinzipien eines Weltzugangs, der sich selbst als rational, wissenschaftlich, aufklärerisch und kritisch versteht. „Was anders wäre, wird gleichgemacht. Das ist das Verdikt, das die Grenzen möglicher Erfahrung kritisch aufrichtet" (ebd., S. 18). Wissenschaftliche, auf dem System der Logik aufbauende Rationalität „schneidet das Inkommensurable weg" (ebd., S. 19). Die Welt wird, wie es in der insgesamt vielleicht treffendsten Formulierung heißt, in ein „gigantisches analytisches Urteil" (ebd., S. 33) überführt, das Neues, Überraschendes, Abweichendes, Anderes immer schon assimiliert hat.[3]

Die Strukturprinzipien der Nivellierung und Homogenisierung, die das rationale Denken prägen, zeigen sich auf der Ebene der gesellschaftlichen Realität eben deshalb auch nicht nur in totalitären Systemen, sondern durchaus auch in demokratisch verfassten Gesellschaften. Auch hier findet, zwar unauffälliger, aber – sieht man von der physischen Eliminierung einmal ab – nicht weniger wirksam Unterdrückung, Ausmerzung und Liquidation von Individualität statt. Neben den entindividualisierten Bedingungen der Arbeitswelt ist der Ort der Liquidation hier vor allem die „Kulturindustrie", der es um die „Reproduktion des Immergleichen" (ebd., S. 142) geht. In den Produkten der Kulturindustrie gibt es für den Konsumenten „nichts mehr zu klassifizieren, was nicht im Schematismus der Produktion vorweggenommen wäre" (ebd., S. 133). Es werden ausschließlich fertige Klischees, vorgefertigte Stereotypen produziert, die zu einer „trüben Identität" (ebd., S. 138) gerinnen, in der das Einzelne und Besondere vom Allgemeinen nicht mehr zu unterscheiden sind. Anders als in totalitären Systemen werden in der Kulturindustrie individuelle Unterschiede jedoch nicht einfach ausgemerzt oder über Ritualisierungen gleichgeschaltet. Die Nivellierung vollzieht sich vielmehr über eine Art perfider Integration. Das Individuum, das anders ist oder sein will, sich widersetzt und auch noch genügend Kraft zur Artikulation besitzt, wird buchstäblich „gekauft" und auf diese Weise assimiliert. Sein Protest verkommt zur prominenten, aber wirkungslosen Geste: „Realitätsgerechte Empörung wird zur Warenmarke dessen, der dem Betrieb eine neue Idee zuzuführen hat" (ebd., S. 140).

Diese zusammen mit Horkheimer entwickelte Individualitätsanalyse ist für Adorno Zentrum seines Philosophierens geblieben (vgl. u. a. Kipfer 1999, Thies 1997). Individuen im eigentlichen Sinne, d. h. Individuen, die sich hinsichtlich ihrer Lebensführung autonom oder selbstbestimmend verhalten können, lassen sich für ihn überhaupt nicht mehr ausmachen, wir haben es nur noch mit „standardisierten und

---

3 Dass man diese Wissenschafts- und Rationalitätskritik selbst wiederum kritisieren kann, liegt auf der Hand; darum soll es im folgenden jedoch nicht gehen.

verwalteten Menscheneinheiten" (Adorno 1969, S. 176) zu tun. Lässt sich dieser radikalen Position auch heute noch ein Sinn abgewinnen? Vor dem Hintergrund der Individualisierungsdiskurse der letzten Jahre muss sie für viele ebenso antiquiert wirken wie der ernsthafte Habitus ihres Autors. Was man diesen Diskursen jedenfalls zunächst einmal entnehmen kann, ist, dass man mit dem rousseauischen Bedürfnis, anders sein zu wollen, in der heutigen Gesellschaft nicht mehr auf Kritik stößt. Im Gegenteil: die Individuen sind in ihren Selbstverständnissen einer gesellschaftlichen Individualitätssemantik ausgesetzt, die von ihnen Differenz, Anderssein und Einzigartigkeit geradezu fordert und einklagt. Wenn man so will, hat sich die moderne Gesellschaft inzwischen die Position ihres frühen Kritikers vollständig zu eigen gemacht. Individualität, Differenz und Abweichung sind zu positiven Anschlusswerten geworden, die die Gesellschaft den Individuen nicht nur freigibt, sondern selbst vorschreibt.[4] Hinzu kommt, dass sich mittlerweile moderne und insbesondere postmoderne Individuen gegen kulturkritische Schutz- und Rettungsbemühungen im Stile Adornos verwahren. Diese werden als bürgerlich, elitär und sogar totalitär empfunden und ihre Autoren als naive „Konformisten des Andersseins" belächelt.[5] Man will nicht länger mit Autonomieansprüchen traktiert und mit Mündigkeitsimperativen bevormundet und vor allem nicht vor der „Kulturindustrie" geschützt werden, sondern fühlt sich vielmehr imstande, deren Produkte mit ironisiertem Blick und ohne schlechtes Gewissen zu genießen.[6]

Im Gegensatz dazu nehmen die folgenden Überlegungen lieber den Naivitätsvorwurf in Kauf, anstatt sich vom kritischen Impuls Adornos und der ernstgemeinten Frage nach der Individualität vorschnell zu verabschieden. Dies geschieht in zwei Schritten. Erstens geht es um einen genaueren Blick auf die spezifisch modernen Gesellschaftsstrukturen einschließlich der sie begleitenden Individualitätssemantik. Mit einer solchen Historisierung bzw. Soziologisierung lässt sich der Individualitätsbegriff erst einmal aus der Sphäre des Normativen herauslösen, in der Individualität als zu verwirklichender Wert entweder ausdrücklich affirmiert oder kritisiert oder – in der Regel – lediglich vorausgesetzt und unhinterfragt mitgeführt wird. Dieser erste Schritt ist jedoch nur die Voraussetzung für den zweiten, nämlich dafür, dass die

---

4 Vgl. vor allem die Diskussionen ausgehend von Beck (1986).

5 So unter diesem Titel Bolz (1999).

6 In der Regel jedoch, ohne dabei über den undifferenzierten Ausdruck eigener Befindlichkeiten hinaus zu kommen; vgl. paradigmatisch wiederum Bolz (1999, S. 32): „Wir sind den Alpdruck los, den man Moderne genannt hat. Die Moderne war eine Zeit avantgardistischer Projekte, die uns zu unserem Glück zwingen wollten: Wir sollten aufgeklärte Menschen, selbstdenkende Wesen, autonome Subjekte und mündige Bürger werden. Und wer hätte es gewagt, all das nicht sein zu wollen. Doch hundert Jahre Moderne haben gezeigt, das waren Überforderungen und Glückszwangsangebote. Deshalb die Erleichterung des ‚post' – endlich haben wir das hinter uns!"

Individuen sich fragen können, ob sie individuell sein müssen oder wollen, und was dies sinnvoll überhaupt heißen kann. Dabei werde ich mich bei der soziologischen bzw. wissenssoziologischen Analyse an Luhmann orientieren und bei der philosophischen Frage, welches Verhältnis man zu den Ergebnissen dieser Analyse einnehmen kann, zum Teil auf Adorno, sachlich aber auf Charles Taylor zurückgreifen.[7]

Gesellschaftliche Differenzierung und Individualität

Weitgehende Übereinstimmung auch zwischen ansonsten sehr verschiedenen soziologischen Ansätzen besteht darin, dass moderne Gesellschaften nicht mehr segmentär oder stratifikatorisch, sondern funktional differenziert sind. Moderne Gesellschaften organisieren sich primär nicht durch Clans oder Familien und auch nicht durch Schichten oder Kasten, sondern durch eigenrationale und eigendynamische Teilsysteme (Politik, Wirtschaft, Recht, Erziehung, Wissenschaft, Religion, Kunst, Massenmedien etc.), die jeweils spezifische gesellschaftliche Funktionen erfüllen.[8] Luhmann hat nun darauf hingewiesen, dass segmentär und stratifikatorisch differenzierte Gesellschaften strukturkonservativ sind. Hinsichtlich der gesellschaftlichen Ordnung werden keine grundlegenden Veränderungen erwartet. Für die Individuen und deren Selbstverständnis bedeutet dies, dass jeder Einzelne eine mehr oder weniger konstante Position innerhalb der gesellschaftlichen Ordnung besitzt, die auch durch Leistung nicht wesentlich verändert werden kann (Luhmann 1997, S. 636). Die Individuen bleiben im großen und ganzen das, was sie immer schon gewesen sind. Entwicklungsmöglichkeiten im eigentlichen Sinne bestehen noch nicht, sondern sind, wenn überhaupt, nur im Rahmen von feststehenden und vorgegebenen Mustern zu

---

7 Luhmann bietet sich für den ersten Schritt u. a. deswegen an, weil seine Analyse der modernen Identitäts- und Individualitätssemantik – im Unterschied etwa zu denjenigen Adornos oder Taylors – primär nicht moralisch motiviert ist. Ich greife im übrigen auf alle Referenzautoren stark selektiv zu. Für weitere historische und systematische Kontexte zum Verhältnis von Individuum und Gesellschaft insgesamt vgl. die Untersuchung von Schroer (2000) und speziell zum romantischen Individualitätskonzept der Moderne die Studie von Eberlein (2000). Angemerkt sei noch, dass der Analyse Luhmanns die Annahme einer Korrelation zwischen Gesellschaftsstruktur und Semantik zugrunde liegt. Diese Annahme soll im folgenden unproblematsiert vorausgesetzt werden; dass sie durchaus problematisiert werden kann (lassen sich Struktur und Semantik überhaupt trennscharf unterscheiden?), zeigt z. B. Kogge (1999).

8 Funktional differenzierte Gesellschaften entstehen in Europa seit dem 16. Jahrhundert; streng genommen gibt es jedoch nur eine funktional differenzierte Gesellschaft, nämlich die moderne Weltgesellschaft; vgl. dazu Stichweh (2000).

denken, welche die Gesellschaftsstruktur insgesamt nicht destabilisieren. In segmentären und in stratifikatorischen Gesellschaften sind die Individuen demnach *hinsichtlich ihrer Besonderheit oder sogar Einzigartigkeit* ohne gesellschaftliche Relevanz. Es „interessiert" sich (noch) niemand für ein Individuum, insofern damit die Vorstellung verbunden wäre, dass es keine vergleichbaren anderen Fälle gibt.

Diese Annahme läßt sich u. a. literaturwissenschaftlich stützen: „bis weit ins 18. Jahrhundert" finden sich weder in den Romanen noch in den Biographien „nennenswerte Spuren moderner Individualität".[9] Zur Charakterisierung der Protagonisten genügen extrem stereotype Formeln wie: er stammte aus einer der berühmtesten und reichsten Familien des Landes; sie war eine der schönsten Frauen am Hofe, und ähnliches. Stärker individuierende und die Person ausdifferenzierende Beschreibungen sind noch ohne literarische Bedeutung. Komplexere Persönlichkeiten mit spezifischen und (im heutigen Sinne) individuellen Eigenschaftskombinationen tauchen noch nicht auf: „Nicht einmal ästhetische und moralische Qualitäten konnte man auseinanderziehen. Schönheit war, besonders bei Frauen, topischer Indikator für Tugend. Die Kombination ‚gut aber häßlich' war praktisch unkommunizierbar" (Luhmann 1989, S. 174f.).

Dass in segmentären und stratifikatorischen Gesellschaften keine „nennenswerten Spuren moderner Individualität" zu finden sind, bedeutet natürlich nicht, dass sich die einzelnen Individuen untereinander – wenn man will: lebensweltlich – nicht auch hinsichtlich besonderer Eigenschaften und Merkmale wahrnehmen und behandeln können.[10] Allerdings gewinnt die Individualität der Individuen noch keinerlei gesellschaftliche Relevanz.[11] Notwendig und hinreichend ist die soziale Konstellation, vor allem die Zugehörigkeit zu einer bestimmten Familie und Schicht sowie wenigen

---

9 Luhmann (1989, S. 174f). „Spuren moderner Individualität" lassen sich natürlich bis in die Renaissance und selbst darüber hinaus zurück verfolgen; zur Individualität im Mittelalter vgl. etwa Aertsen und Speer (1996). Gerhardt (1999) nimmt ein anthropologisches und organismisches „Prinzip der Individualität" an und sieht entsprechend eine „Problemkontinuität zwischen Antike und Moderne" (S. 14). Zum Problem, eine epochenübergreifende „Geschichte der Individualität" zu schreiben, vgl. jedoch Sonntag (1999). Im übrigen ist, selbst wenn sich – an hochspezifische Kontexte (z. B. Philosophie) gebundene! – Vorläufer einer einmal etablierten Semantik retrospektiv finden lassen, im Hinblick auf das hier interessierende Identitätsproblem die Durchsetzung der Semantik auf breiter Ebene entscheidend.

10 Luhmann (1989, S. 154; 1995, S. 126) kritisiert daher die gängige soziologische „Steigerbarkeitsthese" einer mit der gesellschaftlichen Differenzierung einhergehenden Zunahme der Individualität der Individuen.

11 Vgl. dazu auch einmal Taylor (1996, S. 653): „Der Begriff des Unterschieds zwischen den Individuen ist als solcher natürlich nichts Neues. Nichts ist einleuchtender oder Banaler. Neu ist hingegen die Vorstellung, dass das wirklich einen Unterschied ausmacht im Hinblick darauf, wie wir leben sollten."

Rollen- und Berufsmustern. Dass dies zur Individuierung noch ausreichend ist, liegt im wesentlichen daran, dass in segmentär und stratifikatorisch differenzierten Gesellschaften die Individuen jeweils *nur einem* Segment bzw. *nur einer* Schicht zugeordnet werden (können). In segmentären Gesellschaften ist es für die Individuen unmöglich, mehreren Familien, Clans oder Dörfern zugleich anzugehören; ebenso ist es in stratifikatorischen Gesellschaften unmöglich, zugleich Mitglied verschiedener Stände oder Kasten zu sein. Gesellschaftlich relevante, d. h. strukturbildende Kommunikation bedarf daher nur dieser bindenden sozialen Angaben. Oder umgekehrt: für einzigartige Individuen gibt es noch keine gesellschaftlichen Strukturen. „Individualität in Anspruch nehmen hieße: aus der Ordnung herausfallen" (Luhmann 1980, S. 72).

Dies ändert sich grundlegend mit dem Übergang zur funktionalen Differenzierung. Entscheidend dabei ist, dass die Individuen nun nicht länger mehr nur einem Teil der Gesellschaft angehören können. Man kann nicht in einem der Funktionssysteme allein leben. Niemand kann eine ausschließlich religiöse, wirtschaftliche, juristische oder politische Existenz führen. Umgekehrt ist jeder rechtsfähig, schulpflichtig, wahlberechtigt, hat zumindest einen Anspruch auf minimale Sozialleistungen usw. Die Gesellschaft bietet also keinen Anhaltspunkt mehr, der es erlauben würde, ein Individuum allein nach seiner „Herkunft" bzw. seinem „Ort" zu bestimmen.

Dieses „Prinzip der Inklusion aller in alle Funktionssysteme" (ebd., S. 31) hat erhebliche Auswirkungen für das Selbstverständnis der Individuen. Die verschiedenen Teilsysteme bilden jeweils eigene Anforderungen, Regeln, Rationalitäten usw. aus, und die Individuen sehen sich notwendig mit diesen Unterschieden konfrontiert. Dabei „interessieren" die jeweiligen Teilsysteme jedoch nicht der „ganze Mensch", sondern lediglich sehr begrenzte und isolierbare Aspekte – gewissermaßen das *dividierte* Individuum.[12] Jeder einzelne muss dabei sehr genau wissen, welche Ausschnitte und Aspekte seines Verhaltens für die Teilnahme an den verschiedenen Systemen von Bedeutung sind (und vor allem: welche nicht). Daher ist es für moderne Individuen mittlerweile selbstverständlich, sich in mehrere „Selbste", „Identitäten" oder „Persönlichkeiten" zu zerlegen, um an den verschiedenen sozialen Umwelten teilnehmen und den Unterschiedlichkeiten der Anforderungen gerecht werden zu können. Das Individuum wird also – paradox – durch seine Teilbarkeit definiert. „Es benötigt ein musikalisches Selbst für die Oper, ein strebsames Selbst für den Beruf, ein geduldiges Selbst für die Familie. Was ihm für sich selbst bleibt, ist das Problem seiner Identität" (Luhmann 1989, S. 233). Es ist demnach die spezifische

12 Von einem „Dividuum" sprechen bekanntlich Günther Anders und bereits Novalis; vgl. hierzu Schroer (2000, S. 268).

Form der funktional differenzierten Gesellschaft, die das Individuum dazu zwingt, sich zu individualisieren. Jeder einzelne muss den Konstellationen, in denen er sich bewegt, den Reibungen, Konflikten und wechselnden Anforderungen, die mit ihnen verbunden sind, gerecht werden. Dazu muss er „seine Identität finden und deklarieren, damit sein Verhalten in dieser nur für ihn geltenden Konstellation an Hand seiner individuellen Person für andere wieder erwartbar gemacht werden kann" (Luhmann 1984, S. 132).

Individualität und personale Identität

Das spezifische Problem der personalen Identität taucht somit, folgt man den bisherigen Überlegungen, überhaupt erst in und mit der modernen funktional differenzierten Gesellschaft auf. In segmentären und stratifikatorischen Gesellschaften finden die Individuen ihre Identität noch mehr oder weniger problemlos vor – nämlich über die feststehende Zuordnung zu den feststehenden Segmenten und gesellschaftlichen Schichten sowie den sich daran unmittelbar anschließenden Rollenzuschreibungen –, in funktionalen Gesellschaften dagegen müssen sie ihre Identität *selbst* finden, erwerben, artikulieren.[13] Die Identität wird zu einer von jedem einzelnen Individuum zu leistenden Arbeit. Auf die Frage, wer man „ist", erhält man keine Antwort mehr – zumindest von der Gesellschaft nicht mehr –, man muss sie sich selbst geben. Segmentäre und stratifikatorische Gesellschaften belasten ihre Individuen weder mit Pluralitäts- noch mit Kontingenzproblemen. Erst in funktional differenzierten Gesellschaften sehen sich die Individuen mit einer – und zwar heterogenen und *für sie* konfliktreichen – Pluralität gesellschaftlicher Anforderungen konfrontiert. Nun erst können und müssen sie Entscheidungen darüber treffen, in welcher Weise sie wann, wo, wie an der Gesellschaft teilnehmen wollen. Da nun eine prinzipielle Teilnahme (Inklusion) in jedem Teilsystem möglich ist, obliegt den Individuen aber auch die Aufgabe, über mögliche Relevanzgefälle ihrer Selektionen selbst zu entscheiden. Die Kehrseite (moderner) Freiheit ist Entscheidungszwang bei gleichzeitiger Kontingenzerfahrung – und genau dies evoziert (1) das Identitätsproblem und lässt (2) nur noch Individualisierung als Antwort auf dieses Problem zu. „Die Umsetzung der gesellschaftlichen Systemdifferenzierung in ein sachliche und zeitlich je einmaliges

---

13 Vgl. auch hier Taylor (1995, S. 58): „Dass Menschen in vormoderner Zeit nicht von ‚Identität' und ‚Anerkennung' redeten, lag nicht daran, dass sie keine Identität im Sinne unseres Ausdrucks besessen hätten oder nicht auf Anerkennung angewiesen waren, sondern es lag daran, dass diese Dinge damals zu unproblematisch waren, um eigens thematisiert zu werden."

Rollenmanagement – das ist der Mechanismus, der nach soziologischer Vorstellung die Individualisierung der Person erzwingt."[14]

Der schöpferische Künstler als Paradigma

Historisch bildet sich die moderne Individualitätssemantik zunächst im Funktionssystem der Kunst aus. Hier setzt sich – seit der Renaissance – immer mehr die Auffassung durch, dass es sich bei Kunstwerken vor allem um individuelle Werke individueller Künstler handelt bzw. handeln muss. Kunstwerke sollen nun in erster Linie nicht mehr mimetisch sein bzw. einem klassischen Formenkonsens entsprechen, sondern sich durch Neuheit, Originalität, Besonderheit, Echtheit, Tiefe, Authentizität usw. auszeichnen. Der Kanon der Tradition und Konvention wird zwar weiterhin gepflegt, muss aber mit jedem neuen Werk auch durchbrochen werden. Das Kunstwerk „fällt auf und gefällt, weil es anders ist" (Luhmann 1989, S. 201). Originalität wird ästhetisch zu seiner konstitutiven Bedingung, und diese verdankt sich wiederum der Genialität und Individualität des Künstlers. Dies bedeutet einen radikalen Bruch mit der vormodernen Auffassung, nach der sich der ästhetische Wert eines Kunstwerks in erster Linie nach seinem mimetischen Potential, seiner handwerklichen Qualität oder auch (heute undenkbar) der Kostbarkeit der verwendeten Materialien bemisst. Die Ausdifferenzierung des funktionalen Teilsystems der Kunst steht somit von Beginn an unter der spezifisch modernen Individualitätssemantik, die sie zugleich forciert. Die Kunst hat spätestens im 18 Jahrhundert „ihr eigenes Publikum, ihre eigene Inklusion, ihre eigene Sozialisation. Das Publikum besteht aus Individuen. Der Künstler wird entsprechend individualisiert gedacht. Er kann erfinden, was gefällt" (ebd., S. 204) – und wird zum Paradigma des modernen Selbst- und Identitätsverständnisses.

An dieser Stelle möchte ich schon einmal kurz auf Taylor eingehen, der eine analoge Auffassung über die paradigmatische Bedeutung der modernen Kunst vertritt. Taylor spricht vom „expressivistischen" oder auch „epiphanischen" Selbstverständnis der modernen Kunst, in dem das traditionelle Strukturmoment der Mimesis

14 Luhmann (1995, S. 130f.; vgl. auch 1995, S. 131f.): „Durch die sachliche und zeitliche Differenzierung der Rollen ist der Punkt gesetzt, an dem das Individuum erscheinen muß; vielleicht muß man sogar sagen: für sich selbst zum Problem werden muß. Die allgemeinste Aufforderung an den Menschen ist: eine solche Sozialordnung aushalten zu können (und nicht wie früher: in der Natur zu überleben). Dafür muß der Mensch individualisiert werden, damit er der jeweiligen Konstellation, in der er sich befindet, ihren Reibungen, Konflikten, wechselnden Anforderungen und Anschlußmöglichkeiten gerecht werden kann."

ausgeschlossen wird: „nach der neuen Auffassung ist die Kunst nicht Imitation, sondern Ausdruck [...]. Sie tut etwas kund, während sie es zur selben Zeit verwirklicht, zur Vollendung bringt" (1996, S. 656). Kunst wird nicht länger als Prozess einer Nachahmung oder Aneignung, sondern als Schöpfung und kreative Eigenleistung des Künstlers verstanden, die nicht nur etwas zum Ausdruck bringt, sondern das, was sie ausdrückt, überhaupt erst *hervorbringt*. Entscheidend ist nun, dass dieses Selbstverständnis zum Vorbild für die moderne Identitätsbildung insgesamt wird: „Die künstlerische Schöpfung wird zum mustergültigen Verfahren, durch das die Menschen zur Selbstdefinition gelangen können. Der Künstler wird in gewisser Weise zum paradigmatischen Exemplar des Menschen, der als Handelnder eine originelle Definition seiner selbst anstrebt" (Taylor 1995, S. 72). Die eigene Identität wird somit als etwas gedacht, was nicht vorgegeben ist, sondern selbst gesucht, gefunden, hergestellt werden muss: „Ich entdecke mich selbst durch mein von mir als Künstler erzeugtes Werk, durch das, was ich erschaffe. Meine Selbstfindung gelingt auf dem Weg über eine Schöpfung [...]. Die Selbstfindung setzt die *poiesis*, ein Gestalten, voraus" (ebd., S. 73). Es geht aber nicht nur darum, sich überhaupt auszudrücken und sich zu gestalten, sondern sich *anders als die anderen* auszudrücken und eine *originelle, besondere, einzigartige* Identität zu gestalten. Im Hintergrund steht dabei die Vorstellung, nach der jedes Individuum etwas Höchsteigenes ist. Jeder hat gewissermaßen nur seinen eigenen Weg, den er gehen kann und muss. Diesen Weg und die damit verbundene eigene Besonderheit gilt es für die Individuen herauszufinden und zu gestalten. Taylor beruft sich in diesem Zusammenhang u. a. auf die berühmte Formel Herders, wonach jedes Individuum sein „eigenes Maß" hat (vgl. Taylor 1996, S. 654; 1995, S. 38). Danach ist jedes Individuum auch nur mit dem ihm je eigenen Maßstab von den anderen zu messen, aber das legt umgekehrt auch „jedem von uns die Pflicht auf, der eigenen Originalität im Leben gerecht zu werden" (Taylor 1996, S. 653).

Narrativität

Lebensweltlich artikuliert sich die spezifisch moderne Identität der Individuen vor allem narrativ. Es entstehen zunehmend Biographien und Autobiographien, die der Repräsentation und Absicherung der personalen Identität dienen, *indem sie die je eigene Individualität betonen.*[15] Dieses Muster schlägt dann zunehmend auf das

15 Wobei nicht erst seit Goethe die konstitutive Spannung von Dichtung und Wahrheit mitkommuniziert wird; zu einer narrativen Konzeption personaler Identität aus philosophischer Sicht vgl. meine Untersuchungen in Meuter (1995).

allgemeine Selbstverständnis durch. Narrative Formen scheinen sich von ihrer Zeit- und Sinnstruktur in der Tat besonders zu eignen, wenn es um Fragen der eigenen (individuellen) Identität geht. Innerhalb einer Geschichte kann man sich ändern, entwickeln, Peripetien integrieren usw. – und man kann doch „derselbe" bleiben. Jedenfalls braucht heutzutage das Individuum eine wie immer konstruierte individuelle Biographie, um in der Gesellschaft kommunizieren zu können. Die Einzigartigkeit und Unvergleichbarkeit seiner Existenz, die in seiner Biographie zum Ausdruck kommt, wird zur „Prämisse des sozialen Umgangs mit ihm" (Luhmann 1989, S. 252). Zwar wird der Einzelne in den jeweiligen funktionalen Zusammenhängen auch beständig typisiert und entsprechend behandelt, aber in oder hinter der Typisierung ist immer das Individuum mitgemeint. Der Typus gibt von seiner semantischen Logik her nur das jeweilige Maß an Individualität und Besonderheit an, das in konkreten Situationen für die Kommunikation von Bedeutung ist. Moderne Typen sind, wenn man so will, individualisierungsoffen.

Öffentliche Individualität: Karrieren

Eine mittlerweile als selbstverständlich empfundene Form der öffentlichen – gesellschaftlich relevanten, geforderten und akzeptierten – narrativen Identität des Individuums ist seine Karriere. Im Übergang von stratifikatorischen zu funktionalen Gesellschaften entsteht die Sozialform der Karriere dadurch, dass Geburtsstand und Zugehörigkeit zu einer Schicht nicht mehr ausreichen, „um den Normalverlauf eines Lebens erwartbar zu machen" (ebd., S. 232). Heute müssen die Individuen in den jeweiligen öffentlichen bzw. systemischen Kontexten auch *als Individuen* auftreten, d. h. mit einem entsprechenden individualisierten Lebenslauf, der über die spezifischen Standardanforderungen hinaus das Besondere und Einzigartige des Kandidaten sichtbar werden lässt. Insgesamt zeichnen sich Karrieren dadurch aus, dass sie auf keine externen Faktoren angewiesen sind, um sich selbst auszubilden. Zwar spielen Fähigkeiten, ökonomisches und symbolisches Kapital nach wie vor eine bedeutende Rolle für Anfang und Verlauf einer Karriere, doch die Karriere selbst bildet in sich (wie jede narrative Geschichte) einen selbstreferentiellen Zusammenhang aus. Eine Karriere besteht aus Ereignissen, die sich rekursiv – und zwar positiv wie negativ – fördern und daher Anschlussereignisse gleicher Art ermöglichen. Sie wird daher für das Individuum selbst und für andere als ein „nahezu voraussetzungslos beginnender, sich selbst ermöglichender Verlauf erfahren. Eben deshalb kann sie zur Artikulation von Individualität in der Zeit dienen" (ebd., S. 233). Das gilt für Aufstiegs- und Abstiegskarrieren gleichermaßen; auch Arbeitslosigkeit oder Drogenkonsum werden individuell zugerechnet. Immer geht es um Prozesse, in denen das individuell Erreichte darüber entscheidet, was noch möglich ist oder nicht. Karrieren dienen daher in öffentlichen Kontexten zur Selbst- und Fremderfahrung individualisierter personaler Identität.

Private Individualität: Intimbeziehungen

Aber nicht nur in öffentlichen Zusammenhängen, sondern auch und gerade in privaten Beziehungen bestimmt die moderne Individualitätssemantik das Selbstverständnis der Individuen, während in segmentären und stratifikatorischen Gesellschaften auch in diesem Bereich offenbar stereotype Bestimmungen ausreichen, um eine Person zu individualisieren. So begegnen uns noch in den Liebesromanen des 17. Jahrhunderts Personen, die, „abgesehen von ihrem Geschlecht, wie auswechselbar erscheinen" (Luhmann 1982, S. 64). Es fehlt jegliche Bemühung um eine individuierende Charakterisierung der Liebespartner. Insofern lässt sich in stratifikatorischen Gesellschaften Liebe auch vom bloßen „Hörensagen" (ebd., S. 174) aus entzünden, denn zur Auslösung bzw. Begründung der Liebe reicht der Hinweis auf bestimmte (seltene) Eigenschaften des anderen: auf Reichtum, Jugend, Schönheit, Tugend usw. durchaus aus. Die Umstellung der Gesellschaftsstruktur auf funktionale Differenzierung erzwingt dann die „zunehmende Neutralisierung aller Voraussetzungen für Liebe, die nicht in der Liebe selbst liegen" (ebd., S. 36). Wenn sich die Identität eines Individuums nicht länger durch Rekurs auf bestimmte gesellschaftliche Segmente und/oder Schichten unproblematisch ergibt, sondern als zu leistende Aufgabe den Individuen selbst zugemutet wird, dann ändert sich zwangsläufig auch die Semantik für Intimbeziehungen: niemand möchte nun mehr geliebt werden, *weil* er schön, reich, berühmt oder auch nur tugendhaft ist. Eine solche Begründung ist nun geradezu kontraproduktiv. Die Liebe darf sich nun nur noch an der besonderen und (wirklich!) einzigartigen Individualität des anderen entzünden. „Die Schönheit der Geliebten zum Beispiel ist jetzt nicht mehr notwendiger Tatbestand, auch nicht notwendige Einbildung, sondern für die Liebenden selbst eine Folge der Liebe" (ebd., S. 52). So jedenfalls die gleichsam offiziell akzeptiere Semantik. Dass körperliche Attraktivität, ökonomisches und symbolisches Kapital auch in modernen Gesellschaften bei der Partnerwahl für Intimbeziehungen nach wie vor eine entscheidende Rolle spielen, ist wohl nicht zu bestreiten, nur *als Begründungen* können diese Gesichtspunkte nicht mehr oder allenfalls ironisiert ins Feld geführt werden. Der Grund der Liebe darf nicht länger in den abstrahierbaren Qualitäten des anderen gesucht werden, sondern in seiner jenseits aller Qualitäten vermuteten Individualität. Man liebt und wird geliebt, weil und nur weil man genau dieses eine, einzigartige Individuum ist. Die (individuelle!) Liebesbeziehung selbst ist dann, wenn man so will, der absolute symbolische Ausdruck für die Individualität der an ihr Beteiligten.

Die Individualität der Partner ist jedoch nicht nur für die Anbahnung und Begründung von modernen Intimbeziehungen der entscheidende Bezugspunkt, sondern sie ist deren Strukturprinzip. In modernen Intimbeziehungen wird *alles*, was für einen der Partner von Bedeutung ist, auch für den anderen relevant. Dies führt über rekursive Schleifen zur Selbststeigerung von Individualitätsansprüchen. Die Partner erwarten wechselseitig, dass der andere seine jeweiligen Besonder- und Eigenheiten auch tatsächlich in die Beziehung einbringt. So entstehen hochindividualisierte Formen der Kommunikation. Moderne Intimbeziehungen lassen sich also geradezu dadurch definieren, dass ihre Beteiligten sich gegenseitig immer mehr Individualität zumuten können – *und müssen*. Alles andere (d. h. Entzug von Individualität) würde als Beeinträchtigung der Liebe, als Rückzug und als Verlust an Intensität angesehen. Die Semantik moderner Intimbeziehung schreibt vor, dass keiner „Desinteresse bekunden darf an dem, was der andere persönlich wichtig nimmt, und seinerseits keine Fragen unbeantwortet lassen darf, auch und gerade, wenn sie auf Persönliches zielen" (ebd., S. 14). In modernen Intimbeziehungen fallen gewissermaßen die letzten Schranken nichtindividualisierter Kommunikation. Es handelt sich um Beziehungen, in denen prinzipiell alle Eigenschaften der individuellen Partner bedeutsam sind oder zumindest bedeutsam werden können.

Zwang zur Individualität

Insgesamt, so lässt sich die hier nur skizzierte Analyse Luhmanns zusammenfassen, entsteht mit der modernen, funktional differenzierten Gesellschaft die Existenzform des hochindividualisierten Individuums. Individualität im rekonstruierten Sinne hat sich als das maßgebliche gesellschaftliche Muster personaler Identität und personaler Selbstverständnisse institutionalisiert. In öffentlichen wie in privaten Zusammenhängen besteht für das moderne Individuum ein immenser Druck, individuell *sein zu müssen*. „Individuum-Sein wird zur Pflicht" (ebd., S. 251), der man sich nicht mehr entziehen kann. Eine entsprechende Diagnose findet sich z. B. auch in den Manuskripten zur Individualität bei Norbert Elias: in modernen Gesellschaften wird es

> „zu einem persönlichen Ideal [...], sich in der einen oder anderen Weise von anderen zu unterscheiden, sich vor ihnen auszuzeichnen – kurzum, verschieden zu sein. [...]. Dieses Ich-Ideal des einzelnen Menschen, sich von anderen abzuheben [...], ist etwas, ohne das er in seinen eigenen Augen seine Identität als diese individuelle Person verlieren würde" (1988, S. 191f.).

Auch Taylor diagnostiziert, wie bereits erwähnt, eine spezifisch moderne „Pflicht [...], der eigenen Originalität im Leben gerecht zu werden" (1996, S. 653). Wer plakative kulturkritische Formeln liebt, könnte in Anlehnung an Richard Sennett von einer „Tyrannei der Individualität" sprechen (vgl. 1983). Das moderne Individuum *muss* sich von allen anderen Individuen unterscheiden – andernfalls droht ihm Identitätsverlust.

Mit dieser Zumutung umzugehen, mag individuell mehr oder weniger gelingen. Sie muss auch gar nicht notwendig als eine Zumutung erlebt, sondern kann als ein durchaus angemessene Form der eigenen Existenz empfunden werden. Strukturell gesehen wird ihre Erfüllung jedoch zunehmend schwieriger, denn die Erwartung, stereotypes Verhalten zu durchbrechen, wird natürlich selbst zu einer stereotypen Erwartung: wenn man originell und anders sein soll, ist man auch und gerade, wenn man dies ist oder versucht, nicht besonders originell. Insgesamt wird man jedenfalls kaum bestreiten können, dass der soziale Zwang zur Individualität – d. h. ihre Auszeichnung als ein zentrales Identitätskriterium – für viele Individuen zu Überforderungen führen kann.[16]

Wie geht man nun (philosophisch) mit diesem Befund um? Rein begriffliche Überlegungen helfen hier wohl wenig weiter.[17] Immerhin könnte es entlasten, wenn man, wie Luhmann dies tut, daran erinnert, dass unter Individualität etwas verstanden werden kann, was jedem Individuum per se gegeben ist, also „nicht etwas, was man durch Einzigartigkeitsbeweise erst erringen müsste oder auch nur könnte" (Luhmann 1989, S. 182). Insofern müssten Individuen auch nicht individuell sein *wollen*, weil sie es immer schon *sind*.[18] Mit einer solchen „Lösung" ignoriert man jedoch das

---

16 Schon Plessner (1981, S. 69, S. 92) verweist auf die „Menschen des Durchschnitts" bzw. die „unglücklicheren Naturen", welche die „charismatischen Qualitäten" einer individuellen Existenz nicht besitzen, und schlägt in diesem Zusammenhang Distanz schaffende Kommunikationsformen – Höflichkeit, Diplomatie, Etikette, Takt u. ä. – vor; vgl. dazu meine Überlegungen in Meuter (1999).

17 Eine differenzierte begriffslogische Analyse findet sich bei Gracia (1988) mit dem Vorschlag, „Nichtinstanzierbarkeit" (noninstability) als zentrales Definitionsmerkmal von Individualität einzusetzen.

18 Luhmann schließt hier (vgl. auch 1995, S. 126) an traditionelle Begriffsschichten an, die auf die Unteilbarkeit eines einzelnen Individuums abzielen. Dabei handelt es sich um eine Ja/Nein-Zuschreibung: entweder etwas ist ein Individuum oder es ist kein Individuum; es gibt also nicht ein bisschen (oder ein bisschen mehr) Individualität. Erst die heute vorherrschende Semantik, die den Begriff zunehmend auf menschliche Individuen einschränkt, betont, dass jedes Individuum im Unterschied zu allen anderen etwas Besonderes, Einmaliges, Einzigartiges darstellt. Und erst diese Semantik erlaubt es überhaupt, Individualität als eine steigerbare Eigenschaft aufzufassen. Der Begriff macht gewissermaßen einen paradoxen Bedeutungswandel durch. Individualität kann nun als ein Wert aufgefasst werden, den es zu erreichen und zu verwirklichen gilt, den man

Problem eher, als sich ihm zu stellen. Wir können schließlich aus der herrschenden Individualitätssemantik nicht einfach ausbrechen. Sie besitzt, selbst wenn wir um ihre historische und kulturelle Konstruktivität wissen, für uns einen ontologischen Status.[19] Soziale und öffentliche Bedeutungen sind für uns nicht weniger real und wirksam wie „Gegenstände". Man kann sich jedoch zu ihnen – ebenso wie zu Gegenständen – in ein mehr oder weniger angemessenes Verhältnis bringen. In diesem Sinne geht es mir im folgenden darum, einen Übergang von der rein soziologischen Analyse der Individualitätssemantik und ihren gesellschaftsstrukturellen Voraussetzungen hin zu einer philosophischen Auseinandersetzung finden. Wie erwähnt will ich dazu auf Adorno und Charles Taylor zurückgreifen. Zuvor jedoch möchte ich auf eine künstlerische Praxis hinweisen, in der man einen interessanten Umgang mit der modernen Individualitätskultur hinsichtlich ihrer zentralen Aspekte des Andersseins, der Originalität und Authentizität beobachten kann.

Strategien der Gegenindividualität

Die sich seit den 80er Jahren etablierende Praxis (und Theorie) der *appropriation art*[20] versteht sich als eine Auseinandersetzung mit dem modernen Mythos der Individualität. Künstler wie Elaine Sturtevant, Sherrie Levine oder Mike Bidlo wollen durch ihre Arbeiten eine Reflexion über die Bedeutung von Originalität und Authentizität unter spätmodernen Bedingungen eröffnen. Elaine Sturtevant beginnt bereits in den 60er Jahren damit, bekannte Werke von Duchamp, Warhol, Stella oder Beuys exakt zu kopieren und diese Kopien unter eigenem Namen auszustellen.[21]

---

dann aber auch verfehlen kann. Es ist in diesem Zusammenhang übrigens nicht uninteressant, dass Habermas eine genau entgegengesetzte Auffassung darüber vertritt, welcher der beiden Bedeutungsaspekte als der eigentliche gelten kann. Während Luhmann (1989, S. 175) den Bedeutungsaspekt der Unteilbarkeit des Individuellen für die „wortgeschichtlich ursprüngliche" hält, meint Habermas (1988, S. 192), dass der Begriff der Individualität „nicht in erster Linie die Bedeutung des Atomaren und Unteilbaren [hatte], sondern die der Singularität oder Besonderheit eines numerisch Einzelnen". Man merkt: der Rekurs auf etymologisch Früheres oder Späteres dient in beiden Fällen zur Absicherung der eigenen Position.

19 Rosa (1988, S. 236) spricht im Anschluss an Taylor treffend von einem „ontologischen Placebo-Effekt".

20 Vgl. als Überblick die Studie von Rebbelmund (1999).

21 Mit Luhmann (1989, S. 221) ließe sich hier auch an das in der Literatur des 19. Jahrhunderts entwickelte Motiv des homme-copie erinnern. In literarischen Experimenten sollte herausgefunden werden, was passiert, wenn man sich in seinen Selbstverständnissen und seiner Lebensführung bewusst an anderen orientiert und in diesem Sinne eine kopierte Existenz führt. Es geht

Indem sie – was die konkrete Gestalt des Werkes angeht! – vollständig auf eigene Originalität und Kreativität verzichtet, fordert sie vom Rezipienten eine doppelte geistige Anstrengung. Zum einen geht es um die Frage, ob die ästhetische Qualität eines Werkes tatsächlich abhängig davon ist, dass dieses sich dem originären Schöpfungsakt eines Autors verdankt. Die Kopien ermöglichen es also, auch die Originale noch einmal neu – vor allem ohne den Ballast ihrer Autorschaft – zu sehen. Insbesondere bei großen Namen verhindert dieser Ballast ja in der Regel eine eigenständige Auseinandersetzung mit dem Werk selbst: wir sehen dann nur noch *einen Warhole* oder *einen Beuys* etc. In diesem Sinne lassen uns erst die „Kopien" die „Originale" wirklich entdecken, nämlich ihren Gehalt unabhängig von ihrer Originalität. Zum anderen wird eine grundsätzliche Reflexion über Originalität und Individualität in Gang gesetzt. Unter der in modernen Gesellschaften herrschenden Semantik, die von den Individuen Originalität und Anderssein fordert, kann ein individueller Ausdruck gerade darin bestehen, sich dieser Forderung zu entziehen. „Originalität, d. h. Ursprünglichkeit, bedeutet Beschränkung."[22] Dieser Beschränkung gilt es zu entkommen. Dass die Verweigerung von Originalität in Form des Anfertigens von Kopien im hochspezifischen Kontext des heutigen Kunstsystems (auf der konzeptuellen Ebene) wiederum eine originelle Position darstellt, muss dabei als Paradox akzeptiert werden – und wie stets hält sich auch hier die Originalität ja nur eine Zeit lang.[23] Daraus sollte man jedoch kein vorschnelles Argument gegen die *appropriation art* machen. Entscheidend bleibt der Impuls, sich dem Originalitätsdruck des Kunstsystems zu entziehen und dennoch eine für sich selbst stimmige Artikulation zu entwickeln. Die hohe, auch emotionale Bedeutung des konkreten mimetischen Aneignungsprozesses für sie selbst beschreibt Sturtevant so:

> „Es ist unabdingbar, daß ich jedes Werk, woran ich mich versuche, sehe, kenne und mir visuell einimpfe. Es werden keine Photographien aufgenommen, und Kataloge werden nur zur Kontrolle der Maße benutzt. Das Werk entsteht hauptsächlich aus dem Gedächtnis. Es werden dieselben Techniken angewandt und dieselben Fehler gemacht, so daß der Entstehungsprozeß derselbe ist" (1996, S. 226).

Die Aneignung ist also nicht nur ein rein intellektueller Prozeß, sondern die Artikulation eines persönlichen und eigenen Ausdrucks *in bezug auf ein anderes*. Sie besitzt

---

darum, „das Scheitern des Individualitätsprogramms von vorneherein zuzugestehen und das eigene Lebensprinzip auf das Gegenteil zu begründen. [...] Andersseinkönnen heißt dann eben: so sein können wie ein anderer."

22 Sturtevant, in: Württembergischer Kunstverein Stuttgart (1992, S. 12).

23 Die Impulse der appropriation art sind inzwischen in die Strukturen der „Kulturindustrie" integriert; vgl. Sturtevant, in: ebd. (S. 12): „Seit es die Appropriationist gibt, ist meine Arbeit weniger bedrohlich geworden. [...] Die Leute wollen meine Arbeit nur in diesem Kontext sehen."

somit eine humane Dimension, da sie auf die „Fehler" des anderen nicht im Medium der Kritik reagiert, sondern sogar bereit ist, sie zu übernehmen.

Auch Sherrie Levine geht es in ihren Arbeiten um eine kritische Reflexion über Individualität und Originalität. Ihre persönliche Motivlage beschreibt sie so:

> „Du bekommst eine Idee und denkst, die sei toll, und nach bestimmter Zeit stellst du fest, daß genau diese Idee seit langem durchgekaut wird. Als ich in der Schule war, war ich ständig frustriert, weil alles, was ich tat [...] irgendwie abgeleitet war. Daher, als ich mit dem Kopieren vorhandener Werke anfing, verstand ich diesen Weg als eine Art Widerstand gegen solche Frustrationen. [...] Ich konnte aufhören, originell sein zu wollen" (1994, S. 288).

Der Verzicht auf Originalität wird auch hier deutlich als Befreiung erlebt, gleichsam als Eröffnung eines Raumes, in dem es überhaupt erst wieder möglich wird, sich selbst und anderes zu erfahren und diese Erfahrungen auch auszudrücken. Entgegen der offiziellen Semantik der Moderne behauptet sich das Individuum Sherrie Levine nicht im – „kulturell angesonnenen und institutionell abverlangten"[24] – Original, sondern in der Kopie. Es befreit sich aus der drohenden Möglichkeit des depressiven und passiven Schweigens, indem es der (unsinnigen) Forderung nach dem immer Neuen und Anderen aktiv mit dem Gegenteil begegnet, mit Wiederholung. Hier zeigt sich, wenn man so will, eine Selbstbehauptung von Individualität durch reflektierte Verweigerung von Individualität.

Es ist fraglich, ob diese Strategie vor Adornos strengem Urteil Gnade fände. Immerhin ließe sich auch mit ihm ein Selbstverständnis von Individualität entwickeln, nach dem die Individuen nicht auf Differenz und Anderssein setzen (müssen), sondern die Potentiale mimetischer Wiederholungen und Aneignungen für die eigene Identitätsbildung in den Blick bekommen. So verweist er ausdrücklich auf die humane Dimension der Mimesis: „Was nicht verdorren will, nimmt lieber das Stigma des Unechten auf sich. Es zehrt von dem mimetischen Erbe. Das Humane haftet an der Nachahmung: ein Mensch wird zum Menschen überhaupt erst, indem er andere Menschen imitiert."[25] Adorno geht es jedoch zunächst einmal darum, die spezifische Ambivalenz moderner Individualität aufzuzeigen.

---

24 So die bekannte Formel von Habermas (1988, S. 223).

25 Adorno (1969, S. 204), der hier allerdings direkt theologisch anschließt: „Vom Selbst wäre nicht als dem ontologischen Grund zu reden, sondern einzig allenfalls theologisch, im Namen der Gottesebenbildlichkeit".

Ausgangspunkt ist die Abwehr eines ahistorisch-anthropologischen Individualitätsbegriffs. Adornos Bezugspunkt ist zwar nicht die funktional differenzierte, sondern – in marxistischer Tradition – die spät- bzw. monopolkapitalistische Gesellschaft, aber das strukturelle Argument entspricht durchaus demjenigen der Analyse Luhmanns: das Individuum ist in seiner Existenz abhängig von spezifischen sozialen Strukturen; es ist „durch und durch geschichtlich" (Adorno 1969, S. 191). Die Ausbildung von Individualität verdankt sich „den Formen der politischen Ökonomie, insbesondere dem städtischen Marktwesen. [...] Das Individuum spiegelt gerade in seiner Individuation das vorgeordnete gesellschaftliche Gesetz [...] wider" (ebd., S. 195f.). Es ist also nichts Vorgegebenes oder Eigenständiges, sondern Reflex, Antwort, Kristallisation ganz spezifischer gesellschaftlicher Prozesse. Wer daher Individualität als (positiven) Wert verwenden möchte, sollte stets berücksichtigen, dass die „Kategorie der Individuation und die spezifischen Formanten der Individualität ihrerseits als Verinnerlichung von sozialen Zwängen, Bedürfnissen, Anforderungen" (Adorno 1968, S. 190) zu interpretieren sind. Folgerichtig charakterisiert Adorno das Prinzip der Individualität als „widerspruchsvoll von Anbeginn" (ebd., S. 164).

In der modernen Gesellschaft ist der Einzelne für die Wahrnehmung und Durchsetzung seiner ökonomischen, politischen und sonstigen Interessen in einer neuen und radikalen Weise selbst verantwortlich. Da zudem verbindliche Normen außerhalb des sozialen Handelns selbst nicht mehr zur Verfügung stehen, hat das Individuum darüber hinaus auch noch die anfallende Begründungsarbeit für die moralische Qualität seines Handelns zu übernehmen.[26] Erst in und mit der modernen Gesellschaft gibt es also überhaupt die Chance zur Ausbildung einer autonomen Lebensführung, in der der Einzelne dann auch zu den vorgegebenen gesellschaftlichen Zuschreibungen auf Distanz gehen und sich schließlich sogar (rousseauistisch) der Gesellschaft insgesamt gegenüberstellen kann. „Zugleich hat in ihrem Gang die bürgerliche Gesellschaft das Individuum auch entfaltet. Wider den Willen ihrer Lenker hat die Technik die Menschen aus Kindern zu Personen gemacht" (Horkheimer und Adorno 2000, S. 164). Aber dieser Prozess der Befreiung und Emanzipation, der aus Kindern erwachsene Individuen macht, hat eben auch eine Kosten- und Verlustseite, nämlich die Ausblendung und Unterdrückung von „Leben", „Trieb" und „Vieldeutigkeit" (ebd., S. 36). *Diese Ambivalenz ist nicht aufzuheben.* Die schmerzhafte

26 Vgl. hierzu die Analyse von Habermas (1988, S. 223), wonach die moderne Gesellschaft „den Einzelnen einerseits mit eigenen moralischen Entscheidungen, andererseits mit einem aus ethischer Selbstverständigung hervorgehenden individuelle Lebensentwurf [belastet]"; zu Habermas in diesem Zusammenhang siehe auch die differenzierten Überlegungen von Löw-Beer (1994).

Internalisierung von gesellschaftlich institutionalisierten Normierungen und die Fähigkeit, überhaupt ein reflektiertes und kritisches Widerstandspotential und damit die Vorstellung von Autonomie und Selbstbestimmung zu entwickeln, lassen sich nicht voneinander trennen. Das Prinzip der Individualität ist demnach nicht nur durch und durch geschichtlich, sondern ebenso durch und durch dialektisch. „Der Zerfall der Individualität heute lehrt nicht bloß deren Kategorie als historisch zu verstehen, sondern weckt auch Zweifel an ihrem positiven Wesen."[27] Diese Zweifel nähren sich aus der Tatsache, dass das moderne Individuum selbst ein Resultat jener gesellschaftlichen und sozialen Strukturen ist, die es unterdrücken. Naiv wäre es demnach, Individualität einfach als einen Wert zu setzen, den es gilt, immer mehr zu steigern. „Nur gegen die verhärtete Gesellschaft, nicht absolut, repräsentiert das verhärtete Individuum das Bessere" (ebd., S. 257). Daher kann es auch nicht mehr darum gehen, das gefährdete Individuum als das „ganz Andere" einfach vor der modernen Gesellschaft zu „schützen". Adornos eigene schematisierende Analyse und Bewertung der Kulturindustrie fällt hinter dieses Reflexionsniveau allerdings wieder zurück.

Pseudoindividualität

Adorno diagnostiziert eine „methodische Vergötzung der Individualität" (ebd., S. 148) in der modernen Gesellschaft. „Vor allem feiert man jetzt Individuen statt Götter" (Adorno 1969, S. 197), heißt es in Übernahme einer Formulierung von Jakob Burckhard. Aber dabei handle es sich lediglich um eine „Pseudoindividualität" (Horkheimer und Adorno 2000, S. 163ff.). Die Produkte der Kulturindustrie – „von der genormten Improvisation im Jazz bis zur originellen Filmpersönlichkeit" (ebd., S. 163) – hätten mit wirklichen Differenzen nichts zu tun. Auch im intellektuellen und philosophischen Begleitdiskurs stehe das Individuum zwar „unter Schutz und gewinnt Monopolwert", aber es werde gleichsam nur noch wie „im Naturschutzpark gehegt, in müßiger Kontemplation genossen" (Adorno 1969, S. 176). In Wahrheit aber sei das Individuum, wie es in dem Aphorismus mit dem Titel *Dummer August* weiter heißt, bloß noch „die Funktion seiner eigenen Einzigkeit, ein Ausstellungsstück wie die Mißgeburten, welche einstmals von Kindern bestaunt und belacht wurden" (ebd., S. 176f.). Adornos Urteil ist gnadenlos: diejenigen, „die ihre Individua-

27 Horkheimer und Adorno (2000, S. 257); weiter heißt es (bereits ganz im Sinne Foucaults): „Das Unrecht, das dem Individuum widerfährt", sei auch „dessen eigenes Prinzip. [...] In seiner innersten Zelle stößt das Individuum auf die gleiche Macht, vor der es in sich selber flieht."

lität feilhalten, machen als ihr eigener Richter freiwillig den Urteilsspruch sich zu eigen, den die Gesellschaft über sie verhängt hat. So rechtfertigen sie auch objektiv das Unrecht, das ihnen widerfuhr“ (ebd., S. 177).

Festhalten lässt sich folgendes: Adorno belegt die herrschende Individualitätssemantik der modernen Gesellschaft mit einer eindeutigen und radikalen Bewertung. Die Kulturindustrie – als der wesentliche Vermittler dieser Semantik – propagiert zwar Individualität, aber dabei handelt es sich um bloßen Schein, um eine inszenierte Verblendung, denn die von den genormten und schematisierten Formen tatsächlich abweichende Individualität wird entweder ökonomisch gebrochen oder ins System integriert: „Was widersteht, darf überleben nur, indem es sich eingliedert. Einmal in seiner Differenz von der Kulturindustrie registriert, gehört es schon dazu wie der Bodenreformer zum Kapitalismus“ (Horkheimer und Adorno 2000, S. 140). Die von der Kulturindustrie etablierte Individualitätssemantik ist demnach illusionär. Das Individuum wird „nur soweit geduldet, wie seine rückhaltlose Identität mit dem Allgemeinen außer Frage steht“ (ebd., S. 163). Die Verblendung besteht darin, dass „der Zustand, in dem das Individuum verschwindet“, zugleich „der fessellos individualistische“ ist (Adorno 1969, S. 197).

Adorno ist wegen dieser Position oft und m. E. auch zurecht kritisiert worden. Der problematische Punkt dabei ist natürlich der, dass er ebenso nivellierend und homogenisierend verfährt wie das, was er angreift. Unterschieds- und umstandslos werden sämtliche kulturelle Erzeugnisse und damit die sie erzeugenden Individuen gleichgemacht.[28] Einzige Ausnahme bilden bekanntlich einige wenige Kunstwerke, die vor seinem eigenem (elitären? bürgerlichen? aristokratischen?) Geschmacksurteil Bestand haben; in ihnen soll das „ganz Andere“ durchscheinen. Mit dieser einseitigen und reduktionistischen Position bleibt Adorno jedoch, wie gesagt, unter dem Reflexionsniveau seiner eigenen philosophischen Möglichkeiten. Nur wer nicht genauer hinsieht oder hinsehen will, erblickt stets die „Allgegenwart des Stereotypen“ und die „Reproduktion des Immergleichen“ oder kommt zu einer Behauptung wie „Kultur schlägt heute alles mit Ähnlichkeit“ (Horkheimer und Adorno 2000, S. 144, S. 142, S. 128). Der tatsächlichen Heterogenität moderner Kultur wird man damit jedoch nicht gerecht. Es geht nicht um das „ganz Andere“, das nur an einigen wenigen Stellen „von außen“ einbricht, sondern um immanente, oft kaum merkliche Differenzen oder Betonungen, in und mit denen es Individuen gelingt, sich in der modernen Gesellschaft (in welcher sonst?) durchaus authentisch und stimmig zu artikulieren. Es ist phänomenologisch und theoretisch jedenfalls wenig überzeugend,

---

28 Was übrigens auch, nur unter umgekehrten Vorzeichen, auf das Anti-Adorno-Manifest von Bolz (1999) zutrifft: das, was Adorno differenzlos kritisiert, wird hier ebenso differenzlos affirmiert. Bolz bleibt im Grunde dem, wovon er sich absetzen will, vollständig verhaftet.

sämtliche Kulturformen und -erzeugnisse mit einem nivellierenden Pauschalurteil zu belegen und abzuqualifizieren.

Im Unterschied zu Adorno besitzt Taylor ein entspannteres Verhältnis zur modernen Individualitätskultur; auch er verspürt zwar ein deutliches „Unbehagen", ist allerdings weit davon entfernt, hier *nur* Pseudoindividualität zu unterstellen. Taylor bricht, wie er selbst sagt, „ganz entschieden mit dem Kulturpessimismus, der in den letzen Jahren immer stärker geworden ist" (1995, S. 89). Demgegenüber plädiert er dafür, „daß man sich mit einer gewissen Sympathie in das die Kultur beseelende Ideal hineindenkt und zu zeigen versucht, was es eigentlich verlangt".[29]

Ideal und Praxis der Individualität

Taylors Argumentation ist im Kontext der vielen Individualitätsdiskurse wohltuend einfach und trifft dennoch einen zentralen Punkt: er unterscheidet das Ideal der modernen Individualitäts- und Authentizitätskultur von seiner (verbreiteten) Praxis. Das *Ideal* beschreibt er so:

> „Ebenso wie die anderen Facetten des neuzeitlichen Individualismus (wie z. B. die Aufforderung, uns die eigenen Meinungen und Überzeugungen selbständig zu bilden) zeigt uns auch die Authentizität einen Weg, der zu einer Lebensform mit mehr Selbstverantwortung führt. Sie gestattet uns (zumindest der Möglichkeit nach), ein erfüllteres und differenzierteres Leben zu führen, weil wir es in höherem Maße wirklich unser eigen nennen können" (1995, S. 85).

Es geht demnach, etwas anders formuliert, darum, zu seinem eigenem Leben und den Kontexten, die es prägen, überhaupt ein eigenständiges Verhältnis zu gewinnen und sich nicht nur durch vorgegebene Muster, Routinen, Konventionen usw. bestimmen und treiben zu lassen. (Solange man damit keine überzogenen Vorstellungen verbindet, kann man von *Selbstbestimmung* sprechen.) Voraussetzung dafür ist es natürlich, dass ich mich von den gesellschaftlichen Konventionen ebenso wie von den Lebensformen und -ansichten der anderen insoweit absetzen muss, damit ich prüfen kann, ob ich sie auch für mich selbst übernehmen will oder nicht. Die Logik der Differenz und des Andersseins, die der modernen Individualitätskultur zugrunde liegt, macht in dieser Hinsicht also durchaus einen guten Sinn. In dem Versuch, seinem „eigenen Maß" (Herder) zu entsprechen, zeigt sich für Taylor somit eine – genuin moderne – moralische Qualität:

---

29 Taylor (1995, S. 91); eine detailreiche und differenzierte Auseinandersetzung mit Taylor findet sich bei Rosa (1998).

„Sich selbst treu sein heißt nichts anderes als: der eigenen Originalität treu sein, und diese ist etwas, was nur ich selbst artikulieren und ausfindig machen kann. Indem ich sie artikuliere, definiere ich zugleich mich selbst [...]. Das ist der Hintergrund, der der Kultur der Authentizität auch in ihren heruntergekommensten, absurdesten und trivialsten Formen moralische Kraft verleiht" (ebd., S. 39).

Die *Praxis* der Authentizitätskultur ist dann in der Tat in vielen ihrer Formen absurd, trivial und angefüllt mit dem, was Adorno Pseudoindividualität nennt. Dies liegt aber daran, dass das Ideal in diesen Fällen nur *formal* verfolgt wird. Im Mittelpunkt steht das Bedürfnis, sich unbedingt unterscheiden zu müssen, anders sein zu wollen; aber die *Inhalte* dessen, warum man sich u. U. unterscheiden sollte (oder auch nicht), werden dabei vollständig in den Hintergrund gedrängt. Taylor weist darauf hin, dass es natürlich nicht darauf ankommen kann, sich überhaupt oder irgendwie zu unterscheiden. „Es mag sein, daß ich der einzige bin, der genau 3732 Haare auf dem Kopf hat, oder daß ich genauso groß bin wie ein bestimmter Baum in der sibirischen Ebene, aber was heißt das schon?" (ebd., S. 45) Meinem eigenen Maß entspreche ich nur dann, wenn ich versuche, „wichtige Wahrheiten zu artikulieren" (ebd., S. 45), also solche, die tatsächlich in zentralen Punkten meine Existenz und die Bedeutung, die ich mit dieser Existenz verbinde, betreffen.

Entscheidend ist nun ein weiterer Punkt: das, was für mich und meine Existenz bedeutungsvoll ist, kann sich nicht oder nicht nur meiner beliebigen, subjektiven Setzung verdanken:

„als wären die Menschen imstande zu bestimmen, was bedeutungsvoll ist, sei es durch eine Entscheidung oder womöglich unbewußt und unbeabsichtigt durch schlichte Gefühlsvorlieben. Das ist barer Unsinn. Ich kann nicht einfach *beschließen*, daß die bedeutungsvollste Handlung darin besteht, in warmem Schlamm mit den Zehen zu wackeln" (ebd., S. 46).

Gerade solche banalisierenden Beispiele zeigen, worauf es ankommt: nur dasjenige kann meiner Existenz Sinn und Bedeutung geben, was in irgendeiner Weise mehr ist als meine eigene Entscheidung. Existenziellen Sinn kann ich nicht nur aus mir selber schöpfen. Bedeutung erhalten Dinge nur vor einem Hintergrund, der sie mir und anderen verständlich macht. Auf einen solchen – gemeinsamen und sozialen! – Hintergrund oder „Horizont" sind wir bei der Frage, wie wir uns selbst verstehen wollen und können, unbedingt angewiesen. Der Sinn meiner Existenz kann also nicht nur in der bloßen *Möglichkeit* der Selbstbestimmung liegen, unabhängig davon, *was* mit dieser Möglichkeit auch tatsächlich realisiert werden soll.

„Die Behauptung der Selbstwahl und mein Einsatz eines ganzen nietzscheanischen Vokabulars der Selbsterschaffung kann nicht nur darauf basieren, daß ich mittags lieber Schnitzel mit Fritten esse als Stubenküken. Dabei liegt es nicht an mir, zu bestimmen, welche Streitfragen bedeutsam sind. Läge es doch an mir, wäre gar keine Frage bedeutsam. [...] Das Ideal der Selbstwahl setzt also voraus, daß es außer der Selbstwahl noch weitere bedeutsame Fragen gibt" (ebd., S. 49f.).

Und zu diesen Fragen muss ich einen Standpunkt beziehen können.

Festhalten lässt sich folgendes: sich von Routinen und Konventionen abzusetzen, sich zu unterscheiden und anders zu sein als die anderen sind nur dann wertvolle und sinnvolle Verhaltensweisen, wenn sie dazu dienen, in bedeutsamen *inhaltlichen* Fragen eine eigene Position zu gewinnen. Legt man dagegen die Betonung auf die *formale* Möglichkeit der Selbstbestimmung, führt dies zu einer leeren „Konzentration auf das Selbst", das dadurch „bedeutungsärmer" wird und „das Interesse am Ergehen anderer oder der Gesellschaft" verliert (ebd., S. 10). Natürlich geht es um eine Gesellschaft, in der das Individuum *ohne Angst verschieden sein kann* (Adorno) (vgl. Bonacker 1998). Aber bloße Differenz und Anderssein sollten nicht zum Maßstab für gelungene Identität werden. Es geht auch darum, *ohne Angst gleich sein zu können*, insofern dies dem „eigenen Maß" entspricht. Für einen – im Hinblick auf Identitätsbildungsprozesse – gehaltvollen Individualitätsbegriff ist das Anderssein und Sichunterscheiden demnach vollständig sekundär. Individuen müssen nicht anders sein, sondern sollten das, was sie sind und tun, vor sich selbst und anderen vertreten können.[30]

Literatur

Adorno, Theodor W. (1968): *Einleitung in die Soziologie*. Nachgelassene Schriften IV/15. Hg. von Christoph Gödde. Frankfurt a. M.: Suhrkamp.

Adorno, Theodor W. (1969): *Minima Moralia. Reflexionen aus dem beschädigten Leben* (zuerst 1951). Frankfurt a. M.: Suhrkamp.

Adorno, Theodor W. (1975): *Negative Dialektik* (zuerst 1966). Frankfurt a. M.: Suhrkamp.

Aertsen, Jan A. und Andreas Speer (1996): *Individuum und Individualität im Mittelalter*. Berlin, New York: de Gruyter.

Beck, Ulrich (1986): *Risikogesellschaft. Auf dem Weg in eine andere Moderne*. Frankfurt a. M.: Suhrkamp.

Bonacker, Thorsten (1998): Ohne Angst verschieden sein können. Individualität in der integralen Gesellschaft. In: Dirk Auer, Thorsten Bonacker und Stefan Müller-Dohm: *Die Gesellschaftstheorie Adornos. Themen und Grundbegriffe*. Darmstadt: Primus, S. 117-143.

Eberlein, Undine (2000): *Einzigartigkeit. Das romantische Individualitätskonzept der Moderne*. Frankfurt a. M.: Campus.

Elias, Norbert (1988): *Die Gesellschaft der Individuen*. Frankfurt a. M.: Suhrkamp.

Gerhardt, Volker (1999): *Selbstbestimmung. Das Prinzip der Individualität*. Stuttgart: Reclam.

30 Für Hinweise und Anregungen bedanke ich mich bei Andrea Büttner, Viktor Krowas, Rolf Lachmann und Frank Thiel.

Gracia, Jorge J.E. (1988): *Individuality. An Essay on the Foundation of Metaphysics*. Albany: State University of New York Press.

Habermas, Jürgen (1988): *Nachmetaphysisches Denken. Philosophische Aufsätze*. Frankfurt a. M.: Suhrkamp.

Horkheimer, Max und Theodor W. Adorno (2000): *Die Dialektik der Aufklärung. Philosophische Fragmente* (zuerst 1947). 12. Auflage. Frankfurt a. M.: Fischer.

Kipfer, Daniel (1999): *Individualität nach Adorno*. Tübingen, Basle: Francke.

Kogge, Werner (1999): Semantik und Struktur – eine ‚alteuropäische' Unterscheidung in der Systemtheorie. In: Andreas Reckwitz (Hg.): *Interpretation, Konstruktion, Kultur. Ein Paradigmenwechsel in den Sozialwissenschaften*. Opladen: Westdeutscher Verlag.

Levine, Sherrie (1994): Meine Absicht ist es nicht, ein Kunstwerk zu kopieren, sondern es zu erfahren (Interview mit Noemi Smolik). In: *Kunstforum international 125*, S. 287-291.

Löw-Beer, Martin (1994): Sind wir einzigartig? Zum Verhältnis von Autonomie und Individualität. In: *Deutsche Zeitschrift für Philosophie 42*, S. 121-139.

Luhmann, Niklas (1980): *Gesellschaftsstruktur und Semantik. Studien zur Wissenssoziologie der modernen Gesellschaft. Band 1*. Frankfurt a. M.: Suhrkamp.

Luhmann, Niklas (1982): *Liebe als Passion. Zur Codierung von Intimität*. Frankfurt a. M.: Suhrkamp.

Luhmann, Niklas (1984): *Soziale Systeme. Grundriß einer allgemeinen Theorie*. Frankfurt a. M.: Suhrkamp.

Luhmann, Niklas (1989): *Gesellschaftsstruktur und Semantik. Studien zur Wissenssoziologie der modernen Gesellschaft. Band 3*. Frankfurt a. M.: Suhrkamp.

Luhmann, Niklas (1995): *Soziologische Aufklärung 6. Die Soziologie und der Mensch*. Opladen: Westdeutscher Verlag.

Luhmann, Niklas (1997): *Die Gesellschaft der Gesellschaft*. 2 Bände. Frankfurt a. M.: Suhrkamp.

Meuter, Norbert (1995): *Narrative Identität. Das Problem der personalen Identität im Anschluß an Ernst Tugendhat, Niklas Luhmann und Paul Ricoeur*. Stuttgart: Metzler/Poeschel.

Meuter, Norbert (1999): Individualität und Distanz. Überlegungen zum Antihumanismusvorwurf an die Systemtheorie. In: *Jahrbuch für Politisches Denken*. Stuttgart: Metzler, S. 69-90.

Plessner, Helmuth (1981): Grenzen der Gemeinschaft. Eine Kritik des sozialen Radikalismus (zuerst 1924). In: *Gesammelte Schriften. Band 5*. Frankfurt a. M.: Suhrkamp, S. 7-134.

Rebbelmund, Romana (1999): *Appropriation Art: die Kopie als Kunstform im 20. Jahrhundert*. Frankfurt a. M. u. a.: Peter Lang.

Rosa, Hartmut (1998): *Identität und kulturelle Praxis. Politische Philosophie nach Charles Taylor*. Frankfurt a. M.: Campus.

Rousseau, Jean-Jacques (1985): *Bekenntnisse* (Original 1781). Frankfurt a. M., Leipzig: Insel.

Schroer, Markus (2000): *Das Individuum der Gesellschaft*. Frankfurt a. M.: Suhrkamp.

Sennett, Richard (1983): *Verfall und Ende des öffentlichen Lebens. Die Tyrannei der Intimität*. Frankfurt a. M.: Fischer.

Simmel, Georg (1995): Die beiden Formen des Individualismus (zuerst 1901). In: *Gesamtausgabe. Band 7: Aufsätze und Abhandlungen 1901-1908*. Frankfurt a. M.: Suhrkamp, S. 49-56.

Sonntag, Michael (1999): *Das Verborgene des Herzens. Zur Geschichte der Individualität*. Reinbek bei Hamburg: Rowohlt.

Stichweh, Rudolf (2000): *Theorie der Weltgesellschaft. Soziologische Analysen*. Frankfurt a. M.: Suhrkamp.

Sturtevant, Elaine (1996): Innere Sichtbarkeiten. In: René Magritte: *Die Kunst der Konversation*. Ausstellungskatalog anlässlich der Ausstellung in der Kunstsammlung Nordrhein-Westfalen, Düsseldorf 23.11.1996 – 2.3.1997. München: Prestel, S. 226-229.

Taylor, Charles (1995): *Das Unbehagen an der Moderne* (Original 1991). Frankfurt a. M.: Suhrkamp.

Taylor, Charles (1996): *Quellen des Selbst. Die Entstehung der neuzeitlichen Identität* (Original 1989). Frankfurt a. M.: Suhrkamp.

Württembergischer Kunstverein Stuttgart (Hg.) (1992): *Katalog zur Ausstellung Elaine Sturtevant in der nördlichen Deichtorhalle, 14. August – 27. September 1992*. Stuttgart: o. V.

Überraschte Identitäten

Über die kommunikative Formierung von Identitäten und Differenzen nebst einigen Bemerkungen zu theoretischen Kontexturen

Armin Nassehi

Der Identitätsbegriff vermochte es vor inzwischen drei Jahrzehnten, der Soziologie ein recht stabiles Selbstverhältnis zu geben, das man wohl als Fach*identität* beschreiben kann. Unterschiedlichste theoretische Anstrengungen wurden unternommen, das Selbstverhältnis des modernen Menschen auf den Begriff zu bringen – ein Selbstverhältnis, dem Identität nicht schlicht gegeben sei, sondern das Identität als Ziel ansehen müsse, das Identität ebenso zu verfehlen wie zu steigern vermöchte, dessen Identität sich nicht mehr der schlichten Tatsache seiner sozialen Verortung verdanke, sondern der komplexen Gesellschaftsstruktur entsprechend selbst komplexer zu fassen sei. Nicht nur Menschen oder veritable Subjekte freilich waren identitätsfähig. Gar die Frage, ob „komplexe Gesellschaften" eine Identität ausbilden könnten, wurde gestellt, mehr noch: eine „vernünftige" Identität. Sogar eine vernünftige Identität einer „erst im Entstehen begriffenen Weltgesellschaft" (Habermas 1976, S. 117) erschien im Horizont des Möglichen. „Identität" war zentraler Untersuchungsfokus und Subtext der Soziologie zugleich – ähnlich wie einige Zeit später fast alle sozialen Phänomene den Soziologemen „Individualisierung" und noch später „Globalisierung" subordiniert wurden. Und wenn dies sicher nicht für das Fach als solches gilt, so gilt es zumindest für die Identifikation ihres Kanons und ihrer Fragestellungen von außen, von fremden, etwa medialen Beobachtern, die darin die Gestalt, vielleicht gar: die *Identität* der Soziologie sehen wollen, was ebenso Widerstände gegen allzu grobe Vereinfachungen wie flexible Anpassungsleistungen des Faches an die vernommenen Erwartungen hervorgebracht hat. In den 70ern hätte man das vielleicht „Identitätsarbeit" genannt.

I

Hier kann es nun nicht darum gehen, die Fachgeschichte des Problems aufzuarbeiten und bereits vorliegenden Aufbereitungen eine weitere hinzuzufügen (vgl. nur die Beiträge in Lash und Friedman 1992; Marquard und Stierle 1979; Straub 1998). Ich möchte im folgenden vielmehr auf den *operativen* Charakter dessen aufmerksam machen, was Identität genannt wird. Diese vorsichtige Formulierung soll zunächst anzeigen, dass der Begriff selbst eine merkwürdige Paradoxie aufweist – sein Hinweis auf Identität verweist immer schon auf Nicht-Identisches mit. Zumindest in der Tradition der ontologischen Metaphysik – der der Identitätstopos entstammt – verweist die Rede von der Identität auf ein Anderes des Identischen, auf ein Zweites nämlich, von dem Identität mit etwas behauptet werden konnte. In Wittgensteins *Tractatus* heißt es dazu polemisch: „Beiläufig gesprochen: Von *zwei* Dingen zu sagen, sie seien identisch, ist ein Unsinn, und von *Einem* zu sagen, es sei identisch mit sich selbst, sagt gar nichts" (Wittgenstein 1984, S. 62 [5.503]). Die erste Bemerkung ist auf den *Satz der Identität* gemünzt, der letztlich eine Tautologie ausdrückt, zwei *unterschiedliche* Dinge also *identisch* (*tauta*) setzt – was ihre Unterschiedlichkeit, nicht aber ihre Zweiheit einzieht. Diese Tautologie formuliert eine *logische Identität.* Die zweite Bemerkung Wittgensteins dagegen spielt auf *genetische Identität* an, also auf die Frage, wie etwas, das einer Veränderung unterliegt, mit sich in der Zeit identisch bleiben kann.[1] Es ist vor allem dieses Identitätsverständnis, das für psychologische und sozialwissenschaftliche Fragen relevant werden sollte: Wie kann ein Individuum, das im Laufe seines Lebens seine Zustände wechselt und damit sich selbst verändert, also: nicht-identische Momente enthält, mit sich identisch sein/bleiben/werden?

Die Rede von der Identität, wenn man so will: die Steigerungsfähigkeit und das Verlustrisiko von Identität enthält letztlich bereits Spuren des Verlustes eines Identitätsdenkens, das – im Sinne der klassischen Seins-Metaphysik – ein Denken in Substanzen ist, in Identitäten, deren Identität vor allem darin besteht, dass sie *sind.* Das starke Interesse an Identität ist sozusagen eine Folge von Nicht-Identität, vom Prekärwerden der mit sich identischen Substanz, die sich sowohl zeitlichen als auch sachlichen Differenzen ausgesetzt sieht. Dass meine Identität auch eine andere sein könnte, ist sprachlich ebenso befremdlich wie empirisch wahr, und dass Identitäten wechseln können oder gar aktiv hergestellt werden müssen, scheint ein moderner Phänotypus zu sein.

Allerdings ist es, wie man einsehen muss, kein *neuer* Phänotypus, der erst mit dem sozialwissenschaftlichen Siegeszugs der Identitätstheorie begonnen hat. Paradigmatisch ist vor allem die klassisch-moderne Theorie des bewussten Selbst, des Selbstbewusstseins, das die eigentümliche Zirkularität des Identitätsbegriffs, der auf Nicht-Identisches, auf Differenzen verweist, bereits früh als Problem des Reflexions-

1 Die klassischen Formulierungen zu den drei Formen der Identität (numerische, genetische und generische Identität) finden sich im 1. Buch der Aristotelischen Metaphysik (Met. I 3, 1054a 33 - 1054b 3).

zirkels diskutiert hat. Das theoretische Problem bestand darin, wie ein Ich-Subjekt zirkelfrei gedacht werden kann. Anders formuliert: Mussem sich selbst bewussten Ich bereits ein Ich vorausgehen, das sich dieses Ichs bewusst wird? Und wenn ja, wo und wer stoppt den unendlichen Regress, der sich daraus ergibt? Paradigmatisch ist dieses Problem sicher bei Fichte (1982, S. 31) behandelt worden: Wie kann ein Ich sich selbst setzen, ist doch bereits der Vorgang des Setzens eine Operation des setzenden/gesetzten Ichs? Dieses Ich muss also präreflexiv, vorempirisch, i. e. transzendental angesetzt werden. Dies wird – so die Denkfigur der klassischen Theorie des Selbstbewusstseins – als Bedingung der Möglichkeit dafür angesehen, das Bewusstsein des Ichs von sich selbst widerspruchsfrei zu denken.

Diese Denkfigur reagiert auf zwei Probleme: Es formuliert *erstens* eine Theorie des Sich-selbst-Wissens, das einer sich modernisierenden Gesellschaft in der Weise angemessen ist, als es die Reflexion der Welt als *Selbst*-reflexion denkt und damit die neue Inklusionsform der Moderne – als multiinkludiertes, individualisiertes bürgerliches Individuum – auf den Begriff bringt. Es ist dies letztlich die klassische bürgerliche Identitätszumutung, die man noch in so zeitgenössischen Figuren wie der systemtheoretischen Wendung der *Exklusionsindividualität* wiederfinden kann, die – bei aller gesellschaftstheoretischen Rafinesse (vgl. dazu Nassehi 2000, 2002a) – sicher auch eine Karikatur des selbstdistanzierten, differenzierten, protestantisch sich in sich selbst suchenden bürgerlichen Individuums darstellt, das in der Kultivierung einer die Widersprüche der Welt in sich aufhebenden Selbstbeschreibung zu sich selbst kommt und die Multiinklusion in unterschiedliche Funktions- und Organisationssysteme biographisch zu einer Einheit zu bringen vermag – oder eben unter der Unversöhnlichkeit des Unversöhnlichen leidet und dann im Leiden an der Unversöhnlichkeit des von der Mode(rne) streng Geteilten seine Einheit reflektiert.

Zweitens gewährleistet diese Theoriefigur ein ausreichendes Maß an „beharrlicher Substanz“, wie bekanntlich Kant (1983, B 226) die Bedingung dafür genannt hat, dass etwas *in der Zeit* sein kann, also seine Zustände wechselt, und dennoch dasselbe bleibt – anders könne der Wechsel (und damit Zeit) gar nicht ansichtig werden. Wie die *exklusionsindividualisierte* Existenz des bürgerlichen Individuums sich also der – extrasozietal gedachten – Reflexion der eigenen Innerlichkeit verdankt und also seiner zeitlichen und sachlichen Differenziertheit bewusst wird, so prämiert das Reflexionsmodell der klassischen Bewusstseinsphilosophie ebenso ungesagt wie beredt die Linearität der konsistenten Selbstreflexion, die im protestantischen Tagebuch wie im Bildungsroman seine kulturelle Entsprechung findet. Das Ideal ist die Behauptung der eigenen *Identität* trotz aller Entzweiungen der Welt, die innerhalb ebenso wie zwischen den Subjekten klaffen.

Diese Fundierung der Weltlichkeit des Individuums in seiner Ichheit war dann für Hegel (1970a, S. 321) Anlass, diesen bürgerlichen Subjekten, „die in selbständiger

Freiheit und als *Besondere* für sich sind", zu bescheinigen, sie verlören ihre „sittliche Bestimmung". Diese „Atomistik" habe „der Staat als bürgerliche Gesellschaft" aufzuheben. Die Hegelsche Aufhebung des bewusstseinsphilosophischen Innerlichkeitsmodells in seiner Philosophie des Geistes ist gewissermaßen die erste gesellschaftstheoretische Fassung des Identitätsproblems, also des Problems der Versöhnung des einzelnen mit seinen Differenzen: mit den *zeitlichen* Differenzen einer je eigenen Vergangenheit und Zukunft, die als biographischer Horizont zum legitimen Fokus der Selbstbeschreibung wird; mit den *sachlichen* Differenzen in einer sich entzweienden Moderne, die den Zusammenhang alltäglicher Tätigkeiten nicht vorreguliert; mit den *sozialen* Differenzen einer Gesellschaft der Individuen, die Individuen nur so weit sein konnten, als sie sich der Einsicht in die Notwendigkeit fügten und dafür eine sittliche Totalität benötigten, die im postrevolutionären Zeitalter Hegels noch in der sittlichen Totalität des Staates zu finden war und in der Sprache der späteren Soziologie normative Integration heißen sollte.

II

Nun sollen die vorstehenden, allzu grobschlächtig geratenen Bemerkungen nicht entgegen meiner anfänglichen Ankündigung doch so etwas wie eine Aufarbeitung der Fachgeschichte des Identitätstopos vorbereiten. Es geht mir vielmehr darum, die Kontinuität des Problems zu betonen, und zwar eine Kontinuität, die weniger theorietechnisch gestiftet wird, sondern eher eine Kontinuität des Bezugsproblems der Selbstbeschreibung moderner Individuen darstellt. Was als Problem des Selbstbewusstseins beginnt, als Subjekttheorie weitergeführt wird, schließlich als theoretische Bemühung um die Versöhnung von Individuum und Gesellschaft in das Paradigma der Identität mündet, lässt sich letztlich nur von seinem Kontext her vestehen. Versteht man Kontext, oder besser: *Kontextur* im Sinne Gotthard Günthers (1979), so lässt sich an der Figur der *Identität* die Struktur der (sozialwissenschaftlichen) Form der Beschreibbarkeit und Verortung von Individuen in der modernen Gesellschaft ablesen. *Kontextur* spielt auf die selbstreferentielle Erzeugung aller Fremdreferenz an. Kontexturen sind diejenigen Wirklichkeiten, in deren Perspektive Verweisungen auf die Welt als Kontexte erscheinen, deren kontextureller Ursprung der Beobachter selbst ist.[2]

---

2 Mit Irmhild Saake (Nassehi und Saake 2002) habe ich versucht, dieses Modell für die qualitativ-empirische Sozialforschung epistemologisch nutzbar zu machen, und zwar in der Weise, dass Dokumente (Interviews, Erzählungen, Transkripte, Texte, Interaktionsprotokolle etc.) nicht nur

Der theoretische Beobachter des Identitätsproblems löst offenbar folgendes Problem: Wie kann es unter Bedingungen der modernen Gesellschaftsstruktur – also unter Bedingungen einer Multiinklusion in einer funktional differenzierten Gesellschaft[3] – gelingen, dass Individuen in ihrer strukturell *atomistischen* sozialen Lagerung eine soziale *Aufhebung* erfahren? Von ihrem Hegelschen Erbe scheint die Soziologie also letztlich nie sich wirklich emanzipiert zu haben, von jenem Erbe nämlich, das *Gesellschaft*, konfundiert im Staat, als das Allgemeine beschreibt, dem die Individuen als das je Besondere gegenüberstehen. Deren Identität ist dann stets – und hier bekommt der Identitätsbegriff eine geradezu ironische Bedeutung – nicht nur ein Identisch-Sein oder -Bleiben mit sich selbst, sondern eine Identität des Besonderen mit dem Allgemeinen, das in dialektischer Verschlingung sein je anderes je ist. Wie in Hegels Rechtsphilosophie das staatliche Gemeinwesen als die „substantielle Einheit [...] absoluter, unbewegter Selbstzweck" (Hegel 1970b, S. 399) ist und damit zu einem „wirklichen Gott" (ebd., S. 403) gerät, scheint auch die soziologische Selbstbeschreibung der modernen Gesellschaft in einem staatsanalogen Gebilde ihren allgemeinen Fokus gefunden zu haben. Es ist letztlich der Hegelsche Volksgeist als objektiver Geist des (staatlich formierten) Gemeinwesens, der von Durkheims *conscience collective* über Parsons' *societal community* bis zu Habermas' *vernünftiger Identität* einer komplexen Gesellschaft so etwas wie den optischen Fluchtpunkt des gesellschaftstheoretischen Denkens darstellt.

Die Kontextur der Hegelschen Gesellschaftstheorie, die die *Identität von Identität und Differenz* betont und dabei die dialektische Versöhnung von subjektivem und objektivem Geist anstrebt, ist ganz offensichtlich die Frage danach, wie sich die Unterwerfung des Besonderen unters Allgemeine als Freiheit denken lässt – das Besondere sei „durch seine Reflexion in sich mit dem Allgemeinen ausgeglichen" (Hegel 1970b, S. 55). Erst dies macht es plausibel, den Staat für einen *wirklichen Gott* zu halten. Denn allein die Unterwerfung unter einen Gott lässt sich letztlich in Freiheit umdefinieren, wie die theorietechnische Funktion der Sittlichkeit, als deren Wirklichkeit der Staat erscheint, die Einschränkung individueller Handlungsmöglichkeiten zugunsten eines Allgemeinen postulieren kann. Es wäre eine Überinterpretation, der *mainstream*-Gesellschaftstheorie eine Hegelsche Denkfigur zu un-

---

daraufhin befragt werden, in welchem „realen" Kontext sie ohnehin stehen, sondern wie und welchen Kontext sie selbst als Kontextur aufspannen, innerhalb dessen sie Probleme lösen, die sie sich selbst zumuten. Ähnlich lässt sich auch mit wissenschaftlichen Texten umgehen, die – aufgrund ihrer methodischen Reflektiertheit – stärker als andere Dokumente über die selbstreferentielle Erzeugung fremdreferentieller Probleme Auskunft geben dürften.

3 Ich setze diese gesellschaftstheoretische Denkfigur schlicht voraus und verweise nur auf grundlegende Arbeiten, in denen ich diese Inklusionsform in Anlehnung an die Luhmannsche Theorie sozialer Systeme ausführlich diskutiert habe (vgl. Nassehi 1999, 2001).

terstellen – aber die Hegelsche Kontextur des Problemaufrisses ist dieselbe: Wie lässt sich soziale Ordnung denken, obwohl Individuen prinzipiell mehr Handlungsmöglichkeiten zur Verfügung stehen, als sie letztlich wählen? Wie lässt sich Allgemeinheit herstellen, obwohl Akteure sich – gesellschaftsstrukturell gesehen – als besondere, als Ichheiten, als endlich setzen?[4] Die Antwort auf diese Fragen lautet: *Identität.*

III

Die lapidare Auskunft Wittgensteins, die ich oben zitierte, so lässt sich nun sehen, scheint noch der ontologischen Metaphysik verpflichtet zu sein. Es scheint schon einen Sinn zu machen, von etwas zu behaupten, es sei identisch mit sich selbst – dann nämlich, wenn dieses Etwas als Vermittlung gedacht wird, als Ort, an dem sich das Allgemeine und das Besondere, wiewohl different, identisch zu setzen haben. Ich betone: Ich bearbeite all dies nicht als *empirische* Faktizitäten, sondern als Kontexturen erzeugende Texte, die das Grundproblem gesellschaftlicher Ordnung exakt in dieser Vermittlungsleistung zwischen Allgemeinem und Besonderem sehen. Und nur in diesem Kontext kann ich behaupten, die Soziologie laboriere an ihrem Hegelschen Erbe – nun übrigens mit der Einschränkung versehen, dass dies nur für Soziologien gilt, die sich überhaupt einen Gesellschaftsbegriff zumuten, der zumeist als Begriff gebaut ist, der an Allgemeinheit, an Aufhebung des Besonderen, an Objektivität und an Kollektivität gemahnt und der die Soziologie bis heute nötigt, ihren Gesellschaftsbegriff letztlich als politischen Begriff zu formieren.[5]

Wenn *Identität* die Lösung ist, stellt sich nun noch einmal die Frage, was das Problem war. Der Problemaufriss lässt sich besonders deutlich an einem sozialpsychologischen *locus classicus* studieren, nämlich an der Identitätstheorie von Erik H. Erikson, die in den 40er und 50er Jahren des letzten Jahrhunderts entstanden ist und der sozialwissenschaftlichen Identitätsdebatte die entscheidenden Stichworte geliefert hat. Erikson beginnt als klinischer Psychologe und führt Psychopathologien vor

---

4 „Durch dies Setzen seiner selbst als eines *bestimmten* tritt *Ich* in das *Dasein* überhaupt; – das absolute Moment der *Endlichkeit* oder *Besonderung* des Ich" (Hegel 1970b, S. 52).

5 Nur wo die Soziologie in ihren interaktionistischen Spielarten (symbolischer Interaktionismus, Sozialphänomenologie, Ethnomethodologie, verstehende Soziologie etc.) oder als pure Handlungstheorie (z. B. rational-choice-Theorie) daherkommt, kann sie auf dieses Hegelsche Erbe verzichten – dann freilich unter Verzicht auf einen Gesellschaftsbegriff und auf Gesellschaftstheorie, was wiederum als Anerkennung dieses Erbes gelten kann, denn anders als im Sinne des *Allgemein*begriffs Gesellschaft scheint dieser kaum sich bilden zu lassen.

allem darauf zurück, dass es der Person nicht gelingt, ihre Individualität mit der kollektiven oder gesellschaftlichen Realität zu versöhnen. Ähnlich wie in der Tradition Durkheims und Mertons sozialpathologisches (abweichendes) Verhalten damit begründet wird, dem Individuum stünden keine legitimen Mittel zur Zielerreichung zur Verfügung, macht Erikson die Psychopathologie am Fehlen geeigneter Mittel fest, die Ansprüche des Individuums mit denen der Gruppe, der Gesellschaft zu versöhnen. Ein „starkes Ich", so Erikson (1966, S. 51), zeichne sich dadurch aus, dass es „durch seine Gruppe in seiner Identität gesichert ist" und insofern keine abweichenden/pathologischen Reaktionen hervorbringt. Dabei ist sich Erikson durchaus bewusst, dass Identität keine starre Form ist, sondern gerade durch die moderne Gesellschaftsstruktur erhebliche Flexibiliät bereitstellen muss: „Der geheilte Patient wird imstande sein, die Diskontinuitäten des amerikanischen Lebens und die polaren Spannungen in seinem eigenen Kampfe um eine wirtschaftliche und kulturelle Identität ins Auge zu fassen, nicht als eine von außen auferlegte feindliche Realität, sondern als potentielles Versprechen einer universalen kollektiven Identität" (ebd., S. 37). Eine gelungene Identität ist also eine Identität, die sich zwischen den Zielen einer Gruppe und denen eines Individuums einstellt, das also gewissermaßen auf dem Boden einer *allgemeinen Sittlichkeit* steht und in ontogenetischer Entwicklung eine *Ich-Identität* ausbildet, d. h. ein reflexives Bewusstsein dieser gruppenspezifischen Quelle des Individuellen erlangt (ebd., S. 17). Man könnte in Abwandlung von Hegels Affirmation des Wirklichen mit dem Vernünftigen sagen: *Das Gesunde ist das Vernünftige.*

Ich rekurriere hier nicht um Eriksons Willen auf den fast schon klassischen Text für die Debatte, sondern um zu zeigen, dass sich die *Kontextur* letztlich nicht verschoben hat. Auch hier geht es um das Bezugsproblem einer sozialen Ordnung, die stabil zu halten ist, obwohl sich Individuen anders verhalten könnten, als sie sollen – sonst müssten sie nicht „sollen". Auch Erikson empfiehlt Subordination aus freien Stücken, Einschränkung als Horizonterweiterung, Identisch-Werden eben, als Besonderes identisch mit einem Allgemeinen. Die besondere Leistung Eriksons freilich besteht darin, zu zeigen, dass dieses Identisch-Werden niemals abgeschlossen ist, sondern eine „lebenslange Entwicklung" (ebd., S. 140) ist, die von allerlei Identitätskrisen geprägt ist. Sobald innerhalb eines Lebenszyklus bestimmte Aufgaben erfüllt sind – wenn man so will: Inklusionsmuster prekär werden oder verändert werden müssen –, entstehen Differenzerfahrungen, Anpassungskrisen, *psychosoziale Krisen*, die bei erfolgreicher Justierung mit den gesellschaftlichen Erwartungen zu einer neuen Festigung der Identität führen. Insofern macht der Mensch nach Erikson solche Krisen notwendigerweise durch, und eine gut funktionierende Gesellschaft braucht Institutionen und Routinen, Lebensplanmodelle und normative Muster, die solche Krisen sowohl erlauben als auch kanalisieren, ja geradezu sukzessive bereitstellen.

Wenn *Identität* also die Antwort ist, dann ist die Frage *Nicht-Identität*, also die soziale Verhinderung von Abweichung und Beliebigkeit. Noch genauer heißt die Frage: *Wie kann eine Gesellschaft Strukturen ausbilden, Erwartungssicherheiten herstellen, Ressourcen für kollektive Zielerreichung bereitstellen?*

IV

Es ist kein Zufall, dass diese Fragen fast unmerklich auf jene Theoriesprache hinführen, die paradigmatisch für die amerikanische *mainstream*-Soziologie von Talcott Parsons werden sollte, die als Ausgeburt von Stabilität und Integration, von Erwartungssicherheit und Bestandserhaltung geworden ist und die Gesellschaft als einen Zusammenhang gedacht hat, der darauf angewiesen ist, die volitive Freiheit individueller Akteure im Sinne einer *Persönlichkeit* zu limitieren, die Handlungskoordinierung zugunsten des Ganzen erlaubt. Auch hier gilt das Problem der Vergesellschaftung der Individuen als Problem der Versöhnung des Besonderen mit einem Allgemeinen – und die theoretische Anstrengung liegt dann darin, dieses Allgemeine so ausbuchstabieren zu können, dass es als das Grundkonstituens sozialer Ordnung gelten kann. Das Konzept *Identität* dient also letztlich dazu, das Ordnungsproblem auf den Begriff zu bringen. *Identität* ist gewissermaßen ein Brückenkonzept zwischen der als Freiheit gedachten Individualität des Individuums und der als integrative Ordnung gedachten Struktur einer Gesellschaft, die darauf angewiesen ist, die Optionen des einzelnen so einzuschränken, dass diese Ordnung stabil bleiben kann. Diese – so hatte ja Elias „Zivilisation" begründet – Umformung von Fremd- in Selbstzwänge, im Hegelschen Kontext hätte das noch geheißen: die Einsicht in die Notwendigkeit bildet den theoretischen Kontext, in dem sich die prekäre Inklusionslage in der modernen, funktional differenzierten Gesellschaft als *Reflexionsbegriff* formulieren lässt, als Begriff also, der nicht nur als theoretische Kontextur taugt, sondern auch als ein Begriff, der die Anstrengung der Akteure selbst auf den Begriff zu bringen vermag: *Identität* mit sich und mit sozialen Erwartungen herzustellen.

Diese theoretische Konzeption setzt soziale Ordnung immer schon voraus, und zwar nicht irgendeine soziale Ordnung, sondern eine integrative Ordnung, die als Identifikationsadresse ansprechbar ist. Schon in der Hegelschen Konzeption ist das vorgezeichnet: Das andere des individuellen Identitätsentwurfs ist eine adressierbare Größe, die als *Staat* eine Art allgemeinen Subjektstatus besitzt, unter den sich das Besondere subordinieren lässt. Nimmt man die eineinhalb Jahrhunderte später formulierte Identitätstheorie von Erik Erikson zum Vergleich, so fällt – bei aller Differenz der Theorieanlagen, vor allem was die dialektische Figur der Geschichtsphilosophie angeht – die Kontinuität des Bezugsproblems auf: Gelungene Vergesellschaftung lässt sich nur denken als Identifikation mit einem kollektiven Gegenüber, das semantische Selbstbeschreibungsfolien anbietet, um die *Wer-bin-ich*-Frage sozialverträglich beantworten zu können. Das setzt implizit eine Gesellschaftstheorie voraus, die an der Parsonsschen Bedingung der Möglichkeit festhält, gesellschaftliche Ordnung sei nur streng normativ integriert und kulturell stabil mit sich versöhnt zu denken. Eine Theorie der Ich-Identität lässt sich demnach nicht wirklich denken, wenn man nicht wie Hegel dem Allgemeinen eine Art Subjektstatus einräumt, wie Erikson eine stabile gesellschaftliche Ordnung als Identitätsbedingung immer schon voraussetzt, wie Parsons das Gesellschaftliche an ein gemeinschaftliches Band bindet, ohne das individuelle Aspirationen unkontrollierbar würden, oder wie Habermas eine vernünftige Identität – wenigstens potentiell – gleich der komplexen Gesellschaft selbst zuschreibt. Die soziologische Semantik der Identität ist also eine Semantik, die Gesellschaft stets nach jenem Container-Modell konzipiert, das weitgehende Integration nicht nur für einen irgendwie wünschenswerten Zustand hält, sondern letztlich sogar für die Bedingung der Möglichkeit sozialer Ordnung schlechthin. Das Container-Modell löst das Bezugsproblem, wie soziale Ordnung zu denken sei, im Sinne von „Zugehörigkeit"; sie ist das Vehikel, das das Besondere mit dem Allgemeinen versöhnt: das Enthaltene mit dem Behältnis. Anders scheint sich Soziologie dieses Verhältnis nicht vorstellen zu können: als posttraditionales funktionales Äquivalent für die *unbedingten* und *alternativlosen* Zugehörigkeitsformen der Prämoderne.

Wenn man unter Integration die (Selbst-)Einschränkung der Teile eines Ganzen zugunsten der Strukturerhaltung dieses Ganzen verstehen will, so meint dies gewissermaßen immer schon die Versöhnung des Besonderen mit seinem Allgemeinen, d. h. mit jenem Allgemeinen, das das Besondere zum Besonderen macht. Wer von Identität redet, meint also immer schon diese Hegelsche Formierung der Gesellschaftstheorie, die bisweilen von ihrem Erbe des Preußenphilosophen gar nicht weiß, sich aber in exakt jener Kontextur aufhält, ohne die soziale Ordnung nicht denkbar wäre.

Die Identitätssemantik erzählt damit die große Erfolgsgeschichte der gesellschaftlichen Moderne, die man gerade in den zentralen politischen und kulturellen Selbstbeschreibungen moderner Gesellschaft*en* (sic!) wiederfindet. Es ist die Geschichte der grundlegenden Kontextur der Selbstbeschreibung der gesellschaftlichen und kulturellen Moderne, die sich die Frage stellt, inwieweit es einer sich zunehmend ausdifferenzierenden Gesellschaft gelingen kann, Gemeinsinn und gesellschaftliche Einheit sowie Loyalität und soziale Einbindung mit dem modernen Individualismus und seinen Freiheitsaspirationen zu kombinieren – wie also die *Inklusion von Gesamtbevölkerungen* als evolutionär universaler Charakter der gesellschaftlichen Moderne erreicht werden kann. Die dafür paradigmatische Lösung stammt, wie erwähnt, von Parsons und ist aus einer Kombination aus den antinomischen Begriffen der klassischen Soziologie der Moderne gebaut, nämlich *gesellschaftliche Gemeinschaft*:

> „Die vielleicht allgemeinste Funktion einer gesellschaftlichen Gemeinschaft besteht darin, ein Normen*system* mit einheitlicher und kohärenter kollektiver Organisation hervorzubringen. [...] Der kollektive Aspekt ist die gesellschaftliche Gemeinschaft als eine einzige abgegrenzte Gesamtheit. Die gesellschaftliche Ordnung erfordert klare und deutliche Integration, womit wir einerseits normative Kohärenz und andererseits gesellschaftliche ‚Harmonie' und ‚Koordination' meinen. Außerdem müssen als Normen definierte Pflichten im großen und ganzen akzeptiert werden, während umgekehrt Gesamtheiten über normative Sanktionsmöglichkeiten zur Erfüllung ihrer Funktionen und Verfolgung ihrer legitimen Interessen verfügen müssen" (Parsons 1972, S. 21f.).

Es ist ganz offenkundig der Staat, der als *Nation*[6] kulturelle Loyalitäten erzeugt, der als *Wohlfahrtsstaat* für eine gewisse Versorgungssicherheit sorgt und der als *Rechtsstaat* legitime Sanktionsmöglichkeiten bereithält. Der Erfolg der modernen Gesellschaft steht und fällt nach diesem Modell also mit der Fähigkeit staatlich-politischer Einheiten, den freien Willen seiner Bewohner in den Dienst einer „harmonischen" und „koordinierten" gesellschaftlichen Einheit zu stellen – einschließlich der Domestizierung der Folgen sozialer Ungleichheit. Wiewohl die Form dieser Domestizierung auch innerhalb der westlichen Hemisphäre erheblich variiert, wenn man an die ganz unterschiedlichen Sozialstaatsvarianten innerhalb Europas und Nordamerikas denkt (vgl. Flora und Heidenheimer 1981; Albert 1992; Bornschier 1998), so kann doch innerhalb des westlichen Modells der Staat als derjenige Rahmen und diejenige Einheit gedacht werden, durch die und in der sich Institutionen des (mehr oder weniger befriedeten) Konflikts zwischen „Kapital" und „Arbeit" herausbilden. Diese Einheit ist im Sinne der Theorie der modernen Gesellschaft der Nationalstaat westlicher Prägung mit seinem institutionellen Arrangement von Ökonomie, Recht, Bildung, Wissenschaft, Kultur und Politik. Und dieser ist zugleich jene Adresse, von der her man *Identität* bezieht, Identität nämlich mit einer Gruppe, die jene Bedingungen schafft, die für Erikson die Voraussetzung dafür bilden, eine stabile Identität zu erlangen. Theorieästhetisch betrachtet macht es dann bisweilen gar keinen Unterschied mehr, was mit *Identität* eigentlich angesprochen wird, die Individualität eines

---

6 Als Reflexion vor allem der amerikanischen Gesellschaft insistiert Parsons darauf, dass deren gesellschaftliche Gemeinschaft sich nicht auf eine ethnische, sondern eine politische Nation bezieht, die die ethnischen Fesseln der frühen Moderne zwar nicht ganz überwunden hat, von der sich Parsons aber die Dominanz der weißen angelsächsischen Protestanten (WASP) als führender gesellschaftlicher Trägergruppe verspricht, oder besser: versprochen hat (vgl. Parsons 1972, S. 111ff.).

Individuums oder die Identität einer *Gesellschaft*? Schön ist dies in Eriksons berühmter *Jefferson Lecture* zu beobachten, in der von einer neuen amerikanischen Identität die Rede ist, die als Identität einer Nation als die Bedingung der Möglichkeit für eine angemessene lebenszyklische Identitätsentwicklung von einzelnen geführt wird und deren moderne, differenzierte Gesellschaftsstruktur einer reflexiven *Ich-Identität* bedarf, in der das Prekärwerden des Identisch-Seins mit dem Allgemeinen alles Besonderen immer schon unmerklich mitformuliert wird (vgl. Erikson 1975).[7]

Die Konjunktur von Identitätstheorien und die Diffusion des Begriffs sowohl in die sozialwissenschaftliche Sprache als auch in die sozialwissenschaftlich kontaminierte Alltagssemantik könnte ein Hinweis darauf sein, dass sich die Übereinstimmung von Besonderem und Allgemeinem nicht mehr so einfach denken lässt wie in der klassischen Moderne, in der *philosophisch* die Vernunft als Spenderin eines identitätsverbürgenden Allgemeinen herhalten konnte und *alltagstauglich* ein nationalstaatliches Arrangement von Passungsformen zwischen Individuen und gesellschaftlicher Ordnung, die Versöhnung von Allgemeinheit und Besonderheit, von Individuum und Gesellschaft, von Subjektivität und Objektivität oder wie die Leitunterscheidungen auch immer hießen. An den diskurserzeugenden Kontexturen scheint sich demnach prinzipiell nichts geändert zu haben.

---

7 Und selbst wo diese nationalstaatliche, sich an die konkrete Sittlichkeit eines konkreten „Volkes" bindende Selbstbeschränkung aufgegeben wird, kann die Identitätstheorie nicht davon lassen, Identität immer schon als Identität eines Besonderen mit einem Allgemeinen zu behaupten – das gilt auch für Jürgen Habermas, der schon in den 70er Jahren die Ich-Identität „auf Grundnormen der vernünftigen Rede zurückführen" wollte und in der phylogenetischen Stufenfolge kognitiver Reflexionsleistungen und moralischer Urteilsbildung auch die gesellschaftsstrukturellen Bedingungen für die Entfaltung dieser Grundnormen aufgezeigt zu haben glaubte. Zumindest darin bleibt Habermas ein strenger Hegelianer, wenn auch die volksgeistige Sittlichkeit *universal*-pragmatisch aufgelöst wird. Unübertroffen heißt es in Habermas' Hegelpreisrede (sic!) aus dem Jahre 1974, im gleichen Jahr formuliert wie Eriksons *Jefferson Lecture*: „Die neue Identität einer erst im Entstehen begriffenen Weltgesellschaft kann sich nicht in Weltbildern artikulieren; sie muß zwar, wenn sie die strukturanaloge Ergänzung zu postkonventionellen Ich-Identitäten darstellen soll, die Geltung einer universalistischen Moral unterstellen. Aber diese läßt sich auf Grundnormen der vernünftigen Rede zurückführen; das kommt ohnehin einer kollektiven Identität entgegen, die [...] im Bewußtsein der allgemeinen und gleichen Chancen der Teilnahme an wert- und normbildenden Lernprozessen begründet ist. Eine solche Identität braucht keine fixen Inhalte mehr, um stabil zu sein; aber sie braucht jeweils Inhalte. Identitätsverbürgende Deutungssysteme, die heute die Stellung des Menschen in der Welt verständlich machen, unterscheiden sich von traditionellen Weltbildern nicht so sehr in ihrer geringeren Reichweite, als vielmehr in ihrem revisionsfähigen Status" (Habermas 1976, S. 117).

V

Es ist dies diejenige Kontextur, die die Semantik der Identität, also der Versöhnung der (vermittelten) Differenz von Allgemeinem und Besonderem, dort als Reflexionsbegriff anschlussfähig werden lässt, wo das Allgemeine längst abhanden gekommen ist: Es ist die Kontextur einer unheilbar *funktional differenzierten Gesellschaft*, der man – spätestens mit dem Prekärwerden ihrer nationalstaatlich domestizierten Gestalt – kaum mehr so etwas wie eine Allgemeinheit wird abziehen können, die als Adresse noch wird fungieren können, als jene Adresse, die in der klassischen Identitätstheorie konstitutiv war für die Behauptung des Identisch-Seins und -Werdens mit sich und den Erwartungen der Gesellschaft. So hat auch die Differenzierungstheorie stets so etwas wie eine Identitätssemantik begleitet, die seit den Zeiten Durkheims als Integrationstheorie gebaut wurde – und nicht umsonst sind die gegenwärtig beliebten Diagnosen der gesellschaftlichen *Desintegration* zugleich Diagnosen *gefährdeter Identitäten*, wie sie in dieser Kombination in Deutschland am prominentesten von Wilhelm Heitmeyer und seiner Forschergruppe formuliert werden (vgl. Heitmeyer 1997), rekurrierend auf den klassischen Bestand einer Soziologie, die den Gesellschaftsbegriff letztlich stets als *normativen* Begriff gebildet hat, dem ein gewisses Maß an Integration, Integrität, Gemeinschaftlichkeit und Verpflichtung innewohnte und der selbst als *Reflexionsbegriff* öffentliche, insbesondere politische Selbstbeschreibungen der Gesellschaft konditioniert – und damit *Identität* auf die Verpflichtung zugunsten jener *politisch* formierten *kollektiven* Ziele festlegte. Insofern waren die Topoi *Identität* und *kollektive Identität* letztlich identisch zu setzen. Und insofern sind alle theoretischen Versuche, diese „kollektive" Bedingung der Möglichkeit individueller Identitätsbildung an die postnationale Konstellation anzuschließen, Versuche, die sich jener Kontextur nach wie vor verpflichtet fühlen. Das gilt ebenso für Habermas' Insistieren auf einen postnationalen Bürgerstatus wie für die Rawlssche Gerechtigkeitsidee. Und das gilt erst recht für die kommunitaristische Liberalismuskritik, die man gerade in ihren kollektivorientierten Zielen als unmittelbare Reaktion auf jene postnationale Konstellation lesen kann, der die Naturwüchsigkeit der anderen, der allgemeinen Seite jenes Besonderen längst abhanden gekommen ist.

Auf Seiten der Identitätstheorie ist eine etwas gegenläufige Reaktion zu beobachten. Es werden nun eher partikulare Aspekte betont, deren Gestalt als Folie für behauptete Identität herhalten muss. Kulturelle und ethnische Identitäten werden nun bemüht, geschlechtliche und sexuelle Identitäten, regionale oder stilistische Identitätsmerkmale etc. (vgl. etwa Assmann und Friese 1998; Brubaker und Cooper 2000). Das Bemühen um solche partikulare Identitätsmuster weist auf dreierlei hin: *erstens* darauf, dass sich die Idee *einer* gesellschaftsweiten (was immer diese Weite einschränkt) Identitätsfolie kaum mehr durchhalten lässt, weil die Partikularidentitäten sich nicht mehr unter das Dach einer gemeinsamen Identität subordinieren lassen. Gerade an dieser Diversifizierung der Identität*en* lässt sich ablesen, wie prekär jener unbeobachtete, zumeist aber vorausgesetzte Gesellschaftsbegriff geworden ist, der an einen Container, an ein Behältnis, an etwas Schließendes gemahnt. *Zweitens* verweist diese kleinräumigere Identitätsanmutung immer stärker auf Distinktion, auf Vergleich, auf Differenz. Dies korrespondiert letztlich mit dem neuen Interesse an „Kultur", wenn man diesen schillernden Begriff als einen Hinweis auf Vergleiche, auf Wahrnehmung des anderen, auf das Prekärwerden des zuvor Alternativlosen lesen will (vgl. dazu Baecker 2000). *Drittens* verweist die Partikularisierung und Diversifizierung kollektiver Identitätsfolien auf eine bedeutsamer werdende Orientierung am Problem der *genetischen* Identität, also an der Frage, wie ein Individuum trotz Wechsels seiner Zustände mit sich identisch bleiben kann. Sowohl in der Methodologie als auch in der Theorie der soziologischen Biographieforschung etwa wird denn auch die konsistente, die widerspruchsfreie (oder wenigstens: Widersprüche erklärende) Reflexion der eignen Lebensgeschichte prämiert – als hätte es literarische Vorlagen des Bruchs, der Nicht-Erzählbarkeit konsistenter Geschichten etc. nie gegeben.[8] All dies sind Motive auch einer *postmodernen* Denkonstruktion des Identitätsgedankens, die auf Diversifizierung, Dynamisierung und Pluralisierung von Identitäten angelegt ist und eine Reihe von identitätskritischen Identitätstheorien hervorgebracht hat (vgl. nur Hall 1996; Kamper 1980; Welsch 1990; Gergen 1996; Jameson 1993).

Letzteres verweist darauf, den beobachtenden Blick auf Identitäten weniger ontologisch zu gestalten. Nicht einfach die Frage ist zu stellen, was die Identität dieser oder jener Person *sei* oder wie sie angemessen *zu erreichen sei*. Der Hinweis auf die

---

8 Ein geradezu kurioses Bild einer normativen Aufladung von Kohärenz und Eindeutigkeit bietet ein jüngst publizierter Essay von Julian Nida-Rümelin, dem man als oberstem Schöngeist der Republik die Kenntnis der literarischen Dekonstruktion der einlinig-eindeu-tig-einfältig erzählbaren Lebensgeschichte sicher unterstellen kann. Um so erstaunter liest man: „Die fiktive Figur des strukturell rationalen Weisen trifft eine einzige Entscheidung, nämlich die für eine in sich kohärente Lebensform, und enthebt sich damit aller punktuellen Abwägungen bis auf diejenigen, die dafür sorgen, dass die jeweiligen Einzelhandlungen sich in jene Strukturen einbetten, die diese Lebensform ausmachen" (Nida-Rümelin 2001, S. 153). Wiewohl der Philosoph der Kohärenz – in einer ähnlichen Denkbewegung, mit der Kant vernünftige Wesen von uns mit Neigungen geplagten Menschen unterschied – zugesteht, dass „reale Personen" diese Kohärenzzumutung „in einem steten Spannungsverhältnis zu den Einzelentscheidungen des Alltags" (ebd.) erleben, so prämiert er diese Zumutung doch als einzigen Rationalitätsgenerator. Es ist dies fast eine Karikatur dessen, was ich hier der Identitätstheorie unterstelle: Identität als vollständige Unterwerfung des Besonderen unter ein Allgemeines, und zwar aus freien Stücken des Besonderen selbst. Man mag es wenigstens für einen Vorteil halten, dass im Kanzleramt ein Dialektiker sitzt.

Erzählung einer genetischen Identität (oder: Differenz) verweist auf den operativen, und zwar den kommunikativ-operativen Aspekt von Identitätsbildung. Identitäten sind aus dieser Perspektive kommunikativ erzeugte Behauptungen eines So-Seins, das entweder identisch ist mit einem Muster oder einer sozial erwartbaren Form oder aber die zeitfeste Identität seiner selbst in einer Gegenwart kommunikativ erzeugt. Damit deutet sich eine kleine Verschiebung an. *Identität* wird von einer Eigenschaft (etwa: von Menschen) zu einem Beobachtungsschema, das ganz offensichtlich als andere Seite *Differenz* mitführt. Denn die Identität von etwas zu behaupten, meint zugleich die Differenz zu etwas, das es *nicht* ist, mit. Über die Identität von etwas Auskunft zu geben, macht nur im Horizont anderer Möglichkeiten Sinn, was sich ja an der soziologischen Identitätssemantik in der Weise ablesen lässt, als diese ihren Siegeszug antrat, als die Selbstbeschreibung von Individuen prekär und erst deshalb: registrierbar wurde. Wo keine anderen Lebensmöglichkeiten bestehen, muss man sich keine Identitätsprobleme zumuten; und umgekehrt: Wo Identitätsfragen gestellt werden, geschieht dies im Hinblick auf andere Möglichkeiten. Identität *ist* also Differenz – und es scheint sprachlich kaum eine Möglichkeit zu geben, diese weniger ontologisch auszudrücken. Sicher kann ein Beobachter sehen, dass mit sprachlicher Kommunikation, vielleicht schon: mit Wahrnehmung Identitäten operativ anfallen. Aber: das kann nur ein Beobachter sehen, und sobald ein Beobachter dies auch registriert, also mit dem Identitätsschema selbst beobachtet, verweist das weniger auf die Identität des Identifizierten als darauf, dass mehr oder weniger abstrakte Identifikationsgesichtspunkte in der Kommunikation gebraucht werden, um soziale Erwartungen adressierbar zu machen (vgl. dazu Luhmann 1984, S. 426ff.). Empirisch lässt sich das daran beobachten, wo bloße Anwesenheit irgendeiner Person ausreicht, wo die Person nur mit Namen adressierbar ist, wo sie womöglich „persönlich" bekannt sein muss etc. Stets beinhalten diese in der Kommunikation wirksamen „Identitäten" bereits soziale Anschluss- und Zumutungserwartungen.

VI

Wenn meine Behauptung stimmt, dass die soziologische Konjunktur der Identitätstheorie an ein konventionelles Gesellschaftsmodell gebunden ist, in dem das Besondere als Besonderes eines Allgemeinen geführt wird, in dem Gesellschaft gewissermaßen als die „objektive" Seite „subjektiver" Partikularität erscheint, in dem soziale Bindung als Zugehörigkeit formiert wird, in dem also der Hegelianismus der Dialektik von Allgemeinem und Besonderem (zumeist entkleidet seiner dialektischen Denkfigur) persistiert, dann stellt sich folgende Frage: Was geschieht mit dem Identitätskonzept, wenn man mit jenem konventionellen Konzept bricht und den Gesellschaftsbegriff selbst operativ aufbaut?

Zunächst wird man an „Individualisierung" denken – eine soziologische Semantik, deren außersoziologischer Erfolg sicher auch etwas damit zu tun hat, dass man zumindest so tun kann, als formiere sich Individualität jenseits sozialer Zumutungen. Manche öffentliche Debatte sah der Soziologie geradezu ihren Gegenstand abhanden kommen angesichts der behaupteten „Individualisierungs"-Diagnose, wobei fachintern inzwischen längst geklärt ist, dass Individualisierung selbst ein sozial induziertes, gesellschaftsstrukturell bedingtes Muster der Selbstbeschreibung ist. Ferner verflüchtigt sich die schöne neue Individualisierungswelt mit ihren Assoziationen an freie Wahl und individuelle Verantwortbarkeit schnell, wenn man sich die „individualisierenden" Strukturen moderner Funktionssysteme vergegenwärtigt.[9]

Im Hinblick auf eine wissenssoziologische Interpretation des Identitätsparadgimas freilich verweist der Erfolg dieser Diagnose darauf, dass sich Individuen nicht mehr bruchlos über abstrakte „Identitäten" identifizieren, sondern mehr und mehr über Differenzen, die nicht mehr unbedingt Zugehörigkeits- und Gruppendifferenzen/-Identitäten implizieren müssen. Abgesehen davon, ob diese Diagnose in ihrer behaupteten universalen Reichweite gilt, verweist die Individualisierungsthese doch auf einen Bruch im soziologischen Selbstverständnis – oder wenigstens auf die Vorahnung, dass mit den konventionellen Begrifflichkeiten nicht recht weiterzukommen ist. Ich spreche – etwas despektierlich – von einer *Vor*ahnung deshalb, weil auch die

---

9 Man greift tatsächlich zu kurz, das Programm *Individualisierung* nur jenseits der Funktionssysteme zu lokalisieren, da diese selbst *individualisierte* Formen der Selbstbeschreibung und damit auch: der Identitätsbildung hervorbringen. In diesem Sinne erweisen sich manche programmatischen Strategien der Funktionssysteme als diejenigen diskursiven Techniken, in denen man mit Foucault die *Konstitution des Subjekts* erkennen kann. So greift *Ökonomie* nicht nur auf individuelle Zahler zu, sondern *konstituiert* damit auch erst das interessegeleitete Subjekt ultilitaristischen Zuschnitts; *Recht* und *Politik* rechnen nicht nur individuell zu, sondern fordern individuelle Konformität, gesellschaftlichen Zwang zum Selbstzwang (Elias), Selbstkontrolle und Loyalität als subjektives Vermögen sowie die freiwillige Unterwerfung unter (staatliche) Kollektive ein; *(Human- und Bio-)Wissen-schaften* „erfinden" den Menschen, verlangen von ihm Autonomie und konstituieren ihn als empirisch-transzendentale Dublette (Foucault) oder womöglich bald als industriell-ge-netisches Produkt; *Religion* übt Geständnisse ein, die sich dann im Recht, in der Liebe und in der Medizin säkularisieren; *Erziehung* trainiert Triebaufschub und Langsicht usw. Es soll dies kein Kuriositätenkabinett werden, auch keine naive Kritik von Unterwerfungstechniken. Vielmehr zeigt sich hier, dass die theoretische Annahme, dass die Form der jeweiligen Individualität eine Reaktion auf gesellschaftliche Erwartungsbildung sei, sich der Selbstbeschreibung des (allgemeinen) Subjekts als kollektivsinguläres Versprechen gelungenen Lebens oder des (besonderen) Individuums als Kontingenzformel für das heldenhafte Aushalten von Verschiedenheit nicht recht fügen will (vgl. dazu ausführlicher Nassehi 2000, S. 58ff.).

inzwischen mit einiger theoriesystematisierender Tiefenschärfe geführte Debatte um „Individualisierung" kaum über die Frage hinauskommt, ob es nun eher die „Gesellschaft" oder das „Individuum" ist, die oder das den Gang der Dinge bestimmt.[10] Es ist dies immer noch Ausdruck jener Kontextur soziologischen Denkens, das das Besondere nur als Entäußerung eines Allgemeinen will gelten lassen – oder eben als Protest, Widerstand oder Antinomie dagegen. Zu konzedieren ist freilich, dass die Individualisierungsdebatte den Blick dafür schärft, dass sich individuelle/individualisierte Lebensformen *operativ erzeugen*, dass sie einer Dynamik unterliegen, dass sie das Ergebnis einer Aktivität sind – wer immer das beobachtet und wem immer dann zuschreibt. Eine Umstellung auf eine operative Theorie der Gesellschaft impliziert das jedoch noch nicht.

Damit schließt Individualisierungs- an Identitätstheorie an – wie ja diese etwa in der Gestalt Eriksons bereits die besonderen Probleme der operativen, lebenszyklischen Identitätsbildung erst unter individualisierenden kulturellen und gesellschaftlichen Bedingungen für registrierenswert gehalten hatte (vgl. Erikson 1975). Dabei dynamisiert Identitätstheorie – noch stärker als die Debatte um Individualisierung – in erster Linie nur den Lebenszyklus und individuelle Lebenslagen, setzt aber die Stabilität des „Allgemeinen" mehr oder weniger voraus, etwa als *generalized other* oder *universe of discourse* bei George Herbert Mead oder als stabile amerikanische Identität bei Erikson, der gerade in revolutionären Umbruchphasen oder ungesicherten gesellschaftlichen Erwartungsbedingungen die wesentliche Ursache für Identitätsgefährdungen ausmacht.

VII

Ich möchte im folgenden kurz versuchen, eine theoretische Skizze zu entwerfen, die dreierlei leisten soll: *Erstens* soll sie zeigen, wie sich „Identität" im Sinne einer sich dynamisch entwickelnden Systemstruktur rekonstruieren lässt, *zweitens* dass „Identität" ein Beobachtungsschema ist, das die (Selbst- und Fremd-)Beschreibbarkeit von Personen in sozialen Kontexten ermöglicht. Diese beiden Fragen orientieren sich an der Differenz von Operation und Beobachtung. *Drittens* schließlich soll angedeutet werden, wie sowohl „operative" als auch „beobachtete" Identitäten sich in Kontexten erschließen. Ich setze dabei auf „Überraschung".

---

10 In dieser Kontextur gefangen ist auch die bis dato materialreichste, differenzierteste und kenntnisreichste Rekonstruktion möglicher Positionen bei Schroer (2001).

Um die operative „Identität“ eines Systems – hier zunächst: eines psychischen Systems, also eines Bewusstseins – auszuweisen, ist es ratsam, wieder auf das subjektphilosophische Erbe zu sprechen zu kommen. Wie oben bereits angedeutet, muss die subjektphilosophische Theorie zur Begründung von Selbstbewusstsein ein präreflexives Mit-sich-Vertraut-Sein des Bewusstseins, also: eine vor-operative Identität des Bewusstseins voraussetzen, um einen unendlichen Regress zu vermeiden. Die operativste Version dieser Denkungsart ist sicher Edmund Husserls Phänomenologie des inneren Zeitbewusstseins, die bekanntlich in der Weise gebaut ist, dass Selbstbewusstsein sukzessive in der Zeit entsteht, also durch retentionale Beobachtung der je vergangenen Bewusstseinsereignisse durch eine je neue urimpressionale Gegenwart (vgl. Husserl 1966; ausführlich dazu Nassehi 1993, S. 40ff., S. 70ff.). Der Regress wird hier also nicht über ein „hinter“ dem Bewusstsein liegendes Ich gestoppt, sondern schlicht durch die Zeit: Sie entparadoxiert das Problem des Selbstbewusstseins dadurch, dass ein je neu auftretendes Ereignis dafür sorgt, dass Bewusstsein von einem Selbst entsteht, das sich *in der Zeit* als Bewusstseinsstrom erlebt. Die *operative* Theorieanalge dient also nicht nur der empirischen Evidenz der Identität *in der* Zeit, sondern auch der theoretischen – oder sollten wir sagen: transzendentalen? – Entparadoxierung *durch die* Zeit.

Dieses Modell fügt sich schon nicht mehr dem klassischen subjektphilosophischen Modell, wie etwa der Reaktion Manfred Franks zu entnehmen ist, der daran festhält, bereits die von Husserl so genannte *urimpressionale Gegenwart* mit Selbstbewusstsein auszustatten und dieses dann präreflexiv (und damit auch: nicht operativ) voraussetzen zu müssen (vgl. Frank 1990, S. 59). Mit völlig anderen Intentionen hatte Jacques Derrida ganz ähnlich Husserls Phänomenologie des inneren Zeitbewusstseins kritisiert, weil sie in der urimpressionalen Gegenwart letztlich jene *Präsenz* aufscheinen lässt, die einer operativen – Derrida würde sagen – *Verschiebung* widerspricht. Eine „metaphysische Präsupposition“ (Derrida 1979, S. 52) sieht Derrida hier walten – wobei sich Husserl dieser *metaphysischen Komplizenschaft* durchaus bewusst war, denn zumindest für das Auftreten des „Aktualitätserlebnisses“ als „Urquellpunkt“ des operativen Bewusstseins „fehlen uns die Namen“ (Husserl 1966, S. 75). Nun ist es mir hier nicht darum zu tun, die Grundlinien einer philosophischen Kritik des Identitätsdenkens nachzuzeichnen. Ich möchte vielmehr zeigen, dass auch eine operative Theorie des Bewusstseins auf Paradoxie-Probleme stößt, wenn sie sich den Problemen einer operationsfähigen „Identitätsbildung“ tatsächlich stellt.

In diesem Sinne ist etwa die Luhmannsche Autopoiesis-Theorie gebaut – ähnlich Husserls Phänomenologie des inneren Zeitbewusstseins. Autopoietische Systeme sind danach solche Systeme, die die Elemente, aus denen sie bestehen, selbst reproduzieren, also Gedanke an Gedanke oder Kommunikation an Kommunikation anschließen und so operative Schließung hervorbringen und zu Selbstbeobachtung in der Lage sind – all das ist wohldiskutiert (vgl. dazu Luhmann 1984; Nassehi 1993) und muss hier nicht weiter referiert werden. Entscheidend ist vielmehr dies: Auf den ersten Blick ist auch die Autopoiesis-Theorie ähnlich strukturiert wie andere Theorien der – etwa: bewussten – Selbstreflexion auch, wie also auch die subjektphilosophische Tradition. Ganz in diesem Sinne ließe sich dann also auch gegen die Autopoiesis-Theorie einwenden, sie perpetuiere die subjektphilosophische Erbmasse (vgl. Habermas 1986) oder führe ungewollt die klassische „Identitätssemantik" (Wagner und Zipprian 1992, S. 397) fort. Die Systemidentität müsse also, so das Argument, vorausgesetzt werden, um ihre operative Erzeugung beschreiben zu können. Hinter solchen Begründungsfiguren vermute ich freilich die unbefragte Annahme, dass Selbstbewusstsein *vollständiges* Mit-sich-vertraut-Sein bedeuten müsse bzw. dass die Reflexion auf das Selbst das Selbst *als Ganzheit und Einheit* erfassen können müsse. Die Kritik der Selbstreferenztheorie scheint also selbst noch viel zu stark an jenem Substanzdenken zu hängen, dessen Überwindung sie sich auf die Fahnen geschrieben hat. Stellt man dagegen von einer Seelensubstanz oder funktionalen Äquivalenten auf empirische Ereignisse um, bekommt man Folgendes in den Blick: Selbstreferentielle Operationen nehmen notwendigerweise die Form eines *Paradoxons* an, wenn sie sich selbst thematisieren. „Die Referenz verwendet dann genau die Operation, die das Selbst konstituiert, und wird unter dieser Bedingung entweder überflüssig oder paradox" (Luhmann 1984, S. 59). Die Paradoxie besteht darin, dass die bezeichnende Operation zum Bezeichneten gehört und damit einen Zirkel verursacht, ähnlich dem Reflexionszirkel der Tradition, aber anders entfaltet. Löst man den Zirkel dahingehend auf, dass die je gegenwärtige Operation eine – wie auch immer begründete – ursprüngliche Selbstbeziehung besitzt, unterstellt man einem operierenden System eine invariante Substanz *jenseits* seiner Operationen. Hält man dagegen am Verständnis nicht irgendwie substantiierter Systeme fest, sondern konzipiert *ereignisbasierte* Systeme, sucht man nicht – in Fichtescher Manier – nach Beobachtungen hinter den Beobachtungen, sondern schlicht nach weiteren Operationen. Damit also *genetische Identität* erzeugt wird, bedarf es keiner Beharrlichkeit der Substanz, sondern lediglich einer Selbstbeobachtung *in der Zeit*. Insofern ist ein autopoietisches System sich stets einen Moment voraus, weil es das je gegenwärtige Ereignis nicht wahrnehmen kann, weil es, in der gewohnten philosophischen Diktion, seiner *Präsenz* nicht ansichtig wird, sondern stets nur einer temporalen Verschiebung. Versuchte man, seine *Identität* an sich selbst festzuhalten, wird sich der Augenblick – und sei er noch so schön – nicht zum Verweilen bringen lassen, denn schon wenn er „bewusst" wird, muss er schon vorbei sein, weil er sonst nicht registriert werden kann. Die Ereignisreihe lässt sich in autopoietischen Systemen – seien es Bewusstseinssysteme oder Kommunikationssysteme – nicht aufhalten, denn dies bedeutete entweder das Ende des Systems oder zwänge dazu, registriert zu werden.

Autopoietische Systeme entparadoxieren sich also als ereignisbasierte Systeme *durch die Zeit.* Man könnte formulieren, dass die Aufhebung der Paradoxie der Selbstbezüglichkeit durch die *Zeit* nur *zeitweise* erfolgen kann, nämlich von Ereignis zu Ereignis (vgl. dazu ausführlich Nassehi 1993, S. 184ff.). Für die Identitätstheorie hat das die Konsequenz, dass ereignisbasierte Systeme letztlich von ihrer eigenen Identität *überrascht* werden, denn sie bringen sich zwar selbst hervor, müssen dies aber mehr oder weniger *blind* tun, weil eine *bewusste* Planung des nächsten Ereignisses insofern ausgeschlossen ist, als bereits dies ein Sich-Ereignen voraussetzt. Ich spreche von *überraschten Identitäten* deshalb, weil die Struktur eines Systems, sein – wenn man so will – *So-Sein* letztlich nur in der Dynamik einer sich je neu ereignenden Anschlussfähigkeit der eigenen Elemente herstellt. Und es dürfte einige empirische Evidenz dafür sprechen, das Operieren von autopoietischen Systemen in solchen *Überraschungsmomenten* zu beschreiben. Für Kommunikationssysteme wird das zunächst einleuchtender sein als für Bewussteinssysteme. Kommunikation findet sich stets *überrascht* vor, d. h. sie muss darauf reagieren, was geschieht, sie ist *zustandsdeterminiert.* Es bleibt ihr gar nichts anderes übrig, als je dort anzuschließen, wo sie gerade steht, und es ist fast ausgeschlossen, Kommunikationsprozesse eindeutig zu konditionieren und die Überraschung auszuschalten – mit der Ausnahme vielleicht von Kommunikationsformen, die exakt zur Vermeidung von Überraschungen strukturiert sind, religiöse Riten etwa.

Aber auch Bewusstseinssysteme operieren in dieser Weise von sich überrascht, ohne diese Überraschung registrieren zu müssen. *Überraschung* meint hier keine reflexive Befindlichkeit, sondern die schlichte Tatsache, dass in einer Ereignisreihe das für sich selbst blinde gegenwärtige Ereignis bereits rascher operiert hat, als es für das nächste Ereignis registriert werden kann.

All dies bedeutet freilich keineswegs, dass Anschlüsse beliebig sind, dass *Überraschung* chaotische Strukturlosigkeit bedeutete – im Gegenteil. Ich führe deshalb an dieser Stelle die Unterscheidung von *Operation* und *Beobachtung* ein. Auf der operativen Seite ist zunächst nur zu beobachten (sic!), dass Ereignisse an Ereignisse anschließen, dass also etwas geschieht. Freilich geschieht nicht Beliebiges, sondern autopoietische Systeme bauen so etwas wie Regelmäßigkeiten auf, *Kondensierungen* von Unterscheidungen, bewährte Muster der Anschlussfähigkeit, die Wahrscheinlichkeiten präferieren. „Identität" bildet sich dann einerseits als „Kondensat einer Mehrheit von Operationen", die andererseits „mit verschiedenen Situationen kompatibel ist, also einen gewissen Spielraum von Möglichkeiten anzeigt" (Luhmann 1990, S. 22) und sich so von einer direkten Umweltkonditionierung unabhängig macht. Man könnte sagen: Diese operative Systemidentität kann sich auch gegen Störungen behaupten und lässt ein System als berechenbar erscheinen, wenigstens als registrierbar. Man kann es behandeln wie etwas, das man kennen kann, das sich *zeitfest in der Zeit* „verhält" und also mit sich „identisch" bleiben/werden kann.

All das kann freilich nur ein Beobachter sehen, der dann *Identität* registriert – und dieser Beobachter kann das System selbst oder auch ein anderes System sein. Es lässt sich also zunächst als *systemtheoretischer* Beobachter registrieren, dass autopoietische Systeme so etwas wie eine kondensierende und konfirmierende Struktur ausbilden, die Eigenwerte produzieren, Bewährtes präferieren und bestimmte Anschlüsse wahrscheinlicher machen, und zwar Anschlüsse, die im Sinne einer basalen Selbstreferenz gewissermaßen vorreflexiv bleiben und keine Potentiale für sinnhafte Beschreibungen ausbilden. Man könnte von einer Art *tacit knowledge* oder noch besser: *tacit continuity* des Systems sprechen, das seine Strukturen prozessual reproduziert und sich *in der Zeit* entparadoxiert – und damit auch jenseits aller substantiellen Beharrlichkeit eines voroperativen Identitätskerns beschreibbar wird (vgl. dazu Nassehi 1993, S. 184ff.). Jenseits einer theoretischen Beobachtung und Beschreibung dieser Art dynamisierter, operativer Systemidentität, deren genetischer Identitätskern darin besteht, wahrscheinlichere Anschlüsse zu etablieren und sich damit in der Zeit zu kontinuieren, ist hier eher die Frage der Selbst- und Fremdbeobachtung von Systemen von Interesse. Neben den bloßen identitätsbildenden, strukturgenerierenden *Operationen* eines Systems sind es dann explizit auf Identität zielende *Beobachtungen* und *Beschreibungen*, die *Identitäten* bilden.

Zunächst wird man konzedieren müssen, dass Beobachter nicht jedem System die Zumutung einer *Identität* unterstellen. Üblicherweise wird es sich dabei um die Zuschreibung psychischen Systemen (oder: Personen) gegenüber handeln, denen eine Identität unterstellt wird, die es dann für die Präferierung von psychischen und kommunikativen Anschlüssen nutzen. Beschreibungen dieser Art haben einen selbst verstärkenden Effekt, der den – kontingenten! – Rekurs auf die Systemgeschichte und -struktur nicht nur thematisierbar, sagbar macht, sondern auch das profiliert, was als *Identität* gelten kann. Diese selbstsuggestive Funktion von zu Beschreibungen kondensierten Beobachtungen funktionieren sowohl als Fremd- als auch als Selbstbeschreibungen. Und wiewohl es in erster Linie psychische Systeme sind, denen Identität beschreibend unterstellt wird, ist dies prinzipiell auch für soziale Systeme denkbar – etwa für Organisationen, denen man eine kondensierte und konfirmierte Entscheidungsgeschichte unterstellen kann, während man Funktionssysteme oder Interaktionen kaum *Identität* unterstellen dürfte. Allerdings sind durchaus *Identitäten* denkbar, die in der gesellschaftlichen Selbstbeschreibung Einheiten semantisch erzeugen, denen ausreichend „Personalität" oder „Subjektivität" zugeschrieben wird, um ihnen Identität zu unterstellen – etwa „Gesellschaften", die eine „vernünftige" „Identität" ausbilden können sollen oder auch für massenmedialen Gebrauch formulierte Zeitdiagnosen, die in wohlfeilen Komposita mit *Gesellschaft* (*Risiko-, Multiop-*

tions-, Wissensgesellschaft etc.) eine Systemidentität beschreibend hervorbringen. *Identität* wäre dann – in jedem Falle – eine Form der Beschreibung, die das Beschriebene als eine Einheit ansetzt, die *einerseits* kontingent, also mit gewissen Freiheitsgraden operiert, *andererseits* ihre Identität gegen andere mögliche Identifikationen absetzt. Die Form der Identität ist also – anders als bei Hegel – die *Differenz von Identität und Differenz.* Ein in dieser Weise formalisiertes Identitätsverständnis vermeidet zunächst alle inhaltlichen, auch gesellschaftstheoretischen Festlegungen, die die Identität des Besonderen – begriffen oder unbegriffen dialektisch – an seine Identität mit dem Allgemeinen bindet – eben nicht im Sinne einer *Identität von Identität und Differenz.*

Es ermöglicht dann, *Identität* als kommunikative Form zu beschreiben, die sich im sozialen Raum kommunikativ bewährt, also um Anschlussfähigkeit ringen kann. *Identitäten* sind also Effekte von sozialen Kontexten, die sie selbst miterzeugen. Nach „Operation“ und „Beobachtung“ bin ich also beim dritten Aspekt meiner kleinen theoretischen Skizze angelangt.

VIII

Diese Theorie einer *operativen* Identität verzichtet darauf, die Identität des Besonderen als Identität mit einem Allgemeinen zu formieren. Zugleich verzichtet sie darauf, Identität für eine gewissermaßen unvermeidliche oder normativ wünschenswerte Eigenschaft zu halten, sondern beobachtet *Identität* als eine spezifische Semantik, die damit erst hervorbringt, was sie als existent beschreibt: die vorgestellte *Identität* von Personen nämlich. Sie verzichtet damit auf all jene *subjekttheoretischen* Implikationen, die der Identitätstheorie anhaften – das *besondere Allgemeine* zu sein nämlich. Die Figur des *besonderen Allgemeinen* kann – selbst wenn sie bis zu Schleiermacher heruntergebrochen wird – eben nicht jene gesellschaftlichen Strukturen abbilden, die die gesellschaftliche Moderne ausmachen. Die Dezentrierung der modernen Gesellschaft dezentriert auch das Subjekt und seine behauptete *Identität*, das damit die Bedingung seiner Möglichkeit, auf ein Allgemeines bezogen zu sein, verliert. Eine *operative* Identitätstheorie müsste also die Voraussetzung erfüllen, auf jene klassisch-modernen Präsuppositionen zu verzichten, die als Autonomie, vorreflexives Mit-sich-Vertraut-Sein, entwicklungslogische Lernprozesse oder stabile Ich-Identitäten formuliert werden. Entscheidender ist vielmehr die *kommunikative*, also empirische *Formierung* all dieser Kategorien als Folge, nicht als Voraussetzung für soziale Ordnung bzw. soziale Inklusion. Gesellschaft, verstanden als die Gesamtheit aller möglichen Kommunikationen und als differenzierte Einheit, die bestimmte Kommunikationsströme aneinander anschließbar macht, ist exakt jener Raum, in dem Selbstbeschreibungen gelungener oder verfehlter, illlusionärer oder gefährdeter, revisionsfähiger oder lernimmuner, gesunder oder pathologischer Identitäten erzeugt und perpetuiert werden Eine theoretische Rekonstruktion individueller Positionierungen, also *personaler Identitäten* im sozialen Raum, muss also am Mechanismus der Kommunikation und einer Kopplung mit psychischen Systemen ansetzen.

Aus systemtheoretischer Perspektive vollzieht sich Kommunikation nicht nur durch die Mitteilung einer Information, sondern vor allem dadurch, dass an eine solche Mitteilung von Information ein weiterer kommunikativer Akt anschließt (vgl. Luhmann 1984). Individuen sind an solche Prozesse in der Weise gekoppelt, als ihre Kommunikationsversuche sich im sozialen Raum *bewähren* müssen. Der vielzitierte Begriff der Anschlussfähigkeit scheint mir hier der entscheidende Schlüssel zu sein.

Ich beschreibe diesen Sachverhalt zunächst fern von der Theoriesprache. Man stelle sich vor, man komme in einen sozialen Raum, in dem man weder die anwesenden Personen kennt noch die in diesem sozialen Raum erwartbaren Formen, Routinen und Selbstverständlichkeiten von Kommunikation. Man wird zunächst hohe Aufmerksamkeit aufbringen müssen. Hohe Aufmerksamkeit bedeutet, einen höheren psychischen Reflexionsgrad aufbauen zu müssen, um sich in der Kommunikation irgendwie anschlussfähig zu halten. Man unternimmt nun einen Kommunikationsversuch. Spannend ist daran, dass über den Erfolg der Kommunikation letztlich im sozialen Raum entschieden wird, nämlich dadurch, dass an eine ganz bestimmte Kommunikationsofferte eine weitere Kommunikation anschließt, oder eben nicht. Das in der Kommunikation auftretende Individuum also, die Person, kann damit als ein Effekt von Kommunikation rekonstruiert werden, aber nicht in dem Sinne, das Individuum als so etwas wie die Entäußerung eines objektiven Geistes oder einer anonymen Struktur zu verstehen, sondern in dem Sinne, dass Personen dadurch entstehen, dass sie im sozialen Raum positionierbar werden. Das hat übrigens nichts mit Konformität zu tun. Auch Abweichung oder Kritik werden erst durch Anschlussfähigkeit sichtbar – und das so weit, dass Abweichung oder Kritik so erwartbar werden können, dass sie mit Konformität zusammenfallen. In jedem Falle wird das Beobachtungsschema *Identität* erst dann relevant werden, wenn die Anschlussfähigkeit der Person kontingent wird. So wird also – paradox formuliert – eine *stabile Identität* kaum mit dem Schema Identität/Differenz thematisiert werden, während das Identitätsproblem dort thematisch werden dürfte, wo es um komplexe, also nicht eindeutige Anschlüsse geht. Das reicht von der Banalität, dass man von Unbekannten gerne den Namen erfährt, bis zu der Beobachtung, dass etwa in biographischen Interviews der empirischen Sozialforschung Rekurse auf *Identität* nur unter bestimmten Voraussetzungen gemacht werden und andernfalls nur als *tacit continuity* mitlaufen.

Je länger und mit je mehr Konvergenz von Erwartung und tatsächlichem Anschluss von Kommunikationen man sich in einem solchen sozialen Raum aufhält, umso weniger bedarf es komplexer psychischer oder auch kommunikativer Reflexivität im Hinblick auf Anschlüsse. Insofern erweisen sich wohl auch psychische Strukturen und Erwartungsroutinen als Effekt kommunikativer Anschlussfähigkeit. Und die Idee der *Identität* als einer Form besonderer Allgemeinheit erweist sich dann als eine Figur, die in der Tat die Mannigfaltigkeit kommunikativer Anschlussmöglichkeiten und die Notwendigkeit, dies komplexitätsreduzierend einzuschränken, miteinander versöhnt.

Dieses Modell ähnelt nicht nur auf den ersten Blick solchen Theorien, die die Idee des Subjekts und seiner Identität vom Bewusstsein und vom Individuum abkoppeln und deren Strukturbildung in den sozialen Raum verlagern. Sowohl Jürgen Habermas' Idee der Umstellung von individueller auf kommunikative Rationalität (vgl. Habermas 1981), aber auch etwa Axel Honneths Gedanke der Subjektbildung im Sinne eines „Kampfes um Anerkennung“ (vgl. Honneth 1994) machen darauf aufmerksam, dass sich die *Identität* des Subjekts im sozialen Raum entfaltet und nicht schlicht die Bedingung der Möglichkeit von Kommunikation ist (ähnlich Taylor 1994). Der theoretische Vorteil der Systemtheorie scheint mir aber darin zu liegen, dass hier die Form von Anschlussfähigkeit nicht von vorne herein theoretisch durch normative Modelle einer stabilen, biographisch durchhaltbaren und entwicklungslogisch lernbereiten Identität eingeschränkt wird. Die Systemtheorie hält sich theoretisch offener für die Möglichkeit von Brüchen, für Nichtanschlussfähigkeit und nicht zuletzt auch dafür, den, wie Habermas formuliert, revisionsfähigen Status moderner Subjektivität *nicht* vom Standpunkt eines Revisors aus zu betrachten.

Aus meiner systemtheoretischen Perspektive kommt es also darauf an, empirisch danach zu suchen, wie sich Individuen in der Kommunikation als *Personen* darstellen. Dabei kommt es nicht nur auf die inhaltliche Seite an, also *was* da kommuniziert wird, sondern auch *wie* es individuellen Selbstbeschreibungen gelingt, sich sozial ansprechbar zu halten. Daraus ergeben sich erhebliche methodologische Konsequenzen.

Ich selbst arbeite seit einigen Jahren an der Konzeption einer systemtheoretisch informierten Methodologie, die zwar an Traditionen der Hermeneutik anschließt, aber *verstehende* Soziologie nur in dem Sinne ist, als sie sich dafür interessiert, wie in gesellschaftlichen Prozessen kommunikatives *Verstehen*, also die Anschlussfähigkeit von Kommunikationen strukturiert ist (vgl. dazu programmatisch Nassehi und Saake 2002). Auf verschiedenen Forschungsfeldern haben wir etwa mit biographischen Interviews oder mit Experteninterviews die Erfahrung gemacht, dass *Personen* in solchen Transkripten dadurch erzeugt werden, wie es ihnen gelingt, Anschlussfähigkeit zu erzeugen. Das Spannende daran ist nicht, ob sich jene individuellen

Selbstbeschreibungen mit dem decken, was sich soziologisch über jene sozialen Lagerungen sagen lässt. Ebenso wenig lässt sich solchen Texten entnehmen, wie diese Lagerungen tatsächlich soziologisch beschreibbar sind. Es lässt sich an ihnen aber empirisch zeigen, wie die Identität von Personen dadurch entsteht, dass sie sich kommunikativ bemerkbar machen, dass sie um Anschlussfähigkeit ringen, dass sie an virtuelle Publika und ihre erwartbare Erwartung appellieren, dass sie kommunikativ diejenigen Probleme lösen, die sich jenen Erwartungen fügen usw. Das Systemtheoretische daran besteht darin, dass strikt darauf geachtet wird, wie Personen in und durch solche Kommunikationen sichtbar werden – was im übrigen nicht nur eine methodologische Kunstfigur ist, sondern dem empirischen Auftreten von Personen entspricht. Denn all das, was wir an gelungener oder nicht gelungener, an kritischer oder affirmativer, an autonomer oder heteronomer, an zufriedener oder unzufriedener, an angemessener oder unangemessener „Identität" beobachten – je nach Lieblingsunterscheidung –, ist nichts anderes als eine kommunikative Unterstellung, die jene psychischen Strukturen miterzeugt, die sich im sozialen Raum zu bewähren haben. All das ist weit entfernt davon, ein *Subjekt als besonderes Allgemeines* vorauszusetzen, sondern ist geprägt von der empirischen Offenheit dafür, wie es Personen gelingt, sich im kommunikativen Raum bemerkbar zu machen und wie dies zu Kondensierungen wiederholbarer Erzählpartikel führt. Erst von hier aus lässt sich empirisch sehen, wie heterogen sich das darstellt, was hier *als Identität* behandelt wird. Dass Subjekte Resultate gesellschaftlicher Praxis sind, wie Michel Foucault betont, lenkt dann den Begriff auf die gesellschaftliche Praxis, die in der gegenwärtigen Moderne eine *bestimmte* Identitätsform nicht voraussetzen kann – es sei denn man hält sich entweder traditionell an den männlichen Bürger mit Normalarbeitsverhältnis und stabiler Autonomieillusion oder aber an solche Beschreibungen, die den Charme des Neuen, des Schnellen, des radikal Anderen, des Widersprüchlichen, des nicht Festgestellten ausstrahlen. Beides scheint für Hypostasierungen zu sprechen, die *eine bestimmte Form von Identitätsbildung* universal setzen und damit ein nur restringiertes Bild der Komplexität der modernen Gesellschaft voraussetzen. Man kann dann Abweichungen entweder als *Identitätskrise* diagnostizieren oder als nicht zeitgemäße Identitätsform – und hält dann stillschweigend doch an der Idee fest, *Identität* meine doch so etwas wie die Entsprechung des Besonderen mit einem Allgemeinen. Wahrscheinlich ist es also tatsächlich ratsamer, von einer Theorie Abstand zu nehmen, die nach neuen Identitätskonzeptionen sucht. Stattdessen lautet die Frage, wo, wie und von wem das Beobachtungsschema *Identität/Differenz* kommunikativ in Anspruch genommen wird und wo, wie und von wem aus das nicht geschieht. Dass der Identitätstheorie damit der präskriptive, normative Aspekt einer Begründbarkeit *gelungener* oder gar *vernünftiger* Identitätsbildung verloren geht, mag man dann für einen Verlust halten. Aber man präferiert dann eben eine andere Art von Theorie.

Im übrigen scheint sich inzwischen eine völlig neue Identitätstheorie zu etablieren – hier geht es um die Identität des Exemplars mit seiner genetischen Ausstattung. Es scheint in manchen Debatten – politisch, wissenschaftlich, vielleicht gar ästhetisch – inzwischen plausibler zu sein, die Identität des einzelnen über seine innere Codierung zu suchen und nicht mehr über die äußere Konditionierung. Das *ganz andere* des Einzelexemplars wandert damit von unserer äußeren gesellschaftlichen Natur in unsere innere informationstechnische Natur, ist gewissermaßen unserem körperlichen Substrat eingeschrieben, nicht mehr unserem kulturellen. Vielleicht reagiert diese Diskursverschiebung auch nur darauf, die eine Unsicherheit gegen eine andere Sicherheit auszuwechseln. Konnte unter stabilen gesellschaftlichen Verhältnissen der klassischen Moderne noch eine eindeutige gesellschaftliche Codierung mit einer *allgemeinen* Identitätsfolie präsupponiert werden, steht diese Möglichkeit heute kaum mehr zur Verfügung. Eine solche Simulation von Sicherheit als Identitätsfolie mag womöglich inzwischen der Körper bzw. seine naturgeschichtliche Codierung im Genom bieten – zumindest für Diskurse und „geklonte Debatten" (vgl. Nassehi 2002b), denen ihre selbstverständlichen archimedischen Punkte im sozialen Raum abhanden gekommen sind und die sie in einer vermeintlichen „Natur" vorzufinden meinen, einer Natur, die längst selbst zum Artefakt geworden ist (vgl. Latour 1995; Haraway 1995).

Literatur

Albert, Michel (1992): *Kapitalismus contra Kapitalismus*. Frankfurt a. M., New York: Campus.

Assmann, Aleida und Heidrun Friese (Hg.) (1998): *Identitäten. Erinnerung – Geschichte – Identität 3*. Frankfurt a. M.: Suhrkamp.

Baecker, Dirk (2000): *Wozu Kultur?* Berlin: Kulturverlag Kadmos.

Bornschier, Volker (1998): *Westliche Gesellschaft – Aufbau und Wandel*. Zürich: Seismo.

Brubaker, Rogers und Frederick Cooper (2000): Beyond ‚identity'. In: *Theory and Society 29*, S. 1-47.

Derrida, Jacques (1979): *Die Stimme und das Phänomen. Ein Essay über das Problem des Zeichens in der Philosophie Husserls*. Frankfurt a. M.: Suhrkamp.

Erikson, Erik H. (1966): *Identität und Lebenszyklus. Drei Aufsätze*. Frankfurt a. M.: Suhrkamp.

Erikson, Erik H. (1975): *Dimensionen einer neuen Identität*. Frankfurt a. M.: Suhrkamp.

Fichte, Johann Gottlieb (1982): *Wissenschaftslehre nova methodo*. Kollegnachschrift K. Chr. Fr. Krause 1798/99. Hg. von Erich Fuchs. Hamburg: Meiner.

Flora, Peter und Arnold J. Heidenheimer (Hg.) (1981): *The Development of Welfare States in Europe and America*. New Brunswick: Transaction.

Frank, Manfred (1990): *Zeitbewußtsein*. Pfullingen: Neske.

Gergen, Kenneth J. (1996): *Das übersättigte Selbst. Identitätsprobleme im heutigen Leben.* Heidelberg: Auer.

Günther, Gotthard (1979): Life as Poly-Contexturality. In: ders.: *Beiträge zur Grundlegung einer operationsfähigen Dialektik. Band 2.* Hamburg: Meiner, S. 283-306.

Habermas, Jürgen (1976): Können komplexe Gesellschaften eine vernünftige Identität ausbilden? In: ders.: *Zur Rekonstruktion des Historischen Materialismus.* Frankfurt a. M.: Suhrkamp, S. 92-126.

Habermas, Jürgen (1981): *Theorie des kommunikativen Handelns. 2 Bände.* Frankfurt a. M.: Suhrkamp.

Habermas, Jürgen (1986): *Der philosophische Diskurs der Moderne. Zwölf Vorlesungen.* Frankfurt a. M.: Suhrkamp.

Hall, Stuart (1996): Introduction: Who Needs Identity? In: ders. und Paul du Gay: *Questions of Cultural Identity.* London: Sage, S. 1-17.

Haraway, Donna (1995): Die Biopolitik postmoderner Körper. Konstitutionen des Selbst im Diskurs des Immunsystems. In: dies. (Hg.): *Die Neuerfindung der Natur. Primaten, Cyborgs und Frauen.* Frankfurt a. M.: Campus, S. 160-199.

Hegel, Georg Wilhelm Friedrich (1970a): *Enzyklopädie der philosophischen Wissenschaften. Dritter Teil: Die Philosophie des Geistes.* Werke, Band 10. Frankfurt a. M.: Suhrkamp.

Hegel, Georg Wilhelm Friedrich (1970b): *Grundlinien der Philosophie des Rechts oder Naturrecht und Staatswissenschaft im Grundrisse.* Werke, Band 7. Frankfurt a. M.: Suhrkamp.

Heitmeyer, Wilhelm (1997): Einleitung: Auf dem Weg in eine desintegrierte Gesellschaft. In: ders. (Hg.): *Was treibt die Gesellschaft auseinander?* Frankfurt a. M.: Suhrkamp, S. 9-28.

Honneth, Axel (1994): *Kampf um Anerkennung. Zur moralischen Grammatik sozialer Konflikte.* Frankfurt a. M.: Suhrkamp.

Husserl, Edmund (1966): *Zur Phänomenologie des inneren Zeitbewußtseins (1893-1917).* Husserliana, Band X. Hg. von Rudolf Boehm. Den Haag: Nijhoff.

Jameson, Frederic (1993): *Postmodernism, or, The Cultural Logic of Late Capitalism.* Durham/NC: Duke University Press.

Kamper, Dietmar (1980): Die Auflösung der Ich-Identität. In: Friedrich A. Kittler (Hg.): *Austreibung des Geistes aus den Geisteswissenschaften.* München: Fink, S. 79-86.

Kant, Immanuel (1983): *Kritik der reinen Vernunft.* Werke, Bände 3 und 4. Hg. von Wilhelm Weischedel. Darmstadt: Wissenschaftliche Buchgesellschaft.

Lash, Scott und Jonathan Friedman (Hg.) (1992): *Modernity and Identity.* Oxford: Blackwell.

Latour, Bruno (1995): *Wir sind nie modern gewesen. Versuch einer symmetrischen Anthropologie.* Berlin: Orlanda.

Luhmann, Niklas (1984): *Soziale Systeme. Grundriß einer allgemeinen Theorie.* Frankfurt a. M.: Suhrkamp.

Luhmann, Niklas (1990): Identität – was oder wie? In: ders.: *Soziologische Aufklärung 5. Konstruktivistische Perspektiven.* Opladen: Westdeutscher Verlag, S. 14-30.

Marquard, Odo und Karl-Heinz Stierle (Hg.) (1979): *Identität.* München: Fink.

Nassehi, Armin (1993): *Die Zeit der Gesellschaft. Auf dem Weg zu einer soziologischen Theorie der Zeit.* Opladen: Westdeutscher Verlag.

Nassehi, Armin (1999): *Differenzierungsfolgen. Beiträge zur Soziologie der Moderne.* Opladen: Westdeutscher Verlag.

Nassehi, Armin (2000): Die Geburt der Soziologie aus dem Geist der Individualität. Einige systemtheoretische Bemerkungen. In: Thomas Kron (Hg.): *Individualisierung und soziologische Theorie*. Opladen: Leske + Budrich, S. 45-68.

Nassehi, Armin (2001): Funktionale Differenzierung – revisited. In: Eva Barlösius, Hans-Peter Müller und Steffen Sigmund (Hg.): *Gesellschaftsbilder im Umbruch. Soziologische Perspektiven in Deutschland*. Opladen: Leske + Budrich, S. 155-178.

Nassehi, Armin (2002a): Die paradoxe Einheit von Inklusion und Exklusion. Ein systemtheoretischer Blick auf die ‚Phänomene'. In: Heinz Bude und Andreas Willisch (Hg.): *Ausgegrenzte, Entbehrliche, Überflüssige*. Hamburg: Hamburger Edition (i. E.).

Nassehi, Armin (2002b): Geklonte Debatten. Über die Zeichenparadoxie der menschlichen (Körper-) Natur, die Theologie des Humangenoms und die Ästhetik seiner Erscheinung. In: Oliver Jahraus und Nina Ort (Hg.): *Zeichenparadoxien, Kommunikationsdissonanzen, Bewußtseinszusammenbrüche*. Weilerswist: Velbrück (i. E.).

Nassehi, Armin und Irmhild Saake (2002): Kontingenz: Methodisch verhindert oder beobachtet? Ein Beitrag zur Methodologie der qualitativen Sozialforschung. In: *Zeitschrift für Soziologie 31* S. 66-86.

Nida-Rümelin, Julian (2001): *Strukturelle Rationalität. Ein philosophischer Essay über praktische Vernunft*. Stuttgart: Reclam.

Parsons, Talcott (1972): *Das System moderner Gesellschaften*. München: Juventa.

Schroer, Markus (2001): *Das Individuum der Gesellschaft. Synchrone und diachrone Theorieperspektiven*. Frankfurt a. M.: Suhrkamp.

Straub, Jürgen (1998): Personale und kollektive Identität. Zur Analyse eines theoretischen Begriffs. In: Aleida Assmann und Heidrun Friese (Hg.): *Identitäten. Erinnerung – Geschichte – Identität 3*. Frankfurt a. M.: Suhrkamp, S. 73-104.

Taylor, Charles (1994): *Quellen des Selbst. Die Entstehung der neuzeitlichen Identität*. Frankfurt a. M.: Suhrkamp.

Wagner, Gerhard und Heinz Zipprian (1992): Identität oder Differenz? Bemerkungen zu einer Aporie in Niklas Luhmanns Theorie selbstreferentieller Systeme. In: *Zeitschrift für Soziologie 21*, S. 394-405.

Welsch, Wolfgang (1990): Identität im Übergang. In: ders.: *Ästhetisches Denken*. Stuttgart: Reclam, S. 168-200.

Wittgenstein, Ludwig (1984): *Tractatus logico philosophicus*. Werkausgabe, Band 1. Frankfurt a. M.: Suhrkamp.

Selbstbehauptung

Varianten der Identität von Personen im Zeichen funktionaler Differenzierung

Joachim Renn

Der hohe Grad an sozialer und besonders funktionaler Differenzierung moderner Gesellschaft hat Auswirkungen auf die Form personaler Identität, die für moderne Vergesellschaftungskonstellationen typisch ist. Aber welche? Postmoderne und systemtheoretische Rekonstruktionen konvergieren – unter verschiedenen normativen Vorzeichen – diesbezüglich in zwei Punkten: sie unterstellen, dass die moderne Entwicklung zur Individualisierung sozialer und personaler Identitätssemantiken auf eine Fragmentierung der individuellen, personalen Identität hinausläuft; und sie begründen diese Einschätzung differenzierungstheoretisch. Eine sehr allgemeine Voraussetzung dieser Annahme kann kaum mehr bestritten werden: individuelle Identität ist abhängig von sozialen Kontexten und keine vorsoziale, substantielle Entität. Die spezifischere These aber, dass die Ausweitung der Polykontexturalität in der modernen Gesellschaft sich unmittelbar in die bewegliche Einheit der Person bis zum Punkt ihrer Zersplitterung fortschreibt, ist korrekturbedürftig.

In diesem Sinne versuchen die folgenden Überlegungen, die Folgen moderner funktionaler Differenzierung für die individuelle Identität entlang des doppeldeutigen Problems der personalen „Selbstbehauptung“ präziser einzuschätzen. Selbstbehauptung bedeutet zugleich kommunikative Aussage über ein Selbst und praktische Durchhaltung dieses Selbst. Die Komplexität moderner kommunikativer Arenen multipliziert nun die Kontexte der Selbstbehauptung in beiden Hinsichten, führt damit aber nicht zu einer Auflösung der individuellen Einheit der Identität. Sie gibt der Identität eine andere Funktion und delegiert diese an die Personen. Das aber führt nicht zur Fragmentierung, sondern im Gegenteil zur Ausweitung der sozialen Resonanz für *transitorische*, pragmatisch ausagierte, individuelle Selbstverhältnisse.

I

Die Selbstbehauptung der Person galt bei Horkheimer und Adorno als das Prinzip der Herrschaft des Subjekts über sich selbst und anderes. Der Siegeszug der instrumentellen Vernunft bedeutete die subjektive Unterwerfung des Objektes. Diese Unterwerfung erkauft das Subjekt selbst aber mit der eigenen Unterwerfung, und es entrichtet damit den Preis für die Herrschaft des rationalen Menschen über die äußere Natur und den anderen Menschen. Selbstbehauptung ist das Urprinzip, das Motiv und das Ergebnis der erfolgreichen Steigerung rationalen Umgangs mit dem eigenen Selbst wie mit einer unsicheren und bedrohlichen, natürlichen wie humanen Umwelt.[1]

Das Selbst, welches sich behauptet, ist immer schon das Selbst, das sich im Zuge der Zwangsherrschaft herstellen muss, es ist eben nicht die Essenz eines reflektierenden Wesens, kein vorausliegendes, bereits abgegrenztes Ich, sondern es erscheint als die Errungenschaft, die durch Zwang und eben auch Selbstzwang gegen äußere Hemmnisse wie gegen innere Widerstände, so gegen das Lustprinzip des undisziplinierten Wesens, durchgesetzt werden muss. In der Kritischen Theorie sind Weltgeschichte und Ontogenese weitgehend ineinander geblendet. Die Zwangsmomente, die die Psychoanalyse dem neurotischen Charakter des äußerlich erfolgreichen bürgerlichen Ich abgelauscht hat, werden in der „Dialektik der Aufklärung" zum Prinzip der Entwicklung einer gesamten Zivilisation und der ihr zugehörigen sowie sie verallgemeinernden Metaphysik. Die säkulare Dialektik zwischen Herr und Knecht spiegelt sich in der ganz persönlichen Unterwerfung des Es unter das Über-Ich. Die Selbstbehauptung des Subjektes unterwirft dieses schließlich im Zuge der Verkennung der individuellen Aspekte des Selbstseins. Selbstbehauptung ist schon bei Adorno sowohl die *Durchsetzung* einer Identität als auch die *Aussage* dieser Identität; denn das Medium der Aussage ist die allgemeine Bedeutung; die Aussage nagelt das wandelbare Individuum in seiner ineffablen Besonderheit subsumtionslogisch an die Kategorie. Und weil die begriffliche Sprache bei Adorno ein Medium der Subsumtion des Allgemeinen unter das Besondere ist, transportiert das praktische Durchhalten des einmal ausgesagten Selbst den Identitätszwang des begrifflichen Denkens und darin den gesellschaftlichen Zwang.

Nach Adorno gibt es mehrere Wege, zugleich den Anti-Essentialismus und den Ideologieverdacht aufzugreifen, ohne in einer aporetischen, negativen Geschichtsphilosophie zu bleiben: einen postmodernen, skeptischen und einen intersubjektivitätstheoretischen Weg, die sich in der Einschätzung des Spielraumes und der Form „gelungener" Individuierung unterscheiden.

---

1 Bekanntermaßen illustrierten Horkheimer und Adorno diesen Zusammenhang an der Selbstbindung des Odysseus während der Passage entlang des Sirenenfelsens, in der zugleich die Zügelung der eigenen Triebnatur und die Arbeitsteilung, die den Gefährten die Sinne verschließt und sie zu Befehlsausführern machen muss, zum Ausdruck kommt; vgl. Horkheimer und Adorno (1988, S. 66f.).

Beide konträren Auswege teilen mindestens die eine Voraussetzung mit den alten Kritischen Theoretikern: dass das Selbstverhältnis der Person und d. h. in diesem Sinne ihre konkrete Identität keine vorsoziale Substanz, sondern das Ergebnis der Internalisierung von sozialen Erwartungen und Zuschreibungen ist, die zudem einen entfremdenden Charakter haben können (oder auch: müssen). Das meint genauer betrachtet schon mehr als nur, dass Individuen ihre personale Identität in ein Verhältnis zur sozialen Identität (Krappmann 1976) zu bringen haben und überdies das „Produkt" von Sozialisationsprozessen sind. Es spielt darauf an, dass die Genese des „Selbst", jenes „inneren Zentrums der Selbststeuerung" (Habermas 1988, S. 190), bereits erklärungsbedürftig, also keine universale Voraussetzung ist, sondern in Abhängigkeit zur sozialen Organisation des Verhältnisses der Personen untereinander steht. Sozialisation setzt dann insofern tiefer an, als die Instanz, welche sozialisiert wird, in diesem Prozess selbst erst emergieren können muss. Die Frage der Identität ist dann zugleich das Problem der Genese eines Selbst überhaupt und das Problem seiner konkreten Bestimmung in Differenz zu anderen. Jenes Selbst, das sich gegen etwas oder gegen andere behaupten mag, muss zuvor explizit oder implizit – in Gestalt von Adressierungen und Erwartungen, die diese Adresse allererst setzen – behauptet werden.[2]

Mit dieser Überlegung ist eine entscheidende Doppeldeutigkeit des Ausdrucks „Behauptung" ins Spiel gebracht: Behaupten heißt einmal, etwas gegen Widerstände aufrecht erhalten oder durchsetzen; zum anderen bedeutet es, etwas auszusagen. Diese beiden Bedeutungen hängen dann eng zusammen, wenn das primäre Medium der Konstitution und der Aufrechterhaltung eines Selbstverhältnisses und einer konkreten personalen Identität die Kommunikation ist. Das Selbst einer Person, respektive ihre Identität, wird von anderen und von ihr selbst zu großen Teilen erhalten und durchgesetzt, indem es implizit wie explizit kommunikativ behauptet, d. h. ausgesagt oder in Sprachhandlungen adressiert, impliziert, vorausgesetzt und abverlangt wird, wenn also z. B. Verantwortlichkeit und Rezeptivität zugeschrieben werden.

Interessant wird dieser Zusammenhang, wenn es um die Frage geht, wie weit der sozialen Fiktion einer personalen Identität eine intentionale „Wirklichkeit" entspricht, zugrunde liegt oder entgegenkommt. Denn die intersubjektivitätstheoretische Umkehr der Beweislast, die nicht das Selbst, sondern die Kommunikation voraussetzt, führt in besonders skeptischen Varianten dazu, bei der Beschreibung des konstruktiven Charakters der „Selbst"-Behauptung Fiktionalität und kommunikative Wirksamkeit ineinander zu blenden. Der kommunikativ erfolgreichen Behauptung

2 So die pragmatistische Aufnahme der Meadschen Sozialpsychologie (Mead 1967), die gegen das Fichtesche Prinzip des ursprünglichen selbstsetzenden Aktes den Vorrang sozialer Erwartungen und Zuschreibungen stark macht, besonders deutlich bei Habermas (1988, S. 187ff.).

des Selbst einer Person muss dann gar kein inneres Selbstverhältnis, das dem Anspruch der Identität genügen würde, entsprechen. In der systemtheoretischen Beschreibung des Verhältnisses zwischen Intentionalität und kommunikativem Sinn besteht z. B. zwischen der Fremdreferenz personalisierender Zuschreibungen in der Kommunikation und der Selbstreferenz von Reflexionen in psychischen Systemen keine Verbindung, die eine unkontrollierbare gegenseitige Projektion korrigieren könnte. Individualität teilt sich darum bei Luhmann auf zwei ganz getrennte Systemreferenzen auf: das eine ist die vorgegebene numerische Identität eines abgeschlossenen psychischen Systems, und das andere ist die variable Semantik spezieller sozialer Systeme, die ihre personale Umwelt je nach eigener Struktur und Semantik als Rollenträger, Typen, konventionelle Personen oder hochindividualisierte Einzelne beschreiben können. Und letztere Beschreibungen werden nicht von psychischen Systemen „internalisiert", so dass dann doch eine sozialisierte Person sich komponiert, sondern sie führen über „strukturelle Kopplung" zu selektiven und ganz nach Eigenlogik konstruierenden Resonanzen (Luhmann 1984, 1989).

Der systemtheoretische Konstruktivismus verbündet sich auf diesem Wege mit dekonstruktivistischen Argumentationen, die die Zuschreibung von personaler Identität als einen eigenständigen semiotischen oder diskursiven Effekt beschreiben, so dass vermeintliche Prozesse der Sozialisation einer stabilen Identität nur verkannte Fiktionen sind. Auffällig wird der fiktionale Charakter personaler Identität unter Bedingungen moderner sozialer Ordnung. Dann herrscht in der Sprache der Systemtheorie der Typus einer „Exlusionsindividualität" vor, während das postmoderne Vokabular die Rede von einem „polyphrenen" Selbst bereitstellt. Beide Varianten der Skepsis stützen ihren Verdacht dabei auf soziostrukturelle Differenzierungsannahmen. Die Aufspaltung der Gesellschaft in funktionale Teilsysteme oder in Diskurs- oder „Satzuniversen" (Lyotard 1989, S. 135), wird als Auflösung der Einheit der Gesellschaft und als durchgängige Entbindung von Inkommensurabilitäten zwischen Systemen gelesen. Die Personen sind aufgeteilt in Rollenfragmente, die den Imperativen diverser Systeme folgen, und gelten dann ihrerseits als zerrissen in eine Vielzahl von nicht integrierbaren Identitäten.

Dann ist die Behauptung des einheitlichen Selbst immer nur ein kommunikatives oder ein semiotisches Artefakt, das in keinem wesentlichen Zusammenhang steht mit der Behauptung durch ein zuvor einfach nur behauptetes, dann aber als „Zentrum der Selbststeuerung" emergierendes und sich doppelt behauptendes Selbst. Prüfstein in dieser Frage ist letztens Endes die Handlungstheorie. In ihr wird sortiert und näher zu bestimmen versucht, was unter einer Handlung zu verstehen und in welchem Sinne soziale Kommunikationen nicht nur kommunikativ auf Personen zugeschrieben werden, sondern faktisch von diesen intendiert und vollzogen sind, in welchem Sinne und wie vollständig also eine Person an z. B. systemisch spezialisierter Kommunikation beteiligt ist. Die These der Fragmentierung der Personen stellt dabei eine Radikalisierung der mittlerweile vertrauten Individualisierungstheoreme dar, die in den unterschiedlichsten soziologischen Beschreibungen des aktuellen Standes moderner Gesellschaften einen festen Platz gefunden haben. Die Frage nach der Identität der Person im Sinne der doppelten Selbstbehauptung stellt sich vor diesem Horizont als handlungstheoretische Rückfrage an die Hypothese einer sozio-strukturell erzwungenen Individualisierung.

II

Das Gerücht von der Individualisierung macht innerhalb der Soziologie schon seit langer Zeit die Runde. Und viele der zur Untermauerung dieser Vermutung mobilisierten Evidenzen sind nicht von der Hand zu weisen. Diverse sozio-strukturelle Tendenzen belegen das Ineinandergreifen einer subjektiven und einer objektiven Individualisierung der Identität von Personen. Mindestens seit Georgs Simmels Beobachtung der Multiplikation von sozialen Kreisen und ihrer Überschneidungen[3] fällt auf, dass der Trend zunehmender sozialer Differenzierung und Arbeitsteilung (Durkheim 1977) die einzelnen Personen individualisiert. Objektive Individualisierung vollzieht sich dabei – systemtheoretisch reformuliert – durch die Abkoppelung von Funktionssystemen aus den vormaligen Verquickungen von stratifikatorischer Schichtung und ökonomischen, politischen und rechtlichen Handlungszusammenhängen. Funktionale Differenzierung führt dazu, dass die zuvor verwandtschaftlich fundierte und netzwerkbasierte Positionierung der Personen in sozialen Lagen durch Inklusion aller Personen in Funktionssysteme ersetzt wird, wobei diese Personen in die private „Sorge um sich selbst" entlassen werden. Die soziale Lage und der Lebenslauf der Menschen ist ihnen nicht qua Zugehörigkeit zu einer dichten sozialen Gemeinschaft, einem Stand, einer Familie, einem Klan, in die Wiege gelegt, sondern wird in Abhängigkeit von individuellen Leistungen und Aspirationen im Kontext von Ausbildungsorganisationen, universal-individualistischen Rechtsverhältnissen und Arbeitsmärkten erworben.[4]

---

3 Bei Simmel wird jedoch zudem präsent gehalten, was die aktuelle Individualisierungsdebatte nicht immer in Erinnerung ruft: dass die semantische Betonung der Individualität der Einzelnen auch eine standardisierte Semantik, also eine gar nicht besondere, sondern allgemeine Bestimmung der Identität von Personen, darstellen kann; vgl. Simmel (1983).

4 Zu diesem Trend zur objektiven Individualisierung vgl. dazu Beck (1986), Hradil (1992), Sennett (1998).

Diese objektive Individualisierung, bei der einzelne Personen in Wirtschaft, Erziehung, Recht, Politik etc. genau und nur als einzelne Personen und dies nur im Rahmen einer speziellen „Rolle" auftauchen, hat – aus der soziologischen Vogelperspektive – ihre intentionale Entsprechung in Phänomenen der subjektiven Individualisierung. Diese drückt sich in der kulturellen Durchsetzung individualistischer Selbstdeutungsmuster aus: in der moralischen und kulturellen Betonung der Autonomie der einzelnen Person und ihrer Ansprüche auf ein persönliches Lebensglück.[5]

Die philosophische Artikulation der entsprechenden Semantik ist zunächst die moderne Idee der Autonomie des Subjekts, danach das romantische und später hermeneutische Modell der inneren Unendlichkeit einer Person, deren Identität vor allem in ihrem reflexiven Verhältnis zu ihrer besonderen Lebensgeschichte besteht. Die Identität der Person – das diffundiert in alltägliche Aspirationen hinein – wird zum Projekt.[6] Das bedeutet zum einen, dass die Identität im Takt der Moderne verzeitlicht wird; sie steht nicht qua Geburt (oder Adoption) fest, erschöpft sich nicht im Ensemble zugeschriebener Eigenschaften und Rechte und Pflichten, sondern sie ist einer Entwicklung und der Deutung durch die Person selbst unterworfen. Die (extensional) weit entwickelte soziologische Biographieforschung sucht in den verschiedensten Segmenten der sozialen Welt nach diversen Typen der alltäglichen Verfertigung von romantisch infizierten Bildungsromanen.[7] Jede persönliche Lebensführung steht unter der Vermutung, einer selbsterzeugten, allerdings sozial typisierten narrativen Vereinheitlichung auf der Spur zu sein. Die Identität der Person ist dann narrativ erworben und narrativ gebaut.[8]

Der zweite Aspekt des Projektcharakters der Identität betrifft indessen die Zielvorstellung, die mit der Zukunft der Geschichte, die eine Person ist, und dann gegebenenfalls erzählen kann, verbunden wird.[9] Zum individuellen Projekt gehört, was

5 Die neuere Lebensstilforschung knüpft an ältere Debatten über den Wertewandel in Richtung postmaterialistischer Werte (Inglehart 1995, Bell 1976) an und versucht zu belegen, was der Alltagsintuition nicht fremd ist, dass nämlich überzufällig viele einzelne Personen an hedonistischen Werten und einer individualistischen „Selbstverwirklichung" Interesse zeigen, dabei jedoch vor allem in ihren Präferenzen nicht einem Typus folgen, der aus ihrer objektiven sozialen Lage (Einkommen, Bildung etc.) einfach abgeleitet werden könnte (vgl. Hradil 1987; Hörning und Michailow 1990; Peters 1993, S. 127).

6 Vgl. zur Geschichte der Projektidee mit Bezug auf die Identität der Person Taylor (1989, 2002, S. 273ff.).

7 Siehe von Engelhardt (1990).

8 Zur Einführung des Gedankens der narrativen Struktur von Alltagskonzepten der personalen Identität siehe Habermas (1981), Taylor (1985), McIntyre (o. J.); vgl. dazu auch Straub (1998).

9 Ein Gesichtspunkt, der in der Narrativitätstheorie Paul Ricœurs im Vordergrund steht; vgl. Riceour (1988, 1990, 1991), auch Renn (1997), während sich die empirisch arbeitende Biogra-

Heidegger in den Vordergrund der Daseinsanalyse gestellt hat, der Entwurfscharakter des Daseins. Die Individualität des Identitätsprojektes macht sich vornehmlich dadurch bemerkbar, dass sowohl Weg als auch Ziel des Lebenslaufes selbstentworfen, nicht nur selbstgewählt, sind. Dies ist ein ebenso unscheinbarer wie bedeutsamer Unterschied. Die Wahl, wer ich sein und werden will, individuell zu treffen, selbstbestimmt, in der positiven Freiheit des Entwurfes, macht dass resultierende Projekt noch nicht zu einem individuellen, solange die Möglichkeit besteht, dass jene Wahl nur eine Entscheidung zwischen heteronom gesetzten Zielen, zwischen sozial gewährleisteten, typischen und allgemein standardisierten Zielen oder Lebenslaufvarianten ist, wenn also die positive Freiheit, sich zu entscheiden, nicht von der negativen Freiheit von der Beschränkung der Optionen begleitet ist.

Ein ausreichend anarchistischer Existentialismus mag den sozialen Zwang, bei der Wahl der Lebensführung mehr oder weniger auf kollektiven Bahnen zu fahren, beklagen und – wie Heidegger – zum entschlossenen Bruch mit jeder Art sozialer Konvention auffordern. Die oben erwähnten Überlegungen zur intersubjektiven Struktur der „Selbst"-erzeugenden Selbstbehauptung lassen dagegen vermuten, dass die narrative Struktur des Projektes der Lebensführung – nolens volens – darauf angewiesen ist, dass es nicht nur kommunikabel bleibt, sondern auch kommunikativ entwickelt wird. Auf der normativ-affektiven Seite ist dabei an die Notwendigkeit der sozialen Anerkennung von Identitäten zu denken;[10] hinsichtlich der Interpretationsabhängigkeit von Lebensgeschichten kommt zudem das Problem in Betracht, dass diejenige, die niemand versteht, sich selbst nicht verstehen, folglich nicht entwerfen kann. Die Erzählung bleibt verwiesen auf eine intersubjektive Sprache (Renn 1997, S. 209ff.). Eine radikale Forderung nach der existentiellen Freiheit von *jeglicher* sozialen und sprachlichen Konvention scheitert an der Unmöglichkeit einer absoluten Privatsprache (wenn auch die Individuierung der Person die Entbindung privatsprachlicher *Konnotationen* einschließen muss). Die Identität der Person, wie individuell auch immer, kann sich nur im Verhältnis zu sozialen Zuschreibungen, Erwartungen, Anerkennungen etc. entwickeln, nicht in radikaler Abkoppelung von

---

phieforschung zu großen Teilen noch stillschweigend an Dilthey orientiert, der vom Modell der Retrospektion ausgeht.

10 In affektiv-normativer Rücksicht ist hier auf Axel Honneth zu verweisen (Honneth 1992). Anerkennung drückt sich in differenzierten sozialen Lagen darüber hinaus ebenso in profaneren Erfolgskriterien aus. Das individuelle Glück, dass mit viel Geld, öffentlicher Aufmerksamkeit, Ämtern, Privilegien diverser Art verbunden ist, kann nicht ungeprüft unter (Selbst-) Entfremdungsverdacht gestellt werden. Wie Luhmann unter Verwendung des Begriffs der „Karriere" unterstrichen hat, bleibt auch die vordergründige Absage an konventionelle Annerkennungskriterien wie Erfolg negativ auf die Vorlage bezogen, um bestimmbar zu bleiben; vgl. Luhmann (1984).

„alltäglicher Auslegung des Daseins" (Heidegger 1984). Das bedeutet: das emergierende Selbst eines Individuums, das sich seiner Individualität gewiss ist und darin durch äußere Reaktionen bestärkt wird, muss sein besonderes Selbst im Medium öffentlicher Sebstbehauptung behaupten.

Hier nun greifen objektive und subjektive Individualisierung auf verschiedenen Ebenen ineinander. In der Nahperspektive auf sozialisatorisch relevante Kommunikation (die natürlich nicht auf das Elternhaus und die Primarstufe beschränkt bleibt) geht es um die Feinstruktur von Kommunikationen: wie wird ein Selbst in der Interaktion unter Anwesenden behauptet, und wie behauptet es sich selbst? In der Vogelperspektive auf abstrakte Mechanismen der Systemintegration einer Gesellschaft geht es um die soziostrukturellen Anforderungen an die standardisierten Handlungskompetenzen von Rollenträgern und Akteuren in speziellen Kontexten: wie individuell müssen oder können Personen in Systemen und Organisationen, als Konsumenten, Klienten, in ihrem Beruf und in öffentlichen Arenen agieren?

III

Die genannte These der Fragmentierung der Person als Folge funktionaler Differenzierung findet mittlerweile breite Anerkennung. Sie unterstellt nun, dass durch die soziale Differenzierung der Gesellschaft Individualität notwendig eine privative Angelegenheit wird: Personen kommen nur mehr als Fragmente in sozialen Selbstbehauptungskontexten (im Sinne der Zuschreibung eines Selbst) vor; eine übergreifende Identität, die diese Fragmente synthetisiert – narrativ oder nicht – kommt angeblich deswegen nicht in Betracht, weil genau diese synthetische Leistung und ihre expressive Artikulation in den relevanten sozialen Kontexten dysfunktional sei.

Dieser vermeintliche empirische Befund wird in postmoderner Diktion dabei keineswegs an altehrwürdigen Maßstäben starker, autonomer Identität gemessen und also nicht als sozial erzwungene Selbstentfremdung beklagt, sondern geradezu als Modell gelungener Lebensführung empfohlen.

Wolfgang Welsch z. B. bringt das Ensemble von Identitätssplittern, das eine Person vorstellt, auf den Begriff der „Polyphrenie".[11] Die semantische Anleihe an der nach wie vor eher anrüchigen Schizophrenie, die mit dem Oberton erfreulicher Vielfalt verkoppelt wird, bezeichnet nach Welsch die doppelt zeitgemäße Form der Iden-

11 In Anlehnung an Kenneth Gergens Begriff der Multiphrenie (Gergen 1990, 1996), sowie in Verwandschaft zu Peter Gross' Beschreibung einer „Bastelmentalität" als eines subjektiven Pendants zu einer „Multioptionsgesellschaft" (Gross 1985).

tität. Denn sie sei zu einen empirisch belegbar,[12] zum anderen aber sei sie eine „gelingende Form und nicht Bedrohung der Identität“ (Welsch 1991). Gemeint ist allerdings von Welsch eine gelingende Form des Person-Seins, denn eine einzige Identität, die jene Polyphrenie übergreifen müsste, wird ausdrücklich verabschiedet. Als zeitgemäßes Modell erscheint eine „ästhetische Inszenierung von Sequenzen eines Selbst, der keine angebbare Identität mehr zugrunde liegt, und das in seinen verschiedenen Szenen und Rollen nicht Facettenreichtum einer Person, sondern den Übergang von einer Identität zu anderen demonstriert“ (Welsch 1991, S. 355). An anderer Stelle relativiert Welsch zwar diese Apotheose der Zersplitterung durch sein Konzept einer „transversalen“ Identität, also einer ästhetisch fundierten Kunst des Übergangs und der subjektiven Angemessenheit gegenüber wechselnden Kontexten, doch das Modell der unaufhaltsamen Zersplitterung der Identität erfreut sich insgesamt großer Verbreitung.

Es taucht auch dort auf, wo nicht in postmodernem Überschwang die Kaleidoskopisierung der Lebensentwürfe zum Programm erhoben (z. B. bei Bolz 1997, S. 79), sondern als moralisches Problem dargestellt wird. Zygmunt Baumann beschreibt die postmoderne Tendenz der Aufhebung stabiler Selbstbehauptungen metaphorisch als den Übergang vom Modell des Pilgers zur Figur des Touristen, des Vagabunden und Spielers (Baumann 1996a). Diese Verwandlungen bezeichnen den Übergang von einer ethisch-moralisch stabilisierten Identität der Person zu einem Typus, der jede Verpflichtung und jedes Engagement flieht, statt dessen ohne Rücksicht auf ausgreifende zeitliche Horizonte des eigenen Handelns augenblicksbezogen seinen Nutzen sucht. Der moderne Projektcharakter der Identität verdichtet sich nicht länger zu einem kontinuierlichen Entwurf, der ausgreifende, biographisch extensive Zeithorizonte einschließt. Es verbreitet sich vielmehr das individuelle sozialpsychologische Gegenstück zu der von Baumann beschriebenen „Adiaphorisierung“, der Herausnahme von Teilen der sozialen Realität aus dem Zuständigkeitsbereich moralischen Urteilens (Baumann 1996b, S. 48; vgl. 1999). Der Mangel an Einheit der Identität äußert sich in der Entlastung der Person von Konsistenzanforderungen und von den Momenten der personal zurechenbaren Verantwortlichkeit, die die klassisch moderne autonome Person in dauerhafte und obligatorische soziale Bindungen investiert.

Beide genannten Varianten der Fragmentierungsthese konstatieren übereinstimmend eine umfassende Freisetzung personaler Identität aus kollektiven Identitätszwängen, eine Befreiung von askriptiven Identifizierungen, schließlich von der internalisierten Disziplinierung, in der das Selbst den Selbstzwang und die Unterwerfung

---

12 Zur kritischen Einschätzung der bei Lichte betrachtet dünnen empirischen Basis dieser Adäquatheitsbehauptung vgl. Straub (2000, S. 138ff.).

unter soziale Erwartungen in eigene Regie genommen hatte.[13] Die normativ positive Version präsentieren Autoren wie Wolfgang Welsch. Für sie ist der Austritt aus den modernen Disziplinardispositiven im Medium des Ästhetischen ein Weg zur Selbsterschaffung, die befreit ist vom formalen Zwang zur Selbstbehauptung im Sinne der Erhaltung eines zwar gewählten und zu entwickelnden, aber einheitlichen Selbst. In Baumanns eher kulturkritischer Beschreibung bedeutet die Befreiung vom Zwang der doppelten Behauptung der Einheit des Selbst dagegen die Freistellung von Zurechnungsfähigkeit und Verantwortung. Fragmentierung bereitet in dieser Optik der Desintegration und Entsolidarisierung der Gesellschaft den Weg. Von dieser Warte aus betrachtet erscheint jede postmoderne Person als ein hedonistisch fragmentierter Neoliberaler.

Ungeachtet der Differenz der normativen Vorzeichen sind sich also beide Varianten einig in der Skizzierung des klassisch modernen Identitätskonzeptes und der Beschreibung seiner soziostrukturellen Fundierung und Funktion: Die Identität der Person als eine synthetische und gegen Erfahrungen der Brüchigkeit behauptete Einheit hält sich ihr zufolge in der Moderne an das Modell der starken, autonomen Subjektivität, die sich dem inneren und äußeren Zwang verdankt. Insofern dient das klassisch moderne Subjekt dem Ziel einer Integration der Gesellschaft durch moralische Homogenität und subjektive Selbstverallgemeinerung; erreicht wird dieses Ziel durch das Mittel der Disziplinierung, die im Zuge der Internalisierung von Erwartungen, Kontrollen und Sanktionen an die behaupteten und nun zur instrumentellen Selbstbehauptung gerüsteten Individuen delegiert wird.

Ein schlichter Einwand gegenüber der dazu formulierten Alternative drängt sich allerdings sogleich auf. Die vollständige Fragmentierung der Person scheint schon begrifflich insofern zweifelhaft, als sie konsequenterweise auch noch die Bezeichnung der Einheit dessen, was da fragmentiert werde, unmöglich machte. Und wenn man begriffslogisch von Identität auf Differenz umstellen will, ist es nicht länger erlaubt, aus einer ungeklärten Beobachterposition heraus von der Aufspaltung „einer“ Person in Fragmente zu sprechen; statt dessen müsste der Befund einer Pluralität von Personen dem Irrtum entgegengehalten werden, die Teilcharaktere, als die ein nurmehr organisch, also numerisch individuierter Mensch sozial adressierbar ist, würden sich zur Einheit einer Person verdichten. Der *begriffliche* Rückzug auf die Pluralität von Personen (oder, wie es bei Welsch anklingt, von Identitäten) würde dann allerdings die Bedeutung des Ausdrucks „Person“ eben auf ein solches Fragment (von was?) einschränken, so dass in der Konsequenz von Fragmentierung gar

13 Zur Lesart der Modernisierung sozialer Subjektkonzepte als Delegation äußerer Disziplinierung und Kontrolle an die Subjekte selbst vgl. neben der oben erwähnten älteren Kritischen Theorie auch Norbert Elias (1977) und Michel Foucault (1976).

nicht die Rede sein könnte. Denn das Fragment wäre mit sich selbst identisch, different nur im Bezug auf jene Einheit, die keine sein soll.

Die entscheidende Argumentation bewegt sich indessen gar nicht auf der Ebene möglicher begrifflicher Inkonsistenzen (oder: Erschleichungen). Sie hält sich an die soziologischen Voraussetzungen der empirischen Behauptung einer Tendenz zur fragmentierenden Individualisierung. Diese Behauptung wird, wie gesagt, differenzierungstheoretisch gestützt. Die Pluralisierung von Selbst-Anteilen folgt der funktionalen Differenzierung der Gesellschaft, der Aufspaltung der sozialen Welt in ein polykontexturales Arrangement von sozialen Kontexten, die gegeneinander bis zur Undurchlässigkeit abgegrenzt sind. Einfach gesagt: das Individuum kann kein einheitliches Selbst mehr gegen die Pluralität sozialer Selbstbehauptungen behaupten, weil es unabdingbar auf allen Hochzeiten tanzen muss, die die multiple soziale Welt parallel ausrichtet.

Soziologisch ausgefeilt hat dieses differenzierungstheoretische Szenario in erster Linie die Luhmannsche Systemtheorie.[14] Auf ihren Spuren beschreiben Alois Hahn und Cornelia Bohn den Zusammenhang zwischen der funktionalen Differenzierung und der Entwicklung einer „Exklusionsindividualität" (Hahn und Bohn 1999). Die systemtheoretische Pointe besteht darin, dass soziale Systeme von einer gewissen Komplexität an das Problem sozialer Ordnung im Sinne der Stabilisierung von Handlungserwartungen und situationstranszendenter Regelmäßigkeit ohne Rekurs auf das Wissen und das Bewußtsein von Personen lösen können. Personen (im Sinne eines Selbst) wandern in die Umwelt sozialer Systeme ab, Kommunikation stabilisiert sich dank ihrer Reflexivität und der Ausbildung von Codes und Medien allein. Die Individualität bzw. die Identität von Personen ist dann nurmehr *Thema* innerhalb der Kommunikation. Personen sind Adressen, semantische Vereinfachungen der Kommunikation, nicht aber die Außenansichten von etwas, dass sich von innen als individuelle, identische Person, die kommuniziert, versteht.

Luhmann beschreibt paradigmatisch den Übergang von der stratifikatorischen zur funktionalen Differenzierung, die den Verlust des Zentrums der Gesellschaft und damit das Ende der Vollinklusion von Personen in Teilsysteme zur Folge hat. In den Worten Alois Hahns und Cornelia Bohns folgt daraus für das Individuum, „dass es sich als Einheit und Ganzheit in keiner realen Situation mehr zum Thema machen kann" (Hahn und Bohn 1999, S. 35). Es ist eben nur als Rollenträger selbstdarstellungsfähig bzw. behauptbar,[15] die klassische Identitätsvorstellung findet sich durch

---

14 Zur systemtheoretischen Differenzierungstheorie auf der Basis des Konzeptes autopoietischer selbstreferentieller Sozialsysteme vgl. Luhmann (1984, 1999).

15 Die Darstellung der Identität der ganzen Person, die volle Selbstbehauptung, gilt als abgedrängt in spezifische Situationen wie die Beichte und die Therapie, welche dann bezeichnenderweise als geheim verhandelt werden. Die Individualität ist in private, geheime Sonderkontexte ausgelagert.

die fragmentierenden, systemisch zugeschnittenen Behauptungen eines nur typischen Selbst als exkludierte Identität wieder, die sich nicht in Teilsystemen oder Organisationen zur Geltung bringt.

Die pluralisierte Auflistung von sozial zugeeigneten Selbstbehauptungen, die bei Hahn und Bohn als „partizipative" Identitäten geführt werden, und zu denen Eigenschaften und Zugehörigkeiten zählen (Mann, Deutscher, Protestant), die sich untereinander nicht ausschließen, ermuntert sie, von der Pluralisierung der „Selbste" einer Person zu sprechen: Die Identifikation der einzelnen Person über eine Reihe „von Identitäten impliziert stets Pluralität von in Anspruch gestellten Selbsten" (Hahn und Bohn 1999, S. 37).

Aus der soziostrukturellen Pluralisierung von kontextinternen Selbstbehauptungen folgt allerdings noch nicht selbstverständlich, dass diese Behauptungen eines Selbst (der systeminternen typischen, numerischen Identität einer Person) die selbständig angeeignete Einheit eines Selbst, das die sozial angemuteten Behauptungen *seiner* selbst als divergierend erfährt, unmöglich machen. Zunächst belegt die Vervielfältigung von Aspekten eines Selbst nur, dass die funktionale Differenzierung die Rollen einer Person pluralisiert: man hat einen Beruf, ist Konsument, Klient, Verwandter und vieles mehr. Darüber hinaus belegt die Vervielfältigung vielleicht, dass die Synthese der Einheit des Individuums an dieses selbst delegiert wird. Das aber ist zunächst nur der klassische moderne Aufruf an die Person, sich als das selbst gewählte Projekt selbst zu bestimmen und zu verwirklichen, ohne dabei an der Führungsleine eines und nur eines sozialen oder Funktionssystems zu laufen.

Mehr noch kann schon an dieser Stelle vermutet werden – wir kommen darauf zurück –, dass gerade die handlungstheoretische Begründung der Fragmentierung der Person mit Rücksicht auf die Funktionalität des Handelns einer Person etwa in Organisationen bezweifelt werden muss. Denn die Übernahme der Verantwortung für die eigene Identität, wenn man so will: die Delegation der letztinstanzlichen Befugnis über das eigentliche Selbst und die Geltung entsprechender Behauptungen an das Selbst beruht auf sozial sanktionierten Erwartungen an die Handlungsfähigkeit der Person in systemischen Kontexten. Es ist zu vermuten, dass diese Erwartungen von einer konsequent schizo- und polyphrenen Personen eigentlich gar nicht erfüllt werden können. Denn solche Personen gelten auch in engen rollenspezifischen Erwartungskontexten als nicht zurechnungsfähig, weil sie nicht erwartungsstabil und berechenbar sind. Die Struktur einer „Exklusionsindividualität" dient eben auch der Auslagerung von Verantwortung für Kontextsensibilität in die Personen hinein. Von ihnen wird nicht nur die private Sorge um sich selbst erwartet, sondern vor allem als funktionales Desiderat abverlangt, auf der Basis des Gelingens dieser Sorge selbst in der Lage zu sein, die Übernahme typisierter Identitätsausschnitte kontextadäquat auszubalancieren. Die Staatsanwältin, die am Arbeitsplatz das Telefongespräch ihrer

Tochter entgegennimmt, ist funktional nicht genötigt, wie Woody Allen in der Rolle des Zelic jäh zu der Totalassimilation an die aktuellste Situation und die begegnenden Interaktionspartner zu wechseln; sie muss vielmehr in der Lage sein, z. B. die Dringlichkeit der Tagesgeschäfte in die Sprache innerfamilialer Kommunikation zu übersetzen, wenn es gilt, der Tochter plausibel zu verstehen zu geben, dass sie sich trotz dringlichster Sorgen kurz zu fassen hat.

Die Identitätsaspekte der Staatsanwältin und der Mutter mögen stark divergieren, das situationsangemessene Wechseln zwischen den Kontexten verlangt gleichwohl danach, dass irgend eine intentionale Instanz, letzten Endes eben das „Selbst", das Verhältnis, die Reihenfolge und die momentanen Gewichtungen zwischen diesen Aspekten in der Balance hält. Und das ist nicht allein ein Erfordernis für die Reibungslosigkeit der individuellen Lebensführung, sondern vor allem eine funktionale Voraussetzung für die Integration innersystemischer Kommunikationsabläufe.

Dieser Einwand ist überdies noch nicht einmal der entscheidende. Die soziostrukturellen Begründungen der Fragmentierungsannahme müssen das Moment der radikalen Grenzziehung zwischen differenzierten Systemen und Kommunikationskontexten scharf unterstreichen, um plausibel zu machen, dass die systemspezifischen Personenanteile ihrerseits untereinander inkommensurabel sind. Wenn Gerichte und Familien wirklich vollständig differente Sprachen sprechen und einander nicht verstehen (nur „beobachten"),[16] dann weiß der Referendar als Referendar in der Tat nichts davon, dass er auch Sohn, Bruder und Freund ist. Es sind aber – zunehmend – Zweifel angebracht, ob system- und organisationsinternes Handeln und Kommunikation unter der Bedingung radikaler operativer und sinnhafter Abschließung gegen alles, was der Umwelt angehören mag, überhaupt möglich und nach funktionalen Gesichtspunkten effektiv sind. Es ist viel eher wahrscheinlich, dass soziale Systeme, von den Funktionssystemen bis zu konkreten Organisationen, die Kraft der Personen, ihr Selbst gegen die Fragmentierungszumutung des Differenzierungsgrades moderner Gesellschaft zu behaupten, als eine wichtige Ressourcen nutzen und darum stützen müssen. Eine wichtige Ressource ist die Selbstbehauptung der Person gegen die Verengung ihrer Identität durch rollenförmige Zumutungen, da die Personen die Übersetzung der Sprache eines Systems in die Sprache eines anderen Systems oder einer konkreten Organisation oder Interaktion in Regie nehmen kön-

16 Die konstruktivistische Epistemologie der Theorie autopoietischer, selbstreferentieller Systeme verwendet signifikant große Mühe darauf, jede Form des Verstehens und der pragmatischen Beziehungen, die über soziale Sinngrenzen hinweg operieren, auf das kognitivistisch distanzierte Modell der Beobachtung umzutrimmen. Was in der Hermeneutik und in pragmatistischen Theorien als das Problem der Erfahrung, die Vorannahmen zur Revision zwingen, erscheint, muss dann mühsam über konstruktivistische Figuren der Rekursivität und der Beobachtung zweiter, schließlich dritter Ordnung eingeholt werden; vgl. Luhmann (1990, 1988).

nen. Personen tragen darum zunehmend die Last intersystemischer Vermittlungsdienste, da sie kraft der Herausforderung, sich in unterschiedlichen Kontexten als diese Person selbst zu behaupten, eine Brücke zwischen diesen Kontexten bauen können.

Die systemtheoretische Variante einer postmodernen Identitätstheorie krankt daran, dass sie die Struktur der Interaktion der Selbstbehauptung von der allgemeinen differenzierungstheoretischen Analyse der Systembildung schlicht ableitet. Darum lehnen Systemtheoretiker die Vorstellung einer personengetragenen Übersetzung zwischen sozialen Systemen ab. Das konstruktivistische Modell autopoietischer Monaden soll die Frage nach der Emergenz sozialer Ordnung beantworten. Soziale Systeme steuern sich und ihren Umweltkontakt selbst. Personen im Sinne der subjektiven Identität des Individuums werden dann psychische Systeme genannt[17] und selber für Monaden ausgegeben.

Zu dieser Einschätzung verpflichtet die Systemtheorie aber weitgehend aus „begriffsarchitektonischen“ Gründen: Das Modell selbstreferentieller, autopoietischer Sinnsysteme wird generalisiert, dann jeglichem sinnhaften und schon gar jedem sozialen System unterlegt, so dass für Interaktionen, Organisationen und gesellschaftsumspannende Funktionssysteme gleichermaßen die Trennung in Bewusstsein und Kommunikation als Elemente vollständig gegeneinander verschlossener Systeme gelten soll. Die Unfähigkeit der einzelnen, ihr Selbst konsistent und umfassend in einem sozialen Kontext zu präsentieren und bestätigt zu bekommen (d. h. erfolgreich zu behaupten), von der z. B. Alois Hahn ausgeht, wird unmittelbar aus der Beschreibung des Verhältnisses zwischen Funktionssystemen und ihren gegeneinander inkompatiblen Eigenlogiken deduziert. Die Person wird jedoch als Person nicht vornehmlich in ihrer Konsumenten-, Rechtsgenossen- oder Wählerrolle behauptet – also: ausgesagt und durchgehalten, sondern eher in der geringer anonymisierten Form der Mitgliedschaft in Organisationen und der schon spezifischeren Vollzugsgestalt der Zugehörigkeit zu informellen, familiären oder freundschaftlichen Netzwerken.[18] Wenn man die Beschreibung solcher Ebenen der Vergesellschaftung nicht ex ante begrifflich homogenisieren will, muss die soziale Struktur der Selbstbehauptung auf diesen Ebenen eine jeweils andere Form annehmen. Und das wiederum bedeutet, dass eine handlungstheoretische, eine differenzierungstheoretische und schließlich eine gesellschaftstheoretische Beschreibung der Prozesse der Selbst-Behauptung nicht aus einem Guss sein können. Denn die Behauptung personaler Identität erweckt

---

17 Sie werden damit auf den kognitivistisch vereinseitigten Bewusstseinsstrom einer „säkularisierten“ Husserlschen transzendentalen Phänomenologie enggeführt.

18 Für die es in einer systemtheoretischen Beschreibung der Differenzierungsform moderner Gesell-schaft signifikanterweise kaum ein nennenswertes begriffliches Äquivalent gibt.

auf den Ebenen der konkreten Interaktion, der habituell generalisierten, informellen sozialen Netzwerke, des Organisationshandelns und der Inklusion oder Exklusion in Funktionssysteme ganz unterschiedliche Resonanzen.

IV

Die soziologische Rekonstruktion der Selbstbehauptung der Person muss dieser systemtheoretischen Ableitung gegenüber darum zunächst einmal fundamentaler ansetzen und sich der kommunikativen Erschließung bzw. Konstitution eines Selbst zuwenden, das zuerst behauptet wird, dann sich selbst – auch gegen solche Behauptungen – behauptet. Das ist zunächst eine handlungstheoretische Frage. Genauer: es ist mit Bezug auf die Selbstbehauptung als Aussage von Eigenschaften einer Person eine kommunikationstheoretische Frage, die nicht differenzierungstheoretisch präjudiziert werden kann.

Die Analyse der kommunikativen Feinstruktur der „Selbst"-behauptung kann das Verhältnis zwischen Bewusstsein und Kommunikation nicht wie die Systemtheorie als die Differenz zwischen System und Umwelt, die sich zwischen psychische und soziale Systeme schiebt, ansetzen. Sie muss vielmehr mit Rücksicht auf die konkrete Sozialisation von Individuen die Genese von subjektiven Horizonten und der Eigenlogik psychischer Systeme von der vorgängigen Einbettung personaler Identität in kommunikative Praktiken aus rekonstruieren. Der intersubjektivitätstheoretische Weg führt z. B. mit Mead von der konventionellen Einstellungsübernahme zur postkonventionellen Autonomisierung des Selbst (Mead 1967; Habermas 1988). Dieser sozialpsychologischen Rekonstruktion entspricht eine sprachpragmatische Analyse der Emergenz von Sprecherselbstverhältnissen im Prozess der kommunikativen Reflexion von „Selbst"-Zuschreibungen. Eine solche Perspektive setzt ausdrücklich antiindividualistisch an. Sie geht also nicht von einem Dualismus zwischen Subjekt und sozialer Welt aus, auch nicht zwischen psychischen und sozialen Systemen, sondern von der primären Einheit kooperativer Sozialität und Sprachpraxis, aus der sich im Prozess der Differenzierung und Autonomisierung u. a. personale Innenperspektiven emanzipieren (Joas 1996).

Formal kann dies aus der Selbstbezüglichkeit kommunikativer Sequenzen rekonstruiert werden, ohne ein vorgängiges Subjekt, das sich in den Interaktionspartnern „spiegelt", voraussetzen zu müssen. Das „Selbst" der Sprecherinstanz in Sprechakten und der Aktorinstanz bei Handlungen wird reflexiv artikuliert. Es wird durch Benennung, entlang des Systems der Personalpronomina, durch anaphorische Bezugnahmen adressierbar, dann direkt angesprochen. Schließlich erhält die Person im Horizont der Semantik des Handelns, des Systems der Handlungsverben und sozialer Typen, einen Namen, eine Geschichte der von ihr vollzogenen Handlungen, zuletzt Merkmale und Eigenschaften zugeordnet. Der Unterschied zwischen einer solchen Beschreibung der selbstbezüglichen Struktur von kommunikativen oder von Sprechaktsequenzen und der Unterstellung der Autopoiese selbstreferentieller Sozialsysteme ist nicht allzu groß und doch entscheidend. Es bezieht sich auf die Sprecherinstanz, die für eine pragmatistische Handlungstheorie der leibliche Zusammenhang und Übergang zwischen der „Adresse" der kommunikativen Zuschreibungen und des subjektiven Empfängers dieser Zuschreibungen ist.[19] Zuerst sind Bewusstsein und Kommunikation sozusagen einig, insofern Interaktion auf der leiblich fundierten habituellen Übereinstimmung der Handlungs- und Sprechdispositionen einer Mehrzahl von interagierenden reflexionsbegabten Organismen beruht (Mead 1967; Bourdieu 1979). Die expliziten Formen der Selbstbehauptungen lassen dann erst die Innen- und die Außenperspektive auseinandertreten, indem sich die kommunikativ erschlossene Innenwelt der Person und situationsentrückte soziale Typisierungen dieser Person auseinanderdividieren, dies aber subjektiv auch realisiert und schließlich in Regie genommen werden kann.

Denn die sprachliche „Selbst"-behauptung (Aussage) vollzieht sich im Modus der Typisierung von familienähnlichen Handlungs- und Sprechweisen zu Kategorien eines Personenmerkmales (ein „aufgewecktes", „offenherziges" Kind, ein Draufgänger, Langweiler, Angsthase, Stubenhocker, Träumer), das die bestimmte Person nur im besonderen (und besondernden) Verhältnis zu anderen typischen Merkmalen identifizierbar macht. Die sprachliche Typisierung muss also zunächst verallgemeinern, um ein Korrelat des Durchhaltens der Identität der Person bei Wechsel der Situationen und Kontexte bereitzustellen.

Es ist diese *eine* Seite der (immer unvollkommenen) sprachlichen Repräsentation der Identität der Person, die verallgemeinernde Typisierung, die als die Wurzel der vermeintlich ausweglosen Fragmentierung der Person und der Verdinglichung personaler Identität in Betracht kommt.

---

19 Hierbei ist auf Ricœurs Analyse des Verhältnisses zwischen „ipse" und „idem" zu verweisen: die von außen zugeschriebene Identität, die im Horizont der numerischen, raumzeitlichen Individuierung lokalisiert wird, muss mit dem Innenverhältnis eines Selbst, dem es (durchaus im Sinne Heideggers) um seine Sich-Selbst-Gleichheit geht, in eine gelingende Balance gebracht werden. Hierbei ist für Ricœur das Medium der narrativen Selbstdarstellung von besonderer Bedeutung, wobei Erzähler und Erzählinstanz in der intersubjektiv intelligiblen Erzählung dem entsprechen, was sprechakttheoretisch mit den Instanzen der äußeren Sprecherinstanz und der Intentionaliät der sprechenden Person gemeint ist (Ricœur 1990, S. 55ff.). Allerdings hat Ricœur in seiner Analyse der Sprechakttheorie diesem Modell nicht allzuviel zugetraut (Renn 1997, S. 295ff.).

Die soziale Behauptung, die Aussage eines Selbst, entspringt zunächst der reflexiven Bezugnahme einer Kommunikation auf die Aktorinstanz, der das vorausgehende Element der Kommunikation zugeordnet wird. Die Identifikation von Sprecher und Aktorinstanz wird transportiert über anaphorische Bezugnahmen (Brandom 1994) und die Äquivalentsetzung von erster und dritter Person. Ich äußere mich, bin derjenige, von dem sie sagt, er äußere sich. In einem assertorischen Satz wird die Rolle des grammatischen Subjekts auf die Innenperspektive des Sprechers projiziert. Die elementare kommunikative Behauptung des Selbst einer kommunizierenden Person ist eine objektivierende Explikation der impliziten Aktorinstanz.

In dieser Projektion wechselt die Modalität des Selbst. Das praktisch-pragmatische Selbst (ipse), das den Sprechakt vollzieht oder schlicht handelt, wird im Bericht über den Sprechakt zum behaupteten Selbst des Sprechers, der derselbe ist, der auch diverse andere Akte vollzogen hat (idem).[20] Er wird zum Referenten einer deskriptiven „Selbst"-behauptung durch andere (und im Sinne der typisierenden, „partizipatorischen" Identität auch durch sich selbst).[21] Dieser Wechsel der Modalität ist der Übergang von dem fungierenden Ich, das sich in Akten selbst auslegt und vor allem praktisch versteht, zu einem Bezugsgegenstand der verdinglichenden Identifikation. Was bei Mead die Internalisierung der Erwartungen der anderen, schließlich der Gesellschaft ist, bekommt in der Perspektive Adornos den Charakter des Identitätszwangs: sich selbst als das „Me" zu verstehen, das die soziale Umgebung behauptet, entspricht der verdinglichenden Selbst-Beherrschung. In der Sprache des Existentialismus, etwa der Sartresschen Diktion, dominiert das pour soi, das mir sozial auferlegt und abverlangt wird, das en soi, in dem ich mich praktisch als ich selbst bewege (Sartre 1962).

Die Person zieht Eigenschaften, kondensierte Zuschreibungen auf sich. Eigenschaften (Prädikate) sind fremd- und selbstzugeschrieben, verankert in generalisierten Typisierungen, schaffen kommunikative Anschlussfähigkeit, Anschlusspunkte

20 Zur Unterscheidung zwischen „ipse" und „idem" siehe weiter Ricœur (1990). Man müsste an dieser Stelle in bedeutungstheoretische Tiefen vordringen: die Wendung von gesprochenen Sätzen zu Berichten über diese ist in der Analyse der propositionalen Einstellung, der „belief"-Sätze, der Asymmetrien bezüglich der Wahrheitswerte und der Existenzurteilsimplikationen weit entfaltet. Sie müsste an dieser Stelle aber sehr mühsam in die Frage der personalen Identität übersetzt werden.

21 Wegen des vermeintlichen Modellcharakters dieser deskriptiven Identifikation der Person orientiert sich die empiristische Theorie der Person – *teilweise* berechtigt – am Paradigma der numerischen Identität. Siehe Derek Parfits Gedankenexperimente (Parfit 1986), und auch noch Tugendhats Entmystifizierung Heideggers, bei der die Vorsprachlichung des existentiellen Verstehens durch die veritative Symmetrie zwischen Aussagen aus der Ichperspektive und solchen in der Perspektive der dritten Person gewährleistet werden soll (Tugenhat 1979).

für vergegenständlichende Behandlungen des behaupteten Selbst durch mich und durch andere. Die Person wird damit in einem zunächst eingeschränkten Sinne, im Sinne der numerischen und typisierenden Wiedererkennbarkeit, „zurechnungsfähig". Und diese Zurechnungsfähigkeit kommt sozialen Anforderungen entgegen, wird durch diese befestigt. Denn auf den Pfaden sozialer Differenzierung entfalten sich auf der typisierenden, vergegenständlichenen Identifikation funktionale Generalisierungen. Personen können dann abstrakt durch verallgemeinerte Rollen hinreichend identifiziert werden.

V

Ab einem gewissen Grad der formalen Organisation und Koordination von Handlungen verdünnt sich die Behauptung des Selbst von Personen in entsprechenden Kontexten auf die soziale Typik von abstrakten Rollen. Soziale Differenzierung drückt sich nicht zuletzt in der Durchsetzung formaler Organisation (abstrakter Integration) aus. Die damit verbundene Abstraktion von Handlungsregelmäßigkeiten artikuliert und nutzt explizite Regeln, ebenso kodifizierte Gesetze wie ritualisierte Standardprozeduren. Personen werden nun erst recht Bezugsgegenstände sachlicher Referenz. Das heißt: die soziale Behauptung des Selbst einer Person konzentriert sich aus systemischen Gründen auf die Eigenschaften und die numerische Identität einer Person, die zum einen abstrakte typische Eigenschaften sind (Leistungsberechtigter, Schadensersatzpflichtiger, Gewerbetreibender), zum anderen auf numerische – in den Kategorien des bürokratischen „Personenstandswesens" ausgeformte – Indikatoren der Aussortierbarkeit einer einzelnen Person bezogen sind.[22] Die soziale Identität erscheint als besondere numerische Konjunktion von allgemeinen Typen, typisierten Prädikaten. Schließlich werden ganze Lebenslaufmuster standardisierte biographische Typen. Typisierungen sind in diesem Sinne kognitive Instrumente der deskriptiven Identifizierung von Personen – als solche sind diese Typisierungen funktional für abstrakte, generalisierte Kommunikationszusammenhänge, weil sie die sprachliche

22 Verdichtet erscheinen diese Indikatoren im Eigennamen, die aber, wie jeder Helmut Müller und jede Petra Meier wissen, im relevanten Falle (etwa bei bürokratischer Zuweisung von Rechten oder Pflichten) durch numerische Identifikationen etwa über Geburtsort und -zeit zusätzlich „individuiert" werden müssen. Eigennamen sind deshalb schon Ellipsen von klassifikatorischen Prädikatskonjunktionen, sie stehen hier nicht für individuelle Geschichten und ineffable Qualia, sondern fungieren kommunikativ als Minimalklassen: ein Element wird numerisch identifiziert, wobei Prädikatkonjunktionen Einzelelemente verbinden. So wird eine individuelle Klasse über generalisierte Eigenschaften standardisiert und erlaubt kommunikative Anschlussmöglichkeiten.

und praktische Bezugnahme auf Personen desambiguiert, kontext- und situationsunabhängig verallgemeinert, wo das Handeln der Person nicht immer unvorhersehbar sein darf. Die Funktion der deskriptiven Selbst-Behauptung besteht in der Invariantsetzung und der Externalisierung von Abweichungen im Dienste des Strukturerhalts. Die Organisation kann z. B. bei Bedarf auf standardisierten Wegen Personen austauschen, weil an den besonderen Personen nur standardisierte Eigenschaften und Handlungserwartungen relevant sind. Sie kann überdies generalisierte Leistungen erbringen, weil die Empfänger solcher Leistungen zwar als einzelne, nicht aber als besondere Personen kalkulierbar werden: die numerisch identifizierte, typisierte Person teilt relevante Eigenschaften mit vielen anderen, etwa ein unter ökonomischen Gesichtspunkten standardisiertes Bedürfnis. Sie muss dabei aber als einzelne Person wiedererkennbar bleiben. Der selbe, der delinquent geworden ist, muss sanktioniert werden; die selbe die Zahlungsverpflichtungen eingegangen ist, muss als Kundin identifizierbar sein, sie kann z. B. Ratenzahlungen nicht mit dem Argument einstellen, sie sei ab heute ein „ganz anderer Mensch", auch wenn eine individuelle Befindlichkeit damit angemessen ausgedrückt würde. Die einzelne Person als Rechtssubjekt darf nur einmal diese bestimmte Sozialleistung beziehen, nur einmal zur selben Zeit verheiratet sein, nur einmal für ein Vergehen Strafe zahlen, nur eine Stimme bei der Wahl abgeben. Die Identität im Sinne der für diese Beispiele maßgeblichen Wiedererkennbarkeit bleibt numerische Identität, für diese aber muss das Individuum aufkommen. Denn es muss gegenüber der Erfahrung, in schnell wechselnden Kontexten als jeweils anderer Personenausschnitt angesprochen und behauptet zu werden, für die Einheit der Identität bürgen, die zwischen diesen Kontexten das Korrelat der numerischen Einheit aus der Perspektive der ersten Person aufrechterhält.

Die generalisierte Selbstbehauptung stützt die Adressierbarkeit von Einzelnen als typische Instantiierung von vielen: so kann die standardisierende Aggregation von unbekannten Individuen zu Gruppen, Zielgruppen, Populationen, den Wählern, den Leistungsberechtigten, für ökonomische, bürokratische, politische, wissenschaftliche Zwecke, den Zugriff erleichtern, der alle, aber doch jeden einzelnen treffen soll. Die Inklusion der Personen in umfassende soziale Systeme muss sicherstellen, dass jeder einzelne als genau dieser einzelne, alle aber auf gleiche Weise erreicht werden. Markt, Wohlfahrts- und Rechtsstaat greifen auf die Personen zu oder stehen ihnen zur Verfügung, dies aber „ohne Ansehen der Person" (in einem dann also offenkundig reicheren Sinne), weil nur so flächendeckende Regulierung, sachliche Solidarität, Rechtsgleichheit und universalistischer Individualismus operationalisierbar werden.

Damit ist die Rekonstruktion offensichtlich bei der systemtheoretischen Allgemeinbeschreibung der Identität unter dem Regime funktionaler Differenzierung angekommen. Die Merkmale dieser Art der Verdinglichung und Aufspaltung der Person sind bereits aufgeführt worden: Die Innenseite der Biographie wird sozial nicht wirksam, erscheint exkludiert in die Innenperspektive, die das Außen der organisationalen Kommunikation wird. In sozialen Systemen, d. h. in Funktionssystemen, in Organisationen verwirklicht und behauptet sich (im doppelten Sinne) das Selbst der Person darum nur in der Form des Fragments, der systemspezifischen Teilausschnitte der individuellen Person. Organisationszugehörigkeit realisiert sich als Mitgliedschaft, also als Rolle, deren Zuschnitt den organisatorischen Imperativen folgt und nicht die ganze Person in Anspruch nimmt (dadurch z. B. systemfunktionale Austauschbarkeit einzelner Personen gewährleistet, weil sie von den Personen nur kommunikativ anschließt, was diese eben nicht von anderen unterscheidet, sondern mit typisch bestimmten anderen, etwa qua Ausbildungsprofil, verbindet). Die Inklusion von Personen in Funktionssysteme bezieht sich nur auf das standardisierte und keineswegs individuierende Fragment der Person, das ihrer typischen Rolle als Konsument, Rechtspartei etc. entspricht.

Allerdings endet die Rekonstruktion nur dann – wider die eingangs formulierte Absicht – in der systemtheoretischen (und postmodernistischen) Perspektive, wenn man unterschlägt, dass die Seite der vergegenständlichenden, typisierenden, numerisch identifizierenden Behauptung der Selbigkeit einer bestimmten Person eben nur *eine* Seite der kommunikativen Artikulation personaler Identität ist. Wäre die standardisierte Selbstbehauptung der Person die einzige kommunikative Form der Darstellung und Selbstdarstellung der Person, hätte die existentielle Einheit der Person, die sich mit und zwischen den bzw. gegen *gewisse* soziale Selbstbehauptungen behauptet, keinen Raum der Artikulation.

Hier erhalten nun allerdings zwei entscheidende Einwände großes Gewicht. Der erste Einwand tauchte weiter oben bereits auf und betrifft die Vollständigkeit der Skizze moderner Gesellschaft, derzufolge soziale Differenzierung nichts als formale Organisation und Funktionssysteme übrig lässt.

Demgegenüber muss in Erinnerung gebracht werden, dass auch unter modernen Bedingungen, wenn nicht gerade dann erst, die verschiedensten sozialen Sprachspiele koexistieren und in diversen Austauschbeziehungen untereinander stehen. Die Personen wandeln in der Tat durch sehr unterschiedliche Kontexte, doch sie erfahren sich selbst eben nicht allein in der Resonanz von Organisationen, die ihnen die Behauptungen ihrer numerischen Identität und typischer Eigenschaften entgegenhalten. Sie erfahren sich ebenso als Teil von informellen Netzwerken, nachbarschaftlichen Milieus, kulturellen oder religiösen Lebensformen, wandelbaren Erlebnisgemeinschaften, in denen eine andere Form der Artikulation des Selbst nicht nur erlaubt, gewährt, sondern gar erwünscht, wenn nicht geradezu verlangt ist.

Das Problem der Selbstbehauptung im Sinne des Durchhaltens der eigenen Identität gegen die deskriptiven Behauptungen des eigenen Selbst ist also zuerst das Problem der Vervielfältigung von Resonanzräumen, von Kontexten und *Formen* der praktischen Selbstdarstellung und entsprechender Anerkennungsweisen. Die Freistellung der Person von der Einschließung in nur ein soziales System, nur ein Milieu, entbindet neben Formen der generalisierten Standardbehauptung eines Selbst ebenso sozial gestützte Formen der Expressivität (hier im Sinne der Selbstdarstellung der Person nach Goffman 1996). Und mit Bezug auf die Koexistenz von Kontexten, durch die das Individuum täglich wandert, muss das Selbst sich in den Bahnen institutionalisierter Selbstbehauptung (Aussage) behaupten (erhalten), indem es Verantwortung für die transitorische Einheit der Teile seiner Identität übernimmt (Bürgschaft), d. h. sich selbst daran bindet, auch in Zukunft die Adressierung von außen (die sein Selbst deskriptiv behauptet) beantworten zu können, also anschlussfähig zu bleiben, resonant für Zuschreibungen und ihre praktischen Implikationen.

Das aber bedeutet gerade das Gegenteil zur Polyphrenie, zur fröhlichen ästhetischen Fragmentierung des vagabundierenden „Selbst“ und zur Auflösung der Einheit der Identität in systemspezifische Einzelteile. Zwar multipliziert funktionale und kulturelle Differenzierung Kontexte und den Takt des Kontextwechsels. Die zu behauptende Einheit der multiplen Behauptungen des einen Selbst gewinnt entscheidend an Komplexität. Doch dieser Wandel reduziert nicht, sondern verstärkt den sozial auferlegten Zwang (zunächst das funktionale Erfordernis) zur individuellen Selbstsynthese, da nur sie die Flexibilität der Stituationsanpassung und Angemessenheit des Handelns in jeweils wechselnden Kontexten ermöglicht. Was die Differenzierung also auslagert, ist nicht die soziale Funktion der individuellen Identität, sondern die Verantwortung und die Kompetenz für die Erfüllung dieser Funktion, d. h. für die bewegliche Einheit eines Selbst, das vielleicht immer weniger sich an nur eine oder auch nur vornehmlich an eine dominante kontextimmanente Selbstbehauptung „konventionell“ anlehnen kann. Das Individuum *muss* sich entwerfen, weil nur es selbst einen Entwurf behaupten kann, der auf alle jene Behauptungen seines Selbst, die kontextspezifisch zugemutet werden, angemessen reagieren kann. Diese Form der strukturell motivierten „postkonventionellen“ Identität[23] der Person ist zweifellos nicht einfach nur eine Errungenschaft moderner Vergesellschaftung, sondern ebenso eine Bürde, die Mühen und Anstrengungen kostet. Individuierung ist mit Bezug auf diese Kosten eben auch Auslagerung eines Problems in die Lebensführung der Ein-

---

23 Die individuelle Behauptung des Selbst, die die sozial zugeschriebenen Teilaspekte der Identität transzendiert und zugleich integriert, kann man entsprechend als eine kreative, existentielle Form des Umgangs mit sozialen Konventionen betrachten. Die der Person überantwortete Mühe um das eigene Selbst umfasst dann zugleich, was in der Habermasschen Typik von Stufen des Moralbewußtseins „Postkonventionalität“ meint – Regeln, aber auch Selbstkonzepte, sind nicht auto-ritativ selbstevident, sondern werden unter der Bedingung der Autonomie der Beteiligten ausgehandelt (Habermas 1988) – und das existentialistische Modell der individuierenden Abkehr von konventionellen Selbstauslegungen (Heidegger 1984; Sartre 1986).

zelnen. Darum kommen verschiedene Formen der Reaktionen auf diese Forderung in Betracht. Personen können die Pluralität von zugemuteten Behauptungen ihres Selbst untereinander ausbalancieren, miteinander synthetisieren; d. h. eine Möglichkeit besteht darin, sich den Forderungen deskriptiver Identifizierung weitgehend zu fügen, soweit diese es untereinander zulassen. Personen können andererseits – oder müssen, sobald die Zumutungen erheblich konfligieren – die Einheit des eigenen Selbst *gegen* die Vielheit der sozialen Behauptungen dieses Selbst behaupten, ohne den sozialen Behauptungen gegenüber in offenen Widerspruch zu geraten. Dazu sind Formen des Einbauens der polyphonen deskriptiven Selbstbehauptungen in die individuelle Reflexionsversion des eigenen Entwurfes notwendig, die stets zwischen Anpassung und kreativer Auslegung changieren.

Schließlich steht die Option des Widerstandes offen. Personen können ihr Selbst eigensinnig gegen einige soziale Behauptungen oder auch gegen eine dominante Behauptung des eigenen Selbst behaupten, mit mehr oder weniger starken Anlehnung an eine andere soziale Selbstbehauptung, auf dem Wege der Obstruktion, der Vermeidung, schließlich vermittels erstarrender Selbstklischeebildung, die bis in pathologische Formen der Erfahrungs- und Widerspruchsleugnung führen mögen. Und genau dann kann Selbstbehauptung zur gewaltsamen Durchsetzung verdinglichter Selbstinterpretation gegen divergierende Erwartungen und Apelle führen.

In jedem Falle umfasst die Bandbreite individueller Reaktionen auf die Pluralisierung von Selbstbehauptungen weit mehr Möglichkeiten als nur die offensive Fragmentierung der Person in unverbundene Einzelbehauptungen. Es ist darüber hinaus sogar zweifelhaft, ob die radikale Entkopplung von Aspekten des Selbst, die den sozialen Selbstbehauptungen korrespondieren, und der Verzicht auf eine Synthese, auf Widerstand oder Eigensinn, überhaupt praktikabel, individuell erträglich oder möglich und sozial anerkennbar ist. Denn sowohl Organisationen als auch Individuen bleiben auf die Fähigkeit der Person angewiesen, das Umschalten zwischen Kontexten, das situationsadäquates Handeln nach den Kriterien der Kontexte ermöglicht, in Regie zu nehmen. Diese Flexibilität ist aber erst recht eine Form der Identität, der transitorischen Einheit des Selbst als einer Instanz, die die Übergänge kreativ vollzieht.

VI

Noch wichtiger als der Hinweis auf die funktionale Flexibilität der Personen, für die sie durch die Behauptung des Selbst gegen und durch die pluralen und verkürzten Selbstbehauptungen aufkommen muss, ist aber ein zweiter Einwand gegen die Annahme der durchgreifenden und restlosen Fragmentierung der Identität der Personen. Dieser Einwand betrifft die spezifische Form organisationaler und systemischer „Selbst"-behauptung selbst. Man könnte den ersten Einwand als eine bloß additive Anreicherung der systemtheoretischen „Identitätstheorie" missverstehen. Personen wären dann sowohl organisational fragmentiert als auch alltagsweltlich individuiert und hätten Sorge zu tragen, dass beide divergierenden Modalitäten der Selbstbehauptung ausbalanciert würden (z. B. in Form des Auseinanderhaltens von Kontexten und der flexiblen Einpassung in jeweils aktuelle Kontexte). Dann wäre das Individuum im starken (existentiellen) Sinne des Wortes in der Tat aus Organisationen und Systemen ausgeschlossen, hätte aber für die anspruchsvolleren Mühen der individuellen Selbstbehauptung nicht nur den privaten Spiegel der Reflexivität eines psychischen Systems in der Einsamkeit seiner Autopoiesis zur Verfügung, sondern das soziale Forum einer lokalen Kommunität.

Es muss aber daran gezweifelt werden, dass Organisationen und Funktionssysteme unter der Bedingung der Exklusion der individuellen Identität von Personen überhaupt funktionieren können. Die Variante der verdinglichenden und fragmentierenden Selbstbehauptung der Person kann nicht einmal für formale Organisation und soziale Kontexte, die über Rollen und Mitgliedschaften gebildet sind, Gültigkeit beanspruchen. Das entscheidende Argument besteht darin, dass Organisationen um ihrer notwendigen Flexibilität willen – im Horizont ihrer Beziehungen zu ihren „systemspezifischen Umwelten" – die Individualität der Personen nicht restlos oder weitgehend exkludieren können, sondern im Gegenteil als wichtige Ressource nutzen müssen. Organisationen können es sich gar nicht leisten, auf nichts als Fragmente von Personen, die den internen Spezifika der Organisationen entsprechen, zurückzugreifen. Für die dysfunktionalen Effekte einer vollständigen Reduktion der Personen auf explizite organisationsinterne Selbstbehauptungen (explizit in Dienstbestimmungen, Arbeitsplatzbeschreibungen, Ausführungsverordnungen) steht die Metapher des „Dienstes nach Vorschrift".

Organisationen und Systeme stabilisieren und befördern zwar die Institutionalisierung der vergegenständlichenden Selbstbehauptung der Personen, die Erwartungen, die sich entlang deskriptiver Typen an die entsprechenden Personen knüpfen, können aber nicht lückenlos erfüllt werden. Denn die sozial qualifizierte, numerische Identität einer Person, die aussondernde Verschränkung allgemeiner Merkmale, kann das Handeln nicht programmieren, sondern eben nur typisch vorentwerfen, so dass auch die Person, die in völliger Treue gegenüber der konventionellen Figur der von ihr behaupteten Identität handeln wollte, in concreto abweichen müssen. Und dies ist in Organisationen keineswegs nur ein Störfaktor, sondern kann und muss für die notwendige Flexibilität organisationaler Struktur in Dienst genommen werden, denn die individuelle Abweichung leistet die situations- oder fallangemessene Respezifikation generalisierter Prozessstandards und Applikation expliziter Regeln.

Personen machen darum auch in Organisationen kommunikative Erfahrungen mit anderen Personen und mit sich selbst, in der sich der Abstand zwischen den Erwartungen, die sich an explizite Zuschreibungen und Behauptungen der Identität einer bestimmten Person hängen, und dem faktischen Sprechen und Handeln als Symptom der Individualität geltend macht. Diese symptomatische Individualität kann dann entweder sozial unterstützt, gewährt, gar genutzt oder eben negativ sanktioniert, dem Druck der Rekonventionalisierung ausgesetzt werden. Funktionale Differenzierung drängt nun die individuelle Abweichung eben nicht einfach in die Umwelt spezieller Systeme ab, sondern sanktioniert sie positiv, soweit sie funktional bleibt. Die Abweichung des Individuums trägt auch die Dezentralisierung einer wesentlichen Funktion aus, die sich der individuellen Behauptung des eigenen Selbst, mit und gegen die sozialen Behauptungen des Selbst, bedient. Es ist dies die Auslagerung einer besonderen Integrationsfunktion, die die andere Medaille der funktionalen Differenzierung ist. Organisationen nutzen die Individualität der Person, die der praktischen Behauptung ihrer Identität im Konzert polyphoner Selbstbehauptungen entspringt, um ihre organisationsspezifische Kommunikation in die Sprache anderer Kontexte übersetzen zu können. Die Abweichungen von organisationsinternen Programmen (Genehmigungsverfahren, Regeln, Produktionsweisen, Forschungsprogrammen, Rechtspraktiken, Entscheidungsprozeduren) nutzen die Kontingenzen, die Personen einbringen, zur Übersetzung von systemexternen Erfahrungen in systeminterne Kommunikation, zur Operationalisierung von Standards durch Delegation, kreative Situationsbewältigung. Das konkrete Handeln und Kommunizieren des Sachbearbeiters, der Abteilungsleiterin, des Schuldnerberaters, des Gutachters, der Bildungsreferentin, sie alle übertragen in die Organisation auf dem Rücken des individuellen Stils des Handelns, das die praktische Auslegung der organisationsinternen Selbstbehauptung vollzieht, Spezifika äußerer Kontexte in die interne Kommunikation und leisten Ähnliches in Gegenrichtung. Gerade wenn Organisationen über die Grenzziehung gegenüber anderen sozialen Kontexten definiert sind, ist die Effektivität ihres „Umweltkontaktes", die Möglichkeit der Selbst-Revision, des Ressourcenaustausches, schließlich der Leistungserbringung und der Respezifikation abstrakter Handlungspläne auf die Flexibilität der Handelnden verwiesen. Dies zeigt sich empirisch an den Wegen des Wissenstransfers zwischen Funktionssystemen und entsprechenden Organisationen, etwa dort, wo die effiziente Anwendung sozialwissenschaftlichen Wissens in praktischen Kontexten auf die Übersetzungsleistung „zweisprachiger" Personen angewiesen ist (Bosch, Kraetsch und Renn 1999, S. 209ff.; Renn 1999). Das fällt auf in spezifischen „postfordistischen" Produktions- und Dienstleistungsunternehmen, die als Avantgarde einer möglichen Wissensgesellschaft angeführt werden und sich durch den neuen Produktionsfaktor individuellen Wissens und vor allem individueller Formen der Verwendung und Kommunikation dieses Wissens auszeichnen (Willke 1998).[24] Und es zeigt sich theoretisch wie empirisch an Steuerungs- und Planungsproblemen angesichts komplexer sozialer Prozesse. So nehmen die Beschreibungen des Wandels postsozialistischer Länder in der Transformations- und Transitionsforschung immer mehr Abstand zu modernisierungstheoretischen Modellen ein, die „Entwicklung" von „Gesellschaften" ohne den Faktor der individuellen Abweichung der Akteure, der spezifischen lokalen und individuellen Widerständigkeiten und Verschiebungen konzipieren (Thumfart 2002, S. 33ff., S. 599ff.). Schließlich deuten die konkreten Auswirkungen globalisierender Prozesse auf „postmoderne" Städte und Metropolen nicht nur in Richtung standardisierter Urbanität, sondern ebenso in Richtung individueller – und individuell getragener – lokaler Restrukturierung städtischen Raumes im Sinne einer neuen Politik des Lokalen (Soja 1995). Dabei ist durchaus an die Integrationsfunktion zu denken, die oben als Aufgabe der Personen im Dienste organisationaler Umweltbeziehungen angeführt wurde. Denn die Umstrukturierung von städtischen und quartierbezogenen sozialen Räumen, z. B. die Auflösung stabiler sozialräumlicher Milieus und ihrer Mediationsfunktion zwischen lokalen Beziehungen und abstrakten Integrationsmechanismen, kann auch als eine Auslagerung von Integrationsfunktionen in die einzelnen Individuen gelesen werden (so Touraine 1996, S. 27f.).

Personen übersetzen für Systeme in Systemen zwischen Systemen, und sie können dies aufgrund der selben Kompetenz, die sie zur Übersetzung zwischen eigenen Selbstaspekten, die den sozialen Behauptungen korrespondieren, in eine eigene individuellen Identität benötigen und entwickeln (oder – wenn es schlecht läuft – eben nicht entwickeln).[25]

---

24 Bis zur – etwas inkohärent zugespitzten – These einer neuen „Zerbrechlichkeit" abstrakter und formaler Organisation gesellschaftlicher Koordinationen (Stehr 2000).

25 Das bedeutet natürlich nicht, dass „Männer Geschichte" und Organisationen „machen". Personen bleiben bürokratischen, ökonomischen, rechtlichen Imperativen untergeordnet, sie spielen aber eine große Rolle dabei, in Organisationen zu bestimmen, was aus solchen Imperativen *in concreto* folgen muss. Neben der pragmatischen Ebene der Wirkung von individuellen Personen nutzen Organisationen natürlich zudem die symbolische Ebene der Surrogatidentität, d. h. der propagierten Individualität von Organisationsrepräsentanten. Personen spielen als Individuen eine Rolle, nicht aber auf die Weise, die etwa die Personalisierung in Politik und die massenmediale Inszenierung von Personalität und Interaktivität glauben machen will. Der inszenierte Exhibitionismus in Talk Shows bedient das Bedürfnis nach dem Schein der Interaktivität von abstrakten sozialen und kommunikativen Zusammenhängen, die individualisierende Reduktion von Komplexität kompensiert massenhafte Erfahrung von Ohnmacht – von eigener Irrelevanz für zentrale Kommunikationszusammenhänge.

Die funktional differenzierte Gesellschaft ist auf dezentrale, diffundierte Integrationsleistungen angewiesen, sie verfügt über kein zentrales Integrationssystem (Kultur *oder* Politik *oder* Verwaltung *oder* Markt), das die effektive Koordination sozialen Handelns und die Koordination von Formen der Koordination überwacht und steuert. Personen kreuzen Kontext- und Systemgrenzen und müssen Leistungen und Respezifikationen sowie Variationen innerhalb des Systems, der Organisation transportieren und anregen. Gegenüber Luhmann müsste es demnach in seiner Sprache heißen, dass die Individualität der Person nur deshalb in der modernen Gesellschaft nachhaltig semantisch inkludiert ist, weil die Individualität grenzenkreuzender Personen als Kreativität und Übersetzungskompetenz operativ in relativ geschlossene Systeme reinkludiert wird.

Die Selbsterhaltung von Personen als die praktische Synthese aus polyphonen deskriptiven Selbstbehauptungen und existentieller Auslegung dieser Behauptungen ist Teil der Selbstreproduktion von Systemen und Organisationen und der Integration ausdifferenzierter Subsysteme untereinander.[26] Eine nachhaltige Fragmentierung der Identität der Personen wäre deshalb dysfunktional, zumal die Assimilation der Person an das kontextspezifisch behauptete, typische und numerisch identifizierte Selbst unproduktiv wäre für die Organisationsselbstbehauptung.

Die systemtheoretische und gewisse postmoderne Bestandsaufnahmen des Verhältnisses zwischen funktionaler Differenzierung und personaler Identität bleibt unvollständig, weil sie die Handlungslogik unter Bedingungen funktionaler Differenzierung immer noch als klassisch moderne missversteht. Sie folgt dem Bild der verwalteten Welt, in der soziales Handeln ausschließlich den Standards abstrakter Institutionalisierung folgt und individuelle Aspekte von Situationen und Personen subsumtionslogisch zur Anpassung zwingt. Moderne Organisationen und Funktionssysteme sind indessen aufgrund ihrer eigenen Operationsweise längst weitaus anspruchsvoller und fordern kreative Personen, die auf der Basis einer starken, d. h. erfahrungsoffenen, aber kontinuierlichen und einheitlichen Identität ihr existentielles Selbst sowohl in enggeschnittenen Organisationskontexten als auch dort gegen sie behaupten.

---

26 Vgl. zum Konzept der „Organisationskultur“ und dabei der „Wechselwirkung“ zwischen subjektiver Sinnperspektive, mithin individueller personaler Identität, und organisationaler Steuerung, bei der Personen ihre Identität zwar nicht organisationsintern „darstellen“ (die Hahnsche Argumentation scheint auf ein expressivistisches Modell der Individualität zugespitzt), aber pragmatisch ausagieren und „einbringen“, auch Pankoke (2001, S. 197ff.).

Literatur

Baumann Zygmunt (1996a): From Pilgrim to Tourist. A Short History of Identity. In: Stuart Hall und Paul du Gay (Hg.): *Questions of Cultural Identity*. London: Sage, S. 18-37.

Baumann Zygmunt (1996b): Gewalt – modern und postmodern. In: Max Miller und Hans-Georg Soeffner (Hg.): *Modernität und Barbarei*. Frankfurt a. M.: Suhrkamp, S. 36-68.

Baumann, Zygmunt (1999): *Unbehagen in der Postmoderne*. Hamburg: Hamburger Edition.

Beck, Ulrich (1986): *Risikogesellschaft. Auf dem Weg in eine andere Moderne*. Frankfurt a. M.: Suhrkamp.

Bell, Daniel (1976): *The Cultural Contradictions in Capitalism*. New York: Basic Books.

Bolz, Norbert (1997): *Die Sinngesellschaft*. Düsseldorf: Econ.

Bosch, Aida, Clemens Kraetsch und Joachim Renn (2001): Paradoxien des Wissenstransfers. Die „Neue Liaison" zwischen sozialwissenschaftlichem Wissen und sozialer Praxis durch pragmatische Öffnung und Grenzerhaltung. In: *Soziale Welt 2*, S. 199-219.

Bourdieu, Pierre (1979): *Entwurf einer Theorie der Praxis*. Frankfurt a. M.: Suhrkamp.

Brandom Robert (1994): *Making it Explicit*. Cambridge/Mass.: Harvard University Press.

Durkheim, Emile (1977): *Über die soziale Teilung der Arbeit*. Frankfurt a. M.: Suhrkamp.

Elias, Norbert (1977): *Der Prozeß der Zivilisation*. Frankfurt a. M.: Suhrkamp.

Engelhardt, Michael von (1990): Biographie und Identität. Die Rekonstruktion und Präsentation von Identität im mündlichen autobiographischen Erzählen. In: Walter Sparn (Hg.): *Wer schreibt meine Lebensgeschichte? Biographie, Autobiographie, Hagiographie und ihre Entstehungszusammenhänge*. Gütersloh: Mohn, S. 197-248.

Foucault, Michel (1976): *Überwachen und Strafen*. Frankfurt a. M.: Suhrkamp.

Gergen, Kenneth (1990): Die Konstruktion des Selbst im Zeitalter der Postmoderne. In: *Psychologische Rundschau 41*, S. 191-199.

Gergen, Kenneth (1996): *Das übersättigte Selbst. Identitätsprobleme im heutigen Leben*. Heidelberg: Auer-Verlag.

Goffman Irving (1996): *Wir alle spielen Theater. Die Selbstdarstellung im Alltag*. München: Piper (Original 1959).

Gross, Peter (1985): Bastelmentalität: ein „postmoderner" Schwebezustand? In: Thomas Schmid (Hg.): *Das pfeifende Schwein*. Berlin: Wagenbach, S. 63-84.

Habermas, Jürgen (1981): *Theorie des kommunikativen Handelns. 2 Bände*. Frankfurt a. M.: Suhrkamp.

Habermas, Jürgen (1988): Individuierung durch Vergesellschaftung. In: ders.: *Nachmetaphysisches Denken*. Frankfurt a. M.: Suhrkamp, S. 187-242.

Hahn, Alois und Cornelia Bohn: Selbstbeschreibung und Selbstthematisierung: Facetten der Identität in der modernen Gesellschaft. In: Herbert Willems und Alois Hahn (Hg.): *Identität und Moderne*. Frankfurt a. M.: Suhrkamp, S. 33-62.

Heidegger, Martin (1984): *Sein und Zeit*. Tübingen: Niemeyer.

Honneth, Axel (1992): *Kampf um Anerkennung. Zur moralischen Grammatik sozialer Konflikte*. Frankfurt a. M.: Suhrkamp.

Horkheimer, Max und Theodor W. Adorno (1988): *Dialektik der Aufklärung*. Frankfurt a. M.: Suhrkamp.

Hörnig, Klaus und Matthias Michailow (1990): *Zeitpioniere*. Frankfurt a. M.: Suhrkamp.

Hradil, Stefan (1987): *Sozialstrukturanalyse in einer fortgeschrittenen Gesellschaft. Von Klassen und Schichten zu Lagen und Milieus*. Opladen: Westdeutscher Verlag.

Hradil, Stefan (1992): *Zwischen Bewußtsein und Sein. Die Vermittlung subjektiver und objektiver Lebensweisen*. Opladen: Westdeutscher Verlag.

Inglehart, Ronald (1995): Changing Values, Economic Development amd Political Change. In: *International Social Science Journal 145*, S. 379-403.

Krappmann, Lothar (1976): Neuere Rollenkonzepte als Erklärungsmöglichkeit für Sozialisationsprozesse. In: Manfred Auwärter, Edit Kirsch und Klaus Schröter (Hg.): *Seminar: Kommunikation, Interaktion, Identität*. Frankfurt a. M.: Suhrkamp, S. 307-332.

Luhmann, Niklas (1984): *Soziale Systeme*. Frankfurt a. M.: Suhrkamp.

Luhmann, Niklas (1988): *Erkenntnis als Konstruktion*. Bern: Beneteli.

Luhmann, Niklas (1989): Individuum, Individualität, Individualismus. In: ders.: *Sozialstruktur und Semantik. Band 3*. Frankfurt a. M.: Suhrkamp, S. 141-258.

Luhmann, Niklas (1990): Sthenographie. In: ders. u. a. (Hg.): *Beobachter. Konvergenz in der Erkenntnistheorie*. München: Fink, S. 119-139.

Luhmann Niklas (1999): *Die Gesellschaft der Gesellschaft*. Frankfurt a. M.: Suhrkamp.

Lyotard, Jean François (1989): *Der Widerstreit*. Frankfurt a. M.: Suhrkamp.

MacIntyre, Alisdair (1981): *After Virtue*. Notre Dame: Notre Dame Press.

Mead, George Herbert (1967): *Mind, Self & Society. From the Standpoint of a Social Behaviourist*. Chicago: University of Chicago Press.

Pankoke Eckart (2001): Wertedynamik und Sozialmanagement. Qualitätskontrollen, Motivationskulturen, Evaluationsprozesse im dritten Sektor. In: Hermann Hill (Hg.): *Modernisierung – Prozess oder Entwicklungsstrategie*. Frankfurt a. M.: Campus, S. 195-223.

Parfit, Derek (1986): *Reasons and Persons*. Oxford: Oxford University Press.

Peters, Bernhard (1993): *Die Integration moderner Gesellschaften*. Frankfurt a. M.: Suhrkamp.

Renn, Joachim (1997): *Existentielle und kommunikative Zeit. Zur „Eigentlichkeit" der individuellen Person und ihrer dialogischen Anerkennung*. Stuttgart: Metzler.

Renn, Joachim (1999): Explikation und Transformation. Die Anwendung soziologischen Wissens als pragmatisches Übersetzungsproblem. In: Gert Schmidt u. a. (Hg.): *Sozialwissenschaftliche Forschung und Praxis – Interdisziplinäre Sichtweisen*. Wiesbaden: Deutscher Universitätsverlag, S. 123-145.

Ricœur, Paul (1988): *Zeit und Erzählung. Band 1*. München: Fink.

Ricœur, Paul (1990): *Soi meme comme un autre*. Paris: Edition du Seuil.

Ricœur, Paul (1991): *Zeit und Erzählung. Band 3*. München: Fink.

Sartre, Jean Paul (1986): *Das Sein und das Nichts*. Hamburg: Rowohlt.

Sennett, Richard (1998): *Der flexible Mensch. Die Kultur des neuen Kapitalismus*. Berlin: Berlin-Verlag.

Simmel, Georg (1983): Individualismus (zuerst 1917). In: ders.: *Schriften zur Soziologie, eine Auswahl*. Frankfurt a. M.: Suhrkamp, S. 267-275.

Soja, Edward (1995): Die postmoderne Stadt. In: Gotthard Fuchs, Bernhard Moltmann und Walter Prigge (Hg.): *Mythos Metropole*. Frankfurt a. M.: Suhrkamp, S. 143-165.

Straub Jürgen (1998): Personale und kollektive Identität. Zur Analyse eines theoretischen Begriffs. In: Aleida Assmann und Heidrun Friese (Hg.): *Identitäten. Erinnerung, Geschichte, Identität 3*. Frankfurt a. M.: Suhrkamp, S. 73-105.

Straub Jürgen (2000): Identitätstheorie, Identitätsforschung und die „postmoderne“ *armchair psychology*. In: Kulturwissenschaftliches Institut Nordrhein-Westfalen (Hg.): *Jahrbuch 1999/2000*. Essen: stattwerk e.G., S. 125-157; und: *Zeitschrift für qualitative Bildungs, Beratungs- und Sozialforschung 1*, S. 167-194.

Taylor, Charles (1985): What is Human Agency? In: ders.: *Human Agency and Language*. Philosophical Papers 1. Cambridge: Cambridge University Press, S. 29-33.

Taylor Charles (1989): *Sources of the Self. The Making of the Modern Identity*. Cambridge/Mass.: Harvard University Press.

Taylor Charles (2002): Ursprünge des neuzeitlichen Selbst. In: ders.: *Wieviel Gemeinschaft braucht die Demokratie?* Frankfurt a. M.: Suhrkamp, S. 171-284.

Thumfart, Alexander (2002): *Die politische Integration Ostdeutschlands*. Frankfurt a. M.: Suhrkamp.

Touraine Alain (1996): Die Stadt – Ein überholter Entwurf? In: *Demokratische Gemeinde. Sonderheft „Die Stadt – Ort der Gegensätze“*, S. 18-32.

Tugendhat, Ernst (1979): *Selbstbewußtsein und Selbstbestimmung*. Frankfurt a. M.: Suhrkamp.

Welsch, Wolfgang (1991): Subjektsein heute. Überlegungen zur Transformation des Subjektes. In: *Deutsche Zeitschrift für Philosophie 4*, S. 347-365.

Willke, Helmut (1998): Organisierte Wissensarbeit. In: *Zeitschrift für Soziologie 27*, S. 161-77.

Zwischen Selbstthematisierungszwang und Artikulationsnot?

Situative Identität als Fluchtpunkt von Individualisierung und Beschleunigung

Hartmut Rosa

In neueren sozialwissenschaftlichen Publikationen zur Frage nach der Form personaler Identitäten in spätmodernen Gesellschaften wird meist schon in der Einleitung darauf hingewiesen, dass gesellschaftliche bzw. sozialstrukturelle Modernisierungsprozesse nicht ohne Entsprechung in der Konstruktion subjektiver Selbstverhältnisse bleiben können (vgl. etwa Willems und Hahn 1999; Keupp u. a. 1999). Identitätswandel und Sozialstrukturwandel durch Modernisierung, so die nahe liegende Vermutung, gehen notwendig Hand in Hand. Unter die relevanten Modernisierungsprozesse werden dabei zumeist Individualisierung, Pluralisierung, Rationalisierung und Differenzierung und manchmal auch anhaltende Globalisierung und Ökonomisierung im „schrankenlosen Kapitalismus" gezählt. Ich teile diesen Befund der gleichsam „strukturellen Kopplung" von sozialem Wandel und Veränderung der Selbstverhältnisse oder Identitätsmuster, doch möchte ich in diesem Beitrag insbesondere auf einen weiteren, m. E. ganz und gar fundamentalen, bisher aber weitestgehend vernachlässigten Modernisierungsfaktor und -prozess hinweisen, nämlich denjenigen der sozialen *Beschleunigung* und hier insbesondere der Beschleunigung des *sozialen Wandels*.[1] Selbstverhältnisse oder Identitäten haben unaufhebbar eine zeitliche Struktur, in der Vergangenheit, Gegenwart und Zukunft eines Subjektes verknüpft sind (vgl. auch Straub 1993, 1998a). *Wer man ist* bestimmt sich immer auch dadurch, wie man es geworden ist, *was man war* und *hätte sein können* und *was man sein wird* und *sein möchte*. In jeder identitätsstiftenden, narrativ konstruierten Lebensgeschichte eines Subjektes wird nicht nur die Vergangenheit rekonstruiert, sondern damit zugleich die Gegenwart gedeutet und eine mögliche Zukunft entworfen. Zugleich werden in der „alltäglichen Identitätsarbeit" von Subjekten stets mehrere Zeithorizonte unterschiedlicher Reichweite miteinander verknüpft und einander angeglichen: Die Zeit- und Identitätsmuster der jeweiligen Situation, der je gegebenen Alltagspraxis, der übergreifenden Perspektive auf das eigene Leben und schließlich der histori-

---

1 Eine der wenigen neueren soziologischen Untersuchungen, die sich bei der Analyse der aktuellen Selbstverhältnisse ausführlich mit dem Zeitaspekt befassen, stellt Richard Sennetts (1998) Essay zur Veränderung der Persönlichkeitsstruktur in einer durch Kurzfristigkeit und Wandel geprägten (kapitalistischen) Gesellschaft dar; dazu kritisch auch Straub (2001).

schen Epoche müssen stets aufs Neue miteinander in Einklang gebracht werden (vgl. Straus und Höfer 1997; Alheit 1989). Veränderungen in den Temporalstrukturen und -horizonten der Gesellschaft wirken sich daher unvermeidlich auch auf die Temporalstrukturen der Identitätsbildung und -erhaltung aus, und – so meine These – es ist hier mehr als irgendwo sonst, dass sich ein Bruch zwischen der „klassischen" Moderne und dem, was man als *Spät-* oder (je nach Perspektive) auch *Postmoderne* bezeichnen könnte, ausmachen lässt.

Ich möchte nun im Folgenden zunächst diesen sich andeutenden Bruch in den Bedingungen der Identitätsbildung anhand der Auswirkungen zweier ineinander greifender, fundamentaler Modernisierungsprozesse, nämlich Individualisierung und Beschleunigung, in Umrissen darstellen, um daran anschließend zwei bzw. drei potenziell problematische und miteinander verknüpfte Folgen für spätmoderne Selbstverhältnisse herauszuarbeiten, nämlich einerseits einen gesteigerten *Selbstthematisierungszwang* bei simultan wachsender Artikulationsnot und *Ausdrucksarmut*, die in der Kultur der Spätmoderne paradoxerweise Hand in Hand gehen, und andererseits eine bemerkenswerte „Entzeitlichung" des Lebens zugunsten situativer Zeit- und Selbstpraktiken, die als eine Folge der spätmodernen „Verzeitlichung der Zeit" verstanden werden können und tendenziell eine neue Form *situativer Identitäten* hervorbringen.

I. Individualisierung und Beschleunigung

Natürlich sind weder Individualisierungs- noch Beschleunigungsprozesse etwas Neues, das erst in der Spätmoderne auftritt, und auch die sie begleitenden Individualisierungs- und Beschleunigungs*diskurse* sind nicht erst Produkte des 20. Jahrhunderts. Seit der Zeit der „Klassiker" haben soziologische Diagnosen die moderne Gesellschaft in Absetzung von vor-modernen „traditionalen Gemeinschaften" stets auch unter dem Aspekt der Individualisierung beschrieben und dabei hervorgehoben, dass die Bindekraft von Traditionen ab- und das Ausmaß zunimmt, in dem Individuen über ihre Lebensform selbst entscheiden können. Ebenso begleitet die nicht immer, aber oft mit Besorgnis gemachte Beobachtung der fortwährenden Dynamisierung und Beschleunigung des sozialen Lebens und des gesellschaftlichen Wandels die Moderne in allen ihren Phasen; sie setzte ein, lange bevor die umfassende Technisierung des Lebens- und Arbeitsalltags begann und dauert bis heute fort. Schon 1828 formulierte etwa Friedrich Ancillon in einer zugleich an das *Kommunistische Manifest* wie an die Spätmoderne erinnernden Wendung: „Alles ist beweglich geworden, oder wird beweglich gemacht, und in der Absicht, oder unter dem Vorwand, alles zu vervollkommnen, wird alles in Frage gezogen, bezweifelt und geht einer allgemeinen Umwandlung entgegen. Die Liebe zur Bewegung an sich, auch ohne Zweck und ohne ein bestimmtes Ziel, hat sich aus den Bewegungen der Zeit ergeben und entwickelt. In ihr, und in ihr allein, sucht man das wahre Leben" (zit. nach Koselleck 1995, S. 328). Die hier thematisierte allmähliche Verschiebung der Balance zwischen den Elementen der Bewegung und denen der Beharrung zugunsten der Dynamisierung scheint mir dabei grundlegend für die Diagnose des Beschleunigungsprozesses. Sie ist von zentraler Bedeutung für Fragen der Identitätsfindung und -wahrung, weil in diesen stets Kontinuität und Kohärenz gegen Wandel und Flexibilität balanciert werden müssen (vgl. etwa Krappmann 1997; Straub 1998b).

Beschleunigung wie Individualisierung bezeichnen somit Modernisierungsprozesse, die sich durch die gesamte Geschichte der Neuzeit hinziehen. Allerdings verlaufen beide nicht einfach kontinuierlich bzw. linear-gleichförmig, sondern sie entfalten sich gleichsam schubweise, wobei sie immer wieder auch auf Widerstände und Gegentendenzen stoßen, welche vorübergehende Umkehrungen der Entwicklungsrichtung, d. h. einerseits zeitweilige Erstarrung, Stillstand und Verlangsamung, andererseits Re-Kollektivierungen und gesellschaftliche Organisierung in formierten Gruppen hervorrufen.[2] Darüber hinaus ist natürlich zu berücksichtigen, dass die gesteigerte *Wahrnehmung* von Dynamisierungs- und Individualisierungsprozessen, d. h. das Auftreten von Beschleunigungs- und Individualisierungs*diskursen*, durchaus phasenverschoben zu material beobachtbaren Akzelerations- und Individualisierungsprozessen sein kann; ja dass eine solche Verschiebung und partielle Verselbständigung geradezu zu erwarten steht. Die entsprechenden Diskurse, so ist zu vermuten, entwickeln sich in der Folge jener materialen Prozesse, wirken aber natürlich auch auf jene zurück, bisweilen bis zur Ununterscheidbarkeit von Diskurs und Realphänomen.

Zugleich ist schließlich anzunehmen, dass Prozesse der Beschleunigung wie der Individualisierung in ihren strukturbildenden und kulturprägenden Auswirkungen nicht einfach durch *quantitative* Steigerungen zu beschreiben sind, sondern dass es im Gefolge massiver Schübe auch zu *qualitativen* Umschlägen kommt, welche in den betroffenen Gesellschaften nicht vorhersehbare strukturelle und kulturelle Brüche und Umschwünge zur Folge haben können (vgl. dazu Rosa 2001a).

In der Tat nun lassen sich zahlreiche Indizien dafür finden, dass die gegenwärtige postindustrielle Gesellschaft – verstärkt durch die politische Revolution von „1989" und die „digitale Revolution" der Computertechnologie – sowohl einen neuen Individualisierungs- als auch einen gewaltigen Beschleunigungsschub erlebt, die auch umgehend den Ruf nach *Entschleunigung* und *Re-Vergemeinschaftung* (etwa in Form

---

2 Vgl. zu ersterem etwa Radkau (1998, bes. S. 25), zu letzterem Wagner (1995).

des Kommunitarismus) laut werden lassen (vgl. etwa Reheis 1998; Honneth 1993). Worin aber besteht die neue Qualität der spätmodernen Individualisierung und Beschleunigung? Da es in der aktuellen sozialwissenschaftlichen Diskussion eine breit angelegte Debatte um die Individualisierung, aber so gut wie keine systematisch angelegte Beschleunigungsdiagnose gibt, möchte ich im Folgenden auf erstere nur kurz, auf die letztere dagegen etwas ausführlicher eingehen.

I.1 Aspekte der Individualisierung

Der prominent etwa in Ulrich Becks *Risikogesellschaft* (1996) diagnostizierte neue, zweite Individualisierungsschub, für den zumeist Ursachen wie höhere Durchschnittseinkommen, welche tendenziell den Übergang von der „Knappheits-" zur „Überflussgesellschaft" bewirken, die Bildungsexpansion, soziale Aufwärtsmobilität, der liberalisierende Einfluss der Massenmedien und ein Verblassen traditioneller Normvorstellungen genannt werden, führt in noch einmal verschärfter Form zu „individualisierte[n] Existenzformen und Existenzlagen, die die Menschen dazu zwingen, sich selbst – um des eigenen materiellen Überlebens willen – zum Zentrum ihrer eigenen Lebensplanung und Lebensführung zu machen. Individualisierung läuft in diesem Sinne auf eine Aufhebung der lebensweltlichen Grundlagen eines Denkens in traditionalen Kategorien von Großgruppengesellschaften hinaus" (ebd., S. 116f.).

Der damit einhergehende Zwang zur Selbstthematisierung ist eine Folge der gegenüber der klassischen Moderne noch einmal gesteigerten Wählbarkeit bzw. Kontingenz *zentraler* wie *peripherer* Lebensdimensionen. Dass die Wahlmöglichkeiten und Differenzierungsweisen nicht nur im Hinblick auf zentrale Lebens- und Identitätsdimensionen wie Beruf, Familie, Religion, Wohnort, tendenziell aber auch Nationalität, Sexualität und Geschlecht, sondern gerade auch im Hinblick auf periphere, aber den Alltag mitprägenden Lebensbereiche wie Telefon- und Versicherungsgesellschaft, Energiegesellschaft, Vereine, Rentenversicherungsformen, Fernsehanstalten etc. zugenommen hat, scheint mir dabei nicht unerheblich. Selbst dort, wo alte Muster tradiert werden und von den neuen Wahl- und Wechselmöglichkeiten kein Gebrauch gemacht wird, ist das *Kontingenzbewusstsein* (überall *könnte* die eigene Entscheidung auch anders ausfallen oder die durch äußere Zwänge geschaffene Situation sich verändern) unvermeidlich gestiegen. Neu ist in der Spätmoderne über die noch einmal gesteigerten Wahlmöglichkeiten hinaus die sehr weitgehende *Revidierbarkeit* – Familien, Berufe, religiöse Zugehörigkeiten, Parteipräferenzen, Versicherungsgesellschaften sind keine Fixpunkte der Lebensführung mehr, die nach der (einmaligen) Wahl ein Leben lang Bestand haben, sondern sie können jederzeit durch eigene Wahl oder die Entscheidung anderer revidiert werden – und die zunehmend freie *Kombinierbarkeit* der Identitätsbausteine: Infolge der sich allmählich abzeichnenden progressiven Auflösung identitätsprägender sozialer Klassen und starrer Milieus gilt nicht länger, dass etwa eine bestimmte Ausbildung nahezu zwangsläufig zu einem bestimmten Beruf führt, dass ein bestimmter Beruf mit hoher Wahrscheinlichkeit mit einer bestimmten politischen Präferenz einhergeht und dass beide zusammen zumeist mit bestimmten religiösen Orientierungen und Freizeitaktivitäten koinzidieren; und ebenso wenig sind bestimmte Aktivitäten und Orientierungen notwendig mit bestimmten Altersphasen kombiniert. Denn immer häufiger finden sich etwa Ausbildungsphasen, die traditionell mit dem Jugendalter korreliert sind, auch im reiferen Alter und *nach* Abschnitten längerer Berufstätigkeit, während umgekehrt beispielsweise dauerhafte unfreiwillige Exklusionen vom Erwersleben auch schon im Jugendalter erfahren werden können, und ähnlich verhält es sich mit biographischen Phasen des Allein- und Zusammenlebens, Heiratens und Vater- oder Mutterwerdens.[3] Tendenziell lösen sich somit gewissermaßen die „Cluster" an Identitätsmerkmalen auf, die mit relativ hoher Wahrscheinlichkeit zusammen auftreten; es kommt zu einer Ausdifferenzierung individueller Lebenslagen.

Hilfreich scheint mir im identitätsrelevanten Kontext des Individualisierungsdiskurses der Vorschlag von Axel Honneth zu sein, drei verschiedene Ebenen oder Aspekte von Individualisierung zu unterscheiden (Honneth 1994a, S. 20-29), die in ihren Ausprägungen durchaus unabhängig voneinander sein können, in der Debatte aber oft vermischt werden, nämlich:

1. *Individualisierung* im eigentlichen Sinne, die besagt, dass individuelle Lebenslagen heute nicht mehr aus schicht- oder milieuspezifischen Mustern ableitbar sind, sondern aufgrund wachsender Optionenvielfalt (und auch nicht-gewählter Kontingenzen) in zentralen und peripheren Lebensdimensionen individuell „ausdifferenziert" sind.
2. *Privatisierung* als eine mögliche, aber keine notwendige Folge der Individualisierung. Gemeint ist damit die Auflösung von Gemeinschaften in dem Sinne, dass zentrale (und periphere) Lebensentscheidungen für die Einzelnen zur individuellen „Privatsache" werden, weil sie in Folge zunehmender Vereinzelung aus konstitutiven, identitätsbildenden Gemeinschaftsbindungen herausgefallen sind bzw. sich daraus gelöst haben.
3. *Autonomisierung* dagegen besagt, dass die unübersehbar gewachsene Optionenvielfalt und die Kontingenzspielräume von den Individuen in einer Weise genutzt werden können, die sie zu größerer, selbstbewusster, reflektierter und im Lichte

3 Martin Kohli (1990) diagnostiziert daher eine allmähliche De-Institutionalisierung und De-Standardisierung des Lebenslaufes.

der je eigenen Lebensgeschichte und Identität „vernünftiger" Selbstbestimmung befähigt.

Selbst wenn sich dabei ausreichende empirische Belege für eine wachsende spätmoderne Individualisierung im eigentlichen Sinne finden lassen, ist die *Privatisierungsthese* in der Soziologie durchaus umstritten, weil neue Assoziationsformen (*peer-groups*, soziale Bewegungen, Selbsthilfegruppen etc.) die traditionellen Gemeinschaftsformen zumindest teilweise ersetzen, wenngleich die Mitgliedschaft in ihnen ebenfalls kontingent und revidierbar ist; die *Autonomisierungsthese* dagegen wird insbesondere von „kulturkritischer" Seite ernsthaft in Frage gestellt. Fest steht auf jeden Fall, dass wachsende Kontingenz nicht notwendig mit wachsender Autonomie einhergehen muss: Dass Vieles auch anders sein könnte, heißt noch lange nicht, dass die handelnden Subjekte es gestalten oder auch nur in signifikantem Maße beeinflussen können. Möglicherweise nehmen die unvorhersehbaren und daher gerade *nicht* gestaltbaren „Wechselfälle des Lebens" (*Verlust des Arbeitsplatzes, des Ehepartners etc.*) ebenso zu, wie die Bestimmungsgründe für eine autonome Gestaltung des eigenen Lebens abnehmen; auf diesen Aspekt werde ich im Folgenden noch zurückkommen.

Festhalten lässt sich somit, dass in spätmodernen Gesellschaften das eigene Leben kurz-, mittel- und langfristig in viel stärkerem Maße als zuvor geplant und aktiv geführt werden muss, wenn ein Anspruch auf Autonomie aufrechterhalten werden soll, weil die Orientierung an vorgegebenen „Normalbiographien" und standardisierten „Lebenslaufregimen" erodiert und die inhaltliche und zeitliche Struktur eines Lebens sich öffnet. Gerade die langfristige Planung und Orientierung wird aber durch den zweiten hier maßgebenden Modernisierungstrend, die soziale Dynamisierung oder Beschleunigung, massiv erschwert und teilweise sogar obsolet gemacht. Daraus ergibt sich für spätmoderne Subjekte und Selbstverhältnisse eine gleichsam paradoxale Situation, in der es „immer notwendiger [wird], Nichtplanbares, Nichtvorhersehbares, Nichtentscheidbares bereits einzuplanen und zu entscheiden. Mit anderen Worten: Vergangenes wie Zukünftiges kann immer weniger, muss aber immer häufiger *jetzt* formuliert werden" (Hörning, Ahrens und Gerhard 1997, S. 180).

I.2 Aspekte der Beschleunigung

Die zeitgenössische „globalisierte" Gesellschaft ist gekennzeichnet durch die Schnelllebigkeit und Kurzfristigkeit von Entwicklungen, Trends und Bindungen und lässt sich so treffend auch als „Beschleunigungsgesellschaft" beschreiben. Entsprechend beobachtet etwa der US-amerikanische Autor James Gleick in seinem Buch

Faster. The Acceleration of Just About Everything (1999) die Beschleunigung unseres Alltags von der Arbeit über die Freizeit bis zum Liebesleben, während die Bundesregierung *Beschleunigung* an erster Stelle unter den zentralen Trends der Zukunftsgesellschaft anführt und Bill Gates für die Jahre nach 2000 die Dekade der *Geschwindigkeit* ausruft.[4] Komplementär dazu finden sowohl Lebenshilfen zum verbesserten „Zeitmanagement" wie auch Bücher, in denen der Ruf nach *Entschleunigung* erschallt (gleichsam als neue Ideologie der Modernisierungsverlierer, wie Peter Glotz argwöhnt [1998]), reißenden Absatz.

Auch *Beschleunigung* lässt sich unter drei getrennten Aspekten erfassen:[5]

1. *Technische Beschleunigung* im Sinne der Steigerung des Tempos, mit dem sich Transport-, Kommunikations- und Produktionsprozesse realisieren lassen. Diese Form der Beschleunigung hat nachhaltig unsere Wahrnehmung von Zeit und Raum verändert, indem sie beispielsweise den anthropologisch begründeten Vorrang der Raumwahrnehmung in einen (erlernten) Vorrang der Zeitwahrnehmung umwandelte, weil im Zeitalter der Globalisierung viele Prozesse und Ereignisse gleichsam „ortlos" geworden sind. Dies hat unzweifelhaft Konsequenzen für die Formen der Selbstverhältnisse oder der Identität, die sich zunehmend von geographischen und sozialen Orten und Räumen ablösen und, wie noch genauer zu zeigen sein wird, auch neue Zeitstrukturen implizieren.
2. Die *Beschleunigung des sozialen Wandels* ist von der *technischen Beschleunigung* nur zum Teil abhängig. Sie beinhaltet, dass soziale Praktiken, Konstellationen und Strukturen instabiler werden. Verlässliche Traditionen und Gemeinschaften, Moden, Werte, Orientierungen, Wissensbestände und Handlungsmuster wandeln und verändern sich immer schneller (auch hiervon sind nicht nur zentrale, sondern ebenso sehr und vielleicht in noch höherem Maße periphere Lebensbereiche betroffen: die Praxis des Telefonierens, die Arten der Altersvorsorge, die Verfassung des Bildungssystems, die Berufslandschaft, die Kleidermoden, sogar die Nachbarn: sie alle wechseln bzw. ändern sich immer rascher). Damit nehmen Gewissheiten und Verlässlichkeiten ab und Unsicherheiten zu, und die *Halbwertszeit* unseres (nicht nur wissenschaftlichen, sondern auch alltagspraktischen) Wissens, definiert als die Zeitdauer, in der die Hälfte dessen, was wir zu einem bestimmten Zeitpunkt wissen, irrelevant oder ungültig geworden ist, nimmt rasant ab: Was zu einem früheren Zeitpunkt (in technischer, politischer, lebenspraktischer Hinsicht) galt, gilt heute nicht mehr, und was heute gilt,

4 Gates zit. nach Freyermuth (2000, S. 76). Für die Bundesregierung vgl. die Anzeige „Den Wandel gestalten", unterzeichnet von Joschka Fischer und Gerhard Schröder, in: *Spiegel, Heft 3, 17 Januar 2000,* S. 47-49.

5 Vgl. hierzu und zum folgenden ausführlich Rosa (2001a).

wird morgen nicht mehr gelten. Eben dies hat Herrmann Lübbe als „Gegenwartsschrumpfung" beschrieben, womit er zum Ausdruck bringt, dass die Zeiträume, für die von einigermaßen stabilen Lebens- und Handlungsbedingungen ausgegangen werden kann, für die also eine gewisse Erwartungssicherheit besteht, in den verschiedenen Handlungsfeldern immer kürzer werden (Lübbe 1998). Nur innerhalb solcher Zeiträume, in denen gleichsam *Erfahrungsraum* und *Erwartungshorizont* zusammenfallen, kann man aus Erfahrungen lernen und aus Vergangenem Schlüsse für die Zukunft ziehen; nur in ihnen haben Erfahrungen einen Wert (vgl. Koselleck 1995). Im Anschluss an Lübbe steht hier zu vermuten, dass die kulturelle Innovationsverdichtung in einer Weise zugenommen hat, die das, was als sozialer Wandel manifest wird, sich nicht mehr über Generationen hinweg vollziehen, sondern gleichsam *intra-generational* werden lässt. So werden etwa *Berufe* heute nicht mehr von einer Generation zur nächsten weitergegeben, wie oftmals in der Vormoderne, und sie bleiben auch nicht mehr ohne weiteres über ein Arbeitsleben hinweg stabil, wie in der klassischen Moderne, sondern werden in der Spätmoderne tendenziell *innerhalb* eines Erwerbslebens mehrfach gewechselt (Garhammer 2001). Dieselbe Tendenz einer Beschleunigung des sozialen Wandels von inter-generationalen zu intra-generationalen Veränderungen lässt sich ansatzweise (bei aller Vorsicht, zu der die empirische Forschung hier zurecht mahnt) auch im Hinblick auf die Entwicklung von (idealtypischen) Familienstrukturen beobachten: Ersetzte mit Anbruch der Moderne die auf eine Generation hin angelegte Kernfamilie die Großfamilie und damit den übergenerationalen Familienverband und die entsprechende auf Dauer angelegte Struktur, so ersetzt im Zeitalter der Spätmoderne der „Lebensabschnittspartner" tendenziell den „Lebenspartner" – Familienstrukturen und identitätskonstituierende Partnerschaften halten nicht mehr über ein ganzes Leben hinweg. Wenngleich gegenüber einer solchen schematisierten Form der Darstellung des Wandels von Familienstrukturen durchaus Zweifel angebracht sind (vgl. etwa Hildenbrand 1999), lässt sich doch kaum leugnen, dass das *Kontingenzbewusstsein* steigt, und zwar auch bei denen, die sich dafür entscheiden, ein Leben lang zusammenzubleiben. Und im Gegensatz zu den „exogenen" Kontingenzen und Wechselfällen wie Krankheiten, Naturkatastrophen, gewaltförmige Herrschaftseingriffe etc., welche vormoderne Familienstrukturen sehr oft instabil und zerfallsbedroht werden ließen, sind die Kontingenzen spätmoderner Familienstrukturen *selbsterzeugter*, familien-*endogener* Natur.

All das bedeutet, dass Erfahrungen und Wissen permanent entwertet werden. Die Folge hiervon ist, dass wir in zentralen wie peripheren Lebensdimensionen nicht mehr sicher sein können, wie lange sie in ihrer Gestalt (abhängig oder unabhängig von unserem Willen) noch Bestand haben: Familie, Beruf, Wohnort, religiöse und politische Orientierungen, aber auch Geldanlage, Krankenversicherung und Telefongesellschaft etc. geraten gleichermaßen unter Kontingenzverdacht. Hieraus wird nun ersichtlich, wie sehr Individualisierung und Beschleunigung miteinander verknüpft sind und wieso die Idee einer Identität im Sinne einer stabilen Verwurzelung in einer (gewählten oder traditionell gegebenen) Lebensform zunehmend anachronistisch zu werden scheint. Viele Individualisierungs und Pluralisierungsprozesse lassen sich dabei als Folgewirkung zunehmender sozialer Dynamisierung und einer Desynchronisierung der Zeitmuster und -horizonte sozialer Subsysteme erklären.

3. Die *Beschleunigung des individuellen Lebenstempos* ist angesichts der technischen Beschleunigung, welche die Einsparung und Freisetzung von Zeitressourcen bewirkt und daher das Lebenstempo *entschleunigen* müsste, eine paradoxe Erscheinung. Sie lässt sich in eine objektive und eine subjektive Komponente unterscheiden: Zum einen nämlich lassen sich etwa mittels Zeitbudgetstudien Verkürzungen bzw. Beschleunigungen von Handlungsepisoden (etwa die Verkürzung der Essens- oder Schlafensdauer oder der durchschnittlichen Kommunikationszeiten in der Familie) und zugleich eine Steigerung der Dichte von Handlungs- oder auch Erlebnisepisoden pro Zeiteinheit (wir machen *mehr* Dinge in kürzerer Zeit) „objektiv" feststellen.[6] Zum anderen schlägt sich die *Erhöhung* des Tempos des Lebens (nicht die Geschwindigkeit per se!) subjektiv in einer Zunahme der Empfindung von Zeitdruck, Zeitnot und stressförmigem Beschleunigungszwang sowie in der Angst, „nicht mehr mitzukommen", nieder, die in der Literatur für die hoch industrialisierten Gesellschaften recht gut belegt sind.[7] Dies lässt sich zum Teil als Reaktion auf den beschleunigten sozialen Wandel verstehen: Wer mit den Veränderungen nicht Schritt hält, sich nicht mitverändert, verliert rasch den Anschluss an neue Techniken, Praktiken, Moden, Gemeinschaften etc. Das führt zu einem Lebensgefühl, das ich anderswo als das „Slippery-Slope-Phänomen" zu definieren versucht habe: Das Gefühl nämlich, gleichsam überall auf abschüssigem Terrain (oder auf „Rolltreppen nach unten") zu stehen. Die Gefahr, in den verschiedenen Bereichen des sozialen Lebens „abgehängt" zu werden, den Anschluss zu verpassen, nicht mehr auf dem Laufenden zu sein und damit Anschlussmöglichkeiten zu verlieren, erzeugt einen gewaltigen Druck, das individuelle Lebenstempo zu erhöhen, *sich auf dem Laufenden zu halten*, um ein Abrutschen (und damit den Verlust von Anschluss- und Handlungschancen) zu vermeiden. Auf diese Weise erzwingt eine hochdynamische Gesellschaft wie die

---

6 Die Forschungslage ist hier allerdings noch erstaunlich unsicher; für einige Belege in dieser Richtung vgl. etwa Garhammer (1999) oder Benthaus-Apel (1995).

7 Vgl. Geißler (1999, S. 92); Garhammer (1999, S.448ff.); Levine (1999, S. 196f.).

spätmoderne eine Entsprechung in den Selbstverhältnissen und Identitätsmustern in Form einer Prämierung von Flexibilität und Wandlungsbereitschaft gegenüber Beharrung und Kontinuität: Subjekte müssen sich entweder von vornherein als offen, flexibel und veränderungsfreudig konzipieren oder sie laufen Gefahr, permanente Frustration zu erleiden, wenn ihre auf Stabilität ausgerichteten Identitätsentwürfe an einer sich schnell verändernden Umwelt zu scheitern drohen. Zum Teil scheint die Temposteigerung jedoch auch eine subjektive Reaktion auf die Tatsache darzustellen, dass jede *realisierte* Option angesichts einer wachsenden Flut an *realisierbaren* Optionen auch eine wachsende Anzahl *nicht-realisierter* Möglichkeiten impliziert – mit jeder Entscheidung *für* etwas entscheiden sich Menschen auch *gegen* andere Möglichkeiten, die sie dann verpassen, und letztere nehmen schneller zu, als durch Beschleunigung an Optionenausschöpfung wettgemacht werden kann.

Folgt man neueren Analysen der spätmodernen Temporalstrukturen, wie sie etwa Hörning, Ahrens und Gerhard oder auch Richard Sennett vorgelegt haben, dann könnte die soziale Beschleunigung zu Beginn des 21. Jahrhunderts möglicherweise ein Maß erreichen, mit dem die Steuerungs- und Integrationsfähigkeit „klassisch-moderner" Identitätsstrategien gesprengt wird. Konzeptionen fragmentarischer, pluralisierter, experimentell-offener Selbstverhältnisse könnten dann mindestens ebenso sehr eine Konsequenz des Wandels von Temporalstrukturen sein wie eine Folge von Individualisierungstendenzen oder gar des philosophisch-praktischen Ethos des Postmodernismus. Letzterem scheint aus dieser Perspektive eher die Funktion einer begleitenden oder nachträglichen *Legimierung* jenes funktional unabweisbaren Identitätswandels zuzukommen.

Als Ursachen der diagnostizierten Dynamisierung lassen sich dabei *kulturhistorische* (Beschleunigung als säkularer Ewigkeitsersatz und Strategie zur Angleichung von Weltzeit und Lebenszeit), *ökonomische* (Zeit ist Geld im kapitalistischen Wirtschaftssystem) und *sozialstrukturelle* (funktionale Differenzierung erzwingt eine Temporalisierung von Komplexität) Gründe ausmachen, doch soll uns die Frage nach den Ursachen hier nicht weiter beschäftigen (vgl. dazu ausführlich Rosa 2001a).

I.3 Identität unter den Bedingungen von Individualisierung und Beschleunigung

Was lässt sich nun angesichts dieser Entwicklungstrends über die zeitgenössischen Prozesse der Identitätsfindung sagen? Definiert man „Identität" als die – teilweise *reflektierte*, teilweise in Handlungsvollzügen, in den Präferenzen und Distinktionen des „Habitus“ einfach *gelebte* – Antwort auf die Frage danach, *wer man ist*, dann scheint es nach dem Gesagten offensichtlich, dass es im Vergleich zu traditionalen Gesellschaften nicht einen, sondern zwei große Brüche in den historischen Mustern der Identitätsbildung gegeben hat.

Ich möchte das gleichsam „idealtypisch“ kurz skizzieren:

1. In traditionalen Gesellschaften finden Menschen die Antwort auf die Frage nach ihrer Identität (sofern sich ihnen diese Frage lebenspraktisch überhaupt stellt) durch einen „Blick nach außen“: Tradition, Gemeinschaft und/oder Religion definieren, wer sie sind, wie sie in der Gemeinschaft stehen und was sie zu tun haben. Ihre „Identitätsparameter“ wie Beruf/Tätigkeit, Religion, Familienform, Wohnort, „politische Orientierung“ etc. sind weitestgehend vordefiniert. In einer solchen Gesellschaft gibt es einerseits wenig Anlass zur Selbstthematisierung und andererseits stellen mehr oder weniger alle Handlungskontexte Foren zur expressiven Realisierung und Widerspiegelung der jeweiligen Identität dar. Hier haben Subjekte sozusagen eine *substanzielle personale Identität „a priori“*.
2. In der „klassisch-modernen“ Gesellschaft dagegen wird Identität teilweise individualisiert bzw. „wählbar“, aber entlang fester Parameter: Wer man ist, entscheidet sich daran, welchen Beruf und welchen Ehepartner man wählt, welcher Religion man angehört und welche politische Orientierung und Nationalität man hat. „Gewählt“ wird vor allem in den ersten beiden Dimensionen, z. T auch in den nächsten beiden (wobei etwa Beruf und politische Orientierung intern oft verknüpft sind), aber in der Regel nur *ein mal*, d. h. die gewählte Identität ist überwiegend stabil und auf einen dauerhaften „Lebensplan“ hin angelegt; die Identitätsbausteine sind nur eingeschränkt kombinierbar und nicht ohne weiteres revidierbar. Daher entwickeln Subjekte eine *dauer- und „lebensprojekthafte“ substanzielle Identität gewissermaßen „a posteriori“*.
3. In der spätmodernen Gesellschaft radikalisiert sich der Individualisierungstrend und er gerät zusätzlich in den „Beschleunigungssog“: Die Parameter der Identitätsfindung werden unklar und fließend – es wird unklar, was Identität *im Prinzip* konstituiert. Nicht nur ist nicht mehr ausgemacht, ob und wie der *Beruf*, die *Familie*, die *Religion*, die *politische Orientierung* und/oder die *Nationalität* die Identität im Wesentlichen (und in einem stabilen und kohärenten Wechselverhältnis) definieren können, sondern es gibt im individuellen Identifikationsmuster tendenziell gar nicht mehr *den* Beruf, *die* Familie, *die* politische oder religiöse Orientierung, sondern temporäre Jobs, Lebensabschnittsbegleiter und wechselnde, experimenthafte politische und religiöse Orientierungen; und mehr noch: diese Identitätsdimensionen werden in ihrer Bedeutung überlagert von (wechselnden) Konsumstilen, Freizeitorientierungen etc. Dies hat bekanntlich einige

Soziolgen dazu veranlasst, das Konzept *stabiler* personaler Identität (sicherlich etwas voreilig) zu verabschieden und es durch die Vorstellung offener, fragmentarischer, in sich pluralisierter und spielerisch-experimenteller Identitäten in der Form wechselnder „Images" zu ersetzen. So formuliert etwa Douglas Kellner: „Identity today [...] becomes a freely chosen game, a theatrical presentation of the self, in which one is able to present oneself in a variety of roles, images, and activities, relatively unconcerned about shifts, transformations, and dramatic changes".[8] Wenngleich gegen eine derart hypostasierte Deutung spätmoderner Selbstverhältnisse berechtigte empirische Zweifel geäußert werden können (vgl. Straub 1998b, 2001), zeichnet sich doch ab, dass in der sich entfaltenden Spätmoderne *substanzielle Identitäten* nicht mehr als dauerhafte angelegt sind, sondern zunehmend einen *situativen Charakter* annehmen. Definiert man Identität als dasjenige, was einem Subjekt über wechselnde Kontexte hinweg Kohärenz und Kontinuität verleiht, dann wird der Begriff der *situativen Identität* gewissermaßen zu einer *contradictio in adjectio*. Versteht man Identität dagegen als einen Orientierungs- und Handlungsfähigkeit verleihenden Sinn dafür, *wer man ist*, dann sind situative Identitäten gleichsam als logischer Fluchtpunkt gesteigerter Individualisierung und Beschleunigung durchaus vorstellbar: Jener Sinn wandelt sich in seiner Substanz von Kontext zu Kontext und von Situation zu Situation; die Einheit des Selbst dagegen wird vor allem durch ein gleichsam prädikatsloses *Identitätsgefühl* gewährleistet, das möglicherweise auf ein vorsoziales „core-self" zurückgeführt werden kann. Ich werde weiter unten noch einmal auf die Frage zurückkommen, wie sich das auf die Einheit des Selbst verweisende Identitätsgefühl und die Vorstellung substanziell situativer Identitäten vereinbaren lassen.

Als Zwischenergebnis lässt sich an dieser Stelle festhalten, dass *Individualisierung* und *Beschleunigung* als zwei mächtige soziale Entwicklungstrends wirken, welche die Ausbildung stabiler Identitäten in der Spätmoderne prekär werden lassen und neue Formen von Selbstverhältnissen wahrscheinlich machen. Sie lassen *erstens* immer mehr zentrale wie periphere Lebensdimensionen kontingent (d. h. einerseits wählbar und andererseits unerwartetem Wandel unterworfen) werden. Sie machen es *zweitens* immer schwerer, zwischen zentralen und peripheren Dimensionen zu unterscheiden, d. h., sie lassen die Parameter der Identitätsfindung unsicher werden (was *könnte im Prinzip* definieren, wer ich bin?) und unterwerfen sowohl die dimensionale Hierarchie als auch die inhaltliche Bestimmung der Parameter immer rascherem

---

8 Kellner (1992, S. 157f.); ähnlich auch Iain Chambers: „Du verschiebst ständig deinen Standort, du unterteilst dein Leben in separate Bereiche und in Differenzen, du konstruierst deinen Lebensstil auf eine mobile Art. Du triffst bewußt Entscheidungen darüber, wie du im Moment aussiehst, wie du dich selbst repräsentierst" (zit. nach Kemper 1995, S. 24).

Wandel. Sie erodieren *drittens* die Grundlagen und Orientierungen, von denen aus identitätskonstituierende Entscheidungen überhaupt getroffen werden können (wie wählt man, wenn *nichts* absolut feststeht?). Dies könnte, *viertens*, paradoxerweise (wie schon Beck vermutete) den Grad individueller Selbstbestimmung (im Sinne der oben definierten *Autonomisierung*) wieder senken und Individuen manipulativen Zwängen aller Art gegenüber anfällig werden lassen.

Eine solche „Krisendiagnose", die stärker die Gefährdungen als die Chancen spätmoderner Selbstverhältnisse betont, bedarf jedoch einer genaueren Fundierung, welche die hier postulierten Probleme und Entwicklungen in der *Struktur* dieser Selbstverhältnisse selbst aufzuweisen vermag. Ich möchte daher im Folgenden im Anschluss an eher sozialphilosophische denn soziologische Überlegungen im engeren Sinne versuchen, drei miteinander verknüpfte, potenziell problematische Aspekte spätmoderner Identität herauszuarbeiten.

II. Selbstthematisierungszwang, Artikulationsnot und situative Identität

II.1 Der Zwang zur Selbstthematisierung

Subjekte sind in der spätmodernen Gesellschaft aus den genannten Gründen gezwungen, sich selbst fortwährend zum Thema zu machen, sich in jeder Hinsicht zu definieren und zu bestimmen, sich auszuloten und nach ihren Zielen und Bedürfnissen zu befragen, aber sie tun dies, so möchte ich argumentieren, notgedrungen auf eine einseitige Weise.

Die Idee eines *Selbstverhältnisses* impliziert ja offensichtlich, dass sich etwas zu etwas verhält, was bedeutet, dass Subjekte immer durch Selbstbeziehungen konstituiert werden, in denen sie sich gleichsam als Subjekt und als Objekt gegeben sind: *Ich verhalte mich zu mir, ich bestimme mich*, das bedeutet: Ich bin zugleich Subjekt dieses Bestimmungsprozesses (das „Wer" der Selbstbestimmung) als auch Objekt (im „Was" dieser Bestimmung oder Thematisierung).[9] Die eingangs formulierte Vermutung, dass die Form der Selbstverhältnisse sich mit der Gesellschaftsstruktur wandelt, beinhaltet daher, dass Subjekte in jeweils historisch bestimmter Weise zum Subjekt und Objekt eines Selbstverhältnisses werden und diese Beziehung in, wie Foucault das nennt, unterschiedlichen *Subjektivierungspraktiken* entfalten (vgl. Fou-

9 Vgl. dazu etwa Paul Ricœurs Unterscheidung zwischen *ipse- und idem*-Identität (1992, S. 1ff., S. 165ff.) oder Mead (1969, S. 263ff.).

cault 1993; 1989, S. 9-45; 1994; 1978). Diese Bipolarität des Selbstverhältnisses findet in gewisser Weise eine Entsprechung in einer zweiten Bipolarität, die darin besteht, dass die Identität und das Selbstbild eines Menschen nur zum Teil in *reflexiver* Weise zugänglich bzw. in Form von *expliziten* Überzeugungen und Annahmen repräsentiert sind. Der grundlegende Sinn dafür, *wer wir sind*, was die Welt ist und wie wir zu ihr und zur Gesellschaft stehen, d. h. das fundamentale Identitätsgefühl, entwickelt sich *implizit* in unseren Praktiken und durch die Teilhabe an Institutionen, es ist verkörpert in unserem „Habitus", unseren Gesten und Ausdrucksweisen, in unserem Geschmack und sogar in unseren körperlichen Reaktionen, und dieses implizite Selbstbild ist, wie etwa Charles Taylor gezeigt hat, gegenüber dem reflexiv-expliziten immer vorgängig (Taylor 1995, S. 170). Unsere expliziten Theorien und Annahmen über uns selbst sind stets abgeleitet und sekundär, was nicht ausschließt, dass die implizite und die explizite Ebene unseres Selbstbildes oder unserer Identität in einem wechselseitig interdependenten und zugleich teilautonomen Verhältnis stehen. Unsere Überzeugungen und Deutungen und unsere Praktiken und Empfindungen beeinflussen und verändern sich gegenseitig, sie können sich aber über eine gewisse Zeit hinweg und in einem gewissen Rahmen auch auseinander entwickeln (vgl. dazu demnächst Rosa 2001b).

Das Verhältnis zwischen diesen beiden Ebenen, oder besser: Polen, der Identität ist dabei durchaus ebenfalls historisch und kulturell variabel; insbesondere sind Art und Ausmaß der Entwicklung eines explizit-reflexiven Selbstverständnisses historisch kontingent. Man kann auch dieses „Selbstverhältnis" in Anlehnung an Foucault formulieren, indem man sagt, dass sich das Selbst oder das *Subjekt* auf eine historisch kontingente Weise zum *Objekt* bzw. zum Gegenstand der Reflexion macht, es problematisiert sich auf eine je kulturell bestimmte Weise und „arbeitet" an sich, wobei, und dies ist der entscheidende Punkt der Interdependenz, es sich nicht nur als *Objekt* formt, sondern sich zugleich als *Subjekt*, als (implizit bleibender) „Selbst-Arbeiter" konstituiert. Dass auch dieser nur scheinbar prädikatslos bleibende „Selbstarbeiter" ein höchst identitätsprägender und kulturell bestimmter Anteil unseres Selbst ist, haben Foucault und dann etwa auch Autoren wie Alois Hahn oder Herbert Willems deutlich gemacht, indem sie aufzeigten, wie beispielsweise in der religiösen Praxis der Beichte, in der Psychoanalyse oder der Gruppentherapie und den dadurch geprägten „psychologischen Kulturen" Subjekte sich nicht nur auf je spezifische Weise zum Objekt machen, sondern auch als „Selbstarbeiter" konstituieren (vgl. etwa Hahn und Willems 1993; Wilems und Hahn 1999). *Subjekt-* und *Objekt-Selbst* sind also auch in dieser Sichtweise interdependent.

Die Gründe dafür, wieso sich spätmoderne Subjekte in gesteigerter und gleichsam „multidimensionaler" Weise immer wieder von neuem zum Objekt einer *reflexiven* Selbstbestimmung machen müssen, liegen nach dem Gesagten auf der Hand.

Infolge wachsender Enttraditionalisierung, Ent-Konventionalisierung und Flexibilisierung, die den Bereich des Kontingenten beständig ausdehnen und den Subjekten zugleich die Verantwortung für ihre Lebensführung aufbürden, und infolge der kulturbestimmenden Idee, dass Menschen nicht durch den Blick nach „außen", in die Bibel, die Natur, die Geschichte oder auch die „Produktionsverhältnisse" herausfinden, wer sie sind, werden Individuen in der Spätmoderne gezwungen, immerzu nach „innen" zu blicken, sich selbst zu befragen nach ihren Fähigkeiten, Neigungen, Bedürfnissen, Wünschen etc. Subjekte müssen sich auf diese Weise notwendig und permanent zum Thema machen, sie unterliegen einem gleichsam exzessiven *Autonomiegebot* und damit zugleich jenem Selbstthematisierungszwang, welcher bei Foucault ja nicht zu unrecht auch als perfider *Authentizitätszwang* gekennzeichnet wird,[10] der in durchaus gewaltförmigen Disziplinierungsprozessen und -institutionen erzeugt wurde und sich in Praktiken wie der Beichte und der Selbsterforschung in Tagebüchern sowie in der zeitgenössischen Form der Psychotherapie niederschlug bzw. -schlägt. Die (spät-)moderne Weise der Subjektivierung ist daher diejenige der exzessiven Selbstthematisierung als zeitgenössisches Ethos. Das Selbst konstituiert sich dabei aber, wohlgemerkt, nicht nur als *Objekt*, indem es sich durch Wahl und Reflexion bestimmt im Hinblick auf alle möglichen Identitätsdimensionen (Beruf, Religion, Familie, Wohnort, Hobbys etc.), sondern eben auch als nicht-thematisiertes und unvermerkt *anthropologisiertes* oder *ontolgisiertes Subjekt*, das als Akteur des Selbstbestimmungsprozesses, als „subject of choice" und „Selbstarbeiter" jenem vorangeht und vorausliegt. Es bildet in gewisser Weise eine historisch verfestigte „Tiefenidentität", welche die Wahl einer „Oberflächenidentität" im Sinne der postmodernen Images und Masken erst zu einem sinnvollen, praktikablen und identitätsstiftenden Unterfangen machen kann, in dem das nur scheinbar prädikatslose „subject of choice" situativ das Objekt-Selbst bestimmt (vgl. dazu ausführlich Rosa 1998, S. 382ff.).

Interessanterweise zeitigen nun aber derartige Selbstverhältnisse paradoxe Konsequenzen, die langfristig die Bildung gelingender Identitäten verunmöglichen und darüber hinaus die Voraussetzungen wechselseitiger Anerkennung erodieren könnten.

10 *Bestimme Dich selbst, und zwar in (nahezu) allen Identitätsdimensionen,* lautet der kategorische Imperativ des Autonomiegebotes im Sinne einer „Selbstgesetzgebung". Der Authentizitätszwang dagegen verlangt, diese Selbstbestimmung an den „ureigenen", „tiefsten", „wirklichen" Bedürfnissen, Neigungen, Fähigkeiten und Wünschen auszurichten.

II.2 Ausdrucksarmut und Artikulationsnot in der (Spät-)Moderne

Die zentrale Paradoxie-These besteht dabei in der Behauptung, dass in dem selben Maße, in dem der Zwang zur Selbstthematisierung wächst, sich zugleich – und nicht nur kontingenter-, sondern notwendigerweise – die Fähigkeit des Selbst zur Artikulation und zur expressiven Entfaltung der eigenen Identität vermindert, dass also der Selbstthematisierungszwang der Moderne seine spiegelbildiche Entsprechung in der Artikulationsnot oder Ausdrucksarmut unserer Kultur findet. Diese These findet sich mit Nachdruck vertreten etwa in den Schriften Charles Taylors;[11] sie wurde jedoch bereits deutlich früher auch von Georg Simmel formuliert, der sie in seinem Gedanken einer tragisch-uneinholbaren und wachsenden Überlegenheit der „objektiven" über die „subjektive Kultur" zum Ausdruck bringt (vgl. insbesondere Simmel 1996), wobei Simmels Moderne-Diagnose interessanterweise in Übereinstimmung mit den hier entwickelten Überlegungen nicht nur auf den Aspekt der *Individualisierung* fokussiert ist, sondern immer wieder auch die Phänomene der Temposteigerung und Beschleunigung der modernen Lebensverhältnisse thematisiert.[12] An dieser Diagnose einer modernen Ausdrucksarmut lassen sich mindestens zwei Aspekte unterscheiden, nämlich einerseits der Verlust eines *Expressionsforums* und andererseits das *Verschwinden artikulierbarer moralischer Horizonte.*

1) Jede Identität bedarf zu ihrer Entwicklung und Entfaltung der unmittelbaren „Betätigung", d. h. der Bewährung und Bestärkung in der *Praxis*; sie bedarf eines (alltagspraktischen und nicht nur gleichsam „folkloristischen") Expressionsraums und zugleich der aktiven *Wiedererkennung* in den Strukturen des Alltags. Die Institutionen und Praktiken der Lebenswelt bilden das Forum für die expressive Entwicklung und Erkundung der Identität (ausführlich dazu Rosa 1998, S. 145ff.). Die Strukturen der funktional ausdifferenzierten (post)industriellen Gesellschaft lassen indessen keine Reflexion unserer je individuellen Identitäten mehr zu; die durch sie konstituierten Handlungszusammenhänge sind systemisch bestimmt und fordern gerade nicht unsere Partizipation als „ganze Personen", sondern nur als Träger bestimmter Eigenschaften. Daraus resultiert gleichsam eine *expressive Fragmentierung*, weil die Subjekte in ihren Lebensäußerungen nur jeweils das von ihrer Persönlichkeit zum Ausdruck bringen können, was der jeweils aktualisierten Funktionssphäre ent-

---

11 Vgl. z. B. folgende Passage aus Taylors großem *Hegel*-Buch: „Was von der modernen Gesellschaft gefesselt, von der modernen Konformität eingeschränkt, von der Nützlichkeitsmaschine ausgemerzt und vom „System" unterdrückt wird, ist [...] das kreative Potential, das Ausdruckspotential des Menschen" (Taylor 1975, S. 716).

12 Vgl. dazu etwa Simmels einflußreichen Aufsatz *Die Großstädte und das Geistesleben* (1995), ferner Simmel (1992; 1989, S. 696ff.).

spricht – das gilt inzwischen nahezu als soziologische Selbstverständlichkeit.[13] Simmel bringt dies eindringlich zum Ausdruck, wenn er exemplarisch die maximale Differenz zwischen der (dem Charakter der Vormoderne entsprechenden) Hervorbringung eines Kunstwerkes und arbeitsteiligen Produktionsprozessen herausstellt:

„Die Geschlossenheit des Kunstwerks [...] bedeutet, dass eine subjektive Seeleneinheit in ihm zum Ausdruck kommt; das Kunstwerk fordert nur *einen* Menschen, diesen aber ganz und seiner zentralsten Innerlichkeit nach: es vergilt dies dadurch, dass seine Form ihm der reinste Spiegel und Ausdruck des Subjekts zu sein gestattet [...] Umgekehrt, wo jene [die Arbeitsteilung, H. R.] herrscht, bewirkt sie eine Inkommensurabilität der Leistung mit dem Leistenden, dieser erblickt sich nicht mehr in seinem Tun, das eine allem Persönlich-Seelischen so unähnliche Form darbietet und nur als eine ganz einseitig ausgebildete Partialität unseres Wesens erscheint, gleichgültig gegen die einheitliche Ganzheit des Selben“ (Simmel 1989, S. 630).

Simmel stellt dabei zugleich fest, dass die korrespondierenden Konsumtionsprozesse jene Fragmentierung und Objektivierung der expressiven Entäußerung nicht nur nicht zu kompensieren vermögen, sondern vielmehr noch verstärken:

„Im Ganzen entspricht jener Spezialisierung der Produktion eine Verbreiterung der Konsumtion: wie selbst der in seinem Geistesleben spezialisierteste, fachmäßige Mensch der Gegenwart eben doch seine Zeitung liest, und damit eine so umfassende geistige Konsumtion übt, wie sie vor hundert Jahren auch dem in seiner geistigen Aktivität vielseitigsten und weitestausgreifenden Menschen nicht möglich war [sic.]. Die Erweiterung der Konsumtion aber hängt an dem Wachsen der *objektiven* Kultur, denn je sachlicher, unpersönlicher ein Produkt ist, für desto mehr Menschen ist es geeignet. Damit der Konsum des Einzelnen ein so breites Material finden könne, muss dieses sehr vielen Individuen zugängig und anziehend gemacht, kann nicht auf subjektive Differenziertheiten des Begehrens angelegt sein [sic.], während andererseits nur die äußerste Differenzierung der Produktion imstande ist, die Objekte so billig und massenhaft herzustellen, wie es der Umfang des Konsums fordert. So ist der letztere wiederum ein Band, das die Objektivität der Kultur mit ihrer Arbeitsteilung zusammenhängen lässt. [...] *Das Ware-Werden der Arbeit ist also auch nur eine Seite des weitausgreifenden Differenzierungsprozesses, der aus der Persönlichkeit ihre einzelnen Inhalte herauslöst, um sie ihr als Objekte, mit selbständiger Bestimmtheit und Bewegung, gegenüberzustellen.*“[14]

---

13 Vgl. etwa die Beiträge in dem von Willems und Hahn herausgegebenen Sammelband (1999).

14 Simmel (1989, S. 630ff. Lange Hervorhebung von mir, H. R.). Dass diese vor gut einem Jahrhundert gemachten Beobachtungen Simmels bezüglich des Konsumtionsprozesses heute keineswegs überholt sind, zeigt die Diskussion um die „globale Kultur“, deren Produkte - Spielfilme, Popsongs, Markenkleider, Fast-Food-Ketten etc. - nicht nur gegenüber der „subjektiven“ Kultur der je einzelnen „gleichgültig“ sein müssen, sondern auch gegenüber den jeweiligen Lokal- oder Nationalkulturen. Gleichwohl bleibt die Frage offen, inwiefern der aktuelle Wandel in einigen Produktionszweigen von der Massenproduktion hin zu einer flexiblen, kundenorientierten Spezialproduktion die von Simmel beschriebene Tendenz möglicherweise zu relativieren imstande ist.

Verstärkt wird das „Nicht-Angesprochen-Werden“ der Subjekte in ihrer Identität durch den expliziten Anspruch der Politik, des Rechts, der Wissenschaft und des Marktes, „neutral“ zu sein gegenüber den vielfältigen Lebensstilen und Konzeptionen des *guten Lebens*, die doch unsere Identität in ganz entscheidendem Maße erst bestimmen. Die Institutionen, Praxiszusammenhänge und Strukturen der Gesellschaft und des öffentlichen Lebens spiegeln so nirgendwo die individuelle Identität ihrer Mitglieder, und sie bieten ihnen auch keine Chance zur expressiven Entfaltung und Erkundung derselben.[15] Ihre formale und funktionale Organisation zeichnet sich gerade dadurch aus, dass sie von individuellen Identitäten abstrahiert. Im *Supermarkt*, beim *Arzt*, im *Kino*, an der *Universität*, beim *Hören von Nachrichten* und selbst auf dem *Tennisplatz* und sogar in der *Familie* werden Subjekte nicht in ihrer individuellen Identität angesprochen oder gefordert; Versuche zur Artikulation derselben wirken in allen diesen Kontexten in der Regel allenfalls peinlich und störend. Denn das in den korrespondierenden Praktiken implizierte Akteur-Selbstbild ist ein anderes, ein neutrales gegenüber demjenigen Selbstentwurf, der Thema der reflexiven Selbstthematisierung der Subjekte ist. „Die Pracht und die Größe der modernen Kultur zeigt so einige Analogie mit jenem strahlenden Ideenreiche Platos, in dem der objektive Geist der Dinge in makelloser Vollendung wirklich ist, dem aber die Werte der eigentlichen, nicht in Sachlichkeiten auflösbaren Persönlichkeit fehlen – ein Mangel, den alles Bewusstsein des fragmentarischen, irrationalen, ephemeren Charakters der letzteren nicht unfühlbar machen kann“, schreibt daher Simmel in einer durchaus an den Sprachgebrauch der Postmoderne gemahnenden Wendung (Simmel 1989, S. 649), und an anderer Stelle formuliert er: „Dem Überwuchern der objektiven Kultur ist das Individuum weniger und weniger gewachsen. Vielleicht weniger bewusst, als in der Praxis und in den dunklen Gesamtgefühlen, die ihr entstammen, ist es zu einer *quantité négligeable* herabgedrückt, zu einem Staubkorn gegenüber einer ungeheuren Organisation von Dingen und Mächten, die ihm alle Fortschritte, Geistigkeiten, Werte allmählich aus der Hand spielen und sie aus der Form des subjektiven in die eines rein objektiven Lebens überführen“ (Simmel 1995, S. 129f.). Als ganze Person, als die sich empfinden muss, wer in irgendeinem verstehbaren Sinne weiterhin an der Idee von Identität festhalten will, wird, wie Luhmann nahe legt, ein Subjekt selbst in Liebesbeziehungen nicht [mehr] involviert – die beinahe einzigen sozialen Institutionen, die unsere Gesellschaft für deren expressive Erkundung und Thematisierung zur Verfügung stellt, scheinen daher in der Tat die „Biographiegene-

15 „For the first time in human history, we have a man-made environment that is expressive of nothing but our lack of common meanings“, beklagt Taylor schon 1970 in seinem in Vergessenheit geratenen Buch *The Pattern of Politics*; zu Taylors ausdrucksanthropologischer Moderne-Diagnose insgesamt vgl. Rosa (1998, bes. S. 145ff., S. 195ff.).

ratoren“ der Psychoanalyse und der Gruppentherapie (ergänzt möglicherweise durch spätmoderne Phänomene wie die TV-Talkshows) zu sein, was nicht nur Taylor und postmarxistische Autoren, sondern durchaus auch solche in der systemtheoretischen Tradition, wie Herbert Willems oder Armin Nassehi, dazu veranlasst, wachsende *Entfremdungserfahrungen* als notwendiges Korrelat zu einer gesteigerten funktionalen Ausdifferenzierung auf der einen Seite und einer zunehmenden „Verinnerlichung“ und Privatisierung der Identitätsfrage auf der anderen Seite zu postulieren.[16]

Als Konsequenz hieraus ergibt sich, dass der Selbstentwurf eines Subjektes entgegen jedem Selbstthematisierungs- und Authentizitätszwang in den Strukturen der (spät-)modernen Gesellschaft nicht mehr als *wahrhaftig* oder *authentisch* erfahren und bestätigt werden kann. Dadurch entsteht bisweilen ein unmittelbares Gefühl des Mangels, der Fremdheit und der Leere. In einer von Karl H. Hörning, Daniela Ahrens und Anette Gerhard zur Frage spätmoderner Lebensstile durchgeführten Studie kommt dieses Gefühl der Ausdrucksarmut der Moderne in folgender, hier abschließend wiedergegebenen Äußerung eines Interviewpartners auf anschauliche Weise unmittelbar zum Ausdruck: „Alles, was sich ganz speziell an uns richtet, das wird immer wichtiger. Ich glaube, dass das Ego zu wenig kriegt in unserer heutigen Gesellschaft, um das mal so zu sagen. Die Leute gieren nach allem, was sie ganz persönlich angeht“ (Hörning, Ahrens und Gerhard 1997, S. 112).

2) Die Artikulationsnot der Spätmoderne hat indessen noch eine zweite, stärker auf die explizite, sprachliche Artikulation des Selbstentwurfes gerichtete Seite. Der Selbstthematisierungszwang, so habe ich zu zeigen versucht, ist eine Folge gewachsenen Kontingenzbewusstseins und damit gestiegener Wahlmöglichkeiten. Dem korrespondiert aber unmittelbar der Verlust einer Sprache „starker Wertungen“,[17] die den Dingen, d. h. den identitätsstiftenden Objekten oder personalen Eigenschaften, einen intrinsischen oder „quasi-ontologischen“ Wert (unabhängig von unseren Begehrungen und Willensäußerungen) zuschreiben. Wenn immer mehr Bereiche oder Aspekte des je eigenen Daseins, der Identität, nicht mehr als schlechthin gegeben und auch nicht mehr als in einer äußeren Ordnung vorgezeichnet gelten können, sondern als kontingent und/oder erwählt erfahren werden, dann hat das unmittelbare Konsequenzen bis in die Sprachwahl hinein: So tendieren Subjekte in der Spätmoderne dazu, nicht mehr zu sagen „ich bin Bäcker“, sondern: „ich arbeite im Moment als Bäcker“, nicht mehr: „ich bin Christ“, sondern: „im Moment bevorzuge ich den Zen-Buddhismus“, oder, als ins Extreme gesteigerter gedanklicher Fluchtpunkt nicht einmal mehr: „ich bin Frau“, sondern: „im Moment habe ich den Körper einer Frau“.

---

16 Vgl. Taylor (1979, S. 90f., S. 118ff.); Willems (1999); Nassehi (1993, S. 355ff.).

17 Zu dem von Taylor (1985) eingeführten Konzept *starker Wertungen* siehe ausführlich Rosa (1998, S. 98ff.).

Das je gegebene Beziehungsgeflecht definiert dabei ein Subjekt nicht mehr, es ist kontingent, durch eigenen oder fremden Willen ersetzbar geworden. Das Selbst zieht sich aus ihm deshalb (notgedrungen) so weit zurück, dass es wenigstens der Möglichkeit nach unabhängig davon existiert. Dieser Rückzug aus konstitutiven Bindungen gilt möglicherweise auch ganz unmittelbar bis in den Alltag und die lebensweltlich umgebenden Gegenstände hinein: Wir sind kaum mehr mit dem Ort, an dem wir leben, verwurzelt, unser Selbst erstreckt sich nicht mehr in ihn hinein; und wir bauen auch keine tieferen Beziehungen mehr zu unseren Alltagsutensilien auf. In markantem Gegensatz zu einer noch vor wenigen Jahrzehnten verbreiteten Praxis fassen wir heute etwa das Auto selber meist kaum mehr an und ersetzen es, wenn es rostig wird, durch ein neues. Gleiches gilt für das Radio oder die Stereoanlage, ja sogar für den Kochlöffel und für Hose und Socken (wer stopft diese noch?): Nichts von uns haftet mehr an diesen Gegenständen, nichts geht in sie ein und umgekehrt, nichts von ihnen definiert, wer wir sind, geht in uns ein. Auch diesen Gedanken hat Georg Simmel, der in vielen Aspekten seines Denkens sich nachfolgend radikalisierende Problemstellungen der Spätmoderne vorwegnahm (vgl. Kaern, Philips und Cohen 1990), bereits hellsichtig formuliert und mit seiner These des Überhandnehmens der objektiven über die subjektive Kultur und der Beschleunigung der Lebensverhältnisse verknüpft:

„Der Objektivierungsprozess der Kulturinhalte, der, von der Spezialisation dieser getragen, zwischen dem Subjekt und seinen Geschöpfen eine immer wachsende Fremdheit stiftet, steigt nun endlich in die Intimitäten des täglichen Lebens hinunter. Die Wohnungseinrichtungen, die Gegenstände, die uns [...] umgeben, waren noch in den ersten Jahrzehnten des 19. Jahrhunderts [...] von relativ großer Einfachheit und Dauerhaftigkeit. Hierdurch entsteht jenes „Verwachsen" der Persönlichkeit mit den Gegenständen ihrer Umgebung, das schon der mittleren Generation heute als eine Wunderlichkeit der Großeltern erscheint" (Simmel 1989, S. 637).

Diese gleichsam identitäre Verknüfpung von Umwelt und Subjekt löse sich in der Moderne aus drei miteinander verbundenen Gründen progressiv auf. Den ersten Grund sieht Simmel in der rein quantitativen Steigerung der Dinge, mit denen moderne Subjekte sich umgeben. Diese habe eine wachsende Distanzierung zwischen Subjekten und ihren Objekten bewirkt, die bisweilen in ein Gefühl der Abhängigkeit und sodann in Hass und Ablehnung umschlage:

„Zu jenem Gefühl der Unfreiheit den Objekten gegenüber kam es [früher (trotz *de facto* größerer Abhängigkeit), H. R.] nicht, weil sie der Persönlichkeit enger verbunden waren. Die wenigeren, undifferenzierteren Gegenstände konnten diese eher mit sich durchdringen, sie setzten ihr nicht die Selbständigkeit entgegen wie ein Haufe spezialisierter Dinge. Diese erst, wenn wir ihnen dienen sollen, empfinden wir als feindliche Macht. Wie Freiheit nichts Negatives ist, sondern die positive Erstreckung des Ich über ihm nachgebende Objekte, so ist umgekehrt Objekt für uns nur dasjenige, woran unsere Freiheit erlahmt, d. h. wozu wir in Beziehung stehen, ohne es doch unserem Ich assimilieren zu können. Das Gefühl, von den Äußerlichkeiten erdrückt zu werden, mit denen das moderne Leben uns umgibt, ist nicht nur die Folge, sondern auch die Ursache davon, daß sie uns als autonome Objekte gegenübertreten. Das Peinliche ist, daß diese vielfachen, umdrängenden Dinge uns im Grunde eben gleichgültig sind, und zwar aus den spezifisch geldwirtschaftlichen Gründen der unpersönlichen Genesis und der leichten Ersetzbarkeit. [...] Materielle wie geistige Objekte bewegen sich jetzt eben selbständig, ohne personalen Träger oder Transporteur. Dinge und Menschen sind auseinandergetreten" (ebd., S. 638f.).

Als zweiten Grund für diese Dissoziation nennt Simmel bezeichnenderweise das (in einer Wachstumsgesellschaft unverzichtbare) zunehmende *Tempo* des Austausches von Moden und Alltagsutensilien, das einige Jahrzehnte später in der „Wegwerfgesellschaft" kulminiert.

Nun lässt sich gegenüber dieser Argumentation natürlich einwenden, dass Subjekte auch noch in der Spätmoderne durchaus enge Beziehungen zu *bestimmten* Objekten aufbauen und gewiss nicht alle Dinge in der Form von Wegwerfgegenständen erscheinen. Oftmals sind es gerade „geliebte (Marken-)Objekte", die in einer sich rasch wandelnden Umwelt Dauer, Tradition und Kontinuität symbolisieren.[18] Allein, solche Objekte werden identitätsrelevant nicht durch einen (zugeschriebenen) Eigenwert oder durch ihre Fraglosigkeit, sondern durch bewusste Wahlentscheidungen der Subjekte, die sie aus dem Meer warenförmiger Kontingenz per Willensentschluss herausheben. Sie stellen so gleichsam „Übergangsobjekte" dar, die, wie Tilmann Habermas in seiner umfassenden Studie zum Zusammenhang zwischen *geliebten Objekten* und Identität gezeigt hat, Kontinuität und Kohärenz gerade dann repräsentieren und symbolisieren, wenn Identitäten und Beziehungen sich wandeln. In diesem Sinne werden persönliche Gegenstände in der Spätmoderne möglicherweise zu „Platzhaltern" für zeitstabile substanzielle Identität; sie stiften vorübergehende Kontinuität in Zeiten der Reorganisation der eigenen Person.[19] Dass die von Habermas untersuchten geliebten Objekte der Interviewten im Durchschnitt weniger als fünf Jahre alt waren (ebd., S. 457), mag dabei durchaus etwas über das Tempo der Veränderung sogar in diesem Bereich aussagen.

Der dritte von Simmel angeführte Grund für wachsende Distanzen zwischen Subjekten und den sie umgebenden Dingen und Beziehungen führt über die Objektwelt hinaus und behauptet eine wachsende Dissoziation zwischen Subjekten und

---

18 So führt etwa der Geschäftsführer der *Montblanc International GmbH*, Norbert A. Platt, die Attraktivität von Luxusmarken just darauf zurück, dass sie in einer „Zeit des rasenden Wandels [...] wiederkehrende Werte wie Tradition und Beständigkeit, Nachdenklichkeit und Langsamkeit" verkörpern (Platt 1998, S. 179).

19 So zitiert Habermas etwa einen jungen Medizinstudenten, der von seinem geliebten Fahrrad sagt, es stehe für „die letzte Weltanschauung, die ich noch habe" (Habermas 1999, S. 431, vgl. S. 506).

ihrem eigenen (möglicherweise wechselnden) Lebensstil. Die Ursache auch dieser Distanzierung sieht er in der zunehmenden Kontingenz von Lebensstilen:

„Menschen eines ganz einheitlichen, ihr ganzes Leben umschließenden Stils [werden] denselben auch in fragloser Einheit mit den *Inhalten* desselben vorstellen. Da sich alles, was sie bilden oder anschauen, ganz selbstverständlich in ihm ausdrückt, so liegt gar keine psychologische Veranlassung vor, ihn von den Stoffen dieses Bildens und Anschauens gedanklich zu trennen und als ein Gebilde eigener Provenienz dem Ich gegenüberzustellen. Erst eine Mehrheit der gebotenen Stile wird den einzelnen von seinem Inhalt lösen, derart, daß seiner Selbständigkeit und von uns unabhängigen Bedeutsamkeit unsere Freiheit, ihn oder einen anderen zu wählen, gegenübersteht. Durch die Differenzierung der Stile wird jeder einzelne und damit der Stil überhaupt zu etwas Objektivem, dessen Gültigkeit vom Subjekt und dessen Interessen [...] unabhängig ist. Daß die sämtlichen Anschauungsinhalte unseres Kulturlebens in eine Vielheit von Stilen auseinandergegangen sind, löst jenes ursprüngliche Verhältnis zu ihnen, in dem Subjekt und Objekt noch gleichsam ungeschieden ruhen, und stellt uns einer Welt nach eigenen Normen entwickelter Ausdrucksmöglichkeiten, der Formen, das Leben überhaupt auszudrücken, gegenüber, so daß eben diese Formen einerseits und unser Subjekt andrerseits wie zwei Parteien sind, zwischen denen ein rein zufälliges Verhältnis von Berührungen, Harmonien und Disharmonien herrscht" (Simmel 1989, S. 642f.).

Im Ergebnis dieses Dissoziationsprozesses schrumpft das Selbst dabei der Tendenz nach zu einem Punkt, von dem aus alles andere zum Objekt der Gestaltung wird und damit kontingent, wählbar ist und instrumentalisiert werden kann:[20] Der Beruf, die Frau, die Religion, die Nationalität, usw. Ansatzweise gilt dies inzwischen sogar für den eigenen Körper: Ist die Hüfte kaputt, können wir uns eine künstliche einsetzen lassen, ist das Herz krank, können wir auf einen Spender hoffen, und vielleicht erhalten unsere Gehirne bald künstliche Biochips als Zusatzspeicher. Wir *sind* also nicht einmal mehr unser Leib oder Körper, sondern wir *haben* einen Körper, der selbst zu einem Objekt für unsere Gestaltung, für die Befriedigung unserer Wünsche, Bedürfnisse und Ziele geworden ist. Diese Wünsche und Ziele müssen daher unabhängig von unseren Beziehungen und sogar so weit wie möglich unabhängig von unserem Körper definiert werden. Ebendies ist ein funktionales Erfordernis einer „Beschleunigungsgesellschaft", in der Bezugsgruppen, Kommunikationspartner, Gegenstände, Ideen, Jobs, etc. so schnell wechseln, dass ihre *Inhalte* zunehmend gleichgültig und austauschbar werden. Umgekehrt heißt dies: je gleichgültiger Subjekte gegenüber *Inhalten* werden, umso besser können sie sich den Beschleunigungs-

---

20 Eben diese Form der Distanzierung vom eigenen, prädikativ bestimmten Selbst beobachtet auch Werner Helsper in seinen Überlegungen zur möglichen Form eines postmodernen Selbstes (1997, S. 177): „Das modere Selbst ist [...] *besonders reflexiv*, besser: selbstreferentiell, weil die Pluralität der Lebensformen, Weltdeutungen, der kulturellen Stile und Lebensführungsmöglichkeiten und die immer wieder zu treffenden Entscheidungen angesichts wachsender Optionen das Selbst in ein distanziertes Verhältnis zur sozialen und subjektiven Welt setzen [...]. Reflexiver Selbst- und Weltbezug bringt das Selbst in Distanz zu sich und zur Welt."

und Flexibilitätserfordernissen anpassen. Stefan Breuer hat dies im Anschluss an Paul Virilio einmal so formuliert, dass Subjekt und Objekt in der Beschleunigungsgesellschaft nur noch „occasionell" (oder punktuell) in Verbindung treten, so dass die Welt „unaufhörlich mit der Gewalt eines Unfalls" hereinbreche (Breuer 1988, S. 323). Dem entspricht, dass die permanente Revolutionierung und damit Entwertung von Moden, Stilen, Inhalten und Gegenständen in der kapitalistischen Gesellschaft zu einer notwendigen Akzentverschiebung führen muss: Die Annahme, dass dem Inhalt bzw. Gegenstand einer Erfahrung oder Beziehung per se ein (dauerhafter, „tiefer", identitätsstiftender) Wert zukomme, wird permanent frustriert und schließlich, so steht zu vermuten, nicht oder kaum mehr ausgebildet. Erfahrungen oder Erlebnisse laufen dann „leer" und werden selbst-reflexiv, sie beziehen sich nur noch auf sich selbst.[21] Das Selbst schrumpft auf diese Weise zu dem von Taylor im Anschluss an John Locke postulierten „punktuellen Selbst", das sich eine Identität wählt, aber nie etwas schlechthin *ist*, sondern gleichsam prädikatslos bleibt (Taylor 1994, S. 288ff.).

In der oben entwickelten Terminologie bedeutet dies, dass das Selbst sich in seinem *Objektbereich*, als Gegenstand der Selbstthematisierung, immer mehr ausdehnt, aber in seinem *Subjektbereich* zum „punktförmigen" Selbst schrumpft, dem fortschreitend die Bestimmungs*gründe* ausgehen. Im Hinblick auf die Definition des *guten Lebens* und die Wahl eines Lebensstiles besteht so zwar eine historisch einzigartige, nahezu maximale Freiheit auf der „Objekt-Seite", der Seite der Selbstthematisierungen, weil der *moralische Code* (im Sinne eines expliziten Verhaltenscodes) spätmoderner Gesellschaften minimal und wenig repressiv ist. *Aber gerade die Beinahe-Abwesenheit eines solchen Codes erzwingt auf der anderen Seite, auf der „Wer-Seite" der Selbsbestimmung, eine ganz bestimmte Subjekt-Gestalt: die des punktförmigen Selbst.* Dieses repräsentiert sich auf der Objekt-Ebene, auf der „Was-Seite", natürlich durchaus nicht als punktförmig; daher erklären sich m. E. zu einem guten Teil die Proteste und Unplausibilitätsvorwürfe gegen die Behauptung, postmoderne Subjekte seien punktförmig.

Je mehr Aspekte der Identiät kontingent und wählbar werden, umso mehr Selbstthematisierungsbedarf und -möglichkeiten eröffnen sich, aber in umso weniger Bereichen kann das Subjekt *existenziell* betroffen werden. Wenn es seine Familie, den Beruf, das Geschlecht wechseln kann und gegebenenfalls auch wechselt, betref-

---

21 Augenfällig wird dies etwa am Beispiel der Berliner *Love Parade*, die eine beispiellose Selbstinszenierung gleichsam ohne materialen Inhalt darstellt. Würde sie sich irgendeiner Idee, einer politischen oder religiösen Bewegung oder Ähnlichem verschreiben, wäre sie innerhalb weniger Monate veraltet, wenn sie überhaupt Zuspruch finden würde. Konsequenterweise macht sie, wie die unzähligen alljährlichen Fernsehinterviews zeigen, ihre Anhänger allerdings völlig sprachlos, wenn sie artikulieren sollen, was an dieser Veranstaltung so attraktiv ist.

fen ihr Verlust nicht mehr das, was es existenziell ist; die entsprechenden Praxisbereiche artikulieren dann auch nicht mehr seine Identität – hier liegt die offensichtliche Verbindung zum ersten Aspekt der Ausdrucksarmut.[22]

Je mehr es daher an uns, in unserer Wahlfreiheit liegt, ob wir das eine oder das andere wählen, umsomehr verlieren wir die Möglichkeit, unsere Wahl und damit unsere Identität zu begründen oder zu rechtfertigen und sie als wertvoll zu erfahren, und damit stehen wir potenziell auch in der Gefahr, unsere *Autonomiefähigkeit* zu verlieren, weil diese stets einer zumindest potenziellen narrativen Begründung im Sinne einer intersubjektiven Nachvollziehbarkeit von Entscheidungen (also keineswegs einer Form objektivierbarer Rechtfertigung oder gar Letztbegründung) bedarf. Solange ein Subjekt von der von ihm unabhängigen Werthaftigkeit einer Religion, eines Volkes, einer Idee, der Natur oder der Geschichte ausgehen kann, sie also zu ontologisieren vermag, kann es seine Wahl und damit seine Identität zwar begründen, doch hat es dann in diesem (identitätskonstituierenden) Punkt keine genuine Wahl*freiheit*: Es gibt gute und schlechte Entscheidungen schlechthin und unabhängig von seinem Willen, und es kann seine Identität dann im Hinblick auf dieses Konstitutivum und in seiner Beziehung zu diesem thematisieren und artikulieren. Letzteres vollzieht sich dabei zumeist entlang biographisch-narrativer Muster wie: *ich und der Sozialismus, ich und die Bibel, ich und die Natur* etc.

Die *Nach-Innen-Wendung* sozusagen als „Grundpraxis" der Selbstbestimmung geht infolgedessen nur solange gut, wie sie nicht total oder vollständig ist. Solange ein Subjekt irgendeine Teilidentität seiner selbst zu ontologisieren vermag (sie also gleichsam eher *entdeckt* als *wählt*) und sie dann gegen alle Widerstände verteidigt, lässt sich eine hochindividuierte Identität entfalten, erhalten und artikulieren. Es setzt dann etwa sein *Christsein*, oder sein *Frausein*, oder sein *Transsexuellsein* gegen alle Widerstände durch und erkundet und entfaltet in der Auseinandersetzung mit diesen die Bedeutung, die jene Bestimmung für es hat.[23] Dies entspricht, wie Gerhard

22 Simmel formuliert hierbei den interessanten Gedanken, dass dieses Verschwinden gleichsam existentiellen Betroffenseins nicht nur eine *Folge* der modernen Beschleunigung der Lebensverhältnisse ist, sondern umgekehrt auch als eine *Ursache* der letzteren wirkt (1989, S. 675): „Der Mangel an Definitivem im Zentrum der Seele treibt dazu, in immer neuen Anregungen, Sensationen, äußeren Aktivitäten eine momentane Befriedigung zu suchen; so verstrickt uns dieser erst seinerseits in die wirre Halt- und Rastlosigkeit, die sich bald als Tumult der Großstadt, bald als Reisemanie, bald als die wilde Jagd nach Konkurrenz, bald als die spezifisch moderne Treulosigkeit auf den Gebieten des Geschmacks, der Stile, der Gesinnungen, der Beziehungen offenbart."

23 Ein eindrucksvolles Beispiel dafür ist vielleicht der preisgekrönte Kinofilm *Billy Elliot: I will dance*, in dem ein englischer Bergarbeiterjunge gegen alle Widerstände an seinem Wunsch, Balletttänzer zu werden, festhält und in eben dieser Abarbeitung an Widerständen eine eigenständige Identität entwickelt.

Schulze herausgearbeitet hat, dem Identitäts- und Handlungstypus des *Einwirkens* auf die Welt: Identität und Welt werden in wechselseitiger Auseinandersetzung um- und fortgebildet. Indem aber sukzessive alle Identitätskategorien dem Kontingenzverdacht unterworfen werden, wird dieser Typus durch den des *Wählens* ersetzt; das Kontingenzproblem wird dabei zu einem nahzu unüberwindlichen Hindernis bei der Wendung nach Innen, bei der reflexiven Selbstbestimmung (Schulze 1997). Eben diese Vermutung formuliert auch Werner Helsper:

„Wie aus der Pluralisierung der Welt die tendenzielle „Fremdheit" sozialer Organisationen resultiert und das Subjekt Halt in seinem Selbst sucht, so wird dieser Halt angesichts der Selbstbefragung im Rahmen sozial aufgenötigter pluraler Optionsmöglichkeiten immer wieder prekär. [...]. Das Dilemma der Selbstbezüglichkeit des modernen Selbst besteht somit darin, dass es dieser Selbstbezüglichkeit bedarf, um angesichts der offenen Optionshorizonte handlungsfähig zu bleiben. Wird die geforderte Selbstbezüglichkeit unterschritten, wird das Selbst zum Spielball sozialer Fernzwänge. Wird die Selbstbezüglichkeit angesichts der unabschließbaren Entscheidungsmöglichkeiten gesteigert, dann führt dies zur lebenspraktischen Entscheidungs- und Handlungsunfähigkeit, wodurch das Selbst ebenfalls letztlich von außen bestimmt wird. Das reflexive Selbst expandiert auf Kosten eines lebenspraktischen, sinnlichen Erlebens, mit dem Ergebnis der Gefühle von Leere und sinnlicher Öde" (Helsper 1997, S. 177f.).

Das für die Form gelingender Selbstverhältnisse Problematische an der (Spät-) Moderne wird daher nicht durch den kulturkonservativen Vorwurf getroffen, diese vereitle oder gefährde gelingende Identität deshalb, weil sie auf alle wesentlichen Fragen (nach Gott, Tod, Sinn des Lebens etc.) keine eindeutigen *Antworten* anbiete. Tatsächlich treten ja auch in einem theistischen Staat oder in einer Gesellschaft, welche die Nation oder etwa den Sozialismus „ontologisiert", für die Individuen existenzielle Fragen auf, die *nicht* vorentschieden sind, etwa: *Ist dieses Gebot wirklich Gottes Wille*? Oder auch: *Gibt es Gott wirklich*? *Muss ich wirklich meine Nation, oder mein Volk, mehr lieben als meine Familie*? *Wollten wir diesen Sozialismus*? Solche *Fragen* – und nicht erst die Antworten – artikulieren jedoch bereits einen moralischen Horizont, sie selbst wirken identitätsstiftend, weil sie eine Orientierung im moralischen Raum durch die Auszeichnung dessen, *worauf es ankommt* ermöglichen. Eine wirkliche Identitätskrise tritt jedoch dann ein, wenn sich keine dieser oder ähnlicher Fragen mehr sinnvollerweise stellen lässt, weil infolge einer radikalisierten Selbstbezüglichkeit keine intrinsischen oder ontologisierten „starken" Werte mehr anerkannt oder erfahren werden können, weil m. a. W. die Optionalität total geworden ist. Nicht, wenn ich an Gott, Volk, Sozialismus oder auch der geschlechtlichen Identität zweifle, habe ich die moralische Orientierung verloren, sondern erst dann, wenn mir alle potenziellen Kandidaten für „starke Wertungen" als narratives Konstrukt und soziale Willkür erscheinen, die sich gleichsam genealogisch dekonstruieren lassen, so dass der moralische Raum (zumindest in seiner reflexiven Repräsentation) völlig in sich zusammenbricht. Eine „radikal-postmoderne" Identität erwiese sich deshalb als unartikulierbar und daher als existenzielle Unmöglichkeit.[24]

Die in der Spätmoderne kulminierende Gefährdung der Moderne besteht somit im Verlust der Fähigkeit, ihren Horizont und ihre moralischen Quellen zu *artikulieren* und mit der vorherrschenden Epistemologie zu versöhnen. Wo aber Identitäten auf nicht-artikulierten und möglicherweise *nicht artikulierbaren* Grundlagen gebildet sind, wächst die Gefahr ihrer Manipulierbarkeit und Fremdbestimmung, d. h. ihrer reflexiv nicht hinterfragbaren „externen" Konstituierung oder Steuerung. Und es wächst darüber hinaus die Gefahr wachsender Frustration im identitätsnotwendigen *Kampf um Anerkennung* (Honneth 1994b). Denn angesichts der scheinbaren Beliebigkeit der individuellen Entwürfe des Guten und der Nicht-Reflexion der eigenen Identität in der Umwelt wird es für die Subjekte immer schwieriger, sich und andere als *wertvoll*, als *in ihrer Werthaftigkeit anerkannt* zu erfahren – die Unfähigkeit der Moderne, aus ihrem Horizont heraus intrinsische Werte zu artikulieren und anzuerkennen, droht schließlich auf die Subjekte selbst zurückzufallen. Die von Taylor diagnostizierte „Krise der Bejahung" erzeugt die Gefahr, dass Individuen weder sich selbst noch einander mehr als *wertvoll* anerkennen können, und so weit Identität und Anerkennung korrelativ sind, wird diese Unfähigkeit unmittelbar identitätsbedrohend (Taylor 1994, S. 777; vgl. dazu Rosa 1998, S. 361f.).

II.3 Das Konzept der situativen Identität

Allerdings scheinen diese Probleme und Gefährdungen spätmoderner Identität durchaus nicht notwendig in einen unmittelbaren Selbstverlust zu führen. Was unter den Zwängen der Beschleunigungsgesellschaft preisgegeben wird, so steht zu vermuten, ist die Idee eines auf Dauer oder Langfristigkeit angelegten Identitätsprojek-

---

24 Vgl. Löw-Beer (1991). Dies läßt sich einmal mehr an *Billy Elliott* illustrieren: Der Protagonist gewinnt seine Identität eben dadurch, dass er an seiner Vision gegen alle Vorstellungen von Klasse und Geschlecht festhält, aber es sind auch diese Widerstände und die durch sie aufgeworfenen existentiellen Fragen, die ihm die Findung und Entfaltung dieser Identität ermöglichen, die ja auch den Triumph und die Großartigkeit des modernen Individualismus, solange er nicht total wird, symbolisiert. In der Spätmoderne dagegen leiden Jugendliche tendenziell (und nur tendenziell) nicht mehr darunter, dass man sie nicht Tänzer werden läßt, sondern dass es in den Augen der Umwelt und daher ihrer selbst moralisch-ethisch zunehmend gleichgültig ist, was sie sind: „Ich finde, das Problem ist, dass man einfach alles sein kann: links oder rechts, schwarz oder weiß, schwul, hetero, oder bisexuell, Raver, Rapper oder Punker: es macht alles keinen Unterschied mehr", sagte mir vor kurzem ein Erstsemester-Student. Artikulationsfähigkeit, so möchte ich behaupten, hängt daher essenziell auch von *Widerständen* ab; davon, dass es etwas gibt, *worauf es* (zeitstabil) *ankommt*.

tes, die Vorstellung einer Autonomie, welche Subjekten das kontextübergreifende und zeitstabile Verfolgen von selbst definierten Werten und Zielen ermöglicht. Wie ich bereits angedeutet habe, hindert sie diese Preisgabe indessen durchaus nicht daran, gleichsam „situative" Identitäten auszubilden, mittels derer sie sich in jeweils konkreten Kontexten und Praxiszusammenhängen immer wieder neu orientieren und entscheiden und so Handlungsfähigkeit gewinnen können.

Die Vorstellung derartiger situativer Identitäten besagt dabei natürlich nicht, dass *alle* Identitätsmerkmale von Situation zu Situation verändert würden. Vielmehr steht zu vermuten, dass einige ganz im Gegenteil über eine Vielzahl von Situationen und Kontexten hinweg synchron und diachron erhalten bleiben, so dass diese Identitäten zwar nicht mehr definitorisch bestimmt werden können, wohl aber noch durch „Familienähnlichkeiten" im Wittgenstein'schen Sinne verbunden sind. Allerdings sind dabei auch radikale Umschwünge durchaus möglich. Der Begriff deutet somit an, dass keine Identitätsbestimmung mehr per se zeitstabil ist und dass die Gewichtung, Relationierung und Ausdeutung von Identitätsmerkmalen (z. B. des *Frau-* oder *Mannseins*) sich von Situation zu Situation ändern. Eine rudimentäre übersituationale Einheit und Kontinuität des Selbst, welche die Verwendung des Identitätsbegriffes erst rechtfertigt, wird dabei m. E. durch folgende vier Faktoren gewährleistet:

Zunächst erlaubt auch eine situative Identität die zumindest minimale narrative Verknüpfung von Vergangenheit, Gegenwart und Zukunft und der verschiedenen Sinn- und Funktionsprovinzen des je eigenen Lebens, jedoch folgt diese Verknüpfung narrativen Mustern, die selbst dem je gegebenen situativen Kontext entstammen (vgl. dazu Anderson 1997; Kraus 2000).

Sodann ist anzunehmen, dass Subjekte durch eine gleichsam *habitualisierte* Kontinuität geprägt sind, die eine relative Zeitfestigkeit aufweist. Denn jenseits unserer reflexiven Selbstbestimmung entsteht und bewahrt sich unser Identitätsgefühl in hohem Maße auch durch das, was mit Bourdieu als *Habitus* bezeichnet werden kann: Durch unsere verkörperten Vorlieben und Abneigungen, unsere Gesten und expressiven Eigenheiten, durch Geschmacksprägungen etc. Dieser Habitus ist durchaus nicht dem Wandel entzogen und auch nicht kontextinvariant – unsere Vorlieben und Verhaltensweisen werden immer auch situativ mitbestimmt –, doch verändert er sich in seinen Grundmustern vermutlich nur inkrementalistisch und nur selten intentionalistisch. Das in unseren Praktiken und unserem Leibverhältnis verkörperte Selbstgefühl vermag daher auch dort Kontinuität zu stiften, wo sie hinter einem situativen Wandel der reflexiven Identität und des Lebensstiles verloren scheint.

Geliebte Objekte in dem oben angeführten, an Tilmann Habermas angelehnten Sinn vermögen als Übergangsobjekte möglicherweise auch dort eine symbolische Form von Kontinuität zu gewährleisten, wo Persönlichkeiten massive Reorganisationen erfahren. Sie tragen damit zu einem bruchlosen Übergang zwischen Kontexten und Situationen bei.

Wie bereits angeführt verfügen Subjekte, wie jüngere sozialpsychologische Untersuchungen (gegen die Vermutungen etwa des symbolischen Interaktionismus) nahe legen, hinter und jenseits derartiger Stabilisatoren möglicherweise über ein gleichsam „angeborenes", prädikatsloses „Kern-Selbst", das ihnen die Aufrechterhaltung eines Identitätsgefühles unter Umständen sogar bei vollständiger situativer Diskontinuität erlaubt.

Während nun in den bisher ausgeführten Überlegungen die Vorstellung einer situativen Identität lediglich als gedankliche Steigerung oder als logischer Fluchtpunkt der noch einmal verstärkten Individualisierungs- und Beschleunigungsprozesse der Spätmoderne entwickelt wurde, finden sich interessanterweise in neueren soziologischen Untersuchungen auch deutliche empirische Hinweise auf die Veränderung spätmoderner Identitäten in der dadurch bezeichneten Richtung. Denn in eben dieser Diagnose einer „situativen Identität" konvergieren eine ganze Reihe von zum Teil sehr heterogenen, empirisch gesättigten Zeitdiagnosen, die sich mit der Frage der Veränderung von spätmodernen Temporalstrukturen befassen. Der Verzicht der Subjekte auf einen langfristigen oder gar „Lebens"-Plan als notwendige Reaktion auf mannigfaltige, sich schnell wandelnde Kontingenzen ist eine Beobachtung, in der in überraschender Übereinstimmung, wenngleich in unterschiedlicher Form, die Perspektiven von Autoren wie Manfred Garhammer, Richard Sennett, Karlheinz Geißler und Hörning, Ahrens und Gerhard zusammentreffen.[25] Sennett fasst dies, deutlich pessimistisch, in seine zentrale, von Walter Lippmann übernommene Metapher der *Drift* als „erratischer Lebenserfahrung" des „ziellosen inneren Dahintreibens", die in scharfem Gegensatz zu dem Gefühl und Anspruch einer „Beherrschung der Lebensereignisse" durch das eigene Handeln stehe (Sennett 1998, S. 160, S. 181). Ganz ähnlich macht Garhammer eine neue Grundtendenz zum „Fatalismus" aus, die nicht nur den Verzicht auf den Anspruch aktiver Gestaltung des eigenen Lebens signalisiert, sondern zugleich deutlich macht, dass es eben nicht zwangsläufig dort, wo Kontingenzen einziehen, zu Autonomiegewinnen kommen muss – ganz im Gegenteil (vgl. Garhammer 1999, S. 482). Bezeichnet Sennetts *Drift* „eine Erfahrung, die von Ort zu Ort und von Tätigkeit zu Tätigkeit driftet" (Sennett 1998, S. 31), so kennzeichnet eben diese Weise der Erfahrung und des entsprechenden Entscheidens die Verhaltensweise der von Hörning, Ahrens und Gerhard identifizierten spätmodernen Lebensstilfigur des „zeitjonglierenden Spielers", der nach Auffassung der Autoren als Einziger noch in der Lage ist, die davonlaufenden Zeithorizonte und -strukturen mittels einer „hochsituativen Zeitpraxis" zu bewältigen – freilich ebenfalls unter

25 Garhammer (1999); Sennett (1998); Geißler (1999); Hörning, Ahrens und Gehrhard (1997).

Preisgabe des für die Moderne zentralen Anspruchs auf eine reflexiv kontrollierte, aktive Lebens*führung* und unter Verzicht auf die Suche nach Authentizität oder Eigentlichkeit. Der „Spieler" überwindet die lineare, verrechnende und verplanende Zeitorientierung der Moderne und ersetzt sie durch eine (in gewisser Weise prämodern anmutende, nun aber reflexiv gewordene) situationsoffene und „ereignisorientierte" Zeitpraxis; mit einem anderen Begriff der Autoren, er „verzeitlicht" die Zeit, indem er über Tempo und Dauer von Ereignissen und über Anschlusshandlungen nicht im Rahmen eines Gesamtplanes oder eines abstrakt-linearen Zeitkonzeptes entscheidet, sondern flexibel und situationsabhängig, gleichsam aus der Eigenzeit und dem Zeithorizont des je aktuellen Ereignisses heraus. Damit gelingt es ihm, so die Autoren, „Gegebenes ständig unter Variationsgesichtspunkte zu setzen und somit den „Wechselfällen" des spätmodernen Alltags gerecht zu werden. Indem er „Spiel" zum Beginnen, Unterbrechen, Dehnen, Beenden „hat", entwickelt er die besondere Qualität einer *ereignisorientierten Zeitpraxis*, die seine eigenen Parts im „Spiel der Spiele" möglichst flexibel zu halten sucht" (Hörning, Ahrens und Gerhard 1997, S. 16). Auf diese Weise lernt der „Spieler" durch „Entlinearisierung" und „Verzeitlichung" der Zeit das, was Sennett als spätmoderne Bedrohung des Charakters versteht, nämlich „Störungen wie zeitliche Unsicherheiten, Ungleichzeitigkeiten, Unabgestimmtheiten, Aufeinanderstoßen unterschiedlicher Zeitkulturen, das Auftreten von Brüchen" etc. gerade *nicht* „als Anomalie zu sehen, sondern als Normalität in die gängige, hochsituativ ausgerichtete Zeitpraxis einzubeziehen" (ebd., S. 178). Damit erscheint ihm die für die Lebensstilfiguren und Identitätstypen der *klassischen Moderne* unbewältigbare Hyperakzeleration der Spätmoderne nicht mehr als Bedrohung, sondern er affirmiert sie geradezu lustvoll als Möglichkeitsgenerator, mit dem „eine immer raschere „Verzeitlichung von Zeit" möglich wird" (ebd., S. 179). Der Spieler „entledigt sich [...] vorgegebener Zeitzwänge, Zeitbindungen und Zeitimperative [...]. Er moderiert und moduliert seine eigenen hochsituativen Eigenzeiten. Mithin reflektiert der „Spieler" in seiner Orientierung die wachsende Dynamik und Komplexität einer Gesellschaft, die in der Flut von Ereignissen ihre eigene Identität zunehmend nur noch in momenthaften Situationsbeschreibungen einfangen kann" (ebd., S. 174).

Diese Zeit- und Lebenspraxis der momenthaft-situativen Entscheidungen oder der „Verzeitlichung der Zeit" stellt zugleich eine *Entzeitlichung des Lebens* dar. Wie etwa Martin Kohli in mehreren Arbeiten gezeigt hat, war „die Entwicklung zur Moderne [...] ein Prozess der *Verzeitlichung* des Lebens" (Kohli 1986, S. 184; vgl. Kohli 1990), welche ihrerseits die „situative Lebensform" der Vormoderne ersetzte, in der das Leben den unberechenbaren (*exogen induzierten*) Wechselfällen des Weltlaufes ausgesetzt war. Diese Verzeitlichung manifestierte sich etwa in dem, was Kohli das „Lebenslaufregime" nennt, das nicht nur durch eine äußere institutionelle

Ordnung gestützt wurde, sondern auch ein identitätskonstituierendes *biographisches Orientierungsschema* bereitstellte, welches (auch langfristige) zeitliche Planung und Gestaltung des eigenen Lebens in einer berechenbaren Umwelt erlaubte. „Der Modernisierungsprozess ist ein Übergang von einem Muster der relativen Zufälligkeiten der Lebensereignisse zu einem des vorhersehbaren Lebenslaufs" (Kohli 1986, S. 185), in dem die Identität fast im Sinne des *Bildungs- und Entwicklungsromans* nach und nach als zeitliches Projekt entfaltet wird. Mit der inzwischen auch von Kohli diagnostizierten progressiven Auflösung dieses Lebenslaufregimes, in dem *Verzeitlichung des Lebens* und moderne *Individualisierung* unauflösbar verknüpft waren, findet nun eine Rückkehr zu „hochsituativen Lebenspraktiken" (Hörning, Ahrens und Gerhard 1997) bzw. „ein Rückfall in eine situative Lebensform" statt (Garhammer 1999, S. 476), wenngleich die Zu- und Wechselfälle des Lebens heute anderer, nämlich gesellschafts-*endogener*, reflexiver Natur sind. Die den Alltag und den Lebenslauf bestimmenden „Ereignisse" der *Vormoderne* waren in ein weitgehend stabiles, statisches Gefüge aus Natur und sozialen Institutionen gebettet; sie waren erwartbar und dem Beschleunigungs- und Veränderungsdruck entzogen, ihre Relevanzen waren in Routinen und durch Tradition festgelegt. In der *Spätmoderne* dagegen sind die möglichen Ereignisse oft unvorhersehbar und sie unterliegen selbst einem raschen Wechsel in einem nicht mehr durch Routine und Tradition bestimmten, sondern ins Unabsehbare gesteigerten Möglichkeitshorizont, in dem Relevanzen nicht mehr erkennbar sind, sondern selbst gesetzt werden müssen.

Das Setzen von Prioritäten und Relevanzen ist eine unabdingbare Voraussetzung zeitlicher Planung und Gestaltung; es ist jedoch nur dort möglich, wo *einige* Rahmenbedingungen und Grundorientierungen dem Spiel der Kontingenzen entzogen sind und damit als Ordnungsfaktoren dienen können. Ebendies erweist sich als das Problem des „Spielers", wie Hörning, Ahrens und Gerhard bemerken: „Sein situationsspezifisches Reagieren wird mit Innovationspotenzialen assoziiert und zu Fähigkeiten hochstilisiert, denen in diesen Zeiten hohe Akzeptanz zukommt. Dabei ahnt der ‚Spieler' selbst, dass diese weitgetriebene Form der Verzeitlichung, in der von Moment zu Moment alles anders sein kann, dazu führen kann, sich in den selbstgeknüpften Verweisungsnetzen zu verstricken [...]. Die hochdynamische Form der Kommunikation des ‚Spielers', die darauf abzielt, immer neue Sinnwelten zu erschließen, kann dazu führen, sich im faszinierenden Spiel der Kommunikationen zu verlieren. Man geht den sich immer wieder bietenden, endlosen Verweisungen nach und hat – weil ja eben nahezu alles möglich ist – enorme Schwierigkeiten, noch Relevanzen zu erkennen, Bedeutsamkeiten im Auge zu behalten. Des ‚Spielers' Probleme sind: sich selbstbezüglich Grenzen zu setzen, Sachen auch wieder loszulassen, eigene Stoppregeln zu entwickeln, etwas als beendet auszuweisen" (Hörning, Ahrens und Gerhard 1997, S. 164f.). Die im Charakter der situativen Identität angelegte Unfähigkeit, zeitstabile Relevanzen zu setzen und entsprechende Handlungsprioritäten im Sinne einer „Aufgabe" zu entwickeln, führt, wie mehrere Autoren unabhängig voneinander beobachten, zu einem paradoxen Umschlag, in dem aus der Erfahrung der „verzeitlichten" und zugleich beschleunigten oder „rasenden" Zeit plötzlich die Erfahrung der *Entzeitlichung*, des zeitlichen *Stillstandes* entsteht. „Wer sich in „vernünftigem" Maße einer Aufgabe widmet, der erlebt die Zeit als eigenständige Dimension gar nicht. Nur wer sich überfordert, erfährt sie als Zwang und Druck – und, am anderen Extrem: wer sich für keinen Sachbezug und keine Idee und keinen anderen Menschen zu entäußern weiß, wer also ganz „bei sich" bleibt, auch wenn er noch so in oberflächliche Aktivitäten verstrickt sein mag, der empfindet eine Art Zeit-Stillstand, eine Zähigkeit, die ihm wie die Wiederholung des Gleichen erscheint, wenngleich durchaus etwas passiert", schreibt der Philosoph Klaus-Michael Kodalle.[26]

Von sozialtheoretischer Bedeutung ist hierbei auch die Beobachtung, dass die „Verzeitlichung der Zeit" sich nicht nur auf der Ebene der Individuen und ihrer Lebensführung konstatieren lässt, sondern ebenso im makrosozialen Bereich aufzufinden ist, wo sie als eine „Entzeitlichung" von Politik und Gesellschaft im Sinne einer hohen *politischen* Situativität erscheint, in der politische Akteure nur noch *reagieren* können und (langfristige) Steuerungspotenziale und Gestaltungschancen zunehmend erodieren. Diese Sichtweise konvergiert mit der systemtheoretisch begründeten Einschätzung Armin Nassehis, nach der „die Gegenwart [...] ihren gestaltenden Charakter [verliert]. Sie ist als Handlungsgegenwart stets zukunftsorientiert, und sie kann die Zukunft aufgrund der Dynamik, Risikohaftigkeit und v. a. wegen des ungeheuren Potenzials an Gleichzeitigem, worauf die gegenwärtige Handlungssituation keinen Zugriff hat, nicht präformieren. *Nachdem die Frühmoderne angetreten ist, Welt und Zeit gestaltbar zu machen und durch historische Legitimation zukünftigen Fortschritt zu initiieren, ist es in der entwickelteren Moderne die Zeit selbst, die Gestaltungsmöglichkeiten, Steuerungspotenziale und Einflussmöglichkeiten weder sachlich noch sozial zulässt*" (Nassehi 1993, S. 375, Hervorhebung von mir, H. R.). Das identitätsstiftende moderne Prinzip der Bewegung, welches die Beharrungskräfte der vormodernen Gesellschaften in vielen Bereichen überwand, war in der „klassischen" Moderne ein Prinzip der *gerichteten*, *geplanten* Bewegung im Sinne des „Fortschritts" – im Hinblick auf die subjektive Lebensführung ebenso sehr wie hinsichtlich gesamtgesellschaftlicher Gestaltung entlang einer temporalen und sachlichen Bewegungsrichtung, die im politischen Richtungsindex von „progressiv" und „konservativ" bzw. „rechts" und „links" abgebildet war. In der Spätmoderne wird dieser Richtungsindex

26 Kodalle (1999, S. 12); vgl. Garhammer (1999, S. 482); Sennett (1998, S. 121); ausführlich dazu auch Rosa (1999b).

tendenziell bedeutungslos: Die Bewegung wird infolge des Beschleunigungsimperativs in eine ziellose, kontingente Veränderung überführt, die ohne Visionen oder Utopien auskommen muss, welche ihr eine Richtung verleihen könnten. Dies führt zu dem verbreiteten Eindruck eines „rasenden Stillstandes", in dem das „Rasen der Ereignisse" den Stillstand der zielgerichteten Entwicklung im Leben der Gesellschaften wie der Individuen nur notdürftig zu überdecken vermag und das Identitätsgefühl prägt (vgl. dazu ausführlich Rosa 1999a). In dieser Hinsicht lässt sich daher ein deutlicher, vielleicht fundamentaler Bruch zwischen „klassischer Moderne" und „Spätmoderne" ausmachen: Die Idee eines identitätsstiftenden, kohärenten und gestaltbaren individuellen Lebensprojektes scheint heute ebenso an ihr mögliches Ende gelangt zu sein wie die (zeitaufwändige) politisch-demokratische Gestaltung des Gemeinwesens als konstitutives *politisches Projekt* der Moderne; an ein Ende mithin, das nicht etwa durch die Durchsetzung neuer, „postmoderner" Prinzipien herbeigeführt würde, sondern das als Konsequenz der Steigerung der ur-modernen Prinzipien der Beschleunigung und Individualisierung über den kritischen Punkt der individuellen wie gesellschaftlichen Integrations- und Steuerungsfähigkeit hinaus erfolgte. An ihre Stelle treten neue Formen, die sich mit den Schlagworten *situativer Identität* und *situativer Politik* charakterisieren lassen. Die Formmerkmale und Gefährdungen der ersteren herauszuarbeiten war das Ziel dieses Beitrags.

Literatur

Alheit, Peter (1989): Alltagszeit und Lebenszeit. In: Rainer Zoll (Hg.): *Zerstörung und Wiederaneignung von Zeit*. Frankfurt a. M.: Suhrkamp, S. 371-386.

Anderson, Walter Truett (1997): *The Future of the Self. Inventing the Postmodern Person*. New York: Jeremy P. Tarcher.

Backhaus, Klaus und Holger Bonus (Hg.): *Die Beschleunigungsfalle oder der Triumph der Schildkröte*. 3. Auflage. Stuttgart: Schäffer, Pöschel.

Beck, Ulrich (1996): *Risikogesellschaft. Auf dem Weg in eine andere Moderne*. Frankfurt a. M.: Suhrkamp (Original 1986).

Benthaus-Apel, Friederike (1995): *Zwischen Zeit-Bindung und Zeit-Autonomie: Eine empirische Analyse der Zeitverwendung und Zeitstruktur der Werktags- und Wochenendfreizeit*. Wiesbaden: DUV.

Breuer, Stefan (1988): Der Nihilismus der Geschwindigkeit. Zum Werk Paul Virilios. In: *Leviathan 16*, S. 309-330.

Foucault, Michel (1978): Recht der Souveränität/Mechanismus der Disziplin. In: ders.: *Dispositive der Macht. Über Sexualität, Wissen und Wahrheit*. Berlin: Merve, S. 75-95.

Foucault, Michel (1989): *Der Gebrauch der Lüste* (Sexualität und Wahrheit, Band 2). Frankfurt a. M.: Suhrkamp.

Foucault, Michel (1994): Warum ich Macht untersuche: Die Frage des Subjekts. Nachwort. In: Hubert L. Dreyfus und Paul Rabinow (Hg.): *Michel Foucault. Jenseits von Strukturalismus und Hermeneutik.* Weinheim: Beltz Athemäum, S. 243-261.

Foucault, Michel u. a. (1993): *Technologien des Selbst.* Hg. von Luther H. Martin u. a. Frankfurt a. M.: Fischer.

Freyermuth, Gundolf S. (2000): Digitales Tempo. Computer und Internet revolutionieren das Zeitempfinden. In: *c't, magazin für computer technik, Heft 14,* S. 74-81.

Garhammer, Manfred (1999): *Wie Europäer ihre Zeit nutzen. Zeitstrukturen und Zeitkulturen im Zeichen der Globalisierung.* Berlin: edition sigma.

Garhammer, Manfred (2001): Von Jobhoppern und Jobnomaden - Zeitinstitutionen und Unsicherheit in der spätmodernen Arbeitswelt. In: Thomas Eberle, Achim Brosziewski u. a. (Hg.): *Dynamik der Moderne. Festschrift für Peter Gross zum sechzigsten Geburtstag* (i. E.).

Geißler, Karlheinz (1999): *Vom Tempo der Welt. Am Ende der Uhrzeit.* Freiburg: Herder.

Gleick, James (1999): *Faster. The Acceleration of Just About Everything.* New York: Pantheon Books.

Glotz, Peter (1998): Kritik der Entschleunigung. In: Klaus Backhaus und Holger Bonus (Hg.): *Die Beschleunigungsfalle oder der Triumph der Schildkröte.* a. a. O., S. 75-89.

Habermas, Tilmann (1999): *Geliebte Objekte. Symbole und Instrumente der Identitätsbildung.* Frankfurt a. M.: Suhrkamp (zuerst 1996).

Hahn, Alois und Herbert Willems (1993): Schuld und Bekenntnis in Beichte und Therapie. In: *Kölner Zeitschrift für Soziologie und Sozialpsychologie, Sonderheft 33,* S. 309-331.

Helsper, Werner (1997): Das „postmoderne Selbst" – ein neuer Subjekt- und Jugend-Mythos? In: Heiner Keupp und Renate Höfer (Hg.): *Identitätsarbeit heute. Klassische und aktuelle Perspektiven der Identitätsforschung.* Frankfurt a. M.: Suhrkamp., S. 174-216.

Hildenbrand, Bruno (2001): *Zum Verhältnis von Tradition und Wandel in Paarbeziehungen.* Vortrag zum 6. Symposium des Arbeitskreises „Zweite Moderne" (Freundeskreis Weimar 1999) am 20. Mai 2001. Weimar (Ms.).

Honneth, Axel (Hg.) (1993): *Kommunitarismus. Eine Debatte über die moralischen Grundlagen moderner Gesellschaften.* Frankfurt a. M., New York: Campus.

Honneth, Axel (1994a): *Desintegration. Bruchstücke einer soziologischen Zeitdiagnose.* Frankfurt a. M.: Fischer.

Honneth, Axel (1994b): *Der Kampf um Anerkennung. Zur moralischen Grammatik sozialer Konflikte.* Frankfurt a. M.: Suhrkamp.

Hörning, Karl H., Daniela Ahrens und Anette Gerhard (1997): *Zeitpraktiken. Experimentierfelder der Spätmoderne.* Frankfurt a. M.: Suhrkamp.

Kaern, Michael, Bernard S. Philips und Robert S. Cohen (Hg.) (1990): *Georg Simmel and Contemporary Sociology.* Dordrecht: Kluwer.

Kellner, Douglas (1992): Popular Culture and the Construction of Postmodern Identities. In: Scott Lash und Jonathan Friedman (Hg.): *Modernity and Identity.* Oxford, Cambridge/Mass.: Blackwell, S. 141-177.

Kemper, Peter (1995): Weltfernsehen MTV: Ein Clip zielt ins Herz, nicht ins Hirn. In: *Frankfurter Allgemeine Magazin, Heft 823, 8. Dezember 1995,* S. 18-24.

Keupp, Heiner u. a. (1999): *Identitätskonstruktionen. Das Patchwork der Identitäten in der Spätmoderne.* Reinbek: Rowohlt.

Kodalle, Klaus-Michael (Hg.) (1999): *Zeit-Verschwendung. Ein Symposion.* Würzburg: Königshausen und Neumann.

Kohli, Martin (1986): Gesellschaftszeit und Lebenszeit. Der Lebenslauf im Strukturwandel der Moderne. In: Johannes Berger (Hg.): *Die Moderne – Kontinuitäten und Zäsuren* (Sonderband 4 der *Sozialen Welt*). Göttingen: Schwartz, S. 183-207.

Kohli, Martin (1990): Lebenslauf und Lebensalter als gesellschaftliche Konstruktionen: Elemente zu einem interkulturellen Vergleich. In: George Elwert, ders. und Harald Müller (Hg.): *Im Lauf der Zeit. Ethnographische Studien zur gesellschaftlichen Konstruktion von Lebensaltern.* Saarbrücken u. a.: Breitenbach, S. 11-32.

Koselleck, Reinhart (1995): *Vergangene Zukunft. Zur Semantik geschichtlicher Zeiten.* 3. Auflage. Frankfurt a. M.: Suhrkamp.

Krappmann, Lothar (1997): Die Identitätsproblematik nach Erikson aus einer interaktionistischen Sicht. In: Heiner Keupp und Renate Höfer (Hg.): *Identitätsarbeit heute. Klassische und aktuelle Perspektiven der Identitätsforschung.* Frankfurt a. M.: Suhrkamp, S. 66-92.

Kraus, Wolfgang (2000): *Das erzählte Selbst. Die narrative Konstruktion von Identität in der Spätmoderne.* Herbolzheim: Centaurus.

Levine, Robert (1999): *Eine Landkarte der Zeit. Wie Kulturen mit Zeit umgehen.* München, Zürich: Piper.

Löw-Beer, Martin (1991): Living a Life and the Problem of Existential Impossibility. In: *Inquiry 34,* S. 217-236.

Lübbe, Herrmann (1998): Gegenwartsschrumpfung. In: Klaus Backhaus und Holger Bonus (Hg.): *Die Beschleunigungsfalle oder der Triumph der Schildkröte.* 3. Auflage: Stuttgart: Schäfer, Pöschel, S. 129-164.

Mead, George Herbert (1969): *Sozialpsychologie*, hrsg. Von Anselm Strauss. Neuwied: Wissenschaftliche Buchgesellschaft.

Nassehi, Armin (1993): *Die Zeit der Gesellschaft. Auf dem Weg zu einer soziologischen Theorie der Zeit.* Opladen: Westdeutscher Verlag.

Platt, Norbert A. (1998): Faszination Beständigkeit. In: Klaus Backhaus und Holger Bonus (Hg.): *Die Beschleunigungsfalle oder der Triumph der Schildkröte.* 3. Auflage: Stuttgart: Schäfer, Pöschel, S. 179-194.

Radkau, Joachim (1998): *Das Zeitalter der Nervosität. Deutschland zwischen Bismarck und Hitler.* München: Propyläen.

Reheis, Fritz (1998): *Kreativität der Langsamkeit. Neuer Wohlstand durch Entschleunigung.* 2. Auflage. Darmstadt: Primus.

Ricoeur, Paul (1992): *Oneself as Another.* Übers. von Kathleen Blamey. Chicago, London: University of Chicago Press.

Rosa, Hartmut (1998): *Identität und kulturelle Praxis. Politische Philosophie nach Charles Taylor.* Frankfurt a. M., New York: Campus.

Rosa, Hartmut (1999a): Rasender Stillstand? Individuum und Gesellschaft im Zeitalter der Beschleunigung. In: Jürgen Manemann (Hg.): *Jahrbuch Politische Theologie. Band 3: Befristete Zeit.* Münster u. a.: LIT-Verlag, S. 151-176.

Rosa, Hartmut (1999b): Am Ende der Geschichte: Die Generation „X" zwischen Globalisierung und Desintegration. In: Karsten Fischer (Hg.): *Neustart des Weltlaufs? Studien zum fin de siècle-Motiv in der Moderne.* Frankfurt a. M.: Suhrkamp, S. 247-264.

Rosa, Hartmut (2001a): Temporalstrukturen in der Spätmoderne. Vom Wunsch nach Beschleunigung und der Sehnsucht nach Langsamkeit. Ein Literaturüberblick in gesellschaftstheoretischer Absicht. In: *Handlung, Kultur, Interpretation 10*, S. 335-381.

Rosa, Hartmut 2001b: *Four Levels of Self-Interpretation. A Paradigm for Interpretive Social Philosophy and Political Criticism* (noch unveröffentlichtes Manuskript).

Schulze, Gerhard (1997): Steigerungslogik und Erlebnisgesellschaft. In: *Politische Bildung 30/2*, S. 77-94.

Sennett, Richard (1998): *Der flexible Mensch. Die Kultur des neuen Kapitalismus*. Berlin: Berlin Verlag.

Simmel, Georg (1989): *Philosophie des Geldes*. Hg. von David P. Frisby und Klaus Christian Köhnke. Frankfurt a. M.: Suhrkamp (Original 1900).

Simmel, Georg (1992): Die Bedeutung des Geldes für das Tempo des Lebens (Original 1897). In: *Aufsätze und Abhandlungen 1894-1900*. Hg. von Hans-Jürgen Dahme und David P. Frisby. Frankfurt a. M.: Suhrkamp, S. 215-234.

Simmel, Georg (1995): Die Großstädte und das Geistesleben (Original 1903). In: *Aufsätze und Abhandlungen 1901-1908*. Band 1. Hg. von Rüdiger Kramme, Angela Rammstedt und Otthein Rammstedt. Frankfurt a. M.: Suhrkamp, S. 116-131.

Simmel, Georg (1996): Der Begriff und die Tragödie der Kultur (Original 1918). In: *Hauptprobleme der Philosophie/Philosophische Kultur. Gesamtausgabe Band 14*. Hg. von Rüdiger Kramme und Otthein Rammstedt. Frankfurt a. M.: Suhrkamp, S. 385-416.

Straub, Jürgen (1993): Zeit, Erzählung, Interpretation. Zur Konstruktion und Analyse von Erzähltexten in der narrativen Biographieforschung. In: Hedwig Röckelein (Hg.): *Möglichkeiten und Grenzen der psychohistorischen Biographieforschung*. Tübingen: edition diskord, S. 143-183.

Straub, Jürgen (1998a) (Hg.): *Erzählung, Identität und historisches Bewusstsein. Zur psychologischen Konstruktion von Zeit und Geschichte*. Frankfurt a. M.: Suhrkamp.

Straub, Jürgen (1998b): Personale und kollektive Identität. Zur Analyse eines theoretischen Begriffs. In: Aleida Assmann und Heidrun Friese (Hg.): *Identitäten. Erinnerung, Geschichte, Identität*. Frankfurt a. M.: Suhrkamp, S. 73-104.

Straub, Jürgen (2001): Zur Psychologie des „flexiblen Menschen“. Ein Leitbild für jüngere Generationen? In: Franz Lehner (Hg.): *Erbfall Zukunft. Vordenken für und mit Nachkommen*. Jahreskongress des Wissenschaftszentrums Nordrhein-Westfalen, 5. bis 6. Oktober 2000. München, Mering: Rainer Hampp Verlag, S. 357-368.

Straus, Florian und Renate Höfer (1997): Entwicklungslinien alltäglicher Identitätsarbeit. In: Heiner Keupp und Renate Höfer (Hg.): *Identitätsarbeit heute. Klassische und aktuelle Perspektiven der Identitätsforschung*. Frankfurt a. M.: Suhrkamp, S. 270-307.

Taylor, Charles (1970): *The Pattern of Politics*. Toronto/Montreal: McClelland and Stewart.

Taylor, Charles (1975): *Hegel*. Frankfurt a. M.: Suhrkamp.

Taylor, Charles (1979): *Hegel and Modern Society*. Cambridge/Mass.: University Press.

Taylor Charles (1985): What Is Human Agency? In: *Human Agency* (Philosophical Papers, Band 1). Cambridge/Mass.: University Press, S. 15-44.

Taylor, Charles (1994): *Quellen des Selbst. Die Entstehung der neuzeitlichen Identität*. Frankfurt a. M.: Suhrkamp.

Taylor, Charles (1995): To Follow a Rule. In: *Philosophical Arguments*. Cambridge/Mass., London: Harvard University Press, S. 165-180.

Wagner, Peter (1995): *Soziologie der Moderne. Freiheit und Disziplin.* Frankfurt a. M., New York: Campus.

Willems, Herbert (1999): Institutionelle Selbstthematisierungen und Identitätsbildungen im Modernisierungsprozess. In: ders. und Alois Hahn (Hg.): *Identität und Moderne.* Frankfurt a. M.: Suhrkamp, S. 62-101.

Willems, Herbert und Alois Hahn (Hg.) (1999): *Identität und Moderne.* Frankfurt a. M.: Suhrkamp.

Die Problematik der „Identität“ und die Soziologie der Moderne

Peter Wagner

Oft wird angenommen, die Frage der personalen Identität komme erst mit der Neuzeit auf – im Zusammenhang nämlich mit dem Gedanken der Subjektivität, die so charakteristisch für die Moderne sei. Nun trifft es zwar zu, dass etwa im Englischen das Substantiv „self“, das dasjenige in einem Menschen, das ihn zu genau dieser Person macht, beschreibt, erst vom siebzehnten Jahrhundert an in Gebrauch kommt. Aber die Frage nach dem, was die spätere Psychologie und Soziologie als „personale Identität“ erfassen sollte, war früheren Denkern keineswegs unvertraut. Dies ist im Kern die Frage danach, ob der Mensch über seinen Lebensverlauf hinweg jenseits seiner körperlichen Verfasstheit, der Einheit seines Körpers, auch Kontinuität und Kohärenz der Person aufweist. Der Begriff „Identität“ (oder auch der des „self“) gibt auf diese Frage eine äußerst affirmative Antwort – er postuliert solche Kontinuität und Kohärenz, und dies mit der starken Annahme der zeitüberdauernden Einheit und Gleichartigkeit.

Greift man ideengeschichtlich weiter aus, so sieht man jedoch, dass eine große Zahl unterschiedlicher Antworten auf diese Frage gegeben wurde. Ganz allgemein gesprochen haben die empirischen Traditionen der Wissenschaften vom Menschen – im weitesten Sinne – oft dazu geneigt, das Vorliegen einer solchen Einheit zu bezweifeln. Sie beobachteten Veränderungen, sogar radikale Umbrüche, im Denken und in den Orientierungen der einzelnen Menschen und sahen sich daher nicht veranlasst, a priori Einheit zu postulieren. Im Gegensatz dazu haben transzendentale Traditionen eher behauptet, dass zumindest eine Einheit der Wahrnehmung oder des Bewusstseins vorliegen müsse. Wäre dies nicht der Fall, so wurde gedacht, dann könnte selbst die Frage nach der Identität nicht gestellt werden.

Alle soziologischen und psychologischen Versuche, sich dieser Frage in spezifischerer Weise anzunehmen, bewegen sich in dem Rahmen, der von den beiden genannten Positionen aufgespannt wird. So kann dann zum Beispiel die Fähigkeit der Erinnerung als Voraussetzung dafür erkannt werden, dass ein Sinn von der Kontinuität der eigenen Person entsteht. Eng damit verbunden, kann man hervorheben, dass Menschen sich ihr Leben erzählen und so Ereignisse zu einem kontinuierlichen Verlauf verweben können. Oder man betont, dass personale Identität sich in der

Interaktion mit anderen herausbildet, indem nämlich durch die Antworten der anderen auf die eigenen Worte und Taten dem einzelnen Menschen ein Spiegelbild entgegengehalten wird, in dem der einzelne sich erkennt und an dem er sich orientiert. In der Moralphilosophie – und dann in der Rechtsphilosophie – schließlich wird die Kontinuität der Person zur Voraussetzung dafür, dass Menschen sich über ihre vergangenen Taten Rechenschaft ablegen – und auch zur Rechenschaft gezogen – werden können. Identität wird so zur Bedingung für moralische und politische Verantwortung – und in kodifizierter Form für Verantwortung im Rechtssinne.

Es ist ein Irrtum anzunehmen, diese Themen – Kontinuität durch Erinnerung und Erzählung, durch soziale Interaktion, durch Zuschreibung und Übernahme von Verantwortung – seien als solche neuzeitlich. Die Frage nach der Kontinuität und Kohärenz der Person im Verlauf des Lebens war – als Frage – schon lange gestellt, als gegen Ende des achtzehnten Jahrhunderts die Sozialwissenschaften in ihrer heute noch erkennbaren Form entstanden.[1] Bemerkenswert ist hingegen die Tatsache, dass im Verlauf des neunzehnten Jahrhunderts die entstehenden Sozialwissenschaften die Frage neu zu formulieren und dabei die Reichweite der Antworten eher zu reduzieren trachteten. In einigen Gebieten, wie etwa der liberalen politischen Philosophie oder auch der politischen Ökonomie und den aus ihr entspringenden neoklassischen Wirtschaftswissenschaften, wurde die rationale Person zum Ausgangspunkt und Zentrum der Betrachtungen gemacht, ein stabil kohärentes Wesen, dessen Präferenzen festliegen, das Entscheidungssituationen auf Grundlage dieser Vorlieben vernünftig analysiert und sich für seine Taten verantwortlich zeigt. In anderen Gebieten, so etwa in der soziologischen Denkweise, wurde angenommen, dass die Orientierungen und das

1 Die Sozialwissenschaften der „Moderne" neigen generell dazu, den besonderen Charakter der Zeit, in der sie selbst entstanden, zu postulieren – die Existenz sozialwissenschaftlicher Reflexivität ist dann selber der Nachweis von Modernität, der mit Mitteln sozialwissenschaftlicher Methodologie sehr viel schwerer zu erbringen wäre (vgl. dazu ausführlich Wagner 2001a, Prolog und Kapitel 1). Zugleich geht diesen Wissenschaften eine empirisch und konzeptuell offene Perspektive auf Situationen ab, in denen sie selber nicht präsent waren und die allein aus diesem Grunde schon gern als „vormodern" bezeichnet werden. Man muss nicht soweit gehen, eine *conditio humana* anzunehmen, die über alle Vielfalt soziokultureller Konfigurationen hinaus Konstanten menschlichen sozialen Lebens bestimmt, um erkennen zu können, dass bestimmte Problematiken der sozialen Welt über die europäisch-nordamerikanische Geschichte der letzten zwei bis drei Jahrhunderte hinaus den Menschen bekannt waren. Im Hinblick auf die Frage personaler Identität sei hier nur darauf hingewiesen, dass bereits im Ägypten des Mittleren Königreichs ein „neues Ideal der Person" entstand, das auf dem Konzept des „von seinem Herzen gelenkten Menschen" ruhte, bei dem das Herz als „der Sitz der inneren Qualitäten und als der Orientierungsgeber der Person" verstanden wurde (vgl. Assmann 2001). Vgl. für eine Konzeptualisierung von Identität, die über die begrenzten sozialwissenschaftlichen Ressourcen hinaus greift und bewußt auch solche aus angeblich „vormodernen" Kontexten heranzieht, Friese (1998).

Verhalten der Menschen von deren Position in der Gesellschaft bestimmt würden. Auch diese Menschen verfolgten also kontinuierlich und kohärent einen Weg, nur dass dieser nicht von ihnen gewählt worden war. Dieser Gegensatz von humanwissenschaftlichen Positionen wurde später als Dualismus von „unter- und übervergesellschafteten Vorstellungen vom Menschen" beschrieben (Wrong 1961). Es ist bezeichnend, dass die Extreme sich an einem Punkt berühren, an dem die Frage der personalen Identität völlig unproblematisch wird. In beiden Vorstellungen ist Kontinuität und Kohärenz der Person kein Problem; es ist durch ontologische Voranahmen bereits aus dem Weg geräumt worden.

So überraschend eine solche Aussage zunächst klingen mag: der Aufstieg der Sozialwissenschaften im neunzehnten Jahrhunderts brachte also eine Vernachlässigung der Frage der personalen Identität mit sich; es wäre kaum übertrieben zu sagen, dass dieser sogar mit einem Rückschritt in den Modi der Konzeptualisierung dieser Frage einherging. Dabei haben die Sozialwissenschaftler Formen der Repräsentation des Menschen, die in anderen Gebieten entwickelt wurden, in der Philosophie etwa und mehr noch in der Literatur, kaum zur Kenntnis genommen. Themen wie Individualität oder Subjektivität im Zusammenhang mit partikularen, ja idiosynkratischen Lebensverläufen oder Lebenszielen blieben außerhalb der Reichweite sozialwissenschaftlicher Aufmerksamkeit. Diese Wissenschaften betrachteten die Identitätsfrage entweder unter dem Blickwinkel der voll entwickelten stabilen Persönlichkeit – ein Ideal des Bürgertums im neunzehnten Jahrhundert – oder unter jenem der unweigerlichen sozialen Determiniertheit – der Bevölkerungsmassen nämlich, die entwicklungs- und verantwortungsunfähig waren. Die Frage der Kontinuität und Kohärenz der Person steht in beiden Fällen natürlich im Hintergrund, aber der Zugang zu ihr durch ergebnisoffene Betrachtung wird nicht gewährt.

Diese intellektuelle Konstellation hat insofern etwas mit „Moderne" zu tun, als sie eine Antwort auf die soziale und politische Lage im nachrevolutionären Zeitalter zu formulieren suchte. Wenngleich die politische Wirklichkeit weit hinterherhinkte, so war mit der Amerikanischen Unabhängigkeitserklärung und der Französischen Revolution doch die Frage der – individuellen wie gesellschaftlichen – Selbstbestimmung, das Verlangen nach dem „Ausgang aus der selbstverschuldeten Unmündigkeit" unabweisbar auf die Tagesordnung gesetzt worden. Dies aber bedeutete, dass von nun an ein Zusammenhang zwischen den Lebensorientierungen der einzelnen Menschen und der Tragfähigkeit der politischen Ordnung bestand. Thomas Hobbes noch war davon ausgegangen, dass ihre Sehnsüchte und Passionen die Menschen in alle unterschiedlichen Richtungen treiben konnten. Für ihn musste der Staat daher, wiewohl von den Menschen in einem rationalen Akt gegründet, souverän über diesen stehen können, um diejenigen Orientierungen, die das Gemeinwohl gefährden könnten, zu unterdrücken. Der Gedanke der Volkssouveränität später aber setzte durchweg verlässlichere – stabilere und kohärentere – Mitglieder der politischen Ordnung voraus; und nicht zuletzt die Erfahrung des Terrors im Verlauf der Französischen Revolution machte deutlich, dass diese Voraussetzung nicht ohne weiteres als erfüllt angesehen werden konnte.

Die Sozialwissenschaften des neunzehnten Jahrhunderts waren im Kern eine Form nachrevolutionärer politischer Philosophie, und als solche glaubten sie, es sich nicht leisten zu können, die Frage nach der Kontinuität und Kohärenz der Person offen zu halten. Nur zwei Sorten von Menschen schienen ihnen verträglich mit der neuen Lage: stabile, vernunftbegabte, rationale Individuen, denen die Wahrung der kollektiven Belange anvertraut werden konnte, und Gesellschaftsmitglieder, deren Verhalten sozial vorbestimmt und damit gleichermaßen regelmäßig und vorhersehbar war. Im Mittelpunkt des intellektuellen Bemühens stand – oft unausgesprochen – die Frage nach einer Form politischer Stabilität, die aus der angenommenen Kohärenz der Orientierungen und Handlungen der Menschen gewonnen werden könnte. Das Erbe dieser Problematik für die Behandlung des Themas der personalen Identität ist noch heute in den Sozialwissenschaften zu spüren, wiewohl es – außerhalb der politischen Philosophie, in der es unweigerlich zu explizieren ist – oft geleugnet wird oder nur unbewusst vorhanden ist.[2]

Eine Öffnung, die die weitere Diskussion erheblich beeinflussen sollte, wurde jedoch gegen Ende des neunzehnten Jahrhunderts erzielt – allerdings wurde der Boden für diese Öffnung auch wiederum nicht im Kernbereich dessen, was konventionellerweise als Sozialwissenschaft bezeichnet wird, bereitet. Die Namen, die hier zu nennen sind, sind Friedrich Nietzsche und Sigmund Freud. Nietzsche verweigerte schlicht und radikal den Problemstellungen der Moral- und Politikphilosophie jegliche intellektuelle Anerkennung und befreite damit den Menschen von den ihm in diesen Denkformen auferlegten Regeln für das kollektive Leben. Freud entdeckte die Antriebe für eine volle Verwirklichung des Selbst in der menschlichen Psyche und verband die Geschichte der Zivilisation mit der Verdrängung und Unterdrückung dieser Antriebe. Vor einem solchen „nietzscheanisch-freudianischem“ Hintergrund (Rorty 1989) konnten Soziologen-Philosophen wie Georg Simmel und George Herbert Mead dann die Formen beobachten, in denen sich Identitäten in sozialer Interaktion ausbilden, und unterschiedliche Weisen der Identitätsbildung in verschiedenen sozialen Kontexten konzeptualisieren.

Von diesem Zeitpunkt an hat sich allmählich eine Soziologie und eine Sozialpsychologie der personalen und sozialen Identität entwickelt, die sich nicht länger auf starke Vorannahmen über das Wesen des Menschen stützen muss, sondern die Herausbildung von Identität sowohl im biographischen Sinne – in Verbindung etwa mit

2 Vgl. ausführlicher hierzu Wagner (1998; 2001a, Kap. 2).

der Kinderpsychologie und der Jugendsoziologie – als auch im gesellschaftlichen Sinne – in Unterscheidung von Identitätsbildungsprozessen nach sozialen Kontexten – zum Gegenstand der Untersuchung zu machen trachtet. Im Gegensatz zu den (mutmaßlichen) Erfordernissen einer politischen Moderne, die die Identitätsproblematik in den Sozialwissenschaften des neunzehnten Jahrhunderts überlagerte, ist es hier die Orientierung an einer eher „individuellen Moderne“ (Inkeles 1983), die das Erkenntnisinteresse leitet. Fundamental modern ist in diesem Verständnis genau „der Gedanke, daß wir unsere eigenen sozialen Identitäten konstruieren“ (Hollis 1985, S. 230). Die Modernität dieses Gedankens besteht in der Ablehnung vorgegebener substantieller Identität einerseits und in der Betonung der Autonomie des Einzelnen, also der Selbstbestimmung über die eigenen Lebensorientierungen, andererseits. Die Identitätssoziologie und -psychologie des zwanzigsten Jahrhunderts ist in diesem Sinne immer eine „konstruktivistische“ gewesen, wenngleich sich um den Begriff des Konstruktivismus in den letzten zwei Jahrzehnten kontroverse und auch polemische Diskussionen entwickelt haben.

Diese Kontroverse hat mit einer – meist nicht erkannten oder zumindest nicht explizierten – Spannung im Verständnis der individuellen Moderne zu tun, die der oben beschriebenen Spannung im Verständnis der politischen Moderne nicht unähnlich ist. Das Erschaffen der eigenen Identität muss als ergebnisoffen verstanden werden, denn sonst läge keine Autonomie vor. Aber das autonome Individuum muss als Resultat der Identitätsbildung erreicht werden, denn dies genau zeichnet die „moderne“ Konstellation aus. Dann aber wäre zumindest ein Teil des Ergebnisses doch vorbestimmt.[3]

Manche Autoren behelfen sich in diesem konzeptuellen Dilemma mit einer Unterscheidung zwischen substantiellen Aspekten von Identität, die nicht vorherbestimmt sind, sondern biographisch entwickelt werden, und dem Prozess der Identitätsbildung selbst, der – unter normalen Umständen, wie es heißt; eine Intuition des Problems ist also durchaus vorhanden – zur Ausprägung der Gestalt oder Struktur von Identität, also von Kontinuität und Kohärenz der Person, führt.[4] Dass eine Einheit der Person erreicht wird (oder – normativ, im Normalfall – erreicht werden muß), wird mit dem Begriff Identität bereits vorausgesetzt. Wie diese Einheit aus-

3 An dieser Stelle vermischen sich sehr schnell normative mit empirischen und konzeptuellen Aspekten. Kann unter modernen Bedingungen ein Mensch sich entschließen, die Möglichkeit von Autonomie nicht wahrzunehmen? Wenn ja, wäre dies notwendig pathologisch? Die Parallele zur Problematik der politischen Moderne lässt sich am Phänomen des sogenannten Fundamentalismus deutlich machen: Dessen Anhänger treffen oft eine radikale Wahl, handeln also äußerst „modern“; zugleich beseitigen sie mit diesem Akt die Bedingungen der Moderne (vgl. kürzlich Eisenstadt 1999).

4 Exemplarisch für diese Argumentationsweise Straub (1998, S. 83-95); vgl. auch Joas (1998).

sieht, ist der Konstruktion durch den einzelnen Menschen unter den gegebenen Interaktionskontexten und sozialen Umständen anheimgegeben.

Derartige Identitätsbildung wird dann begrifflich eng mit der „Moderne" als ihrer soziohistorischen Bedingung verbunden. Es ist das für die Moderne typische Individuum, das handlungs-, kommunikations- und interaktionsfähig ist, welches im Prozess der Identitätsbildung entsteht – Identitätsbildung vollzieht sich nicht unter allen Umständen. Anders als es dieses eher formale Verständnis von Identität zunächst vermuten lassen könnte, wird hier also keine anthropologische Konstante angenommen, die lediglich Ausdrucksvariationen ausgesetzt, aber nicht abwesend sein kann.[5] Mit diesem Schritt drückt sich ein Bewusstsein der empirisch-historischen Einwände aus, die gegenüber der generellen Annahme der Ausbildung von Identität als Kontinuität und Kohärenz der Person erhoben werden können.

Damit aber verschiebt sich die Problematik nur: welches sind nun die Bedingungen der „Moderne", unter denen Identitätsbildung stattfindet, wie lassen sich diese bestimmen? Kann man einfach mit einem eher umgangssprachlichen Begriff von Moderne arbeiten, der diese mit den westlichen Gesellschaften der Gegenwart und jüngeren Vergangenheit gleichsetzt? Wann aber und mit welchen Ereignissen oder Prozessen beginnt dann diese Moderne, und in welcher Weise befördern die Ereignisse oder Prozesse, die den Beginn der Moderne markieren, die Identitätsbildung? Es ist keineswegs selbstevident, dass etwa die „demokratischen Revolutionen" oder die industrielle Revolution – übliche historische Markierungen für den Anbruch der Moderne – für die Individuen, die in jenen Perioden lebten, die Lebensbedingungen so verändert haben sollten, dass ihre Persönlichkeitsentwicklung einen grundlegend anderen Verlauf nehmen sollte als für ihre Vorfahren.

Konzeptuell gesprochen bleibt überhaupt unklar, ob mit dem Begriff „Moderne" eine historische Situation gekennzeichnet werden soll, in der Identitätsbildung möglich ist und autonome Subjekte entstehen können, oder ob umgekehrt das Vorliegen autonomer Subjekte eine historische Situation schafft, die dann als „Moderne" bezeichnet werden kann. Hier liegt eine für Forschungsstrategien unbrauchbare Tautologie vor, die pauschal die Existenz einer Moderne suggeriert, deren räumliche und zeitliche Abgrenzung nie angegeben werden kann.

---

5 Wenn „Identität" eine solche Konstante wäre, würde mit der Begriffsverknüpfung „moderne Identität" eben eine sozio-historisch spezifische *Substanz* von Identität benannt, etwa Kontinuität und Kohärenz der Person – was gerade vermieden werden soll. Von einer derartigen Definition gehen aber beispielsweise Autoren aus, die neuerdings von „postmoderner Identität" sprechen und meinen, deren Vorliegen empirisch aufzeigen zu können (etwa Kellner 1995; vgl. unten). Für Straub, Joas und andere jedoch ist vor dem oben genannten definitorischen Hintergrund eine derartige Annahme ausgeschlossen.

Es geht bei diesen Anmerkungen nicht darum, die Befunde der sozialpsychologischen Forschung über jene Phänomene, die als Identitätsbildung bezeichnet werden, zu bestreiten – dazu besteht weder Anlass noch läge eine solche Kritik in der Kompetenz dieses Autors. Soweit für mich erkennbar, besteht die Leistung dieser Soziologie und Psychologie von Identität genau in der Untersuchung der Prozesse und Umstände, unter denen Menschen eine Vorstellung von der Kontinuität und Kohärenz ihrer Person entwickeln, die ihnen dann Orientierungen zum Handeln gibt. Die doppelte konzeptuelle Verbindung von Identität und Autonomie zum einen und von Identität und Moderne zum anderen, wie sie in der Interpretation gezogen wird, jedoch gibt vor, Probleme einer Gesellschaftstheorie und historischen Soziologie von Moderne zu lösen, die sie eher verdeckt. Befragen wir zunächst kurz die Verbindung von Identität und Autonomie, um anschließend und ausführlicher auf die Verbindung von Identität und Moderne einzugehen.

Autonomie bedeutet Selbstbestimmung, eine Situation, in der jemand sich seine eigenen Gesetze geben kann. Im Zusammenhang mit personaler Identität, so können wir unterstellen, ist individuelle Autonomie gemeint. Ein Mensch bestimmt die Regeln seines Handelns selbst. Der Begriff ist dabei notorisch unterbestimmt. Wenn nicht angenommen werden soll, dass die Quellen dieser Regeln auch aus dem Selbst entspringen, muss die Frage nach den Ressourcen für die Bestimmung des Selbst gestellt werden. Ein starker Autonomiebegriff, wie er etwa in der neoklassischen Ökonomie in Verbindung mit dem Rationalitätsbegriff vorliegt, muss unterstellen, dass die Individuen bereits Präferenzen haben, die sie von außen in die Situation einbringen. Soziologisch-psychologischen Ansätzen, die sich für die Entwicklung des Menschen und die allmähliche Herausbildung seiner Orientierungen interessieren, bleibt dieser Weg aus guten Gründen versperrt.

Mit Simmel und Mead hat sich demgegenüber ein relationaler Identitätsbegriff durchgesetzt, der davon ausgeht, dass die „Präferenzen" in Interaktion mit anderen geformt werden. Dieser Schritt, der absolut richtig und notwendig erscheint, bleibt nicht ohne Konsequenzen für den Autonomiebegriff. Wenn nicht angenommen werden soll, dass in der Interaktion mit anderen nur erkannt wird, was das eigene ICH ist, das schon vorher in genau gleicher Weise vorhanden, nur noch nicht bewusst wahrgenommen war, dann hat diese Interaktion immer auch eine substantielle Wirkung auf die Formung des ICH. Ich ist dann immer schon ein anderer; Identitätsbildung ist „Veranderung".[6] Wörtlich betrachtet, liegt somit aber keine Autonomie,

---

6 Zur Rekonstruktion dieser Denklinie, die von sozialphilosophischen Diskussionen der Zwischenkriegszeit um Martin Buber, Edmund Husserl und Martin Heidegger über die zu Unrecht wenig beachtete Arbeit „Der Andere" (1965) von Michael Theunissen bis zum Poststrukturalismus reicht, vgl. Friese (2001).

sondern Heteronomie vor. Der andere bestimmt (mit) über die Regeln und Orientierungen, die jemand seinem eigenen Leben gibt.

Wenngleich, wie oben bereits angedeutet, mit dieser Beobachtung nicht geleugnet werden soll, dass sich unter bestimmten Umständen eine stabile und kohärente Orientierung des Lebens herausbildet, die als die „eigene" empfunden wird, so ist die Verknüpfung mit einem Autonomiepostulat nunmehr problematisch geworden. Eine Unterscheidung von Substanz und Prozess der Identitätsbildung hilft hier nicht weiter, denn es wäre gerade die Substanz, die „heteronom" bestimmt wäre, während im Prozess die Kohärenz entstünde, die es erlaubt, die heteronome Substanz als „eigene" aufzufassen. Der plausible Ausweg ist ein anderer: Warum sollte es problematisch sein, mit dem Begriff „Autonomie" die Vorstellung – die auch und vielleicht zuallererst eine normative wäre – zu bezeichnen, dass ein erwachsener Mensch, sofern ihm die Entwicklungsmöglichkeiten dazu gegeben wurden, in eigenem Namen handelt? Diese Vorstellung kann persönlich wie gesellschaftlich handlungsleitend sein, ohne dass deswegen eine empirische Annahme über die Stabilisierung dieses Selbst und dessen Differenzierung von anderen getroffen werden müsste. Sie schüfe, würde sie allgemein oder zumindest weithin geteilt, genau jene „Moderne", die in rein soziohistorischer Betrachtung immer wieder dem konzeptuellen Griff entschwindet.

Die faktische Heteronomie des Menschen hingegen, die aus einem relationalen Verständnis der Identitätsbildung folgt, eröffnet Perspektiven für eine sozio-historisches Forschungsprogramm, das sich letztendlich auch der Frage nach der Existenz einer „Moderne" wieder historisch-empirisch nähern kann.[7] Sie erlaubt es, die radikalen Versionen des sich gegenüber seiner Normumwelt instrumentell-rationalistisch verhaltenden Individuums und des in soziale Normen vollständig eingebetteten Menschen als – empirisch unwahrscheinliche – Extreme auf einem Spektrum von Identitätsmöglichkeiten zu betrachten, dessen Realisierung unter verschiedenen Umständen empirischer Untersuchung im Prinzip zugänglich ist.

Ohne diese Perspektive immer auf den Begriff zu bringen, liegen uns zahlreiche Beiträge zu einer solchen historischen Soziologie der Identitätsbildung durchaus vor. Sie nimmt ihren Ausgangspunkt von dem historischen Moment, an dem die „Massengesellschaft" des frühen zwanzigsten Jahrhunderts, die schon Anlass zur Kritik der „Atomisierung" gegeben hatte, aber dennoch – zumindest für optimistischere Beobachter – die Annahme einer neuen, gesellschaftsadäquaten Balance von „Sozialstruktur und Persönlichkeit" zugelassen hatte, in Europa autoritäre und totalitäre po-

7 Der Begriff „faktische Heteronomie" wird hier im Hinblick auf die übliche Diskussion von Identität und Autonomie – über seine Validität hinaus – in durchaus provokatorischer Absicht benutzt. Generell drückt er jedoch nichts anderes aus als die „primäre Sozialität" (vgl. Joas 1992) des Menschen, die einen radikalen empirischen Begriff von Autonomie ausschließt.

litische Regime hervorgebracht hatte. So unterschiedliche Autoren wie Erich Fromm, Theodor W. Adorno oder Hannah Arendt versuchten, diese Entwicklung durch ein Missverhältnis zwischen beschleunigter Individuierung, die durch Industrialisierung, Urbanisierung und Migration hervorgerufen wurde, und im Vergleich dazu langsamer Ausbildung eines Selbst, das den neuen sozialen Umständen gerecht werden könnte, zu erklären.[8]

Selbst wenn diese Studien sich nicht durchweg an einem interaktionistischen Selbstbegriff orientierten, so sind sie dennoch in einem solchen Lichte reinterpretierbar. Dann suggerieren sie, dass die Beziehung zu anderen, die der einzelne Mensch unter Bedingungen hoher Mobilität und relativ geringer Verfügung über sozio-ökonomische und kulturelle Ressourcen eingeht, ihn gerade nicht „handlungsfähig" macht, sondern ihn dazu neigen lässt, die Bestimmung über sein Schicksal in die Hände anderer zu legen. Hohe Mobilität bedeutet hier, dass zwar eine große Vielzahl von Beziehungen zu anderen vorliegt, darunter allerdings nur wenige Beziehungen mit großer Intensität, die ein gespiegeltes ICH entstehen lassen könnten, auf das man seine eigenen Orientierungen bauen könnte. Der Mangel an eigenen Ressourcen wiederum signalisiert dabei zugleich die Auslieferung an das Verhalten der anderen, das eine Suche nach Sicherheiten außerhalb des eigenen Selbst nahe legt.

An dieser Stelle kann natürlich nicht die empirische Validität der unterschiedlichen Studien zu Persönlichkeit und Autoritarismus eingehend diskutiert werden. Aber diese reinterpretierenden Beobachtungen sollten ausreichen, um die Möglichkeit von gesellschaftlichen Situationen aufzuzeigen, in denen nur schwache personale Identitäten sich ausbilden. Zugleich herrschten in jener historischen Situation „starke" gesellschaftliche Kräfte vor, die dem Handeln vieler einzelner auch ohne deren starke Überzeugung eine Richtung vorzugeben vermochten. David Riesman sollte die Identitäten der Massengesellschaften der ersten Hälfte des zwanzigsten Jahrhunderts als „außengeleitet" bezeichnen und sie von dem Ideal des Bürgertums des neunzehnten Jahrhunderts, der „innengeleiteten" Person, unterscheiden (Riesman, Denney und Glazer 1962).

Nach dem Zweiten Weltkrieg bildete sich in der Phase schnellen Wohlstandswachstums und relativer politischer Stabilität eine regressive intellektuelle Synthese von personaler Identität und moderner Gesellschaft heraus, die – wiewohl interaktionistisch inspiriert – das gesellschaftliche Resultat der Identitätsbildung mittels des Theorems der Internalisierung von Normen voraussetzt. Erst mit den Anzeichen eines ungeordneten Abbaus des umfassenden institutionellen Arrangements der Wohlfahrtsstaaten seit den achtziger Jahren des zwanzigsten Jahrhunderts öffnet sich

---

8 Vgl. zur Soziologie des Individuums und zu den sozialen Kontexten von Individuierung Kaufmann (1999, 2001).

die Diskussion über das Verhältnis von Identität und Gesellschaft wieder. In dieser Periode entsteht der – oben bereits kurz angesprochene – Diskurs über die angebliche „postmoderne Identität“, einer Identitätsform, die im Widerspruch zum konventionellen Begriffsverständnis Instabilität, Fluidität und multiple, wechselseitig inkonsistente Orientierungen annimmt bzw. beobachtet und daher vom sozialpsychologischen und gesellschaftstheoretischen mainstream weithin abgelehnt wird.

Wenngleich sowohl konzeptuelle Kurzschlüsse als auch unzulässige empirische Verallgemeinerungen in dieser Debatte durchaus zu diagnostizieren sind, ist eine solche Ablehnung dennoch voreilig. Die Zweifel an Kontinuität und Kohärenz von Identität in ihren heute vorfindlichen Formen könnten durchaus eine Schwächung der Identitätsbildung unter den herrschenden sozialen Bedingungen anzeigen – in Analogie zur Situation in der Mitte des zwanzigsten Jahrhunderts, wenngleich in erheblich veränderter Ausprägung. Wie in der Vergleichssituation könnte eine mangelnde Stabilität des Interaktionskontexts des einzelnen Menschen zu einer Schwächung der Kontinuitäts- und Kohärenzkonstruktion – oder überhaupt der Möglichkeit zu einer solchen – führen. Anders als in der Vergleichssituation findet sich aber auch keine gesellschaftlich vorherrschende Form der „Außenleitung“, die diese Schwäche „ausgleichen“ könnte. Wenn „postmoderne Identität“ oft als befreiend und desorientierend zugleich beschrieben wird, wäre ein solcher Befund mit diesen konzeptuellen Überlegungen zumindest vereinbar.

Eine großflächige historische Soziologie der Identitätsbildung in europäischen Gesellschaften geht denn heute auch oft davon aus, dass die rapiden sozialen Veränderungen des ausgehenden neunzehnten Jahrhunderts zu einer „Entwurzelung“ der Menschen aus vorgegebenen Kontexten geführt haben, die erst im Verlauf des zwanzigsten Jahrhunderts mit der Konsolidierung der demokratischen Wohlfahrtsstaaten auf nationaler Grundlage allmählich eine „Wiederverwurzelung“ erlaubt haben, welche wiederum in der jüngeren Vergangenheit von einem erneuten Prozess der Entwurzelung“ aufgehoben wird.[9] Ohne diese Periodisierung zunächst in ihrer Substanz zu betrachten, können wir festhalten, dass die ihr zugrundeliegende Denkweise in einem ersten Schritt eine Historisierung der Identitätsdiskussion vornimmt, die den notwendigen Rahmen für jegliche Annahme über eine gegenwärtige Spezifizität der Identitätsbildung bereitstellt, und es in einem zweiten Schritt auch ermöglicht, auf den Zusammenhang von Identität und Moderne zurückzukommen, ohne über diesen eine konzeptuelle Vorannahme treffen zu müssen. Beginnen wir hier mit dem zweiten Schritt und kommen wir dafür auch auf unsere frühere Überlegung zum Zusammenhang von Identität und Autonomie zurück.

---

9 Vgl. z. B. Giddens (1990); für meine eigenen früheren Überlegungen, über die ich hier hinauszugehen versuche, vgl. Wagner (1995, bes. S. 96-100, S. 227-236, S. 246-250).

Mit dem Begriff „Autonomie“ wurde oben die Vorstellung gekennzeichnet, dass Menschen, wenn sie handeln, dies in ihrem eigenen Namen tun. Eine soziale Konfiguration wiederum kann als „modern“ bezeichnet werden, wenn der Gedanke der Autonomie in ihr weit verbreitet ist.[10] Wenn nun – gängigen Auffassungen folgend, diese aber reinterpretierend – der Begriff der Identität mit dem der Autonomie verknüpft werden soll, dann muss dieser eine Vorstellung von selbstgewählter, „eigener“ Kohärenz und Kontinuität der Person bezeichnen. Und „Moderne“ – führen wir die Verknüpfung weiter – muss dann eine soziale Konfiguration benennen, in der die Vorstellung, dass Menschen ihre Identitäten selbst schaffen (wie Hollis – vgl. oben – es ja im Hinblick auf „individuelle Modernität“ auch annimmt), verbreitet ist.

An dieser Stelle ist der Schritt von der begrifflichen zur soziohistorischen Analyse zu gehen. Der genannte Gedanke lässt sich in der Tat in den europäischen Gesellschaften der letzten zwei bis drei Jahrhunderte auffinden – weniger, wie zuvor gesagt, in den Sozialwissenschaften, als vielmehr in einer Kultur der individuellen Autonomie, die sich allmählich in Europa und Nordamerika verbreitete (Taylor 1994, S. 539-540). Aber das Vorhandensein dieser Idee machte diese Gesellschaften noch keineswegs durchweg „modern“ im Hinblick auf die Herausbildung von Identitäten.

Eine Soziologie der Moderne muss weitere Fragen stellen und zusätzliche Beobachtungen treffen. Das Vorhandensein der Idee von individueller Autonomie lässt es zunächst völlig offen, inwieweit diese Auffassung von allen in einer gegebenen Gesellschaft lebenden Menschen geteilt wird oder – darüber hinaus – inwieweit dieser Gedanke überhaupt allen zugänglich ist. Dies ist – erstens – die Frage nach der Durchdringung einer sozialen Konfiguration mit dem „modernen“ Selbstverständnis.

Zweitens mag es den Menschen zwar bewusst sein, dass ihr Selbst ihnen von keinen externen Kräften auferlegt ist, sondern dass sie es in ihrem sozialen Umfeld selbst schaffen, aber sie mögen trotzdem – und nicht immer in unbegründeter Weise – davon überzeugt sein, dass sie eigentlich keine Wahl haben, dass ihre Identität in gewisser Weise ihnen vorausgeht. Diese Erfahrung für eine Jüdin ist im Zwischenkriegsdeutschland etwa von Hannah Arendt beschrieben worden: Wenn man als Jude angegriffen wird, muss man sich eben als Jude wehren, wie sie sagte – unabhängig davon, wie man sich selbst sieht. Für Soziologen, wie oben angedeutet, war die soziale Zuschreibung von Identität eine Grunderkenntnis ihrer Disziplin, selbst wenn diese lange nicht so formuliert worden war. Identitätstheoretiker heute mögen darauf

10 Zu der weiterführenden Überlegung, dass der Begriff „Moderne“ damit nicht direkt eine soziale Konfiguration – etwa die „moderne Gesellschaft“ mit marktlich organisierter Ökonomie und demokratisch organisierter Politik – bezeichnet, sondern zunächst ein Interpretationsmuster für eine solche Konfiguration, vgl. Wagner (2001a, 2001b), in Anlehnung an Castoriadis' Begriff der „imaginären Bedeutungsgebung“ (1990) und dessen Entwicklung durch Arnason (1989).

bestehen, dass auch Identitäten als Jude oder als Arbeiter, die in bestimmten sozialen Konstellationen in großer Zahl gleichförmig vorkamen, dennoch in prinzipiell offenen Prozessen sozialer Interaktion zustande kamen. Soziologen der Moderne jedoch würden Unterscheidungen treffen wollen, in denen die tatsächliche „Handlungsfähigkeit" der einzelnen und damit auch das jeweilige Verständnis von „Autonomie" einer empirischen Betrachtung – und vielleicht auch konzeptuellen Reflexion – unterzogen wird.

Drittens, und das ist oben bereits kurz angedeutet worden, muss man es konzeptuell auch zulassen, dass die Stabilität einer gewählten Identität variieren kann. Damit soll nicht die sozialpsychologische Beobachtung bestritten werden, dass grundlegende Lebensorientierungen sich überwiegend in Interaktionskontexten einer bestimmten Lebensphase ausprägen. Die Beobachtung „postmoderner Identität" mag wenig verallgemeinerungsfähig und zudem auf einen unglücklichen Begriff gebracht worden sein. Aber es erscheint doch zugleich offenkundig, dass eine einmal in der Adoleszenz entstandene „Identität" unter Umständen – und diese Formel ist hier empirisch-soziologisch zu lesen – auch als vergleichsweise wenig bindend und als für spätere Veränderung und auch für inkonsistente Brüche offen angesehen werden kann.

Wenn Menschen unter „modernen" Bedingungen ihre Identität selbst schaffen (wenngleich nicht unter selbst gewählten Umständen, wie ein Philosoph des neunzehnten Jahrhunderts in anderem, aber verwandtem Kontext formulierte), dann bilden die drei Spezifizierungen dieser Bedingung, die soeben entwickelt wurden, auf den ersten Blick so etwas wie einen Gradmesser von „Modernität". Entlang der Achse, die sie formen, erhöht sich die Konstruierbarkeit von Identität.

Während alle drei Bedingungen der Identitätskonstruktion im Verlauf der letzten zwei Jahrhunderte für einige Mitglieder westlicher Gesellschaften erfüllt waren, so galt dies jedoch keinesfalls für alle. Eine Soziologie der Moderne gerät ob dieser Einsicht schnell in die Versuchung anzunehmen, der historische Pfad könne nicht anders als von der Ausweitung der Geltung dieser Bedingungen markiert sein. Übergänge von einer sozialen Konfiguration der Moderne zu einer anderen wären dann von zunehmender Konstruierbarkeit personaler Identität gekennzeichnet.[11]

Hier gilt es jedoch nicht nur, vor vorschnellen Linearitätsannahmen zu warnen (diese Lektion ist inzwischen weithin, wenngleich vielleicht immer noch nicht intensiv genug gelernt). Wenn die oben erwähnte großflächige historische Soziologie der

11 Man muß kein Apologet westlicher Gesellschaften sein, um in einer solchen Formulierung das Freiheitsversprechen wiederzuerkennen, das uns ideengeschichtlich in einer Vielzahl anderer Ausdrucksformen bekannt ist. Nur Apologeten westlicher Gesellschaften aber würden Freiheit auf die Konstruierbarkeit personaler Identität reduzieren.

Identitätsbildung näherem Blick jedenfalls im großen und ganzen standhält, dann legt diese zwei empirisch wie konzeptuell relevante Schlussfolgerungen nahe.[12] Zum einen muss ein sozialer Prozess der „Wiederverwurzelung“ wohl im Zusammenhang mit einem Rückgang der Konstruierbarkeit von Identität gesehen werden. Einzelne Menschen werden ihren Leben wieder „natürliche“ – d. h. zwar sozial konstruierte, aber von ihnen als vorgegeben empfundene – Grundorientierungen geben, historisch etwa als Angehörige von Nationen und Klassen nach den Erfahrungen mit der Moderne des neunzehnten Jahrhunderts. Zum anderen scheinen mir trotz aller konzeptuellen Einwände im einzelnen die Erkenntnisse der Totalitarismusforschung unterschiedlicher Ausprägung nicht widerlegt, die Erfahrungen der „Entwurzelung“ mit Schwächungen der Identitätsbildung in Zusammenhang bringen. Die Fluidität der sogenannten „postmodernen Identität“ wäre dann eine bislang politisch relativ harmlose – aber ist sie dies wirklich? – Ausprägung des gleichen Phänomens.

Diese Überlegungen – vage, wie sie bleiben müssen – stellen nicht nur jegliche Vorstellung von einem problemlosen Fortschreiten der „individuellen Modernisierung“ in Frage; sie führen uns auch zurück zur politikphilosophischen Problematik der Beziehung zwischen personaler Identität und politischer Ordnung, jener Frage, mit der das „moderne“ sozialwissenschaftliche Interesse an Identität begonnen hatte. Der Simmel-Meadsche Interaktionismus hatte zurecht die Anforderungen an eine zureichende Antwort auf diese Frage erhöht, indem die Pluralität der biographischen Interaktionskontexte jegliche regressive Synthese in Form einer engen Verknüpfung von „Sozialstruktur und Persönlichkeit“ untersagte (was Parsons mit Unterstützung durch Erikson nicht daran hinderte, später eine solche dennoch vorzunehmen). Im Lichte der vorstehenden Überlegungen lässt sich nun das Verhältnis von Selbst und Politik mit den Mitteln einer vergleichend-historischen Soziologie in einer Weise neu thematisieren, die aus politik- und gesellschaftstheoretischen Annahmen zwar ihre Frage bezieht, aber nicht deren Antworten ableitet.

Damit gebietet sich abschließend dann noch eine Anmerkung zur Frage „kollektiver Identität“. Trotz der scheinbaren begrifflichen Nähe scheuen Sozialpsychologen und interaktionistische Soziologen, denen die personale Identität wichtig ist, häufig vor dem Gebrauch des Begriffs „kollektive Identität“ zurück – durchaus nicht zu Unrecht, denn weder haben Kollektive eine Biographie noch interagieren sie in einer den einzelnen Menschen auch nur annähernd vergleichbaren Weise (vgl. Straub

12 Es muss vielleicht nicht ausdrücklich gesagt werden, dass Verallgemeinerungen der nachfolgenden Art hochproblematisch sind. Wenn Identitätsbildung in einer biographischen Folge von Interaktionskontexten geschieht, müsste umgekehrt die Annahme einer empirisch schwer fassbaren Vielfalt der Ausgangspunkt sein. Die folgenden Überlegungen sind daher nur als Reflexionen zu verstehen, die zu weiteren Fragen Anlass geben sollen – Fragen allerdings, die unabweisbar sind, selbst wenn Antworten unerreichbar bleiben.

1998, S. 96-104). Zugleich finden sich jedoch, wie oben gesehen, Ausprägungen von personaler Identität, für die der Bezug auf ein Kollektiv – die Nation, die Klasse – konstitutiv ist. Die völlige Zurückweisung eines Kollektivbegriffs von Identität verkennt dementsprechend auch eine grundlegende Parallelität der Problematik, die mit diesen Identitätsbegriffen angesprochen wird.

Wenn wir akzeptieren, dass mit dem Begriff personaler Identität die Kommunikations-, Interaktions- und Handlungsfähigkeit von einzelnen Menschen thematisiert wird, dann müsste mit dem Begriff kollektiver Identität eine Kommunikations-, Interaktions- und Handlungsfähigkeit von Kollektiven postuliert werden. Problematisch wie „kollektives Handeln" – ein in der Soziologie durchaus akzeptierter Begriff – auch immer sein mag, so gehört es doch unabdingbar zum normativen Selbstverständnis der politischen Moderne, dass ein Kollektiv sich selbst Regeln des Zusammenlebens gibt, auf sich selbst einwirkt. Betrachten wir diese Annahme nicht als eine reine Fiktion politischer Philosophie, so brauchen wir einen Begriff für die Voraussetzung kollektiven Handelns. Die heute vielfältig geführten Debatten um verschiedene Formen „kollektiver Identität" – national, europäisch, ethnisch, ... – sprechen diese Frage zwar meist nicht in dieser Weise an, dennoch benutzen sie den Begriff in dieser konzeptuellen Funktion. Immerhin benennen sie so den zutreffenden Kern einer Problematik und in gewisser Weise die Notwendigkeit eines solchen Begriffs. Wenn berechtigte Zweifel verbleiben, ob das Wort „Identität" mit seinen Konnotationen von Gleichheit, Beständigkeit und innerer Schlüssigkeit ein in diesem Zusammenhang wohlgeeigneter Begriff ist, so wirken diese Zweifel auch auf den Begriff von personaler Identität zurück.

Literatur

Arnason, Johann Per (1989): The imaginary constitution of modernity. In: Giovanni Busino u. a.: Autonomie et autotransformation de la société. La philosophie militante de Cornelius Castoriadis. Geneva: Droz, S. 323-337.

Assmann, Jan (2001): ‚Axial' Breakthroughs and Semantic ‚Transactions' in Ancient Egypt and Israel. Beitrag zur Konferenz über ‚Axial transformations. A re-assessment' am Europäischen Hochschulinstitut, Florenz, 14.-16. Dezember 2001 (i. E.).

Castoriadis, Cornelius (1990): Le monde morcelé. Les carrefours du labyrinthe III. Paris: Seuil.

Eisenstadt, Shmuel N. (1999): Fundamentalism, sectarianism and revolution. The jacobin dimension of modernity. Cambridge: Cambridge University Press.

Friese, Heidrun (1998): Identität: Begehren, Name und Differenz. In: Aleida Assmann und dies. (Hg.): Identitäten. Frankfurt a. M: Suhrkamp, S. 24-43.

Friese, Heidrun (2001): Pre-judice and identity. In: Patterns of Prejudice, Band 35, Heft 2, S. 63-79.

Giddens, Anthony (1990): The consequences of modernity. Cambridge: Polity.

Hollis, Martin (1985): Of masks and men. In: Michael Carrithers, Steven Collins und Steven Lukes (Hg.): The category of the person. Anthropology, philosophy, history. Cambridge: Cambridge University Press.
Inkeles, Alex (1983): Exploring individual modernity. New York: Columbia University Press.
Joas, Hans (1992): Die Kreativität des Handelns. Frankfurt a. M: Suhrkamp.
Joas, Hans (1998): The autonomy of the self. The Meadian heritage and its postmodern challenge. In: European Journal of Social Theory, Band 1, Heft 1, S. 7-18.
Kaufmann, Jean-Claude (1999): La femme seule et le Prince charmant. Paris: Nathan.
Kaufmann, Jean-Claude (2001): Ego - Pour une sociologie de l'individu. Une autre vision de l'homme et de la construction du sujet. Paris: Nathan.
Kellner, Douglas (1995): Media culture. Cultural studies, identity and politics between the modern and the postmodern. London: Routledge.
Riesman, David, Reuel Denney und Nathan Glazer (1962): Die einsame Masse. Hamburg: Rowohlt.
Rorty, Richard (1989): The contingency of selfhood. In: ders.: Contingency, irony, solidarity. Cambridge: Cambridge University Press, S. 23-43.
Straub, Jürgen (1998): Personale und kollektive Identität. Zur Analyse eines theoretischen Begriffs. In: Aleida Assmann und Heidrun Friese (Hg.): Identitäten. Frankfurt a. M: Suhrkamp, S. 73-104.
Taylor, Charles (1994): Quellen des Selbst. Die Entstehung der neuzeitlichen Identität. Frankfurt a. M: Suhrkamp (Original 1989).
Theunissen, Michael (1965): Der Andere. Berlin: de Gruyter.
Wagner, Peter (1995): Soziologie der Moderne. Freiheit und Disziplin. Frankfurt a. M: Campus.
Wagner, Peter (1998): Certainty and order, liberty and contingency. The birth of social science as empirical political philosophy. In: Johan Heilbron, Lars Magnusson und Björn Wittrock (Hg.): The rise of the social sciences and the formation of modernity. Dordrecht: Kluwer, S. 241-263.
Wagner, Peter (2001a): Theorizing modernity. Inescapability and attainability in social theory. London: Sage.
Wagner, Peter (2001b): Modernity, history of the concept. In: Paul Baltes und Neil Smelser (Hg.): International Encyclopedia of the Social and Behavioral Sciences. Band 15. Oxford: Pergamon, S. 9949-9954.
Wrong, Dennis H. (1961): The oversocialized conception of man in modern sociology. In: American Sociological Review, Band 26, S. 183-93.

Identitätsspiele und die Intransparenz der Macht

Anmerkungen zur Struktur menschlicher Selbstverhältnisse

Norbert Ricken

Mein Herz weiß, dass ich nicht niemand bin,
antwortet aber mit dem bekannten kleinen Stich."
(Inger Christensen)

„Identität" provoziert – immer noch. Auch ein halbes Jahrhundert nach der Etablierung des Identitätsbegriffs in den Sozial- und Kulturwissenschaften (spätestens durch Erik H. Erikson) kann dieser eine nur umstrittene Geltung beanspruchen; trotz einer längst unübersehbaren Flut spezialisierter und vielseitiger Publikationen ist Klärung oder gar Einigung nicht in Sicht: nicht nur, weil die Streitenden sich bisweilen unversöhnlich, bisweilen resigniert gegenüberstehen, Positionen abgesteckt wie Argumente ausgetauscht haben, und klärende Verständigungsversuche weitgehend eingestellt sind; auch nicht nur, weil bis heute begriffliche Präzision wie systematische Problemjustierung mangeln, so dass „Bedeutungsdunkelheit" und „Problemverwirrung" (vgl. Henrich 1979, S. 133) grassieren und ebenso Begriffskonjunkturen befördern wie „Dauerabgrenzungen" gegen allzu naheliegende Missverständnisse erzwingen. Unbehagen bereitet, dass der Begriff der Identität trotz (und wegen) seiner Strittigkeit und argumentativen Unschärfe nicht nur in wissenschaftlichen Diskursen eine enorme Verbreitung und Verwendung gefunden hat, sondern längst als inflationärer Topos von dort (!) in die alltägliche Selbstverständigung von Menschen eingegangen und so lebensweltlich zu einer ebenso mächtigen wie problematischen Orientierungsfigur geworden ist. Es scheint kaum möglich, sich seiner Allgegenwart zu entziehen, so dass selten sein Gebrauch, sondern weit eher sein Nichtgebrauch unter ebenso mühsamen wie aufwendigen Rechtfertigungsdruck gerät: „Stellungnahmen" zu „Identität" sind dann ebenso unvermeidbar wie – allemal wissenschaftlich vorgetragene – „Reflexionen" zum „Problem der Identität" aussichtslos scheinen, lassen sich doch die einmal losgetretenen Assoziationen und Bedeutungsketten durch keine noch so differenzierte Reflexion je wieder einholen.

So haben sich unter dem Titel „Identität" eine heterogene Vielfalt von individuellen, sozialen wie institutionellen Praktiken etabliert, die überwiegend um die Frage kreisen, als wer sich jemand unter anderen versteht (vgl. Taylor 1996, S. 7, S. 58) und vor anderen zu präsentieren in der Lage ist; die Frage aber danach, was damit als bedeutungsvoll markiert wird, verweist gerade nicht auf etwas außerhalb dieser „Identitätsspiele“,[1] worauf gezeigt werden oder was erklärt werden könnte – allemal ein wie auch immer geartetes „Ich“ oder „Selbst“ -, sondern initiiert und perpetuiert ein „Spiel“, das sich erst im Gebrauch, im „Spielen“ selbst erschließt – und damit verdeckt zugleich. Sein Grundmuster scheint dabei, ein „jemand“ zu sein: nicht nur, dass ich bin und nicht nicht bin, so dass ich mir als gegeben selbst vorausgehe; nicht nur, dass ich ich bin und nicht ein anderer, so dass ich mich als von anderen unterscheidbar, in mir unverwechselbar und einzig zu verstehen vermag; entscheidend scheint, dass das, was und wer ich bin, sich nicht trennen lässt von dem, wie ich mich verstehe. Längst haben sich im „Identitätsspiel“ Identität und Individualität zu Synonymen verknüpft, so dass deren (wenn auch bloß analytische) Scheidung kaum möglich noch sinnvoll scheint; wie kaum ein anderer Begriff markiert „Identität“ – und dies ist durchaus Konsens im Wissenschaftsdiskurs – die Frage der Individuen nach sich selbst und justiert diese zugleich in einer spezifischen Form, so dass der, der nach sich fragt, dies immer schon unter bestimmten Vorzeichen erst unternimmt. Jeder Versuch, im Dauergebrauch des Identitätsbegriffs aber Unterscheidungen, Präzisierungen oder gar grundsätzliche Skepsis und Vorbehalte einzutragen, sieht sich nicht nur mit zunehmendem Unverständnis konfrontiert (und damit dem Zwang ausgesetzt, im Erklären des Andersgemeinten bereits mitspielen zu müssen), sondern – weil der Begriff nicht etwas bezeichnet, sondern das, worauf er zu antworten scheint, allererst als Problem generiert, indem er verdeckt, woher er als beunruhigende „In-Frage-Stellung“ (Liebsch 1999, S. 16) stammt – seinerseits als „Störenfried“ und „Spielverderber“ betrachtet.

All dies legt den Verdacht nahe, dass „Identität“ nicht nur zu einem weiteren „Container-Wort“ (Lenzen) geworden ist, in dem sich unvereinbare semantische Konnotationen überlagern wie durchkreuzen, sondern längst den Charakter einer „Zauberformel“ (Meyer-Drawe) angenommen hat, mithilfe derer vieles leichtgängig kommuniziert wird, was anders vielleicht gar nicht oder nur gebrochen in weit diffe-

---

1 Die Analogie zum Wittgensteinschen Begriff des „Sprachspiels“ ist vielleicht hilfreich: so meint „Sprachspiel“ bei Wittgenstein die inzwischen wohl weit geteilte Überzeugung, dass das, was ein Wort bedeutet, sich nicht allein aus dem, was es bezeichnet, zu erklären vermag, sondern sich allererst im Gebrauch, der an eine Lebensform gebunden ist, erschließt – mit der Folge, dass im Sprachspiel kein „Erstes“ ausgemacht werden kann, von dem her sich alles andere erschließen lasse. Ähnliches gilt daher für „Identität“: das, was gemeint ist, lässt sich nicht unabhängig von den Tätigkeiten, in denen „Identität“ diskursiv praktiziert wird, lösen und muss daher im Zusammenhang einer spezifischen Lebensform und Praktik verstanden werden; „Identitätsspiel“ meint insofern einen praktisch-diskursiven Verweisungszusammenhang, in dem „Identität“ als „Kommunikator“ fungiert, der etwas bezeichnet, indem er dieses generiert.

renzierteren Überlegungen Platz fände. Semantische Unbestimmtheit wie magische Anziehung aber bedingen sich gegenseitig und markieren auch Identität als ein „Plastikwort" (Pörksen): „An der Oberfläche unserer Sprache oder an ihrem Grund, das ist schwer zu entscheiden, schwärmt seit einiger Zeit ein Trupp neuartiger Wörter aus, neu nicht im Erscheinungsbild, sondern in der Gebrauchsweise, und dazu gemacht, der [genauer: unserer] Zivilisation, die mit wachsender Geschwindigkeit den Erdball überzieht, die Schienen zu legen und die Bahn vorzuzeichnen" (Pörksen 1988, S. 13). Identität – so die Einschätzung Pörksens – gehört allemal zu den prominentesten Kandidaten dieser Sprachregulierungen; ihm kommt eine enorme ‚anthro-politische' Funktion zu, so dass, wer sich auf ihn einlässt, immer mehr verhandelt (und verhandeln muss), als gewollt und gekonnt.

Anlass genug, sich den „Zumutungen" durch Identität reflexiv zu entziehen und das Feld der „Identitätsspiele" trotz wiederholter begrifflicher wie problem- und gegenstandsorientierter Erkundungen einer neuerlichen Revision zu unterziehen – allerdings unter veränderten Vorzeichen: denn lassen sich im „Streit um Identität" weder Bedeutung noch Tauglichkeit des Begriffs triftig klären, so dass Zustimmung und Einigung unvermeidlich wäre, so liegt es nahe, den oft genug diagnostizierten Verwirrungen und „Dunkelheiten" durch Erkundung der Frage, worauf „Identität" zu antworten sucht, zu entkommen. In dieser Verwandlung der Frage von „Was ist oder meint Identität?" zu „Was ist die Frage, worauf Identität zu antworten sucht?" ist aber eine „Um"-justierung des Problems der Identität impliziert, „Identität" nicht länger bloß als Gegenstand oder Phänomen – so oder anders – zu verstehen, sondern als Titel kultureller „Selbst*praktiken*" (Foucault) aufzunehmen, deren konstituierende Logik zu reflektieren und in einem – hier machttheoretisch justierten – Rahmen zu erläutern. Die folgenden Überlegungen setzen daher – nach einer ersten orientierenden Erkundung verschiedener Bedeutungsfelder und deren Verquickung (I) – mit dem gegenwärtigen, sozialwissenschaftlich etablierten „Streit um Identität" (II) ein, um im Anschluss daran Identität selbst als ein unauflösbares Differenzproblem zu rekonstruieren (III); angesichts dieser Kontrastlage aber lässt sich Identität nicht mehr bloß phänomenal diskutieren, sondern muss als bedeutsame Matrix gegenwärtiger Machtpraktiken aufgenommen und interpretiert werden (IV), um der sozialen Funktion der grassierenden „Identitätsspiele" näher kommen zu können.

I

Wie kaum ein anderer Begriff der philosophischen Tradition ist „Identität" seit den 40er und 50er Jahren (nahezu ungebrochen) mit dem Problem menschlicher Selbstverständigung – als einem Zusammenhang von Selbstverhältnis, Selbstbeschreibung und Verständigung mit anderen – derart eng verknüpft, dass emphatische Verteidigung wie ebenso polemische Verabschiedung sich wechselseitig auszuschließen scheinen und zur Entscheidung drängen. Folgt man aber den jeweiligen Positionen, so zeigt sich deren Oppositionalität als nur scheinbare: während die einen an Identität als Kennzeichnung personaler Selbstverhältnisse „als einer Einheit" (Straub 1998, S. 91) und einer „(an bestimmten Kriterien gemessen[en]) stimmige[n] Gestalt" (ebd., S. 92) festhalten, in der Kontinuität, Konsistenz wie Kohärenz als „regulatives Ideal" (ebd., S. 80) praktisch unverzichtbar sind, ohne dass aber Differenz, Ambivalenz, Heterogenität und Pluralität geleugnet werden müssten (vgl. ebd., S. 92), betonen die anderen in ihrer um Pluralität und Heterogenität willen vorgetragenen „Dekonstruktion moderner Identitätsvorstellungen" (Keupp, Ahbe, Gmür u. a. 1999, S. 16) als einer „Zwangsgestalt" und dem damit markierten „Abschied von Erikson" (Keupp 1989, S. 59) als einem Aufbruch zu einer „Patchwork-Identität" (ebd.) inzwischen die Rehabilitierung der bereits suspendierten Kriterien von Kohärenz und Kontinuität (vgl. Keupp, Ahbe, Gmür u. a. 1999, S. 86ff.).

Diese hier nur angedeutete enorme Elastizität der sozialwissenschaftlichen Identitätstheorie verdankt sich dabei einer durch den Begriff selbst produzierten doppelten Ungenauigkeit: nicht nur, dass Selbigkeit und Selbstheit im Begriff der Identität dauernd vermischt und miteinander identifiziert werden, so dass Unterscheidungen ebenso mühsam wie geradezu akademisch scheinen; der Begriff der Identität nimmt seinerseits eine problematische Doppelrolle ein, indem er einerseits als Teil eines Duals fungiert (Identität und Nicht-Identität bzw. Differenz), andererseits aber – ganz traditionell – ebenfalls deren Zusammenhang als Oberbegriff auszudrücken in der Lage sein soll. Diesen mehr als problematischen Verquickungen verdankt sich auch die beobachtbare diskursive Praxis, sich ständig neu vergewissern und gegen allzu naheliegende Missverständnisse neu abgrenzen zu müssen, was mit „Identität" gemeint und oft genug nicht gemeint ist. Die daraus allererst resultierende Frage aber, ob denn der Begriff überhaupt als „Grundbegriff" sich eignet und ebenso Durchsicht wie Verständigung befördert, verbleibt allzu oft im Hintergrund; mehr noch: in den vielfältigen Reflexionen zum Problem der Identität perpetuiert sich das benannte Dilemma und steigert die Konfusionen, so dass der Begriff weit mehr Probleme generiert als zu lösen vermag (vgl. dazu Meyer-Drawe 2000).

Das aber legt nahe, zunächst den Begriff selbst in seinen heterogenen Bedeutungslinien zu verfolgen, ist doch der gegenwärtige immer noch anhaltende „Streit um Identität" mit dieser enormen Bedeutungsheterogenität eng verknüpft; diese aber resultiert aus einer durchaus verwickelten, ebenso langen wie kurzen Begriffsgeschichte, in der sich – typologisch und aus großem Abstand – drei Bedeutungsstränge überlagern, durchdringen wie dauernd verwirren: während sich Identität als Problem im logisch-philosophischen Denken bis zu Platon und Aristoteles (und darüber hinaus) zurückverfolgen lässt und seitdem im *philosophischen Diskurs* (A) kontinuierlich als Frage nach Singularität problematisiert worden ist, findet Identität als Begriff in der deutschen Sprache erst seit dem 18. Jahrhundert eine erste Verbreitung (vgl. Schenk 1990, S. 611);[2] von dort entwickelt er zu Beginn des 20. Jahrhunderts eine erstaunlich diametrale Karriere: zum einen erhält Identität in der *Formallogik* eine eindeutige und überaus restriktive Begriffsfassung als Selbigkeit (B), zum anderen aber erlangt er mit der Etablierung einer zunächst *sozialpsychologisch formulierten Lesart* (siehe unten, Absatz II.) als Kennzeichnung von Selbstheit (insbesondere durch Erikson) in den 50er Jahren eine ebenso umfassende wie unspezifische Bedeutung, durch die sein alltäglicher Gebrauch insbesondere seit Ende der 60er Jahre maßgeblich bestimmt ist.

In diesen Begriffsfeldern aber meint Identität (lat. identitas), vom lateinischen „idem" (dt. „ebenderselbe") abgeleitet und mit Selbigkeit, Einerleiheit wie Nämlichkeit (gr. ταυτόν) übersetzt, je nach Bezug und Kontext nicht nur verschiedenes, sondern ist auch logisch gesehen gänzlich anders strukturiert (vgl. Henrich 1979, S. 135f.), so dass die Frage der Selbigkeit „von etwas" unterschieden werden muss von der Selbigkeit „von jemand".[3] Ein Blick auf mögliche Gegenbegriffe vermehrt das Problem: zwar lassen sich zumeist Unterschied, Verschiedenheit und Ungleichheit (lat. differentia, gr. ἕτερον) als Oppositionen benennen, doch werden sie in ihrer Bedeutungslogik weitgehend von einer als grundsätzlich angenommenen Identität – verstanden als vorgängige Einheit und Ganzheit – her entwickelt und bestätigen insofern den „Primat der Identität"; in Konsequenz dazu hat Adorno daher den Begriff der „Nichtidentität" als Gegenbegriff zu etablieren versucht (vgl. Adorno 1966) und damit das benannte Problem nur bestätigt, dass Identität sowohl als Unter- wie Oberbegriff zugleich fungiert. Diese eigentümliche Doppelung aber verdankt sich einem spezifisch repräsentationstheoretischen Denken, in dem im Begriff der Identi-

2 Dies lässt sich auch lexikalisch eindrücklich belegen: während weder in Zedlers Universal-Lexicon (1961-1964 [Original 1732-1754], Bd. 14, S. 335f.: allein „identitas" als Hinweis auf philosophische Verwendung innerhalb der Metaphysik) noch in Adelungs kritischem Wörterbuch (1990 [Original 1793-1801]) oder im Grimm'schen Wörterbuch (1984 [Original 1854-1956], Bd. 10) sich überhaupt ein Eintrag finden lässt, markieren Lexika zu Beginn des 20. Jahrhunderts das mit Selbigkeit und Einerleiheit benannte logische bzw. philosophische Problem nur mit einer kleinen Notiz (vgl. z. B. *Der Große Herder* 1931-1935). Erst seit Etablierung des sozialpsychologischen Identitätsdiskurses lassen sich nun vielfältige und ausführlichere Darstellungen des Identitätsbegriffs nachweisen (vgl. *Der Brockhaus multimedial 2001 Premium*).

3 Diese naheliegende Unterscheidung von Selbigkeit (idem) und Selbstheit (ipse) als zwei Unterfäden des Identitätsbegriffs ist in dieser Form von Ricœur (1996) eingeführt und ausformuliert worden und bietet insbesondere angesichts der im 20. Jahrhundert radikal veränderten Diskurskonstellation einen hilfreichen Zugang durch Unterscheidungen an.

tät Gegenstand und Perspektive wie Thema und Struktur nahezu unlösbar zusammenfallen, so dass alle Versuche, das „Was" des Gedachten vom „Wie" des Denkens schiedlich-friedlich zu trennen, scheitern müssen und nur allzu schnell in deren Verquickung zurückführen.

(A) In der *philosophischen Tradition* ist mit Identität (lat. identitas, gr. ταυτότης) eine alte und wohl nie befriedigend geklärte Fragestellung markiert, in der die Problematiken der Selbigkeit mit denen der Selbstheit nahezu untrennbar vermischt und begrifflich ununterschieden diskutiert worden sind; bis heute nimmt dabei der Begriff eine Zentralstellung im Gefüge des abendländischen Denkens ein, finden sich doch in ihm Existenz- und Denkprinzipien miteinander verbunden, so dass im „Streit um Identität" immer zugleich „alles" auf dem Spiel zu stehen scheint. Dabei gilt ontologisch gesehen die Frage nach Dauer und Wandel bzw. Einheit und Verschiedenheit des Seienden als (weitgehend) unproblematisch und hat zu einer Art Gleichbehandlung von Selbigkeit und Selbstheit im Rahmen eines umfassenden Substanzbegriffs geführt, so dass Dauer und Wandel wie Einheit und Verschiedenheit als (hierarchisch) miteinander versöhnt gedacht werden konnten. Sowohl bei Platon als auch bei Aristoteles finden sich beide Problemdimensionen eng miteinander verknüpft: während Platon die Selbigkeit eines Menschen trotz seiner materiellen Differenz (als Kleinkind und Greis und der dazwischen liegenden dauernden materiellen Erneuerung) behauptet und in einer als substantiell gedachten Selbigkeit der Selbstheit des Menschen entschärft (vgl. Platon 1974, S. 334f. [207d]), unterscheidet Aristoteles zwar zwischen numerischer Identität (gr. το ταυτὸν ἀφιυμώ) und qualitativer Identität (als Identität der Art [gr. το ταυτὸν εἴδει] und der Gattung [gr. το ταυτὸν γένει]; vgl. Aristoteles 1919, S. 160-164 [151b28-152b35] wie auch 1995, S. 203-206 [I3, 1054a33-1054b3]), ohne dabei aber die logisch eröffnete Differenz auch ontologisch zu reformulieren, so dass beide im Substanzdenken doch wieder identifiziert werden können und die Überzeugung, dass „du mit dir selbst der Form wie dem Stoff nach Eines bist" (Aristoteles 1995, S. 205 [1054a34f.]), unangetastet bleibt: „Eines-sein heißt eben ein Einzelnes-sein" (ebd., S. 204) und umgekehrt.

Ausgehend von hier wird Identität scholastisch als logisch-ontologisches Prinzip ausformuliert: Antonius Andreas' Diktum der eindeutigen Bestimmtheit alles Seienden „ens est ens" (vgl. Honnefelder 1996, S. 398) führt bei Leibniz schließlich im „principium identitatis indiscernibilium" zur Reformulierung von Identität als Ununterscheidbarkeit und Einzigkeit, so dass Identität sowohl als ontologisches „principium individuationis" als auch als logisches „principium certitudinis" fungiert: nicht nur ist die Welt (und mit ihr alles, was ist) so, wie sie ist (und nicht zugleich anders); sie ist auch aufgrund der definitiven Unterscheidbarkeit alles Seienden (denn in der Natur lässt sich nichts Ununterscheidbares entdecken) gewiss erkennbar. Durch diese Korrelation von Denken und Sein ist die Matrix des abendländischen Denkens gekennzeichnet: in der unantastbaren ontologischen Überzeugung, dass etwas immer (nur) es selbst und nicht zugleich nicht es selbst sein kann, ist auch die logische Struktur des Denkens befestigt, die im „principium contradictionis" wie im „principium tertii exclusi" ihren begrifflichen Niederschlag gefunden hat (vgl. Honnefelder 1996).

Neuzeitlich verschiebt sich nun dieses bis dahin weitgehend unproblematische Verständnis von Identität als Selbigkeit der Substanz erheblich: alle Versuche, die Probleme der Selbigkeit wie der Selbstheit auch nicht-ontologisch durch Auf- und Nachweis einer (wie auch immer gedachten) Identität zu lösen, schlagen fehl und führen statt dessen in vielfältige Differenzen ein; nichtsdestotrotz fungiert Identität weiterhin als paradigmatischer wie regulativer Begriff und markiert ein Problem, dessen Lösung sich immer weiter entzieht. Bereits Hobbes sieht Identität weder bloß in der „Einheit der Materie" noch in der „Einheit der Form" (Hobbes 1967, S. 114) begründet; vielmehr sucht er den Fallstricken der Tradition durch die Betonung der Bedeutung des „Namens" (ebd., S. 115), der etwas „als ein identisches bezeichnet" (ebd.), zu entkommen und situiert Identität damit als „konventionelles Problem", das – je nach Bezug – nach Unterscheidungen verlangt. In ähnlicher Richtung negiert Locke Identität als „substantielle Identität" und differenziert zwischen verschiedenen Formen der Selbigkeit, so dass Identität von etwas immer davon abhängt, wovon und woraufhin sie ausgesagt werden soll (vgl. Locke 2000, S. 416): numerische bzw. materielle Identität (von Gegenständen, Pflanzen oder Tieren) meint dann anderes als eine funktionelle Identität durch ein unverändertes Organisationsprinzip. Die Identität der menschlichen Person aber lässt sich aus einer solchen Außenperspektive nicht (mehr) erfassen, sondern wird von Locke durch Bezug auf das erinnernde Bewusstsein bestimmt und damit als Problem der Selbstheit entfaltet: „Identität der Person" meint daher ein „Sich-Selbst-Gleich-Bleiben" des Bewusstseins, nicht der Substanz (ebd., S. 420, S. 429); konsequent folgert Locke aus dem Vergessen sowie verschiedenen Bewusstseinen die Nichtselbigkeit der Person, von der er die (materielle) Selbigkeit des Menschen unterscheidet (vgl. ebd., S. 430, S. 432, S. 434). Lockes Auffassung von Identität eines Selbst, die sich nicht auf „die numerische Identität der Substanz, sondern die Identität des fortdauernden Bewusstseins" (ebd., S. 434) stützt, ist auch von Leibniz widersprochen worden: nicht die Einheit und Selbigkeit des Bewusstseins konstituiere die Identität der Person als Selbigkeit mit sich, sondern jene gründe vielmehr in der Einheit und Selbigkeit der Substanz, so dass die Einheit des Bewusstseins durch alle Veränderungen hindurch erst durch das Bewusstsein der Einheit ermöglicht werde (vgl. de Levita 1971, S. 28). Konsequent hat Hume daher das Problem der personalen Identität als ein (allerdings vielschichtiges) „Scheinproblem" gekennzeichnet, bei dessen philosophischer Behandlung kein fester Boden auszumachen sei: „Es findet sich [...] in Wahrheit weder in einem einzelnen Zeitpunkt Einfachheit noch in verschiedenen Zeitpunkten Identität, sosehr wir auch von Natur geneigt sein mögen, uns eine solche Einfachheit und Identität einzubilden" (Hume 1978, S. 327). Vielmehr sei – so Hume – davon auszugehen, dass es aus einem Geflecht verschiedenster Differenzen und Relationen keinen Ausgang gäbe; der Hang, Identität zu behaupten und identifizieren zu wollen, sei vielmehr ein lebenspraktischer: „So erdichten wir die dauernde Existenz [der Gegenstände] unserer Sinneswahrnehmungen, um die Unterbrechung [dieser Sinneswahrnehmungen] zu beseitigen. [In gleicher Weise] lassen wir uns zu dem Begriff einer Seele, eines Ichs, einer [geistigen] Substanz verführen, um die Veränderung [in uns] zu verdecken. Doch ist zu bemerken, dass auch da, wo wir keine solche [bestimmte] Fiktion machen, unser Hang, die Identität mit der [associativen] Beziehung zu verwechseln, groß genug ist, um den Gedanken in uns entstehen zu lassen, es müsse neben der Beziehung noch etwas Unbekanntes und Geheimnisvolles da sein, das die zueinander in Beziehung stehenden Elemente verbinde" (ebd., S. 329f.). Identität aber lasse sich weder in der Selbigkeit einer Substanz noch in der einer bewussten Erinnerung gründen, sondern sei immer eine „Fiktion" (vgl. ebd., S. 335), die den Charakter der Menschen als eines „bundle or collection" (ebd., S. 327) nicht aufhebe. Humes Hinweis, dass aber der „Streit über die Identität nicht ein bloßer Streit über Worte" (ebd., S. 330) sei, den es nun durch den Nachweis „unser[es] Irrtum[s]" (ebd.) aufzulösen gelte, fordert heraus, die „Neigung zu solchen Fiktionen" (ebd.) anders aufzunehmen; seine eigene Schlussfolgerung aber, „dass es unmöglich ist, alle die feinen und spitzfindigen Fragen über die persönliche Identität zu entscheiden, da es sich dabei zuletzt viel eher um Fragen des Sprachgebrauchs, als um philosophische Fragen handelt" (ebd., S. 339), kann nicht befriedigen und hat auch Hume – trotz der selbstkritischen Einschätzung, selbst „nur eine mangelhafte Erklärung gegeben zu haben" (ebd., S. 363) – nicht dazu verführt, seinen „skeptischen Standpunkt" (vgl. ebd., S. 360) aufzugeben und sich zwischen den schiefen Alternativen einer (identifizierenden) Lösung bzw. Auflösung des Problems zu entscheiden. Die Einsicht, „dass uns ein gültiger Maßstab, nach dem wir den Streit über [...] Identität [...] entscheiden könnten", fehlt (ebd., S. 340), korreliert dabei der (eher praktizierten) Überzeugung, der beunruhigenden Fragestellung nach Selbigkeit und Selbstheit der Menschen nicht entkommen zu können (vgl. ebd., S. 363f.), sodass weder deren positive Beantwortung noch deren negative Auflösung einen überzeugenden Ausweg eröffneten.

Aber auch Kants immer wieder als „meisterhaft" (de Levita 1971, S. 30) gelobte Synthese der Problemstellungen zwischen substantieller und funktioneller Identität enträt nicht den durch Hume aufgezeigten Schwierigkeiten, sondern verstrickt sich – trotz (transzendentaltheoretischer) Neujustierung des Problems von Selbigkeit und Selbstheit als „Bewusstseinseinheit" (Henrich 1979, S. 140) – in ähnliche erkenntnistheoretische Schwierigkeiten und eine Vielzahl ineinander nicht auflösbarer Differenzen. Entlang seiner erkenntnistheoretischen „kopernikanischen Wende“ situiert Kant das Problem der Identität als „Beharrlichkeit“ und „Einerleyheit“ in der Zeit gerade nicht in den Objekten der Anschauung selbst als einem wie auch immer gedachten „Substratum“ (Kant 1956a, B 229), sondern versteht sie als apriorische Struktur der Erkenntnis der Subjekte der Anschauung; damit widerspricht er der philosophisch verbreiteten Zuschreibung der Beharrlichkeit zu einer Substanz als einer „Dingeinheit“, für die er „nirgends auch nur den Versuch von einem Beweise“ (ebd., B 227) gefunden habe. Kant erläutert: „Der Satz der Identität meiner selbst bei allem Mannigfaltigen, dessen ich mir bewusst bin, ist ein eben so wohl in den Begriffen selbst liegender, mithin analytischer Satz; aber diese Identität des Subjekts, deren ich mir in all seinen Vorstellungen bewusst werden kann, betrifft nicht die Anschauung desselben, dadurch es als Objekt gegeben ist, kann also auch nicht die Identität der Person bedeuten, wodurch das Bewusstsein der Identität seiner eigenen Substanz, als denkenden Wesens, in allem Wechsel der Zustände verstanden wird, wozu, um sie zu beweisen, es mit der bloßen Analysis des Satzes, ich denke, nicht ausgerichtet sein, sondern verschiedene synthetische Urteile, welche sich auf die gegebene Anschauung gründen, würden erfordert werden“ (ebd., B 408f.). So als ontologischer Begriff negiert, wird Identität aber als erkenntnistheoretischer Begriff justiert: mit Identität ist die Form der inneren Anschauung selbst markiert, so dass das jeweilige Bewusstsein meiner selbst immer begleitet ist von einem Gefühl der Zugehörigkeit dieser Vorstellungen zu mir selbst; doch auch die (synthetische) Vorstellung der Zugehörigkeit verschiedener Vorstellungen zu mir selbst gründet in einer nur transzendental zu erläuternden Bedingung der Möglichkeit der Einheit des Bewusstseins. Diese durchgängige Identität des Bewusstseins von sich mit sich – von Kant als reine oder transcendentale Apperzeption des „Das: Ich denke, muss alle meine Vorstellungen begleiten können“ (ebd., B 131) formuliert – ist ihrerseits kein empirisches Phänomen, sondern eine (denk)notwendige Unterstellung, anders Erkenntnis und Erfahrung nicht gedacht werden können. Auch in praktischer Hinsicht folgt Kant diesem transzendentalen Argumentationsmuster, dient Identität (als psychologisches Vermögen, „sich der Identität seiner selbst in den verschiedenen Zuständen seines Daseins bewusst zu werden“ [Kant 1956b, AB 22]), der Bedingung der Möglichkeit der Zurechenbarkeit der Handlungen zu einem Subjekt, wodurch dieses sich als Person konstituiert. Ähnlich deutlich in der Absage an eine jegliche substantialische Interpretation von Identität wird diese zugleich schärfer als bei Hume als eine denknotwendige Fiktion betont – mit erheblichen Folgen: die vielfachen Differenzen der Subjektivität geraten erst in Gestalt einer hierarchisierenden Interpretation des Menschen als eines vernünftigen Subjekts in ein deutliches Gefälle, in dem dann der obere Pol den unteren dominiert und sich der Mensch subtil vom „Zweck an sich selbst“ zum „Zweck der Vernunft“ verkehrt (vgl. ausführlicher Ricken 1999a, S. 61-104).

(B) Im Anschluss an die aristotelische Definition von numerischer Identität hat Identität als *formallogischer Begriff* zu Beginn des 20. Jahrhunderts eine eindeutige Bedeutung erhalten und wird als Prädikat derjenigen besonderen zweistelligen Relation zugeschrieben, in der ein x von einem y überhaupt nicht zu unterscheiden ist, insofern alle Prädikate, die einem x zugesprochen werden können, auch y zukommen und umgekehrt (vgl. Lorenz 1976, S. 146). Eine Relation heißt daher identisch ($x \equiv y$), wenn gleichzeitig $x \rightarrow y$ und $y \rightarrow x$ gelten; mit Identität wird so eine ausgezeichnete Äquivalenzrelation bezeichnet, für die aufgrund ihrer transitiven, symmetrischen und insofern reflexiven Struktur Substitutivität gilt, so dass immer x für y eingesetzt werden kann und umgekehrt (vgl. Henrich 1979, S. 142). Trivialerweise gilt Identität daher immer für diejenige Relation, in der jeder Gegenstand zu sich selbst steht ($x \equiv x$) (vgl. Lorenz 1976, S. 143). Die Behauptung der Identität von x und y hingegen basiert auf einer strengen Unterscheidung von Gegenständen und Namen und zielt auf die wechselseitige Austauschbarkeit der Namen; die Identität von zwei (gleichzeitig anwesenden) Gegenständen zu behaupten, ist schlicht unsinnig oder alltagsweltlich ungenau. Damit markiert Identität den Sonderfall einer totalen bzw. vollständigen Gleichheit und ist von anderen Formen einer (nur) teilweisen Gleichheit (Äquivalenz) streng zu unterscheiden, die – unter Absehung der Verschiedenheit zweier Gegenstände – deren relative Gleichheit hinsichtlich eines gemeinsamen Bezugs bzw. entlang eines Kriteriums bezeichnet (vgl. Lorenz 1976, S. 144-148; Henrich 1979, S. 141-145).

Zusammenfassend lassen sich nun zwei Akzentuierungen innerhalb des Identitätsdiskurses festhalten: Identität markiert – erstens – immer eine Relation, die gerade nicht bloß trivial ist (im Sinne eines bloß tautologischen $x \equiv x$), sondern das Problem der Selbigkeit von etwas im Horizont der Verschiedenheit von sich thematisiert (vgl. Henrich 1979, S. 154); die Rede von Identität als Selbigkeit ist erst dann verständlich wie sinnvoll, „wenn wenigstens mit der Möglichkeit gerechnet wird, dass für mehreres [oder anderes] gehalten wird, was doch nur eines ist“ (ebd., S. 170). Streng zu unterscheiden sind daher nur beobachtungstheoretisch klärbare Fragen der Selbigkeit von Dingen und Lebewesen von Selbstbeobachtungsfragen der Selbigkeit von Personen, die ohne Rekurs auf Reflexionen der Selbstheit – und damit auf Selbstaussagen – nicht auskommen können. Damit aber ist – zweitens – Identität als komplexe Frage nach Wandel und Dauer bzw. Verschiedenheit und Einheit mit vielfältigen Problemen der Differenz verknüpft, die – und dies ließe sich durchaus für alle Problemdimensionen (von Identifikation bis Selbsterzählung) zeigen[4] – in keiner „starken Verifikation" (vgl. ebd., S. 165) zuverlässig gelöst werden können, so dass eher unauflösbare Differenz – sei es als verwirrende Heterogenität und Diversität oder als verstörende Struktur eines „anfanglosen Denkens" – als „Problemhorizont" fungiert, vor dem sich das „Spiel der Identität" zu formieren sucht. Diese Umkehrung der klassischen Fragestellung, in der Identität gemeinhin als „Ursprung" und Differenz als deren „Verfall" oder „Störung" gelten, wiederholt sich auch im identitätstheoretischen Diskurs: die Frage nach den Bedingungen der Möglichkeit einer (als zunächst unproblematisch unterstellten) Identität treibt in ihrer Erläuterung allererst die Bezweifelung alltäglicher Selbstverständlichkeiten hervor – und eignet sich damit kaum für das, wozu sie allzu oft taugen soll: der Etablierung von (mehr oder weniger großer) Eindeutigkeit, Gewissheit, Zuverlässigkeit und Beheimatung.

II

Nahezu zeitgleich ist nun der Begriff der Identität – zumeist als Ich-Identität oder personale Identität und von dort als soziale wie kollektive Identität – in den sozial- und kulturwissenschaftlichen Diskurs eingegangen und hat seit den 40er und 50er Jahren – insbesondere durch die Arbeiten Eriksons – eine ebenso weite Verbreitung wie diffuse Zustimmung gefunden. In Differenz zu Identität als einem (logisch oder ontologisch gedachten) Prädikat wird hier mit dem Begriff eine spezifische, als sich

4 Dies ließe sich lebensweltlich an den Schwierigkeiten einer zweifelsfreien (kriminologischen) Identifizierung von x als dem Täter in y verdeutlichen: alle praktizierten Verfahren der Identifikation – z. B. Geständnis, Identifizierung durch Zeugen, Überführung durch als beweiskräftig eingeschätzten Indizien wie Fingerabdrücke und andere Spuren – sind negativ relational angelegt (d. h. sie zielen auf Ausschluss per Vergleich und Wahrscheinlichkeit) und gründen gerade nicht im Nachweis einer als notwendig bewiesenen „Selbigkeit". So ist nicht nur die Identifizierung durch Zeugen bisweilen höchst ungewiss, auch das abgelegte (Selbst-)Geständnis ist nicht an sich selbst bereits beweiskräftig (was in Kriminalfällen wie -romanen längst dramaturgisch genutzt wird); insbesondere an den Verfahren des Fingerabdrucks wie des sog. „genetischen Fingerabdrucks" lässt sich die behauptete differentielle Struktur verdeutlichen: so wird in der Daktyloskopie gerade nicht die Ununterscheidbarkeit der Papillarlinien von sich selbst beansprucht, sondern deren (immer kleinere) Differenz zu sich selbst in Verhältnis zu jeder (immer erheblich größeren) möglichen Differenz zu anderen gesetzt, so dass nur praktisch gesehen eine Identifizierung als „zweifelsfrei" wahrscheinlich ist. Ähnliches gilt auch für das gentechnische Verfahren des „genetischen Fingerabdrucks", der nicht auf „substantiale Identität" setzt, sondern durch eben solche Differentialverfahren strukturiert ist und statistisch unwahrscheinliche Differenzen vernachlässigt.

entwickelnd gedachte „Eigenschaft" von Personen (oder Gemeinschaften) markiert, sich zu sich selbst zu verhalten und allererst dadurch konstituiert zu sein, so dass das, was ich bin, auch und wesentlich davon abhängt, als wer ich mich selbst verstehe.[5] Diese Neufokussierung des Problems der Identität als Kennzeichnung der selbstreferentiellen Struktur von Menschen und Bezeichnung ihres allererst zu formulierenden Selbstverständnisses knüpft dabei zwar auch an die Traditionen des Identitätsbegriffs an, muss aber auch als spezifischer „Neueinsatz" markiert werden – mit der Folge, dass in dieser Bedeutungsverschiebung Begriffskontinuität wie Diskontinuität kaum unterschieden werden können: während traditionell überwiegend Fragen der Selbigkeit (auch der Selbstheit) im Vordergrund standen, rückt nun das Problem der Selbstheit als Befragung der Struktur des Selbstverhältnisses und Selbstverständnisses in den Mittelpunkt, ohne dass aber die alten Fragen nach der Selbigkeit davon getrennt bzw. davon unterschieden würden, so dass die Reflexion von Identität als der „Geschichte des Ich mit sich" (Bokelmann) immer wieder (auch) auf die Perspektive der Selbigkeit eingeschränkt bzw. mit ihr beantwortet wird und nur allzu schnell substantiale Missverständnisse nahe legt, gegen die sich – jedenfalls alltäglich – abzugrenzen mehr als mühsam ist.

Begriffskonjunktur wie einsetzende Reflexionsintensität zum Problem der Identität aber erklären sich gerade nicht nur durch den Rückgriff auf dessen Geschichte, sondern resultieren aus einem als problematisch erfahrenen modernen Umbau sozialer Konstruktionsmechanismen: im neuzeitlich sich verschärfenden Prozess funktionaler Differenzierung wird das Individuum gezwungen, sein Selbstverständnis nicht bloß als Zugehörigkeit zu gegebenen Gemeinschaften und Ordnungen zu formulieren, sondern (vor allem) aus sich selbst zu schöpfen und sich in sich selbst zu gründen; nicht die als gegeben angesehene und als wahr eingesehene, insofern verbindlich einzuhaltende Ordnung (des Ganzen), an der die Menschen nur teilhaben können, sondern das einzelne, auf sich selbst verwiesene Individuum fungiert als Grundlage und Prinzip der Konstruktion des Sozialen (vgl. dazu Luhmann 1989). Damit aber rückt die menschliche Weise zu sein in den Vordergrund und provoziert die Frage nach dem „Wer?" als eine spezifisch moderne Form der personalen Selbstauslegung.[6]

---

5 Mit der theoretisch bedeutsamen Folge, dass mit Identität nie bloß die „Repräsentation" eines Ich gemeint sein kann, sondern immer auch dessen (handelnder oder erzählender) Vollzug; diese „Performativität" von Identität aber zu betonen und in den eingewöhnten Begriffsgebrauch einzutragen, ist aufgrund der erheblichen repräsentationstheoretischen Bedeutungslasten des Begriffs (vgl. I) ein oft vergebliches Unterfangen, dem m. E. mit Wortschöpfungen wie „Identitätsarbeit" oder „Identitätskonstruktion" (Keupp) nicht schon angemessen Rechnung getragen wird.

6 Während die „Was?"-Frage auch oder sogar eher Assoziationen zum Rekurs auf (zumeist als gegeben gedachte) Eigenschaften provoziert, impliziert die Neuakzentuierung der „Wer?"-Frage

Der seitdem ausgefochtene „Streit um Identität" lässt sich daher kaum als bloß akademischer „Streit um Worte" (Hume) abtun, sondern markiert ein kontroverses Feld offener sozialer Probleme, das um zentrale Fragen nach dem Verhältnis von Individuum und Gesellschaft figuriert ist und in der Reflexion der Strukturen personaler Selbstverhältnisse daher immer auch nach Struktur und Wandel, Verträglichkeit wie Legitimation gesellschaftlicher Verhältnisse wie darin situierter Möglichkeiten eines „guten Lebens" (vgl. Keupp, Ahbe, Gmür u. a. 1999, S. 15) fragt. Erst innerhalb dieses Kontextes lässt sich dann auch der Streit um kategoriale Zugriffe nachvollziehen und die damit verknüpfte Frage, ob denn Identität überhaupt ein geeigneter Begriff sei, angemessen aufnehmen; dabei wird immer wieder die bereits beobachtete Verquickung von Gegenstand und Zugriff, Thema und Perspektive problematisiert, so dass, wer von Identität als Selbstheit allein zu sprechen meint, von Selbigkeit kaum schweigen kann – und umgekehrt. Dieser ruinösen Verquickung von Selbstheit und Selbigkeit im Begriff der Identität, der damit einhergehenden Justierung der Perspektive auf Probleme des Selbst unter den Vorzeichen der Selbigkeit zu entgehen, scheint aber kaum möglich, ist doch beides im Begriff eingetragen und auch begriffsgeschichtlich immer miteinander verbunden worden.

Wohl kaum zufällig ist daher, dass das Problem der Identität auch zu einer thematischen Provokation literarischer Arbeiten geworden ist, die sich – im Medium fiktionaler Ver-Möglichung von Wirklichkeit – den undurchschaubaren Zusammenhängen und Bedeutungsschichten des Identitätsbegriffs durch Konstruktion ebenso abenteuerlicher wie verwirrender „puzzling cases" zu entziehen trachten.[7] So hat Lars Gustafsson in seiner fiktionalen Erzählung „Das Ding und die zweimal Geborenen" (vgl. Gustafsson 1989) ein Problemfeld erzählerisch konstruiert, das sich als (Unterscheidungs-)Hilfe in identitätstheoretischen Überlegungen nutzen lässt:[8] wäh-

---

den Wandel menschlicher Selbstverständigung vom Substanz- zum Subjektdenken: das, was ich bin oder zu sein meine, hängt davon ab, als wer ich mich selbst verstehe, und erlaubt, mich auch anders gestalten und bestimmen zu können. Vgl. dazu ausführlicher Ricken (1999, S. 245-248).

7 Hier sei nur – stellvertretend – auf die immer noch fesselnden Texte von Max Frisch, Friedrich Dürrenmatt und Lars Gustafsson verwiesen.

8 Ein kurzer Blick in den Rahmen der Erzählungen weist diese allesamt als „Variationen über ein Thema" aus: an Bord eines sonnensegelnden Raumschiffs des 50. Jahrtausends vertreibt sich der einzig „anwesende", seinerseits weder als „artifizielle Intelligenz" noch als „organisches Wesen" identifizierbare „Raumlord" die unendliche Zeit seiner intergalak-tischen Reisen, indem er sich in einer simulierten Offiziersmesse mit sich selbst unterhält und als acht identische englische Admirale an einem „schweren Eichentisch" versammelt und nun – der Reihe nach – merk- und denkwürdige Geschichten erzählt. Dass dies funktioniert, hat einen verblüffend einfachen Grund: „Keiner von diesen acht Erzählern am Tisch wusste, welcher von ihnen er war. Jeder wusste natürlich, dass er einer von den acht war, aber dieses spezielle Gefühl von pour soi, das einst Den Alten mit untrüglicher Gewissheit sagte, sobald sie sich an einem Tisch befanden, nicht nur dass

rend einer intergalaktischen Forschungsreise stoßen drei Wissenschaftler, „organische Intelligenzen in einem hochentwickelten Stadium, die wussten, was sie taten" (ebd., S. 30), auf „das Ding"; alle Versuche einer verstehenden Aneignung scheitern, so dass sie schließlich durch dieses – einem flächigen Spiegel gleichende – Ding hindurchgehen und beim Versuch, den einmal zurückgelegten Weg zurückzugehen, sich plötzlich selbst begegnen: „die drei ursprünglichen Entdecker VanHorn, SunTang und Dahlgren marschierten vorsichtig und hintereinander aufgereiht zurück zur anderen Seite, [...] lediglich um festzustellen, dass die drei ursprünglichen Entdecker VanHorn, SunTang und Dahlgren ihnen bereits entgegenkamen, ernst, hintereinander aufgereiht und mit vorsichtigen, jedoch entschlossenen Schritten" (ebd., S. 36). Gustafsson markiert nun das Ereignis: „Sie waren ganz einfach vollständig kopiert, das einzige, was sie unterschied, war das, was die Philosophen als numerische Differenz bezeichnen" (ebd., S. 37), so dass alle Versuche, sie in Original und Kopie zu scheiden, scheitern mussten. Mit erzählerischer Lust entwirft Gustafsson die Folgen dieser erstaunlichen Verdoppelung – „Der Gedanke, ein und derselbe Mensch könne in zwei voneinander unabhängigen Exemplaren existieren, war so völlig widernatürlich und [...] unvorstellbar, dass [...] nach mehreren Tagen ohnmächtiger Raserei [...] alle sechs Personen der Reihe nach in tiefste Depression, an der Grenze zu kataleptischen Zuständen", versanken (ebd., S. 36 und 38) –, um sie in verschiedenen Variationen als „Rätsel des persönlichen Identitätsgefühls" (ebd., S. 40) aufnehmen zu können. Verkürzt: „Die zweimal Geborenen – das war der Ausdruck, den man rasch für die sechs unglücklichen Opfer prägte – waren offenbar unfähig, sich mit dem Gedanken abzufinden, dass ihre gesamte Existenz von einem anderen usurpiert war. Dass der Platz, den sie in einem physischen, psychischen und sozialen Raum einnahmen, kurz gesagt, innerhalb der Menschheit, bereits von ihnen selbst besetzt war" (ebd., S. 38). Aufgrund sich steigernder hasserfüllter Beziehungen und wechselseitiger Mordversuche wie einer zunehmenden Ratlosigkeit, wie dieses Problem denn lösbar sei, wird ein alter Weiser, „Meister J'ps" (ebd., S. 41), um Rat gefragt; dessen – wie immer – orakelhafte Antwort lautet dabei folgendermaßen: „Du bist, der Du bist. Und du bist immer ein anderer als der, der du bist. Wenn diese drei Patienten einsehen, dass dies für alle Menschen gilt, dass jedoch nur sie allein in der Weltgeschichte die einzigartige Gelegenheit bekommen haben, diesen Sachverhalt zu demonstrieren, wird alles gut werden" (ebd., S. 42).

Die Erzählung sei kurz unterbrochen und erst später wiederaufgenommen. Gustafssons erzählerischer Vorschlag, in der fiktionalen Unterscheidung zwischen

---

sie einer von denen am Tisch, sondern auch welcher davon sie waren, mit anderen Worten das Gefühl, jemand Besonderes zu sein, diese Empfindung war in den auf den Menschen folgenden geschichtlichen Epochen leider verlorengegangen" (Gustafsson 1989, S. 16).

numerischer und qualitativer Identität zwei heillos miteinander verworrene Problemfelder – verkürzt: Selbstheit und Selbigkeit – zu scheiden, lässt sich dabei als ein Orientierungsfaden im „Streit um Identität" nutzen. Der „Unterfaden" meiner Argumentation ist dabei die Überzeugung, dass die – weit näherliegende Assoziation der – Identitätsbedeutung als Selbigkeit (sprich: numerische Identität) das allererst noch genauer zu verstehende Problem der menschlichen Selbstheit – hier unter dem Titel der „qualitativen Identität" summiert – verstellt und strukturell überformt, so dass auch der „Streit um Identität" mir merklich schief angelegt zu sein scheint: so ist man sich zwar durchaus einig in der Abwehr substantialer Vorstellungen eines „Selbst" (vgl. Straub 1998, S. 88), doch führt die Beharrung oder Bestreitung einer spezifischen Form der Identität – verkürzt: Kontinuität und Konsistenz bzw. Kohärenz als entweder unverzichtbaren oder geradezu einengenden Kriterien – zu einer problematischen Verkürzung des unauflöslich differentiellen Charakters derselben; während so für Einheit oder Pluralität, für (mehr oder weniger) Homogenität oder Heterogenität plädiert wird, wird aber das Moment des „Selbstentzugs" als unabweisbares Moment differentieller Selbstverhältnisse eher übergangen. Dies aber als eine Struktur menschlicher Selbstverhältnisse festzuhalten und in den Begriff der Identität selbst einzutragen, führt zu einer Brechung des Begriffs (vgl. Meyer-Drawe und Waldenfels 1988, S. 275-278), die dessen „Verabschiedung" (mindestens im Wissenschaftsdiskurs) nahe legt. Im Rückgriff auf zwei exemplarische Positionen ([A] und [B]) sei zunächst dieser „Streit um Identität" ausführlicher erläutert.

(A) „An Erikson kommt niemand vorbei" (Keupp 1999, S. 25) – so lautet der stetig wiederholte Hinweis für die, die sich „mit der Frage von Identitätskonstruktionen" (ebd., S. 25) beschäftigen; wie kaum ein anderer hat Erik H. Erikson mit seinen entwicklungstheoretisch dimensionierten Arbeiten zum Problem der „Ich-Identität" (vgl. exemplarisch Erikson 1966) den weiteren Gebrauch des Identitätsbegriffs konfiguriert. Im scharfen Kontrast zu wiederholt praktizierten Interpretationen von Identität als einer vermeintlich repräsentierbaren „Ich-Substanz" versteht Erikson Ich-Identität (bzw. personale Identität) als das auf Differenzen aufsitzende, allererst praktisch zu realisierende (insofern gerade nicht gegebene, sondern aufgegebene) und relational strukturierte individuelle „Selbst-Bildnis" (ebd., S. 147), das wohl angemessener als „Identitätsgefühl" (ebd., S. 147) denn als Habe eines Besitzes beschrieben und immer wieder neu durch „Ich-Synthesen und Umkristallierungen" (ebd., S. 144) aktiv hergestellt werden muss. Darüber hinaus zeigen Eriksons Überlegungen unmissverständlich, dass „Ich-Identität" in keinem Fall als ein wie auch immer bloß auf sich selbst bezogenes – gar tautologisches — Selbstverhältnis (eines „Ich-bin-Ich-bin-Ich") verstanden werden kann; meint Identität gerade nicht die „Summe früherer Identifikationen" (ebd., S. 138), sondern deren selbstbezügliche Verarbeitung und Aufhebung zu einem „einzigartigen und einigermaßen zusammenhängende[n] Ganze[n]" (ebd., S. 139), so ist sie darin selbst „Antwort" auf ein für die Entwicklung des Ich unverzichtbares „Erkanntwerden" (ebd., S. 138) durch andere und insofern in sich selbst sozial strukturiert.[9] Erikson greift diese soziale Dimension der Identität ausdrücklich auf – „Das Gefühl der Ich-Identität ist also das angesammelte Vertrauen darauf, dass der Einheitlichkeit und Kontinuität, die man in den Augen anderer hat, eine Fähigkeit entspricht, eine innere Einheitlichkeit und Kontinuität [...] aufrechtzuerhalten." (ebd., S. 107) – und markiert mit ihr eine der zwei konstitutiven Dimensionen von Identität; seine oft wiederholte „Definition" von Identität bestätigt diese Zweidimensionalität: „Der Begriff ‚Identität' drückt also insofern eine wechselseitige Beziehung aus, als er sowohl ein dauerndes inneres Sich-Selbst-Gleichsein wie ein dauerndes Teilhaben an bestimmten gruppenspezifischen Charakterzügen umfasst" (ebd., S. 124). So aus Differenzen – Ich zu mir wie Ich zu anderen im Wandel der Zeit – folgend ist Identität damit selbst als Differenz von ineinander verschränkter (und nicht bloß nebeneinander denkbarer) Eigentümlichkeit und Zugehörigkeit strukturiert, deren „Sich-Selbst-Gleichsein" gerade nicht eine bloße Tautologie oder Homogenität, sondern einen aktiven Prozess der „Integration von Verschiedenem" (Straub 1998, S. 92) meint und daher nur als „Synthesis des Heterogenen" und „Einheit von Differenzen" (ebd.) verstanden werden muss.

Angesichts dieser „grundsätzlichen" Kennzeichnung von Identität als eines durch Differenzen strukturierten wie konstituierten Selbstbildnisses überraschen aber viele begriffliche Umspielungen Eriksons und legen bereits abgewehrte Missverständnisse wieder nahe: so markiert er Identität durchaus als „etwas im Kern des Individuums Angelegtes" (Erikson 1966, S. 124), als eine „im tiefsten Innern" fungierende Sicherheit, dass „man einmal wirklich weiß, wer man ist" (ebd., S. 111f.), sowie als ein „definierte[s] Ich innerhalb einer sozialen Realität" (ebd., S. 17), dessen Diffusion oder gar Fehlen zu erheblichen pathologischen Verhaltensweisen führt bzw. führen kann.[10] Diese bisweilen metaphorischen Kennzeichnungen der personalen Identität aber markieren den Modus des Umgangs mit Differenz: „*Zusammenbau* aller der

---

9 Hier lässt sich auch die entwicklungstheoretische Bedeutung Eriksons markieren, die als Verwandlung genetischer Vorstellungen in epigenetische Theoriefiguren beschreibbar ist, in der das Selbst-Bildnis gerade nicht nachträglich das – als Ausfaltung vorgängiger Einfaltungen gedachte – „Entwickelte" repräsentiert, sondern seinerseits als konstitutives Moment Entwicklung (mit-)bedingt.

10 Erikson weist wiederholt darauf hin, dass sein Konzept der Ich-Identität hauptsächlich als „pathographischer Ansatz" entwickelt worden ist und zur analytischen Beschreibung von vielfältigen (sehr spezifischen) „Störungen" taugen soll, die er im „klinischen Bild der Identitäts-Diffusion" gebündelt hat (vgl. dazu Erikson 1966, S. 153-188). Dabei wird diese „Negativität" für Erikson erst erschließbar durch die Konstruktion einer (oft nur regulativ gedachten) „Positivität", was – theorietechnisch – durchaus alternative Beschreibungsformen zulässt.

konvergierenden und der *Abbau* der divergierenden Identitätselemente" (ebd., S. 144, Hervorhebung von mir, N. R.), die Erikson – hier wiederum die Bahnen ganzer Diskurse vorzeichnend – in Kriterien einer gelingenden „Identitätsbildung" umformuliert: Kontinuität und Kohärenz als Bedingungen „innerer Einheitlichkeit" und „relativer Ganzheit" (vgl. ebd., S. 168).[11] Während Kontinuität das Gefühl der „eigenen Gleichheit [...] in der Zeit" (ebd., S. 18) meint, so dass Wandel in Dauer überführt werden kann und schließlich Dauer den Wandel überwiegt,[12] zielt Konsistenz bzw. Kohärenz auf die (eher) logisch dimensionierte „Stimmigkeit" der Konstruktion, so dass – exemplarisch – (eher) heterogene Rollen in eine „sinnvolle Hierarchie" (ebd., S. 140) integriert und an bereits vorhandene Identitätsmuster nicht widersprüchlich angeschlossen werden können: „Kernidentität in der Vielfalt wechselnder Rollen" (Erikson 1975, S. 121). Beide Kriterien einer gelingenden (und insofern auch misslingen könnenden[13]) Identität aber markieren ein Gefühl der „Übereinstimmung" des „Ich" mit sich (Erikson 1966, S. 191) als Grundstruktur personaler Identität,[14] die bei Erikson nicht nur als ein im Sinne psychischer Gesundheit erstrebenswertes „Ich-

11 Anzumerken bleibt die von Erikson ausdrücklich vollzogene Abgrenzung von Ganzheit und Totalität: während Ganzheit „ein Zusammentreten von – gegebenenfalls ganz verschiedenartigen – Teilen" bezeichnet, meint Totalität eine „Gestalt, bei der die Betonung auf den starren Umrisslinien liegt" (Erikson 1966, S. 168, Anm. 8): Innen und Außen bleiben klar getrennt und „dürfen" nicht verwischt werden – „absolut exklusiv wie absolut inklusiv" (ebd.) zugleich. Damit aber kann das Bedürfnis nach Totalität als Sehnsucht nach Widerspruchslosigkeit, Zweifelsfreiheit und Homogenität gerade in Gegensatz zu der von ihm beschriebenen Ganzheitlichkeit geraten und als „künstliche Fluchtwelt" illusionären Schutz versprechen (vgl. ebd.). Vgl. dazu auch die Abgrenzung Eriksons gegenüber „jugendlichem Totalismus" als einer rigiden Form des Selbstkonzepts (Erikson 1989, S. 120).

12 Erikson hat an anderer Stelle dieses Wechselspiel von Dauer und Wandel als „Kreisbewegung" zwischen „ständiger Erneuerung" und „einem Bedürfnis nach festgewachsener Gleichheit" präzisiert, so dass jede Einseitigkeit zu psychischen Beeinträchtigungen führt: „Das Gefühl der Identität setzt stets ein Gleichgewicht zwischen dem Wunsch, an dem festzuhalten, was man geworden ist, und der Hoffnung, sich zu erneuern, voraus" (Erikson 1975, S. 113).

13 Eriksons Kennzeichnung der Identitäts(ver)störung als einer „Diffusion" (oder „Dispersion") zielt auf eine nicht bloß „räumliche" „Zerstreuung der Elemente", in der „nicht nur die Peripherie, sondern auch das Zentrum mit ergriffen ist": „Zersplitterung des Selbst-Bildes", „Verlust der Mitte", „Gefühl von Verwirrung" und – in schwereren Fällen – „Furcht vor völliger Auflösung" (Erikson 1966, S. 154, Anm. 6).

14 Dabei konturiert Erikson sein Konzept der Identität ausdrücklich in einer „zentrischen" Perspektive, wenn er „Zentralität, Originalität, Entscheidungsfähigkeit, Initiative und natürlich Identität" als die „Kriterien des menschlichen Ichs" (Erikson 1975, S. 117) bezeichnet und dann angesichts des „ungeheuren Wandels" Identitätsorientierung als Möglichkeit eines auf „Zentralitätserneuerung" zielenden Umgangs mit (kopernikanischer, darwinscher und freudscher) Dezentrierung anempfiehlt (vgl. ebd., S. 122).

Ideal" verstanden wird (vgl. ebd., S. 147, S. 190), sondern selbst Züge einer unverzichtbaren Notwendigkeit trägt; mit „um zu" ließen sich nun vielfältige Momente anschließen, um deren Ermöglichung die Ausbildung von Ich-Identität als einem „inneren Kapital" (ebd., S. 107) als unverzichtbar behauptet wird: Distanz zu übermäßiger Selbstverurteilung und diffusem Hass auf Andersartiges (vgl. ebd., S. 212), Freiheit und Reife wie Gewissen und Verantwortung als Bedingungen gelingenden Erwachsenenseins (vgl. ebd., S. 212, S. 123, Erikson 1975, S. 137-141) wie insgesamt der Fähigkeit, als „funktionstüchtige Persönlichkeit" (Erikson 1966, S. 139) „seinen Platz in der Gesellschaft einzunehmen" (ebd., S. 135). Anders formuliert: Eriksons vielfach monierte Normativität, die sich oft genug in deskriptiv angelegte Beschreibungen eingeschlichen hat, ist eng mit der Ermöglichung eines gelingenden und verantwortlichen „Erwachsenenseins" – und hier mögen Stichworte wie „Solidarität", „Generativität" und „Integrität" als erste Hinweise genügen (vgl. ebd., S. 151 wie auch Erikson 1989, S. 110) – verbunden. Erikson: „Wir betrachten die Kindheit hier aus einer sehr ungewohnten Perspektive, nämlich vom frühen Erwachsenenalter an rückwärts – und dies in der Überzeugung, dass auch die früheste Entwicklung nur dann verständlich werden wird, wenn sie ihren Platz innerhalb einer einheitlichen Theorie der gesamten Entwicklung zum Voll-Erwachsenen findet" (Erikson 1966, S. 149/152).

Bezieht man nun die Pointierungen Eriksons auf die mit Gustafsson benannte Unterscheidung von Selbstheit und Selbigkeit, so zeigt sich eine eindeutige Orientierung, in der die Selbigkeit das Problem der Selbstheit dominiert bzw. figuriert: ich bin, der ich bin, indem ich nicht bin, was (oder wer) ich nicht bin. Was hier zunächst bloß tautologisch missverstanden werden könnte, verändert sich aber in einer Zeitperspektive zu einer aktiven Bewegung der Konstruktion des Ichs durch Integration und Segregation. Gustafssons Rat zur Lösung verstörender Identitätserfahrungen aber ließe sich dann nach Lektüre der Arbeiten Eriksons kaum nachvollziehen; die Erfahrung, dass ich immer auch ein anderer sei als der, der ich bin, hat im Konzept Eriksons einen nur provisorischen und defizitären Status – als Herausforderung, dies in einem veränderten Selbst-Bildnis durch Integration oder Segregation zu lösen. Ausdrücklich hat Erikson daher Überlegungen einer „mehrfachen Identität" (Erikson 1975, S. 122f.) als untauglichen Modellen zur Ermöglichung von Handlungsfähigkeit und Verantwortung (vgl. ebd., S. 123) zurückgewiesen.

(B) Nicht von ungefähr setzt an dieser Stelle eine seit einigen Jahren formulierte Kritik der Konzeption Eriksons an:[15] deren durchgängiger Vorwurf zielt dabei darauf

---

15 Im folgenden beschränke ich mich in meiner Argumentation auf diese Perspektive, ohne damit andere Kritiken übergehen zu wollen (vgl. dazu ausführlicher einen Überblick bei Straub 1998, S. 76f., Anm. 8).

ab, dass die hier typologisch rekonstruierte Konzeption von Ich-Identität „ihre Passform für dezentrierte Subjekte in ‚postmodernen' Zeiten längst verloren" (Straub 1998, S. 76, Anm. 8; vgl. Keupp 1989, S. 59) habe; schlimmer noch: „Identität", so die Kritiker, sei ihrerseits zu einem „Zwangsgehäuse" bürgerlicher Zurichtung und Sozialisation geworden, das überwiegend „Kontrolle" und „Herrschaft" als Formen des Selbstseins präformiere (vgl. Keupp 1989, S. 65) und darin das „egozentrische Weltmodell" (Sampson, zit. nach ebd.) der westlichen Welt unbefragt transportiere. Demgegenüber gelte es vielmehr, die sich abzeichnenden Veränderungen im Konstruktionsprozess individueller Identitäten nicht als „Verfall"- oder gar „Verlust"-Symptome zu deuten, sondern als „Zugewinn kreativer Lebensmöglichkeiten" (ebd., S. 64) aufzunehmen und – im Bild einer „Patchworkidentität" (ebd.) veranschaulicht – gar als kritischen Lebensstil zu kennzeichnen (vgl. ebd., S. 65, Anm. 3). Die damit anvisierte Reformulierung des Identitätsverständnisses als einer „soziozentrischen Struktur" (vgl. ebd.) impliziere folgerichtig die Konzeptualisierung von Identität als einer „dezentralisierte[n], ungleichgewichtige[n] Struktur" (ebd.), in der „Selbstsein" nicht (bloß) durch Abgrenzung gegenüber Anderen praktiziert werde. „Patchworkidentität" (Keupp), „plurale Identität" oder „transversales Subjekt" (Welsch) – so lauten nun die Empfehlungen einer „zeitgenössischen Identität", sich den rigiden Einheits- wie Ganzheitszumutungen bisheriger Identitätskonzepte zugunsten einer Selbstpluralisierung zu entziehen.

Der hier nur angedeutete, vor allem mit den Namen von Heiner Keupp und Wolfgang Welsch verbundene „Streit um Identität" ist oft genug rekonstruiert und soll hier nicht allzu ausführlich aufgenommen werden (vgl. exemplarisch Straub 1991 sowie 2000); bedeutsam scheint mir, dass die immer wieder behauptete Oppositionalität einer „pluralen Identität" sich auch in den Texten der Befürworter nicht durchhält und eher als vage Metaphorik und stilisierende Zuspitzung gelten muss. Denn fragt man nach den diese „neue" Identität figurierenden Strukturen, so stößt man auf durchaus Altbekanntes: während Keupp längst offen die Unverzichtbarkeit von „Kontinuitäts-" und „Kohärenzgefühlen" zugesteht (vgl. Keupp 1996 sowie 1999, S. 86-95 und S. 295f.), damit durchaus an Eriksons Konzeption von Identität als einer „Passung zwischen dem subjektiven ‚Innen' und dem gesellschaftlichen ‚Außen'" (Keupp, Ahbe, Gmür u. a. 1999, S. 28) verändernd festhält (vgl. ebd., S. 25-33) und insofern seine – eher empirisch motivierte – Kritik „zeitspezifischer Formen" jeweiliger Identitätsverständnisse gerade „nicht als Dekonstruktion von Identität" (ebd., S. 31) versteht, betont Welsch immer wieder den radikalen Bruch seines „transversalen Denkens" mit dem Konzept der Identität. Doch lebt auch sein Plädoyer zugunsten einer „pluralen Subjektivität" (vgl. exemplarisch Welsch 1996, S. 829-852) von (über-)poin-tierten Entgegensetzungen – monolithische Homogenität vs. plurale Diversität, Normalität und krankhafter Abweichung vs. Transitivität -, die er selbst nicht durchzuhalten vermag: nicht nur, weil sie – außer in der Abwehr substantialer Missverständnisse (vgl. Welsch 1990, S. 97) – sachlich wenig gerechtfertigt sind, sondern auch, weil Welsch trotz innerer Pluralisierung und Diversifizierung an ganz traditionellen Topoi der Identitätsdebatte festhält: „Integrität, Kohärenz und Gesundheit des Subjekts" (Welsch 1993, S. 312) durch „Transversalität", um „Souveränität" bzw. „eine Art von Souveränität" (ebd., S. 307, S. 315) zu ermöglichen. Welsch: „Wir stellen also sehr wohl laufend Identität her. Wir sind hartnäckige Identitätskonstrukteure – und müssen das sein. Zersplitterung, Identitätsverzicht ist kein humanes Ideal. Nur ist die Identitätsherstellung wesentlich vielfältiger und komplexer (geworden), als man sich das bislang vorgestellt hat" (ebd., S. 311 wie Welsch 1996, S. 845). „Kohärenz durch Übergängigkeit" (ebd., S. 312) – verstanden als „Pluralitätskompetenz" (ebd., S. 304), einen inneren Zusammenhang durch Bezugnahmen, Überschneidungen und Übergänge herstellen zu können – wird damit aber als eine „bestimmte [...] gemeinsame Färbung", die die „diversen Subjektanteile" durchzieht (ebd., S. 313 und 314), bloß übersetzt.

Bei aller Pluralität, betonter Durchlässigkeit wie erforderter Transversalität – unangetastet bleibt bei Welsch wie auch bei Keupp die mit Identität immer assoziierte „Idee der Anwesenheit" und „Präsenz" von Identität; der von Welsch selbst als Motto zitierte Satz Rimbauds – „ICH ist ein anderer" (vgl. Welsch 1993) – bricht gerade nicht die (Selbst-) Gegebenheit der Subjektivität auf, indem Momente der „Entzogenheit" thematisch würden, sondern vervielfältigt bloß das Ich zum „pluralen Ich": die mit Gustafssons Diktum – „Du bist immer ein anderer als der, der Du bist" – bezeichnete Problematik der Differenz des Ich mit sich bleibt auch hier weitgehend unverstanden und ließe sich mit der hier rekonstruierten Identitätskritik Welschs und – weniger – Keupps eher in „Ich bin viele" übersetzen: „Bin ein Spektrum, bin liiert. Es hausen sieben Ichs in mir" (Wosnessenskij 1991, S. 242).[16]

III

Greift man nun den zweiten Traditionsstrang des (deutschsprachigen) Identitätsdiskurses auf und befragt die an die Arbeiten George H. Meads anschließenden Untersuchungen des Symbolischen Interaktionismus, so zeigt sich – gerade auch in deren

16 So lautet der Anfang des Jean-Paul Sartre gewidmeten Gedichts „Selbstabschweifung" von Andrej Wosnessenskij; allerdings fährt dieser fort: „Wie sieben Tiere – unerträglich. Das allerblaueste bläst Flöte. Und in der Frühlingsnacht träumt mir, ich sei Nummer acht" (Wosnessenskij 1991, S. 242).

Übersetzungsproblematik – ein ums Ganze verschiedener Problemaufriss (A): Mead spricht in seinen erst posthum veröffentlichten Studien zu „Mind, Self and Society" (1934) an keiner Stelle von Identität, während die deutsche Übersetzung (1968) „self" durchgängig mit „Identität" gleichsetzt – zu Unrecht, wie ich meine, und mit erheblichen Folgen;[17] damit aber wird eine Problematisierung des Begriffs der Identität als einer gerade nicht auflösbaren und in sich versöhnbaren Differenz in Gang gesetzt, die sich als verschobene Perspektive zur Neubeschreibung der Struktur menschlicher Selbstverhältnisse nutzen lässt (B).

(A) Mead wählt für seine Interpretation des menschlichen Selbstverhältnisses einen für europäische Traditionen eher ungewohnten Ausgangspunkt – „from the Standpoint of a Social Behaviorist", wie der Untertitel lautet (Mead 1962) -, auch um von Anfang an den Vorzeichnungen der Selbstbewusstseinstheorie und -philosophie nicht aufzusitzen, die Selbstbewusstsein als ein „ursprüngliches", nicht weiter hintergehbares Selbstverhältnis und als eine insofern „unmittelbare Selbstvertrautheit" (Frank) gekennzeichnet haben. Dieser Bruch mit der Tradition, „that consciousness in some way carried this capacity of being an object to itself" (ebd., S. 137), wird vollzogen im Ausgang von „beobachtbarem Verhalten", zugleich gestützt von der Überlegung, dass das „self" „is not initially there, at birth, but arises in the process of social experience and activity" (ebd., S. 135). Wenn auch Meads leitende These – „The self, as that which can be an object to itself, is essentially a social structure, and it arises in social experiences" (ebd., S. 140) – kaum ausreichend durch sein Argument, dass Gesten („gestures") in anderen wie in sich selbst gleiche Reaktionen auslösen (vgl. ebd., S. 145-149), gestützt werden kann, so scheint mir dennoch sein Problemzugang, das „self" als ‚responsive Struktur' zu interpretieren (vgl. ebd., S. 139), vielversprechend: sich selbst Objekt werden zu können setzt daher voraus, für andere bereits Objekt zu sein; „he becomes an object to himself only by taking the attitudes of other individuals toward himself within a social environment or context of experience and behavior in which both he and they are involved" (ebd., S. 138).[18] So erläutert Mead – sattsam bekannt – die Entstehung des „self" an zwei typologisch konstruierten Beispielen: „play" und „game" als zwei Weisen kindlicher Einübung der responsiven Struktur des Handelns.

---

17 Während Dubiel auf die Angemessenheit dieser Übersetzung verweist, weil insbesondere durch „Identität" der selbstreflexive Charakter mitgesagt würde (vgl. Dubiel 1976, S. 149), schätzt Henrich diese Übersetzung als eine erste Verzeichnung ein (vgl. Henrich 1979, S. 134).

18 Die damit aber immer noch nicht erledigte Problematik, wer sich denn zu den „attitudes of other individuals" überhaupt verhalte, diese allererst wahrnehme und auf sich beziehe, sei hier als ungelöstes Problem angemerkt (vgl. auch Schäfer 2000, S. 25ff.); festzuhalten bleibt, dass auch eine noch so sozial gedachte „responsive Struktur" nicht aus Nichts entstehen kann, ohne dass darin aber bereits ein „Identitätskern" anzusiedeln sei.

Ohne nun diese nicht unproblematische Figur der Konstitution des Selbstbewusstseins durch andere ausführlicher zu diskutieren, seien einige Momente hervorgehoben, die für die Ausformulierung des Identitätsbegriffs eine entscheidende Rolle gespielt haben: während das „me“ durch die Übernahme der Haltungen der Anderen mir gegenüber konstituiert wird und damit symbolisch das Ich als (reflexives) „Objekt“ repräsentiert, in dem sich die Zugehörigkeit zu anderen als einer „community“ niederschlägt, wird das „I“ als eine Art ursprüngliche und doch sozial wie individuell vermittelte „Kraft“ und „Lebendigkeit“ verstanden, die agiert wie reagiert. Mead: „The ‚I‘ is the response of the organism to the attitudes of the others; the ‚me‘ is the organized set of attitudes of others which one himself assumes. The attitudes of the others constitute the organized ‚me‘, and then one reacts toward that as an ‚I‘“ (ebd., S. 175). Diese Differenzierung zwischen „I“ und „me“ ist nicht nur bedeutsam, sondern kennzeichnet – als zwei „phases“ – die Struktur des „self“ (vgl. ebd., S. 192ff.); entscheidend dabei scheint mir, dass das „self“ gerade aufgrund dieser Struktur nicht als eine wie auch immer gedachte „Übereinstimmung“ oder Einheit des Ich mit sich gedacht werden kann (wie es der Begriff der Identität hier fälschlich nahe legt!), sondern als eine nicht wieder auflösbare Differenz im „self“ selbst. Mead erläutert dies plastisch: „The simplest way of handling the problem would be in terms of memory. I talk to myself, and I remember what I said and perhaps the emotional content that went with it. The ‚I‘ of this moment is present in the ‚me‘ of the next moment. [...] I became a ‚me‘ in so far as I remember what I said“. Seine Folgerung daraus aber ist bezeichnend: „I cannot turn around quick enough to catch myself. [...] It is because of the ‚I‘ that we say that we are never fully aware of what we are, that we surprise ourselves by our own action“ (ebd., S. 174). Entzieht sich aber das „I“ dem „me“, so dass es als augenblickliches nie gegenwärtig sein kann, dann muss das „self“ seinerseits als eine „abwesende Anwesenheit“ (Schäfer, in diesem Band) gekennzeichnet werden; wiederum Mead: „Such is the basis for the fact that the ‚I‘ does not appear in the same sense in experience as does the ‚me‘. [...] The two are separated in the process but they belong together in the sense of being parts of a whole. The seperation of the ‚I‘ and the ‚me‘ is not fictitious. They are not identical, for, as I have said, the ‚I‘ is something that is never entirely calculable“ (ebd., S. 178).

Diese in der unaufhebbaren Differenz von „I“ und „me“ gründende Selbstfremdheit kennzeichnet das „self“ als eine ambivalente, in sich paradoxe Struktur: sich gegeben wie entzogen zugleich zu sein (vgl. auch Schäfer 2000). Damit aber wird „Selbstentzug“ als ein konstitutives Moment von „Identität“ verstanden und als Unverfügbarkeit des „I“ im „self“ ausgelegt, dem der Begriff der Identität kaum gerecht zu werden vermag. Trüge man diese Meadsche Einsicht zurück in die Ausgangsfragen der Entstehung des „self“, dann wiederholten sich die einmal begonnenen Brechungen: so wie das „I“ dem „me“ strukturell entzogen ist, so ist auch das „Bild der anderen von mir“ mir nur interpretativ zugänglich (und damit immer auch unzugänglich); die wechselseitige Verwiesenheit von „I“ und „you“ lässt sich gerade nicht auflösen, sondern eröffnet eine Asymmetrie, verhält sich doch das „I“ zum „you“ eben nicht so wie das „you“ zum „I“. Wenn auch Mead bisweilen das „I“ als Orientierung auslegt, „which we may be said to be continually trying to realize, and to realize through the actual conduct itself“ (ebd., S. 203), so ist es keinesfalls als eine – allerdings entzogene – Ursprünglichkeit situiert; vielmehr ist das „I“ seinerseits responsiv strukturiert und damit sozial dimensioniert, so dass endgültig kein Anfang der Konstitution des „self“ ausgemacht werden kann – auch nicht von den Anderen her. Der Satz – „One does not ever get it fully before himself“ (ebd., S. 203) – lässt sich daher nicht nur auf das „I“ beziehen, sondern markiert auch das theoretische Problem der Erläuterung von zirkulärer Identität überhaupt.

Es sind genau diese Theorieschwierigkeiten, an die Erving Goffman mit seinen Arbeiten zum Problem der Identität angeschlossen hat (vgl. Schäfer 2000, S. 34), ohne damit mit Meads Perspektive zu brechen. In seiner „dramaturgischen Wendung“ (Schäfer) verabschiedet sich Goffman nicht nur von der Unterscheidung von Sein und Schein als einer tauglichen Beschreibungsform der „Wirklichkeit“ (vgl. Goffman 1977, S. 602f.), sondern reinterpretiert das Problem der Identität als einer mehrfach dimensionierten differentiellen Struktur, hinter der kein „wahres Selbst“ – wie auch immer – zum Vorschein gebracht werden könnte. Von den Erfahrungen „Stigmatisierter“ ausgehend kommt er dabei zu weitreichenden Befunden: sowohl „soziale Identität“, so Goffmans Kennzeichnung des durch Erwartungserwartungen konstituierten Selbstausdrucks vor anderen, als auch „persönliche Identität“, verstanden als durch typische Merkmale bedingtes Bewusstsein individueller Singularität: „Jemand-von-einer-Art“ (Goffman 1967, S. 74) zu sein, sind durch Differenzen strukturiert, in denen das Ich sich nicht vor sich selbst zu bringen und insofern „nur“ als „Schein-Identität“ auszubilden vermag, die immer nur als Dialektik von „Schein-Normalität“ („phantom-normalcy“) (und ihr korrespondierender „Schein-Akzeptierung“) (vgl. Goffman 1967, S. 152) und „Schein-Unverwechselbarkeit“ („phantom-uniqueness“) praktiziert werden kann. Pointiert: so wie sich aber der Eindruck meines Ausdrucks in anderen meinem Zugriff entzieht, so ist auch mir selbst die Bedeutung meines Ausdrucks entzogen, zeigt diese sich doch allererst im (wiederum von mir zu interpretierenden) Ausdruck des Eindrucks des anderen (vgl. Schäfer 2000, 36). Aber auch die Konstruktion einer die soziale wie persönliche Identität vermittelnden „Ich-Identität“ (vgl. Goffman 1967, S. 133) bietet keinen Ausstieg aus einmal begonnenen Zirkeln: nicht nur, weil Vermittlungen sich nicht zu einer Seite zweifelsfrei auflösen lassen, so dass ein Anfang und Ende erkennbar würden, sondern auch, weil das Individuum in der Relationalität dreier Identitätsformen sich immer auch entzogen bleibt, ohne dass aber positiv ein „authentisches Ich" markiert werden könnte (vgl. ausführlicher Schäfer 2000 und in diesem Band). Während aber Goffman seine den Begriff der Identität empfindlich irritierenden Analysen in den Horizont machtförmiger Praxen und totaler Institutionen gestellt und damit das Identitätsproblem auch als ein – allerdings aporetisches – Machtproblem zu dechiffrieren versucht hat, nehmen andere, insbesondere deutschsprachige Theoretiker gerade von hier ihren Ausgangspunkt, um Identität als eine ebenso unverzichtbare wie vermeintlich präzise bestimmbare Kategorie verschiedener Sozialisationstheorien zu entfalten.[19]

Blickt man nun von hier auf die Überlegungen Gustafssons zurück, so zeichnet sich eine erste veränderte Verstehensmöglichkeit ab: nicht bloße Vielheit, sondern differentielle Struktur – als „Gleichzeitigkeit" von Vertrautheit und Entzogenheit – scheint die Art menschlicher Selbstheit zu kennzeichnen; damit aber gerät der Begriff der Identität in eine Zwickmühle, diese Differentialität gerade nicht angemessen zum Ausdruck bringen zu können, indem er Probleme der Selbstheit doch immer wieder auf der Ebene der Selbigkeit situiert und von dort figuriert. Entzogenheit – so ließen sich die bisherigen Überlegungen zum Symbolischen Interaktionismus pointieren – ist aber (auch und vor allem) Folge einer grundsätzlich zu denkenden Sozialität, in der das, was ich bin und als wer ich mich verstehe, von dem abhängt, wie und als wen andere mich verstehen, ohne dass mir aber diese „Fremdsichten" auf mich, die meine Selbstsicht doch bedingen und konstituieren, in der direkten zugänglich oder gar verfügbar wären. Damit aber durchzieht eine grundsätzliche Brechung das Verhältnis des Selbst zu sich selbst, an der entlang Gustafssons Markierung – „ich bin immer auch ein anderer als der, der ich bin" – sich erläutern ließe.

(B) Gustafssons eigene Interpretation dieser „paradoxen Intervention" sei daher nicht länger vorenthalten und als ein literarischer Zugang zur Differentialität der menschlichen Subjektivität als Kennzeichnung der „Instabilität der menschlichen Existenz" (Gustafsson 1989, S. 43) genutzt: nach einiger Zeit, so fährt Gustafsson fort, wurden zunächst sehr kleine, dann zunehmend größere Unterschiede zwischen den verdoppelten Forschern deutlich, so dass schließlich Original und Kopie sich immer mehr auseinander entwickelten und schließlich alle sechs Betroffenen genasen. Gustafsson erläutert dies – „Offenbar ist es so, dass zwei qualitativ identische,

19 Insbesondere die Arbeiten von Krappmann (1969) und Habermas (exemplarisch 1976) greifen (u. a.) Goffmans Unterscheidungen wieder auf, gelangen aber zu nahezu umgekehrten Überzeugungen einer balancierenden Ich-Identität, die die Dialektik jener zwei Fiktionen der sozialen und persönlichen Identität zum Ausgleich zu bringen vermag und damit das problematische Kriterium eines wie auch immer zu verstehenden „Mit-sich-identisch-Bleibens" wieder einführt (vgl. dazu ausführlicher Stross 1991; Meyer-Drawe und Waldenfels 1988; Schäfer 2000, S. 48-121).

aber numerisch differente Menschen mit identischen Erinnerungen und identischem Charakter nicht besonders lange gleichartig bleiben. Wo immer sich eine kleine Gewohnheit rührt, entsteht ja sozusagen eine ganz neue mentale Perspektive, jede Erinnerung, die die Persönlichkeit birgt, ist ja prinzipiell im Lichte jeder neuen Erfahrung umzudeuten." (ebd., S. 43f.) – und akzentuiert darin vor allem die zeitliche Struktur der Erfahrung: „In Wirklichkeit schlagen wir alle in jedem Augenblick neue Wege ein; neue Erlebnisse werfen ein neues Licht auf die alten, und alles steht ununterbrochen zur Wahl. [...] Wir alle wählen uns in jedem Augenblick weg, ebenso wie wir uns in jedem Augenblick neu wählen. Das Interessante an den ‚zweimal Geborenen' ist, dass eine seltsame Natur sie für kurze Zeit denjenigen sehen ließen, den sie weggewählt hatten, bevor er für immer hinter dem Horizont der Erinnerung und der Zeit versank. So leben wir und nehmen immer Abschied" (ebd., S. 44). Was Gustafsson hier zeitlich erläutert, konnte insbesondere bei Mead und Goffman sozial erläutert werden: die Einsicht Rimbauds, dass das „ICH immer ein Anderer" sei, signalisiert eine strukturelle Differenz, die in keiner Identität wieder geschlossen werden kann; vielmehr markiert sie als „Lücke" den Ort menschlicher Freiheit: „Töricht, wer nicht seine Freiheit im Fluge fängt" (ebd., S. 44).

Folgt man nun den Weichenstellungen dieses veränderten Problemaufrisses, so eröffnet sich ein „ums Ganze" verschobenes Panorama von Identität: nicht nur, dass Identität sich nicht (weiter) substantiell auslegen und als „etwas" im „Kern des Individuums" lokalisieren lässt, das den unleugbaren Wandel überdauert, sondern ihrerseits als spezifische und allererst aktiv herzustellende Selbstmarkierung in (vielfältigen) Relationen zu anderen aufgenommen werden muss; mehr noch: Identität wird – das haben die Überlegun-gen Meads wie Goffmans allemal verdeutlicht – in sich selbst (unabschließbar) differenziert und gerade nicht bloß pluralisiert: weder Meads Figuration des „I", „me" und „self" noch Goffmans Identitätsunterscheidungen in „personale", „soziale" und „Ich-Identität" lassen sich zu einer Einheit und Ganzheit synthetisieren, so dass das „Ich" als auffindbare und dann repräsentierbare Größe sich in die „Differenz der Identitäten" – als einer „Differenz der Masken" (Foucault) – zu verwandeln scheint und insofern nur als Abwesenheit anwesend ist: „Spur" (Lévinas) einer Anwesenheit, die nie Gegenwart ist und sich darin dem identifizierenden Zugriff durch andere wie sich selbst entzieht.[20]

---

20 Die hier eingeschlagene Perspektive der „Differentialität" von Identität ließe sich mühelos mit vielfältigen Konzepten zum Problem des „Selbst" stützen: ausdrücklich genannt seien die Arbeiten von Jacques Lacan, der – eindrücklich wie kaum ein anderer – die „Nichtübereinstimmung" mit sich als ‚Selbstentzogenheit' problematisiert und als wirkmächtige „Zwietracht" [frz. „discorde"] auslegt, der durch „Identitätsbildung" ebensowenig zu entkommen sei wie diese ihrerseits als „wahnhafte Identität" schlicht zu dechiffrieren sei (vgl. dazu v. a. Lacan 1973). Auch Paul Ricœurs zwar anders ansetzende und argumentierende Auslegung des „Selbst als einem

Doch ist Differentialität weder bloß eine willkürliche noch folgenlose Kennzeichnung (die insofern auch anders vorgenommen werden könnte), sondern Ausdruck einer endlichen, insofern immer „situierten Existenz" (Meyer-Drawe), die sich zu sich verhält und verhalten muss, ohne sich je „zur Gänze" vor sich selbst bringen zu können, weil sie sich gerade nicht von sich zu lösen und „von außen" zu sehen vermag. Der Unterschied „ums Ganze" sei betont: die Unmöglichkeit, sich „zur Gänze" vor sich zu bringen, lässt sich gerade nicht bloß mengentheoretisch auslegen, als ob nur ein wie auch immer größerer oder kleinerer Rest entzogen bliebe, den es fortan immer weiter zu verkleinern und aufzuklären gälte; vielmehr trägt sich dieses „nicht zur Gänze" als Struktur in alle (Selbst)Verhältnisse ein und verwandelt diese „ums Ganze": bei aller Selbstbezüglichkeit und „Arbeit an sich selbst" ist Selbstentzogenheit ein konstitutives Moment jeder Selbstvertrautheit – und nicht ihr vermeintliches Gegenstück. Differentialität meint daher ein doppeltes: sich zu sich selbst *als* auf andere und anderes bezogen auszulegen. Mit Kierkegaard ließe sich diese Doppelung präzisieren: „Das Selbst ist ein Verhältnis, das sich zu sich selbst verhält, oder ist das an dem Verhältnisse, dass das Verhältnis sich zu sich selbst verhält; das Selbst ist nicht das Verhältnis, sondern dass das Verhältnis sich zu sich selbst verhält" (Kierkegaard 1992, S. 8). Auch methodologisch resultiert daraus ein Unterschied „ums Ganze": nicht nur, dass das „Sein" selbst *als* Differenz (und damit überwiegend als soziale und weltliche Relation) ausgelegt wird; es kann seinerseits nicht anders als *aus* der Differenz gedacht werden (vgl. Heidegger 1957, S. 56-57), so dass auch konstitutionstheoretisch kein Anfang und Ende ausgemacht, sondern nur jeweilige Einsätze markiert werden können. Diese Doppelung aber lässt sich weder in *eine* Differenzfigur zusammenführen noch analytisch voneinander trennen, sondern trägt das Problem der Differenz sowohl in gegenstandstheoretischer als auch in formaltheoretischer Hinsicht strukturell in den Diskurs der Identität ein.

Anderen" (Ricœur 1996) bestätigt diese Perspektive einer nichtaufhebbaren und in Identität überführbaren Differentialität des Selbst, die als „Alterität" der „Identität" zu kennzeichnen sich eingewöhnt hat (vgl. auch Meyer-Drawe und Waldenfels 1988; Schäfer 2000). Demgegenüber halte ich hier im folgenden an „Differenz", „Differentialität" und daraus folgender „Relationalität" fest, auch um im Gebrauch von Identität und Alterität – einem im Ausgang von den Arbeiten Lévinas' sich etablierenden begrifflichen Gegensatz – nicht doch dauernde Klärungen und Abgrenzungen gegen vermeintliche Missverständnisse vornehmen zu müssen; anders formuliert: ich bin nicht sicher, ob der Begriff der Alterität in der Lage ist, eingewöhnte Vorstellungsmuster von Identität zu durchbrechen, ohne sich doch diesem Begriff einfach nur nebenzuordnen. Da Begriffe aber keinem gehören können, ist es nicht möglich, sie dauernd gegen anders gelagerte Besetzungen zu schützen – insofern verzichtet man auf sie besser ganz (vgl. Meyer-Drawe 2000 sowie in diesem Band).

Wie auch immer man nun Differentialität – zeitlich, sozial, reflexiv oder leiblich – zu erläutern sucht, immer stößt man dabei auf Relationen, deren „Pole" nie zur Übereinstimmung gebracht und in Einheit und Ganzheit überführt werden können;[21] Nichtübereinstimmung und Zwiespältigkeit aber finden kaum angemessen Platz im Begriff der Identität, sondern werden hierarchisch zu Schwundformen entwichtet, die angesichts ihrer (mindestens regulativ) gedachten Vollformen nur als aufzuhebende Mangelerfahrungen Geltung beanspruchen können. Weder im Verhältnis des „Ich" zu „Sich" noch im Verhältnis des „Ich" zu anderen als Anderen und zur Welt als Anderem ist es möglich, die Relata dieser Relationen einander so anzunähern, dass sie als ein Zusammenhang aufgenommen werden könnten; sie liegen – auch weil sie sich wechselseitig bedingen und durchkreuzen – auf unterschiedlich gestaffelten Ebenen, so dass die eine Variable nur unter Abblendung der anderen beschrieben werden kann (und umgekehrt) – mit dem Effekt, dass in diesen Verweisungszusammenhängen nicht nur kein Erstes oder Zugrundeliegendes ausgemacht, sondern auch die Gesamtheit selbst nicht zum Vorschein gebracht werden kann.[22]

Ist nun aber Differenz die Struktur von Identität, und unterminiert Selbstentzug jede Form der Selbstvertrautheit, so dass Zwiefältigkeit wie Zwiespältigkeit als Signaturen von Subjektivität gelten können (vgl. Meyer-Drawe 2000), so verwundert

21 Dies wird auch von Identitätsbefürwortern uneingeschränkt zugestanden und führt zu einer enormen Plastizität: Identität „könne [...] psychologisch nicht anders begriffen werden denn als Synthese des Vielen, Verschiedenen, Heterogenen, mit anderen Worten: als fragile Einheit der ihr zugrundeliegenden Differenzen" (Straub 2000, S. 176). Wie aber angesichts der Differentialität von Subjektivität überhaupt noch sinnvoll von „Einheit" gesprochen werden kann (ohne nicht zugleich „Brechung" und „Uneinigkeit" aufgrund unweigerlicher Selbstfremdheit mitzusagen), bleibt phänomenal wie strukturell unverständlich und wird erst im Duktus einer – seinerseits schief vorgenommenen – Kontrastierung des „Streits um Identität" als Abwehr eines in der Tat viel zu einfachen und problematischen „Vielheits"-Konzepts nachvollziehbar(er) (vgl. ebd., S. 176-189).

22 Dies ließe sich auch im Anschluss an Heisenbergs Unschärferelation verdeutlichen, derzufolge zwei miteinander konjungierte Variablen nur unscharf (d. h. nicht eindeutig) bestimmt werden können [$x(y) \leftrightarrow y(x)$], ohne dass damit aber einem zunehmenden „Jargon der Unbestimmtheit" Tür und Tor geöffnet würde, dient doch das von Heisenberg formulierte Unbestimmtheitsprinzip gerade der präzisen Bestimmung dieser Unschärfe und nicht der Zulassung einer relativistischen Vagheit und Beliebigkeit, dass man es „halt so genau nicht wissen könne" (vgl. dazu auch Cassidy 1992, Gamm 1994). Insofern intendiert der Versuch, Differenz als Struktur von Identität zu erarbeiten, jene (auch begriffliche) Präzision, die mir im Begriff der Identität allzu leicht zu verschwinden scheint, und muss von bereits genannten Ansätzen einer Pluralisierung der Identität deutlich abgegrenzt werden. Vgl. ausführlicher zu diesen hier entwickelten Überlegungen einer „Differentialität von Subjektivität" auch Meyer-Drawe (1990, 1998) und Ricken (1999a, 2000a).

umso mehr die gegenwärtige Konjunktur des Begriffs der Identität; über sie allein gegenstandstheoretisch (weiter) zu diskutieren ist dann aber kaum fruchtbar.

IV

Trotz einer Vielzahl identitätsgegenläufiger Konzepte und einer längst modisch gewordenen Verbreitung eines differenztheoretischen Denkens (vgl. Gamm 1994; Luhmann 1984; Kimmerle 2000) markiert Identität immer noch ein zentrales und bei aller inhaltlichen Umstrittenheit auch praktisch scheinbar nicht verabschiedbares Moment der gegenwärtigen menschlichen Selbstverständigung. Unaufgebbar scheinen vor allem alltägliche Assoziationen, um deren willen Identität verteidigt wird: Unverwechselbarkeit und Einzigkeit, Authentizität und Stabilität, Handlungsfähigkeit und Orientierung wie Zurechenbarkeit, Verlässlichkeit und Verantwortlichkeit. Krappmann bestätigt unmissverständlich: „ohne Identität ist man nicht handlungsfähig und nicht in soziale Prozesse integrierbar. Ohne Identität wäre man ein Niemand oder ein unkalkulierbarer Partner" (Krappmann 1979, S. 148f.). Wie kaum ein anderer Begriff steht Identität gerade lebensweltlich dafür ein, (ein) „Jemand" zu sein. Aber auch theoretisch wird mit Identität auf Unverzichtbares verwiesen: Identität, so wird reklamiert, durchbreche gegen vielfältige Tendenzen einer (z. B. rollentheoretischen oder ökonomietheoretischen) Reduktion menschlicher Selbstinterpretationen deren Suggestion von Subjektsein als einer schlichten (Selbst-)Gegebenheit und markiere damit Selbstreferentialität als durchgängige Dimension menschlichen Verhaltens (vgl. Dubiel 1976; Krappmann 1979), so dass das Selbstverhältnis zu sich nicht bloß repräsentationstheoretisch als (dann immer erst nachträgliche) Abbildung eines „Ich" verstanden werden darf, sondern seinerseits als ein konstitutives Moment performativ berücksichtigt werden müsse. In der Abwehr positivistischer wie deterministischer Konzepte haben sich (insbesondere seit den späten 60er Jahren) handlungs- oder kommunikationstheoretisch dimensionierte Konzepte der Vergesellschaftung und Sozialisation des Identitätsbegriffs bedient und diesen (zunächst) als einen kritischen Begriff auszuarbeiten gesucht (vgl. Schäfer 2000) – auch immer mit dem Hintergedanken, durch die Etablierung des Begriffs in den (eher wissenschaftspolitischen) Disziplinierungskämpfen der jeweiligen Disziplinen strategische Vorteile erzielen zu können, ohne zugleich des (theoretischen wie politischen) Preises einer solchen Theorie der Identität sich zu vergewissern.[23] Bezeichnet aber Identität

23 Die gegenwärtige sozialwissenschaftliche „Renaissance" des Identitätsbegriffs lässt sich in der Tat überwiegend nur mit Blick auf erhoffte strategische Vorteile im (zunehmend härter werden-

nicht bloß beobachtbare soziale Phänomene, sondern überwiegend deren interpretative Auslegung und Aneignung (vgl. Wagner 1998, S. 65), so verweist die Dominanz von Identität auch auf Praktiken der Rekonstruktion des Sozialen durch spezifische Konstruktionen des Individualen. An verschiedene Interpretationen der „Dominanz der Selbigkeit" anschließend, in denen Selbigkeit als Mechanismus der Instrumentalisierung und Aneignung des Fremden (vgl. Meyer-Drawe 2000, S. 147) dient oder als Schutz gegen verstörende „Zeitlichkeit" und Kontingenz (vgl. Wagner 1998) ausgelegt wird,[24] möchte ich hier einen mit dem Foucaultschen „Werkzeugkasten"

---

den) Wissenschaftsdiskurs nachvollziehen, in dem theoretische Konzepte bereits mit Blick auf wissenschaftspolitische Effekte (und der an ihr hängenden Finanzierung solcher Projekte) justiert und durch Publikationen vorangetrieben werden: Identität – so der Verdacht – gewährt in einer Gesellschaft, die die in ihr drängenden Probleme der Pluralität noch nicht angemessen aufzunehmen in der Lage ist, ein mehrheitlich (vor allem politisch) zustimmungsfähiges Vokabular der Stabilität und Sicherheit. Auch die längst üblich gewordenen umstandslosen Begriffserweiterungen des Konzepts „personaler Identität" zu Vorstellungen „ethnischer" wie „kultureller Identitäten" oder einer „corporate identity" (als Beispielen „kollektiver Identität") belegen diese Perspektive eindrücklich: wer sich seiner – als Person, Gruppe, Gemeinschaft und Gesellschaft – bewusst ist und mit sich (und anderen) übereinstimmt, ist vor Infragestellung, daraus resultierender Verunsicherung und auf schnelle Lösung drängender Gewalt „sicher". Dass aber diese Konzepte selbst – allemal dann, wenn sie als bloße Analogiebildungen ausgegeben werden – zu einer steigenden Intransparenz beigetragen haben, wird geflissentlich übersehen: weder Gemeinschaften noch Gesellschaften lassen sich in ihrem Zusammenhalt durch die Konstruktion von (kollektiven) Identitäten homogenisieren bzw. stabilisieren, sind diese doch selbst „Produkt" diskursiver Selbstverständigung der Menschen untereinander, die in dauernden praktischen Bezugnahmen, Verbindungen wie Ausgrenzungen untereinander und miteinander ausgehandelt werden – und gerade nicht vermeintliche Selbstverständnisse der Gemeinschaften selbst repräsentieren (vgl. dazu Straub 1998, S. 96-104).

24 So bündelt Meyer-Drawe ihre identitätskritischen Überlegungen: „Aus dieser Perspektive konserviert der Begriff der Identität zum einen eine hypertrophe und ängstliche Gestik der Weltbemächtigung, die aufgrund seiner Formalität nur sehr schwer zu durchschauen ist. Zum anderen privilegiert dieser Begriff eine Selbstauffassung, die den Wandel verharmlost, das Nicht-Selbst instrumentalisiert und damit den Weg zur eigenen Vergänglichkeit und des Fremden oder Anderen auf subtile Weise verschließt" (Meyer-Drawe 2000, S. 147). Daran ließen sich Wagners Überlegungen zur Zeitlichkeit durchaus anschließen: indem „Identität" „Beständigkeit und Dauerhaftigkeit gegenüber [...] Flüchtigkeit und Vergänglichkeit akzentuiert", ist sie „damit ein Zeichen für die Stabilität der Welt und indirekt damit auch für die Gewissheit und Verlässlichkeit unseres Wissens von ihr" (Wagner 1998, S. 65). Gerade angesichts der modernen Erschütterungen einer – wie auch immer – gegebenen Ordnung dient „Identität" daher als Möglichkeit, Zeitlichkeit und Kontingenz – Wagner: „von der Frage nach dem Sein zur Frage nach dem Werden" (ebd., S. 68) – in Stabilität und Bestimmbarkeit zu überführen, immer damit in der Gefahr, „ein Fest-Schreiben, ein Still-Stellen zu werden, das diesem [zeitlichen] Charakter der Welt und der

operierenden Versuch erproben und so der Frage mich machttheoretisch nähern, wie sich trotz erheblicher theoretischer und konzeptioneller Unzulänglichkeiten eine solch erstaunliche „Beharrlichkeit des Identitätsbegriffs“ (Wagner) verstehen lasse.

Michel Foucault hat insbesondere in seinen späteren Arbeiten zur bis dahin erarbeiteten „Typologie der Macht“ – Repression und souveräne Macht als Formen „negativer“ Macht, Disziplinarmacht und Biomacht als Formen „produktiver“ Macht – unter dem Sammeltitel der „Pastoralmacht“ eine weitere Figuration hinzugefügt und diese eng mit einer bedeutsamen Reformulierung des Machtbegriffs verknüpft (vgl. vor allem Foucault 1988, 1994). In der Absicht, seine bisherige Einsicht, dass Macht – will sie effektiv sein – nicht nur verbieten kann, sondern ihrerseits auch als hervorbringende Macht verstanden werden muss, auch theoretisch präziser zu formulieren, gelangt er zu einer relationalen Neufassung seines Machtbegriffs: Macht, so Foucault, meine gerade nicht eine definierbare Zentralinstanz, von der her sie linear entfaltet werden könne, sondern müsse als „Machtverhältnisse“ (Foucault 1994, S. 253) aufgenommen und daher sowohl „in actu“ (ebd., S. 254) als auch relational erläutert werden; als „Handeln auf ein Handeln“ (ebd.) ziele Macht daher darauf, „mögliche Handlungen [...] mehr oder weniger wahrscheinlich“ (ebd., S. 255) zu machen, indem sie diese konditional – ebenso anstachelnd und erleichternd wie ablenkend und erschwerend – figuriert, „im Grenzfall nötigt oder [vollständig] verhindert“ (ebd.). Diese Relationalität lasse sich treffend im Begriff der „Führung“ bündeln: „Machtausübung besteht im ‚Führen der Führungen‘ und in der Schaffung der Wahrscheinlichkeit“ (ebd.). Mit dieser begrifflichen Doppelung, die eine Nachordnung des einen zugunsten der Vorordnung des anderen ausdrücklich nicht erlaubt, sind Macht und Freiheit als eine einander gerade nicht ausschließende „agonale Struktur“ (vgl. ebd., S. 256) miteinander verbunden: „Macht und Freiheit stehen sich also nicht in einem Ausschließungsverhältnis gegenüber (wo immer Macht ausgeübt wird, verschwindet die Freiheit), sondern innerhalb eines sehr viel komplexeren Spiels“ (ebd.), in dem beide sich wechselseitig voraussetzen und tragen, bedingen und bestimmen wie einander auch bekämpfen.

Mithilfe dieses veränderten Machtbegriffs gelingt es Foucault, nicht offensichtlich repressive historische Praktiken der „Führung der Führungen“ als Machtpraktiken zu markieren, deren Effektivität gerade darin besteht, sich als Macht zu verbergen, indem sie Individualität nicht missachten, sondern schützen, stützen und fördern – allerdings „unter einer Bedingung: dass die Individualität in eine neue Form gebracht und einer Reihe spezifischer Modelle unterworfen werde“ (Foucault 1994, S. 249). Ausgehend von einer (historisch orientierten) Rekonstruktion der christ-

Menschen in ihr nicht gerecht werden kann“ (ebd., S. 72). Vgl. dazu auch aus einer „kontingenztheoretischen“ Perspektive Ricken (1999b).

lichen „Pastoralmacht“[25] gelangt er dabei zu einer Neukennzeichnung einer spezifisch modernen Macht (vgl. Foucault 1988), die er als „Regieren durch Individualisieren“ (Foucault 1994, S. 246) bezeichnet und insofern als „säkularisierte Pastoralmacht“ interpretiert (vgl. ebd., S. 249f.): „Es ist eine Machtform, die aus Individuen Subjekte macht. [...] In gewisser Hinsicht kann man den modernen Staat als eine Individualisierungs-Matrix oder eine neue Form der Pastoralmacht ansehen“ (ebd., S. 246, S. 249), die – so Foucault weiter – als „gleichzeitige[...] Individualisierung und Totalisierung“ (ebd., S. 250) operiert. Erst mit dieser Blickverschiebung aber lässt sich dem spezifisch modernen Charakter der Macht näherkommen, entzieht er sich doch immer wieder den klassischen Vorstellungen von Macht als einer (gegen das Individuum gerichteten) „Unterwerfung“ und „Repression“: „Wirklich dämonisch sind unsere Gesellschaften geworden, als sie diese beiden Spiele – das [griechische] Stadt-Bürger-Spiel und das [christliche] Hirte-Herde-Spiel – in Gestalt des

25 Foucaults knapp gebliebene Skizze der christlichen Pastoralmacht als einer „individualisierenden Macht“ (Foucault 1988, S. 58) veranschaulicht deren Funktionsstruktur; deren hauptsächliche Kennzeichen sind dabei zwei Momente, die sich auch historisch bestätigen ließen (vgl. dazu Ricken 2000b): es ist, erstens, die Einführung und Begründung einer institutionell „heilsnotwendigen“ „Führung der (Lebens-)Führungen“, so dass die Menschen in ihren je eigenen Lebensführungen auf die Führung durch eine kirchliche Macht angewiesen sind, die sich aber gerade nicht als „Repressionsmacht“ durchsetzt, sondern als Macht „pastoral“ begründet und sakramental praktiziert wird. Ihr Kennzeichen ist der „gute Hirte“, der seine Herde nicht patriarchal dominiert, sondern sie selbstlos regiert, indem er sie sammelt, leitet und führt und sich darin für sie (wachend und hütend) aufopfert, um sie – das ist entscheidend – zu „ewigem Heil“ zu erretten (vgl. dazu Foucault 1988, S. 58f.). Darauf gestützt und damit verbunden ist ein zweites Moment, das sich als Etablierung eines paradoxen Selbstverhältnisses bezeichnen lässt und als Geständnis und Beichte vor einem anderen praktiziert wird: Selbstaffirmation als Selbsterforschung und (vor allem) „Hermeneutik des Begehrens“ (Foucault) einerseits, Selbstnegation als Selbstüberwindung und Selbstopferung andererseits. In der Verknüpfung beider Momente aber vertieft sich die Macht, indem sie sich gerade nicht (bloß) als Gewalt und „Todesdrohung“ formuliert, sondern sich als stellvertretende Sorge, Verantwortung und „Lebensermöglichung“ auszugeben vermag, sich so im dafür zugänglichen, in sich selbst ja bereits differentiellen Selbstverhältnis der Menschen einnistet und dieses von innen figuriert. Gehorsam beruht daher gerade nicht auf der erzwungenen Einhaltung eines autoritären Gesetzes, sondern verwandelt sich durch den Verzicht auf jeden Eigenwillen in freiwilligen Gehorsam. Dabei beruht der „tiefgehende Bruch mit den Strukturen der antiken Gesellschaft“, der mit der „Entwicklung der ‚Pastoralmacht‘ zur Menschenführung“ (Foucault 1988, S. 59) vollzogen wird, nicht so sehr auf der Ablösung antiker Ethiken der „Selbstsorge“ durch die Etablierung einer juridisch-kodifizierten Moral und „christlichen Doktrin des Fleisches“ (Foucault 1986, S. 177), sondern vielmehr auf der Einführung einer zugleich individualisierenden wie totalisierenden Machtpraktik, die die „Seelsorge“ als spezifisch christlicher „Führung der Führungen“ markiert. Vgl. dazu ausführlicher auch Erdmann (1995), Lemke (1997) oder Steinkamp (1999).

sogenannten modernen Staats kombinierten“ (Foucault 1988, S. 62). Foucaults leidenschaftlich kritische Perspektive zielt daher nicht darauf, „das Individuum vom Staat und dessen Institutionen zu befreien, sondern uns sowohl vom Staat als auch vom Typ der Individualisierung, der mit ihm verbunden ist, zu befreien. Wir müssen neue Formen der Subjektivität zustandebringen, indem wir die Art von Individualität, die man uns jahrhundertelang auferlegt hat, zurückweisen“ (Foucault 1994, S. 250).

Identität aber nimmt in diesem modernen Dispositiv der Macht eine strategisch zentrale Rolle ein und fungiert als Matrix „par excellence“; dies sei abschließend in dreifacher Hinsicht erläutert:

(A) *„Identität“ fungiert individualisierend und totalisierend zugleich* – darauf hat Günther Buck (in gänzlich anderer Perspektive!) in seinen Überlegungen „über die Schwierigkeit der Identität, singulär zu bleiben“ (Buck 1979), unmissverständlich aufmerksam gemacht: denn nur halbiert (und insofern zu unrecht) ziele Identität als „Strebebegriff“ auf das „ganz Partikulare, das Nicht-Gemeinsame“ (ebd., S. 667) und befördere in der zumeist bloß regulativ gedachten „positive[n] Möglichkeit des Bei-sich-Seins“ (Buck 1981, S. 123) als gelingender „Übereinstimmung des Individuums mit sich selbst“ (ebd., S. 127) die Illusion einer „individuelle[n] Identität“ (ebd.) als singulärer „Individualität [und] Einzigartigkeit“ (ebd., S. 128). Buck pointiert den Modus dieser Fehleinschätzung überdeutlich und stellt ihn in den Kontext eines neuzeitlich etablierten „possessiven Individualismus“ (Mac-pherson): „Das Selbstsein, die Identität wird nämlich hier, wie in der Neuzeit überhaupt, durchaus als atomare Einzelheit, als Abgesondertheit und sogar als Absonderlichkeit aufgefasst. Sie ist, in der doppelten Bedeutung des Ausdrucks, das durchaus Aparte; Identität wird in der Neuzeit verstanden als *Apartheit*“ (ebd., S. 130). In der Kontrastierung dieses (historisch gesehen jüngsten und ungewöhnlichsten) „Identitätsmodells der Apartheit“ mit dem deutlich älteren und mächtigeren Modell der „Teilhabe am Allgemeinen“, das, „in religiöser Auffassung, sogar als Aufgehen und Verschwinden des Einzelnen im Allgemeinen Gottes“ (ebd., S. 131) ausgelegt wurde, gelingt Buck die Reinterpretation von Identität als einer gerade nicht bloß singulären, auf das Individuelle und Partikulare abstellenden Thematisierung des Selbstseins: denn lässt sich Identität nicht anders als narrativ erzeugen (vgl. ebd., S. 133f.), so sei allein im „Sich-Mitteilen“ dessen, was einem zugestoßen ist und einen insofern ausmacht, das „Ende des Aparten [...] unvermeidlich. Spätestens beim Versuch ihrer Mitteilung gerät die Singularität an ihre Grenzen“ (ebd., S. 141): nicht nur, weil Sich-Mitteilen des teilnehmenden Zuhörens bedarf und insofern immer auf (konkrete) andere bezogen ist (ebd., S. 140), sondern auch, weil sie nur „sprachlich“ möglich ist: „Allgemeines ist hier im Spiel“ (ebd., S. 140). Die Folgerungen, die Buck daraus zieht, sind bedeutsam und verschieben eingewöhnte Verständnisse von Identität: „Die Singularität der Identität löst sich also nicht dadurch auf, dass sie sich in der sprachlich vermittelten Allgemeinheit der gemeinsamen geschichtlichen Praxis unvermeidlicherweise darstellt; sie *soll* sich ausdrücklich und notwendigerweise in die Allgemeinheit des Sittlichen hineinvermitteln; sie soll sich *allgemein machen!*" (ebd., S. 142). Wie auch immer nun in Identität dieses immer schon mitgedachte „Sich-allgemein-Machen" (ebd., S. 146) impliziert ist – ob als (zumeist vormodernes und repressiv operierendes) „Sich-Einordnen in eine präexistente Allgemeinheit" (ebd., S. 146) oder als humanistisch gedachtes (produktives) „Herstellen des Allgemeinen und Gemeinsamen" (ebd., S. 147) durch die „Ausarbeitung des Kontingenten zum Exemplarischen" (ebd., S. 148), wie Buck mit Verweis auf Humboldts Theorie der Bildung erläutert, – stets markiert Identität „*kein* individuelles Selbstsein" (ebd., S. 149) allein, sondern auch einen „Horizont des Allgemeinen" (ebd., S. 148), so dass Identität verstanden werden kann als „Selbstsein in Vergleichbarkeit" (ebd.).

Dieser hier von Buck bildungstheoretisch entfaltete Zusammenhang von Individualisierung und Verallgemeinerung lässt sich aber auch machttheoretisch lesen, reklamiert doch Buck nicht etwas, was der „Identität" erst von außen angesonnen oder gar nachträglich eingefordert werden müsste; „Identität" markiert ihrerseits von Anfang an eine solche doppelte Struktur: nicht nur figurieren im nur vermeintlich singulären Bezug auf sich selbst wie auch immer geartete Vorstellungen des „Sozialen" oder „Allgemeinen" das, was als „personale Identität" ausgegeben wird; entscheidend scheint mir, dass im Begriff der Identität der unweigerliche Zusammenhang von Selbstsein und „Mit-anderen-Sein" in einer *spezifischen* Form nahegelegt wird, die – mit Buck durchaus treffend kennzeichenbar – als zunächst isolierende „Apartheit" und dann über ein (wie auch immer gedachtes) Allgemeines verbindendes „Sich-allgemein-Machen" praktiziert wird. Anders formuliert: dass Buck auf diese Verschränkung allererst hinweisen muss, macht überdeutlich, dass sie nicht als selbstverständlich angesehen wird; vielmehr impliziert Identität immer wieder Vorstellungen einer „unverbundene[n] Einzigartigkeit" oder „zusammenfassende[n] Einheit" (Benoist 1980, S. 13) und nährt damit das „Märchen der Insularität" (ebd., S. 14), indem diese Dimension des Allgemeinen, der damit (in spezifischer Form) mitgedachte Bezug zu anderen abgeblendet und dadurch im „Feld des Eigenen" umso wirksamer wird.

Dieser spezifisch neuzeitliche „modus operandi" ließe sich in vielerlei Hinsichten auch „empirisch" erhärten und fungiert als dominante Matrix in sowohl erkenntnistheoretischen als auch ethischen, sozialtheoretischen und (daraus folgend) rechtlichen Begründungsprogrammen: als (analytische) Reduktion des Ganzen auf nicht weiter teilbare Elemente (Individuum) und daraus folgende (synthetische) Konstruktion des

Ganzen nach Kriterien eines Allgemeinen.[26] Immer aber funktioniert das eine nur im anderen, indem die eine Seite dieses Duals (als problematische Reduktion bzw. Konstruktion) jeweils abgeschattet wird. In dieser Operation einer Zerlegung und Separierung wie Neuzusammensetzung und Verallgemeinerung aber wandelt sich Sozialität von einem Netz (in Relationen praktizierter) Differenzen in ein aus Einzelelementen zusammengesetztes Gefüge – und verändert damit seine Struktur.

Eng damit verknüpft ist ein zweites Moment:

(B) *Identität provoziert eine normalisierte „Innerlichkeit"* – das legen Foucaults vielfältige Arbeiten zur modernen Disziplinarmacht eindringlich nahe. Entlang der These – „Im Abendland ist der Mensch ein Geständnistier geworden" (Foucault 1977, S. 77) – analysiert Foucault dabei verschiedene Muster der „Fabrikation von Subjektivität" durch Etablierung eines Zwangs zur Selbstbeobachtung: sei es als disziplinierende Unterwerfung der Individuen in (auch architektonisch arrangierten) Feldern der Beobachtung – wie dies Foucault für Gefängnisse, Militär, Kliniken und Schulen nachweist (vgl. Foucault 1976) –, sei es als Zwang zur Selbstpräsentation in vielfältigen Prüf- und Geständnispraktiken (vgl. Foucault 1977). Immer zielen diese Praktiken dabei auf die Etablierung eines spezifisch strukturierten Selbstverhältnisses (und nicht auf dessen „Fabrikation" oder „Produktion" überhaupt, wie Foucault durchaus häufig nahegelegt hat), das zum einen der (allemal pädagogisch als notwendig ausgegebenen) „Führung" durch andere untergeordnet ist und nur so als möglich behauptet wird, zum anderen immer „vor anderen" eingenommen und ausgebreitet wird und insofern den Blick der anderen als Blick auf sich selbst längst ver-„innerlicht" hat (vgl. dazu auch Meyer-Drawe 1996). „Normalisierung" meint dabei – auch als Effekt vorweggenommener Verallgemeinerbarkeit – die Konstitution der Identität durch Ausschluss dessen, was als „abnorm" und „nicht normal" gilt; erst in dieser Justierung aber lässt sich unterscheiden zwischen „Licht" und „Schatten" des „Eigensten", zwischen dem, was sich „gehört" und dem, was verschwiegen wird, weil es „unerhört" ist. Das moderne Geständnis – als Beichte ebenso wie als Selbstbekenntnis – erpresst gerade nicht die verborgene Wahrheit durch Zwang oder gar Folter, sondern situiert Aufrichtigkeit und Authentizität als (immer auch unaufrichtigen) Formen sozial akzeptabler Kommunikation und reizt zu vielfältigen neuen Diskursen über Identität an. Auch hier besteht die „List der Macht" darin, dass sie Befreiung suggeriert, wo „subjektivierende Unterwerfung" (frz. „assujetissement" [vgl.

---

26 Dieses Muster ließe sich umstandslos als durchgängige Struktur in – exemplarisch – Hobbes' Überlegungen zum Gesellschaftsvertrag wie auch Kants theoretischer wie praktischer Vernunftkritik nachweisen. Vgl. dazu auch Foucault (1999, S. 101-114; zu Hobbes) wie auch Foucault (1992, S. 15-20; zu Kant).

Foucault 1976, S. 238]) stattfindet, und die Macht im „Terror der Intimität" (Sennett) selbst unsichtbar bleibt.

Damit aber wird nicht jedes „Sich-Mitteilen" als Geständnis und „subjektivierende Unterwerfung" markiert; vielmehr geht es darum, unverzichtbare „Selbstrepräsentation" (Kristeva)[27] von „Geständnisverführungszwang" zu unterscheiden und in diesen figurierende Kontexte als Matritzen der „Führung von Führungen" namhaft machen zu können. Erst wenn „Intimität" als spezifischer Modus der Kommunikation *allgemein* etabliert ist, so dass das, worum es geht, aus der eigenen Innerlichkeit heraus begründet werden *muss*, lässt sich sinnvoll von „Geständniszwang" sprechen. Entscheidend dabei ist dann aber die Weise, wie sich mitgeteilt wird: als „Jemand" gegeben zu sein, der quasi-archimedisch fungiert und anderes sich subsumiert – kurz: der weiß, was er will, zeigt, was er kann, und will, was er ist. In solcher Normalisierung aber fungiert Identität an wiederum zentraler Position und vermittelt *in sich* heterogene soziale Erwartungen und Erwartungserwartungen sowie Individualitätsmarkierungen zu einer „Phantom-Normalität" und „Phantom-Individualität" (Goffman), hinter denen gerade kein mit sich identisches Ich sich zum Vorschein bringen lässt.

(C) *Identität figuriert Subjektivität als ein paradoxes Selbstverhältnis* – so ließe sich nun ein letztes Moment zuspitzen und der begonnene identitätskritische Gedankengang abschließen. Lässt sich – die bisherigen Überlegungen aufnehmend – Sub-

27 In ihren Überlegungen zu den „neuen Leiden der Seele" (1994) betont Kristeva die Dringlichkeit, die eigenen Erfahrungen zu „repräsentieren"; ausgehend von der Beobachtung – „Die von Stress bedrängten Männer und Frauen von heute haben es eilig, zu gewinnen und zu verteilen, zu genießen und zu sterben, und ersparen sich jene Repräsentation ihrer Erfahrung, die man psychisches Leben nennt. [...] Man hat weder die nötige Zeit noch den nötigen Raum, um sich eine Seele zu bilden" (Kristeva 1994, S. 13f.) – analysiert sie dabei zunehmende Formen der „psychischen Stummheit" (ebd., S. 15) und der „Stereotypisierung" der Seele als Tendenzen der „Aufhebung des Ich": „das psychische Leben ist blockiert, gehemmt, es stirbt. Die Vorteile dieser Einstellung sind allerdings nur zu offenkundig. Mehr noch als eine Bequemlichkeit oder eine neue Variante des ‚Opiums für das Volk' nimmt diese Veränderung des psychischen Lebens vielleicht eine neue Menschheit vorweg, die [...] die metaphysische Beunruhigung des Menschen und seine Sorge um den Sinn überwinden wird" (ebd., S. 15). Entlang zweier Herausforderungen – „Pille oder Sprechen" und dem „Wunsch, nicht zu wissen" (ebd., S. 38f.) – plädiert sie dafür, „(s)eine Geschichte zu sprechen" (ebd., S. 54) – auch und gerade, wenn und weil sie nicht verfügbar und fertig erzählbar ist: „Denn es trifft zu, dass das Leben des sprechenden Wesens mit und ausgehend von dem psychischen Leben beginnt und erlischt, für das das Sprechen die Achse einer heterogenen Dynamik ist" (ebd.). „Selbst-Repräsentation" ist aber weder die nachträgliche Repräsentation eines (vorgängigen) Selbst noch die Herstellung einer Übereinstimmung mit sich als Selbigkeit, sondern – als „Sprachhandlung" (ebd., S. 38) – eine narrative Gestaltung des inneren „Zwiespalts" (Lacan).

jektivität als ein weder auf anderes rückführbares (insofern nicht hintergehbares) noch allein in sich selbst gründendes (insofern nicht ursprüngliches) Selbstverhältnis verstehen, so ist machttheoretisch weniger dessen „Produktion" und „Fabrikation" überhaupt, sondern dessen jeweilige Figuration bedeutsam. Identität aber kennzeichnet eine in sich selbst paradoxe Form dieses Sich-zu-sich-Verhaltens, indem in ihr Selbstaffirmation und Selbstnegation ineinander verknüpft sind: was einerseits als affirmative Zuwendung und Achtung subjektiver Selbstdeutungen gelten kann, so dass die Frage, wer denn jemand sei, sich gerade nicht nur durch fremdreferentielle Kennzeichnungen beantworten lässt, sondern Geschichten der „eigenen Art" verlangt, muss andererseits als subtile Form der Selbstnegation und „Selbstüberwindung" gelesen werden. Dieser Aspekt sei erläutert: mit Identität – so die vorangegangenen Überlegungen zur differentiellen Struktur menschlicher Selbstverhältnisse – wird eine hierarchische Form von Subjektivität etabliert, indem die verschiedentlichen, weder ineinander noch miteinander auflösbaren Differenzen (zu mir selbst, zu anderen als Anderen wie zur Welt überhaupt) in ein Gefälle gebracht werden, so dass der eine Pol als (mindestens regulativ gedachte) „Vollform", der andere als (praktisch aufzuhebende) „Schwundform" des Menschlichen gedacht wird, und beide zu einem unabschließbaren Prozess zwischen „Noch-nicht" und „Aber-dann" verzeitlicht werden. Identität suggeriert eine für möglich gehaltene Anwesenheit und Fülle des Selbstseins, die nicht nur nicht erreichbar ist, sondern genau darin Abwesenheit wie Entzogenheit nur als Mangel spürbar und für Surrogate empfänglich macht; in dieser Schieflage aber gerät das Individuum in einen unbarmherzigen Prozess gegen sich selbst, sich selbst zugunsten seiner selbst zu negieren und überwinden zu wollen – ein Prozess, den nur die gesellschaftlich Erfolgreichen als unproblematisch zu kennzeichnen in der Lage sind. Konkreter: die Erfahrung, dass ich mir gegeben wie aufgegeben bin, wird der eher verstörenden Erfahrung, dass ich mir ebenso entzogen bin und daher nur aporetisch aufgegeben sein kann, übergeordnet, so dass das erste als Ziel anvisiert, das zweite aber als Mangel und Provisorium ausgeschlossen wird und erst von dort seine „bildnerische Kraft" (Lacan) entfalten kann; ähnliches gilt auch sozial: die Erfahrung, dass ich durch andere nicht vertretbar bin und *mein* Leben selbst leben muss, wird der Erfahrung, darin (!) auf andere bezogen und von anderen elementar abhängig zu sein, (mindestens tendentiell) vorgeordnet, so dass eher Unabhängigkeit und Selbständigkeit denn Abhängigkeit und Angewiesenheit gesellschaftlich belohnt und (auch) je nach Geschlecht zugeteilt bzw. delegiert werden. Schließlich: die Erfahrung, weltgestalterisch handeln und damit Möglichkeitsbedingungen allererst ermöglichen zu können, wird gegen die Erfahrung, der Natur unterworfen und ausgeliefert, gar selbst Natur zu sein, gekehrt und im „Jargon des Machbaren" eindeutig (über-)bewertet.

Diese jeweiligen Gewichtungen aber sind auch Folge des Primats der Selbigkeit über die Erfahrung der Selbstheit, so dass Gegebenheit statt Entzogenheit, Eindeutigkeit statt Zweideutigkeit und Zwiespältigkeit wie Vertrautheit statt Fremdheit und Handeln statt Widerfahrnis das Feld der „Identitätsarbeit" dominieren und allererst zwischen Stärken und Schwächen unterscheiden lassen. Transparenz und nicht Intransparenz, Selbstvertrautheit und nicht Selbstverfehlung, Positionalität und nicht Exzentrik (Plessner) – so ließe sich die „Signatur von Identität" (Meyer-Drawe) buchstabieren, die auch durch noch so aufwendige Erläuterungszusätze nicht eine andere wird. Die darin jeweilig abgewerteten Momente der Entzogenheit, Leere, Abhängigkeit wie Angewiesenheit aber fungieren als „Felder der Macht", weil „Ausstieg" möglich wie dringlich suggeriert wird: weil Identität Stabilität wie Zugehörigkeit, Orientierung wie Verlässlichkeit verspricht und damit deren jeweiligen Komplemente der Vergänglichkeit, Fremdheit und Unsicherheit verharmlost oder gar unterschlägt, kann mit ihnen jeweilig „Politik" gemacht werden – sei es als Wohlstands- und Konsumideologie oder Fortschritts- und Flexibilitätsideologie.

Identität aber scheint mir gerade nicht tauglich, die jeweiligen Komplemente (nicht bloß dual, sondern relational) aufzunehmen (vgl. Straub 1998, S. 80), soll nicht unter der Hand der Begriff der Identität nahezu ausgehöhlt[28] und damit verschwiegen werden, dass eine solche Neuperspektivierung auch eine veränderte Denkform nach sich zieht; die modisch gewordene „Dualität ‚Identität vs. Nichtidentisches'" (Straub 1998, S. 80) ist in der Tat eine nur schiefe Alternative, der auch durch Überordnung von Identität zum Oberbegriff dieser Relation nicht entkommen werden kann.

Jemand zu sein verspricht, nicht Niemand zu sein; aber nicht Jemand sein zu können bedroht, doch Niemand zu sein. In dieser polaren Dualität der Identität aber haben Differenzen, die als Relationen nur „dilettantisch" gehandhabt werden können, nur wenig Platz. Vielleicht aber böte eine differenztheoretische und damit relationale Perspektive, in der das Individuum als endliche – zeitlich befristete wie mit anderen verbundene, auf sie angewiesene wie diese bedingende – Subjektivität erläutert würde, eine Möglichkeit, sich von diesen modern eingewöhnten Mustern einer mit sich identischen „Individualität" zu lösen. Dies aber hieße, den eigenen Brüchen mehr Gewicht zu geben und uns darin einander als Menschen (an)zuerkennen: „mein Herz weiß, dass ich nicht niemand bin, antwortet aber mit dem bekannten kleinen Stich" (Christensen 1998, S. 29).

28 Diese Tendenz scheint gegenwärtig für aussichtsreich gehalten zu werden und ließe sich analog zur Frage, wie viel Diskontinuität Kontinuität verträgt, ohne entweder aporetisch oder gar sinnlos zu werden (vgl. dazu Wagner 1998, S. 67), auch auf andere Kriterien von Identität wie diese selbst beziehen. Die Neigung, unter die(se) jeweiligen Begriffe auch deren Gegenbegriffe zu subsumieren, entspricht dabei der Dominanz des Identitätsbegriffs, zugleich als Moment des Duals wie als dessen Oberbegriff fungieren zu sollen.

Literatur

Adelung, Johann Christoph (1990): Grammatisch-kritisches Wörterbuch der hochdeutschen Mundart mit beständiger Vergleichung der übrigen Mundarten, besonders aber der oberdeutschen. Hildesheim u. a.: Olms (Original Leipzig 1793-1801).

Adorno, Theodor W. (1966): Negative Dialektik. Frankfurt a. M.: Suhrkamp.

Aristoteles (1919): Topik. Übers. von Eugen Rolfes. Leipzig: Meiner.

Aristoteles (1995): Metaphysik. Übers. von Hermann Bonitz, bearb. von Horst Seidl. Philosophische Schriften in sechs Bänden. Band 5. Hamburg: Meiner.

Benoist, Jean-Marie (1980): Facetten der Identität. In: ders. (Hg.): Identität. Ein interdisziplinäres Seminar unter der Leitung von Claude Lévi-Strauss. Stuttgart: Klett, S. 11-21 (französisches Original 1977).

Buck, Günther (1979): Über die Schwierigkeit der Identität, singulär zu bleiben. In: Odo Marquard und Karlheinz Stierle (Hg.): Identität. Poetik und Hermeneutik VIII. München: Fink, S. 665-669.

Buck, Günther (1981): Identität und Bildung. In: ders.: Hermeneutik und Bildung. Elemente einer verstehenden Bildungslehre. München: Fink, S. 123-153.

Cassidy, David C. (1992): Werner Heisenberg und das Unbestimmtheitsprinzip. In: Spektrum der Wissenschaft, Juli 1992, S. 92-99.

Christensen, Inger (1998): Das Schmetterlingstal – ein Requiem. Sommerfugledalen et requiem. Frankfurt a. M.: Suhrkamp.

de Levita, David (1971): Der Begriff der Identität. Frankfurt a. M.: Suhrkamp (Original 1965).

Der Brockhaus multimedial 2001 Premium. Mannheim: Brockhaus (2000).

Der Große Herder. Nachschlagewerk für Wissen und Leben. 4., völlig neu bearb. Auflage von Herders Konversationslexikon. Freiburg: Herder (1931-1935).

Dubiel, Helmut (1976): Ich-Identität. In: Historisches Wörterbuch der Philosophie. Band 4. Basel, Darmstadt: Schwab, Wissenschaftliche Buchgesellschaft, S. 148-151.

Erdmann, Eva (1995): Die Macht unserer Kirchenväter. Über die „Geständnisse des Fleisches". In: Wege zum Menschen 47, S. 53-60.

Erikson, Erik H. (1966): Identität und Lebenszyklus. Frankfurt a. M.: Suhrkamp (Original 1959).

Erikson, Erik H. (1975): Dimensionen einer neuen Identität. Frankfurt a. M.: Suhrkamp (Original 1974).

Erikson, Erik H. (1989): Lebenszyklen. In: Psychologie heute: Das Ich im Lebenslauf: Lebensphasen. Weinheim, Basel: Beltz, S. 107-126.

Foucault, Michel (1976): Überwachen und Strafen. Die Geburt des Gefängnisses. Frankfurt a. M.: Suhrkamp (Original 1975).

Foucault, Michel (1977): Sexualität und Wahrheit. Band 1: Der Wille zum Wissen. Frankfurt a. M.: Suhrkamp (Original 1976).

Foucault, Michel (1986): Sexualität und Wahrheit. Band 2: Der Gebrauch der Lüste. Frankfurt a. M.: Suhrkamp (Original 1984).

Foucault, Michel (1988): Omnes et Singulatim: Für eine Kritik der Politischen Vernunft (Original 1979). In: Lettre international 1, S. 58-66.

Foucault, Michel (1992): Was ist Kritik? Berlin: Merve (Original 1978).

Foucault, Michel (1994): Das Subjekt und die Macht (Original 1982). In: Hubert L. Dreyfus und Paul Rabinow (Hg.): Michel Foucault. Jenseits von Strukturalismus und Hermeneutik. 2. Auflage. Weinheim: Beltz, S. 241-261.

Foucault, Michel (1999): In Verteidigung der Gesellschaft. Vorlesungen am Collège de France (1975-1976). Frankfurt a. M.: Suhrkamp (Original 1996).

Gamm, Gerhard (1994): Flucht aus der Kategorie. Die Positivierung des Unbestimmten. Frankfurt a. M.: Suhrkamp.

Goffman, Erving (1967): Stigma. Über Techniken der Bewältigung beschädigter Identität. Frankfurt a. M.: Suhrkamp (Original 1963).

Goffman, Erving (1977): Rahmen-Analyse. Ein Versuch über die Organisation von Alltagserfahrung. Frankfurt a. M.: Suhrkamp (Original 1974).

Grimm, Jacob und Wilhelm Grimm (1984): Deutsches Wörterbuch. Photomechanischer Nachdruck. München: Deutscher Taschenbuch Verlag (Original Leipzig 1854-1956).

Gustafsson, Lars (1989): Das seltsame Tier aus dem hohen Norden und andere Merkwürdigkeiten. München, Wien: Hanser.

Habermas, Jürgen (1976): Moralentwicklung und Ich-Identität. In: ders.: Zur Rekonstruktion des historischen Materialismus. Frankfurt a. M.: Suhrkamp, S. 63-91.

Heidegger, Martin (1957): Identität und Differenz. Stuttgart: Neske.

Henrich, Dieter (1979): Identität – Begriffe, Probleme, Grenzen. In: Odo Marquard und Karlheinz Stierle (Hg.): Identität. Poetik und Hermeneutik VIII. München: Fink, S. 133-186.

Hobbes, Thomas (1967): Vom Körper. Elemente der Philosophie I. Übers. von Max Frischeisen-Köhler. Hamburg: Meiner (Original 1655).

Honnefelder, Ludger (1996): Art. Identität. In: Lexikon für Theologie und Kirche. Band 5. 3. Auflage. Freiburg: Herder, S. 397-399.

Hume, David (1978): Über den Verstand. In: ders.: Ein Traktat über die menschliche Natur. Übers. von Theodor Lipps. Band 1. Hamburg: Meiner (Original 1739/1740).

Kant, Immanuel (1956a): Kritik der reinen Vernunft (Original 1781/1787). Werke. Hg. von Wilhelm Weischedel. Band 2. Wiesbaden: Insel Verlag.

Kant, Immanuel (1956b): Die Metaphysik der Sitten (Original 1797/1798). Werke. Hg. von Wilhelm Weischedel. Band 4. Wiesbaden: Insel Verlag.

Keupp, Heiner (1989): Auf der Suche nach der verlorenen Identität. In: ders. und Helga Bilden (Hg.): Verunsicherungen. Das Subjekt im gesellschaftlichen Wandel – Münchener Beiträge zur Sozialpsychologie. Göttingen, Toronto, Zürich: Hogrefe, S. 47-69.

Keupp, Heiner (1996): Bedrohte und befreite Identitäten in der Risikogesellschaft. In: Annette Barkhaus, Matthias Mayer, Neil Roughley u. a. (Hg.): Identität Leiblichkeit Normativität. Neue Horizonte anthropologischen Denkens. Frankfurt a. M.: Suhrkamp, S. 380-403.

Keupp, Heiner, Thomas Ahbe, Wolfgang Gmür u. a. (1999): Identitätskonstruktionen. Das Patchwork der Identitäten in der Spätmoderne. Reinbek: Rowohlt.

Kierkegaard, Søren (1992): Die Krankheit zum Tode. Eine christliche psychologische Erörterung zur Erbauung und Erweckung von Anti-Climacus. Gütersloh: Mohn (Original 1849 „Sygdommen til Døden“).

Kimmerle, Heinz (2000): Philosophien der Differenz. Eine Einführung. Würzburg: Königshausen & Neumann.

Krappmann, Lothar (1969): Soziologische Dimensionen der Identität. Strukturelle Bedingungen für die Teilnahme an Interaktionsprozessen. Stuttgart: Klett.
Krappmann, Lothar (1979): Identität in Interaktion und Sozialisation. Unter welchen Bedingungen können Menschen als identische Subjekte handeln? In: Günther Stachel (Hg.): Sozialisation – Identitätsfindung – Glaubensentwicklung. Zürich, Köln: Einsiedeln und Benziger, S. 147-152.
Kristeva, Julia (1994): Die neuen Leiden der Seele. Hamburg: Junius (Original 1993).
Lacan, Jacques (1973): Das Spiegelstadium als Bildner der Ichfunktion (Original 1949). In: ders.: Schriften I. Hg. von Norbert Haas. Freiburg: Olten, S. 61-70.
Lemke, Thomas (1997): Kritik der politischen Vernunft. Foucaults Analyse der modernen Gouvernementalität. Hamburg: Argument.
Liebsch, Burkhard (1999): Fragen nach dem Selbst – im Zeichen des Anderen. In: ders. (Hg.): Hermeneutik des Selbst – im Zeichen des Anderen. Zur Philosophie Paul Ricœurs. Freiburg, München: Alber, S. 11-43.
Locke, John (2000): Versuch über den menschlichen Verstand. Band 1. Hamburg: Meiner (Original 1689).
Lorenz, Kuno (1976): Art. Identität (II.). In: Historisches Wörterbuch der Philosophie. Band 4. Basel, Darmstadt: Schwab, Wissenschaftliche Buchgesellschaft, S. 144-148.
Luhmann, Niklas (1984): Soziale Systeme. Grundriß einer allgemeinen Theorie. Frankfurt a. M.: Suhrkamp.
Luhmann, Niklas (1989): Individuum, Individualität, Individualismus. In: ders.: Gesellschaftsstruktur und Semantik. Studien zur Wissensoziologie der modernen Gesellschaft. Band 3. Frankfurt a. M.: Suhrkamp, S. 149-208.
Mead, George Herbert (1962): Mind, Self, and Society from the Standpoint of a Social Behaviorist. Hg. von Charles W. Morris. Chicago, London: The University of Chicago Press (Original 1934).
Mead, George Herbert (1968): Geist, Identität und Gesellschaft aus der Sicht des Sozialbehaviorismus. Frankfurt a. M.: Suhrkamp.
Meyer-Drawe, Käte (1990): Illusionen von Autonomie. Diesseits von Ohnmacht und Allmacht des Ich. München: Kirchheim.
Meyer-Drawe, Käte (1996): Versuch einer Archäologie des pädagogischen Blicks. In: Zeitschrift für Pädagogik 42, S. 655-664.
Meyer-Drawe, Käte (1998): Streitfall „Autonomie“. Aktualität, Geschichte und Systematik einer modernen Selbstbeschreibung von Menschen. In: Jahrbuch für Bildungs- und Erziehungsphilosophie: Frage nach dem Menschen in der umstrittenen Moderne 1, S. 31-49.
Meyer-Drawe, Käte (2000): Bildung und Identität. In: Wolfgang Eßbach (Hg.): wir / ihr / sie. Identität und Alterität in Theorie und Methode. Würzburg: Ergon, S. 139-150.
Meyer-Drawe, Käte und Bernhard Waldenfels (1988): Das Kind als Fremder. In: Vierteljahresschrift für wissenschaftliche Pädagogik 64, S. 271-287.
Platon (1974): Symposion. In: ders.: Werke. Band 3. Hg. von Gunther Eigler. Darmstadt: Wissenschaftliche Buchgesellschaft, S. 209-393.
Pörksen, Uwe (1988): Plastikwörter. Die Sprache einer internationalen Diktatur. Stuttgart: Klett.
Ricken, Norbert (1999a): Subjektivität und Kontingenz. Markierungen im pädagogischen Diskurs. Würzburg: Königshausen & Neumann.

Ricken, Norbert (1999b): Subjektivität und Kontingenz. Pädagogische Anmerkungen zum Diskurs menschlicher Selbstbeschreibungen. In: Vierteljahresschrift für wissenschaftliche Pädagogik 75, S. 208-237.

Ricken, Norbert (2000a): „Aber hier, wie überhaupt, kommt es anders, als man glaubt". Kontingenz als pädagogisches Problem. In: Jan Masschelein, Jörg Ruhloff und Alfred Schäfer (Hg.): Erziehungsphilosophie im Umbruch. Beiträge zur Neufassung des Erziehungsbegriffs. Weinheim: Deutscher Studien Verlag, S. 25-45.

Ricken, Norbert (2000b): In den Kulissen der Macht: Anthropologische Konzepte als figurierende Kontexte pädagogischer Praktiken. In: Vierteljahresschrift für wissenschaftliche Pädagogik 76, S. 425-454.

Ricœur, Paul (1996): Das Selbst als ein Anderer. München: Fink (Original 1990).

Schäfer, Alfred (2000): Vermittlung und Alterität. Zur Problematik von Sozialisationstheorien. Opladen: Leske & Budrich.

Schenk, Günter (1990): Art. Identität. In: Europäische Enzyklopädie zu Philosophie und Wissenschaften. Band 2. Hamburg: Meiner, S. 611-616.

Steinkamp, Hermann (1999): Die sanfte Macht der Hirten. Die Bedeutung Michel Foucaults für die Praktische Theologie. Mainz: Grünewald.

Straub, Jürgen (1991): Identitätstheorie im Übergang? Über Identitätsforschung, den Begriff der Identität und die zunehmende Beachtung des Nicht-Identischen in subjekttheoretischen Diskursen. In: Sozialwissenschaftliche Literarurrundschau 23, S. 49-71.

Straub, Jürgen (1998): Personale und kollektive Identität. Zur Analyse eines theoretischen Begriffs. In: Aleida Assmann und Heidrun Friese (Hg.): Identitäten. Erinnerung, Identität, Geschichte 3. Frankfurt a. M.: Suhrkamp, S. 73-104.

Straub, Jürgen (2000): Identitätstheorie, empirische Identitätsforschung und die „postmoderne" armchair psychology. In: Zeitschrift für qualitative Bildungs-, Beratungs- und Sozialforschung 1, S. 167-194.

Stross, Annette M. (1991): Ich-Identität. Zwischen Fiktion und Konstruktion. Berlin: Reimer.

Taylor, Charles (1996): Quellen des Selbst. Die Entstehung der neuzeitlichen Identität. Frankfurt a. M.: Suhrkamp (Original 1989).

Wagner, Peter (1998): Fest-Stellungen. Beobachtungen zur sozialwissenschaftlichen Diskussion über Identität. In: Aleida Assmann und Heidrun Friese (Hg.): Identitäten. Erinnerung, Identität, Geschichte 3. Frankfurt a. M.: Suhrkamp, S. 44-72.

Welsch, Wolfgang (1990): Identität im Übergang. Philosophische Überlegungen zur strukturellen Affinität von Kunst, Psychiatrie und Gesellschaft. In: Otto Benkert und Peter Gorsen (Hg.): Von Chaos und Ordnung der Seele. Ein interdisziplinärer Dialog über Psychiatrie und Kunst. Berlin u. a.: Springer, S. 91-106.

Welsch, Wolfgang (1993): „ICH ist ein anderer". Auf dem Weg zum pluralen Subjekt? In: Dieter Reigber (Hg.): Frauen-Welten. Marketing in der postmodernen Gesellschaft – ein interdisziplinäres Forschungsansatz. Düsseldorf u. a.: Econ, S. 282-318.

Welsch, Wolfgang (1996): Vernunft. Die zeitgenössische Vernunftkritik und das Konzept der transversalen Vernunft. Frankfurt a. M.: Suhrkamp.

Wosnessenskij, Andrej (1991): Selbstabschweifung (Original 1963). In: Harald Hartung (Hg.): Luftfracht. Internationale Poesie 1940-1990. Frankfurt a. M.: Eichborn, S. 242.

Zedler, Johann Heinrich (1961-1964): Grosses vollständiges Universal-Lexicon aller Wissenschaften und Künste, welche bißhero durch menschlichen Verstand und Witz erfunden und verbessert worden. Photomechanischer Nachdruck. Graz: Akademische Druck- und Verlagsanstalt (Original Halle 1732-1754).

Das exzentrische Selbst

Käte Meyer-Drawe

„Ich tauche aus dem Schlaf auf, als hätte es mich nie gegeben. Nur eine dubiose Kleinigkeit hindert mich daran, dieser Neuling des Daseins zu sein. Es gibt Umstände, Umgebung, Dinge, die nicht dazu passen wollen, daß ich unter ihnen erstmals zutage träte. Ich kenne sie, sie kennen mich. Deshalb hat es seinen Sinn, daß die anderen mich begrüßen wie ich sie, wenn wir uns am Morgen oder im Laufe des Tages begegnen. Dazu muß man nur in einem allerweitesten Sinne dazugehören, keineswegs besondere Intimität besitzen: Die Normalität des Schon-Dage-wesenen bedarf der Zeugenschaft für ein Wesen, das so tief schlafen kann wie der Mensch, daß sein Anschluß an sein gelebtes ‚Vorleben' ihm nicht selbstverständlich ist."
(Hans Blumenberg: Realität ist das selbe und doch nie gleiche, zu dem man zurückkommt)

„Alles kann ich, nur nicht mich selbst überspringen, nur nicht hinter mich tauchen. Ich bin von Anfang an und unwiderruflich, der ich bin, geworfen in den, der ich bin, und das hindert mich für alle Zeiten daran, ein anderer, der mich sähe, zu sein."
(Georges-Arthur Goldschmidt: Der bestrafte Narziß)

1.

Falls es denn einmal möglich sein sollte, Menschen zu klonen, was meint dann ihr Selbst?[1] Wenn im Rahmen reproduktionsmedizinischer Eingriffe Menschen nach und nach in eine Art Schiff des Theseus verwandelt werden, bei dessen Ausbesserungen das Problem entsteht, mit welcher ausgetauschten Planke ein neues Schiff beginnt,[2] wo endet das Selbst? Transmutiert der Mensch zu einem Androiden, der sich zwar *von selbst* bewegt, aber ohne Selbst? Wenn Hirnsubstanz transplantiert wird, was bedeutet dann das Selbst, da bereits die Übertragung des fremden Herzens, dieses buchstäblichen Eindringlings, nicht unerhebliche Probleme in Bezug auf Selbstver-

---

1 Zur Bedeutung dieser gentechnologischen Praktiken für die Auffassung menschlicher Identität vgl. Gronemeyer (1998, S. 54ff.) und Kalka (1997, S. 1ff.).

2 Stanisław Lem hat diese Problematik auf sehr scharfsinnige Weise zum Thema seiner Erzählung: Gibt es Sie, Mister John? (1976, S. 283ff.) und seines Hörspiels „Schichttorte" (1980, S. 247ff.) gemacht. Vgl. in diesem Zusammenhang Meyer-Drawe (2000a, S. 25ff.).

ständnisse aufwirft?[3] Wenn wir uns im Internet in Form digitaler Masken „Selbste" erfinden, heißt das nicht, dass unser Selbst auch ansonsten nichts anderes ist als eine Konstruktion, die luftig über unserem gelebten Leib schwebt? Ist gar die „multiple Persönlichkeit" Normalität?

Mit anderen Bestimmungen des Menschen wie mit seinem Tod und seinem Leben hat das Selbst seine lebensweltliche Evidenz längst eingebüßt, zumal politische und gesellschaftliche Entwicklungen die Funktionalität des Einzelnen zu Ungunsten seiner Unverwechselbarkeit favorisieren. „Allgemein ist das Individuum nicht bloß das biologische Substrat, sondern zugleich die Reflexionsform des gesellschaftlichen Prozesses, und sein Bewußtsein von sich selbst als einem an sich Seienden jener Schein, dessen es zur Steigerung der Leistungsfähigkeit bedarf, während der Individuierte in der modernen Wirtschaft als bloßer Agent des Wertgesetzes fungiert" (Adorno 1980, S. 259). Als Adorno dies notierte, konnte er nicht ahnen, dass eines Tages menschliches Sein als Effekt und in der Perspektive der Biopolitik als ein Zellhaufen in der Petrischale thematisiert, erforscht oder behandelt und Identität mit dem Immunsystem gleichgesetzt wird.[4] Das Selbst – so wird zudem im Buch des Körpers gelesen – ist lediglich eine genetische Information. Dennoch sah Adorno eine Enteignung kommen, welcher sich das moderne Subjekt zunächst eilfertig entgegenwarf, um in dieser Objektivierung schließlich zu verschwinden: „Das Ich nimmt den ganzen Menschen als seine Apparatur bewußt in den Dienst. Bei dieser Umorganisation gibt das Ich als Betriebsleiter so viel von sich an das Ich als Betriebsmittel ab, dass es ganz abstrakt, bloßer Bezugspunkt wird: Selbsterhaltung ohne Selbst" (Adorno 1980, S. 261).

Nicht nur angesichts der Tragweite dieser Fragen erscheint es heute als nahezu aussichtsloses Unterfangen, den vielen Texten zum Thema *Selbst* noch einen weiteren hinzuzufügen. Auch die Rolle der Selbstthematisierungen in der lebensweltlichen Erfahrung entzieht sich einer letzten Systematik. Nach dem Selbst wird in eigens dafür inszenierten Veranstaltungen gesucht. Dabei hat der erlebte Selbstverlust sehr

---

3 Einen eindrücklichen Erfahrungsbericht liefert Nancy (2000). Er fragt: „Wie wird man für sich selber etwas, das man sich vorstellt? Wie wird man für sich selber eine Zusammensetzung von Funktionen? Und wohin verschwindet die mächtige und stumme Selbstverständlichkeit, die einst alles zusammenhielt?" (Ebd., S. 15)

4 Vgl. die bedenkenswerte Analyse von Haraway (1996, S. 307ff.), die zeigt, dass zeitgemäße Selbstauffassungen nicht mehr dem Muster der Befehlszentrale folgen wie die neuzeitliche Subjektkonzeption, sondern Netzstrukturen, die sich im Kampf gegen das Fremde aufrechterhalten. Hier treffen sich ihre Überlegungen mit denen von Nancy, welcher die Identität des Immunsystems als „physiologische Signatur" in den Blick nimmt und nach seiner Herztransplantation fragt, ob er nun nicht zwei rivalisierende Identitäten (Immunsysteme) besitzt; vgl. Nancy (2000, S. 33).

unterschiedliche Gründe. Er kann auf die eigene Lebensgeschichte zurückgehen, aber auch auf das zunehmende Bewusstsein unlöslicher Verwicklungen von Individuierungs- und Vergesellschaftungsprozessen, die vor allem durch Globalisierungstendenzen und dichte Mediennetze gestützt werden. Die Normalität der Empfindung des Selbstverlusts sollte man nicht unterschätzen. Sie verbindet sich mit dem Modell einer Selbstsuche, die sich auf ein hinter den Verschüttungen liegendes unversehrtes inneres Zentrum richtet. Oft ohne bemerkt zu werden, fungiert hier eine alte Vorstellung, nach der Menschen früher verdächtigt wurden, von Gott abgefallen zu sein, ihre wahre Mitte aufgrund ihres sündhaften Lebens zu verfehlen. Die wahre Mitte wird längst nicht mehr für alle von Gott gebildet. An seiner Stelle hat sich in der Moderne ein Selbst etabliert, das sich als eigentümliche Quelle allen Sinns, als Stifterfigur ohne Konkurrenz vermeint. Die Sehnsucht nach dem eigenen Selbst hat in diesem Sinne immer etwas Nostalgisches, Melancholisches. Sie konserviert ein Muster, in dem das Authentische im Zentrum ruht und lediglich durch Ballast überhäuft und verschleiert ist. Dieser Kern verheißt Echtheit und Einzigartigkeit. Auf dem Irrweg dahin bieten viele ihre Hilfe an und profitieren von dieser kultischen Verkennung. So bekennen sich Menschen in den Medien zu ihrem „wahrhaftigen Selbst", indem sie es als Antwort auf mitunter inquisitorische Fragen hervorbringen.

In wissenschaftlichen und philosophischen Abhandlungen ist man sich beinahe darüber einig, dass das Selbst kein Substrat ist, bei dem die Suche enden könnte und das auch ohne sie existierte. Dabei ist die Literatur zum Thema *Selbst* in einem unüberschaubaren Maße gewachsen. Vor allem die Auseinandersetzungen mit Ricœurs Philosophie,[5] aber auch mit Taylors Erforschungen der „Quellen des Selbst" (vgl. Taylor 1989) wägen Möglichkeiten und Grenzen der Rede über das Selbst sowohl in historischer als auch in systematischer Perspektive ab. Zudem wuchert unter den Stichworten *Selbst*, *Identität*, *Subjekt*, *Person*, *Ich* und *Individuum* ein Themendickicht, das kaum zu lichten ist. Bereits der Titel, der über den folgenden Überlegungen steht, ist Folge dieser komplexen Lage, indem er eine Formulierung aufgreift, die schon einem anderen Autor als Überschrift diente. Knut Wenzel hatte in einem Aufsatzband zu Ricœur einen Text zum Thema *Das exzentrische Selbst und die Gottebenbildlichkeit des Menschen. Paul Ricœurs Philosophie des Selbst als Beitrag zu einer Theologischen Anthropologie* (vgl. Wenzel zit. nach Liebsch 1999, S. 185-202) veröffentlicht. Nun wird es in den hier folgenden Erörterungen nicht um eine Interpretation von Ricœurs Philosophie des Selbst gehen, wenngleich seine Ausführungen zur Bedeutung des „gebrochenen Selbst", das als grundloses, antwortendes Subjekt einem Ruf folgt und sich nicht souverän setzt, durchaus in Übereinstimmung

---

5 Vgl. Ricœur (1996). Zur Diskussion vgl. u. a. Liebsch (1999) sowie Breitling, Orth und Schaaff (1999).

mit den hier angestellten Überlegungen stehen. Wenzel macht darauf aufmerksam, dass das Selbst im Sinne Ricœurs zwar nicht rückversichert ist durch eine in der Gottebenbildlichkeit verbürgte Identität, dass es aber durch seine Gebrochenheit eher ausgezeichnet als verletzt ist, und zwar „im doppelten Sinn der Markierung und der Würde. Die dem *imago*-Gedanken inhärente Spannung zwischen ontologischer und ethischer – bzw. umfassender: heilsgeschichtlicher – Qualität, zwischen der Zusage der Gottebenbildlichkeit und dem Auftrag, dieser gerecht zu werden, sie zu verwirklichen und zu bezeugen, ermöglicht es, jene in einer Hermeneutik des Selbst zu Tage tretende Spannung zwischen Selbigkeit und Selbstheit aufzunehmen und theologisch geltend zu machen" (ebd., S. 200).

In unserem Kontext allerdings soll das Stichwort *Exzentrizität* vor allem auf den umgangssprachlichen Gebrauch einerseits und auf Helmuth Plessners Anthropologie andererseits verweisen. Es steht für eine Bestimmung des Selbst, die insbesondere seine riskante Beziehung zu sich selbst, seine Versagungen in den Blick nimmt, seine Risse und Brüche, aber auch die Not und Nötigung, ein Selbst zu sein, das sich – angesichts seines leiblichen Gegebenseins für andere – nicht entkommen kann. Es richtet sich gegen die Suche nach dem Selbst, die Foucault polemisch als „kalifornischer Selbstkult" anspricht, dem es darum geht, „das eigene wahre Selbst zu entdecken, es von dem zu scheiden, was es verdunkeln oder entfremden könnte, und seine Wahrheit zu entziffern dank psychologischer oder psychoanalytischer Wissenschaft, die in der Lage sein soll, einem zu sagen, was eines wahres Selbst sei" (Foucault 1987, S. 283). Es wendet sich aber auch gegen „moralisierende Tartüfferien", über die Lacan spottet und die vollmundig die ganze Person beschwören (vgl. Lacan 1975, S. 50). Mit der im Fortgang der Erörterung zu entfaltenden Signatur der Exzentrik ist ein Erstaunen darüber verbunden, dass zentrische Selbstdeutungen des Menschen im Verlaufe der westlichen Geschichte der Selbstthematisierungen gleichsam zur Normalität wurden, selbst wenn wir nicht nur in der reflektierenden Konfrontation mit unserem Selbst, sondern auch und vor allem in seinen praktischen Gebungen ständig mit seinem Entzug konfrontiert sind. Kaum ein anderer Autor hat wie Goldschmidt über diesen Entzug geschrieben, über diese Qual, ein „Sich" leben zu müssen angesichts eines verräterischen Leibes, der unentwegt durch die Blicke und die Sprache der Anderen beschlagnahmt wird (vgl. Goldschmidt 1982, 1994). Immer wieder kommt er auf eine „Scham der Existenz" zurück, die in unserer leiblichen Existenz wurzelt und in seinem Fall das eigene Überleben als jüdisches Kind in einem französischen Kinderheim betrifft. „Wer war man nur, daß man wie dieser Herr da in den Kleidern stand, der Kragen ein Kragen, die Knöpfe Knöpfe – ein umhüllter Körper mit allem Drum und Dran, ein raumverdrängendes Etwas, das sich erfrechte, Musik zu hören?"[6] Weder Spiegel, Selbstportraits noch Fotos und Filme geben uns unser Selbst, ja ihre Tücke besteht gerade darin, dass wir meinen, uns selbst zu sehen, während wir unseren eigenen oder fremden Inszenierungen begegnen (vgl. Meyer-Drawe 2000a, S. 112ff.). Wie das Leben überhaupt hat das Selbst seinen „Todesgeschmack" (vgl. Merleau-Ponty 1966, S. 417).

2.

Exzentriker haben es heute zumeist nicht leicht. So versteht es eine wachsame Modebranche, jede Abweichung aufzugreifen, zu modifizieren und zu vermarkten. Deshalb ist es auch nicht erstaunlich, dass Fragen nach Exzentrikern zumeist in das 19. Jahrhundert führen, etwa zu Oscar Wilde. Warum? Vielleicht repräsentiert er in augenfälliger Weise den damaligen Dandyismus, der eine gleichsam schwache, vorübergehende moderne Erinnerung an die antike Lebenskunst darstellt, an eine Ästhetik der Lebensformen, die sich den Kodifizierungen der Existenz widersetzt (vgl. Foucault 1987, S. 283). Oder um es von diesem Fall zu lösen: Wann kommt einem jemand exzentrisch vor? Auffällig ist, dass zunächst an das Äußere – ein nicht unproblematischer Begriff – gedacht wird. Als exzentrisch nehmen wir jemanden wahr, der aus dem Rahmen fällt, der nicht den Wahrnehmungserwartungen entspricht, der sich nicht dem *common sense* beugt. Wir denken an verschrobene Typen, an überspanntes Auftreten, an groteske Selbstinszenierungen. Irgendwie verletzt der Exzentriker die Normalität. Dies kann er deshalb, weil er eine Struktur seiner leiblichen Existenz aufgreift und eigenwillig gestaltet, die Plessner als *exzentrische Positionalität* in die Aufmerksamkeit gerückt hat: Dem Menschen „ist der Umschlag vom Sein innerhalb des eigenen Leibes zum Sein außerhalb des Leibes ein unaufhebbarer Doppelaspekt der Existenz, ein wirklicher Bruch seiner Natur. Er lebt diesseits und jenseits des Bruches, als Seele und Körper *und* als die psychophysisch neutrale Einheit dieser Sphären. Die Einheit überdeckt jedoch nicht den Doppelaspekt, sie läßt ihn nicht aus sich hervorgehen, sie ist nicht das den Gegensatz versöhnende Dritte, das in die entgegengesetzten Sphären überleitet, sie bildet keine selbständige Sphäre. *Sie* ist der Bruch, der Hiatus, das leere Hindurch der Vermittlung, die für den Lebendigen selber dem absoluten Doppelcharakter und Doppelaspekt von Körperleib und Seele gleichkommt, in der er ihn erlebt" (Plessner 1975, S. 292). In seiner Lebensführung ist der Mensch darauf angewiesen, zu dieser unhintergehbaren Verhältnis-

---

6 Goldschmidt (1982, S. 154). Zur Bedeutung der Scham angesichts der eigenen Existenz bei Goldschmidt vgl. Hesper (2000).

haftigkeit, die er lebt, bevor er sie denkt, ein Verhältnis zu finden. „Dem Doppelgängertum des Menschen als solchen, als einer jedwede Selbstauffassung ermöglichenden Struktur, darf die eine Hälfte der anderen keineswegs in dem Sinne gegenübergestellt werden, als sei sie ‚von Natur' aus die bessere. Er, der Doppelgänger, hat nur die Möglichkeit, sie dazu zu machen" (Plessner 1983, S. 204). In dieser Beschreibung zeigt sich eine Distanz zum traditionsreichen Privileg des Inneren und Eigentlichen, das auch noch in modernen Kritiken an gesellschaftlichen Entfremdungserscheinungen anklingt. Dem Menschen ist eine Fremdheit seiner selbst eigentümlich, die nicht nur Quelle seiner Unterwerfung, sondern auch seiner Freiheit ist.

In der langen Geschichte der Selbstthematisierungen des Menschen ist immer wieder deutlich geworden, dass das substantivierte Selbst auf eine Verhältnishaftigkeit zielt, etwa im Unterschied zur Genealogie des Ich-Sagens. *Selbst* meint schon eine bestimmte Selbstbezüglichkeit als Folge einer Differenz, die in sehr unterschiedlicher Weise artikuliert wurde. Bemerkenswert ist dabei, dass sich in diesem Selbstverhältnis zumeist eine eigentliche Seite von einer uneigentlichen abhebt.[7] Diese Signatur verweist auf ganz unterschiedliche traditionelle Färbungen, vor allem wohl auf das gnostische und auch neuplatonische Muster von Fall und Aufstieg.[8] Sie hält jedoch auch eine hierarchische Beziehung von göttlicher Vernunft und animalischer Sinnlichkeit in Erinnerung. So ist an Kierkegaard zu erinnern, der feststellt: „Der Mensch ist Geist" und fragend fortfährt: „Aber was ist Geist? Geist ist das Selbst. Aber was ist das Selbst? Das Selbst ist ein Verhältnis, das sich zu sich selbst verhält, oder ist das am Verhältnis, dass das Verhältnis sich zu sich selbst verhält; das Selbst ist nicht das Verhältnis, sondern dass das Verhältnis sich zu sich selbst verhält" (Kierkegaard 1984, S. 13). Dem verzweifelten Bemühen, sein Selbst loszuwerden oder es ganz und gar zu sein, entkommt das Selbst nur dadurch, dass es es selbst sein will. Es ist diese Selbstwahl, die den letztlich allerdings aporetischen Weg weist. Auch Kierkegaard geht von einer spannungsreichen positiven Synthese aus, die im Unterschied zur negativen die Widersprüchlichkeiten nicht einfach hinnimmt, sondern gestaltet (vgl. van der Grinten 2000, S. 114ff.). Aber er weiß noch von einem „wahren Wesen" des Menschen, mit dem der Ästhetiker in seinen Maskeraden spielt und an das der Ethiker erinnert, indem er mit dem Wahnsinn droht: „Oder kannst Du

7 Norbert Ricken (1999) analysiert diesen Tatbestand sehr gründlich am Selbstverständnis des Menschen als Subjekt.

8 Reto Luzius Fetz untersucht diese Struktur in Heideggers Unterscheidung von eigentlicher und uneigentlicher Existenz und kommt zu dem Ergebnis, dass die Bestimmung der Uneigentlichkeit zweideutig ist. Sie ist grundsätzlich als verfallstheoretisch aufzufassen, allerdings mit der Merkwürdigkeit, dass das Dasein hier nicht aus einer höheren Existenzform in eine niedere fällt, sondern in sich selbst stürzt. Dies führt zu einer Überhöhung des Daseins, das in einer ursprünglich möglichen, aber dunklen Eigentlichkeit gründet; vgl. Fetz (1992, S. 25f.).

Dir etwas Entsetzlicheres denken, als daß es damit endete, daß Dein Wesen sich in eine Vielfalt auflöste, daß Du wirklich zu mehreren, daß Du gleich jenen unglücklichen Dämonischen eine Legion würdest und Du solchermaßen das Innerste, Heiligste in einem Menschen verloren hättest, die bindende Macht der Persönlichkeit?“ (Kierkegaard 1980, S. 707f.) Wenngleich jeder Mensch in gewissem Maße daran gehindert ist, sich selbst ganz und gar durchsichtig zu sein, bleibt er aufgefordert, das Heiligste zu suchen. In Kierkegaards Überlegungen verdichten sich Überlieferungen, in denen Selbstthematisierungen hin- und hergerissen sind zwischen der Unmöglichkeit, das Selbst zu fassen und es dennoch *sein* zu müssen (vgl. Ricken 1999, S. 265ff.).

Schon in der griechischen Klassik war die Selbstdeutung geführt durch den Wunsch, Gott ähnlich zu sein. Im Theaitetos lässt Platon seinen Sokrates feststellen: „Das Böse, o Theodorus, kann weder ausgerottet werden, denn es muß immer etwas dem Guten Entgegengesetztes geben, noch auch bei den Göttern seinen Sitz haben. Unter der sterblichen Natur aber, und in dieser Gegend zieht es umher jener Notwendigkeit gemäß. Deshalb muß man auch trachten, von hier dorthin zu entfliehen aufs schleunigste. Der Weg dazu ist Verähnlichung mit Gott [*athanatizein*] so weit als möglich; und diese Verähnlichung, daß man gerecht und fromm sei mit Einsicht“ (Platon 1990b, 176b). Die Umstände änderten sich, die Rolle der Vernunft und des menschlichen Willens waren den Wechselfällen der Geschichte ausgeliefert, aber das Motiv, so sein zu können, wie man dachte, dass Gott sei, hielt sich durch. Dabei gibt es nur wenige, die wie Georges-Arthur Goldschmidt meinen, dass unsere Göttlichkeit in unserer Wollust gründet, in unserer Macht, uns selbst höchste Lust zuzufügen, aber auch darin, durch unsere Selbstzüchtigungen die Peiniger zu enteignen (vgl. Goldschmidt 1994, S. 35, S. 122, S. 129). Die meisten bevorzugen unsere geistigen Vermögen. Das stellte und stellt uns immer noch vor das Problem, mit unserer Leiblichkeit umzugehen, mit dieser „unverantwortlichen Unvollkommenheit: der tickenden Uhr des Verfalls“ (Kundera 1998, S. 68). Wir sind unser Leib. Er ist, wie Alois Hahn mit Recht immer wieder in Erinnerung ruft, unser nächstes Fremdes, ein anderes Fremdes als der begegnende Andere (vgl. Hahn 1999, S. 64) – vielleicht sogar fremder als dieser. Nicht nur deshalb musste er stets eingeordnet werden in seinem Verhältnis zum Selbst. Diesen Justierungsversuchen soll im Folgenden eine episodische Aufmerksamkeit gewidmet werden.

Die Dokumente, die das Bewusstsein von der Doppeldeutigkeit unserer Existenz belegen, reichen weit zurück. Ein Einsatz kann bei Platon gefunden werden, und zwar im Alkibiades I, der mittlerweile als authentisch behandelt wird. Sokrates weist hier Alkibiades auf den Weg der Sorge um sein Selbst (*epimeleia heautou*). In einem typischen platonischen Gesprächsverlauf soll Alkibiades genau bestimmen, was denn dieses Selbst sei, um das er sich sorgen solle. An dieser Stelle greift Platon eine

Differenz auf, die ihm auch in anderen Kontexten wichtig ist. Sich um sich selbst zu sorgen bedeutet nämlich nicht, das Seinige zu besorgen. Das Seinige ist der Leib, in Platons Sinne also das bloß Zugehörige und nicht das Eigentliche, die Seele. Was den Menschen bestimmt, ist das spannungsreiche Verhältnis vom Seinigen zum Selbst, wobei die Seele den Ort, an dem das Göttliche erscheinen kann, ausmacht. Die Sorge um das Selbst gilt also als *epimeleia seautou* zu allererst der Seele. Die Zwiefältigkeit der Existenz gerät hier bereits in eine hierarchische Spannung, in der das Geistige die Regierung übernimmt.

Diese Ordnung hält sich im Hellenismus durch, gewinnt allerdings dadurch an Schärfe, dass sie nach und nach mit der Differenz von Innen und Außen verknüpft wird. Die Selbstbeherrschung (*enkrateia*) wird zum Mittelpunkt zahlreicher Übungen in der Sorge der Seele um sich selbst. Das Leben ist unter ständiger Beobachtung zu führen. Der Aufseher kann dabei ein Lehrer, ein Freund, aber auch eine verinnerlichte Instanz sein, ein innerer Beobachter, der das Selbst spaltet in einen höheren, göttlichen und einen niederen, weltlichen Teil. Der geistige Teil unserer Seele, der *nous*, stellt die Verbindung zum Göttlichen dar. Er genießt die volle Achtung. Die leibliche Seite der Existenz bleibt ein bedrohlicher Begleiter, weil sie Möglichkeiten hat, sich der Herrschaft zu entziehen und zu Unvernünftigem anzustiften.

Das frühe Christentum kann hier anknüpfen. Aber die Lage ist mehrdeutiger, als oft erzählt wird. Zweifelsfrei erhält die asketische Lebensführung einen hohen Stellenwert, aber Christus fungiert als Zeichen dafür, dass unsere Leiblichkeit auch gottgewollt ist. In Christus ist die Doppeldeutigkeit unserer Existenz auf zugleich tröstende wie provozierende Weise symbolisiert. Aufgrund unterschiedlicher Entwicklungen kann sich eine gleichrangige Beachtung von spiritueller und fleischlicher Dimension nicht ausbilden. Der Geist ist eben doch göttlicher als das Fleisch, diese ständige Versuchung. Der Sinn der Askese als Übung in der Gestaltung der eigenen Lebensform ändert sich. Er verknüpft sich mit dem Gebot der Enthaltsamkeit und Reinheit. Es entsteht eine paradoxale Struktur: Das Selbst findet sich nur (in Gott), wenn es von sich selbst absieht. Ent-Sagung und Ent-Zifferung gehen einen Bund ein. Der christliche Gott fungiert nicht nur als ständiger Beobachter, als Blick, der alles sieht, ohne gesehen zu werden, sondern als Richter über eine ihm gefällige Praxis.[9] Im Vordergrund steht nicht mehr eine Ästhetik der Existenz wie in der griechischen Klassik, sondern eine Ethik der Läuterung. „Dieses neue christliche Selbst mußte ständig geprüft werden, weil ihm Lüsternheit und Fleischeslüste innewohnten. Von diesem Moment an war das Selbst nicht länger etwas Herzustellendes, sondern etwas, dem es zu entsagen und das es zu entziffern galt. Folglich ist der Gegensatz zwischen Heidentum und Christentum nicht der zwischen Toleranz und

9 Zur sakralen Legitimierung von Formen der Selbstthematisierung vgl. Bilstein (2000, S. 611ff.).

Strenge, sondern der zwischen einer Form der Strenge, die an eine Ästhetik der Existenz gebunden ist, und anderen Formen der Strenge, die an die Notwendigkeit der Selbstentsagung und -begründung gebunden sind" (Foucault 1987, S. 286f.).

Im Mittelalter setzt sich diese Signatur weiterhin durch, wenngleich auch in vieldeutiger Weise. Die Diskussion um die Dreifaltigkeit, die Frage nach der leiblichen Auferstehung halten die beunruhigende Dimension unserer Leiblichkeit in Erinnerung. Aus anderen Gründen als in der griechischen Klassik und im Hellenismus, aber als gemeinsame Gestalt hält sich die Unterordnung des Fleischlichen unter das Geistige durch. Erst im späten Mittelalter wird die Herrschaft des Allgemeinen über das Einzelne in Folge der Ausbreitung der aristotelischen Wertschätzung des Konkreten in folgenreicher Weise brüchig.

Bemerkenswerte Unterschiede zeigen sich dann in der Renaissance. Exemplarisch kann Manetti genannt werden, der seine Überlegungen zur Würde des Menschen – anders als Pico – mit genauen Studien zu unserem Körper beginnt. Manetti war der Auffassung, dass Jesus auch dann auf die Erde gekommen wäre, wenn er nicht die Aufgabe gehabt hätte, uns von unseren Sünden zu erlösen, und zwar, „um den Menschen durch seine demütige Annahme der menschlichen Gestalt wunderbar, unfaßlich zu ehren und zu verherrlichen" (Manetti 1990, S. 96f.). Aber der Leib führt auch ein beunruhigendes Eigenleben, dem sich Montaigne immer wieder zuwendet. Ihm ist er nicht ein Garant der vorzüglichen menschlichen Existenz und seiner Selbigkeit: „Sein Erfahrungszentrum ist die Chronik seines vergänglichen Körpers" (Rauschenbach 1991, S. 19). Dieser forciert die Befremdlichkeit des Menschen für sich selbst. „Vor mir verstecken sich bis zur Stunde all diese Wunder und wundersamen Geschehnisse. Dafür habe ich auf der ganzen Welt bisher kein ausgeprägteres Monster und Mirakel gesehen als mich selbst. Zeit und Gewöhnung machen einen mit allem Befremdlichen vertraut; je mehr ich aber mit mir Umgang pflege und mich kennenlerne, desto mehr frappiert mich meine Ungestalt, desto weniger werde ich aus mir klug" (Montaigne 1999, S. 518; vgl. auch Rieger 1997, 2000).

Aber seine Auffassung sollte sich nicht als die maßgebende durchsetzen. Die Nähe zu Gott über den Geist und die reale Erfahrung des hinfälligen Leibes beförderten eine weitere Spiritualisierung, in der Descartes einen besonders folgenreichen Akzent setzte. Seine Differenz von *res cogitans* und *res extensa* schreibt einen Unterschied fest, der die innere Spannung gleichsam als äußere Grenzziehung definiert. Der Leib wird zum Körperautomaten entseelt, und der Geist wird vom Leiblichen gereinigt. Mit Descartes verselbständigt sich wahres Wissen und wird unabhängig von der Lebensführung des Denkenden. Das Denken selbst wird zu einer Lebensform mit eigener Moral. „Das Selbstverhältnis braucht nicht mehr asketisch zu sein, um mit der Wahrheit ins Verhältnis zu treten" (Foucault 1987, S. 291). Was zählt, ist allein die Evidenz des Wissens, das von *irgendeinem* Subjekt gefunden wird. Es ist keine Läuterung mehr nötig, um an die Wahrheit zu gelangen. Lediglich die strenge Bindung des Subjekts an die Erkenntnismethode bewahrt ein asketisches Moment.

Die Spannung zwischen Geist und Fleisch, von der noch Luthers Reformation wichtige Anregungen zur Disziplinierung des sogenannten freien Christenmenschen bekam, wird dadurch entschärft. Es scheint ein Ich denkbar zu sein, das dem Despotismus der Begierden entkommt. Allerdings fragt Descartes ausdrücklich danach, *was* denn dieses Ich sei, nicht etwa *wer*. Von nun an wird die innere Spannung in zunehmendem Maße als Dualismus gefasst, als eine Konfrontation von Innen und Außen. Kant steht in dieser Tradition, selbst wenn seine unermüdliche Befassung mit dem Problem der Affektion zahlreiche Zeugnisse dafür ablegt, dass er die Zwiefältigkeit unserer Existenz nur zeitweilig zugunsten der Konzeptualisierung einer reinen Vernunft in Klammern setzt. Hegels *Phänomenologie des Geistes* kann in der Linie unserer Argumentation als Höhepunkt der Spiritualisierung und als letzte Proklamation einer Philosophie der Einheit verstanden werden.

Nietzsche greift mit Paukenschlägen diese Entwicklung auf, indem er unseren Leib als „die große Vernunft" proklamiert und feststellt, dass dieser das Selbst sei, das zu sein sich das denkende Ich nur eingebildet hat. Den „Verächtern des Leibes" hält er entgegen: „Der Leib ist eine große Vernunft, eine Vielheit mit einem Sinne, ein Krieg und ein Frieden, eine Heerde und ein Hirt" (Nietzsche 1988a, S. 39). Es gibt keine Wahl zwischen dem Vielen und dem Einen, zwischen Gewalt und Friede, zwischen der Gesellschaft und dem Individuum. Nietzsche kehrt Platons Differenz um und bestimmt nun den Leib als das Selbst und den Geist als das Seinige, als das bloße Zubehör. Das Selbst fühlt den Schmerz, den das Ich im Denken vergessen will. Der Leib empfindet die Lust, die das Ich im Denken bezwingen will. Die Verachtung des Leibes erweist sich als eine eigentümliche Achtung, die dem mächtigen Gebot des Leibes folgt. Diese Umkehrung bedeutet aber auch die Rückholung der Spannung in das menschliche Leben. Es gibt keine Hinterwelt, aber auch keinen messianischen Ort, an dem die Zwiefalt unserer Existenz je versöhnt würde. Vor dem Hintergrund dieser Sicht verliert auch das Subjekt seine zeitweilige Herrschaft. Es erweist sich als eine Verführung durch die Grammatik. „Die Vielheit der Personen (*Masken*) in Einem ‚Ich'" steht nicht mehr für den Wahnsinn, sondern für das „Unegoistische" (Nietzsche 1988c, S. 168).

3.

In Bezug auf die Moral fordert Nietzsche, dass wir die Rangordnung „umdrehen" müssen: „alles Bewußte ist nur das *Zweit-Wichtige*: daß es uns *näher* und *intimer* ist, wäre kein Grund, wenigstens kein moralischer Grund, es anders zu taxieren. Daß wir das *Nächste* für das *Wichtigste* nehmen, ist eben das *alte Vorurtheil*. – Also *umlernen*! In der Hauptschätzung! Das Geistige ist als Zeichensprache des Leibes festzuhalten!" (Nietzsche 1988b, S. 285; vgl. auch Goedert 1994) Mit der Umdrehung wird es nicht so leicht sein. Die Herrschaftsverhältnisse folgen keinem unveränderlichen Plan. Die Frage bleibt, was es für ein denkendes Wesen bedeutet, dass es einen Leib hat, und was es für ein leibliches Wesen heißt, denken zu können. Wir existieren doppeldeutig in der konflikthaften Beziehung von Selbstgebung und Selbstentzug. Plessner hatte dies als die Differenz von Leibsein und Körperhaben thematisiert und daraus den Schluss gezogen, dass wir genötigt sind unser Leben zu *führen*, also nicht unser Selbst zu bestimmen, sondern es als Artikulation einer Beziehung zu dieser Beziehung zu gestalten. Das schließt auch unser Verhältnis zum Anderen ein, der nicht länger rätselhafter Doppelgänger meiner selbst und damit meinen Deutungen unterworfen ist. „Möglich ist die Evidenz des Anderen dadurch, dass ich mir selbst nicht transparent bin und auch meine Subjektivität stets ihren Leib nach sich zieht" (Merleau-Ponty 1966, S. 404; vgl. auch Meyer-Drawe 2000b). Dem triumphierenden Subjekt wird dergestalt nicht das vollständig zerstreute entgegengesetzt, sondern der massiven Einheit eine fragile Differenz, belastet mit dem Risiko der Kontingenz, befreit zu einer Vielzahl möglicher Figurationen.

Es wäre deshalb irreführend, wenn wir nun in unserer leiblichen Existenz den Ruhepunkt unserer Identität aufsuchten. Unser Leib ist intrigant. Er gehorcht uns nicht, selbst wenn die Eingriffsmöglichkeiten immer imponierender werden. Hahn sagt mit Recht: „Unser Körper ist das Kreuz unserer Identität" (Hahn 1999, S. 69). Damit ist nicht nur die Last seiner Hinfälligkeit gemeint. In ihm kreuzen sich Genuss und Qual, Gebung und Entzug. Er ist der Ort, an dem die Anderen unsere Identität anstiften. Er ist Kompagnon und Verräter in eins.

Der Exzentriker versucht, der Macht dieser Anstiftung zu entkommen. Er ahnt, dass wir in keinem Mittelpunkt ruhen. Er repräsentiert ein Selbst, das mitunter zum Masochismus verurteilt ist, weil es z. B. eine Strafe als freiwilligen Akt zelebriert, um so der puren Enteignung zu entkommen. Vielleicht ist deshalb noch die Rede von einem *exzentrischen Selbst* irreführend, die immer noch am Zentrischen Maß nimmt, auch wenn sie von ihm abrückt. Gemeint ist ein Selbst, das sich als die Differenz seiner Masken in Szene setzt. Im Unterschied zu den Maskeraden von Kierkegaards Ästhetiker wären diese Larven vakant – ohne jeden authentischen Kern. Das Selbst bedeutete als die Führung seiner Lebensgestaltung die Artikulation der Lebensformen, seiner Bilder, in denen sich der Blick der anderen verfängt und deren imaginärer Charakter in keinem letzten Bild zur Ruhe käme. Er verweist damit nicht nur auf die Möglichkeit der kreativen Aufnahme einer sinngebenden Welt, sondern auch darauf, dass wir eine „Selbstbeständigkeit" (Blumenberg) immer wieder erringen müssen, dass sie unentwegt in Frage gestellt wird, auch durch Erfahrungen mit uns selbst. „Schnöde ausgedrückt, könnte es so sein, daß ausschließlich die Akte des Verurteilten seine Identität enthält und indiziert, während das ‚Buch des Lebens', das beim biblischen Gericht aufgeschlagen wird, mit der Emsigkeit buchführender Engel durch das Übergewicht der ‚Löschungen' markiert ist. Konsequent wäre wohl als Folgerung aus der unendlichen Genugtuung, die der Menschensohn dem Vater für die Menschen am Kreuz geleistet hat, daß der Lebensbuchengel dem Gericht seine penible Buchführung gar nicht mehr vorzulegen vermöchte. Aber wie bei anderen Antastungen der Identität auch hat man wohl immer zu fürchten gehabt, dies wäre ein allzu leichtes Ausfluchtmittel für die Unverbesserlichen, die womöglich einzig wirklich ‚identischen'" (Blumenberg 1997, S. 40).

Literatur

Adorno, Theodor W. (1970): *Erziehung zur Mündigkeit.* Vorträge und Gespräche mit Hellmut Becker 1959-1969. Hg. von Gerd Kadelbach. Frankfurt a. M.: Suhrkamp.

Adorno, Theodor W. (1980): *Minima Moralia. Reflexionen aus dem beschädigten Leben.* Gesammelte Schriften. Band 4. Frankfurt a. M.: Suhrkamp.

Bilstein, Johannes (2000): Die Beichte und ihre Bedeutung im Sozialisationsprozess. In: *Zeitschrift für Erziehungswissenschaft 3/4,* S. 609-628.

Blumenberg, Hans (1997): *Ein mögliches Selbstverständnis.* Stuttgart: Reclam.

Breitling, Andris, Stefan Orth und Birgit Schaaff (Hg.) (1999): *Das herausgeforderte Selbst. Perspektiven auf Paul Ricœurs Ethik.* Würzburg: Königshausen & Neumann.

Fetz, Reto Luzius (1992): Zweideutige Uneigentlichkeit. Martin Heidegger als Identitätstheoretiker. In: *Allgemeine Zeitschrift für Philosophie 17/3,* S. 1-26.

Foucault, Michel (1987): Vom klassischen Selbst zum modernen Subjekt. In: Hubert L. Dreyfus, Paul Rabinow und ders. (Hg.): *Jenseits von Strukturalismus und Hermeneutik. Mit einem Nachwort von und einem Interview mit Michel Foucault.* Übers. von Ulrich Raulff. Frankfurt a. M.: Athenäum, S. 281-292 (Original 1982/1983).

Foucault, Michel (1993): Technologien des Selbst. In: Luther H. Martin, Huck Gutman und Patrick H. Hutton (Hg.): *Technologien des Selbst.* Frankfurt a. M.: Fischer, S. 24-62 (Original 1988).

Goedert, Georges (1994): Nietzsches Kritik des Subjektbegriffs. In: *Perspektiven der Philosophie. Neues Jahrbuch 20,* S. 301-322.

Goldschmidt, Georges-Arthur (1982): *Der Spiegeltag.* Übers. von Peter Handke. Frankfurt a. M.: Suhrkamp (Original 1981).

Goldschmidt, Georges-Arthur (1994): *Der bestrafte Narziß.* Übers. von Mariette Müller. Zürich: Amman Verlag (Original 1990).

Gronemeyer, Marianne (1998): Wiederholung: „Identität und Barbarei". In: *Conturen. Das Magazin zur Zeit, Nr. 3,* S. 54-65.

Hahn, Alois (1999): Eigenes durch Fremdes. Warum wir anderen unsere Identität verdanken. In: Jörg Huber und Martin Heller (Hg.): *Konstruktionen Sichtbarkeiten*. Wien, New York: Edition Voldemeer Springer, S. 61-87.

Haraway, Donna (1996): Unser Immunsystem ist unser Selbst, Ausgrenzung alles Fremden: Die Biopolitik postmoderner Körper. Konstitutionen des Selbst im Diskurs des Immunsystems. Übers. von Immanuel Stieß. In: Cornelia Borck (Hg.): *Anatomien medizinischen Wissens. Medizin – Macht – Moleküle*. Frankfurt a. M.: Fischer, S. 307-359.

Hesper, Stefan (2000): Die Befremdung zu sein. Scham, Gewalt und Taktilität bei G. A. Goldschmidt. In: *Zeitschrift für Literaturwissenschaft und Linguistik 30/117*, S. 103-116.

Kalka, Joachim (1997): Körperphantasien. In: *Kursbuch: Lebensfragen, Heft 128*, S. 1-14.

Kierkegaard, Sören (1962): *Die Krankheit zum Tode. Eine christliche psychologische Entwicklung zur Erbauung und Erweckung von Anti-Climacus*. Hg. von Sören Kierkegaard. Kopenhagen 1849. Übers. und mit Glossar, Bibliographie sowie einem Essay ‚Zum Verständnis des Werkes' hg. von Liselotte Richter. Frankfurt a. M.: Europäische Verlagsanstalt.

Kierkegaard, Sören (1980): *Entweder – Oder*. Unter Mitwirkung von Niels Thulstrup und der Kopenhagener Kierkegaard-Gesellschaft hg. von Hermann Diem und Walter Rest. 3. Auflage. München: Deutscher Taschenbuch Verlag.

Kundera, Milan (1998): *Die Identität*. Übers. von Uli Aumüller. München, Wien: Carl Hanser Verlag (Original 1997).

Lacan, Jacques (1966): L'instance de la lettre dans l'inconscient ou la raison depuis Freud. In: *Escrits I*. Paris: Èditions du Seuil, S. 249-289.

Lacan, Jacques (1975): Das Drängen des Buchstabens im Unbewussten oder die Vernunft seit Freud. In: ders.: *Schriften II*. Ausg. und hg. von Norbert Haas. Olten, Freiburg i. Br.: Walter-Verlag, S. 15-55.

Lem, Stanisław (1976): Gibt es Sie, Mr. Johns? In: ders.: *Nacht und Schimmel. Erzählungen*. Frankfurt a. M.: Suhrkamp, S. 283-291 (Original 1969).

Lem, Stanisław (1980): Schichttorte. Drehbuch. In: ders.: *Mondnacht. Hör- und Fernsehspiele*. Frankfurt a. M.: Suhrkamp, S. 245-271.

Liebsch, Burkhard (Hg.) (1999): *Hermeneutik des Selbst – Im Zeichen des Anderen*. Freiburg, München: Verlag Karl Alber.

Manetti, Giannozzo (1990): *Über die Würde und Erhabenheit des Menschen. De dignitate et excellentia hominis*. Übers. von Hartmut Leppin. Hg. und eing. von August Buck. Hamburg: Felix Meiner.

Merleau-Ponty, Maurice (1966): *Phänomenologie der Wahrnehmung*. Übers. und durch eine Vorrede eingef. von Rudolf Boehm. Berlin: Walter de Gruyter & Co. (Original 1945).

Meyer-Drawe, Käte (2000a): *Illusionen von Autonomie. Diesseits von Ohnmacht und Allmacht des Ich*. 2. Auflage. München: P. Kirchheim.

Meyer-Drawe, Käte (2000b): Bildung und Identität. In: Wolfgang Eßbach (Hg.): *wir/ihr/sie. Identität und Alterität in Theorie und Methode*. Würzburg: Ergon, S. 139-150.

Montaigne, Michel de (1999): *Essais*. Erste moderne Gesamtübers. von Hans Stilett. Frankfurt a. M.: Eichborn.

Nancy, Jean-Luc (2000): *Der Eindringling/L'intrus. Das fremde Herz*. Übers. von Alexander Garcia Düttmann. Berlin: Merve Verlag.

Nietzsche, Friedrich (1988a): *Also sprach Zarathustra.* Kritische Studienausgabe Band 4. Hg. von Giorgio Colli und Mazzino Montinari. 2. Auflage. München: de Gruyter.

Nietzsche, Friedrich (1988b): *Nachgelassene Fragmente 1882-1884.* Kritische Studienausgabe Band 10. Hg. von Giorgio Colli und Mazzino Montinari. 2. Auflage. München: de Gruyter.

Nietzsche, Friedrich (1988c): *Nachgelassene Fragmente 1884-1885.* Kritische Studienausgabe Band 11. Hg. von Giorgio Colli und Mazzino Montinari. 2. Auflage. München: de Gruyter.

Platon (1990a): Alkibiades I. In: ders.: *Werke in acht Bänden. Band 1.* Übers. von Friedrich Schleiermacher. Bearb. von Heinz Hofmann. 2. Auflage. Darmstadt: Wissenschaftliche Buchgesellschaft, S. 527-637.

Platon (1990): Theaitetos. In: ders.: *Werke in acht Bänden. Band 6.* Übers. von Friedrich Schleiermacher. Bearb. von Peter Staudacher. 2. Auflage. Darmstadt: Wissenschaftliche Buchgesellschaft, S. 1-217.

Plessner, Helmuth (1975): *Die Stufen des Organischen und der Mensch.* 3. Auflage. Berlin, New York: Walter de Gruyter.

Plessner, Helmuth (1983): Die Frage nach der Conditio humana. In: ders.: *Gesammelte Schriften VIII. Conditio humana.* Frankfurt a. M.: Suhrkamp, S. 136-217.

Rauschenbach, Brigitte (1991): *Nicht ohne mich. Vom Eigensinn des Subjekts im Erkenntnisprozeß.* Frankfurt a. M., New York: Campus.

Ricken, Norbert (1999): *Subjektivität und Kontingenz. Markierungen im pädagogischen Diskurs.* Würzburg: Königshausen & Neumann.

Ricœur, Paul (1996): *Das Selbst als ein Anderer.* Übers. von Jean Greisch in Zusammenarbeit mit Thomas Bedorf und Birgit Schaaff. München: Wilhelm Fink Verlag (Original 1990).

Rieger, Markus (1997): *Ästhetik der Existenz? Eine Interpretation von Michel Foucaults Konzept der „Technologien des Selbst" anhand der „Essais" von Michel de Montaigne.* Münster, New York, München u. a.: Waxmann.

Rieger, Markus (2000): „Flicken" und „Fetzen" – Nicht-Identität bei Michel de Montaigne. In: Barbara Becker und Irmela Schneider (Hg.): *Was vom Körper übrig bleibt. Körperlichkeit – Identität – Medien.* Frankfurt a. M., New York: Campus, S. 149-174.

Taylor, Charles (1989): *Sources of The Self. The Making of the Modern Identity.* Cambridge: University Press.

van der Grinten, Lars (2000): *Verzweiflung und Leiden. Søren Kierkegaards göttliche Pädagogik.* Essen: Die blaue Eule.

Spiel der Identitäten?
Über Michel Foucaults „L'usage des plaisirs"

Petra Gehring

„Die Wißbegierde ist ein Laster […] Dennoch gefällt mir das Wort […] es evoziert, daß man sich um das, was existiert *und* das, was existieren könnte, bemüht; einen geschärften Sinn fürs Wirkliche, der aber niemals vor ihm zur Ruhe kommt; eine Bereitschaft, das, was uns umgibt, fremd und einzigartig zu finden."
(Foucault 1980/o. J., S. 17f.)

1.

Was ist Geschichte, und warum mag es gut sein, sie zu betreiben? Eine der möglichen Antworten auf diese Frage lautet: Weil Geschichte wie ein Zauberspiegel funktionieren kann, wie einer von jenen auskunftsträchtigen Spiegeln, in die man hineinblickt, um gerade nicht sich selbst und das heute Selbstverständliche zu sehen, sondern etwas der eigenen Gegenwart Fremdes. In der geschichtlich vermittelten Abwendung vom Gegebenen liegt ein Durchbruch: die Einsicht, dass wir von anderswoher kommen. Nimmt man sie ernst, so enthalten Vergangenheiten, die wir uns als hypothetisches Bild einer verschwundenen Gegenwart so konsistent und dicht wie möglich präparieren, die Anmutung der großen Alternative. Ist einmal alles anders gewesen und doch Vergangenes für „unsere" Welt, dann *könnte* ja auch das Gegebene anders werden. Für das historische Bewusstsein zeichnen sich gewissermaßen *per se* Alternativen zum Jetzt ab – und sie treten auf als „wirkliche" Alternativen, sofern sie in vergangenen „Wirklichkeiten" gründen. Eben darin, in ihrem Wirklichkeitswert, liegt der besondere Kontrasteffekt der im Medium der Geschichte gewonnenen Distanz.

Wie man weiß, ist der „historische Sinn" eine Errungenschaft der europäischen Moderne. Das Latenzgefühl für eine mittels der Möglichkeitsdimension der Vergangenheit womöglich neu sich eröffnende potentielle Zukunft ist seinerseits neu. Als Spiegel einer künftigen Gegenwart nehmen wir „die" Geschichte erst seit gut zweihundert Jahren so radikal beim Wort wie heute. Was im übrigen wiederum eine historische Auskunft ist: noch die Historisierung der Historiographie muss auf die Differenz der Geschichte setzen. So betreiben wir Geschichtsforschung inzwischen gleichwohl auf eine mehr oder weniger wirklichkeitswissenschaftliche Art.

Ganz ungebrochen ist die Hoffnung auf die historische Dimension freilich nicht geblieben. Was die Reichweite der tatsächlichen Möglichkeiten betrifft, die neues Wissen über vergangene Wirklichkeiten freisetzen, ist mit Hegel, Marx, Freud und Nietzsche nicht nur die Geschichtsphilosophie nüchterner geworden, sondern auch die Geschichtswissenschaft. Deren Hoffnung auf endgültig objektivierbare „Fakten" ist längst einem mehr oder weniger unspektakulären Konstruktivismus gewichen, der sich mit einer relativen Wißbarkeit des Gewesenen begnügt. Mit gemäßigten Vorstellungen von Postmoderne ist das Selbstverständnis von Historikern heute durchaus vereinbar: Noch in der faktengetreuesten Arbeit sind erzählerische Dezisionen unvermeidlich. Die historische Dimension ist also das Feld eines abgründigen Zusammenspiels. Der Spiegel der Vergangenheit gibt den Blick auf Unbekanntes frei, aber er ist auch Kontrastfläche für unsere Projektion. Noch die Brüche und Risse oder das Schweigen im Inneren des historischen Materials lesen wir in die Geschichte oder auch in eine Geschichte von Geschichten hinein.[1]

Wenn jemand im vollen Bewusstsein aller kritischen und postmodernen Verwerfungen des historischen Sinnes dennoch leidenschaftlich an die Geschichte geglaubt hat, dann ist es der französische Historiker Michel Foucault. Foucaults Texte bejahen beides: sowohl die Absolutheit der Quelle, also die Arbeit am Material, an den stummen „Monumenten" des „Archivs",[2] als auch die radikale Gegenwartsbindung: den Aktualisierungs-Willen des forschenden Blicks. In einem durchaus methodenstrengen Sinn des Wortes muss Geschichte mit Foucault tatsächlich als eine *erfinderische* Sache aufgefasst werden, als eine bewegliche *critique*, „geladen mit den Blitzen aller *Gewitter* des Denkbaren", wie es an einer Stelle heißt (Foucault 1980/o. J., S. 14).

Ich betone dies, denn nachfolgend werde ich mich auf *L'usage des plaisirs*, eines von Foucaults „historistischsten" Büchern konzentrieren, aber eben nicht als Historikerin, sondern genau in dieser an den historischen Möglichkeitssinn appellierenden Absicht, die auf ein Denkbares zielt und sich Freiheiten nimmt – mit allen Risiken der offenen Aktualisierung. Denn es geht um ein modernes Konzept, von dem Abstand gesucht werden soll, um das Konzept „Identität", nicht in der allgemeinen seinslogischen Bedeutung des Wortes, sondern in seinem als „Ich-Identität" oder

1 Es liegt auf der Hand, dass die Umstellung vom Kollektivsingular Geschichte (einer „*grand récit*", gemäß der eingängigen Formulierung von Jean-François Lyotard) auf das Modell von Geschichten im Plural an diesem Problem nichts ändert. Es wird dann ja zwar nicht Einheit fingiert, aber genauso sehr konstruiert. Reduziert wird allein der Absolutheitsanspruch der historischen Narration.

2 Zum „*archive*" – neben der „*énoncé*", der „Aussage", ein für Foucaults Geschichtsphilosophie mindestens so zentraler Begriff wie die ungleich berühmteren „*discours*" – siehe Foucault (1969/1973).

„personale Identität“ auf das Individuum angewendeten Sinn. Und es geht um die mit dem Begriff verbundene Idee einer den Einzelnen gleichsam zusammenfassenden *Einheit*, die Leib und Seele, Körper und Psyche, Selbst- und Fremdbild oder auch die entsprechenden „Rollen“ durchgreift – und die idealerweise zugleich eine subjektive Einheit ist, die sich auch *reflexiv* einholt. Die also sich gewissermaßen aus sich selbst heraus zu resümieren vermag.[3]

Foucault nun setzt Identitätsbegriffe außer Kurs, wo er eine historisch fremde Epoche sichtbar macht, die griechische Antike nämlich, oder genauer: eine bestimmte Praktik unter bestimmten Individuen in der klassisch griechischen Zeit. Neu als ernst zu nehmende Kontrastfolie nämlich zu dem, was wir unter dem Titel „Identität“ in großer Nähe zur voraussetzungsreichen Idee der „Subjektivität“ als Norm und Minimalbedingung von „Individualität“ zu thematisieren pflegen. Bei Foucault – so meine Ausgangsthese – finden wir einen distanzierenden Spiegel. Er verfremdet uns das Ideal des isolierten, mittels Identität bestimmten Individuums, so wie es als vorgängig *auf sich selbst* bezogene Handlungs-, Leibkörper- und Reflexionseinheit heute fast unumschränkt wirklichkeitsmächtig ist.[4]

---

3 Und zwar, so müßte man noch ergänzen, tendenziell in einzigartiger Form, als Autor/in einer ureigenen „identitätsstiftenden“ Ich-Geschichte oder Biographie. – Begriffsgeschichtlich gesehen schieben sich hier psychologische respektive sozialpsychologische Identitätskonzepte der Identität als internalisierter Form der Selbstwahrnehmung und Selbstdarstellung (z. B. Mead) oder auch der Herstellung einer Normalität der Unverwechselbarkeit (z. B. Goffman) mit philosophischen Motiven des deutschen Idealismus zusammen; vgl. die Artikel „Identität, Ich-Identität“ sowie „Identitätssystem, Identität, Indifferenz“ in Ritter u. a. (1976, Sp. 148-151 und Sp. 153-157). Zum weitaus älteren logisch-ontologischen Bedeutungsspektrum vgl. die Artikel „Identität“ und „Identitätsprinzip“ in Ritter u. a. (1976, Sp. 144-148 und Sp. 152).

4 Es sei zur Klärung der Begrifflichkeit darauf hingewiesen, dass Foucault selbst das Wort Individuum nicht subjekt- oder identitätslogisch auflädt, sondern gleichsam in einem terminologisch vormodernen Sinn verwendet. Es bezeichnet einfach die materiell nicht mehr teilbare Einheit des Einzelnen. In dieser schlichten Weise gebrauche auch ich den Begriff. Dass das Individuum als Form sich nur historisch konkreter bestimmen lässt, dass es also – in seiner Materialität, sprich: bis in seine Leiblichkeit hinein – eine relative Form darstellt, setze ich damit voraus. (Im übrigen sind auch anthropologische Kategorien aus dieser Perspektive relativ. Dass Individuen „Menschen“ sind, versteht sich nicht von selbst, sondern „der Mensch” hat einen Diskurs zur Bedingung: die menschenwissenschaftliche Objektivierung des Einzelnen und die Verallgemeinerung der Anthropologie seit dem 19. Jahrhundert sowie den gedanklichen Zusammenschluss von *ánthropos* und der biologischen Gattung *homo sapiens*.)

2.

L'usage des plaisirs, *Der Gebrauch der Lüste*, erschienen 1984, ist der zweite Band einer von Foucault auf fünf Bände angelegten *Histoire de la sexualité*. Diese *Histoire* ist im Deutschen nicht als „Geschichte der Sexualität", sondern unter dem Titel *Sexualität und Wahrheit* erschienen und unvollendet geblieben. Aber das ist nicht die einzige Besonderheit des Projekts. Denn weder handelt es sich bei der *Histoire de la sexualité* um (was man vielleicht denken könnte) eine Sittengeschichte des Sexualverhaltens, noch wird überhaupt eine „Geschichte" durcherzählt. Der erste Band stellt vielmehr eine Art Auftaktüberlegung dar zu einer historischen Rückfrage in Sachen Sexualität, die sich dann der Sache nach wie auch zeitlich und thematisch erheblich erweitert und keineswegs allein den Gegenstand namens „Sexualität" betrifft. Wie das Wort ist nämlich *la sexualité*, „die" Sexualität, im Grunde eine Erscheinung erst des 19. und 20. Jahrhunderts, das ist eine von Foucaults Thesen. „Die Sexualität" hat keinerlei „Natur". Sie erweist sich bei näherem Hinsehen als eine Form, als eine rund um den Körper herum arrangierte Form für ein Subjekt, als ein historisches Subjektivierungs-Angebot. Und blickt man hinter das 19. Jahrhundert zurück, so finden sich frühere Formen der Subjektivierung, die in der Hypothese der Sexualität nutzbar gemacht wurden, zitiert, in sie hineingearbeitet. Die Genealogie solcher Subjektivierungs- oder Individualisierungsformen ist es, für die Foucaults Geschichte der Sexualität sich im Grunde interessiert – das Gewordensein des uns bekannten „subjektivierten" Individuums einschließlich. Wie kommt es aber zu dessen spezifischer, körperlicher Effizienz, wie zu seinen spezifischen Machtqualitäten? „Will man die Genealogie des Subjekts in der abendländischen Zivilisation analysieren, so hat man [...] Techniken des Sich [*techniques de soi*] in Betracht zu ziehen" (Foucault 1981/o. J., S. 36), lautet eine Kurzformel des Programms, das Foucault vor dem Hintergrund des ersten Bandes mit den dann folgenden Bänden von *Sexualität und Wahrheit* verfolgt. Auf die Mißverständlichkeit des Wörtchens „*soi*" – ich übersetze es mit „sich", nicht mit „Selbst" – werde ich noch zurückkommen.

Jedenfalls hat man, ausgehend von der erweiterten Fragestellung nach den Formen für die Formierung eines Selbst oder Sich, erst mit dem zweiten Band der *Geschichte der Sexualität* den gewissermaßen von der Zeitachse her gesehen ersten Band vor sich. Dieser zweite Band, *Der Gebrauch der Lüste*, widmet sich der klassischen griechischen Antike etwa des 4. Jahrhunderts v. Chr., und der vermeintlich bekannte Kontext erscheint unter der systematischen Fragestellung historisch neu. Der zeitlich anschließende dritte Band *La souci de soi*, *Die Sorge um sich*, konzentriert sich dann auf die ersten beiden nachchristlichen Jahrhunderte – auf philosophische Quellen des Epikureismus, der Stoa, der Kyniker, sowie auf die epochentypische ärztliche Ratgeberliteratur.[5]

Um was geht es in Foucaults *Gebrauch der Lüste*, wenn ich sage, das Buch entfalte den historischen Blick auf den Kontext der griechischen Klassik neu? Foucault untersucht die Art und Weise, in der die überlieferte Literatur dieser Zeit jene Bereiche als moralisch problematisch thematisiert (und also wohl empfunden hat), die wir heute als den Bereich der Sexualität bezeichnen würden. Von welcher Art war damals überhaupt die Problemstruktur? Was für theoretische Anstrengungen – Was für ein *Wissen* und was für ein Begründungsgebäude für Vorschriften – überwölbten in der Antike den Umgang mit der körperlichen Lust? Nicht: Was wurde getan? ist dabei Foucaults Frage, als vielmehr: Was war wie reglementiert? Welche *Form* hat man in damaliger Zeit dem richtigen – dem moralisch vertretbaren, aber auch dem unbesorgt zu praktizierenden oder sogar dem vorbildlichen – Liebesleben abverlangt, oder auch: welche Form hat man ihm *gegeben*?

3.

Zwangsläufig kann ich nur verkürzt umreißen, was sich als Antwort auf diese Fragestellung zeigt. Die griechische Problemwahrnehmung hinsichtlich der Lust erweist sich als für unsere Begriffe erstaunlich disparat. Was man tun kann und wie man es tun kann (und wie man es am besten tut) unterliegt nicht einer *einzigen*, gleichsam konzentrisch rund um den individuellen Körper und seine „sexuellen Bedürfnisse“ gruppierten Ordnung von Erlaubnis und Verbot, die sich als festes Grundmuster einer „Identität“ des Individuums internalisieren ließe. Vielmehr handelt es sich um mehrere, lose miteinander verbundene Felder, in denen jeweils mehr bestimmte *Verhaltensstile* zur Diskussion stehen als der Körper selbst oder überhaupt die Innerlichkeit eines Selbst. Denn da es ums Handeln geht, um Stilfragen zwischen den Körpern, um Regeln im Spiel der Körper, geht es stets um Relationen. Es geht nicht um *ein* Individuum, sondern um Formen körperlichen Engagements – unter mehreren, deren persönliche Rolle noch zur Disposition steht. So entsteht eine Art Tableau. Das Tableau einer nicht um die sexuelle Identität zentrierten, sondern flächig verteilten, zu verschiedenen Typen von Sozialbeziehungen gehörigen Normativität.

---

5 Von diesem dritten, zeitlich gesehen zweiten Band von Foucaults Sexualitätsgeschichte wird hier nicht mehr die Rede sein. Bleibt nur die Empfehlung zur Lektüre; vgl. zum historischen Kontext auch die Untersuchung von Meyer-Zwiffelhoffer (1995).

Foucault gliedert den Aufmerksamkeitsbereich in drei Sphären, die die freien Männer der griechischen Polis umgaben (nur um diese geht es, denn nur unter Männern, unter freien „politischen“ Akteuren, gab es überhaupt einen Diskurs, eine textförmige Reflexion, die den Umgang mit den Lüsten betraf).[6] Die drei Aufmerksamkeitssphären sind die der „Diätetik“, der „Ökonomik“, der „Erotik“. Im ersten Feld geht es um das Verhältnis zum eigenen Körper, um das hinreichend sorgsame Verhalten in puncto Gesundheit und Kraft. Im zweiten geht es um die Beziehung zum *oíkos*, also zum Haushalt – und hierher gehören unter anderem die physischen Beziehungen zur Frau als (Ehe-)Frau. Nicht Liebe oder eine sexuelle Beziehung oder gar das uns bekannte doppelte Sexualmonopol im „Paar“ binden Gatte und Gattin aneinander, sondern eine asymmetrische Vertragsbeziehung zugunsten der Haushaltsführung und einer exklusiven – also von ihm stammenden – Nachkommenschaft. Eheliches Sexualverhalten ist daher ein „ökonomisches“ Problem des Mannes: Es ist er, der sich hier mehr oder weniger gut „führen“ kann, mit mehr oder weniger gepflegter Haltung und schönen Erträgen bei der Lenkung von Haus und Frau. Im dritten Feld schließlich geht es um die Beziehung des freien Mannes zu seinesgleichen. Für diese, tendenziell egalitäre oder jedenfalls auf beiden Seiten Aktivität und Freiheit voraussetzende Beziehungssphäre des *éros* ist paradigmatisch das Verhältnis des Mannes zu den Knaben bzw. zwischen Schüler und Lehrer, jugendlichem Geliebten und älterem Liebhaber oder Verehrer. Die Regeln der erotischen Praktiken organisieren eine besonders elaborierte und zugleich besonders prekäre Beziehungsform. Denn mehr als in der Diätetik oder Ökonomik geht es in der Erotik im Zuge eines freien, wettstreithaften, luxurierenden Spiels um Liebe, Eroberung, Gunstgewährung und Treue, auch um die politische Rolle der Beteiligten. Man „liebt“ die *pólis* als einen Körper, deren physischer Teil man ist. Die Praktiken der Liebe unter Knaben und Männern betreffen aber auch und eröffnen Orte, Status und Selbstverortungen im (freien) politischen Geschehen.

Dass die Erotik damit unter anderem die *Wahrheits*frage berührt, ist wahrscheinlich der bekannteste Aspekt der Knabenliebe im alten Athen. Unmittelbar hineingefädelt in die physische Ebene und im selben Zug, in dem es sich leiblich anbahnt, knüpft sich das Liebesband in der argumentativen Rede, im *lógos* des Dialogs. Unüberbietbar entfaltet findet sich diese ineins körperlich und sprachlich „beredte“ Art

6 Im Einzelfall konnten als in diesem Sinne „männlich“ allerdings auch Frauen gelten, sofern ihnen nämlich die entsprechende Rolle zuerkannt wurde – aktiv zu sein, frei, gleich und daher vollwertiger Dialogpartner in der Rede. Bekanntes Beispiel ist die Hetäre Diotima, die (erzählte) Sprecherin in Platons *Symposion*. Die zur Reflexion gehörige Redeordnung war auch in Fällen weiblicher Sprecher der Diskurs der männlichen Position –, genau wie ein durch Passivitäts-Exzesse sozial effeminierter Mann aus dem Diskurs unter Männern herausfiel. Er widerlegte nicht den männlichen Charakter der freien Rede, sondern er verlor einfach die männliche Position.

der „Wahrheitsfindung" bei Platon, der sie als sokratische Kunst etwa im *Phaidros* oder *Symposion* vorführt – mit äußerst subtilen Implikationen für die Nähe zwischen den Praktiken des *éros* und den Überzeugungskünsten der Philosophie.

Berührt wird in der Erotik neben der Wahrheit aber auch auf spezielle Weise die Frage der *Macht*. Denn in der Lust unter Männern und Knaben vermag sie sich anders zu verteilen als in der ehelichen Lust oder in den Lüsten des dem eigenen Körper zuträglichen Verhaltens. Kurz gesagt erfinden die erotischen Praktiken einen maximal offenen, vorläufigen und umkehrbaren Umgang mit der in das Miteinander der Körper eingelassenen Gewalt. Sie organisieren eine bestimmte subtile Balance in der wechselseitigen Herrschaftsausübung. Hintergründe hat das mindestens zwei: Erstens kreist das griechische Stilideal des männlichen Handelns um das Ideal der Kraft und der Aktivität. Der Kampf oder Wettstreit ist daher auch in den erotischen Beziehungen unabdingbar. Er wird aber aufgehoben durch die besondere Form, die zwischen den Beteiligten ein bestimmtes Altersdifferential vorsieht. Die erotische kultivierte Lust kann nur zwischen einem sexuell aktiven Älteren, Gebildeten und einem Jüngling stattfinden, der in seiner Bildung noch unvollendet ist und noch ohne endgültigen Status. Man sieht, wie sich hier wechselweise Aktivität und Passivität, Stärke und Schwäche verkreuzen: Der Verführer, *erastés*, ist stark in Begehren und Wissen, aber schwach, sofern erstens alle ihn dem Verführten, *erómenos*, verfallen wissen, und zweitens er sich dessen Entscheidung ausliefert. Der Knabe ist in dieser Hinsicht tatsächlich frei. Er entscheidet aktiv über den Erfolg, der dem Verehrer zuteil wird. Er ist also trotz seiner Jugend in einer starken Rolle, deren spezifische Schwäche wiederum darin liegt, dass der Werbung des Älteren nachgeben heißt, unter zwei Männern die passive Rolle des Geliebten zu akzeptieren, weswegen die Literatur dem Knaben empfiehlt, nicht selbst physische Lust an den Praktiken zu empfinden, die er nur passiv hinnimmt. Eine solche Distanz bewahrt ihm diejenige Stärke, die ihm später dann – selbst Mann geworden – auch im politischen Raum zugesprochen werden kann. Was nicht passieren darf, ist (neben dem plumpen aus-der-Rolle-Fallen des Werbers), „daß sich der Knabe ‚passiv' verhält, daß er sich behandeln und beherrschen läßt, daß er kampflos nachgibt, daß er der willfährige Partner der Gelüste des anderen wird".[7] Besteht er dagegen die Probe, sich auf Liebeshandlungen einzulassen, aber als Herr seiner selbst, dann ist seine Seele auf die Wettkämpfe des Ehrgeizes im späteren Leben vorbereitet. Das führt zum zweiten bedeutsamen Grund für die Sublimierung der Gewalt im erotischen Gefüge: Das Spiel des *éros* läuft auf einer Zeitachse. Jeder Mann war Knabe und jeder jetzige Knabe wird später Mann sein. Damit verkreuzen sich die Relationen von aktiv und

---

7 Foucault (1984/1986, S. 125/286; wo die Übersetzung modifiziert wurde, gebe ich hier und im folgenden zunächst die französische Seite an; P. G.).

passiv, stark und schwach auch noch einmal in der Zeit. Es gibt nicht zwei temporal stabile Gruppen, sondern die Rollen sind zwangsläufig in Bewegung und verteilen sich perspektivisch um. Die Dominanzen sind nicht nur instabil, sondern sie zirkulieren. Potentiell erkennen die Beteiligten in den Rollen der anderen stets etwas von „sich" früher oder von „sich" später wieder. Hier wird zum einen deutlich, dass das erotische Spiel zu Recht ein „Spiel" genannt werden kann. Vor allem aber wird deutlich, dass es wesentlich die Gruppe zur Voraussetzung hat, jene „Szene" von „frei" agierenden Individuen, jenes Kollektiv, an dessen Oberfläche und durch den potentiellen Bezug aller auf alle ein exklusiver Handlungsraum entsteht. Er ist die Bedingung dafür, dass allein durch körperliche Teilhabe an einer exklusiven Praxis *transitorische* Identitäten darin Halt finden können, dass man das Begehren nach der Freiwilligkeit des Anderen untereinander zur Spielregel macht.

Man erkennt unschwer in den Praktiken des *éros* Grundmerkmale überhaupt für den egalitären politischen Raum: Öffentlichkeit, Pluralität, Anerkennung als tendenziell frei, gleich und doch in der Gleichheit hinreichend, oder sagen wir: auf attraktive Weise verschieden.

4.

In dem aus meiner Sicht brisantesten Abschnitt des ganzen Buches zeigt Foucault auf, wie das, was wir heute als Spielarten ein und der selben sexuellen Lust bezeichnen würden, im antiken Kontext von vorn herein auf ein ganz anderes Körperschema verweist. Der Leib ist hier nicht gleichsam Behälter einer Lust, die *in* ihm ist, die *er* mitbringt und die *sich* stillt. Der individuelle Leib ist eher ein Versammlungs- und Austragungsort der in der Welt vorfindlichen Lüste, griechisch *aphrodisía*, und diese sind verschiedene, zu verschiedenen Aktivitäten gehörende mögliche Genüsse. Die *aphrodisía* sind alles das, was körperlich erfreut, erregt, aufregt, genießen macht: nicht nur die Erregung (die „Hitze") des Geschlechts, sondern überhaupt die Berührungen, die Freuden des Auges, der Ohren, der Entspannung und Anstrengung, wenn eines jeweils ausgewogen auf das andere folgt, oder auch – als eindeutig wichtigstes – die Lust beim Essen und Trinken, die Freuden an der Nahrung und den Reizen des Geschmacks. Die *aphrodisía* haben eine gewisse Energie, *enérgeia*, aber sie haben nicht eigentlich einen Ursprung. Sie haben, wie Foucault schreibt, „keine Tiefe, sie sind nicht Maskierung eines Begehrens, keine Erfahrung, in der ein Verdacht ‚steckt'" (Foucault 1984/1986, S. 55) oder die überhaupt auf etwas hinweist, von dem sie „eigentlich" herkommt. Entsprechend wird nicht das lustvolle Tun *als solches* moralisch gewertet. Im Gegensatz zu christlichen Kodifizierungen dessen, was verboten und dessen, was erlaubt ist, sind für die moralischen Fragestellungen der Griechen an den *aphrodisía* deren „Dynamik“ weit mehr als ihre „Morphologie“ interessant (vgl. ebd., S. 57). Es sind nicht bestimmte Akte ein Problem, sondern die Aktivität, das Maß an Aktivität, das sich in ihnen äußert.

Als Potentiale bilden die *aphrodisía* einen offenen Bereich. Sie sind *steigerbar*, weil sie praktischer Natur sind und auf eine Ontologie der Kraft verweisen und nicht etwa auf eine Ontologie der Materie, deren „Natur“ ein festes Repertoire von Möglichkeiten fixieren würde. Man kann die *aphrodisía* anreichern, kunstvoll vermehren, quantitativ wie qualitativ, zumindest im Prinzip ist Versuchen in diesem Feld kein Ende gesetzt. Ebensogut kann man sie mäßigen, gruppieren, ordnen und ausgestalten: Sofern es eine Frage der Kraft ist, wie sich Akte, Lüste und Begierden untereinander verbinden, handelt es sich tatsächlich um kein primär als Materie oder Natur festgelegtes Geschehen. Natürlich sind zwischen den Körpern nicht beliebige Freuden möglich. Es gibt leibliche Erfahrungswerte und insofern Grenzen, aber seinem Wesen nach ist es kein fest eingegrenztes, sondern ein „dynamisches“ Verhältnis, das, mit einer Formulierung von Foucault, „sozusagen die Körnung der ethischen Erfahrung der *aphrodisía* bildet“ (ebd., S. 59).

Lässt sich von hier aus ein der so viel späteren modernen Welt fremdes Körper-Erfahrungsschema imaginieren? Jedenfalls dreht sich der allein, zu zweit oder zu mehreren ausgeübte Gebrauch der griechischen *aphrodisía* um Umgangsweisen mit einer Lust im Plural, die man pflegen, kultivieren und stilisieren kann – auch bändigen muß und wie im Kampf in Schach halten –, aber jeweils im Ausgang von Körpern, die „in sich“ nichts tieferliegendes, moralisch Problematisches tragen. Was diese mitbringen oder mit *hinein*bringen, ist nicht primär Materie, sondern Initiative und Aktivität.

5.

Foucault charakterisiert die Diätetik, Ökonomik, Erotik als „drei große Selbstführungskünste“ (*trois grands arts de se conduire*), als „drei große Selbsttechniken“ (*trois grandes techniques de soi*) der Antike (ebd., S. 324/315). Denn bis zu einem gewissen Grad erwachen *analoge* normative Forderungen an die Adresse des Einzelnen aus diesen gleichsam luftigen, auf verschiedene Beziehungsfelder des körperlichen Engagements verteilten Haltungen in den drei Feldern. Diese Forderungen an das Individuum sind positiv und postulieren eine Art von operativem Ideal. Sie sind an einem praktischen Optimum ausgerichtet. Es geht um eine Lenkungsaufgabe, rund um die herum sich ein Selbst des Individuums ausformen kann. Ergriffen werden soll (nicht muß!) die dem männlichen freien Erwachsenen gegebene Möglichkeit, sein *bíos*, seinen Lebensstoff, zum Substrat einer „moralischen" Lebensführung zu machen. Deren *éthos* bestünde darin, dass jemand sich die Suche nach der besten Form zu eigen macht, sich um das Wohl des eigenen Leibes, um dauerhaftes Glück in der Ehe und um die „wahre", die politisch und theoretisch identitätsstiftende Liebe unter seinesgleichen zu kümmern – jeweils als „Herr seiner selbst", aber auch jeweils eingelassen in den praktischen Kontext.

Ich wiederhole hier immer wieder das Wort „praktisch", denn wiederum ist die körperliche und dabei nicht von vornherein, sondern nur vorläufig und nur graduell individualisierte Qualität des „ethischen" Werkstoffs entscheidend. Wenn sich noch das Regime der Sexualität nach Foucault als Verhaltensschema und nicht als physische Natur lesbar machen lassen müsste, so ist in quasi unverstellter Form die antike Meisterung der Lüste unmittelbar leiblich und schreibt sich allein als leibliche Reizbarkeit, als leibliches Gehaltensein und leibliche Haltung ein. Was nur im Vollzug ist, ist auch ohne Fixierungen sich (wie anderem) nah. Dabei geht es nicht um ein reflexives Selbst, sondern im vollen Wortsinne um ein Körper-Selbst, um eine zuallererst sinnliche und darin erst sinnhafte Gestaltgewinnung. Im Unterschied zum modernen Individuum scheint das antike Selbst jedoch seiner Stofflichkeit nach ein praktisches Selbst zu sein, ein *soi*, und damit ist es eben eigentlich kein Selbst, sondern allein ein „Sich". Es zeigt sich – längs des Gelingens eines leiblichen Zusammenspiels. Es hat allenfalls den Aggregatzustand einer aktuell durch den oder die anderen beantworteten Sich-Erfahrung. Es zeigt sich nicht als Ergebnis, sondern als Prozess. Es wird nicht bearbeitet, sondern *ist* seine Ausarbeitung. Der in diese Arbeit involvierte, sich unter dieser Arbeit formende Körper kennt keine Innerlichkeit, kein Triebleben, keine tiefe „Bedeutung" der Lust, kein gutes oder böses „Wesen" des Begehrens oder einzelner Praktiken. Er findet Form und Darstellung gleichsam in der Wendung nach außen und ist dadurch als Körper unter Körpern gleichsam ein *plurale tantum*. Von „dem" Körper zu reden, hat – sofern er seinen Zuschnitt dem Spiel verdankt – eigentlich nur einen reduktionistischen Sinn. Entsprechend trägt „der" Körper nicht „ein" Begehren in sich, sondern er fängt Intensitäten auf und lernt sie zu bündeln, in einem sozialen Geschehen. Die sich selbst gleichen (männlichen, freien, erwachsenen) Körper haben das für sich Identische, das lustvoll Steigerbare, nicht „an" sich. Sie formieren sich „in der Kommunikation", würde man heute vielleicht sagen. Man könnte aber auch sagen: Sie entstehen in der – und als – Politik.[8]

8 Dieser politischen Konstitution der Körper entspricht es, dass der freie athenische Bürger sein Eingebundensein in seine Stadt ausdrücklich in erotische Begriffe fasst. Das Verhältnis der Männer zu ihresgleichen ist auch eines zum Leib der Stadt; vgl. Sennett (1994/95, S. 51ff., S. 64): *Flesh and stone* bzw. *Fleisch und Stein*.

Diese Zuspitzung ist aber ein Vorgriff meinerseits. Foucault hebt weniger die eigentümliche körperpolitische Übergängigkeit in der Identität des männlichen, freien, erwachsenen Individuums der Polis heraus als vielmehr etwas anderes, das die antike Normativität von den historisch späteren christlichen oder auch modernen absetzt: Zu verzeichnen ist eine grundlegende Differenz in der *Form*, in der die moralische Anforderung an den Einzelnen ergeht. Foucault unterscheidet zwei Moraltypen, einerseits die „codeorientierten Moralen", die auf kodifizierten Verboten, auf Gesetzen beruhen, andererseits die „ethisch orientierten Moralen", in denen die Aufforderung zur Selbstgestaltung, zur Realisierung einer Freiheit enthalten ist (vgl. Foucault 1984/1986, S. 42). Die griechische Moralität wäre, so Foucaults These, exemplarisch für eine Moral des zweiten Typs. Die späteren Epochen christlicher Moral wollen dagegen nicht mehr die *manifesten* Lüste an der Oberfläche der Körper gemäß einem bestimmten *Handlungsstil* ordnen, sondern basieren auf Kodifizierung. Sie erfinden die *verborgenen* Begierden und treten ihnen mittels *Gesetzen* entgegen, also im Modus von Erlaubnis oder Verbot. Verbunden wird dies mit Techniken der Gewissensprüfung und dem Zwang zu einer Rechenschaftslegung – und eben *diese* ist es auch, aus der heraus sich dann „Identität" zu konstituieren hat. Die verbotsorientierte Art der Selbstkonstitution ist vergleichsweise defensiv und vergleichsweise einsam. Sie ist rückgebunden nicht an Praktiken, sondern, vermittelt, an das Gesetz, und sie erfolgt denkend, in der Reflexion auf ein imaginäres Inneres. Verbot und Geständnis – noch die Psychoanalyse folgt diesem Muster.[9] Wir leben in einer Gesellschaft des sprechenden Geschlechts,[10] lautet Foucaults sarkastische Gegenwartsdiagnose im Blick auf Freud und Lacan. Der Meister hat nicht die Aufgabe, in ein Spiel zu initiieren, sondern er befragt und entziffert den je eigenen Umgang mit dem Verbot. Wollte man auch für diese Form der Praxis von einer praktischen, einer Ausarbeitungs-Seite des Selbst sprechen, dann läge der Unterschied ums Ganze darin, dass „der lange Prozeß nicht eine Vermehrung der Lüste zum Ziel hat, sondern eine Veränderung des Subjekts, das hier durch Verzeihung oder Versöhnung Heilung oder Befreiung findet" (ebd., S. 100).

„Schematisch könnte man sagen", so bilanziert Foucault demgegenüber für das 4. Jahrhundert v. Chr., „dass die Moralreflexion der Antike über die Lüste nicht auf

9 Wobei Foucault für die Sexualwissenschaft und die Psychoanalyse im 19. und 20. Jahrhundert herausgearbeitet hat, dass eben nicht allein das Verbot, sondern mehr noch das „Geständnis", die Selbstexplikation *in Ansehung* des Verbots in genau festgelegten Formen (und rund um das sexuelle Begehren), für die moderne Form einer „subjektiven" Identität das Entscheidende ist; vgl. dazu ausführlich Foucault (1976/1977).

10 Vgl. Foucault (1976/1978, S. 99; in dieser Ausgabe übersetzt als „des sprechenden Sexes").

eine Kodifizierung der Akte und nicht auf eine Hermeneutik des Subjekts abzielt, sondern auf eine Stilisierung der Haltung und eine Ästhetik der Existenz."[11]

Feststellen, dass diese Ethik „ästhetischer" Art nicht „codeorientiert" funktionierte, heißt nicht allein feststellen, dass sie einer anderen Logik gehorchte als der des festen Gesetzes und der Normierung durch Verbot. Ethisch orientierte Moralen haben gar keinen allgemeinen Adressaten. Sie wenden sich an die persönliche Entscheidung und können exklusiv bleiben, wenn man so will: elitär. Die antike Ethik als Technik wirkte *qua* Attraktion, sie zielte nicht – wie das Gesetz der kodifizierten Moral – auf eine Befolgung durch *alle*. Damit jedoch verharrt sie von vornherein diesseits eines Anspruchs auf Normalisierung, diesseits des Allgemeinmaßes einer „Normalität". Der Gesetzesmoral aber wohnt dieser Anspruch inne: Der Code will die Normalität einer Bevölkerung sicherstellen; er setzt ein Verhaltensmuster für jedermann durch. Ich weise darauf hin, wie wichtig dieser Unterschied ist. Denn damit kehrt sich der Blick um: nicht das ethische Vorbild sticht heraus, sondern die negative Abweichung, und sie wird nicht mehr geduldet. Im griechischen Kontext war hingegen die sexuelle Verfehlung kein zentrales Problem. Gesetze gegen sexuelles Fehlverhalten gab es wenige und besonders zwingend waren sie nicht.

„Ästhetik der Existenz" – ein solche Prägung könnte leicht zur Formel geraten. Verbindet man aber mit dem Wort „Ästhetik" nicht nur die Kunst, die *téchne*, sondern tatsächlich auch und vielleicht vor allem die *aísthesis*, die Evidenz der Wahrnehmung und des Zusammenspiel der Sinne, dann bleibt sie sprechend, Foucaults abstrakte Formulierung von einer „Ästhetik" des Sich. Die Momente, die namentlich das politische Spiel der Erotik prägen, finden sich in ihr wieder: Das auf offene Suche nach der attraktiven Form ausgerichtete Ideal des Aktivitätsstils, das Zusammengehen von Selbstlenkung und Freiheit, die kollektive und politisch-egalitäre Qualität des Spiels und seiner transitorischen, vorläufigen Rollen, eröffnet von den anderen her.

6.

Soweit das historische Material, der historische Spiegel-Blick. Nun verhält es sich so, dass Foucaults Geschichte der Sexualität und speziell der zweite Band über den *Gebrauch der Lüste* von seinen philosophischen Leserinnen und Lesern unter einem

11 „On pourrait dire schématiquement que la réflexion morale de l'Antiquité à propos des plaisirs ne s'oriente ni vers une codification des actes ni vers une herméneutique du sujet, mais vers une stylisation de l'attitude et une esthétique de l'existence" (Foucault 1984/1986, S. 125/122).

wiederum subjektzentrierten Blickwinkel aufgenommen worden ist. Der Text, den ich eben vorgestellt habe, wurde gerade nicht gelesen als ein Buch über Verhältnisse, die sich bis zu einem gewissen Grade diesseits einer Selbst-Identität halten. Sondern als ein Buch über das Selbst. Mit dem Gegenbild zu einer modernen „Hermeneutik des Begehrens" zeige Foucault die Möglichkeit einer anders gelagerten, von der Last der Verbotsmoral und der Suche nach der eigenen Innerlichkeit befreiten „Ästhetik der Existenz"; eine „Kultur des Selbst" werde entworfen; so ist *Der Gebrauch der Lüste* mitsamt dem nachfolgenden Band *Die Sorge um sich* regelrecht als alternativer Entwurf einer Ethik missverstanden worden – einer Ethik als „Lebenskunst"[12] oder jedenfalls als einer Art von alternativer – „besserer" – Theorie des Subjekts.

Eine Fixierung auf das Thema des Selbst lag auch für die Foucault-Kritiker nahe, denn sie fühlten sich durch die Thematik bestätigt. Hatten sich die früheren Untersuchungen Foucaults nicht stets dagegen gewehrt, die Geschichtsschreibung überhaupt nur dem Subjekt in seiner „leeren Identität" (Foucault 1977/1978, S. 32) zu widmen? Tatsächlich findet man bei Foucault bis dahin jeglichen Rekurs auf „Subjekte" vermieden. Konsequent hat er im Material stets querliegende Fragestellungen verfolgt, und die Arbeiten zum Wahnsinn, zum System der Strafjustiz, zur Genese des ärztlichen Zugriffs in der Klinik, zur Entstehung des Menschen als sozialwissenschaftliches Konstrukt, zur modernen Bio-Macht (etc.) laufen alle stets *auch* auf eine Subjektkritik hinaus, desgleichen seine Theorie von Macht und Widerstand und seine „philosophischen" Anschlüsse an Nietzsche. Vor diesem Hintergrund nahm man die beiden Bände zur griechischen und römischen Antike als kleine Sensation; sie wurden als regelrechte Kursänderung gewertet. Verteidiger des expliziten Subjektbezugs jeglicher Philosophie registrierten das mit hämischem Unterton: Foucault als Autor, der zunächst in spektakulärer Weise das Subjekt hinterfragt hat und das Ende des „Menschen" prognostizierte, sei nun endlich doch mehr oder weniger einsichtig zum Subjekt zurückgekehrt.[13] Ich denke, diese Wahrnehmung ist insofern Unsinn, als sie ganz offenkundig die Beschreibungsarbeit, die Foucault leistet, mit einer Parteinahme verwechselt – so als ob der Untersuchungsgegenstand „Subjektivierungsformen" mit dem Bekenntnis für eine irgendwie dann doch metaphysisch behauptete Existenz des Subjekts verbunden sein müsste.[14] Hatte Foucault an anderer Stelle For-

12 So als Versuch, diese „Ethik" dann fortzusetzen, Schmid (1987, 1991, 1998).

13 Gewisse Bemerkungen von Foucault leisteten dem Vorschub; so die vielzitierten Sätze aus einem (von Foucault für US-amerikanische Leser auf englisch verfassten) Text: „Nicht die Macht, sondern das Subjekt ist deshalb das allgemeine Thema meiner Forschung." Und: „Wir müssen neue Formen der Subjektivität zustandebringen, indem wir die Art von Individualität, die man uns jahrhundertelang auferlegt hat, zurückweisen" (Foucault 1982/1987, S. 243, 250).

14 Gilles Deleuze, einer der kundigsten Interpreten Foucaults, stellt ausdrücklich klar, in *L'usage des plaisirs* werde nicht etwa das Subjekt „entdeckt". Der Text verleihe aber dem Subjekt „sei-

men der „Wahrheitsproduktion", die sogenannten „Diskurse" beschrieben, so war damit auch in keiner Weise die Existenz von Wahrheit – in einem irgendwie substanziellen Sinn – behauptet worden. So besehen ist die These von einer Wende im Werk, von einer neuen Subjekttheorie und damit von einer Revision der früheren Subjektkritik, definitiv falsch. Ähnlich falsch wie die Deutung, Foucault verfolge mit dem Rekurs auf die Antike das normative Projekt einer neuen Ethik als griechisch inspirierte „Lebenskunst" für heute.

Richtig ist, dass Foucault, nachdem er in seinen früheren Büchern „Wissen" und „Macht" rein relational als Wissens- und Machtbeziehungen thematisiert hat, mit dem Beziehungstypus Bezug-auf-sich eine neue Form von Machtrelation ins Auge fasst, die Selbstermächtigungsrelation. Aber gerade *Der Gebrauch der Lüste* zeigt ja, wie sehr die konkreten Praktiken des *sich* Ermächtigens auch und zugleich und notwendigerweise Praktiken einer strikt symmetrischen Ermächtigung des Anderen sind, aller potentiellen Mitspieler, so dass der Bezug *auf sich* genauso sehr, wenn nicht vielleicht sogar vorrangig, Bezug *auf den anderen* ist und genauso Bezug auf *die* anderen, auf den differentiellen Kontext, der die erotische Evidenz hervorbringt, auf das Kollektiv, auf die exklusive Gruppe der Spielbeteiligten.

Und damit bin ich bei meiner eigenen abschließenden Zuspitzung. Deren Himmelsrichtung hat sich bereits abgezeichnet. Interessanter, als ausgehend von dem emblematischen Begriff „Ästhetik des Existenz" neuerlich eine Theorie des Selbst aus *Der Gebrauch der Lüste* herauszulesen, was dann doch nur wieder jenes *soi* der Lenkung und Bündelung des Lustgebrauchs fokussiert, ist die Frage nach der Pluralität, nach dem initialen Element des Kollektivs. Wie wäre – jenseits der individuellen Freiheitlichkeit der „ethisch" orientierten Moral – jene eigenartige Verwicklung in die Freiheit der anderen zu denken, auf der das erotische *éthos* beruht? Und wie die radikale Vorläufigkeit jener – anachronistisch gesprochen – „Identifikationsgewinne", die im Spiel der Erotik überhaupt nur zu haben sind?

---

nen vollen Umfang und zugleich eine irreduzible Dimension", nämlich einen „Bezug zu sich, der nicht mehr Wissen noch Macht ist". Schon das halte ich für problematisch – im Hinblick auf die ungeklärte Leibtheorie („ist" der Körper mehr als Wissen und Macht? Und wenn ja, fehlt es an der Komponente des Sich-Bezugs, um ihn zu denken?) und im Hinblick auf die Prävalenz des einsamen Sich vor dem Sich, das sich praktisch verstrickt und sich berührt mit anderen („gelingt" die Selbsterfahrung nicht erst als abgeleitete auch allein?); noch problematischer ist aber der Kant-Bezug: Deleuze vergleicht das *soi* mit der Kantischen Selbstaffektion; vgl. Deleuze (1986/1992, S. 149).

7.

Damit bin ich bei meiner These: Foucaults Analyse führt, macht man die historische Bruchlinie im (gewiss weit gespannten) Kontrast zur griechischen Antike lesbar, vielleicht auf das Thema Identitäten zu – aber dann eben im Sinne von Identitäten im Plural, und auf den Plural kommt es an.

Die Stärke von Foucaults Untersuchung liegt ja darin, nicht einfach die vorchristliche „Freiheit" des griechischen Umgangs mit den körperlichen Lüsten zu feiern. Nicht eine gleichsam kindliche oder sportlich-aktionistische Unbefangenheit als solche ist es, in der das spielerische Moment, die „starke" Oberflächlichkeit des praktischen Gefüges liegt. Sondern es gibt Regeln – aber diese sind von anderer Art als Verbotsregeln. Es sind Ermöglichungsregeln, und sie ermöglichen ein Spiel von Gegen- und Wechselseitigkeit auf der Basis einer Gleichheit, die wiederum sich mit dem Index so minimalisierter Differenzen ausstattet, wie Altersunterschiede, momentane Geschicklichkeitsunterschiede, momentane rhetorische Kompetenzen und – neutralisierbare – Statusunterschiede *qua* gewillkürter Anerkennung es sind. Sicher: Schon klassische Autoren, Plutarch etwa, bestreiten die gelingende Gegenseitigkeit in der körperlichen Beziehung von Knabe und Mann. Der *éros* war eine balancierende Praktik und das gelang nicht immer, es war eine problematische Technik. Für das erotische Band bei Platon möchte ich dennoch die Schlussfolgerung wagen, dass dort nichts weniger entworfen wird als ein *differentielles System* der Signifikanz der Lüste. Deren Medium ist das (Liebes-) Handeln und auch die Liebesrede der Beteiligten. Und die Körper sind weder die Referenz, das Objekt des lustsuchenden Handelns, noch sind sie das Subjekt der Lüste oder die Heimstatt der verborgenen Eigentlichkeit dieses Subjekts. Sie sind vielmehr die Durchgangszonen, die Relaisstationen für einen „Sinn", der an ihnen sich zeigt und spürbar wird, während er zugleich allein aus dem Spiel seine Energie bezieht, als dessen Teil er auftritt. Foucaults Ontologie der *aphrodisía* entwirft – sofern diese *aphrodisía* gleichsam *getan* werden müssen und aus der Gewinnung ihrer Form als erfahrbare Praxis ihre Raffinessen schöpfen – etwas, das man eine auf die Signifikanzen einer Zeichen-Praxis sich erstreckende Leiblichkeit nennen kann. Das Spiel ist ein „System". Es ist ein System ähnlich wie nach Saussure die Sprache als ein System funktioniert: sich selbst tragend, allein auf der Basis eines Gebrauchs, kann aus (in ihrem Sosein an sich nebensächlichen, „arbiträren") Elementen fester, gewisser, quasi materieller Sinn entstehen. Nur sind es nicht *Bedeutungen*, sondern *Leib-Erfahrungen*, die das erotische Spiel realisiert. Und zwar am Körper, *als* Körper, evident und spürbar.

Vielleicht findet sich für das volle Gewicht dieser Konsequenz – ernsthaft ist der erotische Leib als solcher und nicht nur irgendeine Bedeutungsschicht an ihm betroffen – eine besonders geglückte Fassung in jenem Mythos, den in Platons *Symposion*

Aristophanes erzählt. Es ist der Mythos von den Kugelwesen dreierlei Geschlechts, welche die Menschen waren, bevor ein zorniger Gott sie halbierte, so dass nun alle in ihren Körpern unterwegs sind, einander suchend, aber angesichts der verwirrenden Kombinatorik der möglichen Hälften nicht wissend, wer sie „sind" – und zwar regelrecht stofflich: Es ist unklar, von welcher Art ihr Körper ist. Waren sie Teil eines der beiden gleichgeschlechtlichen oder eines gemischtgeschlechtlichen Doppelwesens? Erst die Praxis kann dies zeigen, das Spiel selbst; und dieses heißt dann: den anderen *und* den eigenen Leib im Zuge der selben Lust, und sofern man Lust findet, finden. Die Körper als solche haben den Status eines substantiell nicht bedeutungstragenden Moments, sie bringen „sich" nicht mit. Die wirkliche *Signifikanz* ihrer Lüste und damit der „eigentliche" ganze Körper ergibt sich für alle Elemente in diesem Suchspiel erst *ad hoc*, mit der gelungenen Begegnung. Das Spiel erzeugt aus der Lust die Körper, nicht umgekehrt.

8.

> „Man muß genügend Organismus bewahren, damit er sich bei jeder Morgendämmerung neugestalten kann."
> (Deleuze und Guattari 1980/1992, S. 220)

Hat es Sinn, das mit dieser Lesart zweifellos forcierte „Spiel der Identitäten" gegen das Identitätsdenken oder gegen die Identitätspflichten ins Feld zu führen, an die wir unsere Körper heute zu binden pflegen? Ziel meines Aktualisierungsversuchs ist es nicht, zum guten Schluss nun „konstruktive" Kritik vorzutragen, oder gar Vorschläge zu unterbreiten – jedenfalls nicht im Namen der Griechen oder im Namen von Foucault.

Zu denken geben kann die historische Lektüre aber. Sie kann beispielsweise den Sinn dafür schärfen, dass wir nach wie vor in einer Epoche der Psychologisierung leben: Im Namen einer normalisierbaren Innerlichkeit werden die Individuen durch Therapie zu mehr Einsamkeitsresistenz ertüchtigt. Nicht sich Finden im Spiel, sondern die Sicherheit einer Identität vor dem Spiel ist gefordert. Wohl auch leben wir in einer Epoche der Renaissance von Kleinfamilie und Paar: Rund um das Projekt eines in einem veränderten Sinne des Wortes genetisch „höchsteigenen" Optimalkinds scheinen sich die Monaden zu schließen. Inwieweit der Vormarsch des biologischen Themas Fortpflanzung verbunden mit der neuen Dispositionsfreiheit über genetische Variablen sich als Normalisierungsdruck in den Bereichen Liebesleben und Sexualmoral auswirken wird, vermag heute wohl niemand zu sagen. Aber eher *verdichtet* sich noch einmal der Körper – weniger denn je ist er symbolische Praxis und mehr denn je eine determinierte Substanz. Phänomene wie Transsexualität kann man als ein weiteres Beispiel nennen. Im Laufe des 20. Jahrhunderts scheint die sexuelle Identität eine derart zwingende Imagination geworden zu sein, dass man inzwischen gewissermaßen den Körper ihr „hinterher" operiert. Mehr Beispiele ließen sich anführen. Ganz generell, so scheint es, befinden wir uns im Zenit eines Zeitalters, das den Körper nur mehr als *Substanz* begreifen kann und nicht in der Lage ist, ihn als *Handlung* zu verstehen.

Man möchte hoffen, dass noch Provokationskraft von dem Spiegelbild ausgehen wird, das *Der Gebrauch der Lüste* bereithält. Denn es sendet ein anderes Licht aus, und dieses entsteht unmittelbar am historischen Material. Zweifellos wollte Foucault auch provozieren. Aber er verlangte geschichtlichen Realismus und Konkretheit von der politischen Fiktion. Dem Begriff der Utopie hat er daher die Idee sogenannter „Heterotopien" vorgezogen, gemeint sind Andeutungen in Bezug auf andere Räume, andere Orte oder vielleicht könnte man sagen: Anders-Orte, in denen zeitlich und räumlich ungleich Gelagertes, Heterotopes, zusammenkommen kann und – lokal, vorläufig, meist wenig beachtet – etwas Neues ergeben (vgl. Foucault 1984/1999).

Warum also nicht so etwas wie ein kleines Credo formulieren, nach der Lektüre eines Geschichtsbuchs, das gleichsam „heterotop" funktioniert? Zumindest *könnte* es Verhältnisse gegeben haben und *könnte* es folglich womöglich Verhältnisse geben, die es Individuen erlauben, das zu leisten, was in der europäischen Tradition wohl erforderlich ist: individuell mit sich „identisch" und nach Möglichkeit singulär zu sein – dies aber doch auf eine solche Weise, dass das individuelle *soi* nicht mehr als ein *soi* sein muß und so diesseits des Phantasmas einer fixen, einer materiellen Identität verbleibt.

Gegen den Menschen, das Subjekt oder, wenn man will auch persönliche Identitäten muss eine solche einladende Vision sich letztlich nicht richten. Um noch einmal Foucault zu zitieren: Die politischen Kämpfe (heute) „sind nicht im engeren Sinne für oder gegen das ‚Individuum' gerichtet, sondern eher Kämpfe für oder gegen das, was man ‚Regieren durch Individualisieren' nennen könnte" (Foucault 1982/1987, S. 246).

Literatur

Deleuze, Gilles (1986/1992): *Foucault*. Paris: Minuit; deutsch: *Foucault*. Übers. von Hermann Kocyba. Frankfurt a. M.: Suhrkamp.

Deleuze, Gilles und Félix Guattari (1980/1992): *Mille Plateaux*. Paris: Minuit; deutsch: *Tausend Plateaus*. Übers. von Gabriele Ricke und Ronald Vouillé. Berlin: Merve.

Foucault, Michel (1969/1973): *L'archéologie du savoir*. Paris: Gallimard; deutsch: *Archäologie des Wissens*. Übers. von Ulrich Köppen. Frankfurt a. M.: Suhrkamp.

Foucault, Michel (1976/1977): *Histoire de la sexualité I: La volonté de savoir*. Paris: Gallimard; deutsch: *Sexualität und Wahrheit. Der Wille zum Wissen*. Übers. von Ulrich Raulff und Walter Seitter. Frankfurt a. M.: Suhrkamp.

Foucault, Michel (1976/1978): L'Occident et la vérité du sexe (Le Monde 1976). In: *Dits et écrits 3* (1994). Hg. von Daniel Defert und François Ewald. Paris: Gallimard, S. 101-106; deutsch: Das Abendland und die Wahrheit des Sexes. In: *Dispositive der Macht*. Übers. von Ulrich Raulff. Berlin: Merve, S. 96-103.

Foucault, Michel (1977/1978): Intervista a Michel Foucault (Interview von Alessandro Fontana und Pasquale Pasquino). In: *Microfisica del Potere*. Turin: o. V., o. S.; deutsch: Wahrheit und Macht. Übers. von Elke Wehr. In: *Dispositive der Macht*. Berlin: Merve, S. 21-74.

Foucault, Michel (1980/o. J.): Le philosophe masqué (Le Monde, 6. April 1980). In: *Dits et écrits 4* (1994). Hg. von Daniel Defert und François Ewald. Paris: Gallimard, S. 104-110; deutsch: Der Philosoph mit der Maske. Übers. von Peter Gente. In: *Von der Freundschaft als Lebensweise. Michel Foucault im Gespräch*. Berlin: Merve, S. 9-24.

Foucault, Michel (1981/o. J.): Sexuality and Solitude (1981). In: *Dits et écrits 4* (1994). Hg. von Daniel Defert und François Ewald. Paris: Gallimard, S. 168-178; deutsch: Michel Foucault und Richard Sennett: Sexualität und Einsamkeit. Übers. von Walter Seitter. In: *Von der Freundschaft als Lebensweise. Michel Foucault im Gespräch*. Berlin: Merve, S. 35-53.

Foucault, Michel (1982/1987): Warum ich die Macht untersuche: Die Frage des Subjekts. Übers. von Claus Rath und Ulrich Raulff. In: Hubert Dreyfus und Paul Rabinow (Hg.): *Michel Foucault. Jenseits von Strukturalismus und Hermeneutik*. Frankfurt a. M.: Athenäum, S. 243-250.

Foucault, Michel (1984/1986): *Histoire de la sexualité II: L'usage des plaisirs*. Paris: Gallimard; deutsch: *Sexualität und Wahrheit 2: Der Gebrauch der Lüste*. Übers. von Ulrich Raulff und Walter Seitter. Frankfurt a. M.: Suhrkamp.

Foucault, Michel (1984/1999): Des espaces autres (1984). In: *Dits et écrits 4* (1994). Hg. von Daniel Defert und François Ewald. Paris: Gallimard, S. 752-762; deutsch: Andere Räume. Übers. von Walter Seitter. In: Jan Engelmann (Hg.): *Foucault. Botschaften der Macht*. Stuttgart: DAV, S. 145-157.

Meyer-Zwiffelhoffer, Eckhardt (1995): *Im Zeichen des Phallus*. Frankfurt a. M.: Campus.

Ritter, Joachim u. a. (Hg.) (1976): *Historisches Wörterbuch der Philosophie*. Band 4. Basel: Schwabe.

Schmid, Wilhelm (1987): *Die Geburt der Philosophie im Garten der Lüste*. Frankfurt a. M.: Suhrkamp.

Schmid, Wilhelm (1991): *Auf der Suche nach einer neuen Lebenskunst. Die Frage nach dem Grund und die Neubegründung einer Ethik bei Foucault*. Frankfurt a. M.: Suhrkamp.

Schmid, Wilhelm (1998): *Philosophie der Lebenskunst. Eine Grundlegung*. Frankfurt a. M.: Suhrkamp.

Sennett, Richard (1994/1995): *Flesh and stone*. New York, London: W. W. Norton, Faber & Faber; deutsch: *Fleisch und Stein. Der Körper und die Stadt in der westlichen Zivilisation*. Übers. von Linda Meissner. Berlin: Berlin-Verlag.

Abwesende Anwesenheit

Von der Ungleichzeitigkeit der Identität

Alfred Schäfer

I. Vorüberlegungen zum Fremdverstehen

Die formale Identität, der Anspruch, mit sich selbst in verschiedenen Kontexten identisch zu sein, gehört seit Rousseau zu einem Selbstverständnis, das sich gegen die Überwältigung durch gesellschaftliche Einflüsse definiert. Bei Rousseau kann man aber auch lernen, dass, wie das totalitäre Arrangement des „Émile" zeigt (vgl. Rousseau 1963; Schäfer 1992), diese Identität (als Einheit von Wünschen und Fähigkeiten) einen sehr hohen Preis fordert. Dieser besteht im Verzicht auf jene Autonomie, um die es doch eigentlich gehen sollte: Zur Aufrechterhaltung der formalen Identität bedarf jener mit sich identische Émile der Außenleitung durch einen Erzieher, der notfalls die Begründungsdimension liefert. Er vertraut letztlich seinen Fähigkeiten nicht, den Identitätszwang zu gewährleisten. Die Identität mit sich hängt am Außen: Dies betrifft nicht nur die Vorstellung eines Mentors, sondern auch und gerade die Hoffnung, dass die metaphysische Sicherungsinstanz des Gewissens funktionieren möge, in dem das göttliche Gebot sich kundtut.

Nun steht aber die Fiktion eines jenseits jeder sozialen Auseinandersetzung aufwachsenden Menschen, der durch eben diesen Ausschluss gesellschaftlicher und konkurrenzorientierter Selbstbehauptung mit sich identisch sein und werden soll, für die Lösung eines anderen Problems: desjenigen, wie man unter entfremdenden gesellschaftlichen Bedingungen überhaupt mit sich identisch sein kann. Rousseau entwirft gleichsam den gesellschaftsfremden Menschen, um die Möglichkeit von Identität gegen die soziale Entfremdung behaupten zu können – und damit auch einen Standort für seine Gesellschaftskritik anzugeben. Das Identitätsproblem verschränkt sich so am Beginn der Moderne mit einem epistemischen Problem: Nur der mit sich identische Mensch, der sich kognitiv und emotional zur Einheit zu bringen vermag, scheint in der Lage zu sein, die gesellschaftlichen Bedingungen, denen er unterliegt, einer Kritik zu unterwerfen, deren Maßstab nichts anderes als eben diese Identität ist.

Die Doppelbewegung der Ablehnung einer gesellschaftlich vermittelten Identität und das Ziel einer formalen Identität mit sich selbst prägt das Imaginäre menschlicher Selbstvergewisserung in der Moderne. Dagegen hatte es ein anderer Aspekt des

Identitätsproblems, den man – wie Lévi-Strauss (1992) zeigt – ebenfalls auf Rousseau zurückführen kann, entschieden schwerer. Anhand von Rousseaus Beschäftigung mit den „Wilden" verweist Lévi-Strauss auf eine identitätslogische, aber eben auch epistemische Variante der erwähnten Doppelbewegung. Derjenige, der der eigenen Kultur und ihren Identitätsentwürfen kritisch gegenübersteht, versucht eine Strategie der Annäherung an den Fremden, in der er sich einerseits so weit wie möglich selbst aufgibt, und in der er sich andererseits mit den Augen der Fremden auf eine neue Weise zu sehen bemüht. Der Verzicht auf eine Vermessung des Fremden mit den Kategorien des Eigenen verlangt so eine Dezentrierung des Selbst (vgl. auch Waldenfels 1997), die durch die Perspektive der Anderen auf dieses Selbst gestützt werden soll. Lévi-Strauss verweist aber auch auf die Grenze eines solchen Versuchs, die eigene Identität loszuwerden und eine neue, nicht mehr durch die eigene Gesellschaft vermittelte zu gewinnen. Diese Grenze besteht darin, dass der Akteur das eigene „Ich" nicht loszuwerden vermag – weder im Versuch, die eigenen Kategorien aufzugeben, noch in der Wahrnehmung der fremden Perspektive auf das eigene Selbst. Das, was dann noch möglich erscheint, besteht darin, das reflexive Paradox von Ich und Selbst offenzuhalten, was nichts anderes heißt als die permanente Aufgabenstellung zu akzeptieren, mit dem eigenen Selbst, mit dem ja gerade das identifizierende Ich nicht identisch ist, unzufrieden zu sein. Damit gewinnt das Fremdverstehen eine paradoxe Qualität: Deren Fruchtbarkeit bemisst sich daran, inwieweit die vom Ich interpretierte Fremdwahrnehmung des eigenen Selbst in der Interpretation ihre Fremdheit und damit Unverfügbarkeit behält, inwieweit sie sich dem identifizierenden Zugriff entzieht.[1]

Diese Perspektive ist nun allerdings eine völlig andere als jene des Identitätszwangs, der darin besteht, dass das Ich immer und unter allen Umständen mit sich identisch sein soll. Im Gegensatz zu dieser Betonung einer formalen Identität, die als zu bewältigende Anforderung gegenüber dem Individuum geltend gemacht werden kann, geht es hier eher um die Bodenlosigkeit jeder Selbstthematisierung. In die Identität wird eine Differenz eingetragen, die systematisch nicht aufhebbar erscheint. Es ist in dieser Sichtweise zum einen ausgeschlossen, im Anderen zu sich selbst zu kommen. Das impliziert ein Identitäts- wie auch ein Erkenntnisproblem. Weder ist es mir möglich, die Perspektive des Gegenübers auf mich jenseits ihrer (sie verändernden) Interpretation durch mich zu identifizieren, noch kann ich davon ausgehen, dass er meine Perspektive einzuholen vermag. Wir bleiben uns fremd. Es ist genau an

1 Dass dies nicht nur ein Problem des Fremdverstehens darstellt, sondern auch und gerade die Repräsentation des in dieser Paradoxie Verstandenen in unlösbare Probleme verwickelt, hat die wissenschaftstheoretische Diskussion in der Ethnologie der letzten 30 Jahre hinreichend deutlich gemacht. Vgl. als Überblick Berg und Fuchs (1993).

dieser Stelle des Verweises auf das unausweichliche Paradox des Fremdverstehens, dass aktuelle Theoreme eines „dezentrierten Subjekts“ zur Sprache kommen. Wenn also zunächst auf den Ansatz Goffmans verwiesen wird, so nicht in der (zur Zeit im Rahmen der sogenannten ethnographischen Methode in der Pädagogik) gängigen Absicht, Wirklichkeit mit den Kategorien Goffmans zu beschreiben.[2] Vielmehr geht es mir darum, am Beispiel dieser Theorie auf die Einheit von Identität und Verkennung hinzuweisen, die auf der Notwendigkeit des unmöglichen Fremdverstehens beruht. Goffman ist für mich an dieser Stelle gerade deshalb interessant, weil er meist als Theoretiker gelingender individueller Identität auf der Grundlage des Ausgleichs von sozialen Anforderungen und individuellen Wünschen gelesen wurde (vgl. dazu Schäfer 2000).

Jedoch ist mit der von Lévi-Strauss herausgearbeiteten Perspektive nicht nur die Einheit von Identifizierung und Verkennung hinsichtlich des Fremdverstehens bezeichnet, sondern zugleich die Unmöglichkeit, sich über die reflexionslogische Differenz von Ich und Selbst hinweg als Einheit thematisieren zu können. Auch das hoffe ich, unter Rückgriff auf die Theorie Goffmans als systematisches Problem aufweisen zu können.

Im Anschluss daran werde ich daher Umgangsformen mit diesem Problem der dezentrierten Subjektivität in sogenannten „traditionellen Kulturen“ zu zeigen versuchen. Ich werde mich dabei auf eigene Forschungen bei den Batemi und den Dogon beziehen, die dem Paradox des Fremdverstehens nicht entronnen sind. Hinter dieser Darstellung steht (mit der These des systematischen Problems der Identität) dabei auch die Überlegung, dass die Struktur von Selbstverhältnissen nicht nur unter Bedingungen radikaler Pluralität ein Problem darstellt.

2 Die ethnographische Methode hat zur Zeit in Soziologie und Pädagogik Konjunktur. Dabei wird darauf verwiesen, dass einem das Vertraute fremd werden müsse, dass man lernen müsse, es mit anderen Augen zu sehen. Dies ist insofern zu begrüßen, als damit alte Problemhorizonte der Latenz, einer Rationalität hinter der subjektiven Intentionalität, wieder eingeholt werden. Doch eine methodische „Befremdung der eigenen Kultur“ (Hirschauer und Amann 1997) geht letztlich nur von einer Verfremdung des Selbstverständlichen aus, die in der Verfügung des Forschers liegt. Dieser sieht Altes neu, das aber dann gerade nicht mehr fremd ist. Es findet keine Problematisierung des Eigenen in Hinblick auf das sich entziehende Fremde statt. In diesem Sinne ist es auch zu verstehen, dass häufig auf den Theorierahmen Goffmans zurückgegriffen wird (vgl. z. B. Kalthoff 1997), der aber dann auch nur objektivistisch als neue Optik verstanden wird, unter der Dinge in einem anderen Licht erscheinen. Dass Goffman damit mehr meinte, wird weiter unten deutlich werden.

II. Die Uneinholbarkeit von Selbst und Anderem in der absurden Soziologie Goffmans

Goffmans Subjektvorstellung erscheint als eine, die der strategischen Selbstbehauptung auch unter widrigsten Umständen verpflichtet ist. Dieses Subjekt, das Eindrücke manipuliert, Informationen kontrolliert (vgl. Goffman 1967), das über Techniken der Imagepflege verfügt (vgl. Goffman 1973a), das Zugangsmöglichkeiten zu sich über die Segregation des Publikums (etwa nach Vorder- und Hinterbühne – vgl. Goffman 1969) steuert – ein solches Subjekt versucht, sich dem Herrschaftsanspruch von Identitätszumutungen zu entziehen, indem es sich so inszeniert, das hinter der Erfüllung dieser Erwartungen noch seine unzugängliche Andersheit, seine „Einzigartigkeit" sichtbar wird. Diese „Einzigartigkeit" lässt sich jedoch nur als Differenz zum Standard identifizieren – als Darstellung eines Engagements, das seine Grenze an der Rollenerfüllung findet, als Darstellung von Rollendistanz, die – wie Goffman betont – zur Rolle gehört und nicht in einem Ort jenseits der sozialen Erwartungen angesiedelt werden kann (vgl. Goffman 1973b).

„Einzigartigkeit" erscheint aber dann – wie Gouldner formuliert – selbst noch als „sekundäre Anpassung" (vgl. Gouldner 1974, S. 456). Gouldner kritisiert, dass das dramaturgische Modell Goffmans die Trennung von Sein und Schein verwische. „Wenn die ganze Welt eine Bühne ist, dann sind die Arbeit, die die Menschen leisten, und die Funktionen, die sie erfüllen, nicht mehr real. Vielmehr ist menschliches Verhalten wesentlich als der Versuch zu verstehen, im Hinblick auf andere eine bestimmte Vorstellung vom eigenen Selbst aufzubauen und aufrechtzuerhalten. Das Ergebnis hängt nun nicht davon ab, was die Menschen in der Welt „wirklich" tun, von ihren sozialen Funktionen oder von ihrem Wert, sondern von ihrer Fähigkeit, geschickt überzeugende Kostüme, Requisiten, Fassaden und Manieren einzusetzen" (ebd., S. 454f.). Diese Kritik Gouldners ist zutreffend und zugleich dogmatisch. Zutreffend ist sie, weil es Goffman in der Tat um die Aufhebung der Trennung von Sein und Schein in einem Konzept äußerst zerbrechlicher „Wirklichkeit" geht, deren Akzeptanz als immer vorläufige Realität von Inszenierungen abhängt. Im Anschluß an Kenneth Burke geht Goffman davon aus, dass Tun Sein ist (vgl. Goffman 1973b, S. 98). Damit meint er, dass hinter den Inszenierungen keine andere, „wahre" Wirklichkeit liegt, sondern dass sich der Betrachter mit der Inszenierung zufrieden zu geben habe. Die Problematisierung der „Wirklichkeit" einer Inszenierung (eines Tuns als Sein) durch den (auch wissenschaftlichen) Betrachter ist somit selbst eine Handlung, die zur Inszenierung gehört, und die daher nicht auf die von Gouldner immer schon vorausgesetzte Unterscheidung von wahrem Sein und inszeniertem Schein zurückgreifen kann. Hinter den Inszenierungen steckt nicht das wahre Sein:

weder als objektive gesellschaftliche Wirklichkeit noch als wahre Identität. Hinter den Masken – so könnte man mit Nietzsche sagen – stecken nur Masken. Die Unterscheidung von „Echtheit“ und „Täuschung“, die Gouldner dogmatisch behauptet, muss immer mitinszeniert werden. Sollte man in einer Inszenierung als nicht „aufrichtig“ (gemessen etwa an früheren Darstellungen) auffallen, so werden gerade die früheren Darstellungen zum Kriterium für „Echtheit“ und „Falschheit“.

Die Bescheidung beim Tun, der Verzicht darauf, hinter den Handlungen das wahre Subjekt zu supponieren, das sich strategisch gegen soziale Erwartungen verteidigt, indem es seine unverwechselbare Identität hochhält, die Behauptung, dass die „persönliche Identität“ ebenfalls nur eine Inszenierung entlang von Identitätsaufhängern (wie biographischen und administrativ kodifizierten Daten) darstelle – eine solche Sicht stellt die Identität des Subjekts nicht nur für die Betrachter seiner Inszenierungen in Frage, sondern auch für dieses Subjekt selbst. In Frage steht also, inwieweit sich dieses Subjekt überhaupt noch als solches verstehen kann.

Dieser Befund hat nun für Goffman etwas mit der Möglichkeit der Perspektivenübernahme (und so mit der Möglichkeit des Fremdverstehens) zu tun. Mit Mead betont Goffman die Vorgängigkeit der Übernahme der Perspektive des anderen vor der Selbst-Wahrnehmung durch das Individuum. Die übernommene Perspektive des anderen ist aber immer schon eine interpretierte Perspektive. In ihr fallen das, was der andere ausdrückt, seine Perspektive auf Ego und dessen Identität, und das, was den Eindruck Egos ausmacht, immer schon und unaufhebbar auseinander. Goffman spricht von einer „fundamentalen Asymmetrie des Kommunikationsprozesses“ (Goffman 1969, S. 9). Es ist unmöglich, die Perspektive des anderen zu „übernehmen“; man kann sie nur interpretieren – ohne diese Interpretation mit dem „Original“ abgleichen zu können. Wenn man zudem Kommunikation als wechselseitigen Prozess versteht, dann trifft dies für beide Seiten zu, womit die Unterstellung eines „wahrhaften“ Verstehens hinfällig wird. Möglich sind dann nur noch äußerst fragile Arbeitsbündnisse auf der Grundlage einer vorläufigen Akzeptanz wechselseitiger Identitäts-Unterstellungen.

Diese Unterstellungen und das heißt: die scheinbar aufgehobene Differenz von Ausdruck und Eindruck, von Sein und Schein, bestimmen den Fortgang der Interaktion. Ego muss auf die vermutete Identitätserwartung Alters reagieren, ohne zu wissen, ob sie zutrifft. Das weiß er erst, wenn auf seine Handlung eine Reaktion Alters erfolgt, die als solche aber wieder nur interpretiert werden kann. Dies bedeutet, dass Ego zum einen erst im Nachhinein weiß, ob die interpretierte Perspektive Alters auf sein Selbst zutreffend war. Zum anderen aber ist damit seine Selbstwahrnehmung als sozial gestützte nicht nur nachträglich, sondern gerade dadurch, dass ihre Bestätigung wiederum nur eine Interpretation darstellt, die den Hiatus von Ausdruck und Eindruck nicht aufheben kann, auch nicht begründbar. Die in der Perspektivenübernahme ermöglichte Sicht des Individuums auf sich impliziert daher nicht nur die gerade im Verstehen unaufhebbare Fremdheit des Anderen, sondern ebenso, dass das Individuum sich seiner eigenen Identität nur so versichern kann, dass diese sich ihm immer schon entzieht. Die eigene Identität steht unter dem Vorbehalt der Nachträglichkeit und Uneinholbarkeit. Ihre „Wirklichkeit" ist die Verkennung, die durch Respekt, Ehrerbietung und Benehmen aufrechterhalten wird: durch die Bescheidung auf das Tun.

Die Identitätstheorie Goffmans ist eine Theorie, in der das über die Theatermetapher dargestellte Handeln dazu dient, die uneinholbare Identität als Fokus interaktiver Verständigung zu verstehen. Der Kult der Identität als Kult dessen, was sich immer entzieht, verweist auf religiöse Assoziationen: auf eine Sakralisierung des Selbst. Goffman stellt daher fest: „Damit wird impliziert, dass in einem gewissen Sinn diese säkularisierte Welt nicht so areligiös ist, wie wir denken. Viele Götter sind abgeschafft, aber der Mensch selbst bleibt hartnäckig als wichtige Gottheit bestehen" (Goffman 1973a, S. 104f.). Wenn die Gottheiten – wie Goffman an gleicher Stelle schreibt – miteinander als ihre eigenen Priester kommunizieren, dann besteht ihre Transzendenz gerade in der Uneinholbarkeit von Selbst und Anderem, die „kultische Inszenierungen" verlangt. Der unerreichbare Gott wird als anwesender inszeniert.

III. Die Batemi und das Problem der unsagbaren Identität

Die Batemi in Nordtansania betonen die Bedeutung eines „guten Charakters" als Voraussetzung für die soziale Akzeptanz und die Übernahme sozialer Positionen. Dabei meint der „gute Charakter" zum einen, dass man seine positionsspezifischen sozialen Verpflichtungen erfüllt, zum anderen aber auch, dass man sich gegenüber dem Mitmenschen respektvoll verhält. Dieser Respekt ist ebenfalls positionsbezogen, so dass der Eindruck entsteht, dass der „gute Charakter" soziales Wohlverhalten bzw. die Anpassung an sozial definierte Erwartungen meint. Wer diese nicht erfüllt, muss als „schlechter Charakter" angesehen werden.

Die Batemi weigern sich nun aber nicht nur, den „guten" bzw. „schlechten Charakter" in einer psychologischen Terminologie zu verorten, die etwa unterschiedliche Dispositionen als Reaktionsfolie für den Umgang mit sozialen Erwartungen unterscheidet. Sie gehen auch davon aus, dass ein Mensch nicht zugleich einen „guten" und einen „schlechten Charakter" hat. Die Betonung liegt auf dem „zugleich", denn es ist möglich, dass jemand, der jetzt einen „guten Charakter" in seinen Handlungen dokumentiert, dies morgen nicht mehr tut, weil er anders handelt. Wenn er anders handelt, ist er anders. Wenn er aber zugleich als „gut" und „schlecht" im Hinblick auf soziale Erwartungen beschrieben würde, so würde dies implizieren, dass hinter den Handlungen vielleicht so etwas wie ein „innerer Konflikt" anzunehmen wäre. Das aber wird abgewiesen: Wenn jemand seinen sozialen Pflichten nicht genügt, obwohl er es möchte, sagt man, er solle auf die entsprechenden Autoritäten hören: Der Übergang vom Wollen zum Können erscheint dann als unproblematisch. Wenn nicht, so kann das nur „äußere Ursachen" wie Krankheit, Flüche oder dergleichen haben.

Das „Innere" scheint so zunächst deshalb unproblematisch zu sein, weil es nicht als eigenständiger Ort gegenüber den sozialen Erwartungen angegeben wird. Es scheint einfach keinen Bezugspunkt für die Definition eigener Identität darzustellen. Als Nicht-Ort gibt es mithin auch keinen Widerstandspol gegen die Vergesellschaftung ab, und man ist versucht, mit gängigen soziologischen Theorien auf bloße „Rollenidentität" in vormodernen Gesellschaften zu verweisen.

Andererseits bildet das „Innere" nicht nur eine sozial vernachlässigenswerte Größe, sondern auch einen Bezugspunkt des Respekts. Wenn etwa jemand etwas versprochen hat, geht man implizit davon aus, dass er über die Einlösungsbedingungen seines Versprechens nicht vollständig verfügt. Hält er es also nicht ein, so kann man fragen, woran dies gelegen habe, aber man darf ihn dann nicht unter Rechtfertigungsdruck setzen, indem man ihm etwa Wahlmöglichkeiten nachweist und auf der moralischen Qualität des Versprechens besteht. Eine solche Form der Subjektivierung, die den anderen als über sich selbst verfügendes Individuum einzusetzen sucht, beschämt denjenigen, der sie vorbringt. Das unbestimmbar Eigene des Gegenübers bildet hier einen positiven Bezugspunkt sozialen Handelns.

Mit einer solchen Perspektive wäre man allerdings der These von der „Rollenidentität" noch nicht entgangen, da man sagen könnte, dass diese als einziger Bezugspunkt des Selbst- und Fremdverständnisses hier gleichsam eine moralische Geltung erhält: Man darf also diese „Rollenidentität" des Gegenübers nicht in Frage stellen – man könnte es aber. Wenn man aber die Möglichkeit der Übertretung des Verbots immer schon in Rechnung stellen muss, dann geht man auch von einer Distanzierungsmöglichkeit des Individuums aus, die einen anderen Bezugspunkt als die soziale Identität haben muss. Die Batemi müssten also davon ausgehen, dass das Individuum in seinen sozialen Funktionen nicht aufgeht und eine darüber hinausgehende (vielleicht persönliche) Identität besitzt. Sie müssten also davon ausgehen, dass das Individuum sich zu sich selbst und unabhängig von gesellschaftlichen Verpflichtungen in ein Verhältnis setzen kann. Ich werde im Folgenden dahingehend argumentieren, dass sie dies tun, dass sie dies aber auf eine Weise tun, die den Selbstbezug nicht über ein persönlichkeitstheoretisches und Identität postulierendes

Vokabular bestimmt, sondern dass sie diesen Selbstbezug über eine Bindung an die Transzendenz in die unaufhebbare Differenz von Selbst und Anderem setzen.

Den Ort, an dem das soziale Selbst des männlichen Individuums zu sich selbst in ein Verhältnis gesetzt wird, das nicht sozialen Kategorien gehorcht, bildet die Initiation.[3] Hier erhält der Junge seine Identität als Mann in der Konfrontation mit dem zentralen Geheimnis der initiierten Männer: den Hörnern der großen Kudu-Antilope, deren Klang von Männern und Frauen als „Stimme Gottes" verehrt wird. Diese Stimme, von der die Nicht-Initiierten nicht wissen, wodurch sie hervorgebracht wird, trägt den Namen *Kirimo*. *Kirimo* ist das, was Männer zu Männern macht: Aus ihm werden die Jungen als Männer neu geboren. Wer oder was aber ist *Kirimo* als jene Instanz, die den Männern eine neue Identität gibt?

Die Batemi verfügen über einen Pantheon transzendenter Wesen. An zentraler Stelle stehen *Ghambarishori*, der Himmel und Erde trennte, *Rioba*, die Sonne, die als „Sohn" *Ghambarishoris* die menschliche Kultur auf die Erde brachte, sowie *Ghambageu*, ein Nachfahre *Riobas*, dem die Einführung zahlreicher sozialer Einrichtungen zugerechnet wird (vgl. dazu Schäfer 1999a). Auch wenn diese Aufzählung ergänzungsbedürftig ist, so stellt sich doch bereits hier die Frage, wessen Stimme denn nun *Kirimo* darstellt. Diese Frage stellt sich umso mehr, als schon die erwähnten drei Gestalten in den mythischen Selbstvergewisserungen der Batemi durchaus nicht immer am selben Strang ziehen.

Die Hörner selbst werden in den verschiedenen Herkunftserzählungen auch nicht durch eines dieser Wesen in die Kultur der Batemi eingeführt. Ihre Herkunft bleibt zufällig. Man habe früher auch solche Hörner als „Grabstöcke" benutzt, bis ihre Spitze abgebrochen sei. Dann habe man sie weggeworfen. Als aber einmal der Wind durch ein solches Horn geblasen und Töne erzeugt habe, glaubten die Männer, die „Stimme Gottes" gehört zu haben. Sie entdeckten schließlich die Quelle des Klangs und verbargen sie vor den Frauen. Eine Frau, Nankone, die die Hörner entdeckte, wurde darauf verpflichtet, das Geheimnis der Hörner nicht zu verraten.

Dass die Stimme der Hörner ihre Herkunft nicht jenen Wesen verdankt, die in den Gebeten der Batemi angerufen werden, verweist auf ihre relative Unabhängigkeit. Diese wird noch dadurch verstärkt, dass sie als *Kirimo* noch einmal dezentriert wird: Die tiefen Töne werden mit einem männlichen Wesen namens *Egantwalu* identifiziert, das während der Initiation die Novizen verschlingt. Die hohen Töne bilden die Stimme jener *Nankone*, die als zuständig für die Wiedergeburt der Novi-

3 Das komplexe Phänomen der Initiation kann hier nicht hinreichend behandelt werden. Wichtig erscheint mir im vorliegenden Zusammenhang nur ihre Bedeutung für ein neues Selbstverständnis des Initiierten, das zugleich die Grenzen seiner sozialen Identität markiert und auf die Uneinholbarkeit dieses Selbst als konstitutiven Faktor verweist. Zur Initiation vgl. auch Schäfer (1999b).

zen als Krieger angesehen wird. Die leisen Töne werden mit *Karawadeda*, einem kindlichen Wesen verbunden, das geschlechtsneutral zu sein scheint. Außerdem wird noch *Egansiligar* als männliches Wesen genannt, das manchmal mit *Egantwalu* identifiziert wird.

Die Hörner als göttliche Stimme bilden also weder einfach das Sprachrohr einer zentralen göttlichen Instanz; noch sind sie als eigenständig gegenüber den transzendenten Wesen zu begreifen. Die Verbindung bleibt unklar. Eine solche relative Eigenständigkeit der Stimme als göttlichem Wesen, also als etwas, das für sich selbst spricht, wird außerdem dadurch problematisch, dass sie sich selbst wiederum in eine Konstellation von Wesen auflöst, die durch unterschiedliche Funktionen sogar gegeneinander definiert sind. Man kann die Hörner daher wohl eher als einen materialisierten Verweisungszusammenhang begreifen, der als solcher offen bleibt, der die Transzendenz, auf die er verweist, unbestimmt lässt.

Es ist die Stimme der Hörner, die von den Novizen im Rahmen der Initiation beschämende Dinge verlangt, die das bisher für selbstverständlich Gehaltene auf den Kopf stellen: Sie sollen Frauentätigkeiten ausführen oder ihren Vater beleidigen, vielleicht sogar schlagen. Die Transzendenz erweist sich so als das der sozialen Ordnung nicht Unterliegende, und die soziale Ordnung zeigt sich hinsichtlich ihrer Grundlagen als kontingente, als durch die göttlichen Wesen auch in Frage gestellte. In einem anschließenden Schritt zeigen sich die Hörner als den Grundlagen verpflichtet: Die Initianden werden nach Verfehlungen gegenüber der sozialen Ordnung befragt. Nach einigen Inszenierungen, in denen man den Novizen drastisch androht, dass sie von „Gott" verschlungen werden, werden diese dann zum ersten Mal die Hörner, die bis dahin verdeckt unter Lederumhängen geblasen wurden, zu Gesicht bekommen. Beim Anblick der Hörner brechen die bereits initiierten Krieger in Weinkrämpfe, Zittern und ekstatische Zuckungen aus: Sie werden von *Kirimo* ergriffen – ihr Innerstes, die Möglichkeitsbedingung ihres männlichen Daseins tritt ans Licht. Den Novizen wird nun die Herkunft der Hörner erklärt sowie ihre Bedeutung als Stimme Gottes. Das Horn in dieser Bedeutung habe die Kraft, aus Kindern Männer zu machen. Man erläutert ihnen die wichtigsten Aufgaben und Verhaltensweisen eines Kriegers. Die Hörner bilden anschließend jenen heiligen Gegenstand, über dem eine Verfluchung über diejenigen ausgesprochen wird, die dessen Geheimnis verraten. Dieses Geheimnis haben die Novizen von nun an als ihr Innerstes zu betrachten, als etwas, das ebenso wie das Geschlecht der Frauen niemandem gezeigt werden darf.

Durch *Kirimo* wird man als Kind zerstört wie als Mann geboren. Am Ursprung der männlichen Identität liegt die Differenz (wie sie sich in *Egantwalu* und *Nankone* ausdrückt, wie sie aber auch in der Konfrontation mit den ambivalenten göttlichen Sicherungsinstanzen der eigenen Kultur gegeben ist). *Kirimo* bildet ebenso das Andere des eigenen Selbst wie auch das Andere der Batemi-Kultur.[4] Nicht der Mann verfügt von nun an über das Geheimnis, sondern das Geheimnis verfügt von dem Moment seiner Mannwerdung an über ihn.

Als Selbstverhältnis bildet diese Identität jenseits des sozialen Selbst eine Subjektivierung durch ein transzendentes Anderes. Sich zu sich verhalten, heißt sich zu der Differenz von sozialem Selbst und Anderem verhalten, die man nun ist. Wenn das Eigene jenseits des Sozialen aber nur durch diesen Bezug angebbar ist, dann ist es weder reflexiv einholbar noch in Handlungen auszudrücken. *Kirimo* als uneinholbarer Bezugspunkt des Eigenen konstituiert dieses Eigene jenseits des Sozialen als unsagbares und zugleich als ein zu respektierendes. Als uneinholbares Moment dieses Selbstverständnisses konstituiert *Kirimo* weder eine „Wahrheit" des Eigenen noch einen Innenraum, der als Austragungsort von Konflikten angegeben werden könnte. Ergibt sich aber das Selbst erst im Bezug auf dieses transzendente Andere, dann sind die Handlungen auch nicht diesem Selbst als Einheit zuzurechnen. Man wird vielmehr davon ausgehen müssen, dass die abfragbare Intentionalität des Handelnden keine hinreichende Auskunft über den Sinn der Handlung zu geben vermag, da in diesen jene das Selbst konstituierende Alterität *Kirimos* miteinfließt. Niemand ist daher überrascht, wenn negative Erscheinungen wie Krankheiten oder Unglücke auf subjektive Handlungen verantwortlich zugerechnet werden, da deren Sinn dem Handelnden zum Zeitpunkt der Handlung doch niemals ganz verfügbar gewesen sein konnte.[5]

Dies wird auch und gerade dort deutlich, wo diese Identität gebildet wird: im Blasen der Kudu-Hörner, deren Töne immerhin von Männern produziert werden, deren Sinn aber göttlich ist, obwohl er wiederum von Männern übersetzt wird.

---

4 *Kirimo* bildet die entscheidende Instanz während der hier nur angedeuteten Initiation. Dies schließt nicht aus, dass auch andere Momente eine Rolle spielen. So gibt es einen wichtigen Mythos, in dem *Rioba Ghambageu* zur Strafe die Gedärme herausreißt und ihn auf diese Weise tötet. Er erweckt ihn auf Geheiß *Ghambarishoris* wieder zum Leben, setzt ihm aber statt der Gedärme einen Stein ein. Diesem Initiations-Mythos wird in der Initiation soweit Rechnung getragen, als man den Novizen sagt, dass sie vor den Frauen von nun an behaupten müssen, keinen Stuhlgang mehr zu haben.

5 Diese Differenz in der Zurechnung gibt es auch bei Frauen, die bei den Batemi keine Initiation durchlaufen. Frauen haben damit nicht die männliche Möglichkeit, sich zu sich selbst als unaufhebbarer Differenz in ein Verhältnis zu setzen, aber man geht davon aus, dass auch sie die soziale Identität überschreiten. Aus diesem Grunde durchlaufen Mädchen wie Jungen gleiche Stufen der Selbstdisziplinierung im Hinblick auf das Soziale: Zahnausbrechen, Ohrdurchstechen und Beschneidung. Vgl. dazu Schäfer (1999a, S. 147-169).

IV. Die Übersetzung des Göttlichen

Während des *mase*-Festes, in dessen Rahmen auch alle sieben bis zehn Jahre die Initiation stattfindet, kommen die Hörner ins Dorf. Sie halten, umrahmt von Kriegern, Einzug in das Dorf, wobei sie zumeist von zwei Kriegern geblasen werden, die sie – verdeckt durch den üblichen Lederumhang – erklingen lassen: Sie sind nicht sichtbar. Jedes Dorf hat neben einem Haus, in dem die Hörner aufbewahrt werden, einen Platz für das *mase*-Fest, auf dem auch eine durch in die Erde gerammten Baumstämme geschaffene Umfriedung steht, innerhalb derer die Hörner geblasen werden. Im Rahmen des Festes, das sich über mehrere Tage erstreckt und durch eher getragene Gesänge und Tänze gekennzeichnet ist, besteht nun die Möglichkeit auch für Frauen,[6] *Kirimo* aus Anlass von Problemen wie Krankheiten und Streitigkeiten in der Familie oder Missgeschicken zu befragen. Sie wenden sich hierbei nicht direkt an die Hörner, sondern an einen älteren Mann, der als Übersetzer der Stimme auftritt. Dieser wird sich dann – meist am folgenden Tage – an *Kirimo* wenden, ihn befragen und seine Antwort übersetzen. Bei dieser Befragung bilden die Krieger um die Behausung der Hörner mehrere dicht gestaffelte Ringe, wobei sie mit dem Gesicht zu den Hörern stehen und so einen drohenden Schutzwall verkörpern. Der Übersetzer steht außerhalb dieser Ringe, sodass er von den Frauen und Kindern, die in etwa 10-15 Metern Entfernung stehen, gesehen werden kann. Er beginnt nun, *Kirimo* anzurufen und ihm den Fall zu schildern, der an ihn herangetragen wurde. Es entwickelt sich ein Wechselgespräch zwischen ihm und den Klängen der Hörner, das abschließend in ein Gebet übergeht, das vom Übersetzer intoniert wird und in das die Krieger interpunktierend und verstärkend einfallen. Anschließend geht der Übersetzer zu der wartenden Frau und teilt ihr mit, auf welche Gründe das Problem zurückzuführen ist und welches Opfer *Kirimo* verlangt, um das Problem zu lösen. Die Frau wird bald darauf das entsprechende Tier bringen, das von den Kriegern in Empfang genommen und meist in der Umfriedung erstickt wird. Dabei stampfen die übrigen Krieger mit den Füßen, um diesen Vorgang zu übertönen.

Man kann sich nun fragen, woher – wenn man davon ausgeht, dass die Töne einen anderen, „göttlichen" Sinn haben, der sich den Bläsern entzieht, der sich aber auch dem Übersetzer entziehen muss – der Übersetzer die Sicherheit hinsichtlich seiner Übersetzung nimmt. Man könnte etwa mit Pascal Boyer (1990) davon ausgehen, dass der Übersetzer qua Initiation zu einem kausalen Medium der Übersetzung wird, dass in ihr mithin kein interpretatorischer Eigenanteil gegeben ist. Wichtig ist nur, dass die rituelle Situation stimmt. Aus dieser Perspektive wäre die Frage danach,

6 Es gibt auch Maasai, die zu diesem Fest kommen und (im Status der Frauen) die Möglichkeit haben, *Kirimo* zu befragen.

wer spricht, nicht entscheidend: Bedeutsam für die Geltung des Gesagten ist dann nur die Aussage als Ereignis. Ein solches Verständnis, dessen Eleganz im Aufheben der Differenz von Kausalität und Interpretation liegt, berücksichtigt allerdings zwei Gesichtspunkte nicht: zum einen den Sachverhalt, dass der Interpret sich nicht als willenloses Medium begreift, sondern über die Differenz von Selbst und Anderem, sowie zum zweiten, dass dieses Selbstverständnis an die Unfassbarkeit des Anderen gebunden ist.

Vor dem Hintergrund dieser beiden Gesichtspunkte erscheint eher die Annahme gerechtfertigt, dass es der Klang der Hörner ist, der als materialisierte Form die Vielfalt der hinter ihm stehenden Stimmen zur Einheit bringt. In diesem Klang scheint die Differenz, die schon *Kirimo* ausmacht, ebenso wie diejenige zu und zwischen jenen anderen transzendenten Wesen, für die er steht, als eine zur Identität gebrachte. Das aber bedeutet, dass diese durch die Stimme der Hörner konstituierte Identität auf etwas verweist, das sich in ein differenziertes und nicht systematisierbares Spiel der Kräfte auflöst. Als solche steht sie also immer schon in Differenz zu dem, was sie verlautbart. Sie verweist nicht auf einen unhintergehbaren Ursprung, dessen unmittelbare Präsenz sie darstellt. Diese Präsenz ist vielmehr als eine zu begreifen, die die Einheit, die sie repräsentiert, in der Repräsentation erst konstituiert. Die Stimme „Gottes", des zur Einheit gebrachten Pantheons, gibt es nur im Klang der Hörner, der sie repräsentiert. Dabei ist aber zugleich zu berücksichtigen, dass es den Pantheon transzendenter Wesen für die Batemi auch unabhängig von der Stimme *Kirimos* gibt. Würde man dies nicht berücksichtigen, so fiele dieser Pantheon mit seiner vereinheitlichenden Repräsentation zusammen und die Stimme der Hörner hätte ihren „Ursprung" nur in sich selbst. So aber verweist sie als „Spur" auf das von ihr Verschiedene, sie gleichzeitig Ermöglichende wie auch nur in der Repräsentation sich Zeigende. Sie verweist – um mit Derrida zu reden – auf eine „Ur-Spur", auf eine Differenz am „Ursprung", der diesen in der different bleibenden Einheit von Ermöglichungsbedingung der Repräsentation und dem nur in der Repräsentation Angebbaren belässt.

Die Hörner bilden ein Supplement in jenem doppelten Sinne, den Derrida angibt: „Das Supplement fügt sich hinzu, es ist ein Surplus; Fülle, die eine andere Fülle bereichert, die Überfülle der Präsenz. Es kumuliert und akkumuliert die Präsenz [...]. Aber das Supplement supplementiert. Es gesellt sich nur bei, um zu ersetzen. Es kommt hinzu oder setzt sich unmerklich *an-(die)-Stelle-von*" (Derrida 1967, S. 250). Der Klang der Hörner vergegenwärtigt die Fülle des Pantheons der Batemi und er steht gleichzeitig für das damit gegebene transzendentale Signifikat. Es handelt sich um eine Supplementierung, „welche den metaphysischen Gegensatz zwischen ursprünglicher Gegenwart und sekundärer Vergegenwärtigung, zwischen Wahrnehmung und Erinnerung, zwischen Realität und Fiktion, zwischen Dingen und Worten ausstreicht" (Bernet 1997, S. 110). Die Hörner bringen die nicht hintergehbare und daher ursprüngliche Stimme Gottes hervor, indem sie diese zugleich immer schon ersetzen.

Die Interpretation des Übersetzers lässt sich dann gleichsam als eine Supplementierung zweiter Stufe verstehen. Er macht die Stimme *Kirimos* den Menschen dadurch präsent, dass er sie in ihre Sprache übersetzt, womit sie für die Klänge steht, deren Präsenz erhöht, aber gleichzeitig auch vertritt. Eine solche Vorstellung erlaubt es, der differenten Wahrnehmung des Interpreten gerecht zu werden. Er weiß, dass er ein Übersetzer ist, der sich einerseits (als Initiierter) im Medium „kausaler Wahrheit" bewegt, der aber andererseits dies als sozial wahrnehmbare Person in einer Sprache tut, die die Stimme *Kirimos* vertritt. Anders formuliert: Er weiß um seinen aktiven Part in der Übersetzung, die immer auch eine Stellvertretung ist.

Dies ist nun keine außergewöhnliche Wahrnehmung. Sie ist ebenso kennzeichnend für denjenigen, der etwa als Mitglied des Priesterclans Mythen erzählt. Auch dieser weiß darum, dass seine Darstellung nur eine Version ist, dass andere Experten davon abweichende Versionen erzählen. Er weiß ebenso – damit zusammenhängend – darum, dass die Geltung des von ihm Erzählten nicht davon abhängt, dass sie eine möglichst getreue Darstellung eines historischen Ereignisses ist. Ob sich die erzählten Ereignisse historisch so abgespielt haben, ist eine Frage, die den Erzähler nicht beschäftigt: Sie leben in seinen Erzählungen als einer Form der Vergewisserung des kulturellen Selbstverständnisses der Batemi. Mythen sind – worauf Blumenberg hingewiesen hat (vgl. Blumenberg 1979) – immer in „Arbeit": Sie verweisen auf einen Ursprung, der sich nur in der variierenden Repräsentation zeigt und sich jeder eindeutigen Identifikation immer schon entzieht. Die Erzählungen verweisen genealogisch (im nietzscheanischen, von Foucault aufgegriffenen Sinne [vgl. Foucault 1974]) auf Herkünfte, nicht auf den Ursprung; sie verweisen auf Spuren dieses Ursprungs, der als Ur-Spur sich nur in diesen Spuren zeigt und sich mit ihnen immer auch entzieht.

Der nicht zu fassende Ursprung, der sich in der Erzählung von Mythen ebenso zeigt wie in der Konfrontation mit den kontingenten Grundlagen der eigenen Kultur in der Initiation, scheint auch konstitutiv zu sein für die Übersetzung der Stimme *Kirimos*. Die subjektunabhängige Geltung des von ihm Übersetzten resultiert dann gerade daraus, dass der Klang der Hörner seine Rede immer schon überschreitet, dass diese Rede mithin nur eine Spur ist, die auf ein Signifikat verweist, das sich nur in ihr zeigt, aber von ihr nur vertreten werden kann. Gleichzeitig vertritt aber auch schon der Klang der Hörner jene transzendenten Wesen, die in ihm stellvertretend zur Einheit gebracht werden, in der sie jedoch niemals aufgehen. Die Geltung seiner Übersetzung beruht damit auf einem Verweisungszusammenhang, der einerseits als konstitutiv für das kulturelle Selbstverständnis der Batemi anzusehen ist, der sich aber andererseits jeder möglichen Vergewisserung immer schon entzieht. Die Transzendenz gewinnt also ihre „grundlegende Bedeutung" nur als unbestimmbare; sie gewinnt ihre verbindliche Geltung gerade nicht über Anordnungen des richtigen Lebens, die gleichsam ex cathedra gesprochen würden. Der Gesetzescharakter, die verbindliche Geltung des Gesagten, ist unabhängig von der jeweiligen Aussage. Er ist das Gesetz als Gesetz: etwas, das unhinterfragbar den Regeln Gültigkeit verleiht, das aber selbst keine inhaltlich angebbare Regel darstellt (vgl. Gasché 1997, S. 278f.). Das Gesetz als Gesetz ist leer, es hat keinen Inhalt, und dennoch muss es für jemanden gelten. Diese paradoxale Grundlegungsstruktur der unbestimmten Transzendenz liegt sowohl der mythischen Vergewisserung wie eben auch der Übersetzung als Supplementierung zugrunde, die über eine Supplementierung (die Stimme der Hörner) auf einen „Ursprung" verweist, der sich immer schon entzieht.

In dieser Sichtweise erscheint es von Bedeutung, dass die Stimme *Kirimos* nicht direkt als signifikanter Klang, als klare Tonfolge, der sprachliche Symbole zugeordnet werden könnten, wahrgenommen werden kann. Dies ist nicht nur von Bedeutung für die Frauen, denen gegenüber so der privilegierte Zugang der Männer zur Transzendenz demonstriert werden kann, sondern auch für die Männer und den Übersetzer, weil es jene fehlende Eindeutigkeit der Stimme *Kirimos* ist, für die es keine direkte Übersetzung gibt, die es dem Übersetzer erlaubt, sich in dieser Situation als Einheit von Selbst und Anderem, von sozialem Selbst und Sprachrohr der Transzendenz zu begreifen. Seine Übersetzung bleibt als Präsenz der Stimme *Kirimos* dennoch seine Rede. Das, was *Kirimo* sagt, ist etwas, das nicht nur seine Intentionalität als Übersetzer überschreitet, sondern auch noch die Identität *Kirimos* selbst, die als solche nur scheinbar im Klang seiner Stimme fassbar ist.

V. Der vermittelnde Dritte: Zur Auszeichnung der indirekten Kommunikation

Man kann sich nun – rückgreifend auf den Respekt vor der unbestimmbaren Eigensphäre des Gegenübers – fragen, wie denn Konflikte ausgetragen werden, die ein Übergehen wie im Falle des nicht eingehaltenen Versprechens nicht zulassen. Wenn man über den Sinn des in den eigenen Worten Gemeinten nicht verfügen kann, wenn man immer zuviel und zugleich zuwenig sagt, und wenn man dies beim Gegenüber auch unterstellen muss, dann geraten gerade jene Konflikte, die wir gewohnt sind, im „Intimbereich" zu „regeln", in ein äußerst prekäres Licht. Je näher mir der andere steht, desto problematischer wird ein Konflikt unter diesen Voraussetzungen.

In dieser Situation greifen die Dogon in Mali (wie benachbarte Völker auch) auf einen vermittelnden Dritten zurück.[7] Solche Dritte sind wichtig beim Herstellen von Kontakten wie etwa auch der Brautwerbung, bei der Lösung von Problemen zwischen Menschen, die sich nahestehen (etwa zwischen Eheleuten), aber auch zur Wiederherstellung gescheiterter Beziehungen (etwa wenn eine Ehe gescheitert ist oder ein Sohn durch den Vater verstoßen wurde). Jede direkte Kommunikation über das jeweilige Problem könnte bedeuten, dass einer der Kontrahenten das Gesicht verliert: Wenn ein Vater seiner Tochter, die ihren Mann verlassen hat und nun bei einem anderen wohnt, folgt, um sie aufzufordern, zurückzukehren, setzt er sein Ansehen nicht nur für den Fall aufs Spiel, dass die Tochter ihm nicht folgt. Schon der Besuch selbst bedeutet in einer asymmetrisch definierten Beziehung eine Erniedrigung.

Damit aber sind zugleich zwei Dimensionen angesprochen, die auch bei der Wahl eines Vermittlers zu beachten sind: die Öffentlichkeit des Problems und die Zumutbarkeit gegenüber dem Dritten. Wenn etwa eine Ehefrau sich von ihrem Mann vernachlässigt fühlt, bittet sie seinen besten Freund darum, ihren Mann zu fragen, ob dem so sei und ob es dafür einen Grund gibt. Die Angelegenheit erreicht auf diese Weise nicht einmal die Familienöffentlichkeit auf dem Gehöft (was sie bei einem Vermittlungsdienst des Bruders ihres Mannes tun würde) und sie bedeutet für diesen Freund keine Zumutung. Im Falle des erwähnten Vaters jedoch wäre es eine Zumutung für seinen Freund, die Vermittlung gegenüber der Tochter zu leisten. Er wird sich an die Kaste der Korbmacher wenden, von denen die Dogon sagen, dass sie keine Scham haben. Einer von ihnen, der von der Familie des Vaters alimentiert wird, geht dann zur Tochter und wird sie direkt zur Rede stellen. Darin liegt genau seine Stärke, weil die Tochter auf der gleichen Ebene nicht antworten kann, ohne ihr Gesicht zu verlieren. Umgekehrt aber könnte die Tochter, wollte sie die Versöhnung mit ihrem Vater, sich durchaus an den Freund des Vaters wenden.

Der Dritte als Vermittler agiert immer in Abwesenheit seines Auftraggebers. Es ist dabei gerade diese Figur, als Anwesender für einen Abwesenden zu stehen, die es erlaubt, für bedeutsam gehaltene Sachverhalte trotz des Misstrauens in die Kommunikation zu handhaben. Beide, Auftraggeber und Adressat, wissen, dass der Vermittelnde den jeweils anderen nur substituiert. Ihm etwas zu sagen, bedeutet, die Rede an einen Abwesenden zu richten, der durch die Anwesenheit des Vermittlers nur substituiert wird.

---

7 Die folgenden Ausführungen erfolgen vor dem Hintergrund eines seit 1997 laufenden Forschungsprojekt zum Geschlechterverhältnis bei den Dogon. Systematisch zusammengestellt habe ich diese Überlegungen in einem noch unveröffentlichten Manuskript: „Nähe als Distanz. Liebe, Respekt und Scham bei den Dogon".

Auf den ersten Blick erscheint es so, als ob sich damit das Problem des Misstrauens in die Sprache nicht löst, sondern eher verstärkt. Man könnte schließlich meinen, dass der Vermittler vielleicht auch nicht das Gesagte im gemeinten Sinne verstanden hat und es nun noch einmal verfälschend weitergibt, so dass es der Adressat nicht nur mit dem möglichen eigenen Missverständnis, sondern auch noch mit dem Missverständnis des Vermittlers zu tun haben könnte. Die Dogon sehen das nicht so, weil sie eine Voraussetzung dieser Annahme nicht teilen: Sie gehen nicht davon aus, dass es „wahres Verstehen" gibt und betrachten daher den Dritten auch nicht als Optimierungsinstanz des von ihnen Gemeinten. Vielmehr gehen sie von der unabweisbaren Wahrscheinlichkeit des Missverstehens aus und damit davon, dass gegen die Differenz von Ausgesagtem und (interpretierter) Aussage kaum etwas zu machen ist.

Insofern nun bildet der vermittelnde Dritte weder einen Bedeutungs- und Wahrheitsverstärker noch einen Relativierungsfaktor des Gesagten. Seine Bedeutung liegt gerade in seiner zeichenhaften Präsenz als anwesende Abwesenheit, die als solche eine Situation vermeidet, in der man sein „Gesicht" als respektabler Mensch verlieren könnte. Derjenige, der es mit einem Vermittler zu tun hat, trifft auf eine Differenz von Sprecher und Aussage. Es ist die Intention, die die Rede zum Gesagten macht, die im anwesenden Vermittler abwesend ist. Dies verweist den Adressaten auf die Aussage, der er im symbolischen Verweisungszusammenhang der Sprache ihren Sinn gibt. Was damit vermieden wird, ist ein Missverständnis, das für den Sprecher seine Dramatik gerade dadurch gewinnt, dass der andere Ausgesagtes und Aussage kurzschließt. So könnte er die (von ihm konstatierte) Aussage mit dem Ausgesagten, einer unterstellten Intention des Sprechers, kurzschließen. Oder er könnte, was genauso schlimm wäre, sein Verständnis der Aussage nicht mehr mit der Intentionalität des Ausgesagten in Verbindung bringen und diese somit einfach ignorieren. Diese doppelte Gefahr des Gesichtsverlusts (nicht diejenige des Missverständnisses) wird dadurch vermieden, dass die abwesende Anwesenheit in der Figur des Dritten eine klare Trennung ermöglicht, in der das Ausgesagte möglichst nur als objektivierte Aussage behandelt wird. Wenn die Anwesenheit des Dritten auf die Abwesenheit des Sprechers verweist, so einerseits auf eine bedeutsame Abwesenheit: sonst wäre der Dritte nicht geschickt worden. Andererseits aber belässt sie als abwesende Anwesenheit die subjektive Bedeutsamkeit des Gesagten in einem Zwielicht der Zurechenbarkeit. Dieses Zwielicht aber hat seinen Grund nicht in der strategischen Intention des Auftraggebers, sondern in dessen Bewusstsein von der Unverfügbarkeit des Gesagten.

Literatur

Berg, Eberhard und Martin Fuchs (Hg.) (1993): Kultur, soziale Praxis, Text. Die Krise der ethnographischen Repräsentation. Frankfurt a. M.: Suhrkamp.

Bernet, Rudolf (1997): Derrida – Husserl – Freud. Die Spur der Übertragung. In: Hans-Dieter Gondek und Bernhard Waldenfels (Hg.): Einsätze des Denkens. Zur Philosophie von Jacques Derrida. Frankfurt a. M.: Suhrkamp, S. 99-123.

Blumenberg, Hans (1979): Arbeit am Mythos. Frankfurt a. M.: Suhrkamp.

Boyer, Pascal (1990): Tradition as Truth and Communication. A cognitive Description of traditional Discourse. Cambridge: Cambridge University Press.

Derrida, Jacques (1967): Grammatologie. Frankfurt a. M.: Suhrkamp.

Foucault, Michel (1974): Nietzsche, die Genealogie, die Historie. In: ders.: Von der Subversion des Wissens. München: Fischer, S. 69-90.

Gasché, Rodolphe (1997): Eine sogenannte „literarische" Erzählung: Derrida über Kafkas „Vor dem Gesetz". In: Hans-Dieter Gondek und Bernhard Waldenfels (Hg.): Einsätze des Denkens. Zur Philosophie von Jacques Derrida. Frankfurt a. M.: Suhrkamp, S. 256-286.

Goffman, Erving (1967): Stigma. Über Techniken zur Bewältigung beschädigter Identität. Frankfurt a. M.: Suhrkamp.

Goffman, Erving (1969): Wir alle spielen Theater. München: Piper.

Goffman, Erving (1973a): Interaktionsrituale. Über Verhalten in direkter Kommunikation. Frankfurt a. M.: Suhrkamp.

Goffman, Erving (1973b): Interaktion: Spaß am Spiel/Rollendistanz. München: Piper.

Gondek, Hans-Dieter und Bernhard Waldenfels (Hg.) (1997): Einsätze des Denkens. Zur Philosophie von Jacques Derrida. Frankfurt a. M.: Suhrkamp.

Gouldner, Alwin W. (1974): Die westliche Soziologie in der Krise. 2 Bände. Reinbek: Rowohlt.

Hirschauer, Stefan und Klaus Amann (Hg.) (1997): Die Befremdung der eigenen Kultur. Zur ethnographischen Herausforderung soziologischer Empirie. Frankfurt a. M.: Suhrkamp.

Kalthoff, Herbert (1997): Wohlerzogenheit. Eine Ethnographie deutscher Internatsschulen. Frankfurt a. M.: Campus.

Kippenberg, Hans G. und Brigitte Luchesi (Hg.) (1978): Magie. Die sozialwissenschaftliche Kontroverse um das Verstehen fremden Denkens. Frankfurt a. M.: Suhrkamp.

Lévi-Strauss, Claude (1992): Strukturale Anthropologie II. Frankfurt a. M.: Suhrkamp.

Rousseau, Jean-Jacques (1963): Émile oder über die Erziehung. Stuttgart: Reclam.

Schäfer, Alfred (1992): Rousseau: Pädagogik und Kritik. Weinheim: Deutscher Studienverlag.

Schäfer, Alfred (1999a): Unsagbare Identität. Das Andere als Grenze in der Selbstthematisierung der Batemi (Sonjo). Berlin: Reimer.

Schäfer, Alfred (1999b): Unbestimmte Transzendenz. Bildungsethnologische Betrachtungen zum Anderen des Selbst. Opladen: Leske und Budrich.

Schäfer, Alfred (2000): Vermittlung und Alterität. Zur Problematik von Sozialisationstheorien. Opladen: Leske und Budrich.

Waldenfels, Bernhard (1997): Topographie des Fremden. Studien zur Phänomenologie des Fremden 1. Frankfurt a. M.: Suhrkamp.

Philosophie der vernetzten Kommunikation

Strukturwandel der Individualität

Kurt Röttgers

1. Das Individuum – unteilbar oder unendlich?

Immer wieder ist die Befürchtung zu hören, dass das Internet die Individuen einerseits vereinzele und vereinsame, andererseits ihre spezifische Individualität bedrohe. Wir wollen hier prüfen, was die Grundlage dieser Befürchtungen ist, was an ihnen gerechtfertigt erscheint und was nicht. In dieser Spannung der Vorstellungen der Vereinzelung und der Vernetzung steht für den Philosophen der Begriff der Individualität als solcher infrage. Was ist eigentlich Individualität, dass sie durch das Internet bedroht sein könnte?

Gehen wir vom ursprünglichen Wort aus – und auch die Alltagsorientierung tut das zur Selbstverständigung immer wieder –, so erscheint das Individuum als ein Unteilbares. Zugleich ist im Begriff des Individuums, im Unterschied etwa zum Begriff des Subjekts, gedacht, dass es in der Fülle seiner Einzelbestimmungen eine unverwechselbare Einheit darstellt. In Monty Pythons Film „Das Leben des Bryan" predigt Bryan der Menge: „Ihr seid alle unverwechselbare Individuen"; und stumpf antwortet die Menge im Chor: „Wir sind alle unverwechselbare Individuen." Ihre ihnen zugesprochene Unverwechselbarkeit macht sie alle einander gleich. In dieser Gleichheit sind sie einander vollständig verwechselbar. In dem genannten Film widerspricht freilich ein Einziger dieser homophonen Unverwechselbarkeit, indem er in paradoxer Weise sagt: „Ich nicht!" Was sollen wir von diesem Widersprechenden halten? Ist er vielleicht, weil er nicht in den Chor einstimmt, das einzige wirklich unverwechselbare Individuum – genau entgegen seiner Beteuerung? Oder sollen wir seiner Beteuerung Glauben schenken und ihn für den einzigen Verwechselbaren halten – aber wie ist das denkbar, mit wem kann er verwechselbar sein, wenn alle anderen unverwechselbar sind? In dieser Paradoxie erscheint mehr als eine humoristische Mutwilligkeit. Es ist eine Paradoxie des Individualitätsbegriffs als solchen. Absolut unverwechselbare Individuen hätten keine gemeinsame Sprache, keine geteilten Empfindungen und schließlich auch keine gemeinsamen Nachkommen (sondern zufällige, ebenfalls Unverwechselbare einer weiteren Generation). Also werden zwischen den Individuen sehr wohl Gemeinsamkeiten und Vergleichbarkeiten unterstellt; im Ausgleich dazu wird ihnen – damit sie dadurch zugleich nicht verwechselbar werden – eine innere Unendlichkeit zugesprochen. Dann mag noch so sehr zwischen den einzelnen Bestimmungen oder Qualitäten der einzelnen Individuen Gleichheit herrschen, im Ganzen gilt: individuum est ineffabile. D. h. das Individuum in der Unendlichkeit seiner Bestimmungen kann nicht ausgesprochen werden, ja kann sich selbst nicht aussprechen, und daher gibt es eine alle Gleichartigkeit transzendierende Unendlichkeit. Seit der Romantik haben sich zunächst Genies, dann Menschen in dieser Weise als Individuen erlebt. Der unauslotbare Reichtum im Inneren läßt jeden Begriff, der stets aufs Allgemeine geht, zerschellen. Von einem Individuum gibt es keinen Begriff.

Die kritische Frage, die sich jetzt erhebt, ist: Muss nicht vor der Ineffabilität des Individuums die Digitalität des Mediums noch mehr versagen als zuvor schon der Begriff? Ja, mehr noch. Versagte der Begriff vor der Individualität, so gab es doch seit der Literatur der Klassik eine hochentwickelte Kultur, das Unsagbare zu sagen: Metaphern und Bilder sind nur eine erste Schicht solcher indirekter Rede. Letztlich ging es darum, das Schweigen im Inneren des Individuums so sich aussprechen zu lassen, dass es als Schweigen eines tiefen Geheimnisses erhalten bliebe. Im Text konnte jeder *von* dem Geheimnis wissen, ohne *das* Geheimnis zu wissen. Wir sollten nicht übersehen, dass die Klage über die „Einsamkeit vor dem Bildschirm" und die Klage über die Vermassung der Vereinsamten (der Einklang von Vereinzelung und Entindividualisierung) ihre Tradition hat. Das Lesen von Büchern vereinsamt nicht weniger als der Computer, und wenn alle das gleiche lesen (die Bibel oder die Bestseller), dann „entindividualisiert" diese Homogenität. Vom Kino, vom Fernsehen, da sie die Menschen voneinander isolierten, indem sich das Medium als Hauptbezug durchsetzt, kann man, wie bekannt, Gleiches argwöhnen.

Der Begriff des Individuums wurde bekanntlich von Cicero in die philosophische Sprache eingeführt, und zwar als lateinisches Äquivalent zu dem griechisch-philosophischen Begriff des Atoms, des Unteilbaren.[1] Dieser zunächst unspektakuläre Begriff, der in der Lehre des Demokrit seinen allerersten Ort hat, besagt nichts anderes, als dass die Teilbarkeit der Dinge der Welt eine untere Grenze hat in den unteilbaren Elementen, aus denen alles Zusammengesetzte sich zusammensetzt.[2] In der Konstitution des Zusammengesetzten können die einzelnen Atome sich gegenseitig ersetzen und sind daher untereinander austauschbar. In der platonischen Seelenlehre im „Phaidon" wird daraus der Gedanke, dass die Seele unteilbar ist (Platon 1988, S. 65f.

1 Cicero (1983, S. 18 [= I, 17]). Dort bezieht er sich auf die Atomtheorie Demokrits und erläutert den Begriff „átomos" durch „corpora individua propter soliditatem". Vgl. van Melsen (1971ff.); Kobusch, Oeing-Hanhoff und Borsche (1971ff.).

2 Diels (1952, S. 79), wo diese Lehre Leukipp, Demokrit und Diogenes von Smyrna zugeschrieben wird.

[= 78c]). Gerade der Gedanke der Austauschbarkeit führt hier zu der Begründung dafür, dass die Seele mit dem Körper nicht in notwendiger Weise verbunden ist und also die Seele den Körper im Tod verlässt. Bereits bei Aristoteles, mehr noch aber durch die christliche Aufwertung der Seelenvorstellung entwickelt sich der Begriff des Individuums zum Begriff dessen, was in sich einzig und unersetzbar ist. Bei Aristoteles gilt es, dass das substantielle Wesen des individuellen Seienden nicht definierbar und nicht beweisbar ist, weil es in seiner Zusammensetzung kontingent ist, Wissenschaft aber kann es nur vom notwendig Seienden, d. h. vom Allgemeinen geben. Daraus ergibt sich die Paradoxie, dass einerseits *nur* das Individuelle das Reale ist, andererseits aber gerade von diesem ein sicheres Wissen nicht möglich ist. Die Kenntnis von dem Individuell-Seienden ist immer nur eine empirische und technische. Das individuelle Seiende ist von allem anderen individuellen Seienden unterschieden, es ist einzig; in sich selbst aber ist es notwendigerweise ohne alle Unterschiede, weil unteilbar. Erst Leibniz überwand diese klassisch-aristotelische Lehre, indem er Individualität als das Einheitsprinzip einer Substanz fasste. Leibniz nannte diese Einheiten Monaden, wodurch das Einzigkeitsprinzip verstärkt akzentuiert wird (monas = einzig). Auf diese Weise rekombiniert Leibniz den Gedanken strengen und notwendigen Wissens von den Substanzen, denn jede Monade spiegelt auf ihre einzigartige Weise den Gesamtzusammenhang der Welt in ihrer Notwendigkeit, mit dem Gedanken der Einzigkeit und Unteilbarkeit. Von den Monaden, von den Individuen also ist eine Wissenschaft möglich, weil sie in ihrer Einzigkeit eben gerade nicht Produkte des Zufalls sind. Seit Leibniz gerät der Begriff des Individuums daher in eine vielfältige Spannung zu demjenigen des Subjekts. Während die Transzendentalphilosophie den erkenntnis- und handlungskonstitutiven Charakter des Subjekts herausstellt, der, da er objektive Erkenntnis und sittliches, d. h. allgemeingültiges Handeln ermöglichen soll, seiner Struktur nach ein allgemeiner sein muss, setzen Herder und Goethe dem Begriff des Individuums seine innere Unendlichkeit und damit auch begriffliche Unauslotbarkeit entgegen: Dass das Individuum in der Vielfalt seiner Bestimmungen nicht ausgesagt werden könne, findet sich (ohne Beleg und ohne dass die Forschung bisher diesen Grundsatz anderswo hat nachweisen können) in einem Brief Goethes als die schon genannte lateinische Formel: „Individuum est ineffabile“.[3] Diese Unaussprechbarkeit kann sowohl als unergründbares Geheimnis, das sich höchstens in vieldeutigen Bildern ausdrücken kann, gedeutet werden, als aber auch als Geschichtlichkeit, die sich ebenfalls einer Bestimmung entzieht, weil das Individuum kein Seiendes, sondern ein Werdendes sei, das in jedem Moment seines Aussprechens schon ein anderes ist.

3 Goethe in einem Brief an Lavater vom 20. September 1780: „Hab' ich dir das Wort ‚individuum est ineffabile', woraus ich eine Welt ableite, schon geschrieben?“ Vgl. Jannidis (1996).

Auf diese Weise ist der Begriff des Individuums ungeheuer aufgewertet worden: Zwar gilt immer noch, dass es unteilbar ist, aber nicht, weil es einfach ist, sondern im Gegenteil, weil es ungeheuer komplex ist und jede Abtrennung einer Einzelbestimmung den komplexen Gesamtzusammenhang auflöste. Zwar gilt nun immer noch, dass es einzig ist, aber nicht weil seine einzelnen Bestimmungen einzig wären, sondern weil die Art der Verknüpfung der Einzelbestimmungen so unvergleichlich ist. Bei diesem enormen Wandel des Begriffs taucht natürlich die Frage auf, ob der Mensch ein Individuum ist und in welchem Sinne oder ob Individualität im Sinne der letzteren Bestimmungen selbst ein historisches Produkt ist, das sich herausgebildet hat in der bürgerlichen Ära und daher eben auch wieder verschwinden wird, wenn das Zeitalter des Bürgers (d. h. die Moderne) vorbei ist. In den Gesellschaftstheorien hat der Begriff des Individuums immer schon eine zweifelhafte Rolle gespielt. Hier diente er nämlich als die ideologische Grundlage der sogenannten Gesellschaftsvertragstheorien. Nach ihnen „besteht" die Gesellschaft aus Individuen, d. h. Atomen, die zum Zweck der Selbsterhaltung untereinander vertragsförmige Beziehungen eingehen. Zwischen den Individuen wird absolute Gleichheit der Partizipationsrechte postuliert. Aber dieses Postulat ist so unendlich schwer einsichtig zu machen; insbesondere in der Intergenerationendifferenz läßt sich Gleichheit kaum herstellen oder darstellen.

Ein zweiter Zweifel setzt nicht bei der Inter-Individualität an, sondern bei der Intra-Individualität. Sind wir wirklich unteilbar? Dieses Bedenken hat Nietzsche in provozierender Deutlichkeit vorgetragen, als er sagte, wir seien nicht Individuen, sondern Dividuen. Ist nicht – fragte auch Novalis – im Inneren ein Universum auch? Friedrich Nietzsche dagegen begründete seine Zweifel im Rahmen seiner Theorie des Willens zur Macht. Denn „Wille-zur-Macht" ist nicht der Wille eines Individuums, der sich anderen Individuen gegenüber so äußert und sich durchzusetzen versucht. Dieser Wille zur Macht findet sich im sogenannten Außen ebenso wieder wie im sogenannten Inneren. Die Einheit des Individuums ist sein Produkt als Resultat antagonistischer Kräfte, unter denen sich einige als mächtiger erweisen als die anderen. Das Individuum ist also nicht eine Voraussetzung, sondern selbst ein sehr voraussetzungsreiches und auch fragiles Resultat. Es gibt also ein Individualitätsspiel, das die Menschen der bürgerlichen Ära zu spielen gelernt haben. Ihnen selbst teilt sich dieses Spiel mit als Schein von Individualität als gegebene Realität.

Insofern erscheint Individualität auch historisch sehr voraussetzungsreich. Der Reichtum der Individualität ist seine je besondere Gewordenheit. „Individualität ist die konkrete Konfiguration, in die geschichtliche Prozesse münden. Es ist diese Individualität, über die wir im Normalfall einzelne voneinander unterscheiden."[4] Und da-

4 Angehrn (1985, S. 267) mit Rückgriff auf Lübbe (1977, S. 146ff.).

mit hängt der Begriff der Individualität mit dem der pragmatischen Identität zusammen. Um zu wissen, wer einer ist, die Frage nach seiner Identität, greifen wir zurück auf seine über Geschichten seiner Gewordenheit zu erläuternde und zu präsentierende Individualität. Insofern kann man, wenn Individualität als gefährdet angesehen wird, durchaus auf den Gedanken kommen, sie über Geschichten und den in ihr wirksamen Mechanismus der Besonderung in Einzelnes retten zu wollen. Wenn man so verfahren möchte, dann wird zu fragen sein, was an den erzählten Geschichten für diese Besonderung in Individualität verantwortlich ist. Ist es das Geschichtenerzählen qua Erzählen, das nicht anders als besondern kann? Oder sind es die Inhalte, von denen normalerweise in Geschichten die Rede ist, oder gar beides?

Wissenschaft geht auf das Allgemeine, lernen wir bereits von Aristoteles, und da es in Geschichten um das Besondere geht, kann es von Historischem keine Wissenschaft geben. Seit der Historisierung unserer Kultur im 18. Jahrhundert wurde allerdings eine solche Auskunft nicht mehr für befriedigend gehalten. Man suchte allgemein nach Gesichtspunkten, unter denen der Allgemeinheitsanspruch der Wissenschaft und der Vernunft, des gesetzesförmigen Wissens, mit dem inneren Reichtum des durch Geschichten Besonderten verträglich gemacht werden konnte. Der zunächst naheliegende Gedanke war, dass der Mechanismus der Besonderung eben keine wilde Zufälligkeit und regellose Chaotik war, sondern seinerseits Gesetzen unterlag. Für das Individuum machte man diese Idee am Begriff der Bildung fest. Auch wenn jeder einzelne Organismus sich von einem anderen seiner eigenen Spezies prägnant unterscheidet, unterliegt die Art, wie diese Unterschiede zustande kommen, doch allgemeinen Gesetzen, die sich eben dadurch als besonders produktiv erweisen. Ähnliches gilt für kulturelle Hervorbringungen, wie z. B. Sprache und Dichtung. Eine Sprache besteht aus einer begrenzten Zahl von Regeln und einer begrenzten Zahl von Wörtern. Dennoch lassen sich unendlich viele Sinngehalte mit diesen Mitteln aussagen. Hier wirken gewiss mehrere Aspekte mit: Zum einen ist es schon allein die Rekursivität der Regeln, die diesen Effekt haben könnte und die sich beispielsweise im Semantischen als Produktion von Mehrdeutigkeit auswirkt. Hinzu tritt aber – vielleicht heute noch mehr in seiner Wichtigkeit erkannt – die Ereignishaftigkeit. Damit soll angesprochen sein, dass das Regelsystem selbst eine Regelverletzungstoleranz enthält. Diese wirkt sich, informationstheoretisch gesprochen, als „Rauschen" aus, mit dem Effekt, dass die Kommunikation selbst immer wieder Redundanzen zur Sinnstabilisierung einbauen muss. Solche Regelverletzung hat aber selbst auch den produktiven Aspekt der Regelveränderung und der Fortschreibung des Regelarsenals. Und genau eine solche produktive Verletzung des Regelzusammenhangs nennen wir ein Ereignis. Emphatisch, und wenn man Verantwortlichkeitszuschreibungen liebte, könnte man es auch eine Tat, gar eine freie Tat eines selbstbestimmten Subjekts nennen. Die Autonomie, die bei Kant die Sittlichkeit ausmacht, ist ja, was die Totalität heteronomer, durch Naturkausalitäten (Triebe, Begehrlichkeiten etc.) determinierter Regeln betrifft, eine absolute Regelverletzung, die in dieser Verletzung, nach Kant, freilich die Realität einer ganz anderen Regularität (nämlich *aus* Pflicht zu handeln) beweist und damit bei Kant gerade nicht individualitätsgenerierend wirkt, sondern Zeugnis einer überlegenen Allgemeinheit des vernünftigen Subjekts darstellt. Im Gegenteil machte Kant sozusagen einen Bogen um das Phänomen der Individualität. In der „Kritik der reinen Vernunft" nannte er die Individualität des Charakters beispielsweise „unerforschlich".[5]

Das Ereignis kann man auch Tat nennen, und Hegel verlegt allerdings die Individualisierung in die Tat. In seiner Auseinandersetzung mit der Physiognomik, die versucht hatte, zwischen dem Aussehen eines Menschen, besonders seiner Kopfform, und seinem Charakter Parallelen herzustellen – immerhin verdankten sich ja beide einem individualisierenden Bildungsprozess – insistiert Hegel (mit Lichtenberg) darauf, dass die Wirklichkeit eines Menschen nicht sein Gesicht sei. Das bei Hegel angeführte Lichtenberg-Zitat lässt sogar die Interpretation zu, das Gesicht für eine Maske zu halten, d. h. gerade für eine Verbergung der Wirklichkeit. Hegel sagt: „das *wahre Sein* des Menschen ist vielmehr *seine Tat*; in ihr ist die Individualität wirklich" (Hegel 1952, S. 236). Die Tat also ist es, die vereinzelt und den Täter mit ihr als Individuum ausweist. Die Tat ist nach Hegel der Stoff, aus dem die Geschichte gemacht ist; das aber heißt auch, dass nicht die Individualität des Täters der Tat vorhergeht. Geschichte ist nach Hegel nicht das Summen-Resultat subjektiven und kontingenten Wollens und Meinens. In der geschichtlichen Tat setzt sich vielmehr die Objektivität des Geistes als Prozeß durch; die Tat ist es, die den Täter zum Täter macht, und nicht umgekehrt. Individualität ist historisches Produkt, nicht die Voraussetzung der Geschichte.

2. Die Einzigkeit des Individuums

Adorno hat der Hegelschen Philosophie vorgeworfen, dass sie kein Interesse daran habe, „daß eigentlich Individualität sei" (Adorno 1966, S. 334). Dieser Befund gilt trotz des Leitbildes des „Individuums in der individualistischen Gesellschaft." Denn ihr principium individuationis ist das der Tauschgesellschaft, in der das Individuum nur dadurch bestimmt ist, dass es Tauschpartner sein kann. So sind die Individuen nichts anderes mehr als „Ausführungsorgane des Allgemeinen" (ebd.). Adorno

5 Kant (1910ff.a, B 567); vgl. ferner die Religionsschrift: Die „Tiefe des Herzens" ist „unerforschlich" (Kant 1910ff.b, S. 51).

spricht daher von einer „Dekomposition des Individuums." Dieses dekomponierte Individuum ist zugleich eines, das die Leidenschaft des Widerspruchs nicht mehr kennt, weil die Anpassungsleistung ihm nicht mehr nur äußerlich bleibt und die Kontrolle der Anpassung ins Individuum selbst verlegt wurde.

„Das Individuum überlebt sich selbst" (ebd., S. 335). Die Frage aber, die Hegel artikuliert hatte, nämlich die Frage nach dem Verhältnis von Individuum und Allgemeinem ist nicht überlebt. Denn nach Adorno ist das Individuum ein solches nur durch das Denken, Denken aber ist Denken des Allgemeinen. Also ist es nicht die Anpassung eines Individuell-Kontingenten an das Allgemeine der Vernunft, um die es geht, sondern das Allgemeine hat nur Bestand als vom Individuum Gedachtes, und nur im Denken des Allgemeinen bewährt sich das Individuum, nicht in der Flucht oder der ohnmächtigen Anpassung. „Durch Erfahrung und Konsequenz ist das Individuum einer Wahrheit des Allgemeinen fähig, die dieses, als blind sich durchsetzende Macht, sich selbst und den anderen verhüllt" (ebd.). Für Adorno ist daher das Individuum der eigentliche Hort der Kritik. Wenn Hegel dem Individuum seine Kontingenz und Partikularität vorhielt, so ist das nur erklärlich als Versuch, „das kritische Moment zu entmächtigen, das mit individuellem Geist sich verknüpft" (ebd., S. 52). Dabei sind sich Hegel und Adorno doch in einem einig: das Individuum ist nicht das substantielle Unmittelbare. Es ist vielmehr selbst der Ort der Vermittlung des Allgemeinen. Denn als reine Kontingenz gedacht, wäre das Individuum ohne alle Begriffe, die alleine der individuellen Erfahrung Kontinuität geben können. „Zum Subjekt wird das Individuum, insofern es kraft seines individuellen Bewußtseins sich objektiviert, in der Einheit seiner selbst wie in der seiner Erfahrungen" (ebd.). Noch radikaler lesen sich die Bemerkungen Adornos in den „Minima moralia". Dort wird die Liquidation des Individuums als zu optimistische Diagnose bezeichnet (Adorno 1980, S. 153). In Wahrheit besteht es fort in seiner Einzigkeit mit Kuriositätswert: „Ein Ausstellungsstück wie die Mißgeburten". „Die ihre Individualität feilhalten, machen als ihr eigener Richter freiwillig den Urteilsspruch sich zu eigen, den die Gesellschaft über sie verhängt hat" (ebd., S. 154). Ökonomisch jedoch ist Individualität längst überlebt; sie hatte ihren unbestreitbaren Sinn in der Frühphase der Marktorientierung als lokaler Markt. Und tatsächlich ist das Individuum nur Effekt- und Reflexionsform der gesellschaftlichen Prozesse; denn es findet seinen Rückhalt nicht in irgendeinem biologischen Substrat. Unter der Arbeitsteilung werden Individuen als Vereinzelte hervorgebracht. Nun aber, im Zeitalter des Verfalls des Individuums, tritt gerade in den Formen des Verfalls ein Menschliches hervor (ebd., S. 169ff.). Individualität ist nicht repräsentierbar. Denn die Sprache der Begriffe ist eine identifizierende Sprache, die das Einzelne stets verfehlt. Sie kann vom Gemeinten immer nur das Allgemeine, mit anderem Identische aussagen, nicht das, was sich in Individualität als Differenz zu anderem festhält. So macht den

Reichtum der Individualität gerade die Vielfalt der Differenzen und Abweichungen aus, nicht irgendeine inhaltliche, kompakte Fülle. Nur als Differenzen nach außen und die diesen entsprechende innere Differenziertheit manifestiert sich Individualität, nicht durch eine Sättigung in sich selbst.

Auch Emmanuel Levinas geht davon aus, dass sich Individualität dem Begreifen in Termini eines Allgemeinen entzieht. Letzteres firmiert bei ihm unter dem Begriff der Totalität (Levinas 1987, S. 314ff.). Für ihn jedoch kann das sich im Individuum der Allgemeinheit Entziehende weder in kognitiven noch in volitiven Beziehungen manifest gedacht werden. „Das Individuelle und das Persönliche sind notwendig, damit das Unendliche sich als Unendliches ereignen kann" (ebd., S. 316), nämlich als etwas, das über die Totalität des Wollens und Erkennens hinausliegt. Darin zeigt sich zugleich die Transzendenz des Lebens über das Sein.

3. Die Gesellschaftlichkeit des Individuums

Halten wir also fest: Auch wenn der Begriff des Individuums einen Reichtum an Bestimmungen meint, ist dieser Reichtum doch ein gesellschaftlich erzeugter und ermöglichter Reichtum, er ist nicht Residuum dessen, was sich gesellschaftlichem Zugriff letztlich entzöge, sei es als eine irreduzibel-residuale Bedürfnisnatur, sei es gar in der Annahme von „Wesenskräften" (vgl. Durkheim 1981, S. 499ff.).

Deshalb steht Individualität nicht am „Ursprung" eines quasi-ästhetischen Selbstschöpfungsprozesses, wie es in der Geschichte des Bildungsbegriffs teilweise gedacht worden ist, sondern ist selbst Resultat eines Lernprozesses. Ein Individuum zu sein, wird gesellschaftlich zugemutet, und man kann es nicht von Anfang an, sondern man muss es einüben. Das ließe sich vor allem an denjenigen Attributen von Individualität zeigen, die moralischer Natur sind, also an der Gewissenskultur. In seinen moralgenealogischen Schriften hat Nietzsche gezeigt, wie das Gewissen als „schlechtes Gewissen" entsteht und wie dieses im Laufe eines langen und schmerzhaften Prozesses dem Leib inokuliert wird.

Wenn man nun allerdings die Frage aufwirft – nach Nietzsches Vorbild –, ob eine solche Inokulation von Individualität eigentlich notwendig ist, dann kann man entweder die Perspektive des Individuums am Ende seines Differenzierungsprozesses einnehmen oder die gesellschaftliche Perspektive. Unter der Perspektive des Individuums ist das Resultat klar: Es fühlt sich bereichert und leidet zugleich unter dieser Bereicherung, aber auch die erhöhte Leidensfähigkeit erscheint ihm – wenn es nur genügend von demjenigen Typ von Individualität ist, den man bürgerliches Genie nennen darf: von Werther bis Kafka – eine Bereicherung. Aus der Perspektive der

Gesellschaft erscheint der Ertrag ebenfalls durchaus doppeldeutig. Einerseits dient es der Stabilisierung des gesellschaftlichen Zusammenlebens, wenn die Kontrolle geltender Normen denen als eigene Aufgabe auferlegt wird, denen die Einhaltung abverlangt wird. Autonomie wird dieser Zwangsmechanismus genannt. Dem Individuum wird zugemutet, Subjekt zu sein.

Aber darin liegt zugleich das Prekäre einer solchen Stabilisierung des gesellschaftlichen Bandes durch die Subjektivität der Individuen. Jedes Gesetz führt – wie man weiß – als Kehrseite seiner Gesetzeskraft seine Übertretung stets mit sich. Ist die Kraft des Gesetzes eine soziale Kraft, dann ist auch die Übertretung eine gemeinsame oder repräsentativ vorgenommene, die Sanktion der Übertretung ist ebenfalls eine gemeinschaftliche, so dass Übertretung und Sanktion der Stabilisierung der Geltung des Gesetzes dienlich sind. Anders bei der Verlagerung in das Innere des Individuums hinein. Die Kraft des Gesetzes erscheint jetzt als moralische Kraft (bei Kant als „Achtung" vor dem Sittengesetz). Eine Übertretung dieses gedachten Gesetzes führt über das schlechte Gewissen nur zu einer weiteren Differenzierung und gegebenenfalls Stabilisierung dieser Differenzierung der Individualität, keinesfalls oder jedenfalls nur kontingenterweise zu einer Stabilisierung des sozialen Bandes.

Die soziale Unzuverlässigkeit des moralisch hochsensibilisierten Individuums führte denn auch in der Frühzeit des bürgerlichen Genies zu mannigfachen Thematisierungen, man denke etwa an Karl Moor in Schillers Räubern oder an Michael Kohlhaas.[6] Sie führte aber auch dazu, dass man Moral und Recht immer stärker differenzierte und schließlich der individualisierten Moral immer weniger an sozialer Bindungskraft zutraute und immer mehr – zuvor nur sozial-moralisch geregelte Beziehungen, z. B. der Intimsphäre – für rechtlich regelungsbedürftig hielt.

So wird die gesellschaftliche Reproduktion zunehmend von einer, nur noch einer ästhetischen Logik folgenden, progressiven Individualisierung abgekoppelt. Die gesellschaftliche Reproduktion, insbesondere in hochdifferenzierten Gesellschaften, kann es sich nicht leisten, von etwas so Kontingentem wie hochdifferenzierten Individuen abhängig zu sein. Zugleich aber profitiert die gesellschaftliche Reproduktion von der sich nur noch ästhetisch artikulierenden Differenziertheit der Individuen. Diese Differenziertheit paralysiert sich selbst; die Individuen werden zu für sich selbst oder einem kleinen Kreis von Betroffenen „schwierigen" Individuen und haben dann mit sich selbst so unendlich viel zu tun, dass sie gesellschaftlich gerade nur so weit stören, wie Gesellschaften Störungen zur Selbststabilisierung benötigen. All diese psychisch Halbkranken, die sich in Selbstfindungs- und Wohlfühltherapien tummeln, sind Indiz dieser radikalen Veränderung der Funktion von Individualität. Sie bedienen lediglich einen gesellschaftlichen Krankheitsbedarf. Denn selbst für die

---

6 Siehe dazu die Studie von Horst Sendler (1985).

Kunst ist diese ästhetische Originalität des Individuums nur noch ein pathologisches Sonderphänomen. Nichts mehr hängt von ihm ab.

Die sozialen Funktionen, die eine reiche innere Vielfalt des Individuums für die Moderne hatte, werden auch in der Postmoderne erfüllt, ohne jedoch auf die Einheit von Individuen zurückgreifen zu müssen. Individuen werden offenkundig zu dem, was sie immer schon waren: Dividuen. Die Unverwechselbaren sind austauschbar geworden, weil nicht Individualitäten gefragt sind, sondern Dividualitäten, die sogenannte Individuen bei sich führen.

4. Droht der Wert des Individuums verlorenzugehen?

Man kann sich natürlich fragen – und das geschieht allenthalten –, ob diese Entwicklung nicht eine beklagenswerte sei. Die Klage über die mangelnde Berücksichtigung des Eigenwerts des Individuums ist nicht neu. Ich möchte sie hier nur an einem einzigen Fall exemplarisch zeigen: an der Klage, dass Kant in seiner Philosophie dem Individuum und dem Individuellen nicht genügend Raum gegeben hat. Berücksichtigen wir dabei gar nicht einmal die Romantik und Hegel, sondern konzentrieren wir uns auf das 20. Jahrhundert, inspiriert durch die Rückbesinnung auf Kant im Neukantianismus, so war es der Sozialphilosoph Georg Simmel, der als erster diese Klage prägnant vorgetragen hat.

In der 16. seiner Kant-Vorlesungen sagt er eingangs: „Die prinzipiellen Lebensprobleme der Neuzeit bewegen sich im wesentlichen um den Begriff der Individualität; wie sich ihre Selbständigkeit gegenüber der Macht oder dem Recht der Natur und der Gesellschaft gewährleisten lässt oder wie sie sich diesen beiden unterzuordnen hat, wird in allen denkbaren Kombinationen und Maßverhältnissen durchprobiert. Einer der umfassendsten Lösungsversuche dieses Problems ist die spezifische Leistung des 18. Jahrhunderts, das auch nach dieser Seite hin in Kant gipfelt" (Simmel 1999, S. 215). Und diesen Begriff des Individuums, den das 18. Jahrhundert herausbildete, charakterisiert er mit folgenden paradoxen Worten: „der allgemeine Mensch, der doch zugleich Individuum ist. Der Mensch soll schlechthin auf sich stehen, für sich allein verantwortlich sein, im schärfsten Gegensatz gegen alle Normen, die den Menschen nur als Glied einer Einung, Element einer Kollektivität, Subjekt einer überindividuellen Allmacht kannte – aber dieser Mensch ist seinem Kerne und seinem Rechte nach immer nur einer und derselbe [...]. Es ist, als ob die Isolierung des Menschen gegen den Menschen, die die Freiheitsfunktion dieses Individualitätsbegriffs mit sich brachte, in der qualitativen Gleichsetzung der Individuen ihre Ausgleichung und Erträglichkeit gefunden hätte" (ebd., S. 217).

Obwohl konsequentester Ausdruck eines Individualismus und einer absoluten Souveränität gegenüber aller Heteronomie durch Natur, Gesellschaft und Geschichte, ja selbst Sprache, ist das Kantische Subjekt dennoch ein allgemeines und gerade nicht spezifisch individualisiertes. Jedes Subjekt – so bestimmt als absolut souveräne Individualität – ist gerade darin jedem anderen Subjekt gleich. Dieses „Individuum" ist daher bar aller Individualität, weil frei von aller inhaltlichen Bestimmtheit. Die Freiheit dieses Individuums konnte deswegen als eine absolute gedacht werden, weil sie die „Freiheit wesentlich gleichgearteter Individuen" war. Sie konnte – so Simmel – „nicht zugeben, daß die theoretisch-praktische Anlage der Menschen in ihrem letzten, absoluten Grunde eine verschiedene sein könnte" (ebd., S. 219).

In seiner Spätphilosophie der „Lebensanschauung" von 1918 führt Simmel diese Kant-Kritik konsequent fort. Nun hält er fest, dass bei Kant nicht dem Individuum das Pflichtgebot auferlegt ist, sondern nur jenem Teil des unteilbaren Individuums, der seine überindividuelle Vernunft repräsentiert (ebd., S. 355f.). Bei Kant ist es demnach gerade nicht das Individuum, das sich im Sinne der Autonomie selbst sein Gesetzt gibt, sondern der Befehlsgeber des kategorischen Imperativs ist etwas jenseits des Individuums. Dann aber handelt es sich, so Simmel, gerade nicht um Selbstgesetzgebung, sondern um Heteronomie. Wir wissen und Simmel weiß, wie Kant sich aus dieser Theorie-Falle befreit; er erklärt, dass die vernünftige Subjektivität „das Wesen unseres Wesens" (Simmel) ausmache. Denkt man wie Simmel vom Begriff des Individuums aus, dann erscheint die Auszeichnung dieses vernünftigen, d. h. allgemeinen Teils des Individuums als das eigentliche, ein reiner Willkürakt theoretischen Bestimmens. Denkt man freilich wie Kant vom Subjekt aus, dann erscheint das von Simmel in seiner Kant-Kritik formulierte „individuelle Gesetz" anstelle des allgemeinen der Vernunft als ein Einfallstor der Beliebigkeit.

5. Fremdheit und Individualität

Individualität als der Reichtum der Bestimmung des Einzelnen, als Kultur der Differenziertheit, ist wesentlich bewusster und damit angeeigneter Reichtum. Individualität ist immer auch als Eigenheit/Eigentum abgesetzt worden vom Fremden. Individualität und ihre Aneignung erscheint damit nach Außen vor allem als Abgrenzung von einer Sphäre der Fremdheit. Dieser Fremde jenseits der Grenzen, durch die wir unsere Eigenheit bestimmen, ist daher nicht in seiner Substantialität – seiner wesentlichen Natur nach – ein Fremder. Fremder ist er nur im Hinblick auf eine sich selbst in ihrer Eigenheit von ihm abgrenzende Individualität (Röttgers 1997, S. 175-186). Weder ist der Fremde sich selbst fremd (oder nicht mehr als auch wir uns selbst fremd werden können), noch ist er seinen Nachbarn/Nächsten fremd. Wenn sich Männer und Frauen manchmal als unverständlich-fremdartige Wesen auffassen, so nehmen sie nicht zugleich an, dass Frauen auch Frauen – unter dem gleichen, infrage stehenden Aspekt – sich als so fremdartig abgrenzen, im Gegenteil!

Wenn es in der momentanen zivilisatorischen Entwicklung die Tendenz gibt, die Kategorie des Fremden in die des Anderen aufzulösen, von dem uns dann keine Grenze der Verständlichkeit mehr trennt, sondern die Anderen als einen wie das Selbst versteht, so ist dieser Trend der Aneignung des Fremden zugleich auch immer der Trend zur Auflösung von Eigenheit und Individualität. Wenn im Hinblick auf mögliche Fremdheit alle Menschen wie Brüder und sogar Schwestern behandelt werden sollen, so lautet ein universalistisches Postulat, so verlieren alle dadurch an Eigenbestimmtheit. Der Fremde wird nur noch übergangsweise als Fremder geduldet: Er ist der Noch-nicht-Nostrifizierte.

Nicht zwangsläufig ist die Bewegung der Auflösung von Fremdheit eine kulturimperialistische Geste. Es kann ebenso sehr eine kultur-relativistische Gleichgültigkeit gegenüber eigener Individualität sein. Kulturimperialismus und Kulturrelativismus – auch wenn sie sich gegenseitig bekämpfen – sind die zwei Seiten ein und derselben Bewegung. So unterschiedlich die Ausgestaltungen als sogenannter Eurozentrismus oder Ratiozentrismus auf der einen Seite, als Ethno-Relativismus oder Multikulturalismus auf der anderen Seite sind, so gehören sie doch unauflöslich zusammen. Sie sind sich einig, dass Fremdheit nicht sein soll oder, wo sie noch besteht, ein Problem, das zu behandeln wäre, darstellt. Und sie sind sich insgeheim einig in der Ignoranz der Tatsache, dass mit dem Verlust an Fremdheit ein Verlust an Individualität einhergehen wird. In der deutschen Sprache ist dieser Zusammenhang nicht schon sprachlich so evident wie etwa im Französischen, wo propre et l'étranger unauflöslich zusammengehören. Zeitdiagnostisch muss man jedoch konstatieren, dass das Bewusstsein für den Zusammenhang eben so sehr verloren geht wie die Propagierung der Auflösung von Fremdheit und die Klage über den Verlust von Individualität zunehmen. Ein Verlust an Individualität ist aber nicht nur der Inhalt einer zivilisationskritischen Litanei, er ist unbestreitbar ein objektivierbarer Tatbestand. Wenn man nun also meint, dem Internet eine Individualitätszerstörung anlasten zu können, so verschließt ein solcher Vorwurf die Augen vor gleichsinnigen, aber vom Internet unabhängigen Tendenzen der Kultur des endenden 20. und beginnenden 21. Jahrhunderts.

Im Internet begegnet die Entindividualisierung als die oft von verschiedenen Seiten beklagte Dominanz von Microsoft, seinem Betriebssystem DOS und seiner graphischen Benutzeroberfläche WINDOWS. Mitte oder Ende der achtziger Jahre, als der Siegeszug der PCs und im Großbereich der Siegeszug vernetzter kleiner Einheiten über die Großrechenanlagen begann, gab es viele, untereinander vollständig inkompatible Betriebssysteme und noch mehr miteinander inkompatible Anwendungssysteme. Jeder glaubte für sich selbst allein sich eine für seine Zwecke optimale Konfiguration zusammenstellen zu können und zu sollen – Individualität auf ganzer Linie. Unter diesem Gesichtspunkt der Individualität war das ja optimal: Jeder konfigurierte seine eigene Individualität und die seines Rechners; die anderen Betriebssysteme waren für sie fremde Welten. Wenn man damals etwa zum Zwecke der Publikation von einem Kollegen einen Aufsatz erhielt, der in WORD-PERFECT auf einem Apple-Computer geschrieben war, konnte der eigene PC mit DOS und WORD absolut nichts damit anfangen. Deshalb schickte er einen Ausdruck, der dann in den eigenen PC erneut eingetippt wurde. Das hatte damals wenig Störendes, weil man es ja von der Schreibmaschine her nicht anders gewohnt war, dass Manuskripte immer wieder auch einmal abgetippt werden mussten. Damals konnten die meisten auch ihre Computerprogramme noch selbst gestalten, teils indem sie sich selbst kleine, für sich selbst nützliche Programme schrieben, mindestens aber indem sie sich (unter DOS) Stapeldatenverarbeitungsdateien (batch-Dateien) anlegten oder die autoexec.bat oder die config.sys nach ihren eigenen Bedürfnissen ergänzten oder veränderten.

Dann begann der Siegeszug der Vernetzung und Entindividualisierung (der Computer und ihrer Herrchen). WINDOWS, d. h. eine graphische Benutzeroberfläche, die nach Expertenurteil deutlich schlechter war als das von Apple-Macintosh entwickelte System, setzte sich gleichwohl als Standard durch; zugleich wurden auf beiden Seiten der Anwendungssoftware Kompatibilitäten zu den fremden Welten hergestellt. Fremdheit (der Computer füreinander) wurde aufgelöst. Das individualitätsbezogene Denken wurde zugunsten eines vernetzten Denkens aufgegeben bzw. reduziert. Die Vernetzung hatte freilich zur Folge, dass Individualität nicht nur in ihrer Funktion abgelöst und aufgelöst wurde, sondern auch von ihrer inneren Struktur her. Das Individuum grenzte sich vom Fremden ab, d. h. auch es war für den Fremden in der Einzigkeit seiner Bestimmungen letztlich ein Geheimnis. Ein Geheimnis, das aufgelöst werden soll, ist ein Rätsel; es gibt jedoch auch die andere Einstellung, nämlich des Respekts vor dem Geheimnis. In den sogenannten Menschheitsrätseln liegt die Anerkenntnis vor, dass es unauflösliche Rätsel gibt, denen gegenüber nur der Respekt vor dem Geheimnis (oder des unergründlichen Ratschlusses eines Schöpfers) bleibt. Die Vernetzung führt nun partiell dazu, dass das Geheimnis der Computer füreinander (und ihrer Herrchen, der sogenannten „User") auflösbar wird. Das Profil des Benutzers ist ein prinzipiell auflösbares Rätsel. Durchsichtigkeit der Computer hin bis zu ihren Strukturen, die dem Benutzer mit seiner graphischen Benutzeroberfläche stets verborgen bleiben, ist das Prinzip, das sich erstreckt bis in die Durchsichtigkeit des Benutzers auf tiefe, rätselhafte Motive hin, die ihm vielleicht selbst in seiner Bewusstseinsoberfläche verborgen bleiben. Als Benutzer eines vernetzten Computers ist der Mensch als User ein gläserner Benutzer. Vielleicht möchte er als Individualitätsretter Reservate der Unzugänglichkeit erhalten oder schaffen. Greift er dazu jedoch auf ein Verschlüsselungs-Programm (wie PGP z. B.) zurück, so erweckt er genau damit die besondere Aufmerksamkeit solcher virtueller Detektive im Netz („virtual agents“), die nur „pretty good privacy“ als interessant für sie herausfiltern.

„Wer nichts zu verbergen hat, braucht die Tendenz zum gläsernen Bürger (den Lauschangriff usw.) nicht zu fürchten“, war schon immer das Argument einer individualitätsfeindlichen Sachlichkeit. Man braucht es nur wenig umzuformulieren, um aus dieser kritischen Bemerkung eine allgemein zustimmungsfähige zu machen. Menschenrechte und Demokratie sind dann solche übergeordneten und universal verpflichtenden Werte, von denen sich grundsätzlich keiner in den Schutz seiner fremden Individualität soll zurückziehen dürfen. Absolute Transparenz, absolute Weltöffentlichkeit soll jedes Vergehen gegen Menschenrechte (und Demokratie? ... und den kapitalistischen, d. h. freiheitlich organisierten Markt?) schonungslos verfolgen können. Wer das aber fordert, übersieht meistens, dass die lückenlose und schonungslose Verfolgung solcher Vergehen die absolute Transparenz von allem voraussetzt, damit nicht im Verborgenen, d. h. in den Reservaten der Transparenz, das Verbrechen weiter gedeiht. Plausibilisierungsinstanz ist immer die Verbreitung von Kinderpornographie im Netz. Nur stimmt es leider: Wer diese kontrollieren will, muß alles kontrollieren können, damit die Kriminellen sich nicht Schlupflöcher schaffen und nutzen. Und wenn man schon einmal alles kontrolliert, warum dann nicht auch andere Verletzungen von Menschenrechten oder der „politicial correctness“ ausspionieren, registrieren und ggf. ahnden, wie z. B. Verstöße gegen den grammatikpolitischen Feminismus als Bestandteil der „political correctness“. Damit soll nun keineswegs unterstellt sein, dass die Gegner der Kinderpornographie im Internet schon die Totalitäre einer neuen fundamentalistischen „political correctness“ seien. Es kann nur nicht verschwiegen werden, dass das eine nicht zu haben ist, ohne die Bedingungen zu schaffen, unter denen auch das andere einem in den Schoß fällt. Die Versachlichung, die Demokratisierung und die Durchsetzung der universalisierten Menschenrechte und das Internet sind eine einzige historische Bewegung der Korrosion des geheimnisvollen Fremden und der reichen Individualität zugleich.[7]

---

7 Die obigen Sätze sind im Juli 2001 niedergeschrieben worden. Ich hätte mir gewünscht, dass sie nicht diejenige massive Bestätigung durch die Realität erfahren hätten, die sie durch die innernationalen und internationalen Entwicklungen seit dem 11. September 2001 tatsächlich erhalten haben. Fast wirken sie nun nur noch nostalgisch. Nicht der Kampf gegen Kinderpornographie oder den von feministischer Seite aus definierten Chauvinismus, sondern der gemeinsame Kampf gegen den „Terrorismus“ schweißt inzwischen die „Guten“ aller Welt zu einer Homogenität zusammen, vor der dann selbst die unabhängige Berichterstattung eines arabischen Senders als fremdartig und unverständlich erscheint.

Noch einmal sei daran erinnert, dass der hier beschriebene Individualitätsverlust ganz etwas anderes ist als der diagnostizierte und auch wohl beklagte „Tod des Subjekts“ (Frank, Raulet und van Reijen 1987; Nagl-Docekal und Vetter 1987). Beides heißt etwas ganz anderes, ja zum Teil sind es sogar gegenläufige Tendenzen der Art, dass z. B. eine Stärkung der Position des (allgemeinen, vernünftigen, autonomen) Subjekts durchaus eine Schwächung der Individualitätsvorstellung beinhalten *kann*. Tatsächlich sind in der späten Moderne des 19. und 20. Jahrhunderts beide Vorstellungen als wechselseitig ergänzungsbedürftig und beidseitig steigerbar angesehen worden, so dass Simmel das Bedürfnis seiner Zeit unter die Formel „Kant *und* Goethe“ gefasst hat, d. h. Subjektivität *und* Individualität. Das Selbst hinwiederum soll als reine Rationalität, nämlich in seiner Bezogenheit auf den (inneren und äußeren) Anderen aufgefasst werden. „Selbst“ ist ein rein formaler Begriff der Position im kommunikativen Text (im einzelnen dazu Röttgers 2002). Es ist bar jeden Abgrunds von Individualität; es ist sich selbst der einzige Inhalt, nämlich in seiner Bezüglichkeit auf den Anderen (im Inneren wie im Äußeren) (vgl. dazu auch im einzelnen Levinas 1987, S. 39-47).

6. Individualität als Abweichung

Das Individuum ist das Einzelne, das im unzerstörbaren Reichtum seiner Einzelbestimmungen besteht. Allerdings kann man diesen Reichtum auch privativ deuten. Dann erscheint Individualität als Abweichung sowohl vom Normalen als auch als Abweichung von den Normen. Der große Kriminelle (Dostojewskis Raskolnikov) ebenso wie das Genie, der von Obsessionen Gejagte, der Bohémien ebenso wie Satan selbst sind hoch individualisiert. Die Spießer, die Durchschnittlichen dagegen sind weniger individualisiert. Nimmt man nun den Begriff des Individuums aus diesen Wertungs-Exzessen aus, dann ergibt sich aus der Sicht des Naturwissenschaftlers, dass beispielsweise Individualität – genetisch gesehen – nichts anderes ist als ein Kopierfehler der Gene. Ein solcher Kopierfehler kann im Sinne einer evolutionären Höherentwicklung aber ebenso leicht auch im Gegensinne als Defizienz auftreten (Dawkins 1989). Diese naturwissenschaftliche Individualitätsauffassung, die nur die genetische Abweichung zu erfassen erlaubt, muss allerdings ergänzt werden durch eine kulturwissenschaftliche. Auch hier wird man Individualisierung als kontingente Abweichung von normativen und kulturellen Normalitätsmustern zu begreifen lernen müssen (Geertz 1973, S. 51ff.). Nicht mehr ein unkontrollierbarer Ausbruch aus einer unauslotbaren Reichtumsquelle in einem verborgenen Inneren wäre dann der Ursprung von Individualität, sondern eine zufällige Abweichung von Normalität, die fremd- und eigenverstärkt sich als Habitus stabilisiert. Jemand kommt rein zufällig dazu, in seiner Handschrift zur Wiedergabe des z das entsprechende Sütterlinzeichen zu verwenden. Da die Lesbarkeit seiner Handschrift dadurch für ihn und für andere zunimmt, gewöhnt er sich daran, und es wird zum unverwechselbaren Kennzeichen seiner individuellen Handschrift. Dergleichen ist nicht rational planbar; der Effekt, obwohl individualisierend, ist rational in einer Rationalität, die niemand gewollt haben kann. Man kann aus diesem Individualisierungsereignis und seiner produktiven Leistung der Erhöhung der Lesbarkeit einer bestimmten persönlichen Handschrift keine allgemeine Vorschrift oder Empfehlung der Einführung des Sütterlin-z statt des z ableiten, weil andere Handschriften vielleicht weniger Probleme enthalten, das z z. B. vom s oder vom c zu unterscheiden. Das Ensemble von – seiner Entstehung nach – zufälligen, jedoch funktional-rationalen Abweichungen vom Standard macht dann das Individualitätsprofil aus, während die Romantik diese Linien noch ausgezogen und zu einem eigenen, in sich bestehenden, d. h. substantiellen Etwas ausformuliert hatte, das freilich schon das Bedrohliche eines „Abgrunds“ hatte: „Jede Individualität aber ist ein Abgrund von Abweichungen, eine Nacht, die nur sparsam von dem Licht allgemeiner Begriffe erleuchtet wird“ (Günderode 1990, S. 354).

7. Die Dialektik von Globalisierung und Regionalisierung

Dann aber ist gerade nicht der innere vorgefundene und als Substanz abgesicherte Reichtum des Individuums der Gegenhalt und ggf. die Prophylaxe gegen Totalitarismen, wie sie das 20. Jahrhundert als typische Erscheinungen hervorgebracht hat. Noch Simmel hatte nämlich geglaubt, dass Individualität der Masse/Vermassung entgegenstünde, weil das Individuum stets reicher sei als die kleinste verbindende Gemeinsamkeit, die bestimmt, was irgendeine soziale Verbindung oder eine Masse oder auch nur Wechselwirkung einen kann.

Gegenüber dieser antinomischen Struktur macht Hermann Lübbe geltend, dass die weltweite Vernetzung und Globalisierung dialektisch begleitet ist von einer Regionalisierung und Lokalisierung (Lübbe 1996). Beides zusammen aber, in der dialektischen Bezogenheit aufeinander, ist geeignet, die Vermassung als Grundlage der Totalitarismen des 20. Jahrhunderts hinter sich zu lassen. Gibt man die fiktive Substanz eines inneren Reichtums des Individuums aber auf, so droht keineswegs die allgemeine Nivellierung. Das Besondere und das Allgemeine begegnen sich auf vielfältigeren Ebenen, als das die Begriffe von Individualität und Masse in ihrer Entgegensetzung zu fassen vermögen. Die Vereinzelung und die Vernetzung sind konkomitante Prozesse, die wechselseitig aufeinander angewiesen sind.

Wenn man das aber einmal begriffen hat, dann ist das heroische Pathos, das mit der Besonderung die Heroik der Einsamkeit glaubt bezahlen zu müssen, unangebracht. Nietzsches Pathos der Einsamkeit ist nicht länger angesagt. Vornehmheit ist keine Qualität einzelner Menschen, denen sie dann zum Schicksal der Einsamkeit wird, weil die „Herde" diese Besonderung angeblich weder nachvollziehen kann noch soll. Vernetzte Individualisierung ist weder Nivellierung noch „Pathos der Distanz".[8]

Daraus ergibt sich, dass die kulturkritische Polarisierung auf die Begriffe hin „freie Entfaltung von Wesenskräften" eines „individuellen Gesetzes" (Simmel 1999) vs. Digitalisierung ein unsinniger Popanz ist. Im nächsten Abschnitt werden wir daher kurz auf das mit der Begrifflichkeit einer „Freiheit des Individuums" verbundenen Vorstellungssyndrom eingehen.

8. Die Freiheit des Individuums

Der historische Prozess der Individualisierung hat zugleich zu einem emphatischen Begriff der Freiheit des Individuums geführt. Die Individualisierung erzeugt die innere Unendlichkeit der Bestimmungen und die äußere Unvergleichlichkeit solcherart innerlich unendlicher Individuen. Eine der Äußerungsformen dieser Doppelstruktur ist die unendliche Vielfalt des Begehrens. Diese wird als unendliche Vielfalt der Bedürfnisse auf die differenten Individuen zurückgerechnet. Wir haben es demnach mit einer unendlichen Vielfalt der individuellen Bedürfnisse und Bedürfnisstrukturen zu tun; jede individuelle Bedürfnisstruktur aber zielt auf eine Grenzenlosigkeit und prinzipielle Nicht-Saturierbarkeit der Bedürfnisse. Wie soll man Individuen befriedigen, in deren Begehrensstruktur das Immer-Mehr fundamental eingebrannt ist. Ein solches fundamentales Immer-Mehr in den Gesellschaftsatomen – das hatte Hobbes bereits erkannt – führt zwangsläufig zur Gesellschaftsstruktur einer friedlosen Gesellschaft. Nur ein aus der Todesfurcht aller dieser sterblichen und dennoch unersättlichen Gesellschaftsatome geborener sterblicher Gott, der Leviathan, vermag dem Einhalt zu gebieten. Gegenüber dem Chaos individualisierten Begehrens muss dieser Leviathan rücksichtslos auftreten.

Im Grunde ist es die gleiche Rücksichtslosigkeit gegenüber der Kontingenz individualisierter Bedürfnisse, die die Kantische Suprematie des Sittengesetzes gegenüber der Sinnlichkeit auszeichnet. Jedoch kannte er – liberaler als Hobbes – das

8 Zu diesem Begriff und seinem Schicksal vgl. Nietzsche (1980, S. 259 und S. 371); dazu Lichtblau (1984).

Wirken dieser Bedürfnisse in der Gesellschaft sehr wohl und glaubte, ihr auf dieser Ebene keine anderen Zügel anlegen zu dürfen, als wo die freie Entfaltung des einen die des anderen beeinträchtigt. So schön die Formel klingt und so oft sie deshalb wiederholt wurde, ja beschworen wird, ist doch klar, dass sie ein Problem nur verdeckt, nicht aber löst.

Die freie Bedürfnisentfaltung eines Individuums führt in einer universal vernetzten Gesamtstruktur *immer* zur Einschränkung der freien Bedürfnisentfaltung anderer Individuen. Wenn ich beispielsweise in Mitteleuropa für mein körperliches Wohlbefinden auch im Winter eine Raumtemperatur von 22° C für angemessen und notwendig halte, dann muss ich entweder Isoliermaterialien oder Heizstoffe verwenden, die die Lebensbedingungen anderer Menschen beeinträchtigen. Heize ich beispielsweise auf 22° C hoch, so fördere ich – zusammen mit vielen anderen, die ebenfalls ihre Freiheit entfalten – das Treibhausklima der Erde, das durch Anstieg des Wasserstandes der Weltmeere viele Bewohner von Bangla Desh in ihren Lebensbedingungen geradezu bedroht. Aber es hülfe unangenehmerweise gar nichts, wenn ich und alle, die ich kenne, sich dazu entschlössen, bei 20° C zu leben. Denn die Folgen werden dann an anderer Stelle im Gesamtsystem, und manchmal unvorhersehbar und in überraschender Weise, auftreten.

Der Idee der Begrenzung der freien Entfaltung der Bedürfnisse der Individuen trug konsequent Rechnung der Utilitarismus, der erstmals die Idee eines Gesamtkalküls der Bedürfnisbefriedigung einführte (Stichwort: höchstes Glück der höchsten Zahl). Diese Idee, so konsequent sie die Individualisierung fortdachte, ist so vielfältiger Kritik, vor allem was ihre widerspruchsfreie Operationalisierbarkeit betrifft, begegnet, dass sie heute als erledigt gelten kann und nur noch als ideologische Basis bestimmter ökonomischer Ansätze ihr unhinterfragtes Dasein fristet. In der ökonomischen Theorie taucht dieser Ansatz als nicht innerhalb der Theorie diskutierbarer Pluralismus der Präferenzen auf. Ökonomische Rationalität definiert sich dann allein darüber, was rationalerweise geschieht, wenn die Individuen in von der Theorie nicht vorhersehbarer Weise dieses und jenes wollen oder „präferieren", d. h. lieber wollen als anderes. Dieser Pluralismus des Unvernünftigen (d. h. außerhalb der Vernunft der Ökonomie Stehenden) gehört zum ideologischen Fundament markt-kapitalistisch organisierter Gesellschaften.

Demgegenüber hatte ein nicht am Begriff des Individuums, sondern des Subjekts festgemachter Freiheitsbegriff Freiheit als freie Selbstbestimmung eines in seinem Kern vernünftigen Wesen bestimmt. Diesem Subjekt musste Vernunft nicht beigebracht oder abgerungen werden, es war – wenn es sich nur selbst recht verstand – vernünftig, und zwar genau so wie alle anderen. Ihre Freiheit schränkte daher seine Freiheit, nämlich zu vernünftiger Selbstbestimmung, in keinerlei Weise ein. Individualisierung freilich kann in diesem Modell nicht ausgelebt werden. Genau das hatte der späte Simmel unter dem Stichwort des „individuellen Gesetzes“ als die Lebensfremdheit der Kantischen Moralphilosophie attackiert. Diese sei auf die Probleme des wirklichen Lebens, das ein Leben der Individuen sei, gar nicht anwendbar, sondern nur auf abstrakte Strukturen des Handelns. Moralische Verpflichtung lasse sich aber nur denken als individuelle Pflicht, nicht als abstraktes Sollen, geboten durch einen kategorischen Imperativ.

Wie nun freilich das Individuum in der Chaotik seiner Antriebe und Begehrungen zu so etwas wie einem es selbst verpflichtenden individuellen Gesetz kommen kann, das bleibt auch bei Simmel letztlich ungeklärt (vgl. Lotter 2000). Während Nietzsche das Problem noch unter Rekurs auf einen Willen-zur-Macht auch unter den Antrieben gelöst hatte, eine Lösung, der auch der Simmel der „Soziologie“ noch nahe stand, entfaltete sich mit zunehmender Kant-Opposition aus Impulsen der späten Lebensphilosophie Simmels eine systematische Leerstelle, die bei ihm und anderen Lebensphilosophen dann durch die Postulate eines ganz anderen „Individuums“, nämlich des Staates ausgefüllt wurde.

In der Sozialphilosophie und Soziologie wurde jedoch auch noch eine ganz andere als die irrational-etatistische Lösung bereitgestellt. Diese entfaltete sich entlang des Themas der Identität, und sie lässt Individualität als Originalität des Arrangements in einem Ensemble von Rollen begreifen. Dabei wird freilich die traditionelle Vorstellung von der inneren, substantiellen Vielfalt des Individuums aufgelöst. Vom Genie avanciert das Individuum zum Jongleur. Als Genie war der Reichtum seiner Bestimmungen dem Individuum ein zugefallenes Schicksal, das es tendenziell in Konflikt zu der es umgebenden Gesellschaft und in Isolation, in Tragik und Wahnsinn treiben konnte. Als Jongleur eines Rollen-Ensembles kann sich das Individuum diese oder jene, zu den jeweiligen, von der Gesellschaft bzw. spezifischen Ausschnitten aus ihr zugemuteten Rollen passende Innerlichkeiten leisten. Dass diese für es selbst – Stichwort: Identität – zu einer handhabbaren Einheit gerät, ist nicht selbstverständlich und bei extremer Divergenz der Rollenanforderungen auch mit Tragik und Wahnsinn als Aussichten prämiert.

9. Medialität

Mit den Mythen der tiefen Ursprünglichkeit von Individualität hängt ein anderer, ebenso wirksamer und, was die Kultur des Internets betrifft, kritischer Mythos zusammen, den ich den Mythos der direkten Kommunikation nennen möchte. In diesem Mythos verbindet sich die oben ausführlich geschilderte Individualitätsauffassung mit der Thematik der Intersubjektivität. Wie können zwei in sich selbst gegründete Tiefen miteinander kommunizieren? Nun, wir wissen, wie wir normalerweise miteinander kommunizieren, nämlich sprachlich. Stellt sich die Frage nach der Kommunikation von Tiefen, dann ist – gemäß dem Credo „individuum est ineffabile“ – Sprache nur ein Hilfsmittel, ein oft, ja wesentlich unzureichendes Hilfsmittel, das Eigentliche zu sagen. Jede sprachliche Kommunikation ist demnach eine Nivellierung und Verzerrung des eigentlich zu Sagenden. Hinter diesem kommunikativen Notbehelf stünde die regulative Idee eigentlicher Kommunikation, in der Individuen füreinander effabel werden oder in einer nicht-sprechenden Weise sich einander offenbaren. Solche Mythen kann man pflegen, und sie werden gepflegt etwa in der Philosophie des Dialogismus (Rosenzweig, Buber), für den die höchste Form jene direkte Kommunikation ist, in der zwei Individuen sich tief in die Augen blicken und stammelnd nur noch „Du!“ zu sagen wissen und trotzdem – so nimmt man dort an – ALLES voneinander wissen.

Freilich ist diese Form des Wissens eine absolut mystische Form, insoweit sie nicht nur zwischen den Zweien die wortlose Tiefenschau zelebriert, sondern auch als dieses Erlebnis (hinterher) nicht mitteilbar ist.[9]

Ich will nicht bestreiten, dass es solche mystischen Du-Erlebnisse gibt, auch muss ich keineswegs in Abrede stellen, dass es die tiefsten Augenblicke sein mögen, die Menschen miteinander verbinden; aber was ich ganz energisch bestreite, ist, dass diese ekstatischen Momente zum Modell oder zum Maßstab zwischenmenschlicher Kommunikation gemacht werden dürfen. Täte man das, so wäre das Ergebnis entweder eine Veralltäglichung oder Trivialisierung des mystischen Moments, der sich wesentlich nicht prolongieren läßt, oder im Widerstand dagegen ein Terrorismus, der in sprachloser Gewalt ein Surrogat des mystischen Moments zu schaffen und als Terrorismus auf Dauer zu stellen versucht (Dabag, Kapust und Waldenfels 2000). Der Orgiasmus (Maffesoli 1986) hat keine andere Lebenschance, als die große Ausnahme einer umfassenden Ordnung zu sein.

Jede Kommunikation ist medial – und es gibt keinen vernünftigen Grund, das zu bedauern oder hinter dieser Tatsache die kritische Folie einer direkten Kommunikation aufzubauen und jede reale Kommunikation am Maß dieser vermeintlich idealen Kommunikation zu messen. Nicht nur jede Kommunikation, sondern jede Wirklichkeitsberührung erkennender und handelnder Wesen ist medial. Wir sehen, weil Lichtstrahlen von den beleuchteten Dingen ausgehen und unser Auge treffen; aber wir sehen nicht die Lichtstrahlen, sondern wir sehen auf diese mediale Weise die Dinge selbst. Wir hören, weil Schallwellen, von sich bewegenden Dingen ausgesendet, unser Trommelfell erreichen; aber wir hören in der Regel nicht Schallwellen,

9 In der Philosophie der Kommunikation bei Michel Serres (1981, S. 66ff.) wird diese Art der vermittlungslosen Kommunikation als „Pfingsten“ bezeichnet.

sondern die Dinge, von denen sie ausgehen. Wir riechen, weil Duftstoffe die Sensoren unserer Nasenschleimhäute erreichen; aber wir riechen in der Regel nicht diese Duftstoffe selbst, sondern die Dinge: den Kuhdung, die Rose, das Meer (über deren Duftstoff-Komposition wir normalerweise keinerlei Ahnung haben oder Auskunft geben könnten).

Hier ist sofort zuzugeben, dass Kommunikation via Internet eine mediale Einschränkung darstellt. Das Problem ist also nicht die Medialität als solche, sondern die Reduktion der Sinnlichkeit. Am Computer gibt es nichts zu riechen, oder wenn doch, dann scheint mit dem Gerät etwas nicht zu stimmen, nicht aber mit den Inhalten wie Kuhdung, Rose oder Meer. Das ist ein echtes Defizit der Kommunikation via Internet. Dieses Defizit darf man aber nicht überbewerten. Denn erstens ist der Mensch von seiner Urgeschichte her, als er nämlich aufhörte, wie seine nächsten Verwandten in Bäumen zu leben, und die Steppe als Lebensraum für sich erschloss und sich daher aufrichtete, um die Gefahr frühzeitig zu sehen, ein Wesen, dessen Sinnlichkeit zu ca. 80 Prozent aus Sehen besteht. Wenn uns nun der Computer nur Sichtbares und Hörbares (z. T. auch Fühlbares) vermittelt, verzichten wir auf relativ wenig, prozentual gesehen. Anders würde sich das Problem freilich für Hunde darstellen: Sie würden auf sehr viel mehr an Lebensqualität verzichten, wenn sie ihre Kommunikation auf Computer umstellen müßten. Allerdings ist dieses wenige, auf das Menschen verzichten müssen in der vernetzten Kommunikation, nicht ganz zu vernachlässigen. Erstens: für den Menschen ist der Geruchssinn ein typischer Nahsinn. Wenn man jemanden „nicht riechen" kann, so heißt das, dass er uns nicht zu nahe kommen darf. In Intimität wird der Geruch plötzlich sehr viel wichtiger, ja u. U. übernimmt er die Leitfunktion der sinnlichen Orientierung. Das aber heißt, dass bestimmte Formen der Entwicklung von Kommunikation in Intimitäten hinein nicht möglich sind. Zweitens: fehlende Sinneseindrücke können durch Phantasmata dieser Sinneseindrücke ergänzt werden. So wie wir bereits innerhalb einer Sinnlichkeit permanent Ergänzungen (z. B. beim perspektivischen Sehen) vornehmen, so werden auch fehlende Eindrücke anderer Sinne durch Phantasmata ersetzt, um einen Gesamteindruck zu erzeugen.

Ich erinnere mich, in meiner Jugend, in der ersten Reihe sitzend, im Kino einen Film gesehen zu haben, in dem es in einer Szene zu einem auf Breitwand sich entfaltenden riesigen Feuer kam. Der fehlende Geruchseindruck wurde von mir damals von einem derart starken Phantasma ergänzt, dass ich glaubte, es brenne nicht nur im Film, sondern im Kino. Zur Kontrolle schloss ich die Augen und der ganz deutliche Brandgeruch verschwand nicht. Ich geriet wirklich in Angst, weil sich das Phantasma verselbständigte und den Realitätsbezug zu dominieren begann. – Ich habe diese kleine Episode erzählt, der vermutlich jeder Leser eigene Erfahrungen beifügen kann, um zu verdeutlichen, dass auch unabhängig vom Internet regelmäßig Sinneseindrücke durch prothetische Phantasmata unterstützt werden, so dass wir sehen, was wir gar nicht sehen können, hören, was gar nicht zu hören ist, und riechen, wo das Medium gar keine Duftstoffe transportieren kann.

Werden Beziehungen zwischen Individuen über einen Chat-Room (Tratsch-Raum) gestiftet, so sollte man nicht übersehen, dass diese Beziehung sehr viele Dimensionen der Darstellung eines Individuums ausfiltert. Zunächst gehen da nichts als Wörter in einen kommunikativen Text ein, vielleicht tauscht man eines Tages per e-mail Bilder aus. Schon das könnte die erste Enttäuschung sein, und zwar genau wegen der, wie ich es eben genannt habe, prothetischen Phantasmata. Zu den Wörtern haben wir uns nämlich längst ein Phantasma zu Hilfe gerufen, das mit den Wörtern freilich kompatibel ist, allerdings weit über sie hinausschießt. Wer 36 Jahre alt ist, weiblich, charmant – was der Text direkt oder indirekt übermittelt haben mag –, kann fett, voller Pickel und mit unangenehmem Mundgeruch behaftet sein – nur so hatte ich mir das phantastisch nicht ergänzt und werde von der Beziehung der anderen Sinne enttäuscht sein. Dazu kommt die in Tratsch-Räumen übliche Individualitäts-Maskierung. Individualität wird hier nicht als Schicksal hingenommen, sondern als Produkt erzeugt; vergessen sollten wir freilich nicht, dass auch das nicht neu ist. Pseudonyme (d. h. fiktive Personenschemata) hat es auch in Gutenbergs Ära immer gegeben. Jener minderjährige Schüler, der 1890 seine Gedichte unter dem Pseudonym „Loris Melnikow" veröffentlichte, wurde von einigen Kritikern für einen welterfahrenen, älteren Mann, vermutlich Diplomat, gehalten. Und wenn man jene Gedichte des frühen Hugo von Hofmannsthal heute liest, kann man die Fehleinschätzung immer noch sehr gut nachvollziehen. Auf die Oberfläche nämlich kommt es an, nicht auf die Tiefe. Allerdings gibt es eine Reihe von Oberflächen, die im Medium des Internets nicht vermittelt werden können. Zwangsläufig ist daher Internet-Kommunikation virtuelle Kommunikation, die dort begegnende Individualität ist virtualisierte Individualität. Nicht dass ich meine ganze Individualität in die Kommunikation einbringen kann, ist das Problem (denn wer will das schon und wozu?), sondern dass ich nicht (über Geruch, über Gestik, Mimik, Blicke, Stimmführung) genügend über die Individualität des Kommunikationspartners erfahre, kann als Problem erscheinen. So ist Vertrauen (oder berechtigtes Misstrauen) nicht in gleicher Weise durch diese Kommunikationsform ermöglicht, und dadurch erhält die Kommunikation weniger an zwischenmenschlicher Verbindlichkeit.

10. Und wo bleibt die Seele?

Können wir wirklich – wenn, wie zuvor entwickelt, die vernetzte Kommunikation eine Einschränkung des beteiligten Sinnlichkeitsspektrums bedeutet – von Seele zu

Seele sprechen, ist doch Seele, wenn der Begriff überhaupt einen Sinn haben soll, die im Leib und seiner ausgebreiteten Sinnlichkeit verteilte Seele, nicht ein Separatum oder ein zum Körper hinzutretendes Additivum. So wie aber der Leib erkranken kann (d. h. ich Selbst) und es unzureichend ist zu sagen, dass nur ein von mir besessener oder bewohnter Körper von Viren, Bakterien, Pilzen oder Prionen befallen wird, so dass dann zweierlei in ihm wohnten: ich und die Viren – so kann auch die Seele (der andere Aspekt des Leibes) erkranken. Und das wiederum ist etwas ganz anderes als zu sagen, die Psyche sei von Depressionen, Wahnvorstellungen etc. befallen. Nicht ein chemisches, aseptisches Verjagen der unerwünschten Mitbewohner von soma und psyche wäre angesagt, sondern die Initiierung von Heilung und Gesundung. Das aber ist ein ganzheitlicher Prozess. Denn es ist eine genuine Erfahrung, dass ein Selbst, wenn ihm durch spezifischen, kausalwirksamen chemischen Eingriff eine bestimmte Krankheit genommen wird, eine andere, und charakteristischer Weise in vielen Fällen, eine schwieriger zu therapierende Krankheit erwählt.

Die vernetzte Kommunikation verhindert es durch die Art des Mediums, dass sich Krankheiten auf der leiblichen Ebene der Ansteckungen (was etwas anderes ist als die Weitergabe von Viren, Bakterien, Pilzen und Prionen) mitteilen. Dafür lassen sich vielleicht bestimmte Krankheitsimmunisierungen (gegen Therapien) wie z. B. Obsessionen leichter transportieren, und zwar weil gerade das Korrektiv der Realität der leiblichen Existenz fortfällt. Wenn zwei, von denen jeder für sich die Obsession „Niemand versteht mich, niemand liebt mich" ausgebildet hat, unter Tränen ob ihrer gleichen fatalen Befindlichkeit sich in die Arme fallen, dann ist das eine, wenn auch begrenzte Realkorrektur ihrer Obsessionen. Wenn dieses Unter-Tränen-in-die-Arme-Fallen im Netz nur virtuell möglich ist, dann setzt die Virtualität die reale mögliche Erfahrung schon voraus, d. h. die Obsession darf nicht überwältigend sein, um in Virtualität überhaupt korrigierbar zu sein. Andererseits ist die Ausbildung solcher Obsessionen, wenn die Grundsatz-„Entscheidung" für die Psychisierung des Krank-Seins schon gefallen ist, in der vernetzten Kommunikation sehr erleichtert. Mühelos wird es möglich sein, im Netz jemanden zu finden, der genauso verrückt ist wie ich und der mich in meiner Verrücktheit unterstützt.

Dass das möglich ist, hängt mit einer Fähigkeit zusammen, die ich nicht-individuelle Emotionalität nennen möchte. Die Standard-Vorstellung ist, dass die Emotionalität eines Individuums tief in seinem Inneren wohnt, es ihr manchmal gelingt, nach außen zu dringen, sich zu äußern, expressiv zu werden. Und wenn es Glück hat, findet das Individuum ein anderes Individuum, das, weil es die gleichen Expressionen ausstößt, vermutlich die gleichen Emotionen tief in seinem Inneren hat, oder wenigstens findet es ein anderes Individuum, das die Gefühlsäußerungen „*versteht*".

Mir scheint das eine künstliche Konstruktion zu sein. Wenn man dagegen unbefangen darauf achtet, wie Gefühle entstehen und sich entwickeln, dann wird man gewahr werden, dass originale Gefühle eigentlich immer an der Oberfläche entstehen und nur erinnerungsgenerierte Gefühle aus der Tiefe emporsteigen. Es kommt zufälligerweise oder auch konventionellerweise zu einer Körperberührung, oder zwei Blicke treffen sich. Dabei kommt es zu einer emotionalen Aufladung, sei es der Anziehung, sei es der Abstoßung, genau dieses lokalen Ereignisses. Weder das Denken, das Bewusstsein oder die Emotionalität als Ganze ist daran sofort beteiligt. Man kann dieses temporäre und passagere Ereignis vorbeifließen lassen als kurzen Schauer der Lust oder des Ekels; man kann ihm aber auch eine Bedeutung geben, z. B. indem das Blick- oder Berührungsereignis der Gesamtbilanz der Emotionalität zugeordnet wird oder gar dem Bewusstsein.[10]

Was ich zeigen wollte, ist folgendes: Es gibt eine Entwicklungsdynamik einer nicht-individuellen Emotionalität, wo die Emotionalität eines Blicks sich entwickelt nur in der Logik von Blick und Gegenblick, wo also nicht Gesamtindividuen an den Kontaktflächen der Emotionalität sich berühren und daher immer nur partiell in Kontakt sind. Dann wäre in der Tat das Internet eine bedrohliche Restriktion der emotionalen Kontaktmöglichkeiten. Die Logik nicht-individueller Emotionalität aber zeigt eine immer schon bestehende Möglichkeit einer Befreiung von der Last des gesamten Individuums und seiner mutmaßlichen Tiefen.

Der Tanz ist der gesellschaftliche Raum, der diese Möglichkeit explizit vorsieht. D. h. nicht-individuelle Emotionalität ist sogar institutionalisierbar. Ob die u. U. intensiven Körper-, Blick- und Redekontakte zwischen Individuen irgendwelche weiterführenden emotionalen Konsequenzen für die Individuen haben werden, ist ganz offen.

Dass das aber so ist, hat weitreichende Konsequenzen für die Bewertung der Kommunikation im Internet. Nun zeigt sich nämlich, dass die Restriktion kein Mangel der vernetzten Kommunikation ist, sondern dass auch andere Formen, speziell auch emotionaler Kommunikationskontakte, nicht Gesamtemotionalitäten von Individuen in Austausch miteinander führen, sondern dass alle Kontakte Oberflächen-Kontakte sind, die ein bestimmtes Berührungsmedium zur Grundlage haben und sich in ihr entfalten, u. U. aber nicht notwendigerweise mit fortschreitender Einbeziehung weiterer Kontaktflächen der Individuen. Nichts anderes geschieht im Internet. Dass hier Individuen ihre Identität (u. U. auch ihre Geschlechts-Identität) verbergen oder mit ihr spielen können, ist auch auf Maskenbällen immer schon üblich gewesen.

Nirgendwo – und deshalb auch nicht in der vernetzten Kommunikation – werden bei den Individuen vorentworfene Emotionalitäten unter Nutzung aller emotionalen

10 Todorov (1996, S. 85) schreibt: „ein gegenseitiger Blick, der länger als zehn Sekunden dauert, kann dann [im Erwachsenenalter, K. R.] nur zweierlei bedeuten: die beiden werden sich schlagen oder lieben."

Kommunikationsmedien, die den tiefen reichen Individuen zur Verfügung stehen, ausgetauscht. Überall – und deshalb auch in der vernetzten Kommunikation – folgt emotionale Kommunikation dem Prinzip der Ansteckung.

Um auf die Eingangsfrage dieses Abschnitts zurückzukommen: Frisst also der vernetzte Computer die Seele auf? Unsere Antwort ist auf diese Frage, in dieser Allgemeinheit gestellt, gewesen: Nein. Aber unser kleiner Exkurs in die philosophische Pathologie machte auch deutlich: Es gibt kranke Seelen, für die die Kommunikation unter Absehen von der Leiblichkeit in der Tat die Gefahr der Stabilisierung der psychischen Krankheit darstellt. Für sie ist der Bildschirm ein Schirm, der sie abschirmt von der Möglichkeit der Korrektur des Wahns durch die Realität leiblicher Erfahrung. Aber immerhin: Wer wirklich psychisch krank sein will z. B., schafft es auch ohne Internet, wie wir aus den Zeiten vor Erfindung des Computers wissen. Angstfrei große Seelen dagegen kommunizieren im Internet wie anderswo. Aber das auch heißt genau: Sie kommunizieren auch anderswo und vielleicht erleben sie das, was sie nicht in der vernetzten Kommunikation erleben können, jetzt noch intensiver.

11. Der Fremde im Netz

Ist nicht – so könnte eine weitere kritische Frage lauten – die vernetzte Kommunikation der Verlust des Fremden? Die Instanz des Fremden in seiner ambigen Unheimlichkeit als Verführer und als Feind ist etwas ganz anderes als die Instanz des Anderen. Zu den Anderen hat ein soziales Selbst soziale Beziehungen, sei es gemeinschaftlicher, sei es gesellschaftlicher Art. Er ist im Prinzip verständlich, verlässlich und gefällig, so dass wir nicht einsam zu sein brauchen. Er spricht unsere Sprache, teilt unsere Werte, er ist ein Mitmensch. Anders der Fremde. Wir verstehen ihn nicht, er spricht eine Fremd-Sprache, er stellt durch seine bloße Existenz unsere Werte infrage, sei es, dass sie uns selbst plötzlich fragwürdig werden, sei es, dass er sie direkt angreift oder demonstrativ gegen sie verstößt und damit ihre Geltung unterminiert. Und er ist unheimlich, sei es, dass er einen prickelnden Schauer des Unheimlichen auslöst, sei es, dass wir uns von ihm in unserer Existenz bedroht fühlen.

Niemand aber ist als solcher, d. h. in seiner empirisch fassbaren oder ontischen Verfasstheit in sich selbst ein Fremder. Fremd ist er nur im Hinblick auf eine Sphäre der Eigenheit – oder sagen wir für unsere Zwecke der spezifischen, differenzierten Individualität. Fremd sein kann daher jemand auch unter einem ganz besonderen Aspekt, im übrigen aber ein vertrauter Anderer unserer nächsten Lebenswelt. So ereignen sich gerade auch in intimsten Lebenszusammenhängen immer wieder einmal solche Erlebnisse absoluter Fremdheit etwa unter Männern und Frauen. Und das ist wohl auch gut so; denn so behalten sie in aller Vertrautheit einen Reiz füreinander, den nur die Fremdheit vermitteln kann.[11]

Nun ist eine Bewegung zu beobachten, den Fremden – unter anderem weil er als Feind betrachtet und behandelt werden könnte – ganz in den Anderen aufzulösen. Diese Tendenz zu einer Weltgesellschaft ohne Fremde, in der alle Menschen, wenn schon nicht zu Brüdern und Schwestern werden, so doch zu verlässlichen Tauschpartnern und im Angesicht universalisierter Menschenrechte zu Gleichen. Ist in dieser Bewegung, deren Vollendungsphase „Globalisierung" zu heißen scheint, die Entwicklung der vernetzten weltweiten Kommunikation nicht ein Schlussstein der Vollendung der verderblichen, den Fremden nivellierenden Egalisierung? Und ist nicht diese Egalisierung – als Vermassung aller Gleichen (Tocqueville 1991) – die extremste vorstellbare Entindividualisierung, die seinerzeit schon in der Verballhornung von „alle Menschen werden Brüder" zu „alle Menschen werden blöder" seinen ironischen Ausdruck fand? Ich glaube, auch hier müssen wir vorsichtiger sein und die philosophische Reflexion nicht in ein allgemein gehaltenes kulturkritisches Lamento abgleiten lassen. Auch hier wird, was schon angedeutet war, darauf zu verweisen sein, dass Entwicklungen allgemeinerer Natur im Gange sind, in die sich die Entwicklung des Internets nur einreiht; andererseits aber wird auch zu verweisen sein auf Elemente der Individualisierung, d. h. der Betonung der Eigenheit im Unterschied zum Fremden, die gerade im Internet ihre Verstärkung finden können und nicht zu einer Amerikanisierung aller Lebensbereiche, d. h. Entkulturalisierung der Kultur führen müssen. Die Egalisierungstendenzen sind unverkennbar: Wer sich heute in den belebten Einkaufsmeilen einer europäischen Großstadt bewegt, weiß oft nicht zu erkennen, in welcher dieser Großstädte er gerade ist. Überall die gleichen Geschäftsfilialen global operierender Unternehmen und in allen mehr oder weniger das gleiche Angebot von Waren, deren „In-sein" momentan gerade Diktat war. Gerade das Internet bietet die Chance, Nischen der Abseitigkeit zu pflegen. Dazu kommt die Vervielfältigung der Zeichen der Selbstidentifikation, inklusive der Sprachen. Es scheint so, als wäre Englisch die Sprache des Internets und als drohte von dort her eine zivilisatorische und auch sprachliche Homogenisierung. Das ist insofern nicht ganz richtig, als einerseits die Homogenisierung, wo sie zweifelsfrei beobachtbar ist, auch unabhängig vom Internet stattfindet. So ist die Sprache der Militärs und die Sprache der Flughäfen eindeutig Englisch. Da man bei diesen technisch hochsensiblen Bereichen sich Missverständnisse auf die Gefahr von Katastrophen hin nicht

11 Anthropologen meinen herausgefunden zu haben, dass je verschiedener der Körpergeruch eines möglichen Sexualpartners vom eigenen Körpergeruch ist, desto attraktiver der Sexualpartner erscheint. Und sie erklären das als evolutiv sinnvoll, weil die Differenz der Gerüche auf genetische Differenz verweise, welche im Sinne der Evolution wünschenswert sei.

erlauben kann und es auf Zeichensensibilität sowieso nicht ankommt (ein Wort bedeutet hier ein technisches Ding), musste man als allen gemeinsame Sprache diejenige auswählen, die der ungebildetere Teil der technisch hochgerüsteten Menschheit sowieso spricht und die der gebildetere Teil *auch* spricht, und das ist nun einmal (amerikanisches) Englisch.

Andererseits ermöglicht gerade das Internet eine sehr aufwandarme und dennoch sehr effektive Bildung kultureller Nischen. Die Neonazis und Rechtsextremen haben genau das für sich entdeckt. Weltweit können sie mühelos Kontakte pflegen und Inseln ihrer Selbstverständigung bilden. Sie führen damit praktisch vor, wie sehr auch Gruppen, die sich der Homogenisierung entziehen (bis hin zu Realitätsbestreitungen), gerade vom Internet und seinen Diversikationsmöglichkeiten profitieren. Und die Entwicklung geht immer mehr in diese Richtung. Während es vor einigen Jahren für Firmen oder Organisationen, die sich im Internet präsentieren wollten, selbstverständlich war, eine englische „Homepage" zu kreieren, ist heute die nationalsprachliche Heimatseite der Normalfall, zu dem oftmals dann englische, französische, deutsche oder spanische Parallelseiten bestehen. Und selbst vor Schriften gibt es kein Halt. So kann es dem wild im Internet Herumsurfenden oder -irrenden passieren, dass sein Bildschirm, der auf den Schrifttyp „Western" eingestellt ist, plötzlich absolut unsinnige Zeichen anzeigt, weil er vor kyrillischen, japanischen oder koreanischen Schriftzeichen kapituliert hat.

Wir haben also auf vielfältige Weise gesehen, dass die These des Individualitätsverlustes durch das Internet sehr zu relativieren ist. Ausgegangen waren wir dabei von einer Problematisierung des Individualitätsbegriffs; und genau dahin möchte ich im anschließenden letzten Abschnitt zurückkehren, indem ich die Frage aufwerfe, ob der Individualitäts-Verlust nicht auch Aspekte einer Entlastung und Befreiung hat. Denn nicht jeder Verlust ist ja beklagenswert. Mancher freut sich sogar über den Verlust eines Ehepartners, den Verlust des „Führers" haben 1945 nur sehr wenige Deutsche beklagt, und niemand beklagt den Verlust einer Krankheit. Wir werden also jetzt zu fragen haben, ob das Individualitätssyndrom seit der Renaissance oder seit der Romantik, wenn nicht schon ein Virus, so doch wahrscheinlich ein falscher „Führer" oder ein falsches Leitbild war, dessen Verlust wir partiell auch als Entlastung erfahren können.

12. Individualisierung als Belastung

Viele der Individualisierungsgeschichten bürgerlicher Genies von Werther bis Kafka sind Leidensgeschichten. Das kann zwei Gründe haben: Entweder lässt oder macht

Individualisierung die Individualisierten leiden; oder Leiden individualisiert die Leidenden; oder – schlimmstenfalls – beides trifft zu. Die romantische Medizin des beginnenden 19. Jahrhunderts hatte Krankheit als die individualisierende Normalexistenz verstanden, Gesundheit dagegen ist ein Abstraktum, das, wenn es sie gäbe, alle Menschen untereinander gleich machen würde. Jede Abweichung von der abstrakten Gesundheitsnorm ist bereits eine Krankheit und zugleich eine Individualisierung. Je kranker, desto individueller. In all denjenigen Krankheiten wird eine solche Annahme in sich widersprüchlich, die letal verlaufen. Als Individualisierungsprozess sind daher vor allem psychische Krankheiten interessant. Und nirgendwo sonst genießt ein Individuum soviel Zuwendung zu seiner spezifischen Individualität und seiner spezifischen Krankheit wie in der psychoanalytischen Kur. Freilich hat nur eine solche Krankheit überhaupt Heilungschancen und Ansatzmöglichkeiten für therapeutische Maßnahmen, unter der auch der Patient leidet. Individualisierungsgebot und Leidensgebot sind hier also aufs engste verbunden. Nur wer unter seiner Individualität leidet, ist therapierbar. Begreift man nun aber jeden Menschen für – mehr oder weniger – therapiebedürftig, dann kann das im Umkehrschluss nur heißen: Individualität ist eine Krankheit. Da aber Therapien der psychoanalytischen Art als Individualitätsverstärker wirken und man ja auch sagt, dass es noch keine einzige mit einer absoluten Heilung abgeschlossene psychoanalytische Kur gegeben hat, drängt sich doch die Frage nach einer Individualitätsentlastung auf, die nicht in den Zirkel von Individualisierung, Leiden und Therapie sich immer weiter verwickelt.

Vielleicht – aber nur als Vermutung geäußert – könnte es doch sein, dass die oben geschilderte Individualitäts-Dekomposition und andersartige Rekomposition in der vernetzten Kommunikation von gewissen individualitäts-pathischen Zumutungen befreit.

Eine zweite Belastung ist die individualisierende Ethik. Als Bezugspunkt wählen wir wieder die Kantische Ethik. Es ist klar, dass man ihr eine das Individualitäts-Problem dramatisierende und eine entdramatisierende Interpretation geben kann. Die entdramatisierende besagt, dass der kategorische Imperativ nichts anderes bietet als ein Entscheidungskriterium für Maximen-Konflikte. Maximen, d. h. Handlungsregeln, die in Konflikt geraten, können daraufhin befragt werden, welche der Maximen die Tat zu einer sittlichen Tat machen würde. In dieser Interpretation hat die Kantische Ethik nichts mit dem Individualitätsproblem zu tun. Denn der handelnde Mensch wird durch die bloße Möglichkeit der Anwendung dieses Kriteriums nicht weiter behelligt. Gewirkt hat die Kantische Ethik jedoch unter der dramatisierenden Interpretation, nach der der kategorische Imperativ eine andauernde Zumutung an die Handlungsorientierung der Menschen darstellt. Als Individuen ergeht an sie die Sollensaufforderung der Orientierung ihrer individualisierenden Taten an der Idee des

Allgemeinen, d. h. der Niederschlagung aller Individualität zugunsten einer transzendentalen Subjektivität.

Ist das überhaupt möglich – immerhin konnte auch Kant nicht behaupten, dass es überhaupt nur ein einziges Beispiel einer Handlung *aus* Pflicht (und nicht nur der Pflichtgemäßheit) gebe –, ist das überhaupt möglich, fragte bereits Schiller, aber dann mit dem vollen Gewicht der Individualitätsproblematik Georg Simmel. Kann das allgemeine Gesetz die Individuen verpflichten, oder bedürfen wir nicht zur Verpflichtung von Individualität eines „individuellen Gesetzes"? Verschärfend kommt aber in den letzten 100 Jahren hinzu, dass die Individuen als Funktionsträger in Organisationen ganz offensichtlich durch eine Ethik überfordert sind, deren Adressat das Individuum ist, das dann wiederum aufgefordert ist, sowohl seine eigene Individualität als auch die Besonderheit der Organisation, deren Funktionsträger es ist, auf dem Altar eines über die Individuen und Organisationen hinausreichenden Allgemeinen (der Vernunft) zu opfern. Noch bevor das Individuum seine eigene Individualität auf dem Opferalter des Allgemeinen niedergelegt haben kann, wird seine eigene Organisation es nach ihren eigenen Kriterien behandelt haben, seine Individualität samt moralischer Empfindlichkeit für Sittlichkeit des Allgemeinen geopfert oder durch Versetzung auf einen Posten neutralisiert haben, wo ein derartig sensibles Gewissen nicht weiter stört (z. B. als Nachtportier).

Man kann nicht erwarten, dass die Sittlichkeit der Entscheidung einer Organisation (natürlich getätigt durch die Funktionsträger, wer wollte das bestreiten) auf Sittlichkeit der Individualität der Menschen *beruht*, die dort als Funktionsträger tätig sind. Wenn Sittlichkeit von Organisationen möglich sein soll, und das müssen wir allerdings hoffen können, dann nur dadurch, dass Organisationen sich ihrem „individuellen Gesetz" beugen. Und in der Tat haben sich ja etliche Organisationen Verhaltenscodizes gegeben, an denen das Handeln der Funktionsträger im Hinblick auf die Umwelt der Organisation in verlässlicher Weise ausgerichtet sein soll. Für Individuen und für Organisationen stellen sich demnach analoge Probleme. Aber gerade das entlastet die Individuen von ihrer Universalverantwortung für die Sittlichkeit des Weltlaufs. Dieser entlastende Wandel tritt ein und ist nicht verursacht durch die Medien vernetzten Kommunizierens. Es gibt zwar in Deutschland ein entsprechendes Gerichtsurteil – aber dieses ist völlig wirklichkeitsfremd und wird vermutlich nicht allzu lange Bestand haben –, das einem Individuum die Verantwortung für den Inhalt sämtlicher Internet-Seiten aufbürdet, die über einen von diesem Individuum eingerichteten Link auf seiner eigenen Heimatseite erreichbar sind. Diese Dauerkontroll-Verantwortung über alles, was über die eigene Web-Seite erreichbar ist, kann einem Individuum nicht zugemutet werden.

Fassen wir unsere oben ausführlich geschilderten Überlegungen zum Funktionswandel von Individualität zusammen, so scheint es angemessen, folgendes zu sagen:

Das vernetzte Individuum des Internets und der vernetzten Kommunikation stellt sich dar als ein Kreuzungspunkt diverser Individualisierungslinien. Bestimmte, für reale Individuen in der Begegnung in der Lebenswelt wichtige Individualisierungslinien, die mit der Leiblichkeit, der Sinnlichkeit aller fünf (oder sechs) Sinne und mit der Emotionalität zusammenhängen, können in den Kreuzungspunkt des vernetzten Individuums nicht eintreten, aber das sind Abstraktionen, die dem Typ nach auch anderswo immer schon mit der Performanz von Individualität verbunden waren, ja mit der inneren Unendlichkeit von Individualität notwendigerweise zusammenhängen. Erst wenn die vernetzte Kommunikation zum Status der einzigen Kommunikationsform aufrückte, womit wirklich nicht zu rechnen ist, nähme die Abstraktion eine bedenkliche Gestalt an. Indem aber der traditionellen inneren Unendlichkeit des Individuums die Erscheinungsweise der Virtualisierung von Individualität gegeben wird, wird Individualität einfacher und glaubhafter prozedierbar. Einem Individuum, das schwitzend und keuchend vor uns steht und behauptet, es sei überwiegend geistige Existenz, ist schwerer zu glauben als einem Netz-Individuum, das etwa im „Chat-Room“ kundtut, es schwitze und keuche gerade.

Umgekehrt ist aber gerade auch die zunehmende Virtualisierung von Realität eine Chance für die realen Individuen. Die Ersetzung des Viehs (pecus → pecunia) als Tauschmittel durch Münzen, die Ersetzung des Metallgeldes durch (Gold repräsentierendes) Papiergeld, die Ersetzung der Gold-Deckung durch abstraktere Deckungen, die Ersetzung irgendwelcher Geldmaterien durch bloße immaterielle Zeichen (Kontostand, Kreditrahmen, Optionen), schließlich die Ersetzung des Werts als Anteil an der Produktivität eines Unternehmens (wie sehr auch vermittelt durch verschachtelte Besitzverhältnisse der Aktiengesellschaften) durch den Wert als bloße Wertschätzung (Kurswert) an der Börse, getragen durch die Einschätzung der Entwicklung der Einschätzung durch die anderen Börsengänger, das alles ist eine Virtualisierung, die den Individuen die Chancen der Partizipation an vervielfältigten Individualisierungslinien bietet, eben in der Weise, wie sie auch die vernetzte Kommunikation anbietet, die ja mit den neuen Vorgängen auf vielfältige Weise verbunden ist.

Die Virtualisierung von Individualität verhindert nicht Individualität, sondern entlastet von ihr in analoger Weise, wie wir nicht mehr Kühe zur Autoreparatur-Werkstatt treiben müssen, um die Reparatur zu bezahlen. Die Virtualisierung entlastet aber nicht nur, sondern sie befreit auch dazu, den ästhetischen Aspekt selbst etwa an ökonomischen Transaktionen zu entdecken. Insofern kann die Virtualisierung in der vernetzten Kommunikation auch begriffen werden als Chance eines weiteren Kulturalisierungsschubes.

Literatur

Adorno, Theodor W. (1966): *Negative Dialektik.* Frankfurt a. M.: Suhrkamp.

Adorno, Theodor W. (1980): *Minima moralia. Reflexionen aus dem beschädigten Leben.* Gesammelte Schriften. Band 4. Hg. von Rolf Tiedemann. Frankfurt a. M.: Suhrkamp.

Angehrn, Emil (1985): *Geschichte und Identität.* Berlin, New York: de Gruyter.

Cicero (1983): *De finibus bonorum et malorum.* Works. Band 17. London: Heinemann.

Dabag, Mihran, Antje Kapust und Bernhard Waldenfels (Hg.) (2000): *Gewalt. Strukturen, Formen, Repräsentationen.* München: Fink.

Dawkins, Richard (1989): *The Selfish Gene.* Oxford: Oxford University Press.

Diels, Hermann (Hg.) (1952): *Die Fragmente der Vorsokratiker.* Band 2. 6. Auflage. Berlin: Weidmann.

Durkheim, Emile (1981): *Die elementaren Formen des religiösen Lebens.* Frankfurt a. M.: Suhrkamp.

Frank, Manfred, Gerard Raulet und Willem van Reijen (Hg.) (1987): *Die Frage nach dem Subjekt.* Frankfurt a. M.: Suhrkamp.

Geertz, Clifford (1973): The Impact of the Concept of Culture on the Concept of Man. In: ders.: *The Interpretation of Cultures.* New York: Basic Books, S. 33-54.

Günderode, Karoline von (1990): *Sämtliche Werke und ausgewählte Studien.* Band 1. Hg. von Walter Morgenthaler. Frankfurt a. M.: Stroemfeld, Roter Stern.

Hegel, Georg Wilhelm Friedrich (1952): *Phänomenologie des Geistes.* Hg. von Johannes Hoffmeister. Hamburg: Meiner.

Jannidis, Fotis (1996): Individuum est ineffabile. In: *Aufklärung 9,* S. 77-110.

Kant, Immanuel (1910ff.a): *Kritik der reinen Vernunft.* Gesammelte Schriften. Bände 3 und 4. Hg. von der Königlich Preußischen Akademie der Wissenschaften. Berlin: Reimer.

Kant, Immanuel (1910ff.b): *Die Religion innerhalb der Grenzen der bloßen Vernunft.* Gesammelte Schriften. Band 6. Hg. von der Königlich Preußischen Akademie der Wissenschaften. Berlin: Reimer.

Kobusch, Theo, Ludger Oeing-Hanhoff und Tilman Borsche (1971ff.): Individuum, Individualität. In: Joachim Ritter u. a. (Hg.): *Historisches Wörterbuch der Philosophie.* Band 4. Basel, Stuttgart: Schwabe & Co, Sp. 300-323.

Levinas, Emmanuel (1987): *Totalität und Unendlichkeit.* Freiburg, München: Alber.

Lichtblau, Klaus (1984): Das Pathos der Distanz. – Präliminarien zur Nietzsche-Rezeption bei Georg Simmel. In: *Georg Simmel und die Moderne.* Hg. von Heinz-Jürgen Dahme und Otthein Rammstedt. Frankfurt a. M.: Suhrkamp, S. 231-281.

Lotter, Maria-Sybilla (2000): Das individuelle Gesetz. In: *Kant-Studien 91*, S. 178-203.

Lübbe, Hermann (1977): *Geschichtsbegriff und Geschichtsinteresse.* Basel, Stuttgart: Schwabe & Co.

Lübbe, Hermann (1996): Netzverdichtung. In: *Zeitschrift für philosophische Forschung 50,* S. 133-150.

van Melsen, Andreas G. M. (1971ff.): Atomtheorie. In: Joachim Ritter u. a. (Hg.): *Historisches Wörterbuch der Philosophie.* Band 4. Basel, Stuttgart: Schwabe & Co., Sp. 606-611.

Maffesoli, Michel (1986): *Der Schatten des Dionysos.* Frankfurt a. M.: Syndikat.

Nagl-Docekal, Herta und Helmuth Vetter (Hg.) (1987): *Tod des Subjekts?* Wien, München: Oldenbourg.

Nietzsche, Friedrich (1980): Zur Genealogie der Moral. In: ders.: *Sämtliche Werke. Kritische Studienausgabe.* Band 5. Hg. von Giorgio Colli und Mazzino Montinari. 2. Auflage. München, Berlin, New York: de Gruyter, S. 245-412.

Platon (1988): Phaidon. In: Otto Apelt (Hg.): *Sämtliche Dialoge.* Band 2, 3. 2. Auflage. Hamburg: Meiner, S. 1-155.

Röttgers, Kurt (1997): *Sozialphilosophie. Macht – Seele – Fremdheit.* Essen: Blaue Eule.

Röttgers, Kurt (2002): *Kategorien der Sozialphilosophie* (Sozialphilosophische Studien, Band 1). Magdeburg: Edition Humboldt.

Sendler, Horst (1985): *Über Michael Kohlhaas – damals und heute* (Schriftenreihe der Juristischen Gesellschaft zu Berlin; Band 92). Berlin: de Gruyter.

Serres, Michel (1981): *Der Parasit.* Frankfurt a. M.: Suhrkamp.

Simmel, Georg (1997): *Kant. Die Probleme der Geschichtsphilosophie.* Gesamtausgabe. Band 9. Hg. von Otthein Rammstedt. Frankfurt a. M.: Suhrkamp.

Simmel, Georg (1999): Lebensanschauung. In: ders.: *Gesamtausgabe. Band 16.* Hg. von Otthein Rammstedt. Frankfurt a. M.: Suhrkamp, S. 346-425.

Tocqueville, Alexis (1991): *De la démocratie en Amérique.* Paris: Laffont.

Todorov, Tzvetan (1996): *Abenteuer des Zusammenlebens.* Berlin: Fischer.

Cyberidentitäten – Von resonierenden und räsonierenden Subjekten

Martina Mittag

Wir schreiben das Jahr 2021. In einer postnuklearen Welt bekämpfen sich High-Tech-Megakonzerne, und Untergrund-Hacker und Cyberspace-Guerillas jagen sich brutal ihre Daten ab. Daten, die die Macht bedeuten. In dieser Welt arbeitet Johnny als Datenkurier, schmuggelt Daten, die ihm zuvor ins Gehirn implantiert wurden. Gefährlich wird es, als ein Auftrag von 320 Gigabytes seine Gehirnkapazität übersteigt: Entweder wird er binnen 48 Stunden seine Daten los, oder er explodiert.
(Szene aus Johnny Mnemonic: Daten laden)

Soweit der Sci-Fi-Thriller Johnny Mnemonic (dt. Vernetzt, 1996), der im übrigen nach wilder Jagd durch die Vorstadtghettos natürlich glücklich ausgeht. Wie andere Action-Filme dieser Art, allen voran vielleicht The Matrix, steht er für eine Kultur, in der die entkörperte Information realer zu werden droht als der Körper, in der das Subjekt an Informationsströme gebunden ist und Identität sich mehr und mehr in virtuellen Umgebungen konstituiert: als (verkörperte) Cyborg- oder als (dematerialisierte) Cyberidentität, die sich nicht mehr über eine wie auch immer gestaltete Verkörperung oder ein authentisches „Innen" inszeniert, sondern über Verschaltungen materieller und immaterieller Art. Johnny Mnemonic ist vergleichbar mit einer wandelnden Floppy im Dienst kapitalistischer Interessen, eine Floppy, die nichts von sich selbst weiß und Gefahr läuft, zu reiner Materialität reduziert zu werden. Er ist im wörtlichen Sinne Datenträger. Was sich hier abzeichnet, ist eine Weise der Identitätskonstitution, die sich von traditionellen Körper- und Subjektvorstellungen löst: Johnny ist kein einheitliches, unverbrüchliches Subjekt, ausgestattet mit den Attributen der Autonomie, der Vernunft, eines individuellen Innenlebens. Seine Körper- und Gefühlsregungen sind eher kontextuell bedingt und eingebettet in ein Cyborg-Dasein von Gehirn-Implantaten, aufgerüsteten Organen und anderen prothetischen Erweiterungen. Keine allzu ferne Realität, in der das Individuum nicht mit sich selbst identisch ist, sondern je nach Datenstrom und Stand der Upgrades „flimmert". Interessanterweise erlöst ein traditionelles Paradigma romantischer Liebe ihn aus dieser virtuellen Flimmerexistenz und stellt Identität im landläufigen Sinne wieder her. Die Liebe wird zur letzten soteriologischen Instanz, die in einer Zeit bröckelnder Identitäten und verschwindender Körper eine „verlorene Ganzheit" wiederherstellt. Wenn dies nach Kitsch riecht, beschreibt der Film damit doch ein kulturelles Phänomen, dem sich auch die Hundertschaften von Sehnsuchtsfilmen, von *Titanic* bis *Email für Dich*, widmen, und damit in einer Zeit höchstmöglicher Mobilität, von Bastelidentitäten und abgebrochenen Lebensläufen ein zunehmend Abwesendes anvisieren: das einheitliche Subjekt und dessen Spiegelung in einem ebenso einheitlichen Anderen.

Bevor wir das Verschwinden solch eindeutiger und körpergebundener Identität vorzeitig betrauern, möchte ich diese unterschiedlichen Arten der Identitätskonstitution in ihrer medialen Eingebundenheit situieren und historisieren, um dem wechselweise apokalyptischen oder euphorischen Aspekt der flimmernden Cyber-Identität ein Potential an die Seite zu stellen, das konstruktivere Möglichkeiten aufweist. Wenn der oben beschriebene Johnny in seinen Flimmeraspekten einem posthumanen Signifikations- und Identitätsmodell nahe kommt, das sich von der analogen Repräsentationsordnung traditioneller Bedeutungskonstruktion ebenso wie von deren Verkörperungen (dem Textkörper, dem Wort, dem „natürlichen" Körper) entfernt, so beweist sich der Held letztlich doch in seiner verkörperten Identität, die das Böse in Gestalt eines Cyborg-Christus besiegt. Die Message mag dürftig bleiben, aber zumindest erscheint eine allzu einfache Unterscheidung zwischen humanen und posthumanen, flimmernden und sich gleich bleibenden Identitäten nicht angebracht.

Die Befreiung „von der blutigen Schweinerei organischer Materie",[1] der hier gefeierte, dort gefürchtete Eintritt ins postbiologische Zeitalter, in dem Informationsmuster an die Stelle materieller Verkörperung treten, bleibt – erstens – dort aus, wo über ein historisches Reservoir an Medialitäten verfügt wird, und – zweitens – wo die Gültigkeit von Identitätsmodellen letztlich dem Glauben der Menschheit unterliegt. Mögen neue digitale, nicht-proportionale Weisen der Textproduktion auf die Repräsentation von Identität nachhaltig einwirken und ältere Repräsentationsformen überlagern, so löschen sie diese jedoch kaum aus. Eine allzu einfache Unterscheidung zwischen dem „analogen" Subjekt der Print-Kultur und dem „digitalen" Subjekt (Poster 1999) der neuen Informationstechnologie erscheint fragwürdig. Die Sache ist komplizierter als angenommen. Zudem ist das vielbeschworene – utopische oder apokalyptische – „Verschwinden" des Körpers kaum nur den neuen Informationstechnologien eigen, sondern dem gedruckten Text längst inhärent. Der Begriff der „virtuellen Identität" verdunkelt, dass Identitäten sich immer virtuell konstituiert haben, und dass auch die Print-Kultur und das damit einhergehende autonome Subjekt sich über das Verschwinden des Körpers konstituierten (vgl. dazu Grosz 1997; Stone 1991). Lange vor der Textkultur schon wurden Mystikerinnen von körperlosen Energien erfasst, „verschwanden" menschliche Körper wie derjenige Teresa von Avilas in der Unio mystica mit einer virtuellen Christusgestalt. Anders als in solchen mittelalterlichen Fällen von „vernetzt" sind es in *Johnny Mnemonic* nicht göttliche

1 Marvin Minsky in der Wochenzeitung *DIE ZEIT* vom 22. Februar 2001.

Energien, sondern multinationale Machtinteressen, die in diesem Fall die apokalyptische Vision des Bösen, die Fragmentierung menschlicher Identität, heraufbeschwören.

Sieht man Identitätsformationen generell unter dem Aspekt des Zusammenwirkens von Machtdiskursen und Repräsentationstechniken, erschöpfen sich Cyber- und Cyborgidentitäten kaum im Flimmern der Oberflächen, in entkörperten, kybernetischen Schaltkreisen, in optischen Illusionen oder „konsensualen“ Halluzinationen, sondern stellen Vernetzungspotentiale dar, die aus unterschiedlichen Interessenlagen gesteuert und gestaltet werden können. Im Hinblick auf solche Vernetzungen ist ein kurzer Blick zurück in die Anfänge der Buchkultur hilfreich.[2]

Monadische Identitätsrepräsentationen im „Print-Zeitalter“

Bis zur Renaissance war Identität keine Angelegenheit, die ein essentielles Innen des Subjekts beschrieb, sondern kontextuell bestimmt, in einem Netz von sozialen und politischen Faktoren, von Bedeutungen und Texten, deren materiale Träger häufig wenig Ewigkeitswert hatten: Dynastien wurden ausgelöscht, Körper waren kaum verlässlich, Texte änderten sich unter der Hand des Schreibenden, die Wörter verwiesen eher auf andere Wörter, als sie ein Bestimmtes bezeichneten (vgl. Foucault 1997). Erst mit den anatomischen Bestrebungen der Neuen Wissenschaft und dem frühneuzeitlichen Schritt in die Gutenberg-Galaxis begannen sich Identitäten zu fixieren wie das Wort auf der weißen Seite, das vom Anatomen benannte Organ im geöffneten Körper oder die Grenzen der Nation auf der Weltkarte. Man entdeckte nicht nur neue Welten jenseits des Vertrauten, sondern auch das eigene Unbekannte. Die Erforschung des Fremden und des eigenen Innenlebens hatte mit der Druckkunst ein geeignetes Medium: Wie politische, religiöse und philosophische Bücher und Pamphlete kollektive Identitäten zu formulieren begannen, artikulierte sich individuelles Innenleben in Tagebüchern und Autobiographien und übersetzte sich spätestens seit dem Ende des 17. Jahrhunderts in die künstlerische Form des Romans.

Mit der neuen Virtualität konnte sich eine neue, auf ein Innen gerichtete Identität im wörtlichen Sinne „festschreiben“, eine Identität, die vorher kaum Relevanz hatte. Hamlets Selbstschau und die daraus resultierende Melancholie, der Unterschied zwischen essentiellem Sein und performativem Schein ist eine neuzeitliche Erfin-

2 Es geht hier weniger um essentielle Festlegungen hinsichtlich von Identitätsformationen innerhalb bestimmter Repräsentationstechniken und Machtdiskurse, sondern um emergente und dominante Modelle.

dung, die ihre mediale Entsprechung zwischen den Deckeln des gedruckten Buchs fand. Als Geheimnis, sozusagen – eines, das sich dem verstehenden Leser offenbart. Der fest umgrenzte, stabile und autorisierte Originaltext, der mit entsprechenden Copyright-Gesetzen im 18. Jahrhundert zum Eigentum des Autors erklärt wurde, ist die Szenerie, die zur Grundlage für die Autonomie eines Subjekts und gleichermaßen einer Literatur mit Oberflächen- und Tiefenstruktur wurde. In struktureller Analogie stieß das sich zum autonomen territorialen Subjekt erklärende Individuum nun in seine verborgenen Innenwelten vor, was schließlich in die moderne Psychoanalyse münden sollte. Einhergehend mit verstärkter Körperkontrolle bewohnte dieses Individuum mehr und mehr einen homöostatisch begriffenen, fest umgrenzten Körper; etwaige Fluktuationen und Öffnungen stellten sich zunehmend als Störfall, pathologisches Moment oder Indiz der Andersheit oder Weiblichkeit dar (vgl. Mittag 2002). Dem Wandel des Somatischen entsprechend fanden auch semantische Territorialisierungen statt, die das Wort aus seiner Vernetzung in der barocken Rhetorik lösten und – beispielsweise in den aufkommenden Wörterbüchern – eine umgrenzte Bedeutung anvisierten. Bedeutungskonstitution fand zudem mehr und mehr innerhalb von Diskursterritorien statt, die die Religion von der Politik und von der Ethik trennten und barocke Metaphernwelten in das Komplementärreich der Literatur (im neuzeitlichen Sinne) verlagerten.

Man könnte den Territorialisierungen des postkartesischen Subjekts endlos lange nachgehen, was ich an anderer Stelle auch getan habe (vgl. Mittag 1998). Hier möchte ich nur darauf verweisen, dass die in der Neuzeit artikulierte Materialität des Individuums ebenso wie dessen Identität im wesentlichen mit Grenzziehungen verbunden sind, die durch die neue Medialität gestützt wurden, indem sie sie innerhalb neuer Repräsentationsformen artikulierte: in anatomischen Karten ebenso wie in Statistiken, Tabellen oder in den von protestantischer Selbstschau getriebenen Gattungen des Tagebuchs oder der Autobiographie; und innerhalb einer Sprachtheorie, die das wuchernde Wort in seine Schranken verwies und auf strikten Definitionen bestand. Innerhalb dieser Umordnung der Repräsentationstechniken konnte sich die individuelle Innenwelt nun als stabiles Konstrukt artikulieren, das analysierbar wurde wie der Körper unter dem Messer des Anatomen und gleichermaßen „vernatürlicht" wurde. Bedeutung konstituierte sich über stabile Signifikanten und stabilisierte sich weiterhin über die materiale Basis des Buches. Die Idee des autonomen Textes und die des autonomen Individuums bedingen sich gegenseitig; die Technologie des Analogen, die darauf basiert, dass das Gedruckte eine direkte Repräsentation des Realen sei, ermöglicht erst die stabile Einheit des Individuums, die sich beispielsweise in der früheren Manuskriptkultur notwendigerweise viel flüssiger gestalten musste. Der Monolog, der mit Hamlet erstmals als Enthüllung der individuellen Seele fungiert, findet seine logische Fortsetzung zwischen den Buchdeckeln des

Romans – eine technische Neuerung, die mit der Drucktechnologie verschmilzt und damit die Relation von Virtualität und Realität radikal verlagert.

Strukturell gesehen – und ohne die mannigfaltigen Hybridisierungen und historischen Ungleichzeitigkeiten negieren zu wollen – ist das Print-Zeitalter, in dem wir ja weiterhin mit einem Fuß stehen, das Zeitalter der analog abgebildeten und territorial begriffenen Identität, einer Identität, die den Anschein erweckte, dass das Abgebildete einer Realität entspreche. Das gilt für individuelle Identitäten ebenso wie für die kollektiven Identitäten der Nation, der Disziplinen, der Diskurse, der Geschlechter. Das gedruckte Wort war mediale Grundlage für die demokratischen Werte der Neuzeit, für Vernunftbegriff und Meinungsfreiheit, Autonomie und Menschenrechte. Aber die analog vermittelten territorialisierten Identitäten brachten von Beginn an auch Pathologien hervor: die expansiven Ambitionen der Nationalstaaten, die reduzierte Sicht der Schulmedizin auf den menschlichen Körper, die Pornographie als Abspaltung (un)reiner Sexualität von einem Diskurs der romantischen Liebe, die Territorialisierung von Wissensdiskursen oder die Territorialisierung der Geschlechter, durch die Weiblichkeit und Leiblichkeit zu Metaphern für ein essentiell Anderes der männlichen Vernunft werden konnten. Zu Symptomen auch einer Körperdisziplin, die in ihrem Kontrollbedürfnis logischerweise in Anorexie und Bulimie gipfelte, und damit gleichzeitig auch mit den allgemeineren Dematerialisierungen des anbrechenden Informationszeitalters korrespondierte. Im wesentlichen beruhen diese Pathologien auf der Verdrängung, Negativierung oder Unsichtbarmachung von Vernetzungen zugunsten einer individuellen Essenz. Was bei Leibniz noch latent als Verbindung zwischen individuellen Entitäten mitschwingt (vgl. Leibniz 1954), verlagert sich bei Hobbes in den Untergrund: „Betrachten wir die Menschen“, sagt er, „als ob sie eben aus der Erde gesprießt und gleich Pilzen plötzlich ohne jede Beziehung zueinander gereift wären“ (Hobbes 1962, S. 109). Die monadische Subjektkonstruktion der Neuzeit, die sozusagen nur den oberirdisch sichtbaren Einzelpilz im Blick hat, beruht also auf der Unsichtbarmachung jener Netze, aus denen sich individuelle Identität speist, ob als Text, als Nation, als Subjekt oder als Körper.

Identitätstransformationen nach der „digitalen Revolution“

Es ist klar, dass mit unseren eigenen Medialitäten auch neue Identitätsvorstellungen einhergehen, die solche Territorialisierungseffekte weiterführen oder relativieren. Im Hinblick auf die beschriebenen monadischen Aspekte des Print-Zeitalters mag die „digitale Revolution“ zunächst wie eine Befreiung erscheinen. Hypertexte erlauben dem Leser, sich den Text zusammen zu stellen, den er lesen will. Territorien brechen auf, befreit von der Last des Körpers, der Last des Geschlechts, des Berufs und der Herkunft lässt sich auf neue Weise spielen. Das geschlossene Territorium, in dem sich Identität konstituierte, ist eindeutig aufgelöst und vernetzt sich weltweit in ständig neuen Konstellationen. Ähnlich wie die Texte beginnen die Identitäten zu nomadisieren, flackern bruchstückhaft in neuen Kontexten auf, ihrer Herkunft entrissen. Identitäten werden ständig neu erfunden, „gebastelt“, wie vielerorts verkündet wird. Die geschlossenen Identitätsräume beginnen zu lecken: die Geheimnisse eines Präsidenten enden im Unterhaltungsszenario von Internet und Videokultur, einst geschlossenes Innen- und Liebesleben breitet sich aus in Chatrooms, Big Brother Containern und Emails für Dich; Geschlechtsidentitäten werden zur vordergründig performativen Angelegenheit; im Cyberspace lässt man sich von Avatars repräsentieren, deren Auswahl beliebig ist, während der eigene Körper gleichzeitig verschwindet und aufgerüstet wird. Wenn hier gespielt werden kann, bleibt dennoch die Frage: Wer spielt, und mit wem wird gespielt? Die Kehrseite also: Der Freiheit steht die Fragmentierung gegenüber, der unendlichen Selbsterfindung der illusionäre Charakter der Wahlmöglichkeiten. Die Befreiung vom Fleische mag eher einer Wunschvorstellung entsprechen, die den Blick von verwesenden BSE- oder MKS-Kadavern ablenkt.

Der Cyberspace ist ein Chamäleon: In unseren Medienumwelten kündigt sich sowohl ein Fortschreiben der neuzeitlichen Territorialisierungen an als auch ein grundsätzlich verschiedenes Paradigma, in dem sich die Basisoppositionen von Natur und Kultur, Körper und Geist auflösen und damit auch die grundlegenden identitätsbestimmenden Momente der Neuzeit: das Ende des analogen Subjekts, dessen geschlossenes Innenleben sich im gedruckten Wort spiegeln konnte. In welcher Sprache sprechen die neuen Identitäten, wie konstituiert sich Bedeutung innerhalb dieser neuen medialen Formationen? An dieser Stelle ist ein Blick auf Katherine Hayles' Begriff des „flickering signifier“ (1999, Kap. 2: „Virtual Bodies and flickering signifiers“) hilfreich. Der flimmernde Signifikant, wie ihn Hayles beschreibt, gründet sich nicht auf die Dialektik von Präsenz und Absenz, sondern auf die Produktion von Mustern, die ständigen Mutationen unterliegen und damit neue Information produzieren. Die Beziehung zwischen Signifikant und Signifikat verändert sich dahingehend, dass deren Opposition völlig zerstört werden kann. Der Signifikant kann auf anderer Ebene Signifikat sein, wenn beispielsweise ein Computerbefehl eingegeben wird. Solche Informationsmuster bewegen sich zwischen Willkür und Wahrscheinlichkeit und bilden die Grundlage für die Beschreibung eines Identitätsmodells, das sich als „posthuman“ darstellt. Statt des homöostatischen, fest umgrenzten Ichs, das mit sich selbst identisch ist, ergeben sich Ich-Muster, die kontextuell bestimmt sind, eingebettet in Informationskreisläufe, die diese Identität in unvorhersehbarer Weise abrupt verändern können: durch digitale Datenströme oder High-Tech-Drogen beispielsweise. Das Ich stellt sich damit nicht mehr als physisch verankerte Instanz mit Oberflächen- und Tiefenstruktur dar, sondern als veränderbares Muster, gebunden an Informationsströme, die über Befindlichkeit und Identität bestimmen. Eine Art MTV-Identität, wenn man so will, repräsentiert nicht durch körperliche Präsenz, sondern durch „Aufflackern" von Information und durch technologische Erweiterungen, die längst den „natürlichen" Körper erfasst haben.

Jener entschwindet schon heute zunehmend als Grundlage und Rohstoff der Selbstinszenierung – zur gleichen Zeit wie ein von ihm verhülltes „authentisches" Innen. Die Utopien reichen weiter: bis zur völligen Unabhängigkeit von fleischlichen und damit sterblichen Hüllen, bis zur völligen medialen Vernetzung, die uns erlaubt, auch in australischen Steppen körperlich und geistig mit kulturellen Zentren verbunden zu sein. Das Zauberwort lautet nicht materieller Reichtum, Schönheit und Intelligenz, sondern *Access*, Zugang, wie unlängst der Soziologe Jeremy Rifkin in einem Buchtitel verkündete (Rifkin 2000). Zugang zu virtuellen Räumen, die längst ins Zentrum menschlicher Kommunikation gerückt sind, Zugang zum Reich digitalisierter Informationsströme, die heute schon große Bereiche des Alltags erfassen. Ein nicht unbeträchtlicher Teil der Menschheit kommuniziert in relativer Körperungebundenheit, inszeniert sich auf der Homepage, vermittelt sich über Webcams, wird auf Knopfdruck ein- und ausschaltbar, flimmert über Monitore. Wenn übertriebener Enthusiasmus auch kaum angebracht scheint angesichts des Virtualitäts- und „Anschluss"-Gefälles zwischen Regionen und Kontinenten, so wird dennoch deutlich, dass solche virtuellen Identitätsmodelle bei aller Omnipräsenz partiell bleiben, als Erweiterungen verstanden werden und als solche so lange wünschenswert erscheinen, wie traditionelle Materialitäten nicht angegriffen werden.

Im Film scheint diese flimmernde Subjektkonstitution bisher eher Alpträume auszulösen als utopische Vorstellungen, insbesondere dann, wenn tatsächlich die Integrität des Körpers betroffen ist. Im Fall Johnnys in „Vernetzt" beispielsweise ist dessen Langzeitgedächtnis durch Gehirnimplantate stark beeinträchtigt. Damit sind seine Kindheitserinnerungen ausgelöscht, er kann nur Momentidentitäten leben, je nach Erfordernis seiner Situation. Er wird zur Survivalfigur. Ebenso an Information gebunden ist die neuronale Netzpersönlichkeit der verstorbenen Chefin des multinationalen Unternehmens Pharmacom, die ihre Gehirndaten vor ihrem Tod ins Netz einspeicherte und nun als virtuelles Wesen Einfluss auf den Lauf der Dinge zu nehmen sucht. Individuelle Performanz bleibt trotz der sich eröffnenden Spielräume hier wie dort gebunden an die wuchernden Machtinteressen eines entfesselten Kapitalismus, vor dem jegliche Individualität nur subversiv erscheinen kann.

Hier und in Filmen wie *Blade Runner (1982),* der *Terminator-Serie, RoboCop, Alien* und *Lawnmower Man*, oder in Cyberpunk-Romanen von William Gibsons *Neuromancer* (1984) bis hin zu Neil Stevensons *Snow Crash* (1992) geht es immer wieder um Formen der Virtualisierung von Identität, die gleichzeitig auch Cyborgisierung ist: Der schwächliche Jobe in *Lawnmower Man* wird technologisch aufgerüstet, um damit einem Ideal aggressiver Männlichkeit zu entsprechen. RoboCop verhandelt den wechselseitigen Austausch von Original und Simulacrum, Maschinenidentität und Humanität. Die posthumanen Gestalten, die innerhalb solcher Entgrenzungen des Dualismus von Mensch und Maschine auf der Bildfläche erscheinen, entpuppen sich jedoch häufig als re-territorialisierte, d. h. erneut fixierte Wesen. Ob sich, wie in *The Bicentennial Man,* ein anfangs kaum interessanter Hausroboter im Zeitraum von 200 Jahren zum hyperhumanen Wesen wandelt, das eigentlich obsolet gewordene Identitätsmodelle repliziert, oder ob sich Roboter als Widersacher der Menschheit autonomisieren wie in *Futureworld* (1976), *Alien* (1979), *Black Hole* (1979) und *Westworld* (1973) – die grundsätzliche Dynamik bewegt sich kaum über den eigentlichen Mensch-Maschine-Dualismus hinaus. Dagegen geht es in Gibsons Romantrilogie immer wieder um Welten, in denen, ähnlich wie in *Johnny Mnemonic,* Macht und Kapital ein entkörpertes Bündnis eingehen. Die menschliche Monade weicht der unsichtbaren Allgegenwärtigkeit körperloser Macht. Im Unterschied zu den apokalyptischen Cyborg-Fantasien der 70er und frühen 80er Jahre sind die Romane nicht nur von Cyborg- ebenso wie von Cyberwesen bevölkert – die einen als „Hardware", die anderen als entkörperte „Software" konzipiert –, sondern der apokalyptische Aspekt reduziert sich in der Aufweichung der Antagonismen von real und virtuell, Cyberspace und postnuklearer Landschaft. Körper entgrenzen sich, ohne irrelevant zu werden, Identitäten flimmern, ohne notwendig aufgelöst zu erscheinen. Derweil verschwindet der menschliche Körper als Quelle von Identität und Ich-Bewusstsein, verflüssigt sich in den Geschwindigkeitsprinzipien des virtuellen Raums oder in der unendlichen Wandelbarkeit der technologischen Aufrüstung. Trotz aller dystopischen Züge der Erzählungen entspricht deren Faszination unverkennbar auch der Befreiung von einem Körper, der sich im Zeitalter seiner elektronischen und genetischen Reproduzierbarkeit als Last und Behinderung erweist und längst nicht mehr mit einem authentischen Selbst konvergiert.

Befreiung und Nostalgie bedingen sich in der pessimistischen Grundnote des Verlusts, den der körperlos digitalisierte Josef Virek in Gibsons *Count Zero* wahrnimmt:

„‚Forgive me', she [Marly] found herself saying, to her horror, ‚But I understand you to say that you live in a – a vat?' – ‚Yes, Marly. And from that rather terminal perspective, I should advise you to strive hourly in your own flesh. Not in the past, if you understand me. I speak as one who can no longer tolerate that simple state, the cells of my body having opted for the quixotic pursuit of individual careers. I imagine that a more fortunate man, or a poorer one would have been allowed to die at last, or be coded at the core of some bit of hardware [...] I was touched, Marly, at your affairs of the heart. I envy you the ordered flesh from which they unfold.'" (Gibson 1986, S. 16)

In Vireks nostalgischer Bemerkung wird deutlich, wie individuelle Identität an die Verkopplung von Physis und Psyche gebunden ist, und gleichzeitig, wie die Territorialisierungen der Neuzeit sich fortsetzen in den individuellen Wegen der Zellen. Was einst die Basis für den Gedanken menschlicher Freiheit, Autonomie, und der Vernunft begründete, negiert sich in der sich multiplizierenden Fragmentierung der kleinsten Zellen. Identität flimmert im wörtlichen Sinne, getrennt von verkörperter Präsenz und verstreut in kybernetischen Kreisläufen.

Erscheint hier der Körper nur noch in Hochauflösung, inszeniert der Film *The Matrix* menschliche Körper, bei denen von Naturhaftigkeit ebenfalls keine Rede mehr sein kann. Menschen rüsten ihre Körper zu Kampfmaschinen um, um gegen eine allgegenwärtige Verschwörung aus dehumanisierten Zombiegestalten zu bestehen; der Held der Geschichte wird in einer filmisch eindrucksvollen Szene als anschlussfähiger Cyborg wiedergeboren, der ihm wiederum die virtuelle „Verkörperung" der Highspeed-Kampfmaschine ermöglicht. Wie bei Gibson bevölkern sowohl Cyborg- wie auch Cyber-Körper die Szene, und noch expliziter wird Virtualität als Realität begriffen. Nur durch die High-Tech-Ausrüstung und die virtuelle Kriegführung wird das Überleben der Menschheit ermöglicht, aber ebenso wie der physische Körper flimmert das virtuelle Gegenstück in Abhängigkeit von den Apparaturen, an die er angeschlossen ist. Mögen die materiellen und immateriellen Vernetzungen ein völlig determiniertes Wesen vermuten lassen, entkommt der Film jedoch gerade solcher Apokalyptik, indem er die kaum ergründbaren Zeichen menschlicher Freiheit über ein magisches Orakel triumphieren lässt. Interessant bleibt das Ungesagte, der nicht-repräsentierte Eigen-Sinn der (Cyborg-, Cyber-) Körper, der den klinisch toten messianischen Helden wiedererstehen lässt. Auch hier – wie könnte es anders sein – durch die Kraft der Liebe. Wie in Johnny Mnemonic scheint damit ein soteriologisches Moment der Neuzeit den Paradigmenwechsel zu überleben – als Anderes des Eigentlichen weiterhin.

Auf andere Weise beschreiten Cyborgisierung und Virtualisierung neue Wege, wenn sie wie in Marge Piercys Roman *He, She, and It* (1991; dt. *Er, Sie, und Es*) nicht als völlig neue Phänomene begriffen werden, sondern in ihrer historischen Eingebundenheit. Das Thema der Vernetzung ist hier erweitert auf historische Prozesse, die eben nicht in linearer Weise verstanden werden, sondern im Sinne von Affinitäten und verborgenen Verbindungen. Auch hier werden Körper durch Biochips, Designerdrogen, prothetische Gliedmassen und Memoryware aufgerüstet, auch hier wird eine postnuklear verwüstete Welt von entkörperten Machtinteressen regiert. Aber anders als bei den Survivalfiguren in *The Matrix* bleibt bei Piercy ein utopisches Potential menschlicher Identität inmitten von Cyborgisierung und flimmernder Signifikanten durchaus bestehen, und zwar durch den entscheidenden Aspekt, der Kontinuität, der Geschichte, Erinnerung und kollektives Gedächtnis einschließt.

Kontinuität gründet sich dabei, anders als die teleologisch ausgerichtete, unilineare Fortschrittsvariante der Neuzeit, auf ein offenes Netz von Affinitäten, das Maschinenidentitäten mit menschlichen verbindet oder diejenigen des 17. Jahrhunderts mit denen des 21. Jahrhunderts. Anders als bei den apokalyptischen Vernetzungen, die im Cyberpunk allgegenwärtig sind, ist das Netz Grund einer nomadischen Suche nach Identität, ohne dass die soziale Verankerung des Individuums und die damit verbundenen Motive der Verantwortung, der menschlichen Würde und des Körpers dabei verloren gehen. Auch hier geht es um postnukleare Welten, in denen Nomadismus zur Überlebensstrategie gegen die Macht multinationaler Konzerne wird. Aber im Vordergrund steht ein Geschichtsbewusstsein, das die in einem zweiten Erzählstrang thematisierte Medienrevolution der frühen Neuzeit mit der des 21. Jahrhunderts verbindet und damit Traditionen bereitstellt, in die sich Frauen und Cyborgs, männliche Konstrukteure und männliche Liebhaber einreihen können, ohne davon verbindlich festgelegt zu sein. Gegenüber den körper- und gesichtslosen Mächten, die die Welt beherrschen, steht in beiden Geschichten die Verteidigung jüdischer Enklaven im Mittelpunkt: Im Jahr 2053 ist es Tikva (hebr.: Hoffnung), eine freie Stadt, die inmitten einer Welt multinationaler Korporationen um ihr Überleben kämpft; im Jahr 1600 ist es das jüdische Ghetto in Prag, das von der Auslöschung bedroht ist und vom Golem des Rabbi Loew verteidigt werden soll. Verbunden sind diese plots auf der Ebene einer Genealogie des Virtuellen: In beiden Fällen werden virtuelle Welten von Männern konstruiert, zu denen Frauen nur bedingt Zugang haben. Und in beiden Fällen geht es um von Menschenhand konstruierte virtuelle Identitäten, in Gestalt des Golems Joseph im 17. Jahrhundert oder des Cyborgs Yod, der zur Verteidigung Tikvas konstruiert wurde. Beide sind Produkte spezifischer Medienumgebungen, Yod im Umfeld von Computersprache und Cyberspace, der Golem hinsichtlich der Zeichen der Kabbala. Der gleichermaßen männliche Ursprung dieser unterschiedlichen semiotischen Ordnungen, die ja schon Scholem in den 60er Jahren parallelisierte (Scholem 1970, S. 77-86), wird jedoch durch weibliche Aneignung unterlaufen und umgedeutet: Malkah und Shira, die Protagonistinnen des 21. Jahrhunderts, begeben sich ähnlich wie Chava, die Enkelin des Rabbi Loew im 17. Jahrhundert, in männlich geprägte Virtualitäten und produzieren Bedeutung, die der jeweilige Code nicht zwangsläufig vorsieht. Geschichte vernetzt sich damit in einer Weise, die den Antagonismus zwischen dem Humanen und dem Posthumanen aufbricht,[3] indem die Dialektik von Präsenz/Absenz im Zusammenspiel mit der von Muster und Zufälligkeit semantische Erweiterungen zulässt. Wo die eine sich den Zugang zu einer Textkultur erkämpft, die der Mehrheit ihrer Geschlechtsgenossinen noch lange verschlossen bleiben sollte, rekonstruieren Malkah und Shira den Cyborg

3 Aus Lacanscher Perspektive vgl. Angerer (1998).

als Wesen mit Würde und Eigen-Sinn, bringen der „Kampfmaschine" menschliche Fähigkeiten bei.

Dabei werden die traditionellen Oppositionen von Körper und Geist, Materialität und Immaterialität, männlich und weiblich ebenso in Frage gestellt wie die flimmernden Signifikationsmodelle der kapitalistischen Gesellschaft, deren Bedeutungen über Körperoberflächen und Bildschirme flackern. Stattdessen rekurriert Piercy auf die Bedeutungsproduktion innerhalb von Poesie und Kabbala, die dem territorialisierten Wort Eigenenergien verleihen und sich im Cyborg/Golem materialisieren. Nicht zufällig beginnt Shiras Schulung des Cyborg mit einem Burns-Gedicht: „My love is like a red, red rose" (Piercy 1991, S. 118). Wenn sich die poetische Metapher – ähnlich wie die kabbalistische Formel – naturgemäß semantischen Fixierungen entzieht, hebelt sie damit bei Yod auch die linguistische Programmierung aus, die ihn zur enzyklopädischen Definition des Wortes „rose" führt. Stattdessen wird auf der Basis von *trial and error* ein Selbstlernprozess in Gang gesetzt, der letztlich die vernatürlichten Kategorien des Humanen und des Posthumanen in Frage stellen wird und in der erotischen Begegnung zwischen Shira und Yod gipfelt. Wie der Cyborg lernt auch sie: die Frage „could one kiss a cyborg?" (ebd., S. 227) wird erst beantwortet, wenn die harten Abgrenzungen zwischen Mensch und Maschine Affinitäten Platz machen, die im Anderen erspürt werden, und der Binarismus von der Vernetzung überlagert wird.

> „You are as much part of the earth as I am. We are all made of the same molecules, the same set of compounds, the same elements. You are using for a time some of earth's elements and substances cooked from them. I'm using others. The same copper and iron and cobalt and hydrogen go round and round and round through many bodies and objects" (ebd., S. 250).

Anders als in den technologiegesteuerten teledildonischen Fantasien meist männlicher Cyberenthusiasten, die ja weiterhin von der Geschlossenheit der Körpergrenzen und der Subjekt-Objekt-Beziehung ausgehen, steht bei Shira und Yod ein Wundern im Vordergrund, das den Anderen nicht von vorneherein zu kennen vorgibt.

Information erscheint mit Yod in ihrer verkörperten und letztlich nicht kontrollierbaren, territorialisierbaren oder ergründbaren Dimension: Der Cyborg entwickelt Eigen-Sinn, aber nicht als Figur der Apokalypse, sondern als Nachkomme des Golem, der bei Piercy ebenso menschliche Regungen entwickelt, die Liebe, die Furcht und die Empathie entdeckend. Ob er als Cyborg postnukleare Landschaften durchwandert oder als Cyberwesen in virtuellen Räumen nomadisiert: Der universalen Bedrohung durch eine autonomisierte Künstliche Intelligenz, wie sie in so vielen Filmen im Zentrum steht, wird so das Persönliche, das Lokale und das Intime als Verbindung von Materialität und Virtualität entgegengestellt. Da alle Information immer schon verkörpert ist, schwindet der Gegensatz zwischen Real Life und Virtualität; Identität manifestiert sich in unterschiedlichen Mustern und Erscheinungsformen, verbleibt jedoch im Raum der Geschichte, verbunden mit anderen Mustern und Erscheinungsformen. Die Deterritorialisierung des Mensch-Maschine-Dualismus wird so in medialer und in historischer Hinsicht verwoben – on- und offline, Cabbala und Künstliche Intelligenz. Erst in diesem Fadenspiel treten die Affinitäten hinter den Binarismen zutage, wird Identität verbindlich, anstatt grundlos zu flimmern, und Virtualität real, wie Riva – ihrerseits hochaufgerüstete Cyborgin – bestätigt: „All things relate. The Net is real. We are all in the Net“ (ebd., S. 261).

Resümee

Ich fasse zusammen: Auch die Gutenberg-Ära hatte ein Verschwinden der Körper zur Folge, in der kartesischen Trennung von Körper und Geist, in der Objektivierung der Körper, in der Autonomisierung des Subjekts durch die Dekontextualisierung. Johnnys Verlust seines Langzeitgedächtnisses ist dem Kleinkindalter des Druckwesens längst inhärent, wenn sich männliche Subjekte von Vergangenheiten und Müttern trennen, um autonome, umgrenzte Territorien des Ich, der Nation und anderer kollektiver Identitäten zu konstruieren. Dies setzt sich einerseits in der digitalen Revolution fort, in einer Weise, die neuzeitliche Identitätsformationen radikal in Frage stellt, weil die fortschreitende Territorialisierung nun auf immaterialer Basis stattfindet oder auf immer kleinere Einheiten übergeht (und damit ein Kippmoment darstellt). Gleichzeitig liefert aber das digitale Medium auch die Grundlage für ein deterritorialisierendes Moment, das neue Lebbarkeiten eröffnet: nicht in monadischen Identitätskonstruktionen, sondern innerhalb einer Rhizomatik, die aus den althergebrachten Werten der Neuzeit schöpft, um gleichzeitig immer neue Konstellationen und Formationen einzugehen. Das unverbrüchliche Subjekt der Moderne mag sich als Illusion herausgestellt haben, aber damit auch die enthusiastisch begrüßte Utopie eines liberalen Subjekts, das sich tagtäglich neu erfindet, losgelöst von sozialen, geographischen und familiären Bindungen. In Piercys Variante ist das digitale Subjekt nicht das hoffnungslos fragmentierte, sondern eines, das sich aus dem Netz historischer, politisch-religiöser und individueller Affinitäten nährt. Als postapokalyptisches ist es ein brüchiges Subjekt, aber eines, das die Oppositionen der Neuzeit – von Natur und Kultur, Körper und Geist, Realität und Virtualität – nicht mehr ernst nehmen kann. In diesen Punkten fasst *He, She, and It* literarisch, was Donna Haraway theoretisch formuliert: Denaturalisierung hat nicht notwendig Entmaterialisierung zur Folge; der Angriff auf vernatürlichte Kategorien, die im wesentlichen der

Identitätskonstruktion eines männlichen westlichen Subjekts zuarbeiteten, geschieht in der Hoffnung auf lebbare Welten, die das Andere dieses Subjekts einschließen:

„Mein kategorischer Imperativ lautet: alles, was als Natur gilt, zu verqueren/zu verkehren, spezifische normalisierte Kategorien zu durch/kreuzen, nicht um des leichten Schauders der Überschreitung willen, sondern in der Hoffnung auf lebbare Welten" (Haraway 1995a, S. 137).

Auch hier steht die Vernetzung im Zentrum: Nach Haraways quasi-utopischer Netzwerktheorie sind Menschen und Tiere ebenso wie Maschinen und Technologien gleichermaßen Akteure in einem verwobenen Fadenspiel, das auf vielfältige Weise Bedeutungen produziert und damit traditionelle Dichotomien von Natur und Kultur, männlich und weiblich auflöst.[4] Im Unterschied zu Haraways zukunftsgerichteten Deterritorialisierungen baut Piercy Lebbarkeit auf Geschichte(n) und inszeniert jene verkörperten Virtualitäten, die im Zentrum von Hayles *How we became posthuman* stehen. Einigkeit herrscht darüber, dass die Lebbarkeit nicht von ungefähr kommt, sondern menschlicher Intervention bedarf: „The best possible time to contest for what the posthuman means is now, before the trains of thought it embodies have been laid down so firmly that it would take dynamite to change them" (Hayles 1999, S. 291).

Wenn Virtualitäten immer schon Realitäten geschaffen haben, so wird heute vielleicht noch deutlicher, inwiefern Körper und Geist, Zukunft und Vergangenheit ebenso wie Information und materiale Träger nur zusammen gedacht werden können. Darüber hinaus bleibt das Spiel der Identitäten ein ernsthaftes Spiel, keines, das sich von Kontexten und Vergangenheiten je völlig ablösen könnte, um ein völlig Neues – als Utopie oder als Dystopie – zu inszenieren.

Dem Flimmern der Signifikanten als Teilaspekt posthumaner Identität bei Hayles möchte ich damit ein utopisches Potential hinzufügen, dem räsonierenden Subjekt der Neuzeit ein resonierendes. Ein Subjekt, dessen Körper, dessen Text nicht Objekt der *raison* ist – die immer ja auch die Territorialisierung und die Kontrolle enthält –, sondern ein Subjekt, dessen Identität Kontexte resoniert, materiale wie immateriale. Nicht das kartesisch denkende, also seiende, sondern das im Netz der Geschichte, im Netz der Affinitäten und Virtualitäten verwobene. Nicht nur das des freien Willens, des Egos und der daraus schon seit Hamlet folgenden Melancholie, sondern das des Freiheit-Wollens, der Affinität und des Echos. Körperräume und Innenräume, historische, textuelle und poetische Räume werden zu Resonanzräumen von Identitäten, die sich identisch sind und gleichzeitig in ständig wechselnden Affiliationen und

4 Haraway (1995b). Inwieweit diese Dichotomien durch die Neuzeit hindurch mit dem Objektivitätsanspruch, dem Kontrollbedürfnis und dem imperialen Gestus „autonomer" Identitätsformationen verbunden waren, belegt längst die Arbeit von Wissenschaftskritikerinnen wie Sandra Harding, Evelyn Fox-Keller oder Carolyn Merchant.

Spannungsverhältnissen zu orten sind, neue Verbindungen eingehen, aufgrund von Affinitäten. Wenn die kapitalistische Informations- und Konsumgesellschaft in ihrer systematischen Entwertung aller Materialität und Verkörperung tatsächlich flimmernde Signifikanten und mutierende Körper hervorbringt, so wird apokalyptisch gedachter, posthumaner Körperlosigkeit damit ein Widerstandsmodell entgegen- oder zugesetzt, das darum weiß, dass alle Information letztlich nur in verkörperter Form bestehen kann. Der Präzisionsanspruch semantischer Territorialisierungen – immer schon im Spannungsfeld mit der konkret-sprachlichen, verkörperten Dimension des Ausdrucks lokalisiert – steht einer Rhizomatik gegenüber, die das Nichtrepräsentierbare solcher Sinnproduktion andeutet, ein Nicht-gesagtes im Gesagten sprechen lässt.[5] Innerhalb „flimmernder Signifikanten", die Bildschirme und Identitäten beherrschen, schaffen resonierende – und das sind im wesentlichen auch poetische – Signifikanten die Kontinuität, die schon zwischen Hobbes' Pilzen fehlte.[6]

Wenn Textualität und Identität sich bedingen – und das hat auch der kurze Rückblick in die Anfänge der Buchkultur gezeigt – manifestiert sich solches Resonanz- und Vernetzungsgeschehen in postmodernen Textualitäten, die sich eindeutig vom organischen „Textkörper" und traditionellen Narrationsstrategien abwenden und stattdessen Organisches mit Mechanischem verweben, wie beispielsweise bei Carlos Fuentes, Thomas Pynchon, Italo Calvino oder Salman Rushdie.[7] Die sich bei diesen und anderen Autoren manifestierenden, von neuen medialen Kontexten inspirierten Entgrenzungen – ob als „chutneyfication", Dialogizität oder Polyphonie der Stimmen – sind weniger im Zeichen eines wildgewordenen Nomadismus als Flimmertexte zu lesen, sondern es sind Texte, die das Ungesagte, das Ungeschriebene resonieren, die Vielschichtigkeit des Erzählten und zu Erzählenden implizieren. Solche Polyphonie deutet an, was digitale Textualität um so mehr anbietet: neue Interaktionsformen zwischen Leser und Autor, veränderte Konzepte der Autorschaft, rhizomatisch verzweigte statt unilineare Texte, die Möglichkeit von Perspektivenwechseln, die dem „Leser" erlauben, die Welt wirklich mit „anderen" Augen zu sehen. Was sich hier und in einer Vielzahl intermedialer, interkultureller, intertextueller Entgrenzungen innerhalb von Literatur und Kultur andeutet, ist ein Resonanzgeschehen, das sich nicht gegen die *raison* wendet, sondern ihr eine Kontinuität hinzufügt, über die der flimmernde Signifikant nicht verfügt. Ein Geschehen, das Identität auf neue Weise erzählt – und gestaltet.

---

5 Zu Körper-Sprache und deren Potential, das Andere zu räsonieren – oder zu resonieren – vgl. Becker (2000).

6 Hayles sieht in vergleichbarer Weise die Semiotik von Präsenz und Absenz nicht im Gegensatz zu derjenigen von Muster und Zufallsergebnis (1999, Kap. 10 „The Semiotics of Virtuality").

7 Zur Transformation literarischer Texte im Zusammenspiel von Literatur und Technologie vgl. beispielsweise Paulson (1988); Hayles (1984); Plant (1998); Porush (1985); Hayles (1999).

Ähnlich wie die Autonomie moderner Identitäten im wesentlichen als Effekt virtueller Dynamik verstanden werden kann, basieren auch heute Apokalyptik und Euphorie um das Thema der Cyber- und Cyborg-Identitäten[8] häufig auf einem liberalen westlichen Identitätsmodell, das nur für einen winzigen Teil der Weltbevölkerung Gültigkeit besaß und besitzt.[9] In diesem Sinne entzieht sich Hayles Modell des „Posthumanen“ auch jeglicher Utopie oder Dystopie und sondiert die Chance, den Pathologien der Moderne zu entkommen, indem eine Semiotik von Präsenz und Absenz mit derjenigen von Mustern und Zufälligkeit zusammenspielt, der Antagonismus sich zugunsten der Komplementarität verlagert (Hayles 1999, S. 428). In diesem Modell treten die Territorialisierungen der Neuzeit zurück zugunsten einer Rhizomatik, die wie folgt beschrieben wird:

„In the posthuman view [...] conscious agency has never been ‚in control‘. In fact, the very illusion of control bespeaks a fundamental ignorance about the nature of the emergent processes through which consciousness, the organism, and the environment are constituted [...] In this [posthuman] account, emergence replaces teleology; reflexive epistemology replaces objectivism; distributed cognition repleaces autonomous will; embodiment replaces a body seen as a support system for the mind; and a dynamic partnership between humans and intelligent machines replaces the liberal humanist subject's manifest destiny to dominate and control nature“ (ebd., S. 428).

Die gegenwärtige Medienlandschaft und ihre Ästhetisierung bleibt diesbezüglich ambivalent: Filme wie *Johnny Mnemonic* und *The Matrix* zeigen, dass die Vernetzung von Menschen und Maschinen und die Auflösung des Natur/Kultur-Binarismus nicht per se gut oder schlecht ist, sondern die damit verbundene Re-Territorialisierung der Macht den Alptraum ausmacht. Das bedeutet, dass das Netz ebenso in den Dienst kapitalistischer Interessen gestellt wird wie die unilineare Fortschrittsvariante der Neuzeit, das Andere auf neue Weise zum Schweigen bringt und die traditionellen Binarismen sich eher verlagern als auflösen. In der ungleichzeitigen Heterogenität der Identitätsformationen bleibt ein Subjekt vonnöten, das Spiel und Ernst der Lage erkennt, seinen Interventionswillen bekundet und der marktgesteuerten Aufhebung der Subjektgrenzen unablässig – resonierend und räsonierend – entgegenwirkt. Ein Subjekt, dass eine Genealogie zu denken in der Lage ist, vielleicht mit Blick auf jenen Ritter aus der Mancha, für den schon vor vier Jahrhunderten die Virtualität realer als die Realität war:

„Schließlich versenkte er sich so tief in seine Bücher, daß ihm die Nächte vom Zwielicht und die Tage von der Dämmerung über dem Lesen hingingen; und so, vom wenigen Schlafen und vom vielen Lesen, trocknete ihm das Hirn so aus, daß er zuletzt den Verstand verlor. Die Phantasie füllte sich

8 Vgl. die einschlägigen Positionen von Hans Moravec, in Deutschland etwa von Peter Weibel oder Florian Rötzer.

9 In diesem Sinne argumentiert Haraway (1985), dass wir längst Cyborgs seien.

ihm mit allem an, was er in den Büchern las, so mit Verzauberungen wie mit Kämpfen, Waffengängen, Herausforderungen, Wunden, süßem Gekose, Liebschaften, Seestürmen und unmöglichen Narreteien. Und so fest setzte es sich ihm in den Kopf, jener Wust hirnverrückter Erdichtungen, die er las, sei volle Wahrheit, dass es für ihn keine zweifellosere Geschichte auf Erden gab" (Cervantes 1979, S. 23).

Literatur

Angerer, Marie-Luise (1998): Medien und Mediales: Überlegungen zu einer „medialen Verfassung des Subjekts". In: *metis 13,* S. 64-79.

Becker, Barbara (2000): Cyborgs, Agents, and Transhumanists. In: *Leonardo 33/5*, S. 361-365.

Cervantes, Miguel de (1979): *Don Quijote*. München: dtv.

Foucault, Michel (1997): *Die Ordnung der Dinge*. Frankfurt a. M.: Suhrkamp.

Gibson, William (1987): *Count Zero*. London: Grafton Books.

Grosz, Elizabeth (1997): Cyberspace, Virtuality, and the Real Some Architectural Reflections. In: Cynthia C. Davidson (Hg.): *Anybody*. Cambridge: MIT Press, S. 108-117.

Haraway, Donna (1985): A Manifesto for Cyborgs. In: *Socialist Review 15*, S. 65-108.

Haraway, Donna (1995a): *Monströse Versprechen: Coyote-Geschichten zu Feminismus und Technowissenschaft*. Berlin: Argument.

Haraway, Donna (1995b): *Die Neuerfindung der Natur: Primaten, Cyborgs und Frauen*. Hg. von Carmen Hammer und Immanuel Stiess. Frankfurt a. M.: Campus.

Hayles, Katherine (1984): *The Cosmic Web: Scientific Field Models and Literary Strategies in the Twentieth Century*. Ithaca: Cornell University Press.

Hayles, Katherine (1999): *How We Became Posthuman*. Chicago, London: University of Chicago Press.

Hobbes, Thomas (1962): Philosophical Rudiments Concerning Government and Society. In: *The English Works of Thomas Hobbes II*. Hg. Von Sir William Molesworth. Aalen: Scientia, S. 1-13.

Leibniz, Gottfried Wilhelm (1954): *Monadologie*. Stuttgart: Reclam.

Mittag, Martina (1998): Soma/Sema/Sexus: Territorialisierung der Körper im frühneuzeitlichen Diskurs. In: Gisela Engel und Heide Wunder (Hg.): *Geschlechterperspektiven: Forschungen zur Frühen Neuzeit*. Frankfurt a. M.: Helmer, S. 395-407.

Mittag, Martina (2000): Mutierte Körper: der Cyborg im Text und der Text als Cyborg. In: Barbara Becker und Irmela Schneider (Hg.): *Was vom Koerper übrig bleibt*. Frankfurt a. M.: Campus.

Mittag, Martina (2002): *Gendered Spaces: Wandel des ‚Weiblichen' im englischen Diskurs der Frühen Neuzeit*. Tübingen: Narr.

Paulson, William (1988): *The Noise of Culture*. Ithaca: Cornell University Press.

Piercy, Marge (1991): *He, She, and It*. London: Penguin (englische Version: *Body of Glass*).

Plant, Sadie (1998): *nullen + einsen: Digitale Frauen und die Kultur der neuen Technologien*. Berlin: Berlin Verlag.

Porush, David (1985): *The Soft Machine: Cybernetic Fiction*. New York, London: Methuen.

Poster, Mark (1999): Digitale versus analoge Autorschaft. In: Hermann Herlinghaus und Utz Riese (Hg.): *Heterotopien der Identität: Literatur in interamerikanischen Kontaktzonen*. Heidelberg: Winter, S. 261-265.

Rifkin, Jeremy (2000): *Access: Das Verschwinden des Eigentums*. Frankfurt a. M.: Campus.

Scholem, Gershom (1970): Der Golem von Prag und der Golem von Rehovot. In: *Judaica* 2. Frankfurt a. M.: Suhrkamp, S. 77-86.

Stone, Allucquere Rosanne (1991): Will the Real Body Please Stand Up? Boundary Stories About Virtual Cultures. In: Michael Benedict (Hg.): *Cyberspace: First Steps*. Cambridge: MIT Press, S. 81-118.

Autorinnen und Autoren

Petra Gehring, Prof. Dr. phil., lehrt Philosophie am Institut für Philosophie der Technischen Universität Darmstadt. Sie arbeitet zu Grundfragen radikaler Metaphysikkritik, u.a. über Husserl, Merleau-Ponty, Foucault, Luhmann, zu Fragen der Leiblichkeit, Macht und „Bio-Macht", und beschäftigt sich mit Theorien des Zeichens, der Geschichte und des Rechts.

Wolfgang Kraus, Dr. phil., Diplompsychologe, arbeitet derzeit im Projekt B2 „Individualisierung und posttraditionale Ligaturen – die sozialen Figurationen der reflexiven Moderne" des Sonderforschungsbereiches 536 der Deutschen Forschungsgemeinschaft (Thema: „Reflexive Modernisierung") an der Universität München. Seine aktuellen Arbeitschwerpunkte sind: Narrative Psychologie, community narratives, soziale Konstruktion von Vertrauen.

Burkhard Liebsch, PD Dr., lehrt derzeit Philosophie an der Universität Bochum und ist Research Fellow am Forschungsinstitut für Philosophie Hannover. Von 1989 bis 1996 war er Wissenschaftlicher Assistent am Philosophischen Institut der Universität Bochum, 1995–96 Forschungsstipendiat der DFG und Privatdozent an der Universität Bochum. 1996–97 war er Gastprofessor für Philosophie am Humboldt-Studienzentrum der Universität Ulm, 1997–99 Fellow am Kulturwissenschaftlichen Institut (Essen) im Wissenschaftszentrum Nordrhein-Westfalen, danach ebendort (mit Jürgen Straub) in der Leitung der Studiengruppe „Lebensformen im Widerstreit" tätig.

Norbert Meuter, Dr. phil, ist derzeit Wissenschaftlicher Assistent am Institut für Philosophie der Humboldt-Universität zu Berlin. Forschungsschwerpunkte sind Kulturphilosophie, Philosophische Anthropologie, Systemtheorie, Theorien der Identität sowie Fragen der Medizinethik.

Käte Meyer-Drawe, Universitätsprofessorin Dr., lehrt im Institut für Pädagogik der Ruhr-Universität Bochum Allgemeine Pädagogik mit besonderer Berücksichtigung moderner Technologien und Medien. Von August 1999 bis Januar 2003 ist sie Mitglied der Forschergruppe „Imagination und Kultur". Von Januar 2000 bis zum Dezember 2002 leitet sie das von der DfG geförderte Projekt zum Thema „Diskurse des Lernens". Von April 2000 bis März 2001 hat sie als Fellow am Kulturwissenschaftlichen Institut Essen in der Studiengruppe „Lebensformen im Widerstreit" mitgearbeitet. Sie ist Vizepräsidentin der Deutschen Gesellschaft für phänomenologische Forschungen.

Martina Mittag, PD, Dr., arbeitet(e) als Wissenschaftliche Mitarbeiterin und Lehrbeauftragte an den Universitäten Giessen, Siegen und Frankfurt a. M. sowie als Gastprofessorin in Irvine (CA), Milwaukee (WI) und Boston (MA). In einem aktuellen Forschungsprojekt befaßt sie sich mit dem Thema „Genealogien des Geheimen".

Armin Nassehi, Prof. Dr. phil., ist seit 1998 Professor für Soziologie an der Ludwig Maximilians-Universität München; vorher war er an der Westfälischen Wilhelms-Universität Münster tätig (1992 Promotion, 1994 Habilitation). Arbeitsgebiete: Soziologische Theorie, Kultursoziologie, Politische Soziologie, Gesellschaftstheorie, Methodologie. Aktuelle Forschungsprojekte über Todesbilder in der modernen Gesellschaft und über Klinische Ethik-Kommitees.

Gertrud Nunner-Winkler, apl. Prof. Dr. rer. pol., ist seit 1998 Leiterin der Arbeitsgruppe Moralforschung am Max-Planck-Institut für Psychologische Forschung und außerplanmäßige Professorin am Institut für Soziologie an der Ludwig Maximilians-Universität München. Von 1971 bis 1981 war sie wissenschaftliche Mitarbeiterin am Max-Planck-Institut zur Erforschung der Lebensbedingungen der wissenschaftlich-technischen Welt, Starnberg, in der Abteilung von J. Habermas. Von 1981 bis 1998 war sie wissenschaftliche Mitarbeiterin am Max-Planck-Institut für Psychologische Forschung in der Abteilung von F. E. Weinert.

Michael Quante, PD Dr. phil., lehrt derzeit als Hochschuldozent am Fachbereich Geschichte/Philosophie der Universität Münster und ist wissenschaftlicher Geschäftsführer der Forschungsstelle Bioethik der Westfälischen Wilhelms-Universität. Von 1996 bis 2001 war er wissenschaftlicher Assistent am Philosophischen Seminar der WWU Münster.

Joachim Renn, Dr. phil., derzeit Mitarbeiter am Institut für Soziologie, Universität Erlangen-Nürnberg, zwischen 1996 und 1998 Redakteur und Mit-Editor der Werkausgabe der Schriften von Alfred Schütz, von Oktober 1999 bis September 2001 Fellow am Kulturwissenschaftlichen Institut Essen. Seit 2000 Habilitationsstipendiat der Deutschen Forschungsgemeinschaft mit einem Projekt zur Pragmatik der sozialen Integration. Interessenschwerpunkte: Handlungstheorie, Gesellschaftstheorie, Rechts- und Kultursoziologie.

Norbert Ricken, Dr. phil., Studium der Geschichte, Theologie, Philosophie und Erziehungswissenschaft in Bochum, Tübingen, Münster, ist seit 1997 Wissenschaftlicher Assistent am Institut für Allgemeine Erziehungswissenschaft der Westfälischen Wilhelms-Universität Münster mit dem Arbeitsschwerpunkt Systematische Erziehungswissenschaft und Erziehungsphilosophie. 1991–1996 war er Wissenschaftlicher Mitarbeiter ebendort, 2000-01 Research Fellow an der Katholieke Universiteit Leuven (Belgien).

Hartmut Rosa, Dr. rer. soc., ist derzeit Wissenschaftlicher Assistent am Institut für Soziologie der Friedrich-Schiller-Universität Jena und Affiliated Visiting Professor am Department of Sociology/Department of Political Science der New School University in New York. Zuvor war er Wissenschaftlicher Mitarbeiter am Lehrstuhl für Politische Wissenschaft III der Universität Mannheim und Feodor-Lynen Stipendiat der Alexander von Humboldt-Stiftung. Er ist gemeinsam mit H. J. Giegel Projektleiter des Teilprojekts C4, Politische Kultur und Bürgerschaftliches

Engagement, des SFB 580 Jena/Halle und seit Mai 2002 im Direktorium der jährlichen internationalen Philosophy and Social Science Conference in Prag.

Kurt Röttgers, Prof. Dr. phil., ist Professor für Philosophie, insbesondere Praktische Philosophie, an der FernUniversität Hagen. Er ist Mitherausgeber des „Historischen Wörterbuchs der Philosophie".

Alfred Schäfer, Prof. Dr. phil., ist Professor für Systematische Erziehungswissenschaft an der Martin-Luther-Universität Halle-Wittenberg. Arbeitsgebiete: bildungs- und erziehungsphilosophische Fraugen, bildungsethnologische Feldforschung zu Subjektivierungsformen in verschiedenen afrikanischen Kulturen.

Jürgen Straub, apl. Prof. Dr. phil., derzeit Fellow am Kulturwissenschaftlichen Institut in Essen, apl.-Professor am Institut für Psychologie der Universität Erlangen-Nürnberg und Forschungsprofessor an der Universität Witten-Herdecke; ab 1. Oktober 2002 vertritt er die Professur für Interkulturelle Kommunikation an der Philosophischen Fakultät der Technischen Universität Chemnitz. Von Oktober 1994 bis September 1995 war er Fellow am Zentrum für Interdisziplinäre Forschung der Universität Bielefeld, von Oktober 1999 bis September 2001 Mitglied des Vorstands des Kulturwissenschaftlichen Instituts Essen und dort auch (mit Burkhard Liebsch) in der Leitung einer interdisziplinären Studiengruppe tätig; von Oktober 2001 bis Februar 2002 vertrat er die Professur für Mikrosoziologie am Institut für Soziologie der Universität Gießen.

Dieter THOMÄ, Prof. Dr. phil., ist Professor für Philosophie an der Universität St. Gallen und arbeitet im Jahr 2002/2003 als Senior Scholar am Getty Research Institute, Los Angeles. Zuvor lehrte er in Paderborn, Rostock, New York, Essen und Berlin. Er ist Mitherausgeber der „Buchkritik" in der „Deutschen Zeitschrift für Philosophie".

Peter Wagner, Prof. Dr., ist Professor für Politik- und Gesellschaftstheorie am Europäischen Hochschulinstitut in Florenz und Professor für Soziologie an der Universität Warwick. Aktuelle Arbeitsgebiete: Fragen einer politischen Philosophie der europäischen Integration im Zusammenhang mit einer historisch-soziologischen Neubetrachtung der europäischen Moderne.